汽车维修资料速查丛书

# 新款汽车电控单元针脚速查手册

主编　蔡永红

本书根据汽车厂维修资料对2013～2018年款的主流车型汽车电控单元针脚（又称端子）图、针脚功能、信号去向以及检测参数等做了收集与整理。书中按照大众/奥迪、上汽通用、北京现代、丰田、本田、东风日产、长安福特、长城、长安、奇瑞、吉利和其他车系（东风悦达起亚、比亚迪、广汽传祺）分章编写，资料准确，易查易找。

本书可供汽车维修专业人员使用，也可供汽车维修专业师生阅读参考。


**图书在版编目（CIP）数据**

新款汽车电控单元针脚速查手册/蔡永红主编.—2版.—北京：机械工业出版社，2018.8

（汽车维修资料速查丛书）

ISBN 978-7-111-60699-4

Ⅰ.①新…　Ⅱ.①蔡…　Ⅲ.①汽车－电子系统－控制系统－故障检测－手册　Ⅳ.①U472.41-62

中国版本图书馆CIP数据核字(2018)第189829号

机械工业出版社（北京市百万庄大街22号　邮政编码100037）
策划编辑：母云红　责任编辑：母云红
责任校对：王　延　封面设计：马精明
责任印制：张　博
三河市宏达印刷有限公司印刷
2018年10月第2版第1次印刷
184mm×260mm·23.5印张·588千字
0 001—3 000册
标准书号：ISBN 978-7-111-60699-4
定价：89.00元

凡购本书，如有缺页、倒页、脱页，由本社发行部调换

电话服务　　网络服务
服务咨询热线：010-88361066　机工官网：www.cmpbook.com
读者购书热线：010-68326294　机工官博：weibo.com/cmp1952
010-88379203　金书网：www.golden-book.com
**封面无防伪标均为盗版**　教育服务网：www.cmpedu.com

# 前言 PREFACE

随着电子技术的不断发展以及人们对汽车安全性、舒适性要求的不断提高，汽车电子控制系统日趋复杂，汽车电控单元（俗称汽车电脑）在汽车上大量应用，并且各系统控制单元之间还需要进行连接、通信，这增加了汽车检测维修与诊断的难度，对汽车维修技术人员来说也是一个挑战。

当汽车出现故障维修人员需要对电控单元进行检测时，主要参考汽车整车厂的维修手册来进行，由于维修手册中的电路图较为复杂，并不是所有维修人员都能看懂，尤其是电控单元的端子（又称为针脚），不同的车型虽然结构相同，但各端子的功能不尽相同。为方便维修人员查找电控单元的针脚信息，编者参考大量汽车厂家维修资料和网络信息，编写了《新款汽车电控单元针脚速查手册》一书。书中收集了近几年主流车型的原厂资料，并对汽车电控单元针脚图、针脚功能说明、信号去向和检测参数等进行了整理。

本书以图片和表格的形式进行介绍，方便查询，通俗易懂。书中内容准确可靠，实用性强。

本书由蔡永红主编，参加编写的还有肖良军、王挺、曾凡彬、唐先桂、宋秋虹、王家富、陈天岚、黄富君、肖新庆、兰燕琼、陈正莲、肖翠英、蔡永飞、肖永波、李莹、程远东、朱万海。由于编者水平有限，书中难免有疏漏或不妥之处，恳请读者批评指正。

编　者

## 缩略语释义

| | |
|---|---|
| ABS | 防抱死制动系统 |
| ACIS | 可变进气系统 |
| ADAS | 高级驾驶辅助系统 |
| ASCD | 自动车速控制装置 |
| ASR | 驱动防滑系统 |
| AMT | 电子式手动变速器 |
| AVH | 自动驻车 |
| A/C | 空调 |
| AT | 自动变速器 |
| BCM | 车身控制模块 |
| CAN | 控制器局域网 |
| CCP-CAN | CAN 总线的标定协议 |
| CVT | 无级变速器 |
| DEF | 除霜装置 |
| DLC | 数据插接器 |
| EBD | 电子制动力分配 |
| ECM | 发动机控制模块 |
| ECU | 电子控制单元 |
| EFI | 电子燃油喷射 |
| EGR | 废气再循环 |
| EPB | 电子驻车制动系统 |
| EPS | 电动助力转向系统 |
| ESC | 电子稳定控制系统 |
| ESP | 车身电子稳定系统 |
| ETCS | 智能电子气门控制系统 |
| EVP | 电子真空泵 |
| EVAP | 燃油蒸气排放控制系统 |
| GMLAN | 通用汽车局域网 |
| GRA | 定速巡航系统 |
| HBV | 液压制动力助力系统 |

| | |
|---|---|
| HVAC | 供暖通风与空气调节 |
| ISG | 起动 / 发电一体化电机 |
| MAP | 进气歧管绝对压力传感器 |
| MGU | 变速器油压泵 |
| PCSV | 清污控制电磁阀 |
| PCM | 动力控制模块 |
| PEPS | 无钥匙进入及起动系统 |
| PTC | 正温度系数 |
| SRS | 安全气囊系统 |
| TCM | 变速器控制模块 |
| TCU | 自动变速器控制单元 |
| TMAP | 进气压力 / 温度传感器 |
| TXD | 发送数据 |
| VDC | 车辆动态控制系统 |
| VSA | 车辆稳定性辅助系统 |
| VSC | 车身稳定控制系统 |
| VSV | 真空电磁阀 |
| VVT | 发动机电子控制可变进气正时系统 |

# 各车系导线颜色英文缩写与中文对照表

| 颜色 \ 车系 | 上汽通用 | 北京现代/东风悦达起亚 | 东风日产 | 长安福特 | 长安 | 比亚迪 |
|---|---|---|---|---|---|---|
| 红色 | RD | R | R | RD | RD | R |
| 橙色 | OG | O | O | OG | OG | |
| 橙黄色 | | | | | | O |
| 黄色 | YE | Y | Y | YE | YE | Y |
| 绿色 | GN | G | G | GN | GN | G |
| 蓝色 | BU | L | L | BU | BU | L |
| 紫色 | VT | P | V | VT | VT | V |
| 灰色 | GY | Gr | GR | GY | GY | Gr |
| 棕色 | BN | Br | BR | BN | BN | Br |
| 黑色 | BK | B | B | BK | BK | B |
| 白色 | WH | W | W | WH | WH | W |
| 棕褐色 | TN | | | | | |
| 粉红色 | | | P | PK | | |
| 粉色 | | | | | PK | P |
| 浅绿色 | LGN | | LG | | LG | Lg |
| 浅蓝色 | LBU | | | | LU | |
| 深绿色 | DGN | | | | | |
| 深蓝色 | DBU | | | | | |
| 天蓝色 | | | SB | | | |
| 银色 | | | | | SR | |

# 目 录 CONTENTS

## 第六章 东风日产车系………………227



## 第七章 长安福特车系………………291



## 第八章 长城车系……………………311

# 第一章 大众/奥迪车系

## 第一节 一汽-大众新捷达（2017年起）

### 一、1.4T CSTA发动机

新捷达轿车1.4T CSTA发动机控制单元位于发动机舱左侧，其针脚（又称端子）分布如图1-1所示，针脚说明见表1-1。

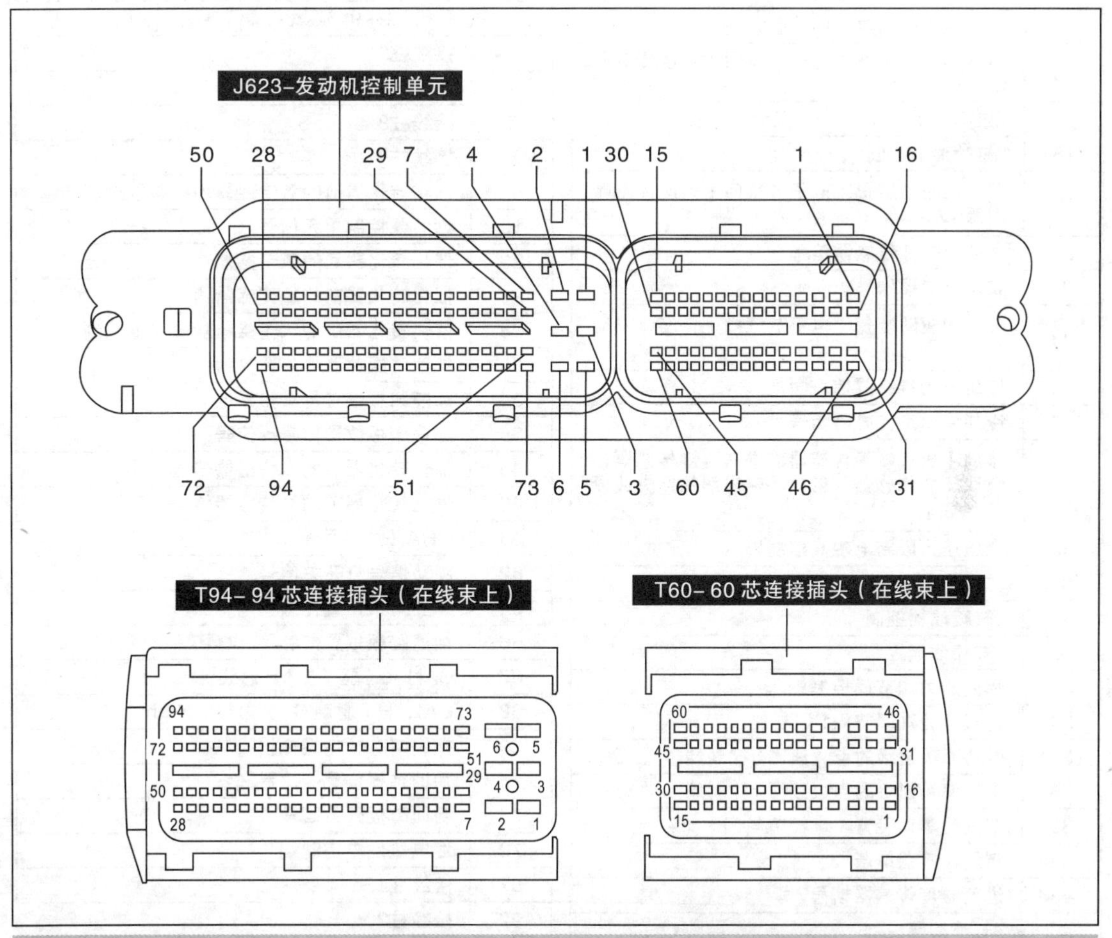


图1-1 新捷达轿车1.4T CSTA发动机控制单元针脚分布

表1-1 新捷达轿车1.4T CSTA发动机控制单元针脚说明

| 针脚 | 说明 | 针脚 | 说明 |
|---|---|---|---|
| T60-60 芯黑色插头连接 | | 3 | 传感器电源5V（进气温度传感器2、燃油压力传感器、霍尔传感器、霍尔传感器3） |
| 1 | 节气门驱动装置（电子节气门）角度传感器接地 | 4 | 传感器电源5V（增压压力传感器、发动机转速传感器） |
| 2 | 燃油压力调节阀控制端 | | |

（续）

| 针脚 | 说明 |
| --- | --- |
| 5 | 发动机转速传感器信号 |
| 6 | 传感器接地（霍尔传感器、霍尔传感器3） |
| 7 | 霍尔传感器3信号 |
| 8 | 进气歧管绝对压力传感器信号 |
| 9 | 进气温度传感器信号 |
| 10 | 燃油压力传感器信号 |
| 11 | 节气门驱动装置（电子节气门）（–） |
| 13 | 冷却液温度传感器信号 |
| 14 | 增压空气冷却泵控制端 |
| 15 | 增压压力限制电磁阀控制端 |
| 16 | 节气门驱动装置（电子节气门）角度传感器2信号 |
| 17 | 2缸喷油器控制 |
| 18 | 3缸喷油器控制 |
| 19 | 节气门驱动装置（电子节气门）角度传感器电源5V |
| 20 | 发动机转速传感器信号 |
| 21 | 霍尔传感器信号 |
| 23 | 节气门驱动装置（电子节气门）角度传感器1信号 |
| 24 | 增压压力传感器信号 |
| 27 | 冷却液温度传感器信号 |
| 28 | 接地（进气歧管传感器、进气温度传感器、燃油压力传感器、带功率输出级的点火线圈1～4缸） |
| 30 | 增压压力限制电磁阀控制端 |
| 31 | 1缸喷油器控制 |
| 32 | 3缸喷油器控制 |
| 33 | 4缸喷油器控制 |
| 34 | 燃油压力调节阀控制端 |
| 35 | 排气凸轮轴调节阀1 控制端 |
| 37 | 带功率输出级的点火线圈4 控制端 |
| 38 | 带功率输出级的点火线圈3 控制端 |
| 39 | 节气门驱动装置（电控节气门）（+） |
| 41 | 爆燃传感器屏蔽 |
| 43 | 进气温度传感器信号 |
| 46 | 4缸喷油器控制 |
| 47 | 1缸喷油器控制 |
| 48 | 2缸喷油器控制 |
| 49 | 凸轮轴调节阀1控制端 |
| 50 | 活性炭罐电磁阀控制端 |
| 51 | 机油压力调节阀控制端 |
| 52 | 带功率输出级的点火线圈2 控制端 |
| 53 | 带功率输出级的点火线圈1控制端 |
| 55 | 爆燃传感器信号 |
| 56 | 爆燃传感器信号 |
| 59 | 机油压力防降开关信号 |
| 注 | 编号12、22、25、26、29、36、40、42、44、45、54、57、58、60的针脚未使用 |
| T94－94 芯黑色插头连接 | |
| 1 | 接线柱31 |
| 2 | 接线柱31 |
| 5 | 接线柱87a |
| 6 | 接线柱87a |
| 7 | 催化转化器前的氧传感器加热装置控制端 |
| 10 | 燃油泵控制单元信号 |
| 23 | 催化转化器后的氧传感器信号 |
| 24 | 催化转化器前的氧传感器信号 |
| 28 | 催化转化器后的氧传感器加热装置控制端 |
| 32 | 加速踏板位置传感器2接地 |
| 34 | 加速踏板位置传感器接地 |
| 35 | 加速踏板位置传感器信号 |
| 45 | 催化转化器后的氧传感器信号 |
| 46 | 催化转化器前的氧传感器信号 |
| 56 | GRA开关信号 |
| 62 | 制动信号灯开关信号 |
| 64 | 加速踏板位置传感器电源5V |
| 66 | 加速踏板位置传感器2电源5V |
| 67 | CAN–L（驱动 CAN 总线，Low） |
| 68 | CAN–H（驱动 CAN 总线，High） |
| 69 | 接线端30供电继电器控制端 |
| 76 | 加速踏板位置传感器2信号 |
| 78 | 制动踏板开关信号 |
| 79 | 发电机发电控制端 |
| 87 | 接线柱15a |
| 92 | 接线柱30a |
| 注 | 编号3、4、8、9、11～22、25～27、29～31、33、36～44、47～55、57～61、63、65、70～75、77、80～86、88～91、93、94的针脚未使用 |

## 二、1.5T DCFA发动机

新捷达轿车1.5T DCFA发动机控制单元位于发动机舱左侧，其针脚分布如图1–2所示，针脚说明见表1–2。

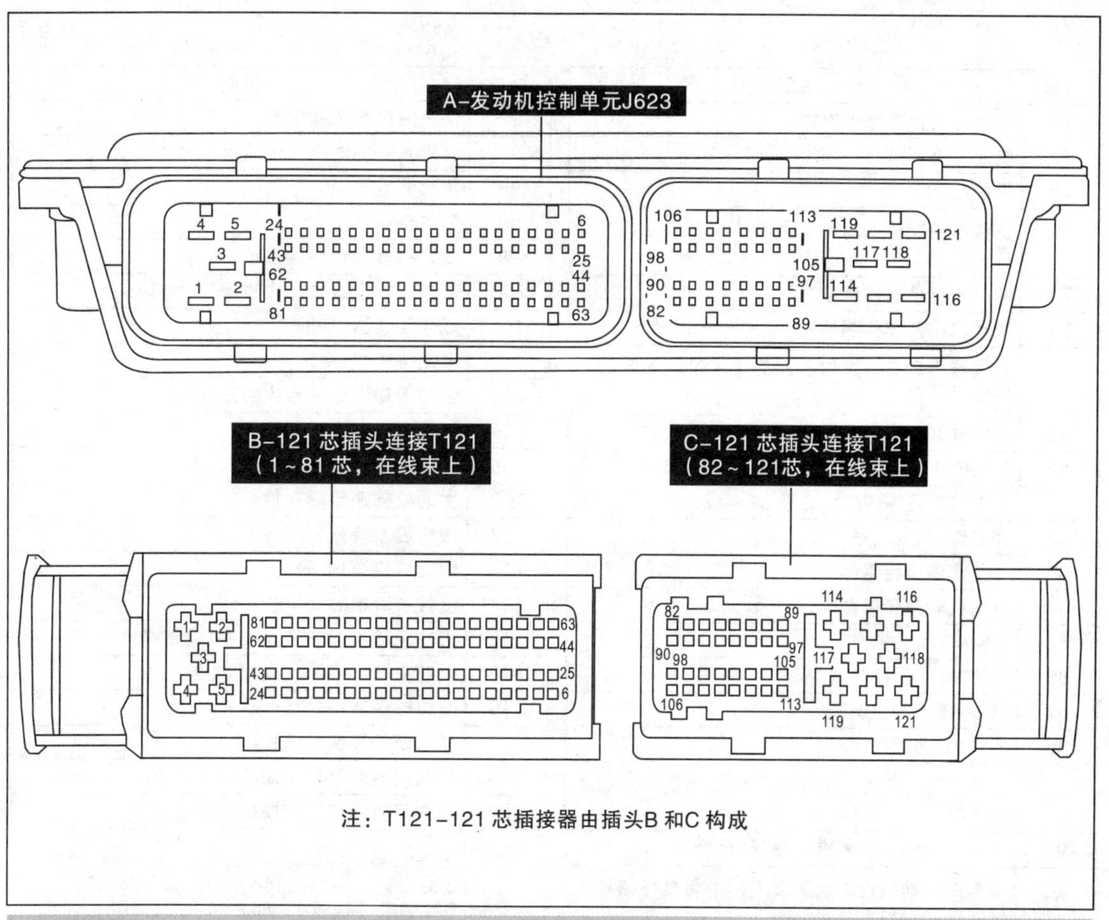


图1-2 新捷达轿车1.5T DCFA发动机控制单元针脚分布

表1-2 新捷达轿车1.5T DCFA发动机控制单元针脚说明

| 针脚 | 说明 | 针脚 | 说明 |
|---|---|---|---|
| B-121芯插头连接T121（1~81芯） | | 23 | 接线端30供电继电器 |
| 1 | 接线柱31 | 28 | 机油压力传感器信号 |
| 2 | 接线柱31 | 30 | 空调信号输入（仅用于手动调节空调汽车） |
| 3 | 接线柱87a | 31 | 催化转化器前的氧传感器接地 |
| 4 | 催化转化器前的氧传感器加热控制端 | 37 | 催化转化器后的氧传感器信号 |
| 5 | 催化转化器后的氧传感器1加热装置控制端 | 45 | 加速踏板位置传感器2接地 |
| 7 | 机油压力传感器接地 | 50 | 加速踏板位置传感器接地 |
| 11 | 蒸发器出风口温度传感器接地（仅用于手动调节空调汽车） | 51 | 加速踏板位置传感器信号 |
| | | 53 | 制动信号灯开关信号 |
| 12 | 催化转化器前的氧传感器信号 | 62 | 接熔断器SC3 |
| 13 | 交流发电机励磁控制 | 63 | 制动踏板开关信号 |
| 17 | 催化转化器后的氧传感器接地 | 64 | 加速踏板位置传感器2 信号 |
| 18 | 加速踏板位置传感器2电源5V | 65 | 离合器踏板开关信号（仅用于手动档汽车） |
| 19 | 加速踏板位置传感器电源5V | 66 | K诊断线 |
| 20 | CAN总线，高位（驱动系统） | 69 | 定速巡航装置开关信号（仅用于装备定速巡航装置GRA的汽车） |
| 21 | CAN总线，低位（驱动系统） | | |

（续）

| 针脚 | 说明 | 针脚 | 说明 |
|---|---|---|---|
| 70 | 机油压力传感器供电端 | 93 | 进气温度传感器信号 |
| 72 | 机油压力调节阀控制端 | 95 | 进气歧管绝对压力传感器信号 |
| 73 | 接线柱30a | 96 | 传感器电源5V |
| 76 | 空调继电器控制端（仅用于手动调节空调汽车） | 98 | 霍尔传感器接地 |
| | | 99 | 发动机转速传感器接地 |
| 77 | 散热风扇低速控制信号 | 100 | 带功率输出级的点火线圈4 控制端 |
| 78 | 散热风扇高速控制信号 | 101 | 爆燃传感器1接地 |
| 79 | 蒸发器出风口温度传感器信号（仅用于手动调节空调汽车） | 102 | 爆燃传感器1屏蔽 |
| | | 103 | 带功率输出级的点火线圈2控制端 |
| 80 | 接线柱30a | 104 | 冷却液温度传感器信号 |
| 81 | 高压传感器信号（仅用于手动调节空调汽车） | 105 | 霍尔传感器信号 |
| C-121芯插头连接T121（82～121芯） | | 106 | 发动机转速传感器信号 |
| 82 | 霍尔传感器2信号 | 107 | 进气温度传感器 |
| 83 | 冷却液温度传感器接地 | 109 | 爆燃传感器1信号 |
| 84 | 发动机转速传感器电源5V | 111 | 活性炭罐电磁阀1控制端 |
| 85 | 气缸4喷油阀控制端 | 112 | 带功率输出级的点火线圈1控制端 |
| 86 | 气缸2喷油阀控制端 | 113 | 带功率输出级的点火线圈3控制端 |
| 87 | 气缸3喷油阀控制端 | 115 | 凸轮轴调节阀1控制端 |
| 88 | 气缸1喷油阀控制端 | 117 | 排气凸轮轴调节阀1 |
| 89 | 节气门驱动装置（电子节气门）角度传感器电源5V | 119 | 节气门驱动装置控制端+ |
| | | 121 | 节气门驱动装置控制端- |
| 90 | 节气门驱动装置角度传感器1信号 | 注 | 编号6、8～10、14～16、22、24～27、29、32～36、38～44、46～49、52、54～61、67、68、71、74、75、94、97、108、110、114、116、118、120的针脚未使用 |
| 91 | 节气门驱动装置（电子节气门）角度传感器接地 | | |
| 92 | 节气门驱动装置角度传感器2信号 | | |

## 三、6档自动变速器

新捷达轿车6档自动变速器控制单元安装在发动机舱左侧排水槽盖板下方，其针脚分布如图1-3所示，针脚说明见表1-3。

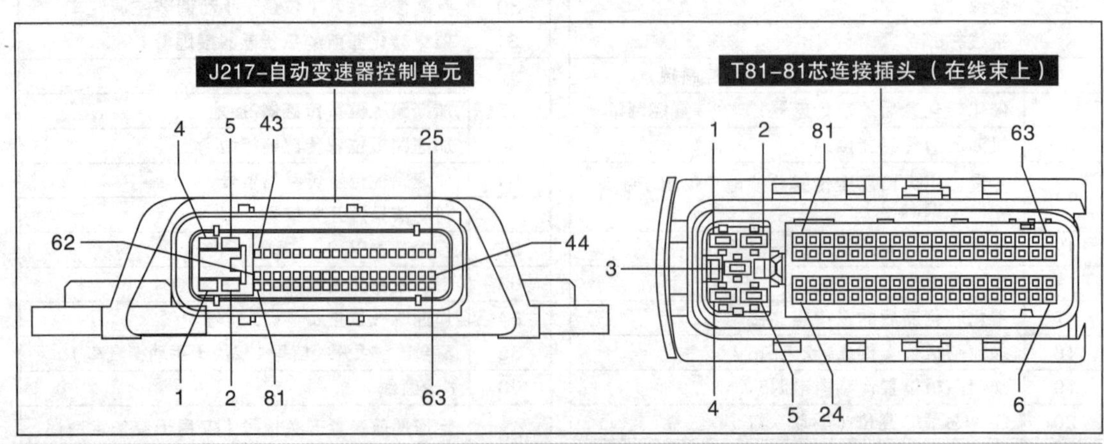


图1-3 新捷达轿车6档自动变速器控制单元针脚分布

表1-3 新捷达轿车6档自动变速器控制单元针脚说明

| 针脚 | 说明 | 针脚 | 说明 |
|---|---|---|---|
| 1 | 接熔断器SB1 | 52 | 多功能开关BTS信号 |
| 2 | 接熔断器SB1 | 53 | 多功能开关 |
| 4 | 接线柱31 | 57 | 齿轮油温度传感器 |
| 5 | 接线柱31 | 58 | 齿轮油温度传感器 |
| 30 | 自动变速器压力调节阀2 | 61 | 接T8e/8 |
| 32 | 自动变速器压力调节阀5 | 62 | 接T8e/7 |
| 33 | 自动变速器压力调节阀4 | 66 | 变速器输入转速传感器 |
| 34 | 自动变速器压力调节阀3 | 67 | 变速器输出转速传感器 |
| 35 | 自动变速器压力调节阀7 | 68 | 接仪表板T32/10端 |
| 36 | 自动变速器压力调节阀1 | 71 | 多功能开关 |
| 37 | 自动变速器压力调节阀2 | 72 | 多功能开关 |
| 39 | 自动变速器压力调节阀5 | 73 | 多功能开关 |
| 40 | 自动变速器压力调节阀4 | 78 | 接熔断器SC13 |
| 41 | 自动变速器压力调节阀3 | 79 | 电磁阀2控制端 |
| 42 | 自动变速器压力调节阀7 | 80 | 电磁阀1控制端 |
| 43 | 自动变速器压力调节阀1 | 81 | 变速杆锁磁铁控制端 |
| 45 | CAN-H（驱动 CAN 总线，High） | 注 | 编号3、6~29、31、38、44、49~51、54~56、59、60、63~65、69、70、74~77的针脚未使用 |
| 46 | CAN-L（驱动 CAN 总线，Low） | | |
| 47 | 变速器输入转速传感器 | | |
| 48 | 变速器输出转速传感器 | | |

## 四、ABS

新捷达轿车防抱死制动系统（ABS）控制单元安装在发动机舱左侧，安装位置如图1-4所示，控制单元针脚分布如图1-5所示，针脚说明见表1-4。

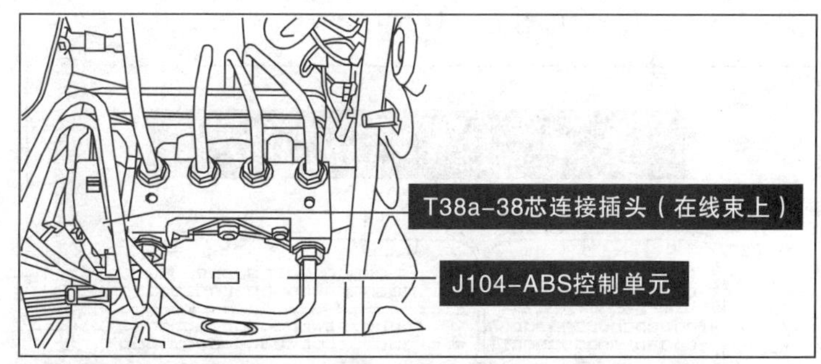


图1-4 新捷达轿车防抱死制动系统控制单元安装位置

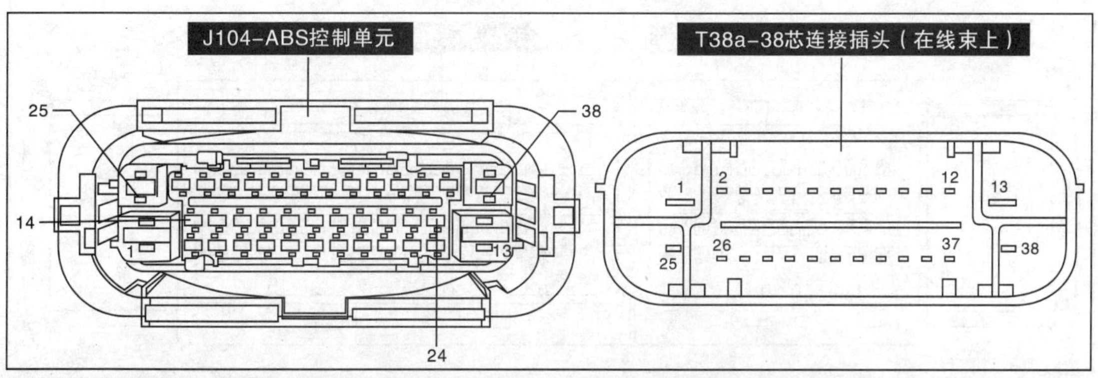


图1-5 新捷达轿车防抱死制动系统控制单元针脚分布

**表1-4 新捷达轿车防抱死制动系统控制单元针脚说明**

| 针脚 | 说明 | 针脚 | 说明 |
|---|---|---|---|
| 1 | 接熔断器SA4 | 27 | 接熔断器SB4 |
| 3 | 右后转速传感器信号 | 28 | 接熔断器SC9 |
| 4 | 右后转速传感器信号 | 29 | 左后转速传感器信号 |
| 6 | 制动助力器真空传感器信号 | 30 | 左后转速传感器信号 |
| 7 | 轮胎监控显示按钮信号 | 32 | 制动助力器真空传感器 |
| 8 | CAN总线，低位（驱动系统） | 34 | 制动助力器真空传感器 |
| 9 | CAN总线，高位（驱动系统） | 35 | 左前转速传感器信号 |
| 10 | 右前转速传感器信号 | 36 | 左前转速传感器信号 |
| 11 | 右前转速传感器信号 | 38 | 接线柱31 |
| 13 | 接线柱31 | 注 | 编号2、5、12、14~24、26、31、33、37的针脚未使用 |
| 25 | 接熔断器SB6 | | |

# 第二节　一汽-大众全新宝来（2016年起）

## 一、1.4T CSTA发动机

全新宝来轿车1.4T CSTA发动机控制单元位于排水槽中间，安装位置如图1-6中箭头所示，其针脚分布如图1-7所示，针脚说明见表1-5。

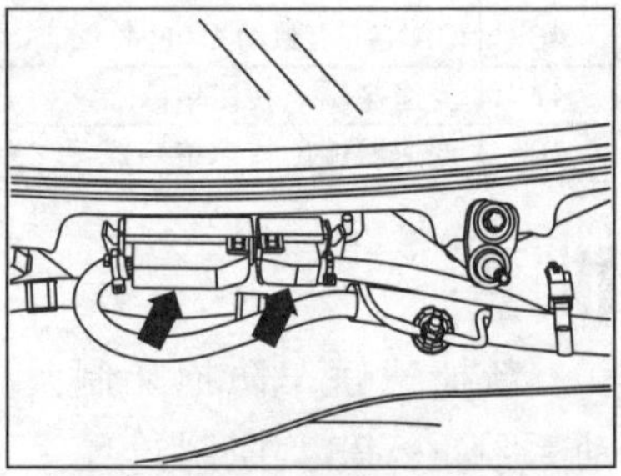

图1-6 全新宝来1.4T CSTA发动机控制单元安装位置

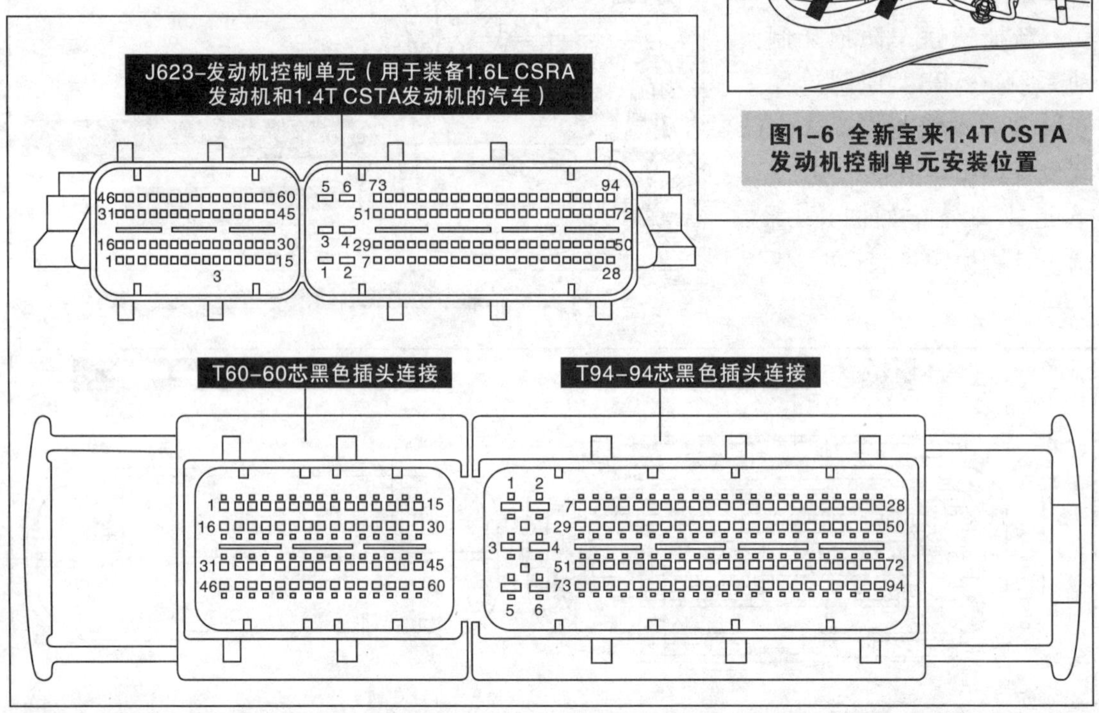


图1-7 全新宝来1.4T CSTA发动机控制单元针脚分布

表1-5 全新宝来1.4T CSTA发动机控制单元针脚说明

| 针脚 | 说明 |
| --- | --- |
| T94- 94 芯黑色插头连接 | |
| 1 | 接线柱31 |
| 2 | 接线柱31 |
| 5 | 接线柱87a |
| 6 | 接线柱87a |
| 7 | 催化转化器前的氧传感器加热装置控制端 |
| 10 | 燃油泵控制单元信号 |
| 11 | 起动/停止模式按钮信号（仅用于装备自动起/停系统的汽车） |
| 23 | 催化转化器后的氧传感器信号 |
| 24 | 催化转化器前的氧传感器信号 |
| 27 | 传感器接地（制动助力压力传感器信号、变速器空档位置传感器）（仅用于手动档汽车） |
| 28 | 催化转化器后的氧传感器加热装置控制端 |
| 31 | 散热器出口处的冷却液温度传感器 |
| 32 | 加速踏板位置传感器2接地 |
| 34 | 加速踏板位置传感器接地 |
| 35 | 加速踏板位置传感器信号 |
| 42 | 离合器位置传感器信号（仅适用于手动档汽车） |
| 43 | 高压传感器信号 |
| 45 | 催化转化器后的氧传感器信号 |
| 46 | 催化转化器前的氧传感器信号 |
| 56 | GRA开关信号 |
| 58 | 变速器空档位置传感器信号（仅用手动档汽车） |
| 62 | 制动信号灯开关信号 |
| 63 | 接线柱50信号输入 |
| 64 | 加速踏板位置传感器电源5V |
| 66 | 加速踏板位置传感器2电源V |
| 67 | CAN-L（驱动 CAN 总线，低位） |
| 68 | CAN-H（驱动 CAN 总线，高位） |
| 69 | 主继电器控制端 |
| 70 | 散热器风扇控制信号 |
| 71 | 空调器继电器控制端 |
| 74 | 散热器出口处的冷却液温度传感器 |
| 75 | 制动助力压力传感器信号（仅用于手动档汽车） |
| 76 | 加速踏板位置传感器2信号 |
| 77 | 起动/停止模式按指示灯控制端（仅用于装备自动起/停系统的汽车） |
| 78 | 制动踏板开关信号 |
| 83 | 起动机继电器1控制端（仅用于装备自动起/停系统的汽车） |
| 84 | 起动机继电器2控制端（仅适用于装备自动起/停系统的汽车） |
| 85 | 离合器位置传感信号（仅用于手动档汽车） |
| 87 | 接线柱15a |
| 88 | 传感器电源5V（变速器空档位置传感器、制动助力压力传感器）（仅用于手动档汽车） |
| 92 | 接线柱30a |
| 注 | 编号3、4、8、9、12～22、25、26、29、30、33、36～41、44、47～55、57、59～61、65、72、73、79、80～82、86、89～91、93、94的针脚未使用 |
| T60- 60芯黑色插头连接 | |
| 1 | 节气门驱动装置（电子节气门）+ |
| 2 | 燃油压力调节阀控制端 |
| 3 | 传感器电源5V（霍尔传感器2、进气压力传感器、燃油压力传感器） |
| 4 | 传感器电源5V（增压压力传感器、发动机转速传感器、进气温度传感器2） |
| 5 | 发动机转速传感器信号 |
| 6 | 传感器接地（霍尔传感器、霍尔传感器2） |
| 7 | 霍尔传感器2信号 |
| 8 | 进气压力传感器信号 |
| 9 | 进气温度传感器信号 |
| 10 | 燃油压力传感器信号 |
| 11 | 节气门驱动装置（电子节气门）角度传感器接地 |
| 13 | 发动机温度传感器信号 |
| 14 | 冷却液循环泵控制端 |
| 15 | 增压压力限制电磁阀控制端- |
| 16 | 节气门驱动装置（电子节气门）- |
| 17 | 2缸喷油控制+ |
| 18 | 3缸喷油控制+ |
| 19 | 节气门驱动装置（电子节气门）角度传感器电源5V |
| 20 | 发动机转速传感器信号 |
| 21 | 霍尔传感器信号 |
| 23 | 节气门驱动装置（电子节气门）角度传感器2信号 |
| 24 | 进气温度传感器2信号 |
| 27 | 发动机温度传感器信号 |
| 28 | 传感器接地（进气温度传感器2、进气温度传感器、燃油压力传感器） |

（续）

| 针脚 | 说明 | 针脚 | 说明 |
|---|---|---|---|
| 30 | 增压压力限制电磁阀控制端+ | 47 | 1缸喷油控制- |
| 31 | 1缸喷油控制+ | 48 | 2缸喷油控制- |
| 32 | 3缸喷油控制- | 49 | 凸轮轴调节阀1控制端 |
| 33 | 4缸喷油控制- | 50 | 活性炭罐电磁阀控制端 |
| 34 | 燃油压力调节阀控制端 | 51 | 机油压力调节阀控制端 |
| 35 | 排气凸轮轴调节阀1控制端 | 52 | 带功率输出级的点火线圈2 控制端 |
| 37 | 带功率输出级的点火线圈4控制端 | 53 | 带功率输出级的点火线圈1 控制端 |
| 38 | 带功率输出级的点火线圈3控制端 | 55 | 爆燃传感器信号 |
| 39 | 节气门驱动装置（电子节气门）角度传感器1信号 | 56 | 爆燃传感器信号 |
| | | 59 | 机油压力开关信号 |
| 41 | 爆燃传感器屏蔽 | 注 | 编号12、22、25、26、29、36、40、42、44、45、54、57、58、60的针脚未使用 |
| 43 | 增压压力传感器信号 | | |
| 46 | 4缸喷油控制+ | | |

## 二、1.6L CSRA发动机

全新宝来轿车1.6L CSRA发动机控制单元安装位置及针脚分布与1.4T CSTA发动机相同，参考图1-6、图1-7，针脚说明见表1-6。

**表1-6 全新宝来轿车1.6L CSRA发动机控制单元针脚说明**

| 针脚 | 说明 | 针脚 | 说明 |
|---|---|---|---|
| T94- 94 芯黑色插头连接 | | 67 | CAN-H（驱动 CAN 总线，高位） |
| 1 | 接线柱31 | 68 | CAN-L（驱动 CAN 总线，低位） |
| 2 | 接线柱31 | 69 | 主继电器控制端 |
| 3 | 接线柱87 | 72 | 燃油泵继电器控制端 |
| 5 | 接线柱87 | 73 | 催化转化器后的氧传感器加热装置控制端 |
| 7 | 催化转化器前的氧传感器加热装置控制端 | 74 | 散热器风扇控制信号 |
| 14 | 催化转化器前的氧传感器信号 | 78 | 加速踏板位置传感器接地 |
| 15 | 催化转化器前的氧传感器信号 | 79 | 加速踏板位置传感器信号 |
| 16 | 催化转化器后的氧传感器信号 | 80 | 加速踏板位置传感器电源5V |
| 17 | 催化转化器后的氧传感器信号 | 87 | 接线柱15a |
| 20 | 发电机发电控制端 | 92 | 接线柱30a |
| 21 | 高压传感器信号 | 注 | 编号4、6、8~13、18、19、24、26、27、29~55、59~63、65、70、71、75~77、81~86、88~91、93、94的针脚未使用 |
| 22 | 空调开关信号（仅用于手动调节空调汽车） | | |
| 23 | GRA开关信号（仅用于装备定速巡航装置GRA的汽车） | | |
| 25 | 离合器位置传感器信号（仅用于手动变速器汽车） | T60- 60芯黑色插头连接 | |
| | | 1 | 节气门驱动装置（电控节气门）- |
| 28 | 空调继电器控制端 | 2 | 节气门驱动装置（电控节气门）+ |
| 56 | 加速踏板位置传感器2接地 | 3 | 4缸喷油控制 |
| 57 | 加速踏板位置传感器2信号 | 4 | 1缸喷油控制 |
| 58 | 加速踏板位置传感器2电源5V | 5 | 发动机转速传感器信号 |
| 64 | 制动踏板开关信号 | 6 | 发动机转速传感器信号 |
| 66 | 制动信号灯开关信号 | 7 | 霍尔传感器信号 |

（续）

| 针脚 | 说明 |
| --- | --- |
| 8 | 霍尔传感器接地 |
| 9 | 带功率输出级的点火线圈1控制端 |
| 10 | 带功率输出级的点火线圈3控制端 |
| 11 | 带功率输出级的点火线圈4控制端 |
| 12 | 带功率输出级的点火线圈2控制端 |
| 13 | 传感器电源5V（霍尔传感器、进气压力传感器） |
| 14 | 发动机转速传感器信号 |
| 33 | 凸轮轴调节阀控制端 |
| 34 | 2缸喷油控制 |
| 38 | 节气门驱动装置（电子节气门）角度传感器1信号 |
| 39 | 节气门驱动装置（电子节气门）角度传感器2信号 |
| 41 | 冷却液温度传感器信号 |

| 针脚 | 说明 |
| --- | --- |
| 42 | 爆燃传感器屏蔽 |
| 43 | 进气温度传感器信号 |
| 44 | 节气门驱动装置（电子节气门）角度传感器电源5V |
| 48 | 活性炭罐电磁阀控制端 |
| 49 | 3缸喷油控制 |
| 51 | 节气门驱动装置（电子节气门）角度传感器接地 |
| 53 | 爆燃传感器信号 |
| 54 | 爆燃传感器信号 |
| 56 | 进气温度传感器信号 |
| 57 | 进气压力传感器信号 |
| 58 | 冷却液温度传感器信号 |
| 注 | 编号15～32、35～37、40、45～47、50、52、55、59、60的针脚未使用 |

## 三、6档自动变速器

全新宝来轿车装备Tiptronic手动电控换档程序的6档自动变速器控制单元安装在排水槽内右侧，如图1-8中箭头所示，其针脚分布如图1-9所示，针脚说明见表1-7。

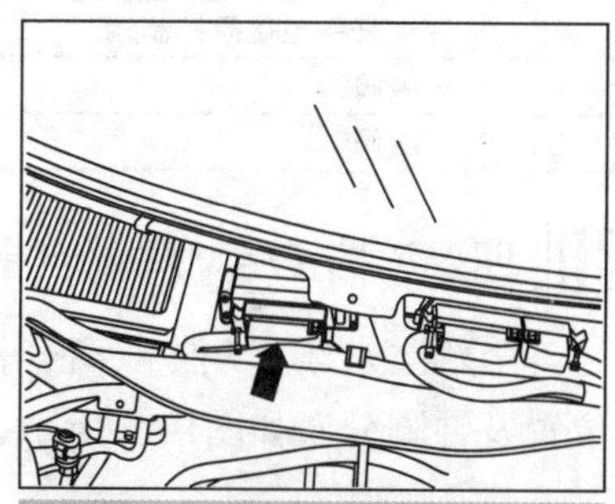

图1-8 全新宝来轿车6档自动变速器控制单元安装位置

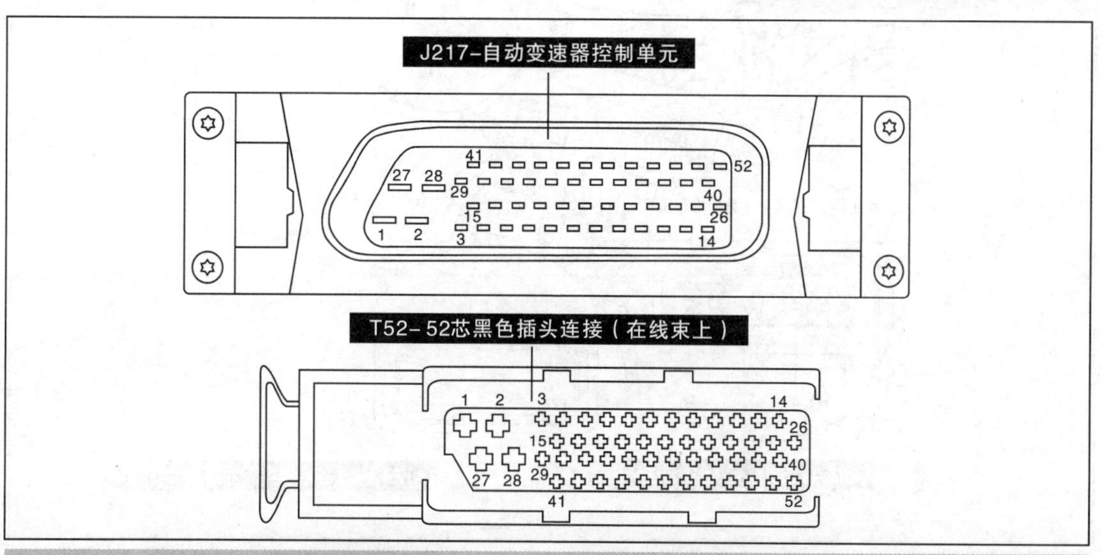


图1-9 全新宝来轿车6档自动变速器控制单元针脚分布

表1-7 全新宝来轿车6档自动变速器控制单元针脚说明

| 针脚 | 说明 | 针脚 | 说明 |
|---|---|---|---|
| 1 | 接线柱31 | 32 | 电磁阀9 |
| 2 | 接线柱31 | 34 | CAN-L（驱动CAN总线，低位） |
| 3 | 接线柱15a | 36 | 多功能开关 |
| 4 | 电磁阀10 | 38 | 变速器输出转速传感器+ |
| 5 | 电磁阀4 | 39 | 变速器输入转速传感器- |
| 6 | 电磁阀5 | 40 | 变速杆信号 |
| 8 | 齿轮油温度传感器 | 41 | 电磁阀1 |
| 10 | 多功能开关 | 42 | 电磁阀5 |
| 15 | 电磁阀2 | 43 | 电磁阀4 |
| 16 | 电磁阀9 | 44 | 电磁阀10 |
| 17 | 电磁阀6 | 45 | 齿轮油温度传感器 |
| 18 | 电磁阀3 | 46 | CAN-H（驱动CAN总线，高位） |
| 21 | 多功能开关 | 48 | 多功能开关 |
| 22 | 多功能开关 | 49 | 变速杆信号 |
| 27 | 接线柱30a | 50 | 变速器输出转速传感器- |
| 28 | 接线柱30a | 51 | 变速器输入转速传感器+ |
| 29 | 变速杆锁电磁阀控制端 | 52 | 车速信号输出 |
| 30 | 电磁阀3 | 注 | 编号7、9、11~14、19、20、23~26、33、35、37、47的针脚未使用 |
| 31 | 电磁阀6 | | |

## 四、7档OAM双离合器变速器

全新宝来轿车7档双离合器变速器（OAM）控制单元安装在变速器中部，其安装位置及针脚分布如图1-10所示，针脚说明见表1-8。

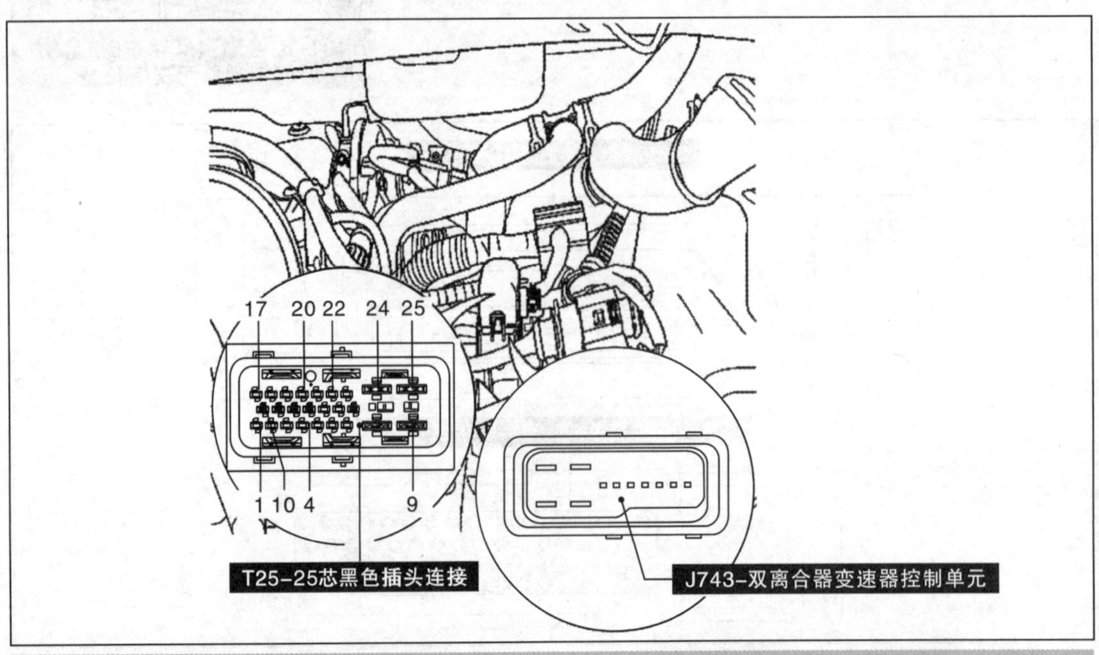


图1-10 全新宝来轿车7档双离合器变速器控制单元安装位置及针脚分布

表1-8 全新宝来轿车7 档 双离合器变速器控制单元针脚说明

| 针脚 | 说明 | 针脚 | 说明 |
|---|---|---|---|
| 8 | 接线柱31 | 16 | P/N档位信号 |
| 9 | 接线柱30a | 24 | 接线柱31 |
| 10 | 接线柱15a | 25 | 接线柱30a |
| 11 | K诊断导线 | 注 | 编号1～7、14、15、17～23的针脚未使用 |
| 12 | CAN-L（驱动 CAN 总线，低位） | | |
| 13 | CAN-H（驱动 CAN 总线，高位） | | |

## 五、ABS/ESP/ASR/HBV

全新宝来轿车ABS/ESP（电子行车稳定系统）/ASR（驱动防滑控制系统）/HBV（液压制动助力系统）控制单元安装在发动机舱内左纵梁后部，如图1-11中箭头所示，其针脚分布如图1-12所示，针脚说明见表1-9。

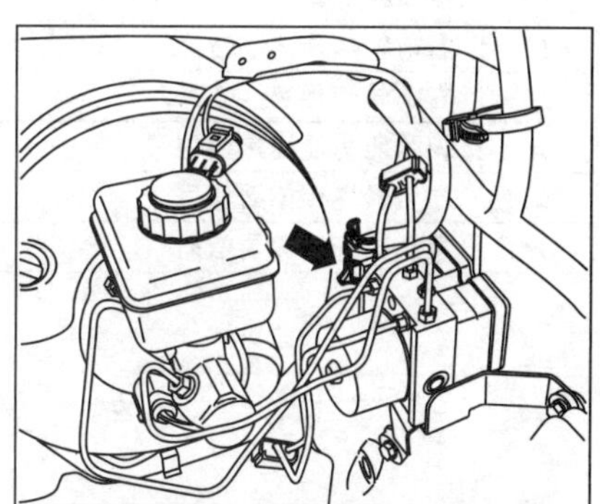

图1-11 全新宝来轿车ABS/ESP/ASR/HBV控制单元安装位置

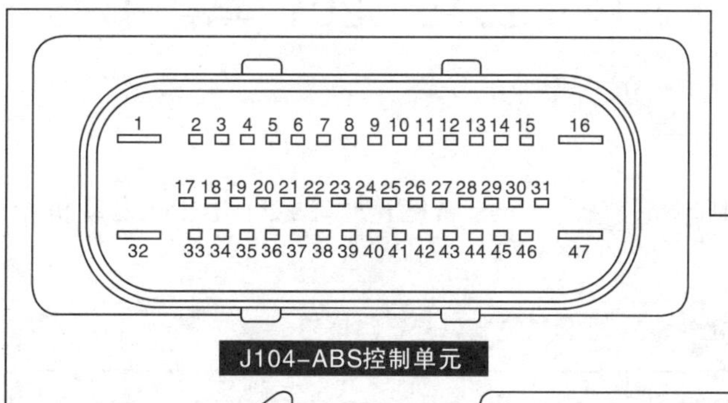


图1-12 全新宝来轿车 ABS/ESP/ASR/HBV控制单元针脚分布

表1-9 全新宝来轿车ABS/ESP/ASR/HBV控制单元针脚说明

| 针脚 | 说明 | 针脚 | 说明 |
|---|---|---|---|
| 1 | 接线柱30a | 10 | K诊断导线 |
| 5 | 真空传感器信号（仅用于装备OAM双离合器变速器的汽车） | 11 | 跨接至ABS控制单元25脚 |
| | | 12 | CAN-H（驱动 CAN 总线，高位） |
| 8 | 接线柱15a | 13 | CAN-L（驱动 CAN 总线，低位） |

（续）

| 针脚 | 说明 | 针脚 | 说明 |
|---|---|---|---|
| 14 | 跨接至ABS控制单元20脚 | 38 | 制动信号灯开关信号 |
| 18 | 横向加速传感器信号 | 40 | 真空传感器接地（仅用于装备OAM双离合器变速器的汽车） |
| 19 | 横向加速传感器信号 | | |
| 20 | 跨接至ABS控制单元14脚 | 41 | 真空传感器电源（仅用于装备OAM双离合器变速器的汽车） |
| 22 | 偏转率传感器信号 | | |
| 25 | 跨接至ABS 控制单元11脚 | 42 | 右后转速传感器信号 |
| 29 | 电子稳定程序传感器信号 | 43 | 右后转速传感器信号 |
| 32 | 接线柱30a | 45 | 左前转速传感器信号 |
| 33 | 右前转速传感器信号 | 46 | 左前转速传感器信号 |
| 34 | 右前转速传感器信号 | 47 | 接线柱31 |
| 35 | 轮胎压力监控按钮信号 | 注 | 编号2~4、6、7、9、15~17、21、23、24、26~28、30、31、39、44的针脚未使用 |
| 36 | 左后转速传感器信号 | | |
| 37 | 左后转速传感器信号 | | |

# 第三节　一汽-大众新速腾（2015~2017年款）

## 一、1.6L CPDA发动机

新速腾轿车1.6L CPDA发动机控制单元针脚分布与新捷达轿车1.5T DCFA发动机相同，参考图1-2，针脚说明见表1-10。

**表1-10 新速腾轿车1.6L CPDA发动机控制单元针脚说明**

| 针脚 | 说明 | 针脚 | 说明 |
|---|---|---|---|
| | B-121芯插头连接T121（1~81芯） | 45 | 加速踏板位置传感器2接地 |
| 1 | 接线柱31 | 50 | 加速踏板位置传感器接地 |
| 2 | 接线柱31 | 51 | 加速踏板位置传感器信号 |
| 3 | 接线柱87a | 53 | 制动信号灯开关信号 |
| 4 | 氧传感器加热控制端 | 62 | 接线柱15a |
| 5 | 催化转化器后的氧传感器1加热装置控制端 | 63 | 制动踏板开关信号 |
| 6 | 散热器出口处的冷却液温度传感器信号 | 64 | 加速踏板位置传感器2信号 |
| 12 | 氧传感器信号 | 65 | 离合器踏板开关信号（仅用于手动档汽车） |
| 13 | 交流发电机励磁控制 | 66 | K诊断线 |
| 17 | 催化转化器后的氧传感器接地 | 69 | 定速巡航装置开关信号 |
| 18 | 加速踏板位置传感器电源5V | 73 | 接线柱30a |
| 19 | 加速踏板位置传感器2电源5V | 80 | 燃油泵继电器控制端 |
| 20 | CAN总线，高位（驱动系统） | | C-121芯插头连接T121（82~121芯） |
| 21 | CAN总线，低位（驱动系统） | 83 | 冷却液温度传感器接地 |
| 23 | 主继电器控制端 | 84 | 发动机转速传感器电源5V |
| 25 | 散热器出口处的冷却液温度传感器接地 | 85 | 4缸喷油阀控制端 |
| 31 | 氧传感器接地 | 86 | 2缸喷油阀控制端 |
| 37 | 催化转化器后的氧传感器信号 | 87 | 3缸喷油阀控制端 |

（续）

| 针脚 | 说明 |
|---|---|
| 88 | 1缸喷油阀控制端 |
| 89 | 节气门驱动装置（电子节气门）角度传感器电源5V |
| 90 | 节气门驱动装置角度传感器1信号 |
| 91 | 节气门驱动装置（电子节气门）角度传感器接地 |
| 92 | 节气门驱动装置角度传感器2信号 |
| 93 | 进气温度传感器信号 |
| 95 | 进气歧管绝对压力传感器信号 |
| 96 | 传感器电源5V |
| 98 | 霍尔传感器接地 |
| 99 | 发动机转速传感器接地 |
| 100 | 带功率输出级的点火线圈4控制端 |
| 101 | 爆燃传感器1接地 |
| 102 | 爆燃传感器屏蔽 |
| 103 | 带功率输出级的点火线圈2控制端 |
| 104 | 冷却液温度传感器信号 |
| 105 | 霍尔传感器信号 |
| 106 | 发动机转速传感器信号 |
| 107 | 传感器接地 |
| 109 | 爆燃传感器1信号 |
| 111 | 活性炭罐电磁阀1控制端 |
| 112 | 带功率输出级的点火线圈1控制端 |
| 113 | 带功率输出级的点火线圈3控制端 |
| 115 | 凸轮轴调节阀1控制端 |
| 119 | 节气门驱动装置控制端+ |
| 121 | 节气门驱动装置控制端- |
| 注 | 编号7～11、14～16、22、24、26～30、32～36、38～44、46～49、52、54～61、67、68、70～72、74～79、81、82、94、97、108、110、114、116～118、120的针脚未使用 |

## 二、6档自动变速器

新速腾轿车6档自动变速器控制单元安装在前排乘客侧的排水槽盖板下方，安装位置及针脚分布如图1-13所示，针脚说明见表1-11。

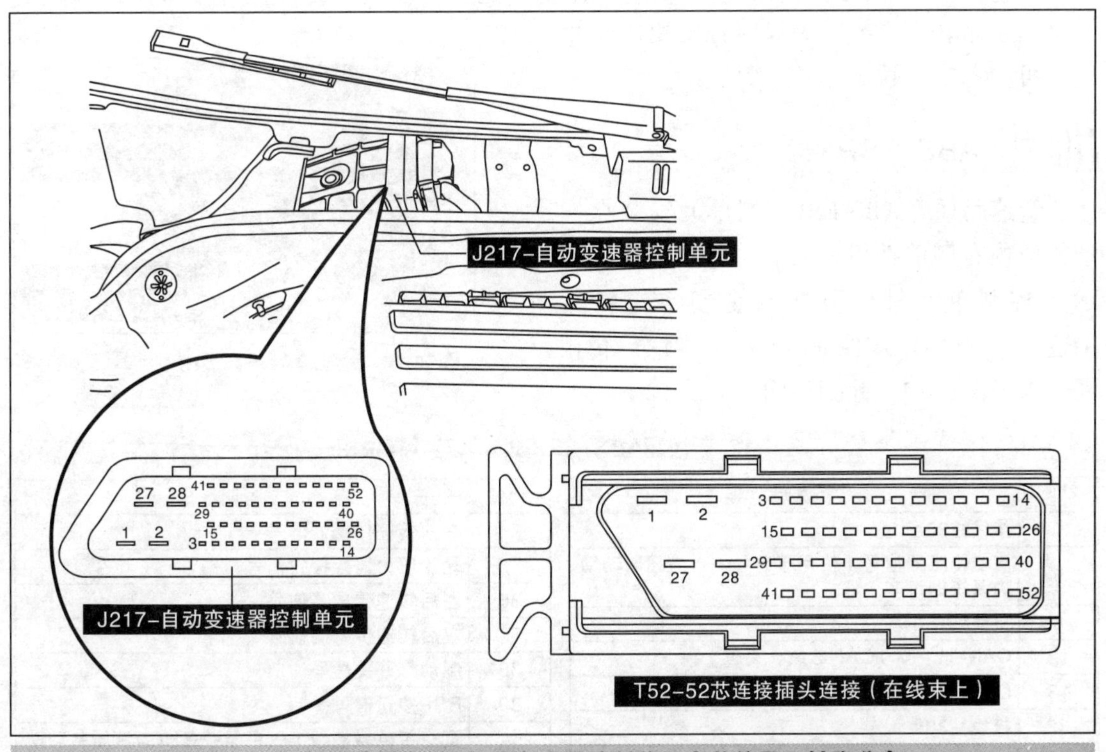


图1-13 新速腾轿车6档自动变速器控制单元安装位置及针脚分布

**表1-11 新速腾轿车6档自动变速器控制单元针脚说明**

| 针脚 | 说明 | 针脚 | 说明 |
|---|---|---|---|
| 1、2 | 接线柱31 | 32 | 电磁阀9 |
| 3 | 接线柱15a | 34 | CAN总线，低位（驱动系统） |
| 4 | 电磁阀10 | 36 | 多功能开关 |
| 5 | 电磁阀4 | 38 | 变速器输出转速传感器+ |
| 6 | 电磁阀5 | 39 | 变速器输入转速传感器- |
| 8 | 齿轮油温度传感器 | 40 | 手动换档程序开关 |
| 9 | K诊断线 | 41 | 电磁阀1 |
| 10 | 多功能开关 | 42 | 电磁阀5 |
| 15 | 电磁阀2 | 43 | 电磁阀4 |
| 16 | 电磁阀9 | 44 | 电磁阀10 |
| 17 | 电磁阀6 | 45 | 齿轮油温度传感器 |
| 18 | 电磁阀3 | 46 | CAN总线，高位（驱动系统） |
| 21 | 多功能开关 | 48 | 多功能开关 |
| 22 | 多功能开关 | 49 | 手动换档程序开关 |
| 27、28 | 接线柱30a | 50 | 变速器输出转速传感器- |
| 29 | 手动换档程序开关 | 51 | 变速器输入转速传感器+ |
| 30 | 电磁阀3 | 注 | 编号7、11~14、19、20、23~26、33、35、37、47、52的针脚未使用 |
| 31 | 电磁阀6 | | |

## 三、7档OAM双离合器变速器

新速腾轿车7档OAM双离合器变速器控制单元安装安装位置、针脚分布及针脚说明与全新宝来轿车7档OAM双离合器变速器相同，可参考宝来轿车相关资料。

## 四、ABS/ESP

新速腾轿车ABS/ESP控制单元安装在发动机舱内右侧前挡板，安装位置如图1-14所示，控制单元针脚分布与全新宝来轿车ABS/ESP/ASR/HBV控制单元针脚分布相同，参考图1-12，针脚说明见表1-12。

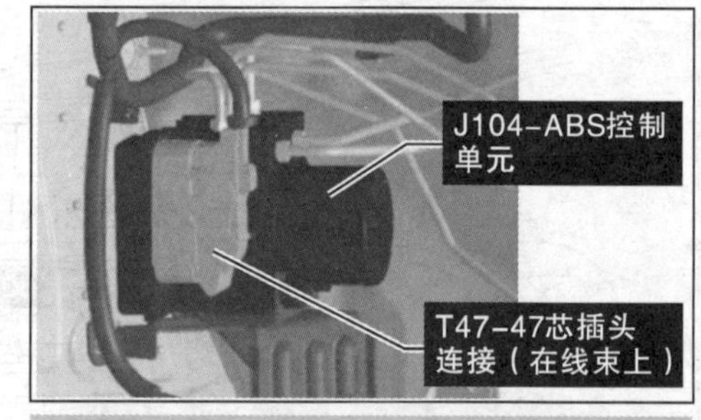


图1-14 新速腾ABS/ESP控制单元安装位置

**表1-12 新速腾ABS/ESP控制单元针脚说明**

| 针脚 | 说明 | 针脚 | 说明 |
|---|---|---|---|
| 1 | 接线柱30a | 34 | 右前转速传感器信号 |
| 5 | 真空传感器信号（仅用于装备HBV液压制动助力系统的汽车） | 35 | 轮胎压力监控按钮信号 |
| 8 | 接线柱15a | 36 | 左后转速传感器信号 |
| 12 | CAN-H（驱动CAN总线，高位） | 37 | 左后转速传感器信号 |
| 13 | CAN-L（驱动CAN总线，低位） | 38 | 制动灯开关信号 |
| 32 | 接线柱30a | 39 | ESP按钮信号 |
| 33 | 右前转速传感器信号 | 40 | 真空传感器接地（仅用于装备HBV液压制动助力系统的汽车） |

（续）

| 针脚 | 说明 |
|---|---|
| 41 | 真空传感器电源（仅用于装备HBV液压制动助力系统的汽车） |
| 42 | 右后转速传感器信号 |
| 43 | 右后转速传感器信号 |
| 45 | 左前转速传感器信号 |
| 46 | 左前转速传感器信号 |
| 47 | 接线柱31 |
| 注 | 编号2～4、6、7、9～11、14～31、44的针脚未使用 |

# 第四节 一汽-大众全新迈腾B8L（2017年起）

## 一、1.4T CSSA发动机

全新迈腾B8L 1.4T CSSA发动机控制单元位于发动机舱内左侧，其针脚分布与新捷达轿车1.4T CSTA发动机相同，参考图1-1，针脚说明见表1-13。

**表1-13 全新迈腾B8L 1.4T CSSA发动机控制单元针脚说明**

| 针脚 | 说明 |
|---|---|
| T94a-94芯黑色插头连接 | |
| 1 | 接线柱31 |
| 2 | 接线柱31 |
| 5 | 接线柱87a |
| 6 | 接线柱87a |
| 7 | 催化转化器前的氧传感器加热装置控制端 |
| 10 | 燃油泵控制单元信号 |
| 23 | 催化转化器后的氧传感器信号 |
| 24 | 催化转化器前的氧传感器信号 |
| 28 | 催化转化器后的氧传感器加热装置控制端 |
| 31 | 散热器出口处的冷却液温度传感器信号 |
| 32 | 加速踏板位置传感器2接地 |
| 34 | 加速踏板位置传感器接地 |
| 35 | 加速踏板位置传感器信号 |
| 44 | 进入及起动系统接口 |
| 45 | 催化转化器后的氧传感器信号 |
| 46 | 催化转化器前的氧传感器信号 |
| 56 | GRA开关信号（仅用于装备定速巡航的汽车） |
| 62 | 制动信号灯开关信号 |
| 63 | 接线柱50信号输入 |
| 64 | 加速踏板位置传感器电源5V |
| 66 | 加速踏板位置传感器2电源5V |
| 67 | CAN-L总线 |
| 68 | CAN-H总线 |
| 69 | 主继电器控制端 |
| 70 | 散热器风扇控制信号 |
| 74 | 散热器出口处的冷却液温度传感器信号 |
| 76 | 加速踏板位置传感器2信号 |
| 78 | 制动踏板开关信号 |
| 80 | P/N档位信号 |
| 83 | 起动机继电器1控制端 |
| 84 | 起动机继电器2控制端 |
| 85 | 接双离合器变速器机电装置 |
| 87 | 接线柱15a |
| 92 | 接线柱30a |
| 注 | 编号3、4、8、9、11～22、25～27、29、30、33、36～43、47～55、57～61、65、71～73、75、77、79、81、82、86、88～91、93、94的针脚未使用 |
| T60a-60芯插头连接 | |
| 1 | 节气门驱动装置（电子节气门）+ |
| 2 | 燃油压力调节阀控制端 |
| 3 | 传感器电源5V |
| 4 | 传感器电源5V |
| 5 | 发动机转速传感器信号 |
| 6 | 传感器接地 |
| 7 | 霍尔传感器2信号 |
| 8 | 进气压力传感器信号 |
| 9 | 进气温度传感器2信号 |
| 10 | 燃油压力传感器信号 |
| 11 | 节气门驱动装置（电子节气门）角度传感器接地 |

（续）

| 针脚 | 说明 | 针脚 | 说明 |
|---|---|---|---|
| 13 | 传感器接地 | 34 | 燃油压力调节阀控制端 |
| 14 | 增压空气冷却泵控制端 | 35 | 排气凸轮轴调节阀1控制端 |
| 15 | 增压调节器控制端 | 37 | 带功率输出级的点火线圈4控制端 |
| 16 | 节气门驱动装置（电子节气门）- | 38 | 带功率输出级的点火线圈3控制端 |
| 17 | 2缸喷油控制 - | 39 | 节气门驱动装置（电子节气门）角度传感器1信号 |
| 18 | 3缸喷油控制 - | 41 | 爆燃传感器屏蔽 |
| 19 | 节气门驱动装置（电子节气门）角度传感器电源5V | 43 | 增压压力传感器信号 |
| 20 | 发动机转速传感器接地 | 46 | 4缸喷油控制 - |
| 21 | 霍尔传感器信号 | 47 | 1缸喷油控制 + |
| 22 | 机油压力降低开关 | 48 | 2缸喷油控制 + |
| 23 | 节气门驱动装置（电子节气门）角度传感器2信号 | 49 | 凸轮轴调节阀1控制端 |
| 24 | 进气温度传感器信号 | 50 | 活性炭罐电磁阀控制端 |
| 25 | 增压压力调节位置传感器信号 | 51 | 机油压力调节阀控制端 |
| 27 | 冷却液温度传感器信号 | 52 | 带功率输出级的点火线圈2控制端 |
| 28 | 传感器接地 | 53 | 带功率输出级的点火线圈1控制端 |
| 30 | 增压调节器控制端 | 55 | 爆燃传感器信号 |
| 31 | 1缸喷油控制 - | 56 | 爆燃传感器信号 |
| 32 | 3缸喷油控制 + | 59 | 油压开关信号 |
| 33 | 4缸喷油控制 + | 注 | 编号12、26、29、36、40、42、44、45、54、57、58、60的针脚未使用 |

## 二、1.8T CUFA/ 2.0T CUGA 发动机

全新迈腾B8L 1.8T CUFA/ 2.0T CUGA发动机控制单元位于发动机舱左侧，其安装位置及针脚分布如图1-15所示，针脚说明见表1-14。

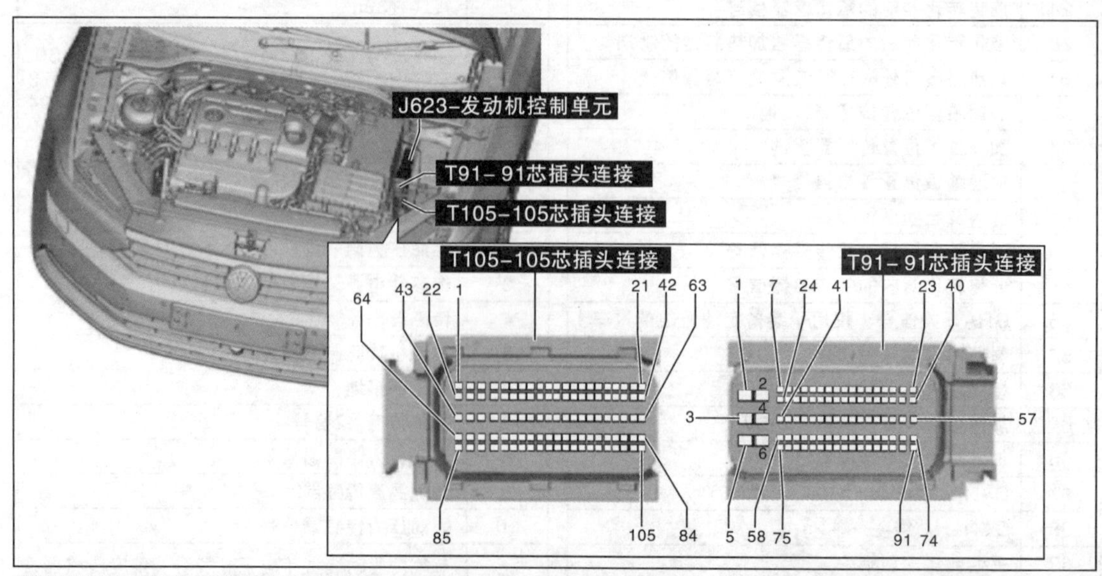


图1-15 全新迈腾B8L 1.8T CUFA/ 2.0 T CUGA发动机控制单元安装位置及针脚分布

**表1-14 全新迈腾B8L 1.8T CUFA/ 2.0T CUGA发动机控制单元针脚说明**

| 针脚 | 说明 |
|---|---|
| T105a-105芯黑色插头连接 | |
| 1 | 2缸喷油控制 |
| 2 | 3缸喷油控制 |
| 3 | 活性炭罐电磁阀控制端 |
| 4 | 3缸排气凸轮调节器B控制端 |
| 6 | 1缸排气凸轮调节器A控制端 |
| 7 | 活塞冷却喷嘴控制阀控制端 |
| 8 | 双离合器变速器机电装置 |
| 11 | 燃油压力传感器接地 |
| 17 | 机油压力调节阀控制端 |
| 20 | 未使用（仅用于1.8T CUFA发动机汽车） |
| | 增压压力调节位置传感器接地（仅用于2.0T CUGA发动机汽车） |
| 21 | 增压压力限制电磁阀控制端（仅用于1.8T CUFA发动机汽车） |
| | 未使用（仅用于2.0T CUGA发动机汽车） |
| 22 | 3缸喷油控制 |
| 23 | 2缸喷油控制 |
| 24 | 未使用（仅用于1.8T CUFA发动机汽车） |
| | 3缸喷油阀2控制端（仅用于2.0 T CUGA发动机汽车） |
| 25 | 未使用（仅用于1.8T CUFA发动机汽车） |
| | 1缸喷油阀2控制端（仅用于2.0 T CUGA发动机汽车） |
| 26 | 未使用（仅用于1.8T CUFA发动机汽车） |
| | 发动机温度调节伺服元件电源（仅用于2.0 T CUGA发动机汽车） |
| 27 | 进气管风门位置传感器接地 |
| 28 | 霍尔传感器3信号 |
| 29 | 霍尔传感器3接地 |
| 30 | 霍尔传感器信号 |
| 31 | 未使用（仅用于1.8T CUFA发动机汽车） |
| | 低压燃油压力传感器信号（仅用于2.0T CUGA发动机汽车） |
| 33 | 传感器接地 |
| 34 | 节气门驱动装置（电子节气门）角度传感器1信号 |
| 35 | 发动机转速传感器电源5V |
| 36 | 进气管风门位置传感器信号 |
| 37 | 未使用（仅用于1.8T CUFA发动机汽车） |
| | 低压燃油压力传感器电源5V（仅用于2.0 T CUGA发动机汽车） |
| 38 | 霍尔传感器3电源5V |
| 40 | 冷却液温度传感器信号 |
| 41 | 未使用（仅用于1.8T CUFA发动机汽车） |
| | 增压压力调节位置传感器信号（仅用于2.0T CUGA发动机汽车） |
| 42 | 进气歧管绝对压力传感器电源5V |
| 43 | 4缸喷油控制 |
| 44 | 霍尔传感器接地 |
| 45 | 未使用（仅用于1.8T CUFA发动机汽车） |
| | 4缸喷油阀2控制端（仅用于2.0 T CUGA发动机汽车） |
| 46 | 未使用（仅用于1.8T CUFA发动机汽车） |
| | 2缸喷油阀2控制端（仅用于2.0 T CUGA发动机汽车） |
| 47 | 冷却液温度传感器信号 |
| 48 | 进气管风门位置传感器电源5V |
| 49 | 燃油压力传感器信号 |
| 50 | 未使用（仅用于1.8T CUFA发动机汽车） |
| | 低压燃油压力传感器接地（仅用于2.0 T CUGA发动机汽车） |
| 51 | 进气温度传感器信号 |
| 52 | 进气管压力传感器信号 |
| 53 | 进气管风门阀门控制端 |
| 54 | 节气门驱动装置（电子节气门）角度传感器电源5V |
| 55 | 节气门驱动装置（电子节气门）角度传感器2信号 |
| 56 | 节气门驱动装置（电子节气门）角度传感器接地 |
| 57 | 带功率输出级的点火线圈3控制端 |
| 58 | 气缸2排气凸轮调节器B控制端 |
| 59 | 气缸2排气凸轮调节器A控制端 |
| 61 | 未使用（仅用于1.8T CUFA发动机汽车） |
| | 增压压力调节位置传感器电源（仅用于2.0T CUGA发动机汽车） |
| 62 | 带功率输出级的点火线圈4控制端 |
| 64 | 1缸喷油控制 |
| 65 | 4缸喷油控制 |
| 66 | 涡轮增压器循环空气阀控制端 |
| 68 | 燃油压力传感器电源5V |
| 69 | 霍尔传感器电源5V |
| 70 | 发动机转速传感器信号 |
| 72 | 机油压力降低开关信号 |
| 73 | 油压开关，3档信号 |
| 74 | 油压开关信号（仅用于1.8T CUFA发动机汽车） |
| | 未使用（仅用于2.0T CUGA发动机汽车） |

（续）

| 针脚 | 说明 |
|---|---|
| 76 | 带功率输出级的点火线圈1控制端 |
| 77 | 发动机转速传感器接地 |
| 78 | 未使用（仅用于1.8T CUFA发动机汽车） |
| | 发动机温度调节伺服元件接地（仅用于2.0T CUGA发动机汽车） |
| 79 | 带功率输出级的点火线圈 2 控制端 |
| 80 | 未使用（仅用于1.8T CUFA发动机汽车） |
| | 发动机温度调节伺服元件信号（仅用于2.0T CUGA发动机汽车） |
| 83 | 机油油位和温度传感器信号 |
| 84 | 冷却液继续补给泵控制端（仅用于1.8T CUFA发动机汽车） |
| | 增压空气冷却泵控制端（仅用于2.0 T CUGA发动机汽车） |
| 85 | 1缸喷油控制 |
| 86 | 未使用（仅用于1.8T CUFA发动机汽车） |
| | 发动机温度调节伺服元件控制端（仅用于2.0T CUGA发动机汽车） |
| 87 | 未使用（仅用于1.8T CUFA发动机汽车） |
| | 发动机温度调节伺服元件控制端（仅用于2.0 T CUGA发动机汽车） |
| 88 | 未使用（仅用于1.8T CUFA发动机汽车） |
| | 增压调节器（仅用于2.0T CUGA发动机汽车） |
| 89 | 未使用（仅用于1.8T CUFA发动机的汽车） |
| | 增压调节器（仅用于2.0T CUGA发动机汽车） |
| 90 | 节气门驱动装置（电子节气门） |
| 91 | 节气门驱动装置（电子节气门） |
| 92 | 燃油压力调节阀控制端 |
| 93 | 燃油压力调节阀控制端 |
| 94 | 3缸排气凸轮调节器A控制端 |
| 95 | 4缸排气凸轮调节器B控制端 |
| 96 | 4缸排气凸轮调节器A控制端 |
| 97 | 爆燃传感器信号 |
| 98 | 爆燃传感器信号 |
| 101 | 1缸排气凸轮调节器B控制端 |
| 104 | 排气凸轮轴调节阀1控制端 |
| 105 | 凸轮轴调节阀控制端 |
| 注 | 编号5、9、10、12～16、18、19、32、39、60、63、67、71、75、81、82、99、100、102、103的针脚未使用 |
| T91a－91芯黑色插头连接 | |
| 1 | 接线柱31 |

| 针脚 | 说明 |
|---|---|
| 2 | 接线柱31 |
| 5 | 接线柱87a |
| 6 | 接线柱87a |
| 7 | 主继电器控制端 |
| 8 | 发动机部件供电继电器控制端 |
| 9 | 燃油泵控制单元信号 |
| 11 | 催化转化器后的氧传感器加热装置控制端（仅用于1.8T CUFA发动机汽车） |
| | 催化转化器后的氧传感器信号（仅用于2.0T CUGA发动机汽车） |
| 12 | 散热器风扇控制信号 |
| 15 | 未使用（仅用于1.8T CUFA发动机汽车） |
| | 冷却液继续补给泵控制端（仅用于2.0T CUGA发动机汽车） |
| 16 | 加速踏板位置传感器2电源5V |
| 22 | 冷却液断流阀控制端 |
| 25 | 催化转化器后的氧传感器信号（仅用于1.8T CUFA发动机的汽车） |
| | 催化转化器后的氧传感器加热装置控制端（仅用于2.0T CUGA发动机的汽车） |
| 26 | 催化转化器后的氧传感器信号 |
| 29 | 散热器出口处的冷却液温度传感器接地 |
| 32 | 增压压力传感器电源5V |
| 33 | 加速踏板位置传感器电源5V |
| 34 | 加速踏板位置传感器接地 |
| 35 | 传感器接地 |
| 37 | 制动信号灯开关信号 |
| 39 | 变速器冷却液阀控制端 |
| 41 | 催化转化器前的氧传感器信号 |
| 43 | 催化转化器前的氧传感器信号 |
| 44 | 催化转化器前的氧传感器信号 |
| 49 | 散热器出口处的冷却液温度传感器信号 |
| 50 | 接线柱15a |
| 51 | 加速踏板位置传感器2接地 |
| 52 | 加速踏板位置传感器信号 |
| 54 | 增压压力传感器信号 |
| 55 | 增压压力传感器信号 |
| 60 | 制动踏板开关信号 |
| 62 | P/N档位信号 |
| 67 | 接线柱50 |
| 68 | 起动/停止模式按钮信号 |
| 69 | 加速踏板位置传感器2信号 |
| 70 | GRA开关信号（仅用于装备定速巡航装置GRA的汽车） |

（续）

| 针脚 | 说明 |
|---|---|
| 74 | 催化转化器前的氧传感器加热装置控制端 |
| 79 | CAN-H（驱动CAN总线，高位） |
| 80 | CAN-L（驱动CAN总线，低位） |
| 86 | 接线柱30a |
| 87 | 起动机继电器1控制端 |
| 88 | 起动机继电器2控制端 |
| 注 | 编号3、4、10、13、14、17~21、23、24、27、28、30、31、36、38、40、42、45~48、53、56~59、61、63~66、71~73、75~78、81~85、89~91的针脚未使用 |

## 三、7档OCW双离合器变速器

全新迈腾B8L OCW双离合器变速器控制单元针脚分布如图1-16所示，针脚说明见表1-15。

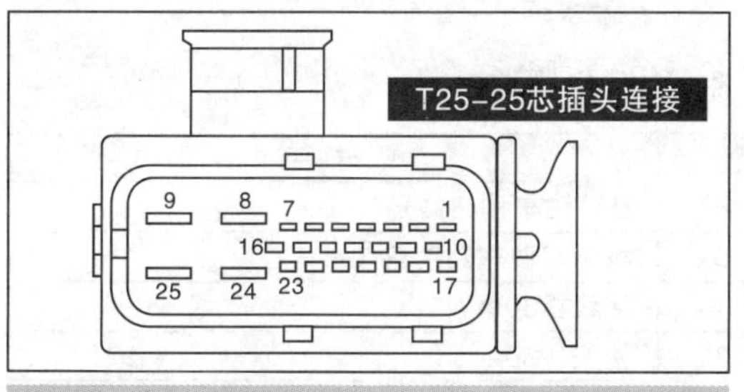


图1-16 全新迈腾B8L OCW双离合器变速器控制单元针脚分布

表1-15 全新迈腾B8L OCW双离合器变速器控制单元针脚说明

| 针脚 | 说明 |
|---|---|
| 8 | 接线柱31 |
| 9 | 接线柱87a |
| 10 | 接线柱15a |
| 12 | CAN-L（驱动CAN总线，低位） |
| 13 | CAN-H（驱动CAN总线，高位） |
| 14 | 接发动机控制单元 |
| 16 | P/N档位信号 |
| 24 | 接线柱31 |
| 25 | 接线柱87a |
| 注 | 编号1~7、11、15、17~23的针脚未使用 |

## 四、7档ODE双离合器变速器

全新迈腾B8L 7档ODE双离合器变速器控制单元针脚分布如图1-17所示，针脚说明见表1-16。

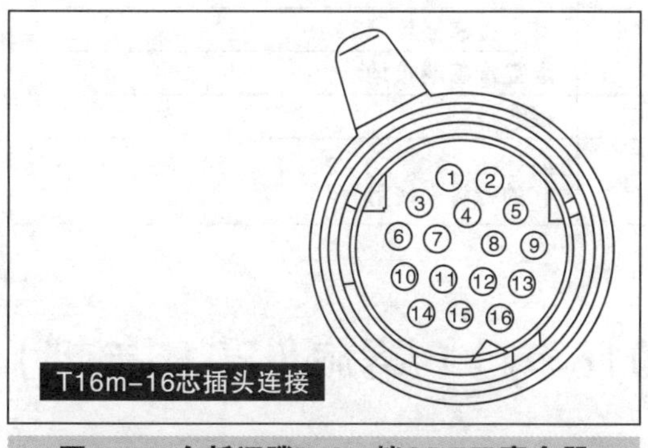


图1-17 全新迈腾B8L 7档ODE双离合器变速器控制单元针脚分布

表1-16 全新迈腾B8L 7档ODE双离合器变速器控制单元针脚说明

| 针脚 | 说明 |
|---|---|
| 2 | P/N档位信号 |
| 4 | 接发动机控制单元 |
| 6 | CAN-H（驱动CAN总线，高位） |
| 7 | CAN-L（驱动CAN总线，低位） |
| 9 | 接线柱30a |
| 15 | 接线柱15a |
| 16 | 接线柱31 |
| 注 | 编号1、3、5、8、10~14的针脚未使用 |

## 五、ABS

全新迈腾B8L ABS控制单元安装位置及针脚分布如图1-18所示，针脚说明见表1-17。

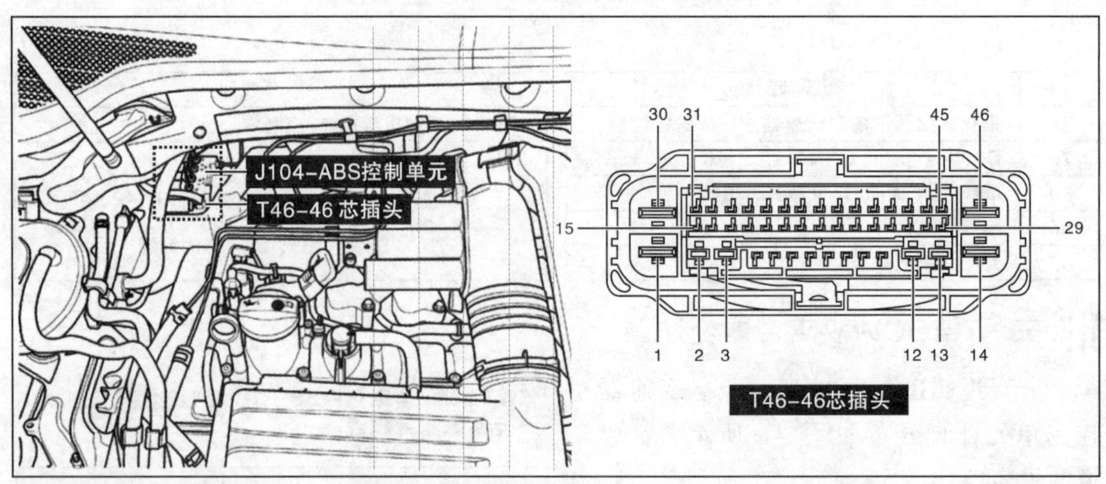


图1-18 全新迈腾B8L ABS控制单元安装位置及针脚分布

表1-17 全新迈腾B8L ABS控制单元针脚说明

| 针脚 | 说明 | 针脚 | 说明 |
|---|---|---|---|
| 1 | 接线柱30a | 23 | 自动驻车按钮信号 |
| 2 | 右侧驻车电动机控制信号 | 24 | 机电式驻车制动器按钮信号 |
| 3 | 右侧驻车电动机控制信号 | 30 | 接线柱30a |
| 4 | 右前转速传感器信号 | 31 | 接线柱30a |
| 5 | 右前转速传感器信号 | 32 | 自动驻车按钮指示灯控制信号 |
| 6 | 左后转速传感器信号 | 35 | 接线柱15 |
| 7 | 左后转速传感器信号 | 36 | 机电式驻车制动器指示灯控制信号 |
| 8 | 左前转速传感器信号 | 38 | 真空传感器信号 |
| 9 | 左前转速传感器信号 | 39 | ASR和ESP按钮信号 |
| 10 | 右后转速传感器信号 | 41 | 轮胎监控显示按钮信号 |
| 11 | 右后转速传感器信号 | 42 | 底盘/组合仪表CAN总线（高位） |
| 12 | 左侧驻车电动机控制信号 | 43 | 底盘/组合仪表CAN总线（低位） |
| 13 | 左侧驻车电动机控制信号 | 44 | 真空传感器电源5V |
| 14 | 接线柱31 | 45 | 真空传感器接地 |
| 17 | 机电式驻车制动器按钮信号 | 46 | 接线柱31 |
| 18 | 机电式驻车制动器按钮信号 | 注 | 编号15、16、20～22、25～29、33、34、37、40的针脚未使用 |
| 19 | 机电式驻车制动器按钮信号 | | |

# 第五节　一汽-大众高尔夫A7（2016年起）/嘉旅（2016年起）

## 一、1.4T CSTA/CSSA发动机

高尔夫A7/嘉旅轿车1.4T CSTA/CSSA发动机控制单元位于发动机舱蓄电池与电控箱之间，安装位置如图1-19所示，其针脚分布与新捷达轿车1.4T CSTA发动机相同，参考图1-1，针脚说明见表1-18。

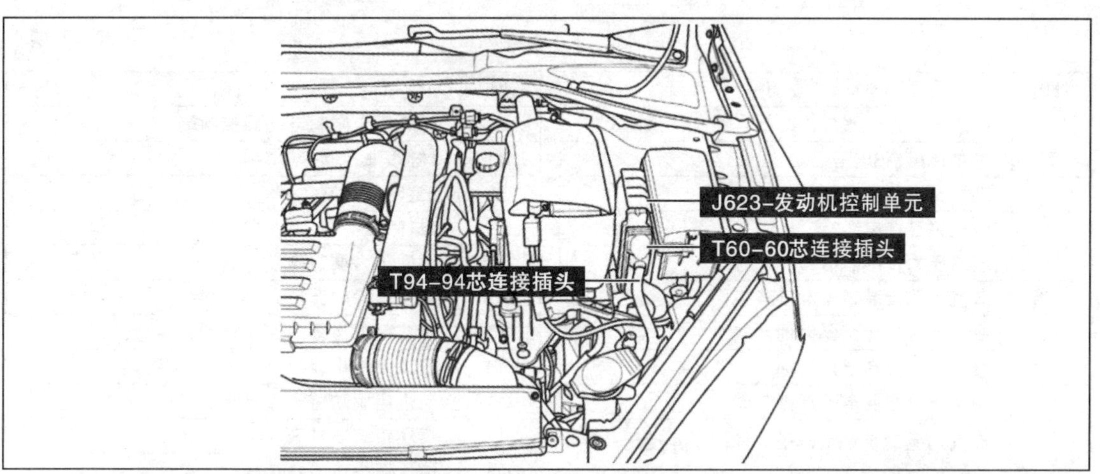


图1-19 高尔夫A7/嘉旅轿车1.4T CSTA/CSSA发动机控制单元安装位置

表1-18 高尔夫A7/嘉旅轿车1.4T CSTA/CSSA发动机控制单元针脚说明

| 针脚 | 说明 |
| --- | --- |
| T94- 94芯黑色插头连接 | |
| 1 | 接线柱31 |
| 2 | 接线柱31 |
| 5 | 接线柱87a |
| 6 | 接线柱87a |
| 7 | 催化转化器前的氧传感器加热装置控制端 |
| 10 | 燃油泵控制单元信号 |
| 23 | 催化转化器后的氧传感器信号 |
| 24 | 催化转化器前的氧传感器信号 |
| 27 | 传感器接地（制动助力压力传感器信号、变速器空档位置传感器）（仅用于手动档汽车/仅用于装备自动起停系统的汽车） |
| 28 | 催化转化器后的氧传感器加热装置控制端 |
| 31 | 散热器出口处的冷却液温度传感器 |
| 32 | 加速踏板位置传感器2 接地 |
| 34 | 加速踏板位置传感器接地 |
| 35 | 加速踏板位置传感器信号 |
| 42 | 离合器位置传感器信号（仅适用于手动档汽车） |
| 44 | 接线柱50信号输出（仅适用于装备自动起停系统的汽车） |
| 45 | 催化转化器后的氧传感器信号 |
| 46 | 催化转化器前的氧传感器信号 |
| 56 | GRA开关信号 |
| 58 | 变速器空档位置传感器信号（仅用于自动档汽车/仅用于装备自动起停系统的汽车） |
| 62 | 制动信号灯开关信号 |
| 63 | 接线柱50信号输入 |
| 64 | 加速踏板位置传感器电源5V |
| 66 | 加速踏板位置传感器2电源5V |
| 67 | CAN-L（驱动 CAN 总线，低位） |
| 68 | CAN-H（驱动 CAN 总线，高位） |
| 69 | 主继电器控制端 |
| 70 | 散热器风扇控制信号 |
| 74 | 散热器出口处的冷却液温度传感器 |
| 76 | 加速踏板位置传感器2信号 |
| 78 | 制动踏板开关信号 |
| 80 | 接双离合器变速器机电装置 |
| 83 | 起动机继电器1控制端 |
| 84 | 起动机继电器2控制端 |
| 85 | 离合器位置信号（仅用于手动档汽车） |
| 87 | 接线柱15a |
| 88 | 传感器电源（变速器空档位置传感器、制动助力压力传感器）（仅用于手动档汽车/仅用于装备自动起停系统的汽车） |
| 92 | 接线柱30a |
| 注 | 编号3、4、8、9、11~22、25、26、29、30、33、36~41、43、47~55、57、59~61、65、71~73、75、77、79、81、82、86、89~91、93、94的针脚未使用 |
| T60-60芯插头连接 | |
| 1 | 节气门驱动装置（电子节气门）角度传感器接地 |
| 2 | 燃油压力调节阀控制端 |
| 3 | 传感器电源5V（霍尔传感器3、进气压力传感器、燃油压力传感器） |
| 4 | 传感器电源5V（增压压力传感器、发动机转速传感器、霍尔传感器） |
| 5 | 发动机转速传感器信号 |

（续）

| 针脚 | 说明 | 针脚 | 说明 |
|---|---|---|---|
| 6 | 传感器接地（霍尔传感器、霍尔传感器3） | 30 | 增压压力限制电磁阀控制端+ |
| 7 | 霍尔传感器3信号 | 31 | 1缸喷油控制+ |
| 8 | 进气压力传感器信号 | 32 | 3缸喷油控制- |
| 9 | 进气温度传感器2信号 | 33 | 4缸喷油控制- |
| 10 | 燃油压力传感器信号 | 34 | 燃油压力调节阀控制端 |
| 11 | 节气门驱动装置（电子节气门）- | 35 | 排气凸轮轴调节阀1控制端 |
| 13 | 冷却液温度传感器接地 | 37 | 带功率输出级的点火线圈4控制端 |
| 14 | 增压空气冷却泵控制端 | 38 | 带功率输出级的点火线圈3控制端 |
| 15 | 增压压力限制电磁阀控制端- | 39 | 节气门驱动装置（电子节气门）+ |
| 16 | 节气门驱动装置（电子节气门）角度传感器1信号 | 41 | 爆燃传感器屏蔽 |
| | | 43 | 增压压力传感器信号 |
| 17 | 2缸喷油控制+ | 46 | 4缸喷油控制+ |
| 18 | 3缸喷油控制+ | 47 | 1缸喷油控制- |
| 19 | 节气门驱动装置（电子节气门）角度传感器电源5V | 48 | 2缸喷油控制- |
| | | 49 | 凸轮轴调节阀1控制端 |
| 20 | 发动机转速传感器信号 | 50 | 活性炭罐电磁阀控制端 |
| 21 | 霍尔传感器信号 | 51 | 机油压力调节阀控制端 |
| 22 | 机油压力降低开关信号 | 52 | 带功率输出级的点火线圈2控制端 |
| 23 | 节气门驱动装置（电子节气门）角度传感器2信号 | 53 | 带功率输出级的点火线圈1控制端 |
| | | 55 | 爆燃传感器信号 |
| 24 | 进气温度传感器 信号 | 56 | 爆燃传感器信号 |
| 27 | 冷却液温度传感器信号 | 59 | 机油压力开关信号 |
| 28 | 传感器接地（进气温度传感器2、进气温度传感器、燃油压力传感器） | 注 | 编号12、25、26、29、36、40、42、44、45、54、57、58、60的针脚未使用 |

## 二、1.6L CSRA发动机

高尔夫A7/嘉旅轿车1.6L CSRA发动机控制单元安装位置、针脚分布与1.4T CSTA/CSSA发动机相同，参见图1-19，针脚说明见表1-19。

**表1-19 高尔夫A7/嘉旅轿车1.6L CSRA发动机控制单元针脚说明**

| 针脚 | 说明 | 针脚 | 说明 |
|---|---|---|---|
| T94-94芯黑色插头连接 | | 23 | GRA开关信号 |
| 1 | 接线柱31 | 25 | 离合器位置传感器信号（仅用于手动档汽车） |
| 2 | 接线柱31 | | |
| 5 | 接线柱87a | 53 | 起动机继电器1控制端 |
| 6 | 接线柱87a | 54 | 离合器位置传感器电源（仅用于手动档汽车） |
| 7 | 催化转化器前的氧传感器加热装置控制端 | | |
| 11 | 散热器出口处的冷却液温度传感器 | 56 | 加速踏板位置传感器2接地 |
| 12 | 散热器出口处的冷却液温度传感器 | 57 | 加速踏板位置传感器2信号 |
| 14 | 催化转化器前的氧传感器信号 | 58 | 加速踏板位置传感器2电源5V |
| 15 | 催化转化器前的氧传感器信号 | 64 | 制动踏板开关信号 |
| 16 | 催化转化器后的氧传感器信号 | 65 | 接线柱50信号输入 |
| 17 | 催化转化器后的氧传感器信号 | 66 | 制动信号灯开关信号 |

（续）

| 针脚 | 说明 |
|---|---|
| 67 | CAN-H（驱动CAN总线，高位） |
| 68 | CAN-L（驱动CAN总线，低位） |
| 69 | 主继电器控制端 |
| 72 | 燃油泵继电器控制端 |
| 73 | 催化转化器后的氧传感器加热装置控制端 |
| 74 | 散热器风扇控制信号 |
| 76 | 起动机继电器2控制端 |
| 77 | 转向柱电子装置控制单元，接线端50 |
| 78 | 加速踏板位置传感器接地 |
| 79 | 加速踏板位置传感器信号 |
| 80 | 加速踏板位置传感器电源5V |
| 87 | 接线柱15a |
| 92 | 接线柱30a |
| 注 | 编号3、4、8～10、13、18～22、24、26～52、55、59～63、70、71、75、81～86、88～91、93、94的针脚未使用 |
| T60-60芯黑色插头连接 | |
| 1 | 节气门驱动装置（电子节气门）角度传感器1信号（仅用于高尔夫A7） |
| | 节气门驱动装置（电子节气门）-（仅用于嘉旅） |
| 2 | 节气门驱动装置（电子节气门）角度传感器接地（仅用于高尔夫A7） |
| | 节气门驱动装置（电子节气门）+（仅用于嘉旅） |
| 3 | 4缸喷油控制 |
| 4 | 1缸喷油控制 |
| 5 | 发动机转速传感器信号 |
| 6 | 发动机转速传感器信号 |
| 7 | 霍尔传感器信号 |
| 8 | 霍尔传感器接地 |
| 9 | 带功率输出级的点火线圈1控制端 |
| 10 | 带功率输出级的点火线圈3控制端 |
| 11 | 带功率输出级的点火线圈4控制端 |
| 12 | 带功率输出级的点火线圈2控制端 |
| 13 | 传感器电源5V（霍尔传感器、进气压力传感器） |
| 14 | 发动机转速传感器信号 |
| 33 | 凸轮轴调节阀1控制端 |
| 34 | 2缸喷油控制 |
| 38 | 节气门驱动装置（电子节气门）+（仅用于高尔夫A7） |
| | 节气门驱动装置（电子节气门）角度传感器1信号（仅用于嘉旅） |
| 39 | 节气门驱动装置（电子节气门）角度传感器2信号 |
| 41 | 冷却液温度传感器信号 |
| 43 | 进气温度传感器信号 |
| 44 | 节气门驱动装置（电子节气门）角度传感器电源5V |
| 48 | 活性炭罐电磁阀控制端 |
| 49 | 3缸喷油控制 |
| 51 | 节气门驱动装置（电子节气门）（仅用于高尔夫A7） |
| | 节气门驱动装置（电子节气门）角度传感器接地（仅用于嘉旅） |
| 53 | 爆燃传感器信号 |
| 54 | 爆燃传感器信号 |
| 55 | 油压开关信号 |
| 56 | 进气温度传感器信号 |
| 57 | 进气压力传感器信号 |
| 58 | 冷却液温度传感器信号 |
| 注 | 编号15～32、35～37、40、42、45～47、50、52、59、60的针脚未使用 |

## 三、6档自动变速器

高尔夫A7/嘉旅轿车6档自动变速器（配CSRA发动机）控制单元安装在左前翼子板内，安装位置及针脚分布如图1-20所示，针脚说明见表1-20。

**表1-20 高尔夫A7/嘉旅轿车6档自动变速器（配CSRA发动机）控制单元针脚说明**

| 针脚 | 说明 |
|---|---|
| 1 | 接线柱31 |
| 2 | 接线柱 31 |
| 3 | 接线柱 15a |
| 4 | 自动变速器压力调节阀 2控制端 |
| 5 | 自动变速器压力调节阀7控制端 |
| 6 | 自动变速器压力调节阀3控制端 |
| 8 | 齿轮油温度传感器 |
| 10 | 多功能开关 |

（续）

| 针脚 | 说明 | 针脚 | 说明 |
|---|---|---|---|
| 15 | 电磁阀2控制端 | 39 | 变速器输入转速传感器信号 |
| 16 | 自动变速器压力调节阀4控制端 | 40 | Tiptronic开关信号 |
| 17 | 自动变速器压力调节阀1控制端 | 41 | 电磁阀1控制端 |
| 18 | 自动变速器压力调节阀5控制端 | 42 | 自动变速器压力调节阀3控制端 |
| 21 | 多功能开关 | 43 | 自动变速器压力调节阀7控制端 |
| 22 | 多功能开关 | 44 | 自动变速器压力调节阀2控制端 |
| 27 | 接线端30a | 45 | 齿轮油温度传感器 |
| 28 | 接线端30a | 46 | CAN-H（驱动 CAN 总线，高位） |
| 29 | Tiptronic开关信号 | 48 | 多功能开关 |
| 30 | 自动变速器压力调节阀5控制端 | 49 | Tiptronic开关信号 |
| 31 | 自动变速器压力调节阀1控制端 | 50 | 变速器输出转速传感器信号 |
| 32 | 自动变速器压力调节阀4控制端 | 51 | 变速器输入转速传感器信号 |
| 34 | CAN-L（驱动 CAN 总线，低位） | 注 | 编号7、9、11~14、19、20、23~26、33、35、37、47、52的针脚未使用 |
| 36 | 多功能开关 | | |
| 38 | 变速器输出转速传感器信号 | | |

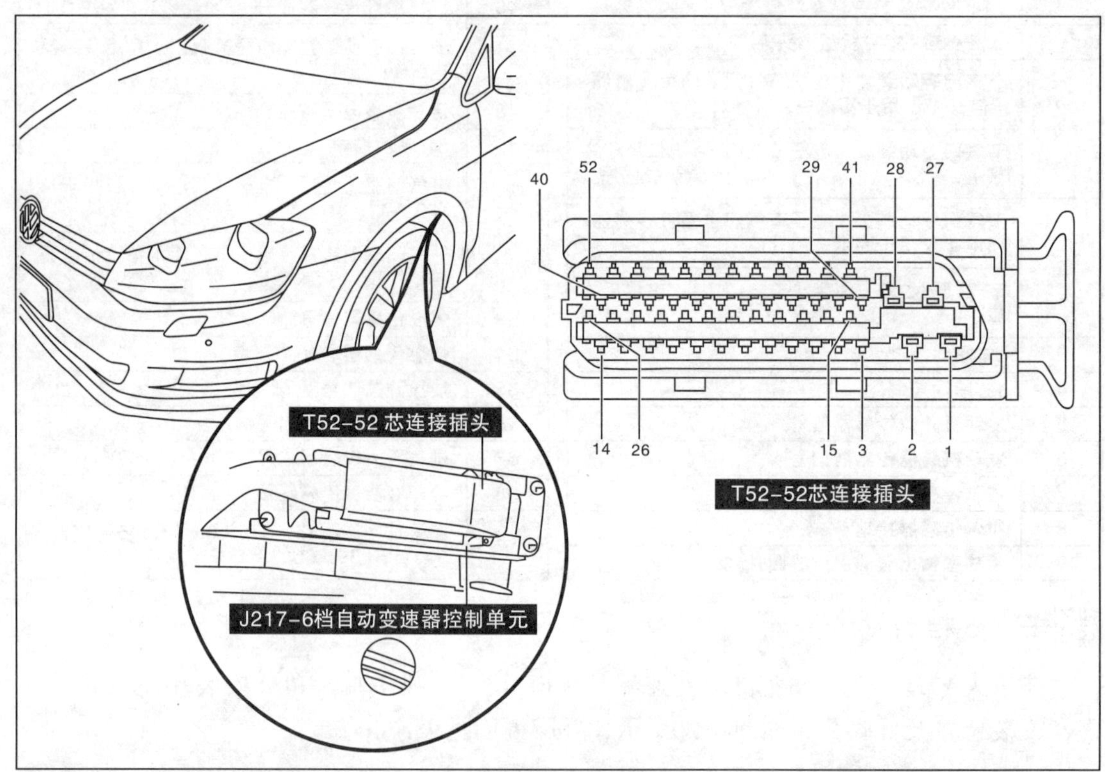


图1-20 高尔夫A7/嘉旅轿车6档自动变速器（配CSRA发动机）控制单元安装位置及针脚分布

## 四、7档OCW双离合器变速器

高尔夫A7/嘉旅7档OCW双离合器变速器（配CSSA、CSTA发动机）控制单元针脚分布如图1-21所示，针脚说明见表1-21。

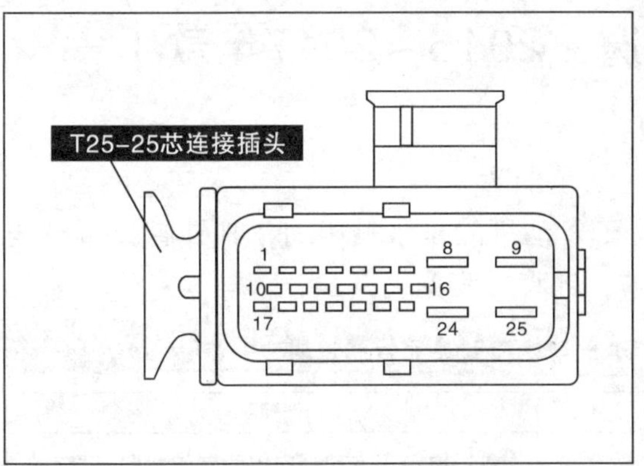


图1-21 高尔夫A7/嘉旅7档OCW双离合器变速器（配CSSA、CSTA发动机）控制单元针脚分布

表1-21 高尔夫A7/嘉旅7档OCW双离合器变速器控制单元针脚说明

| 针脚 | 说明 |
|---|---|
| 8 | 接线端31 |
| 9 | 接线端87 |
| 10 | 接线端15 |
| 12 | CAN-L（驱动 CAN 总线，低位） |
| 13 | CAN-H（驱动 CAN 总线，高位） |
| 14 | 接发动机控制单元 |
| 16 | 防起动锁 |
| 24 | 接线端 31 |
| 25 | 接线端 87 |
| 注 | 编号1~7、11、15、17~23的针脚未使用 |

## 五、ABS/ESP

高尔夫A7/嘉旅轿车ABS/ESP控制单元安装在发动机舱内，安装位置及针脚分布与全新迈腾B8L ABS相同，参考图1-18，嘉旅轿车ABS/ESP控制单元针脚说明见表1-22，高尔夫A7轿车ABS/ESP控制单元针脚说明见表1-23（2015年7月起）。

表1-22 嘉旅轿车ABS/ESP控制单元针脚说明

| 针脚 | 说明 | 针脚 | 说明 |
|---|---|---|---|
| 34 | 轮胎监控显示按钮信号 | 注 | 其余针脚说明参考全新迈腾B8L ABS控制单元针脚说明表 |
| 39 | 离合器位置传感器信号 | | |
| 41 | 未使用 | | |

表1-23 高尔夫A7轿车（2015年7月起）ABS/ESP控制单元针脚说明

| 针脚 | 说明 | 针脚 | 说明 |
|---|---|---|---|
| 1 | 接线端30 | 21 | 机电式驻车制动器按钮信号 |
| 2 | 左侧驻车电动机控制信号 | 22 | 机电式驻车制动器按钮信号 |
| 3 | 左侧驻车电动机控制信号 | 23 | 机电式驻车制动器按钮信号 |
| 4 | 左前转速传感器信号 | 24 | 机电式驻车制动器按钮信号 |
| 5 | 左前转速传感器信号 | 26 | 底盘/组合仪表CAN总线（低位） |
| 6 | 接线端30a | 28 | 右后转速传感器信号 |
| 9 | 接线端15 | 29 | 右后转速传感器信号 |
| 10 | 右前转速传感器信号 | 30 | 接线端30 |
| 11 | 右前转速传感器信号 | 35 | 自动驻车指示灯控制信号 |
| 12 | 右侧驻车电动机控制信号 | 37 | 机电式驻车制动器指示灯控制信号 |
| 13 | 右侧驻车电动机控制信号 | 39 | 离合器位置传感器信号 |
| 14 | 接线端31 | 42 | 底盘/组合仪表CAN总线（高位） |
| 15 | 左后转速传感器信号 | 43 | 自动驻车按钮信号 |
| 16 | 左后转速传感器信号 | 46 | 接线端31 |
| 17 | 真空传感器 | 注 | 编号7、8、19、25、27、31~34、36、38、40、41、44、45的针脚未使用 |
| 18 | 真空传感器 | | |
| 20 | 真空传感器 信号 | | |

# 第六节 上海大众新朗逸（2015~2017年款）

## 一、1.4T CSTA发动机

新朗逸轿车1.4T CSTA发动机控制单元位于发动机舱排水槽中间，其针脚分布与全新宝来轿车1.4T CSTA发动机相同，参考图1-7，针脚说明见表1-24。

表1-24 新朗逸轿车1.4T CSTA发动机控制单元针脚说明

| 针脚 | 说明 |
|---|---|
| T94-94芯黑色插头连接 | |
| 27 | 传感器接地（真空传感器、变速器空档位置传感器）（仅用于手动档汽车/仅用于装备自动起停系统的汽车） |
| 44 | 接线柱50信号输入（仅适用于装备自动起停系统的汽车） |
| 55 | 空调开关信号（仅用于手动调节空调汽车） |
| 55 | 空调开关信号（仅用于装备自动起停系统及自动空调的汽车） |
| 75 | 真空传感器信号（仅用于手动档汽车/仅用于装备自动起停系统的汽车） |
| 79 | 发电机发电控制端 |
| 85 | P/N档位信号（仅适用于装备自动起停系统的汽车） |
| 88 | 传感器电源（变速器空档位置传感器、真空传感器）（仅用于手动档汽车/仅用于装备自动起停系统的汽车） |
| T60-60芯黑色插头连接 | |
| 3 | 传感器电源5V（霍尔传感器3、进气压力传感器、燃油压力传感器） |
| 4 | 传感器电源5V（增压压力传感器、发动机转速传感器、霍尔传感器） |
| 6 | 传感器接地（霍尔传感器、霍尔传感器3） |
| 7 | 霍尔传感器3信号 |
| 59 | 机油压力防降开关信号 |
| 注 | 其余针脚说明参考表1-5全新宝来轿车1.4T CSTA发动机控制单元针脚说明 |

## 二、1.6L CSRA发动机

新朗逸轿车1.6L CSRA发动机控制单元针脚分布及针脚说明与全新宝来轿车1.6L CSRA发动机基本相同，可参考全新宝来轿车1.6L CSRA发动机相关资料。

## 三、6档自动变速器

新朗逸轿车6档自动变速器控制单元针脚分布与全新宝来轿车6档自动变速器相同，参考图1-9，针脚说明见表1-25。

表1-25 新朗逸轿车6档自动变速器控制单元针脚说明

| 针脚 | 说明 | 针脚 | 说明 |
|---|---|---|---|
| 1 | 接线柱31 | 17 | 自动变速器压力调节阀1 |
| 2 | 接线柱31 | 18 | 自动变速器压力调节阀5 |
| 3 | 接线柱15a | 21 | 多功能开关 |
| 4 | 自动变速器压力调节阀2 | 22 | 多功能开关 |
| 5 | 自动变速器压力调节阀7 | 27 | 接线柱30a |
| 6 | 自动变速器压力调节阀3 | 28 | 接线柱30a |
| 8 | 齿轮油温度传感器 | 29 | 变速杆锁电磁阀控制端 |
| 10 | 多功能开关 | 30 | 自动变速器压力调节阀5 |
| 15 | 电磁阀2 | 31 | 自动变速器压力调节阀1 |
| 16 | 自动变速器压力调节阀4 | 32 | 自动变速器压力调节阀4 |

（续）

| 针脚 | 说明 | 针脚 | 说明 |
|---|---|---|---|
| 34 | CAN总线，低位（驱动系统） | 45 | 齿轮油温度传感器 |
| 36 | 多功能开关 | 46 | CAN总线，高位（驱动系统） |
| 38 | 变速器输出转速传感器（+） | 48 | 多功能开关 |
| 39 | 变速器输入转速传感器（-） | 49 | 变速杆信号 |
| 40 | 变速杆信号 | 50 | 变速器输出转速传感器（-） |
| 41 | 电磁阀1 | 51 | 变速器输入转速传感器（+） |
| 42 | 自动变速器压力调节阀3 | 52 | 车速信号输出 |
| 43 | 自动变速器压力调节阀7 | 注 | 编号7、9、11、12~14、19、20、23~26、33、35、37、47的针脚未使用 |
| 44 | 自动变速器压力调节阀2 | | |

## 四、7档OAM双离合器变速器

新朗逸轿车7档OAM双离合器变速器控制单元针脚分布及针脚说明与全新宝来轿车7档OAM双离合器变速器相同，可参考全新宝来轿车相关资料。

## 五、ABS

新朗逸轿车ABS控制单元位于发动机舱左纵梁后部，针脚分布如图1-22所示，针脚说明见表1-26。

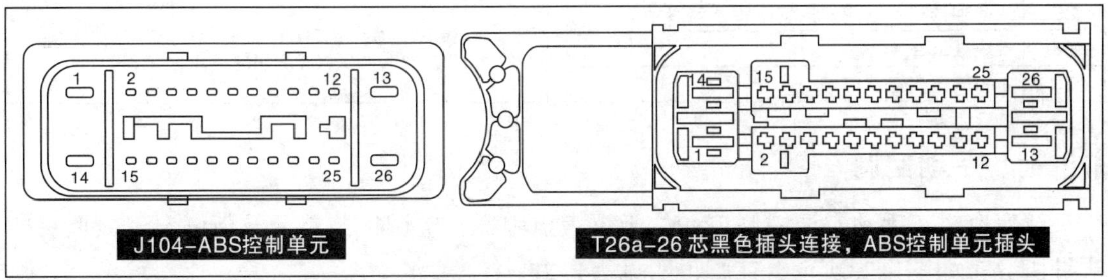


图1-22 新朗逸轿车ABS 控制单元针脚分布

表1-26 新朗逸轿车ABS 控制单元针脚说明

| 针脚 | 说明 | 针脚 | 说明 |
|---|---|---|---|
| 1 | 接线柱30a | 16 | 制动灯信号 |
| 2 | 左后转速传感器信号 | 19 | 跨接至ABS控制单元22脚 |
| 3 | 左后转速传感器信号 | 20 | 接线柱15a |
| 4 | 驱动防滑控制开关信号 | 21 | CAN总线，低位（驱动系统） |
| 5 | 右前转速传感器信号 | 22 | 跨接至ABS控制单元19脚 |
| 6 | 右前转速传感器信号 | 23 | CAN总线，高位（驱动系统） |
| 8 | 左前转速传感器信号 | 24 | 跨接至ABS控制单元25脚 |
| 9 | 左前转速传感器信号 | 25 | 跨接至ABS 控制单元24脚 |
| 11 | 右后转速传感器信号 | 26 | 接线柱31 |
| 12 | 右后转速传感器信号 | 注 | 编号7、10、13~15、17、18的针脚未使用 |

## 六、ESP

新朗逸轿车ESP控制单元针脚分布与全新宝来轿车ABS/ESP/ASR/HBV相同，参考图1-12，针脚说明见表1-27。

表1-27 新朗逸轿车ESP控制单元针脚说明

| 针脚 | 说明 | 针脚 | 说明 |
|---|---|---|---|
| 1 | 接线柱30a | 34 | 右前转速传感器信号 |
| 5 | 真空传感器信号（仅用于OAM双离合器变速器汽车） | 35 | 轮胎压力监控按钮信号 |
| | | 36 | 左后转速传感器信号 |
| 8 | 接线柱15a | 37 | 左后转速传感器信号 |
| 10 | K诊断导线（仅用于发动机编号字母为CFBA/CPJA的汽车） | 38 | 制动信号灯开关信号 |
| | | 39 | ESP按钮信号 |
| 11 | 跨接至ABS控制单元25脚（截至2015年3月） | 40 | 真空传感器接地（仅用于OAM双离合器变速器汽车） |
| 12 | CAN总线，高位（驱动系统） | | |
| 13 | CAN总线，低位（驱动系统） | 41 | 真空传感器电源（仅用于OAM双离合器变速器汽车） |
| 14 | 跨接至ABS控制单元20脚（截至2015年3月） | | |
| 18 | CAN总线，高位（驱动系统） | 42 | 右后转速传感器信号 |
| 19 | CAN总线，低位（驱动系统） | 43 | 右后转速传感器信号 |
| 20 | 跨接至ABS控制单元14脚（截至2015年3月） | 45 | 左前转速传感器信号 |
| 22 | 横向加速度传感器和偏转率传感器信号 | 46 | 左前转速传感器信号 |
| 25 | 跨接至ABS控制单元11脚（截至2015年3月） | 47 | 接线柱31 |
| 29 | 横向加速度传感器和偏转率传感器接地 | 注 | 编号2～4、6、7、9、15～17、21、23、24、26～28、30、31、44的针脚未使用 |
| 32 | 接线柱30a | | |
| 33 | 右前转速传感器信号 | | |

## 七、手动空调

新朗逸轿车手动空调控制单元位于仪表板中部，空调控制单元及新鲜空气鼓风机插头针脚分布如图1-23所示，针脚说明见表1-28。

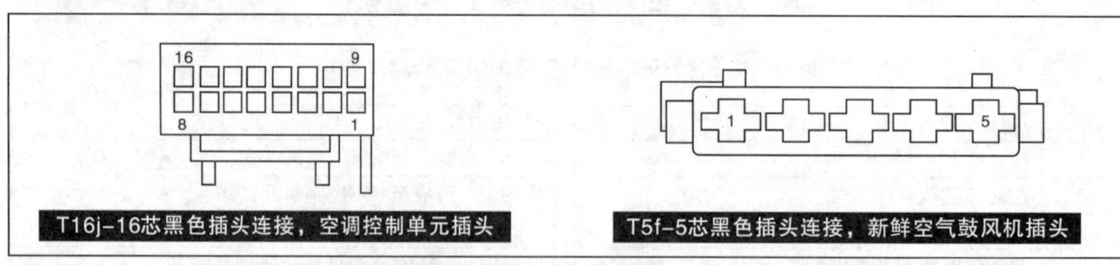


图1-23 新朗逸轿车手动空调控制单元针脚分布

表1-28 新朗逸轿车手动空调控制单元针脚说明

| 针脚 | 说明 | 针脚 | 说明 |
|---|---|---|---|
| T16j-16芯插头连接 | | 4 | 接线柱31 |
| 1 | 空调开关信号 | 5 | 接线柱15a |
| 2 | 新鲜空气鼓风机1档信号 | 6 | 后窗玻璃加热控制端 |
| 3 | 接线柱58d | 7 | 新鲜空气/空气内循环风门伺服电动机控制端 |

（续）

| 针脚 | 说明 |
|---|---|
| 8 | 新鲜空气/空气内循环风门伺服电动机控制端 |
| 9 | 后窗玻璃加热指示灯控制端 |
| 12 | 接线柱75a |
| 注 | 编号10、11、13~16的针脚未使用 |

| 针脚 | 说明 |
|---|---|
| T5f-5芯插头连接 | |
| 1 | 新鲜空气鼓风机3档控制 |
| 2 | 新鲜空气鼓风机2档控制 |
| 3 | 新鲜空气鼓风机1档控制 |
| 4 | 新鲜空气鼓风机4档控制 |
| 5 | 接线柱75a |

## 八、全自动空调

新朗逸轿车全自动空调控制单元位于仪表板中部，其针脚分布如图1-24所示，针脚说明见表1-29。

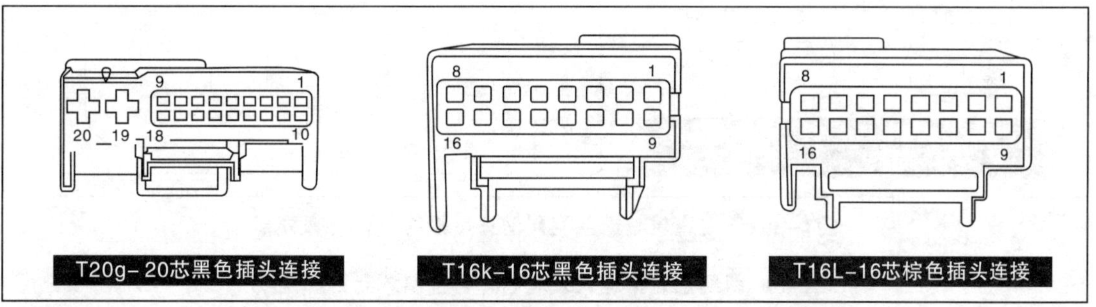


**图1-24 新朗逸轿车全自动空调控制单元针脚分布**

**表1-29 新朗逸轿车全自动空调控制单元针脚说明**

| 针脚 | 说明 |
|---|---|
| T20g-20芯黑色插头连接 | |
| 1 | 日照光电传感器信号 |
| 4 | 空调开关信号（截至2015年3月） |
| 5 | CAN总线，高位（舒适/便捷系统） |
| 6 | CAN总线，低位（舒适/便捷系统） |
| 10 | 驾驶人可加热座椅调节器信号（仅用于装备加热座椅的汽车） |
| 11 | 前排乘客可加热座椅调节器信号（仅用于装备加热座椅的汽车） |
| 12 | 接线柱75a（仅用于装备加热座椅的汽车） |
| 16 | 接线柱30a |
| 17 | 日照光电传感器接地 |
| 19 | 接线柱31 |
| 20 | 接线柱15a |
| 注 | 编号2、3、7~9、13~15、18的针脚未使用 |
| T16k-16芯黑色插头连接 | |
| 1 | 风门伺服电动机内的电位计电源5V |
| 2 | 温度风门伺服电动机内的电位计信号 |
| 4 | 脚部空间风门和除霜风门伺服电动机内的电位计信号 |
| 5 | 中央风门伺服电动机内的电位计信号 |
| 6 | 空气内循环风门伺服电动机内的电位计信号 |
| 8 | 左侧脚部空间出风口温度传感器信号 |
| 10 | 新鲜空气进气道温度传感器信号 |
| 11 | 蒸发器出风口温度传感器信号 |
| 14 | 传感器接地 |
| 注 | 编号3、7、9、12、13、15、16的针脚未使用 |
| T16L-16芯棕色插头连接 | |
| 1 | 温度风门伺服电动机控制端 |
| 2 | 温度风门伺服电动机控制端 |
| 3 | 脚部空间风门和除霜风门伺服电动机控制端 |
| 4 | 脚部空间风门和除霜风门伺服电动机控制端 |
| 5 | 中央风门伺服电动机控制端 |
| 6 | 中央风门伺服电动机控制端 |
| 7 | 新鲜空气/空气内循环风门伺服电动机控制端 |
| 8 | 新鲜空气/空气内循环风门伺服电动机控制端 |
| 14 | 新鲜空气鼓风机反馈信号+ |
| 15 | 新鲜空气鼓风机反馈信号– |
| 16 | 新鲜空气鼓风机控制信号 |
| 注 | 编号9~13的针脚未使用 |

## 九、进入及起动许可

新朗逸轿车进入及起动许可控制单元位于杂物箱左侧空调器支架上，其针脚分布如图1-25所示，针脚说明见表1-30。

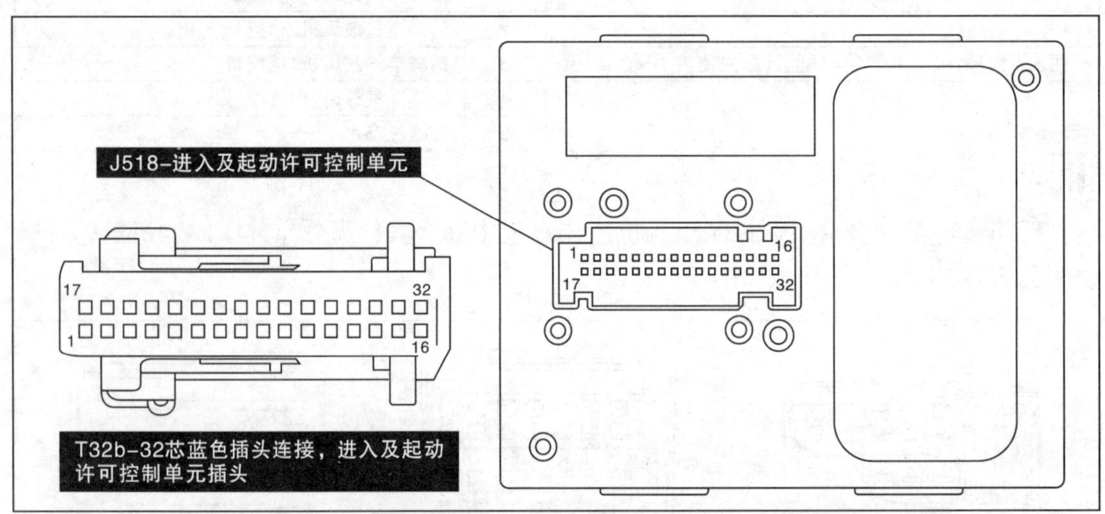


图1-25 新朗逸轿车进入及起动许可控制单元针脚分布

表1-30 新朗逸轿车进入及起动许可控制单元针脚说明

| 针脚 | 说明 | 针脚 | 说明 |
|---|---|---|---|
| 3 | 接线柱30a | 23 | 进入及起动许可驾驶人侧天线信号 |
| 5 | 前排乘客侧车门外把手接触传感器信号 | 24 | 进入及起动许可驾驶人侧天线信号 |
| 9 | 驾驶人侧车门外把手接触传感器信号 | 25 | 进入及起动许可行李箱天线信号 |
| 10 | 进入及起动许可信号 | 26 | 进入及起动许可前排乘客侧天线信号 |
| 16 | CAN总线，低位（舒适/便捷系统） | 27 | 进入及起动许可后部保险杠天线信号 |
| 17 | 接线柱31 | 28 | 进入及起动许可车内空间天线1信号 |
| 18 | 进入及起动许可车内空间天线2信号 | 29 | 进入及起动许可车内空间天线2信号 |
| 19 | 进入及起动许可车内空间天线1信号 | 30 | 点火起动按钮照明装置灯泡控制端 |
| 20 | 进入及起动许可后部保险杠天线信号 | 32 | CAN总线，高位（舒适/便捷系统） |
| 21 | 进入及起动许可前排乘客侧天线信号 | 注 | 编号1、2、4、6~8、11~15、31的针脚未使用 |
| 22 | 进入及起动许可行李箱天线信号 | | |

## 十、点火起动开关

新朗逸轿车点火起动开关位于转向柱上，其针脚分布如图1-26所示，针脚说明见表1-31。

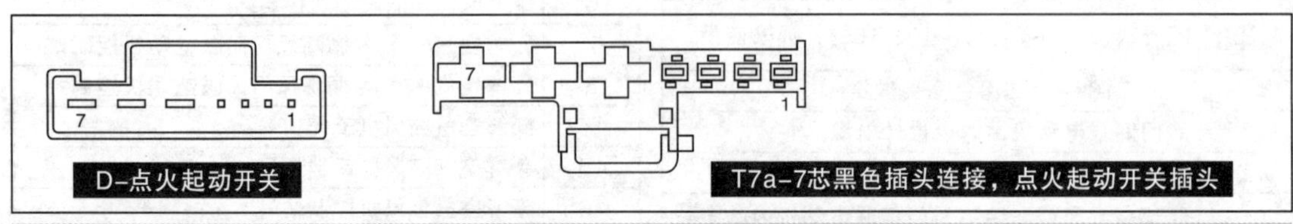


图1-26 新朗逸轿车点火起动开关针脚分布

表1-31 新朗逸轿车点火起动开关针脚说明

| 针脚 | 说明 | 针脚 | 说明 |
|---|---|---|---|
| 1 | 接线柱15 | 5 | 接线柱S |
| 2 | 接线柱30a | 6 | 接线柱75（仅用于不装备发动机自动起停系统的汽车） |
| 3 | 接线柱50 | 7 | 接线柱30a |
| 4 | 接线柱P | | |

## 十一、SRS

新朗逸轿车安全气囊系统（SRS）控制单元位于变速杆前方的中央通道上，其针脚分布如图1-27所示，针脚说明见表1-32。

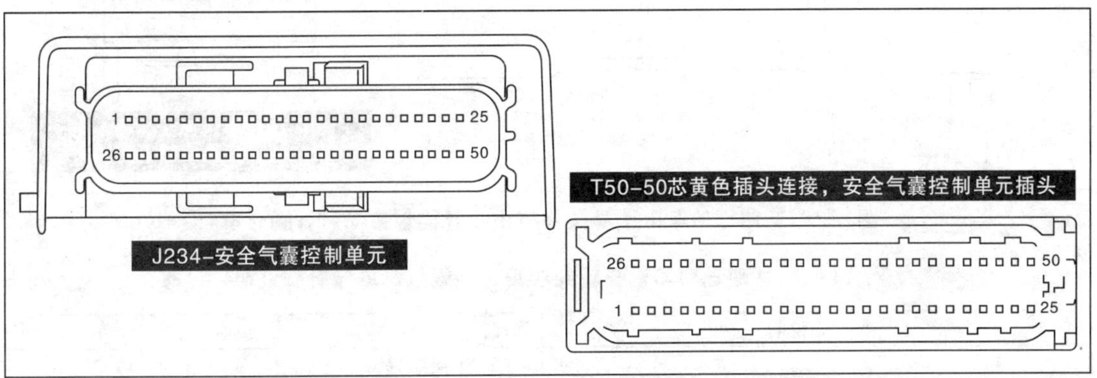


图1-27 新朗逸轿车SRS（安全气囊系统）控制单元针脚分布

表1-32 新朗逸轿车SRS（安全气囊系统）控制单元针脚说明

| 针脚 | 说明 | 针脚 | 说明 |
|---|---|---|---|
| 1 | 接线柱15a | 31 | 前排乘客侧安全带开关信号+*1 |
| 2 | 接线柱15a | 36 | 传感器接地（前排乘客座椅占用传感器、驾驶人侧安全带开关） |
| 4 | 前排乘客侧侧面安全气囊引爆装置+*1 | 37 | 驾驶人侧头部安全气囊碰撞传感器信号+*2 |
| 5 | 前排乘客侧侧面安全气囊引爆装置-*1 | 38 | 驾驶人侧头部安全气囊碰撞传感器信号-*2 |
| 6 | 驾驶人侧侧面安全气囊引爆装置-*1 | 39 | 前排乘客侧头部安全气囊碰撞传感器信号+*2 |
| 7 | 驾驶人侧侧面安全气囊引爆装置+*1 | 40 | 前排乘客侧头部安全气囊碰撞传感器信号-*1 |
| 8 | 前排乘客侧侧面安全气囊引爆装置+ | 42 | 前排乘客侧侧面安全气囊碰撞传感器-*1 |
| 9 | 前排乘客侧侧面安全气囊引爆装置- | 43 | 驾驶人侧侧面安全气囊碰撞传感器+*1 |
| 10 | 驾驶人侧侧面安全气囊引爆装置- | 44 | 驾驶人侧侧面安全气囊碰撞传感器-*1 |
| 11 | 驾驶人侧侧面安全气囊引爆装置+ | 46 | 传感器接地*1 |
| 12 | 前排乘客侧头部安全气囊引爆装置+*2 | 49 | CAN总线，高位（驱动系统） |
| 13 | 前排乘客侧头部安全气囊引爆装置-*2 | 50 | CAN总线，低位（驱动系统） |
| 14 | 驾驶人侧头部安全气囊引爆装置+*2 | 注 | 1. 编号3、20~29、32~35、41、45、47、48的针脚未使用<br>2. *1-仅用于装备前排侧面安全气囊及头部安全气囊的汽车<br>*2-仅适用于装备头部安全气囊的汽车 |
| 15 | 驾驶人侧头部安全气囊引爆装置-*2 | | |
| 16 | 前排乘客侧安全带拉紧器引爆装置+ | | |
| 17 | 前排乘客侧安全带拉紧器引爆装置- | | |
| 18 | 驾驶人侧安全带拉紧器引爆装置- | | |
| 19 | 驾驶人侧安全带拉紧器引爆装置+ | | |
| 30 | 驾驶人侧安全带开关信号+ | | |

## 十二、电子转向柱锁止装置

新朗逸轿车电子转向柱锁止装置控制单元位于转向柱上部，其针脚分布如图1-28所示，针脚说明见表1-33。

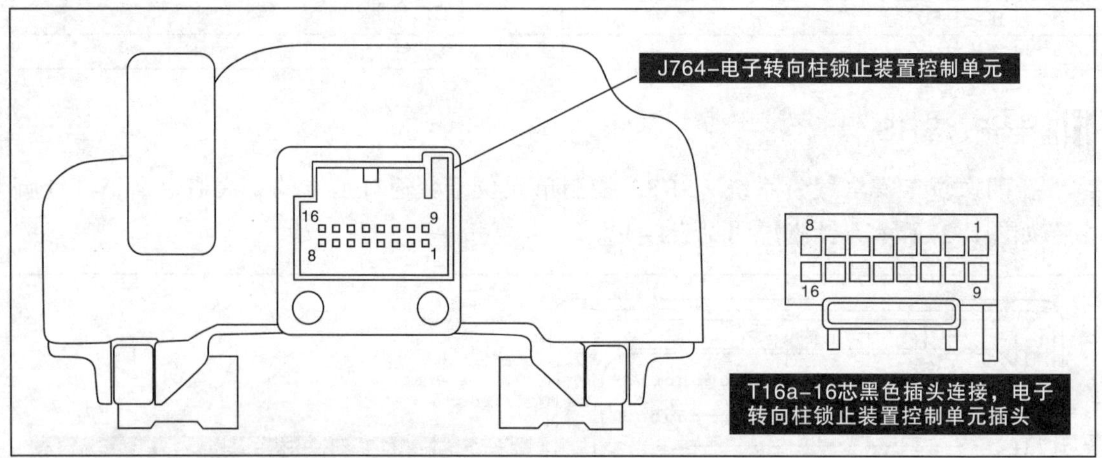


图1-28 新朗逸轿车电子转向柱锁止装置控制单元及针脚分布

表1-33 新朗逸轿车电子转向柱锁止装置控制单元针脚说明

| 针脚 | 说明 | 针脚 | 说明 |
|---|---|---|---|
| 2 | 接线柱30a | 12 | 接线柱50 |
| 3 | 总线端50供电继电器信号 | 13 | 进入及起动许可开关信号 |
| 4 | 进入及起动许可开关信号 | 14 | 变速杆P档位锁止开关信号 |
| 6 | 接线柱15 | 15 | CAN总线，低位（舒适/便捷系统） |
| 7 | 接线柱S | 16 | CAN总线，高位（舒适/便捷系统） |
| 8 | 接线柱15 | 注 | 编号1、5、9、11的针脚未使用 |
| 10 | 接线柱31 | | |

## 十三、转向辅助系统

新朗逸轿车转向辅助系统控制单元位于转向柱右侧的仪表板内，其针脚分布如图1-29所示，针脚说明见表1-34。

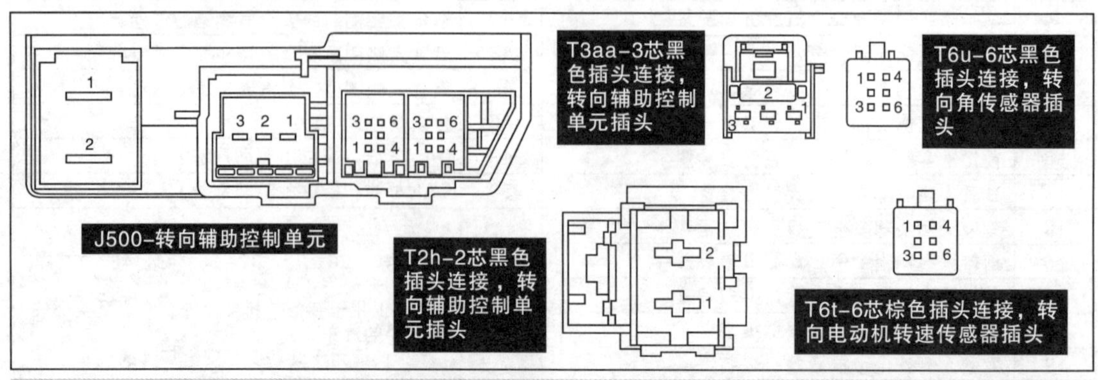


图1-29 新朗逸轿车转向辅助系统控制单元针脚分布

表1-34 新朗逸轿车转向辅助系统控制单元针脚说明

| 针脚 | 说明 |
|---|---|
| T2h-2芯黑色插头连接 | |
| 1 | 接线柱31 |
| 2 | 接线柱30a |
| T3aa-3芯黑色插头连接 | |
| 1 | CAN总线，低位（驱动系统） |
| 2 | CAN总线，高位（驱动系统） |
| 3 | 接线柱15a |
| T6t-6芯棕色插头连接 | |
| 1 | 转向电动机转速传感器 |
| 2 | 转向电动机转速传感器 |
| 3 | 转向电动机转速传感器 |
| 4 | 转向电动机转速传感器 |
| 5 | 转向电动机转速传感器 |
| 6 | 转向电动机转速传感器 |
| T6u-6芯黑色插头连接 | |
| 1 | 转向角传感器 |
| 3 | 转向角传感器 |
| 4 | 转向角传感器 |
| 5 | 转向角传感器 |
| 6 | 转向角传感器 |
| 注 | 编号2的针脚未使用 |

## 十四、驻车辅助系统

新朗逸轿车驻车辅助系统控制单元位于行李箱内左后轮罩处，对于2015年3月起装备驻车距离警告器（前/后）的汽车，驻车辅助系统控制单元针脚分布如图1-30所示，针脚说明见表1-35。

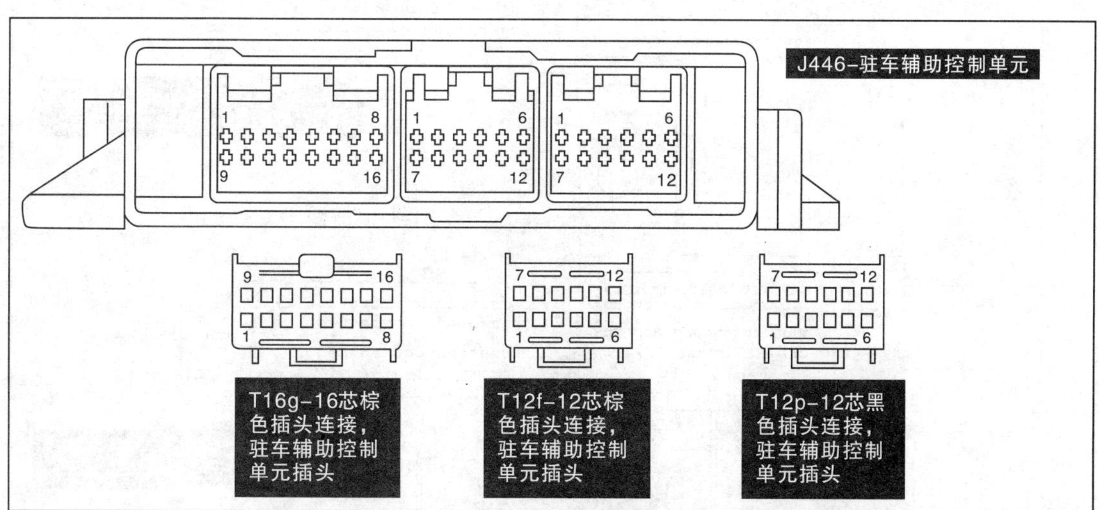


图1-30 新朗逸轿车驻车辅助系统控制单元针脚分布

表1-35 新朗逸轿车驻车辅助系统控制单元针脚说明

| 针脚 | 说明 |
|---|---|
| T16g-16芯棕色插头连接 | |
| 1 | 接线柱15a |
| 2 | 后部驻车辅助警报蜂鸣器- |
| 4 | 驻车辅助按钮信号 |
| 6 | CAN总线，高位（驱动系统） |
| 8 | 接线柱31 |
| 10 | 后部驻车辅助警报蜂鸣器+ |
| 13 | 驻车辅助按钮指示灯信号 |
| 15 | CAN总线，低位（驱动系统） |
| 注 | 编号3、5、7、9、11、12、14、16的针脚未使用 |
| T12f-12芯棕色插头连接 | |
| 1 | 传感器接地 |
| 2 | 传感器电源 |
| 3 | 前部驻车辅助警报蜂鸣器信号 |

（续）

| 针脚 | 说明 |
| --- | --- |
| 4 | 前部驻车辅助警报蜂鸣器信号 |
| 5 | 左前驻车辅助传感器信号 |
| 6 | 左前中部驻车辅助传感器信号 |
| 7 | 右前中部驻车辅助传感器信号 |
| 8 | 右前驻车辅助传感器信号 |
| 注 | 编号9～12的针脚未使用 |

| 针脚 | 说明 |
| --- | --- |
| T12p-12芯黑色插头连接 | |
| 2 | 右后中部驻车辅助传感器信号 |
| 3 | 左后中部驻车辅助传感器信号 |
| 4 | 右后驻车辅助传感器信号 |
| 5 | 左后驻车辅助传感器信号 |
| 8 | 传感器内部接地 |
| 11 | 传感器电源 |
| 注 | 编号1、6、7、9、10、12的针脚未使用 |

## 十五、车载网络

新朗逸轿车车载网络控制单元位于仪表板左下侧，其针脚分布如图1-31所示，针脚说明见表1-36。

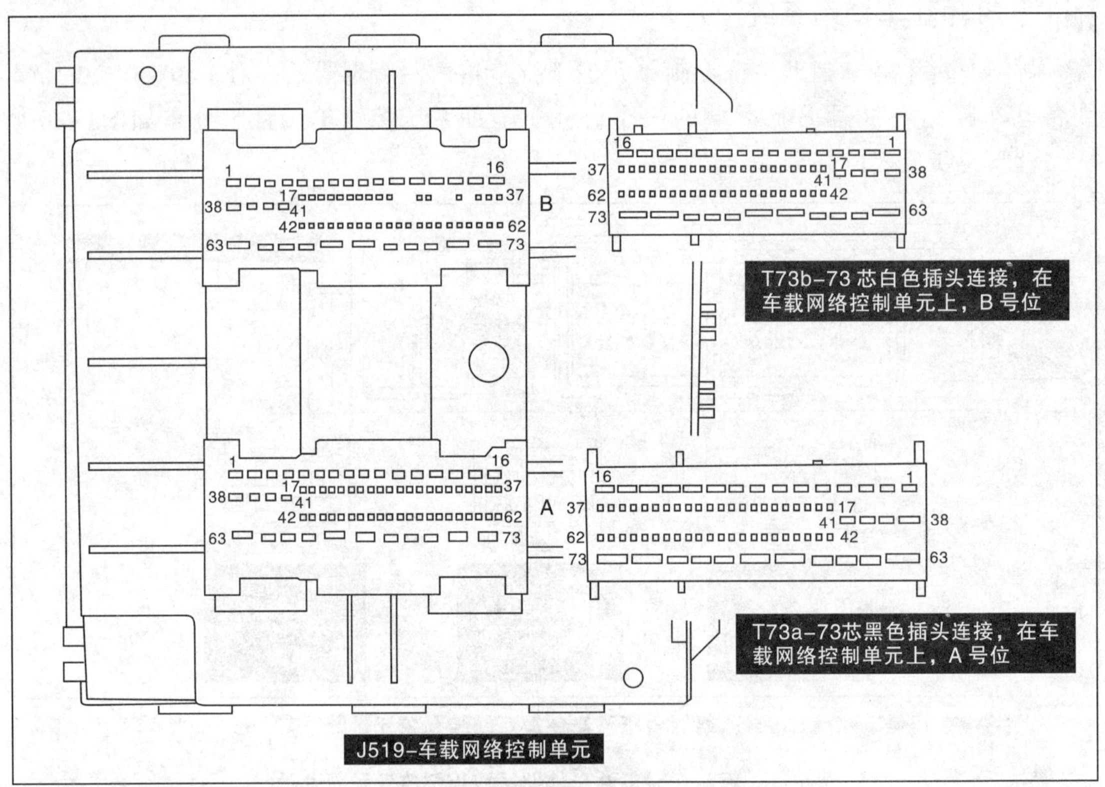


图1-31 新朗逸轿车车载网络控制单元针脚分布

表1-36 新朗逸轿车车载网络控制单元针脚说明

| 针脚 | 说明 |
| --- | --- |
| T73a-73芯黑色插头连接 | |
| 1 | 右近光灯防眩目控制端（仅用于装备气体放电前照灯的汽车） |
| | 右侧远光灯控制端（仅用于不装备气体放电前照灯的汽车） |
| 2 | 左侧气体放电前照灯控制端（仅用于装备气体放电前照灯的汽车） |
| | 左侧近光灯控制端（仅用于不装备气体放电前照灯的汽车） |
| 4 | 车门开关信号 |

（续）

| 针脚 | 说明 |
|---|---|
| 5 | 右侧日间行车灯控制端（仅用于装备气体放电前照灯的汽车） |
| 6 | 雾灯信号（仅用于装备回家模式的汽车） |
| 7 | 前雾灯开关信号（仅用于装备动态弯道灯的汽车） |
| 10 | 行李箱盖中央门锁电动机控制端（+） |
| 11 | 中央门锁闭锁电动机控制端（–） |
| 12 | 驾驶人车门中央门锁电动机/油箱盖板锁止装置控制端（+） |
| 14 | 接线柱31 |
| 15 | 右前、左后、右后车门中央门锁电动机控制端（+） |
| 16 | 中央门锁电源，接线柱30a |
| 17 | 左后车门中央门锁闭锁单元状态信号 |
| 18 | 右后车门中央门锁闭锁单元状态信号 |
| 19 | 驾驶人侧车门接触开关信号 |
| 20 | 前排乘客侧车门接触开关信号 |
| 21 | 前排乘客中央门锁闭锁单元状态信号 |
| 22 | 驾驶人侧中央门锁闭锁单元状态信号 |
| 23 | 行李箱盖把手开锁按钮信号 |
| 24 | 驾驶人侧中央门锁开关信号 |
| 25 | 车内联锁按钮信号 |
| 26 | 右后车门接触开关信号 |
| 27 | 发动机舱盖接触开关信号（仅用于发动机编号字母为CSTA、装备自动起停系统的汽车） |
| 28 | 闪烁警报灯开关信号 |
| 29 | 喇叭按钮信号 |
| 30 | 行李箱盖接触开关信号 |
| 32 | 右侧转向信号灯开关信号 |
| 33 | 左侧转向信号灯开关信号 |
| 34 | 左后车门接触开关信号 |
| 35 | 天窗舒适关闭信号（仅用于装备折叠式滑动天窗的汽车） |
| 36 | 加热座椅断路控制端（仅用于装备加热座椅的汽车） |
| 37 | 前照灯自动功能信号（仅用于装备回家模式的汽车） |
| 38 | 可加热车外后视镜加热控制端 |
| 40 | 右侧示宽灯信号（仅用于装备回家模式的汽车） |
| 41 | 左侧示宽灯信号（仅用于装备回家模式的汽车） |
| 42 | 接线柱S |
| 43 | 制动信号灯开关信号 |
| 44 | 接线柱15a |
| 45 | 接线柱58d |
| 47 | 唤醒信号（仅用于装备进入及起动许可的汽车） |

| 针脚 | 说明 |
|---|---|
| 48 | 天窗未关信号（仅用于装备折叠式滑动天窗的汽车） |
| 52 | 燃油泵控制单元控制端（仅用于1.4 L发动机汽车） |
| 54 | 端子75x供电继电器（仅用于装备自动起停系统的汽车） |
| 55 | 起动信号（仅用于自动变速器汽车/仅用于双离合器变速器OAM汽车/仅用于不装备发动机自动起停系统的汽车） |
| 56 | 闪烁警报灯装置指示灯控制端 |
| 58 | 中央门锁指示灯SAFE控制端 |
| 59 | 驾驶人侧车内联锁指示灯控制端 |
| 60 | 后窗玻璃加热指示灯控制端（仅用于手动调节空调器汽车） |
| 62 | 近光灯信号（仅用于装备回家模式的汽车） |
| 63 | 接线柱30a（仅用于装备自动起停系统的汽车/截至2015年3月） |
| | 右位置灯（仅用于装备回家模式的汽车） |
| 64 | 可加热车外后视镜加热电源，接线柱30a |
| 65 | 车内照明灯电源 |
| 66 | 车内照明灯电源，接线柱30a |
| 68 | 前风窗刮水器电动机电源，接线柱30a |
| 69 | 风窗刮水器电动机控制端，1档 |
| 70 | 风窗刮水器电动机接地 |
| 71 | 风窗刮水器电动机控制端，2档 |
| 72 | 喇叭信号控制端 |
| 73 | 喇叭信号电源，接线柱30a |
| 注 | 编号3、8、9、13、31、39、46、49~51、53、57、61、67的针脚未使用 |
| T73b-73芯白色插头连接 | |
| 1 | 左近光灯防眩目控制端（仅用于装备气体放电前照灯的汽车） |
| | 左侧远光灯控制端（仅用于不装备气体放电前照灯的汽车） |
| 2 | 右侧气体放电前照灯控制端（仅用于装备气体放电前照灯的汽车） |
| | 右侧近光灯控制端（仅用于不装备气体放电前照灯的汽车） |
| 3 | 左侧日间行车灯控制端（仅用于装备气体放电前照灯的汽车） |
| 4 | 接线柱58d（仅用于装备回家模式的汽车） |
| 5 | 左侧日间行车灯控制端（仅用于装备气体放电前照灯的汽车） |
| 6 | 右侧日间行车灯控制端（仅用于装备气体放电前照灯的汽车） |

（续）

| 针脚 | 说明 |
| --- | --- |
| 7 | 牌照灯控制端（仅用于装备回家模式的汽车） |
| 8 | 远光灯信号（仅用于装备回家模式的汽车） |
| 9 | 左侧前雾灯和左侧弯道灯灯泡控制端（仅用于装备前雾灯的汽车/仅用于装备动态弯道灯的汽车） |
| 10 | 右侧前雾灯和右侧弯道灯灯泡控制端（仅用于装备前雾灯的汽车/仅用于装备动态弯道灯的汽车） |
| 11 | 倒车灯电源，接线柱75a（仅用于装备自动变速器汽车仅用于装备双离合器变速器OAM汽车） |
| 12 | 倒档信号（仅用于装备自动变速器汽车/仅用于装备双离合器变速器OAM汽车） |
| 13 | 制动信号灯、转向信号灯和闪烁警报灯电源，接线柱30a |
| 14 | 左侧转向信号灯控制端 |
| 15 | 右侧转向信号灯控制端 |
| 16 | 制动灯控制端 |
| 17 | LIN总线 |
| 18 | CAN总线，低位（驱动系统） |
| 19 | CAN总线，高位（驱动系统） |
| 20 | CAN总线，高位（舒适/便捷系统） |
| 21 | CAN总线，低位（舒适/便捷系统） |
| 22 | CAN总线，低位（诊断系统） |
| 23 | CAN总线，高位（诊断系统） |
| 24 | 雨天与光线识别传感器信号（仅用于装备雨量传感器的汽车） |
| 27 | 风窗玻璃刮水器间歇运行调节器1档信号 |
| 29 | 日间行车灯信号（仅用于装备回家模式的汽车） |
| 31 | 后窗玻璃加热控制端（仅用于装备手动调节空调汽车） |
| 32 | 刮水器电动机控制端，间歇档 |
| 34 | 接线柱58d |
| 37 | K诊断导线（仅用于不装备发动机自动起停系统的汽车/截至2015年3月） |
|  | LIN总线（仅用于装备自动起停系统的汽车） |
| 38 | 接线柱31 |
| 39 | 车载网络控制单元电源，接线柱30a |
| 42 | 制动踏板开关信号 |
| 43 | 后雾灯开关信号（仅用于装备回家模式的汽车） |
| 44 | 定速巡航设定（仅用于装备定速巡航装置GRA的汽车） |
| 45 | 定速巡航开关信号（仅用于装备定速巡航装置GRA的汽车） |
| 46 | 定速巡航，复位（仅用于装备定速巡航装置GRA的汽车） |
| 47 | 定速巡航信号（仅用于装备定速巡航装置GRA的汽车） |
| 48 | 倒档信号（仅用于装备手动变速器的汽车） |
| 49 | 交流发电机发电信号（仅用于不装备发动机自动起停系统的汽车） |
| 50 | 起动信号输入 |
| 51 | 接线柱75a（仅用于不装备发动机自动起停系统的汽车） |
| 52 | 近光灯信号 |
| 53 | 风窗玻璃刮水器间歇运行调节器2档信号 |
| 54 | CAN总线，高位（仅用于装备回家模式的汽车） |
| 55 | P/N档位信号（仅用于装备自动变速器的汽车/仅用于装备双离合器变速器OAM的汽车） |
| 57 | CAN总线，低位（仅用于装备回家模式的汽车） |
| 58 | 车外后视镜加热按钮信号 |
| 59 | 车载网络控制单元电源，接线柱30a |
| 60 | 接线柱31 |
| 61 | 风窗玻璃清洗泵开关信号 |
| 62 | 风窗玻璃刮水器间歇运行调节器信号，间歇档 |
| 63 | 可加热后窗玻璃加热控制端 |
| 67 | 后窗玻璃加热电源，接线柱30a |
| 68 | 接线柱30a（仅用于装备自动起停系统的汽车/截至2015年3月） |
|  | 左位置灯（仅用于装备回家模式的汽车） |
| 注 | 编号25、26、28、30、33、35、36、40、41、56、64~66、69~73的针脚未使用 |

## 十六、转向柱电子装置

新朗逸轿车转向柱电子装置控制单元位于转向柱上部，其针脚分布如图1-32所示，针脚说明见表1-37。

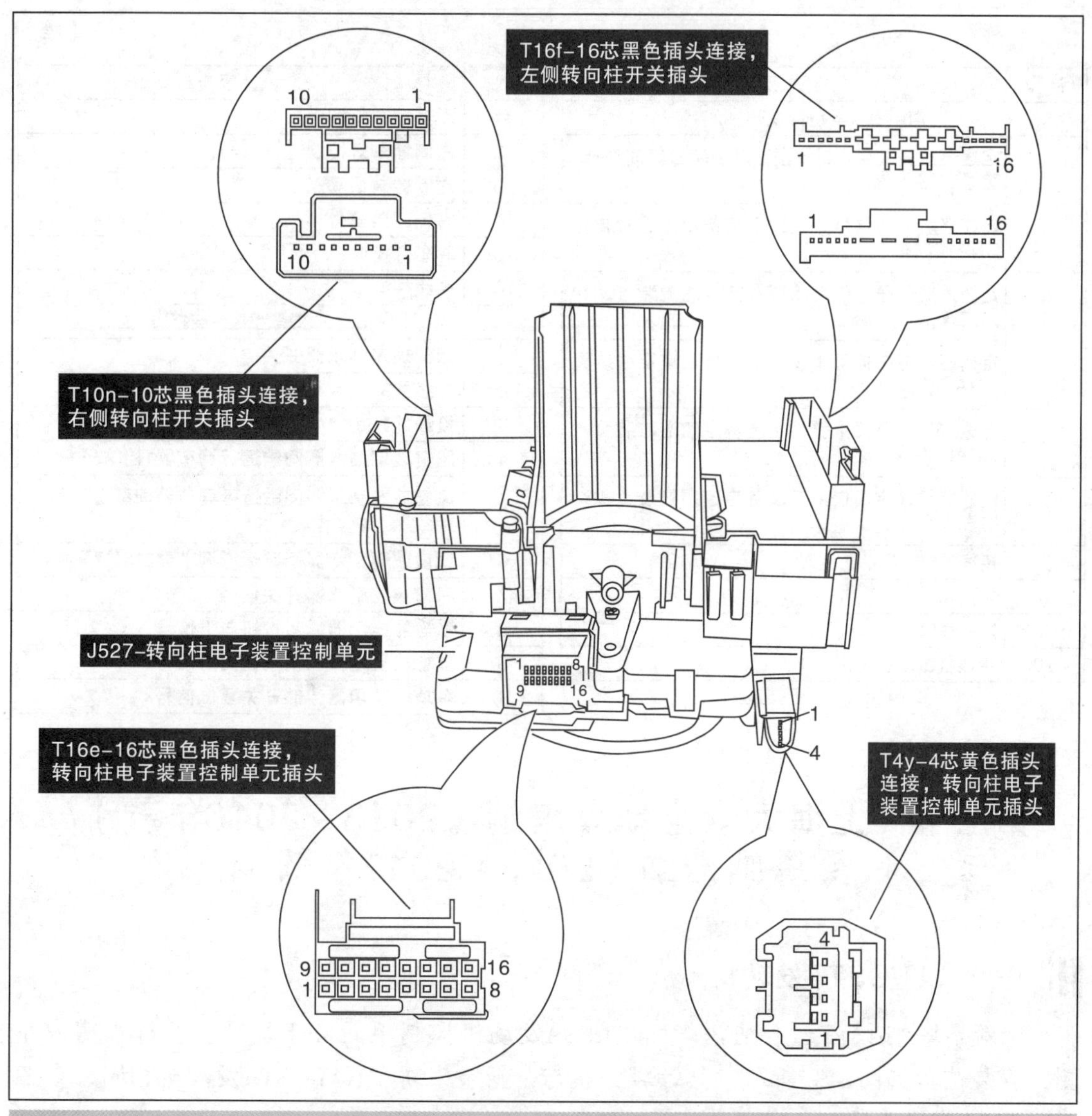


图1-32 新朗逸轿车转向柱电子装置控制单元针脚分布

表1-37 新朗逸轿车转向柱电子装置控制单元针脚说明

| 针脚 | 说明 |
|---|---|
| T16e-16芯黑色插头连接 | |
| 1 | 接线柱31 |
| 2 | 喇叭信号控制 |
| 3 | LIN总线 |
| 4 | 接线柱30a |
| 5 | 驾驶人侧安全气囊引爆装置+ |
| 6 | 驾驶人侧安全气囊引爆装置- |
| 9 | CAN总线，低位（驱动系统） |
| 10 | CAN总线，高位（驱动系统） |
| 11 | 接线柱31 |
| 12 | 接线柱15a（仅用于不装备进入及起动许可的汽车）<br>接线柱30a（仅用于装备进入及起动许可的汽车） |
| 13 | 接线柱15a |
| 注 | 编号7、8、14~16未使用 |
| T4y-4芯黄色插头连接 | |
| 1 | 驾驶人侧安全气囊引爆装置+ |
| 2 | 驾驶人侧安全气囊引爆装置- |
| 注 | 编号3、4的针脚未使用 |

（续）

| 针脚 | 说明 |
|---|---|
| T16f-16芯黑色插头连接 | |
| 1 | 定速巡航开关供电87a（仅用于装备定速巡航装置GRA的汽车） |
| 2 | 定速巡航开关信号（仅用于装备定速巡航装置GRA的汽车） |
| 3 | 定速巡航信号（仅用于装备定速巡航装置GRA的汽车） |
| 4 | 定速巡航开关信号（仅用于装备定速巡航装置GRA的汽车） |
| 5 | 定速巡航，复位（仅用于装备定速巡航装置GRA的汽车） |
| 6 | 定速巡航设定（仅用于装备定速巡航装置GRA的汽车） |
| 7 | 接线柱56a |
| 8 | 未使用 |
| 9 | 接线柱56 |
| 10 | 接线柱30a |
| 11 | 左侧停车灯控制 |
| 12 | 右侧停车灯控制 |
| 13 | 左侧转向信号 |
| 14 | 右侧转向信号 |
| 15 | 驻车灯控制 |
| 16 | 接线柱31 |
| T10n-10 芯黑色插头连接 | |
| 1 | 后窗玻璃刮水器开关信号 |
| 2 | 接线柱31 |
| 3 | 接线柱15a |
| 4 | 风窗玻璃刮水器间歇运行调节器1档信号 |
| 5 | 风窗玻璃刮水器间歇运行调节器间歇运行信号 |
| 6 | 风窗玻璃刮水器间歇运行调节器2档信号 |
| 7 | 风窗玻璃刮水器开关信号 |
| 8 | 多功能显示器调用按钮向下信号 |
| 9 | 多功能显示器调用按钮向上信号 |
| 10 | 多功能显示器存储开关复位信号 |

# 第七节 上海大众全新桑塔纳（2013～2016年款）/桑塔纳浩纳（2015～2017年款）

## 一、1.4T CSTA发动机

全新桑塔纳/桑塔纳浩纳轿车1.4T CSTA发动机控制单元位于发动机舱排水槽内左侧，安装位置如图1-33所示，其针脚分布与全新宝来轿车1.4T CSTA发动机相同，参考图1-7，针脚说明见表1-38。

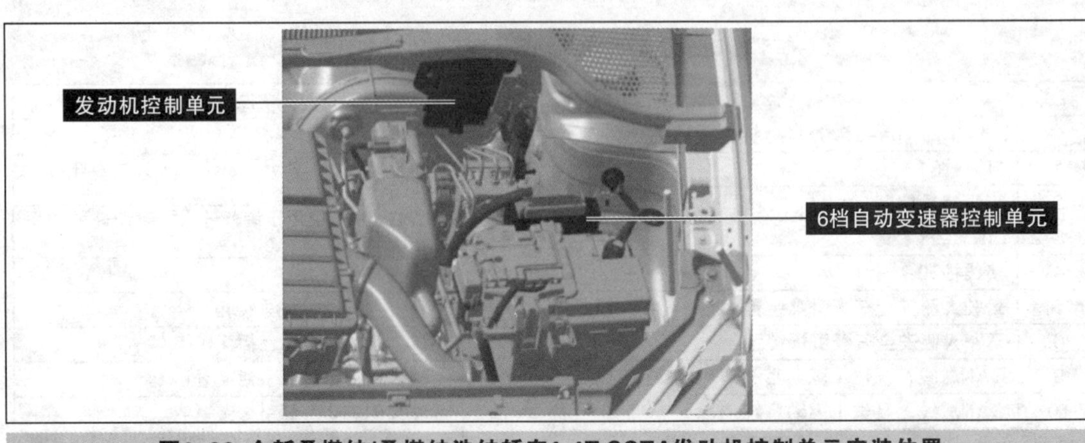


图1-33 全新桑塔纳/桑塔纳浩纳轿车1.4T CSTA发动机控制单元安装位置

**表1-38 全新桑塔纳/桑塔纳浩纳轿车1.4T CSTA发动机控制单元针脚说明**

| 针脚 | 说明 |
|---|---|
| T94a–94芯黑色插头连接 | |
| 1 | 接线柱31 |
| 2 | 接线柱31 |
| 5 | 接线柱87a |
| 6 | 接线柱87a |
| 7 | 催化转化器前的氧传感器加热装置控制端 |
| 10 | 燃油泵控制单元信号 |
| 23 | 催化转化器后的氧传感器信号 |
| 24 | 催化转化器前的氧传感器信号 |
| 26 | 制动器真空泵控制端（仅用于装备双离合器变速器OAM汽车） |
| 27 | 制动助力压力传感器接地（仅用于装备双离合器变速器OAM汽车） |
| 28 | 催化转化器后的氧传感器加热装置控制端 |
| 32 | 加速踏板位置传感器2接地 |
| 34 | 加速踏板位置传感器接地 |
| 35 | 加速踏板位置传感器信号 |
| 45 | 催化转化器后的氧传感器信号 |
| 46 | 催化转化器前的氧传感器信号 |
| 56 | GRA开关信号（仅用于装备定速巡航装置的汽车） |
| 62 | 制动信号灯开关信号 |
| 64 | 加速踏板位置传感器电源5V |
| 66 | 加速踏板位置传感器2电源5V |
| 67 | CAN总线，低位（驱动系统） |
| 68 | CAN总线，高位（驱动系统） |
| 69 | 主继电器控制端 |
| 75 | 制动助力压力传感器信号（仅用于装备双离合器变速器OAM的汽车） |
| 76 | 加速踏板位置传感器2信号 |
| 78 | 制动踏板开关信号 |
| 79 | 发电机发电控制端 |
| 87 | 接线柱15a |
| 88 | 制动助力压力传感器电源（仅用于装备双离合器变速器OAM的汽车） |
| 92 | 接线柱30a |
| 注 | 编号3、4、8、9、11～22、25、29～31、33、36～44、47～55、57～61、63、65、70～74、77、80～86、89～91、93、94的针脚未使用 |
| T60a–60芯黑色插头连接 | |
| 1 | 节气门驱动装置（电子节气门）+ |
| 2 | 燃油压力调节阀控制端 |
| 3 | 传感器电源5V（进气歧管绝对压力传感器、燃油压力传感器、霍尔传感器、霍尔传感器3） |
| 4 | 传感器电源5V（增压压力传感器、发动机转速传感器） |
| 5 | 发动机转速传感器信号 |
| 6 | 传感器接地（霍尔传感器、霍尔传感器3） |
| 7 | 霍尔传感器3信号 |
| 8 | 进气管压力传感器信号 |
| 9 | 进气温度传感器信号 |
| 10 | 燃油压力传感器信号 |
| 11 | 节气门驱动装置（电子节气门）角度传感器接地 |
| 13 | 冷却液温度传感器信号 |
| 14 | 冷却液循环泵控制端 |
| 15 | 增压压力限制电磁阀控制端 |
| 16 | 节气门驱动装置（电子节气门）– |
| 17 | 2缸喷油控制 |
| 18 | 3缸喷油控制 |
| 19 | 节气门驱动装置（电子节气门）角度传感器电源5V |
| 20 | 发动机转速传感器信号 |
| 21 | 霍尔传感器信号 |
| 23 | 节气门驱动装置（电子节气门）角度传感器2信号 |
| 24 | 进气温度传感器2信号 |
| 27 | 冷却液温度传感器信号 |
| 28 | 传感器接地（进气温度传感器2、进气温度传感器、燃油压力传感器） |
| 30 | 增压压力限制电磁阀控制端 |
| 31 | 1缸喷油控制 |
| 32 | 3缸喷油控制 |
| 33 | 4缸喷油控制 |
| 34 | 燃油压力调节阀控制端 |
| 35 | 排气门凸轮轴调节阀1控制端 |
| 37 | 带功率输出级的点火线圈4控制端 |
| 38 | 带功率输出级的点火线圈3控制端 |
| 39 | 节气门驱动装置（电子节气门）角度传感器1信号 |
| 41 | 爆燃传感器屏蔽 |
| 43 | 增压压力传感器信号 |
| 46 | 4缸喷油控制 |
| 47 | 1缸喷油控制 |
| 48 | 2缸喷油控制 |
| 49 | 进气门凸轮轴调节阀1控制端 |
| 50 | 活性炭罐电磁阀控制端 |
| 51 | 机油压力调节阀控制端 |

（续）

| 针脚 | 说明 | 针脚 | 说明 |
|---|---|---|---|
| 52 | 带功率输出级的点火线圈2控制端 | 59 | 机油压力防降开关信号 |
| 53 | 带功率输出级的点火线圈1控制端 | 注 | 编号12、22、25、26、29、36、40、42、44、45、54、57、58、60的针脚未使用 |
| 55 | 爆燃传感器信号 | | |
| 56 | 爆燃传感器信号 | | |

## 二、1.6L CPDA发动机

全新桑塔纳/桑塔纳浩纳轿车1.6L CPDA发动机控制单元位于发动机舱排水槽内左侧，安装位置与1.4T CSTA发动机相同，参考图1-33，其针脚分布与新捷达轿车1.5T DCFA发动机相同，参考图1-2。全新桑塔纳/桑塔纳浩纳轿车1.6L CPDA发动机控制单元编号102的针脚未使用，其余针脚说明参考新速腾轿车1.6L CPDA发动机控制单元针脚说明表。

## 三、6档自动变速器

全新桑塔纳/桑塔纳浩纳轿车6档自动变速器控制单元位于发动机舱左侧蓄电池后部，其针脚分布与全新宝来轿车6档自动变速器相同，可参考图1-9，其中编号40、49的针脚未使用，其余针脚说明参考新朗逸轿车6档自动变速器控制单元针脚说明表。

## 四、7档OAM双离合器变速器

全新桑塔纳/桑塔纳浩纳轿车7档OAM双离合器变速器单元位于变速器前部，安装位置如图1-34中箭头所示，其针脚分布及针脚说明与全新宝来轿车7 档OAM双离合器变速器相同，可参考全新宝来轿车相关资料。

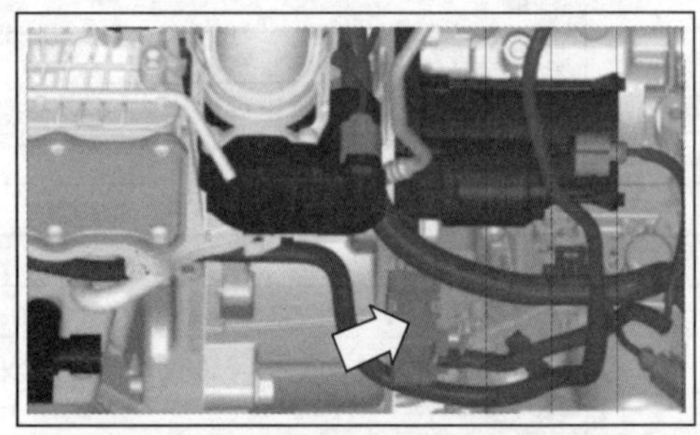

图1-34 7档OAM双离合器变速器安装位置

## 五、ABS

全新桑塔纳/桑塔纳浩纳轿车ABS 控制单元位于发动机舱左纵梁后部，其针脚分布如图1-35所示，针脚说明见表1-39。

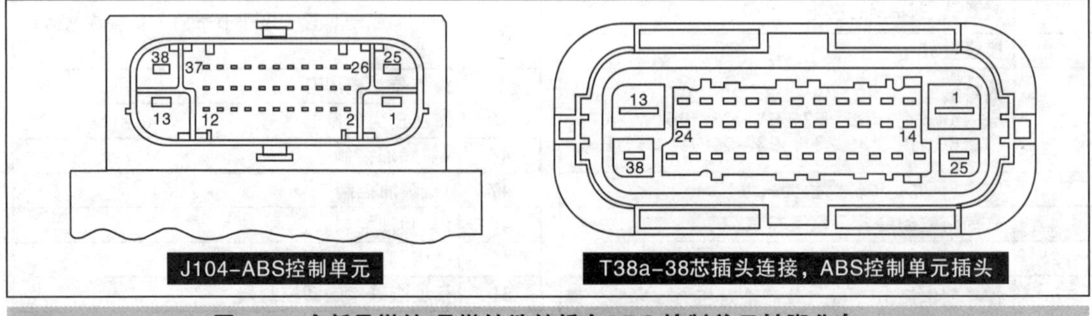


图1-35 全新桑塔纳/桑塔纳浩纳轿车ABS 控制单元针脚分布

表1-39 全新桑塔纳/桑塔纳浩纳轿车ABS 控制单元针脚说明

| 针脚 | 说明 |
|---|---|
| 1 | 接线柱30a |
| 3 | 右后转速传感器信号 |
| 4 | 右后转速传感器信号 |
| 7 | 轮胎压力监控按钮信号（仅用于装备轮胎充气压力监控的汽车） |
| 8 | CAN总线，低位（驱动系统） |
| 9 | CAN总线，高位（驱动系统） |
| 10 | 右前转速传感器信号 |
| 11 | 右前转速传感器信号 |
| 13 | 接线柱31 |
| 25 | 接线柱30a |
| 27 | 接线柱30a |
| 28 | 接线柱15a |
| 29 | 左后转速传感器信号 |
| 30 | 左后转速传感器信号 |
| 35 | 左前转速传感器信号 |
| 36 | 左前转速传感器信号 |
| 38 | 接线柱31 |
| 注 | 编号2、5、6、12、14～24、26、31～34、37的针脚未使用 |

# 第八节 上海大众全新帕萨特（2017年起）

## 一、1.4T CSSA发动机

全新帕萨特轿车1.4T CSSA发动机控制单元位于发动机舱左侧，安装位置如图1-36中箭头所示，其针脚分布与全新宝来轿车1.4T CSTA发动机相同，参考图1-7，针脚说明见表1-40。

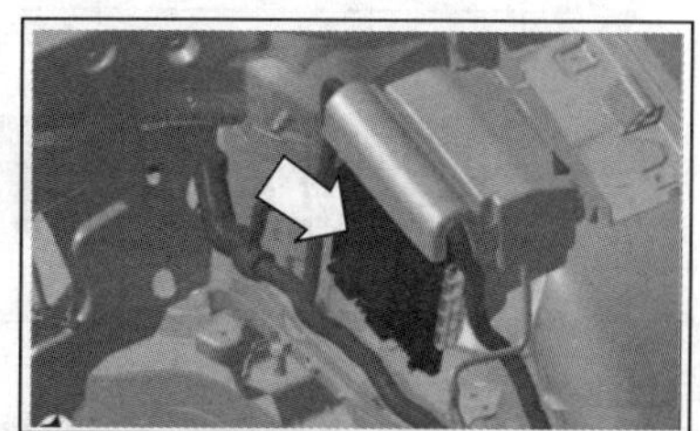

图1-36 全新帕萨特轿车1.4T CSSA发动机控制单元安装位置

表1-40 全新帕萨特轿车1.4T CSSA发动机控制单元针脚说明

| 针脚 | 说明 |
|---|---|
| T94a-94芯黑色插头连接 | |
| 11 | 起动/停止运行模式按钮指示灯控制端 |
| 27 | 传感器接地（仅用于手动变速器汽车） |
| 44 | 接线柱50 |
| 85 | 离合器位置传感器信号（仅用于手动变速器汽车） |
| | 双离合器变速器机电装置（仅用于双离合器变速器汽车） |
| 注 | 编号43、47的针脚未使用 |
| T60a-60芯黑色插头连接 | |
| 7 | 霍尔传感器3信号 |
| 13 | 传感器接地 |
| 17 | 2缸喷油控制- |
| 18 | 3缸喷油控制- |
| 25 | 增压压力调节位置传感器信号 |
| 28 | 传感器接地 |
| 31 | 1缸喷油控制- |
| 32 | 3缸喷油控制+ |
| 33 | 4缸喷油控制+ |
| 46 | 4缸喷油控制- |
| 47 | 1缸喷油控制+ |
| 48 | 2缸喷油控制+ |
| 注 | 其余针脚说明参考全新宝来轿车1.4T CSTA发动机控制单元针脚说明表 |

## 二、1.8T DBHA/2.0T BDJ发动机

全新帕萨特轿车1.8T DBHA/2.0T BDJ发动机控制单元安装位置与1.4T CSSA相同，参考图1-36，其针脚分布如图1-37所示，针脚说明见表1-41。

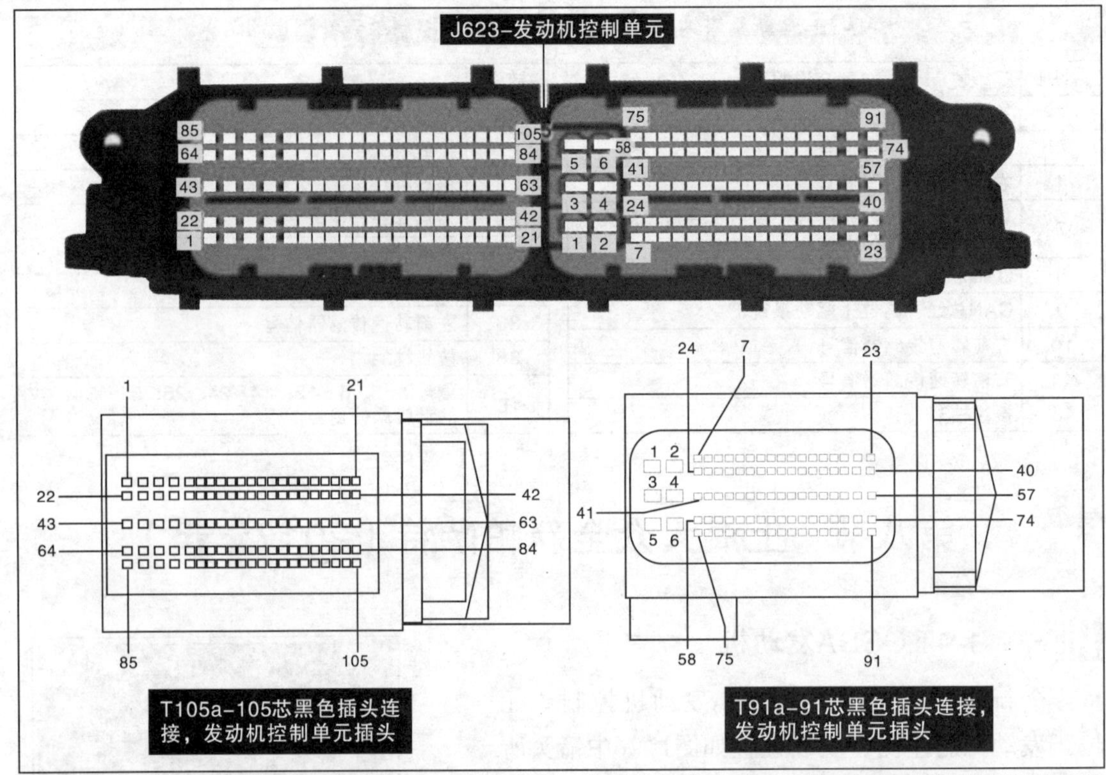


图1-37 全新帕萨特轿车1.8T DBHA/2.0T BDJ发动机控制单元针脚分布

表1-41 全新帕萨特轿车1.8T DBHA/2.0T BDJ发动机控制单元针脚说明

| 针脚 | 说明 |
|---|---|
| T105a-105芯黑色插头连接 | |
| 1 | 2缸喷油控制 |
| 2 | 3缸喷油控制 |
| 3 | 活性炭罐电磁阀控制端 |
| 4 | 凸轮轴调节元件5控制端 |
| 6 | 凸轮轴调节元件1控制端 |
| 7 | 活塞冷却喷嘴控制阀控制端 |
| 8 | 双离合器变速器机电装置 |
| 11 | 燃油压力传感器接地 |
| 17 | 机油压力调节阀控制端 |
| 20 | 增压压力调节位置传感器接地（仅用于2.0 L发动机汽车） |
| 21 | 增压压力限制电磁阀控制端（仅用于发动机编号字母为DBHA的汽车） |
| 22 | 3缸喷油控制 |
| 23 | 2缸喷油控制 |
| 24 | 3缸喷油阀2控制端（仅用于2.0 L发动机汽车） |
| 25 | 1缸喷油阀2控制端（仅用于2.0 L发动机汽车） |
| 26 | 发动机温度调节伺服元件电源（仅用于2.0 L发动机汽车） |
| 27 | 进气管风门位置传感器接地 |
| 28 | 霍尔传感器3信号 |
| 29 | 霍尔传感器3接地 |
| 30 | 霍尔传感器信号 |
| 31 | 低压的燃油压力传感器接地（仅用于2.0 L发动机汽车） |
| 33 | 传感器接地 |
| 34 | 节气门驱动装置（电子节气门）角度传感器1信号 |
| 35 | 发动机转速传感器电源5V |
| 36 | 进气管风门位置传感器信号 |
| 37 | 低压的燃油压力传感器电源5V（仅用于2.0 L发动机汽车） |
| 38 | 霍尔传感器3电源 5V |
| 40 | 冷却液温度传感器信号 |
| 41 | 增压压力调节位置传感器信号（仅用于2.0 L发动机汽车） |
| 42 | 进气歧管绝对压力传感器电源5V |
| 43 | 4缸喷油控制 |
| 44 | 霍尔传感器接地 |

（续）

| 针脚 | 说明 |
|---|---|
| 45 | 4缸喷油阀2控制端（仅用于2.0 L发动机汽车） |
| 46 | 2缸喷油阀2控制端（仅用于2.0 L发动机汽车） |
| 47 | 冷却液温度传感器信号 |
| 48 | 进气管风门位置传感器电源5V |
| 49 | 燃油压力传感器信号 |
| 50 | 低压燃油压力传感器信号（仅用于2.0 L发动机汽车） |
| 51 | 进气温度传感器信号 |
| 52 | 进气管压力传感器信号 |
| 53 | 进气管风门阀门控制端 |
| 54 | 节气门驱动装置（电子节气门）角度传感器电源5V |
| 55 | 节气门驱动装置（电子节气门）角度传感器2信号 |
| 56 | 节气门驱动装置（电子节气门）角度传感器接地 |
| 57 | 带功率输出级的点火线圈3控制端 |
| 58 | 凸轮轴调节元件4控制端 |
| 59 | 凸轮轴调节元件3控制端 |
| 61 | 增压压力调节位置传感器电源（仅用于2.0 L发动机汽车） |
| 62 | 带功率输出级的点火线圈4控制端 |
| 64 | 1缸喷油控制 |
| 65 | 4缸喷油控制 |
| 66 | 涡轮增压器循环空气阀控制端 |
| 68 | 燃油压力传感器电源5V |
| 69 | 霍尔传感器电源5V |
| 70 | 发动机转速传感器信号 |
| 72 | 机油压力降低开关信号 |
| 73 | 油压开关3档信号 |
| 74 | 油压开关信号 |
| 76 | 带功率输出级的点火线圈1控制端 |
| 77 | 发动机转速传感器接地 |
| 78 | 发动机温度调节伺服元件接地（仅用于2.0 L发动机汽车） |
| 79 | 带功率输出级的点火线圈2控制端 |
| 80 | 发动机温度调节伺服元件信号（仅用于2.0 L发动机汽车） |
| 84 | 冷却液继续补给泵控制端 |
| 85 | 1缸喷油控制 |
| 86 | 发动机温度调节伺服元件控制端（仅用于2.0 L发动机汽车） |

| 针脚 | 说明 |
|---|---|
| 87 | 发动机温度调节伺服元件控制端（仅用于2.0 L发动机汽车） |
| 88 | 增压调节器（仅用于2.0 L发动机汽车） |
| 89 | 增压调节器（仅用于2.0 L发动机汽车） |
| 90 | 节气门驱动装置（电子节气门） |
| 91 | 节气门驱动装置（电子节气门） |
| 92 | 燃油压力调节阀控制端 |
| 93 | 燃油压力调节阀控制端 |
| 94 | 凸轮轴调节元件6控制端 |
| 95 | 凸轮轴调节元件8控制端 |
| 96 | 凸轮轴调节元件7控制端 |
| 97 | 爆燃传感器信号 |
| 98 | 爆燃传感器信号 |
| 101 | 凸轮轴调节元件2控制端 |
| 104 | 排气门凸轮轴调节阀1控制端 |
| 105 | 凸轮轴调节阀控制端 |
| 注 | 编号为5、9、10、12～16、18、19、32、39、60、63、67、71、75、81～83、99、100、102、103的针脚未使用 |
| T91a-91芯黑色插头连接 | |
| 1 | 接线柱31 |
| 2 | 接线柱31 |
| 5 | 接线柱87a |
| 6 | 接线柱87a |
| 7 | 主继电器控制端 |
| 8 | 发动机部件供电继电器控制端 |
| 9 | 燃油泵控制单元信号 |
| 11 | 催化转化器后的氧传感器加热装置控制端 |
| 12 | 散热器风扇控制信号 |
| 15 | 变速器油冷却泵控制端（仅用于2.0 L发动机汽车） |
| 16 | 加速踏板位置传感器2电源5V |
| 18 | 制动助力压力传感器电源5V |
| 22 | 冷却液断流阀控制端（仅用于2.0 L发动机汽车） |
| | 冷却液断流阀控制端（仅用于发动机字母代码为DBHA 的汽车/截至 2017年1月） |
| 25 | 催化转化器后的氧传感器信号 |
| 26 | 催化转化器后的氧传感器信号 |
| 28 | 起动/停止模式按钮信号 |
| 29 | 散热器出口处的冷却液温度传感器接地 |
| 32 | 增压压力传感器电源5V |
| 33 | 加速踏板位置传感器电源5V |
| 34 | 加速踏板位置传感器接地 |
| 35 | 传感器接地 |

（续）

| 针脚 | 说明 |
|---|---|
| 36 | 制动助力压力传感器接地 |
| 37 | 制动信号灯开关信号 |
| 39 | 变速器冷却液阀控制端（仅用于2.0 L发动机汽车） |
| | 变速器冷却液阀控制端（仅用于发动机字母代码为DBHA 的汽车/截至2017年1月） |
| 41 | 催化转化器前的氧传感器信号 |
| 43 | 催化转化器前的氧传感器信号 |
| 44 | 催化转化器前的氧传感器信号 |
| 45 | 制动助力压力传感器信号 |
| 49 | 散热器出口处的冷却液温度传感器信号 |
| 50 | 接线柱15a |
| 51 | 加速踏板位置传感器2接地 |
| 52 | 加速踏板位置传感器信号 |
| 55 | 增压压力传感器信号 |
| 60 | 制动踏板开关信号 |
| 62 | P/N档位信号 |
| 67 | 接线柱50 |
| 68 | 接线柱50 |
| 69 | 加速踏板位置传感器2信号 |
| 70 | GRA开关信号 |
| 74 | 催化转化器前的氧传感器加热装置控制端 |
| 79 | CAN总线，高位（驱动系统） |
| 80 | CAN总线，低位（驱动系统） |
| 81 | 起动/停止运行模式指示灯控制端 |
| 86 | 接线柱30a |
| 87 | 起动机继电器1控制端 |
| 88 | 起动机继电器2控制端 |
| 注 | 编号3、4、10、13、14、17、19～21、23、24、27、30、31、38、40、42、46～48、53、54、56～59、61、63～66、71～73、75～78、82～85、89～91的针脚未使用 |

## 三、7档OAM双离合器变速器

全新帕萨特轿车7档OAM双离合器变速器控制单元位于变速器前部，其针脚分布及针脚说明与全新宝来轿车7 档 OAM双离合器变速器相同，可参考宝来轿车相关资料。

## 四、7档ODE双离合器变速器

全新帕萨特轿车7档ODE双离合器变速器控制单元针脚分布及针脚说明与全新迈腾B8L轿车7 档 ODE双离合器变速器相同，可参考全新迈腾B8L轿车相关资料。

## 五、ABS/ESP

全新帕萨特轿车ABS/ESP控制单元位于发动机舱左侧纵梁后部，其针脚分布与全新宝来轿车ABS/ESP/ASR/HBV控制单元针脚分布相同，参考图1-12；全新帕萨特轿车ABS/ESP控制单元针脚说明见表1-42。

**表1-42 全新帕萨特轿车ABS/ESP控制单元针脚说明**

| 针脚 | 说明 |
|---|---|
| T47a-47芯黑色插头连接 | |
| 3 | 自动驻车按钮信号 |
| 15 | 自动驻车指示灯控制端 |
| 注 | 其余针脚说明参考新速腾轿车ABS/ESP控制单元针脚说明表 |

## 六、自动空调

全新帕萨特轿车自动空调控制单元位于仪表板中部收音机下方，其针脚分布如图1-38所示，针脚说明见表1-43。

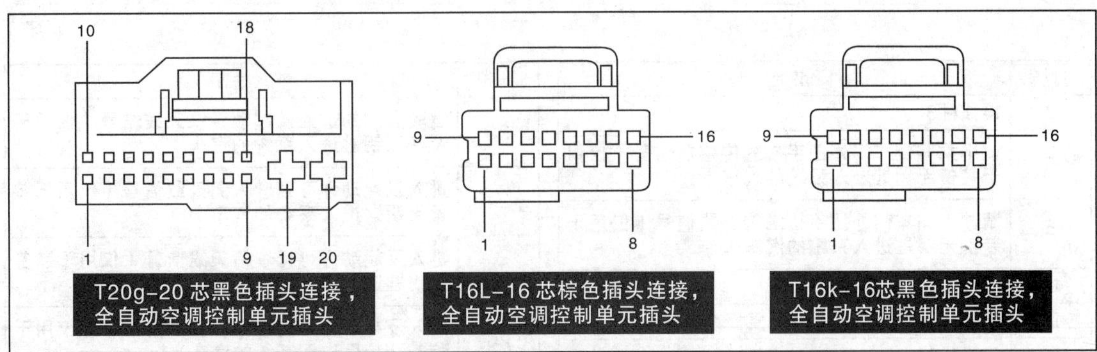


图1-38 全新帕萨特轿车自动空调控制单元针脚分布

表1-43 全新帕萨特轿车自动空调控制单元针脚说明

| 针脚 | 说明 | 针脚 | 说明 |
| --- | --- | --- | --- |
| T20g-20芯黑色插头连接 | | 5 | 中央风门伺服电动机内的电位计信号 |
| 1 | 日照光电传感器信号 | 7 | 速滞压力风门伺服电动机电位计信号 |
| 2 | 高压传感器信号 | 8 | 左侧脚部空间出风口温度传感器信号 |
| 3 | 日照光电传感器2信号 | 9 | 右侧脚部空间出风口温度传感器信号 |
| 4 | 空气质量传感器信号 | 11 | 蒸发器出风口温度传感器信号 |
| 5 | CAN总线，高位（舒适/便捷系统） | 14 | 传感器接地 |
| 6 | CAN总线，低位（舒适/便捷系统） | 16 | LIN总线 |
| 9 | 日照光电传感器电源 5V | 注 | 编号6、10、12、13、15的针脚未使用 |
| 10 | 驾驶人座椅温度调节信号 | T16L-16芯棕色插头连接 | |
| 11 | 前排乘客座椅温度调节信号 | 1 | 左侧温度风门伺服电动机控制端 |
| 13 | 左侧出风口温度传感器信号 | 2 | 左侧温度风门伺服电动机控制端 |
| 14 | 右侧出风口温度传感器信号 | 3 | 除霜风门伺服电动机控制端 |
| 17 | 传感器接地 | 4 | 除霜风门伺服电动机控制端 |
| 18 | 空调压缩机调节阀控制端 | 5 | 中央风门伺服电动机控制端 |
| 19 | 接线柱31 | 6 | 中央风门伺服电动机控制端 |
| 20 | 接线柱30a | 9 | 速滞压力风门伺服电动机控制端 |
| 注 | 编号7、8、12、15、16的针脚未使用 | 10 | 速滞压力风门伺服电动机控制端 |
| T16k-16芯黑色插头连接 | | 11 | 右侧温度风门伺服电动机控制端 |
| 1 | 风门伺服电动机内的电位计电源（5V） | 12 | 右侧温度风门伺服电动机控制端 |
| 2 | 左侧温度风门伺服电动机电位计信号 | 15 | 新鲜空气鼓风机信号 |
| 3 | 右侧温度风门伺服电动机电位计信号 | 16 | 新鲜空气鼓风机信号 |
| 4 | 除霜风门伺服电动机电位计信号 | 注 | 编号7、8、13、14的针脚未使用 |

## 七、进入及起动许可

全新帕萨特轿车进入及起动许可控制单元位于加速踏板上方，其针脚分布与新朗逸轿车进入及起动许可控制单元相同，参考图1-25，针脚说明见表1-44。

表1-44 全新帕萨特轿车进入及起动许可控制单元针脚说明

| 针脚 | 说明 | 针脚 | 说明 |
| --- | --- | --- | --- |
| 1 | LIN总线（仅用于装备传感器控制行李箱盖开启装置的汽车） | 2 | 电源输出（仅用于装备传感器控制行李箱盖开启装置的汽车） |

（续）

| 针脚 | 说明 | 针脚 | 说明 |
|---|---|---|---|
| 3 | 接线柱30a | 23 | 驾驶人侧的进入及起动系统天线信号（仅用于装备无钥匙进入系统的汽车） |
| 5 | 前排乘客侧车门外把手接触传感器信号（仅用于装备无钥匙进入系统的汽车） | 24 | 进入及起动许可驾驶人侧天线信号（仅用于装备无钥匙进入系统的汽车） |
| 9 | 驾驶人侧车门外把手接触传感器信号（仅用于装备无钥匙进入系统的汽车） | 25 | 进入及起动许可行李箱天线信号（仅用于装备无钥匙进入系统的汽车） |
| 10 | 进入及起动许可信号 | 26 | 进入及起动许可前排乘客侧天线信号（仅用于装备无钥匙进入系统的汽车） |
| 16 | CAN总线，低位（舒适/便捷系统） | 27 | 进入及起动许可后部保险杠天线信号（仅用于装备无钥匙进入系统的汽车） |
| 17 | 接线柱31 | 28 | 进入及起动许可车内空间天线1信号 |
| 18 | 进入及起动许可车内空间天线2信号 | 29 | 进入及起动许可车内空间天线2信号 |
| 19 | 进入及起动许可车内空间天线1信号 | 30 | 点火起动按钮照明装置灯泡控制端 |
| 20 | 进入及起动许可后部保险杠天线信号（仅用于装备无钥匙进入系统的汽车） | 32 | CAN总线，高位（舒适/便捷系统） |
| 21 | 进入及起动许可前排乘客侧天线信号（仅用于装备无钥匙进入系统的汽车） | 注 | 编号4、6～8、11～15、31的针脚未使用 |
| 22 | 进入及起动许可行李箱天线信号（仅用于装备无钥匙进入系统的汽车） | | |

## 八、SRS

全新帕萨特轿车SRS控制单元位于变速杆前面中央通道上，其针脚分布与新朗逸轿车SRS控制单元相同，参考图1-27，针脚说明见表1-45。

**表1-45 全新帕萨特轿车SRS控制单元针脚说明**

| 针脚 | 说明 | 针脚 | 说明 |
|---|---|---|---|
| 1 | 接线柱 15a | 17 | 前排乘客侧安全带拉紧器引爆装置– |
| 2 | 接线柱 15a | 18 | 驾驶人侧安全带拉紧器引爆装置– |
| 3 | 安全气囊诊断线 | 19 | 驾驶人侧安全带拉紧器引爆装置+ |
| 4 | 前排乘客侧侧面安全气囊引爆装置+ | 20 | 驾驶人侧膝盖部安全气囊引爆器（仅用于装备驾驶人侧膝盖部安全气囊的汽车） |
| 5 | 前排乘客侧侧面安全气囊引爆装置– | 21 | 驾驶人侧膝盖部安全气囊引爆器（仅用于装备驾驶人侧膝盖部安全气囊的汽车） |
| 6 | 驾驶人侧侧面安全气囊引爆装置– | 22 | 前排乘客侧后部侧面安全气囊引爆装置（仅用于装备后排侧面安全气囊的汽车） |
| 7 | 驾驶人侧侧面安全气囊引爆装置+ | 23 | 前排乘客侧后部侧面安全气囊引爆装置（仅用于装备后排侧面安全气囊的汽车） |
| 8 | 前排乘客侧安全气囊引爆装置+ | 24 | 前部安全气囊碰撞传感器信号 |
| 9 | 前排乘客侧安全气囊引爆装置– | 25 | 前部安全气囊碰撞传感器信号 |
| 10 | 驾驶人侧安全气囊引爆装置– | 30 | 驾驶人侧安全带开关信号 |
| 11 | 驾驶人侧安全气囊引爆装置+ | 31 | 前排乘客侧安全带开关信号 |
| 12 | 前排乘客侧头部安全气囊引爆装置（仅用于装备头部安全气囊的汽车）+ | 34 | 驾驶人侧后部侧面安全气囊引爆装置（仅用于装备后排侧面安全气囊的汽车） |
| 13 | 前排乘客侧头部安全气囊引爆装置（仅用于装备头部安全气囊的汽车）– | 35 | 驾驶人侧后部侧面安全气囊引爆装置（仅用于装备后排侧面安全气囊的汽车） |
| 14 | 驾驶人侧头部安全气囊引爆装置（仅用于装备头部安全气囊的汽车）– | 36 | 接地 |
| 15 | 驾驶人侧头部安全气囊引爆装置（仅用于装备头部安全气囊的汽车）+ | | |
| 16 | 前排乘客侧安全带拉紧器引爆装置+ | | |

（续）

| 针脚 | 说明 |
|---|---|
| 37 | 驾驶人侧头部安全气囊碰撞传感器信号（仅用于装备头部安全气囊的汽车）+ |
| 38 | 驾驶人侧头部安全气囊碰撞传感器信号（仅用于装备头部安全气囊的汽车）– |
| 39 | 前排乘客侧头部安全气囊碰撞传感器信号（仅用于装备头部安全气囊的汽车）+ |
| 40 | 前排乘客侧头部安全气囊碰撞传感器信号（仅用于装备头部安全气囊的汽车）– |
| 41 | 前排乘客侧侧面安全气囊碰撞传感器信号+ |
| 42 | 前排乘客侧侧面安全气囊碰撞传感器信号– |
| 43 | 驾驶人侧侧面安全气囊碰撞传感器信号+ |
| 44 | 驾驶人侧侧面安全气囊碰撞传感器信号– |
| 46 | 接线柱31 |
| 47 | 蓄电池断路引爆装置（仅用于3.0L发动机汽车） |
| 48 | 蓄电池断路引爆装置（仅用于3.0L发动机汽车） |
| 49 | CAN总线，高位（驱动系统） |
| 50 | CAN总线，低位（驱动系统） |
| 注 | 编号26～29、32、33、45的针脚未使用 |

## 九、转向辅助系统

全新帕萨特轿车转向辅助系统控制单元位于发动机下方机组支架中部，其针脚分布如图1-39所示，针脚说明见表1-46。

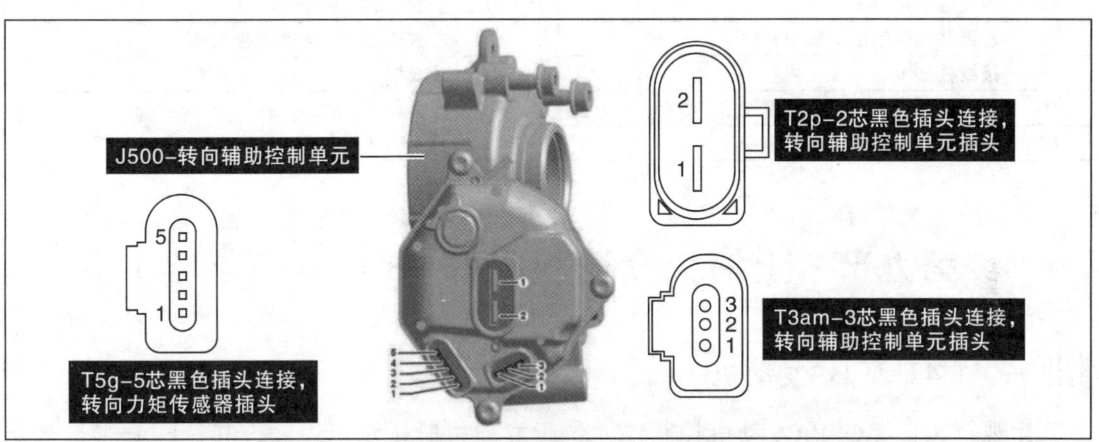


图1-39 全新帕萨特轿车转向辅助系统控制单元针脚分布

表1-46 全新帕萨特轿车转向辅助系统控制单元针脚说明

| 针脚 | 说明 |
|---|---|
| T3am-3芯黑色插头连接 | |
| 1 | CAN总线，低位（驱动系统） |
| 2 | CAN总线，高位（驱动系统） |
| 3 | 接线柱 15a |
| T5g-5芯黑色插头连接 | |
| 1 | 转向角传感器信号 |
| 2 | 转向角传感器接地 |
| 3 | 传感器信号 |
| 4 | 转向力矩传感器接地 |
| 5 | 转向力矩传感器信号 |
| T2p-2芯黑色插头连接 | |
| 1 | 接线柱 31 |
| 2 | 接线柱 30a |

## 十、机电式驻车制动器

全新帕萨特轿车机电式驻车制动器控制单元位于变速杆后部中央通道上，其针脚分布如图1-40所示，针脚说明见表1-47。

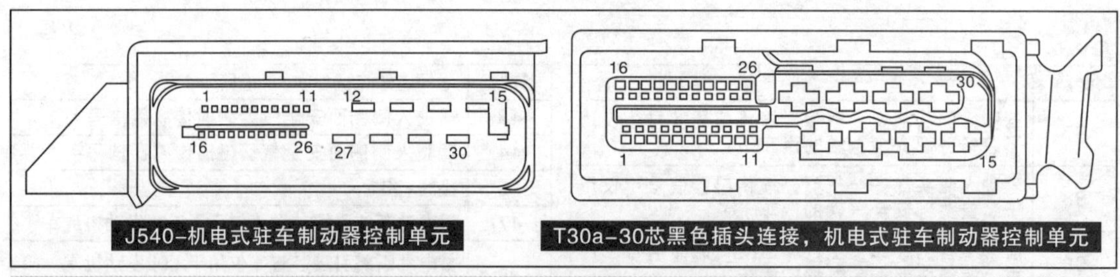


图1-40 全新帕萨特轿车机电式驻车制动器控制单元针脚分布

表1-47 全新帕萨特轿车机电式驻车制动器控制单元针脚说明

| 针脚 | 说明 | 针脚 | 说明 |
|---|---|---|---|
| 3 | 驻车制动指示灯控制 | 18 | 电动机械驻车制动按钮信号 |
| 8 | 电动机械驻车制动指示灯控制端 | 19 | 电动机械驻车制动按钮信号 |
| 9 | 电动机械驻车制动按钮信号 | 22 | 接线柱15a |
| 10 | 电动机械驻车制动按钮信号 | 25 | 离合器位置传感器信号（仅用于手动变速器汽车） |
| 12 | 右侧驻车制动电动机控制端 + | 27 | 右侧驻车制动电动机控制端- |
| 13 | 接线柱 30a | 28 | 接线柱31 |
| 14 | 左侧驻车制动电动机控制端 + | 29 | 左侧驻车制动电动机控制端- |
| 15 | 接线柱 30a | 30 | 接线柱31 |
| 16 | CAN总线，高位（驱动系统） | 注 | 编号1、2、4~7、11、20、21、23、24、26的针脚未使用 |
| 17 | CAN总线，低位（驱动系统） | | |

# 第九节 上海大众途观（2013~2018年款）

## 一、1.4T CFBA发动机

途观轿车1.4T CFBA发动机控制单元位于发动机舱排水槽中间，其针脚分布与全新宝来1.4T CSTA发动机基本相同，参考图1-7，针脚说明见表1-48。

表1-48 途观轿车1.4T CFBA发动机控制单元针脚说明

| 针脚 | 说明 | 针脚 | 说明 |
|---|---|---|---|
| T60a-60芯黑色插头连接 | | 17 | 节气门驱动装置- |
| 1 | 涡轮增压器循环空气阀控制端 | 19 | 燃油压力调节阀控制端 |
| 3 | 增压压力限制电磁阀控制端 | 21 | 2缸点火控制信号 |
| 6 | 4缸点火控制信号 | 22 | 3缸点火控制信号 |
| 7 | 1缸点火控制信号 | 23 | 进气温度传感器2信号 |
| 8 | 爆燃传感器屏蔽 | 24 | 节气门驱动装置角度传感器1信号 |
| 10 | 爆燃传感器信号 | 25 | 爆燃传感器信号 |
| 12 | 节气门驱动装置角度传感器电源5V | 27 | 传感器电源5V（增压压力传感器、发动机转速传感器） |
| 13 | 传感器接地（进气温度传感器2、进气温度传感器、燃油压力传感器） | 29 | 传感器电源5V（霍尔传感器、进气压力传感器、燃油压力传感器） |
| 14 | 冷却液温度传感器信号 | | |
| 16 | 节气门驱动装置+ | 31 | 1缸喷油控制 |

（续）

| 针脚 | 说明 | 针脚 | 说明 |
|---|---|---|---|
| 32 | 2缸喷油控制 | 20 | P/N档位信号 |
| 33 | 1缸喷油控制 | 22 | 起动/停止模式按钮信号 |
| 34 | 3缸喷油控制 | 27 | 冷却液辅助泵继电器控制端 |
| 35 | 活性炭罐电磁阀控制端 | 29 | 催化转化器后的氧传感器加热装置控制端 |
| 36 | 发动机转速传感器信号 | 30 | 燃油泵控制信号 |
| 39 | 增压压力传感器信号 | 31 | 起动机继电器2控制端 |
| 40 | 燃油压力传感器信号 | 34 | 催化转化器后的氧传感器信号 |
| 41 | 节气门驱动装置角度传感器2 信号 | 35 | 加速踏板位置传感器接地 |
| 42 | 进气温度传感器信号 | 36 | 水箱出口冷却液温度传感器信号 |
| 44 | 节气门驱动装置角度传感器接地 | 42 | 接线柱50 |
| 46 | 4缸喷油控制 | 43 | 离合器位置传感器信号（仅用于手动变速器汽车） |
| 47 | 3缸喷油控制 | 45 | 定速巡航装置控制信号 |
| 48 | 4缸喷油控制 | 50 | 散热器风扇控制信号 |
| 49 | 2缸喷油控制 | 56 | 催化转化器前的氧传感器信号 |
| 50 | 凸轮轴调节阀控制端 | 57 | 催化转化器前的氧传感器信号 |
| 51 | 发动机转速传感器信号 | 59 | 变速器空档位置传感器电源5V |
| 53 | 霍尔传感器信号 | 61 | 加速踏板位置传感器信号 |
| 54 | 霍尔传感器接地 | 62 | 催化转化器后的氧传感器信号 |
| 55 | 进气压力传感器信号 | 64 | 起动/停止运行模式指示灯信号 |
| 57 | 冷却液温度传感器信号 | 67 | CAN总线，低位（驱动系统） |
| 注 | 编号2、4、5、9、11、15、18、20、26、28、30、37、38、43、45、52、56、58～60的针脚未使用 | 68 | CAN总线，高位（驱动系统） |
| | | 69 | 主继电器控制端 |
| T94a–94芯黑色插头连接 | | 74 | 接线柱50 |
| 1 | 接线柱31 | 78 | 催化转化器前的氧传感器信号 |
| 2 | 接线柱31 | 79 | 催化转化器前的氧传感器信号 |
| 3 | 接线柱87a | 81 | 加速踏板位置传感器2电源5V |
| 5 | 接线柱87a | 82 | 加速踏板位置传感器电源5V |
| 7 | 催化转化器前的氧传感器加热装置控制端 | 83 | 加速踏板位置传感器信号 |
| 9 | 起动机继电器1控制端 | 86 | P/N档位信号 |
| 11 | 加速踏板位置传感器2 接地 | 87 | 接线柱15a |
| 12 | 水箱出口冷却液温度传感器信号 | 92 | 接线柱30a |
| 17 | 变速器空档位置传感器接地 | 注 | 编号4、6、8、10、13～16、21、23～26、28、32、33、37～41、44、46～49、51～55、58、60、63、65、66、70～73、75～77、80、84、85、88～91、93、94的针脚未使用 |
| 18 | 变速器空档位置传感器信号 | | |
| 19 | 制动信号灯开关信号 | | |

## 二、1.8T CEAA发动机

途观轿车1.8T CEAA发动机控制单元位于发动机舱排水槽中间，其针脚分布与全新宝来1.4L CSTA发动机基本相同，参考图1–7，针脚说明见表1–49。

**表1–49 途观轿车1.8T CEAA发动机控制单元针脚说明**

| 针脚 | 说明 | 针脚 | 说明 |
|---|---|---|---|
| T60a–60芯黑色插头连接 | | 1 | 机油压力调节阀控制端 |

（续）

| 针脚 | 说明 |
| --- | --- |
| 3 | 增压压力限制电磁阀控制端 |
| 5 | 凸轮轴调节阀控制端 |
| 6 | 4缸点火控制信号 |
| 7 | 1缸点火控制信号 |
| 8 | 传感器接地（霍尔传感器、爆燃传感器） |
| 10 | 爆燃传感器信号 |
| 12 | 节气门驱动装置角度传感器电源5V |
| 13 | 传感器接地（进气管风门位置传感器、增压压力传感器、燃油压力传感器） |
| 14 | 传感器接地（进气温度传感器、冷却液温度传感器） |
| 16 | 节气门驱动装置+ |
| 17 | 节气门驱动装置− |
| 18 | 机油压力防降开关信号 |
| 19 | 燃油压力调节阀控制端 |
| 20 | 进气管风门气流控制阀控制端 |
| 21 | 2缸点火控制信号 |
| 22 | 3缸点火控制信号 |
| 24 | 节气门驱动装置角度传感器1信号 |
| 25 | 爆燃传感器信号 |
| 27 | 传感器电源5V（进气管风门位置传感器、增压压力传感器） |
| 29 | 传感器电源5V（霍尔传感器、燃油压力传感器） |
| 31 | 1缸喷油控制 |
| 32 | 3缸喷油控制 |
| 33 | 1缸喷油控制 |
| 34 | 3缸喷油控制 |
| 35 | 活性炭罐电磁阀控制端 |
| 36 | 发动机转速传感器信号 |
| 39 | 增压压力传感器信号 |
| 40 | 燃油压力传感器信号 |
| 41 | 节气门驱动装置角度传感器2 信号 |
| 42 | 进气温度传感器信号 |
| 44 | 节气门驱动装置角度传感器接地 |
| 46 | 4缸喷油控制 |
| 47 | 2缸喷油控制 |
| 48 | 4缸喷油控制 |
| 49 | 2缸喷油控制 |
| 50 | 涡轮增压器循环空气阀控制端 |
| 51 | 发动机转速传感器信号 |
| 53 | 霍尔传感器信号 |
| 57 | 冷却液温度传感器信号 |
| 59 | 进气管风门位置传感器信号 |

| 针脚 | 说明 |
| --- | --- |
| 注 | 编号2、4、9、11、15、23、26、28、30、37、38、43、45、52、54~56、58、60的针脚未使用 |
| T94a-94芯黑色插头连接 | |
| 1、2 | 接线柱31 |
| 3 | 接线柱87a |
| 4 | 接线柱31 |
| 5、6 | 接线柱87a |
| 11 | 加速踏板位置传感器2接地 |
| 12 | 散热器出口冷却液温度传感器接地 |
| 19 | 制动灯开关信号 |
| 23 | 空气质量传感器信号 |
| 27 | 冷却液继续循环泵继电器控制端 |
| 28 | 发动机部件供电继电器控制端 |
| 29 | 催化转化器后的氧传感器加热装置控制端 |
| 30 | 燃油泵控制信号 |
| 34 | 催化转化器后的氧传感器信号 |
| 35 | 加速踏板位置传感器接地 |
| 36 | 散热器出口冷却液温度传感器信号 |
| 43 | 离合器位置传感器信号（仅用于手动变速器汽车） |
| 45 | GRA开关信号（仅适用于装备定速巡航装置的汽车） |
| 46 | 发电机发电控制端 |
| 50 | 散热器风扇控制信号 |
| 56 | 催化转化器前的氧传感器信号 |
| 57 | 催化转化器前的氧传感器信号 |
| 61 | 加速踏板位置传感器2信号 |
| 62 | 催化转化器后的氧传感器信号 |
| 65 | 空气质量传感器接地 |
| 67 | CAN总线，低位（驱动系统） |
| 68 | CAN总线，高位（驱动系统） |
| 69 | 主继电器控制端 |
| 73 | 催化转化器前的氧传感器加热装置控制端 |
| 78 | 催化转化器前的氧传感器信号 |
| 79 | 催化转化器前的氧传感器信号 |
| 81 | 加速踏板位置传感器2电源5V |
| 82 | 加速踏板位置传感器电源5V |
| 83 | 加速踏板位置传感器信号 |
| 87 | 接线柱15a |
| 92 | 接线柱30a |
| 注 | 编号7~10、13~18、20~22、24~26、31~33、37~42、44、47~49、51~55、58~60、63、64、66、70~72、74~77、80、84~86、88~91、93、94的针脚未使用 |

## 三、6档自动变速器

途观轿车6档自动变速器控制单元针脚分布与全新宝来轿车6档自动变速器相同，可参考图1-9，针脚说明见表1-50。

表1-50 途观轿车6档自动变速器控制单元针脚说明

| 针脚 | 说明 | 针脚 | 说明 |
|---|---|---|---|
| 3 | 接线柱30a | 47 | 多功能开关信号 |
| 21 | 倒档信号 | 48 | 手动换档程序开关信号 |
| 27 | 接线柱15a | 注 | 编号9、49、52的针脚未使用，其他针脚参考新速腾轿车6档自动变速器针脚说明表 |
| 28 | 接线柱15a | | |
| 29 | 变速杆锁止电磁阀控制端 | | |

## 四、ABS/ESP

途观轿车ABS/ESP控制单元针脚分布与全新桑塔纳/桑塔纳浩纳轿车ABS控制单元相同，可参考图1-35，针脚说明见表1-51。

表1-51 途观轿车ABS/ESP控制单元针脚说明

| 针脚 | 说明 | 针脚 | 说明 |
|---|---|---|---|
| 1 | 接线柱30a | 20 | 真空传感器电源 |
| 3 | 右前转速传感器+ | 21 | 真空传感器接地 |
| 4 | 右前转速传感器- | 22 | CAN总线，高位（驱动系统） |
| 6 | 电动驻车和驻车制动器控制单元信号 | 24 | CAN总线，低位（驱动系统） |
| 8 | 真空传感器信号 | 25 | 接线柱30a |
| 10 | 右后转速传感器信号- | 27 | 左前转速传感器+ |
| 11 | 右后转速传感器信号+ | 28 | 左前转速传感器- |
| 13 | 接线柱31 | 29 | ESP按钮信号 |
| 14 | 接线柱15a | 35 | 左后转速传感器- |
| 15 | 接线柱30a | 36 | 左后转速传感器+ |
| 16 | 轮胎压力监控按钮信号 | 38 | 接线柱31 |
| 17 | CAN总线，高位 | 注 | 编号2、5、7、9、12、18、23、26、30~34、37的针脚未使用 |
| 19 | CAN总线，低位 | | |

# 第十节 上海大众途观L（2017年起）

## 一、1.8L/2.0L CUGA发动机

途观L轿车1.8L/2.0L CUGA发动机控制单元位于发动机舱左侧，如图1-41中箭头所示，其针脚分布与全新帕萨特轿车1.8T DBHA/2.0T BDJ发动机相同，参考图1-37，针脚说明见表1-52。

图1-41 途观L轿车1.8L/2.0L CUGA发动机控制单元安装位置

表1-52 途观L轿车1.8L/2.0L CUGA发动机控制单元针脚说明

| 针脚 | 说明 |
|---|---|
| T105a-105芯黑色插头连接 | |
| 20 | 增压压力调节位置传感器接地（仅用于发动机编号字母为CUGA的汽车） |
| 21 | 增压压力限制电磁阀控制端（仅用于1.8L发动机汽车） |
| 24 | 3缸喷油阀2控制端（仅用于发动机编号字母为CUGA的汽车） |
| 25 | 1缸喷油阀2控制端（仅用于发动机编号字母为CUGA的汽车） |
| 26 | 发动机温度调节伺服元件电源（仅用于发动机编号字母为CUGA的汽车） |
| 28 | 霍尔传感器3信号 |
| 29 | 霍尔传感器3接地 |
| 31 | 低压的燃油压力传感器接地（仅用于发动机编号字母为CUGA的汽车） |
| 37 | 低压的燃油压力传感器电源5V（仅用于发动机编号字母为CUGA的汽车） |
| 38 | 霍尔传感器3电源5V |
| 41 | 增压压力调节位置传感器信号（仅用于发动机编号字母为CUGA的汽车） |
| 45 | 4缸喷油阀2控制端（仅用于发动机编号字母为CUGA的汽车） |
| 46 | 2缸喷油阀2控制端（仅用于发动机编号字母为CUGA的汽车） |
| 50 | 低压的燃油压力传感器信号（仅用于发动机编号字母为CUGA的汽车） |
| 61 | 增压压力调节位置传感器电源（仅用于发动机编号字母为CUGA的汽车） |
| 78 | 发动机温度调节伺服元件接地（仅用于发动机编号字母为CUGA的汽车） |
| 80 | 发动机温度调节伺服元件信号（仅用于发动机编号字母为CUGA的汽车） |
| 83 | 机油油位和机油温度传感器信号 |
| 86 | 发动机温度调节伺服元件控制端（仅用于发动机编号字母为CUGA的汽车） |
| 87 | 发动机温度调节伺服元件控制端（仅用于发动机编号字母为CUGA的汽车） |
| 88 | 增压调节器（仅用于发动机编号字母为CUGA的汽车） |
| 89 | 增压调节器（仅用于发动机编号字母为CUGA的汽车） |
| T91a-91芯黑色插头连接 | |
| 22 | 空调器关闭热敏开关信号 |
| 39 | 变速器冷却液阀控制端 |
| 54 | 进气温度传感器2信号 |
| 注 | 编号15、18、36、45的针脚未使用，其余针脚说明参考全新帕萨特轿车1.8T DBHA/2.0T BDJ发动机控制单元针脚说明表 |

## 二、7档ODE双离合器变速器

途观L轿车7档双离合器变速器控制单元针脚分布及针脚说明与全新迈腾B8L轿车7档ODE双离合器变速器相同，可参考全新迈腾B8L相关资料。

## 三、ABS/ESP

途观L轿车ABS/ESP控制单元位于发动机舱右侧，其针脚分布如图1-42所示，针脚说明见表1-53。

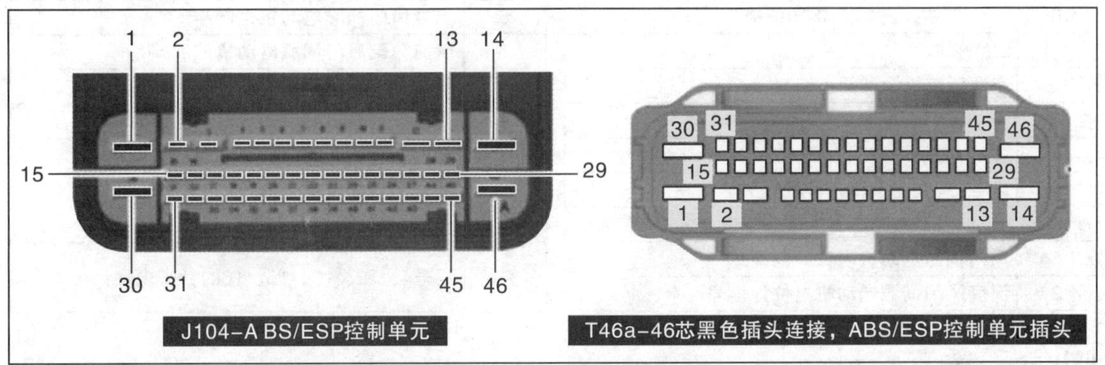


图1-42 途观L轿车ABS/ESP控制单元针脚分布

表1-53 途观L轿车ABS/ESP控制单元针脚说明

| 针脚 | 说明 | 针脚 | 说明 |
| --- | --- | --- | --- |
| 33 | 离合器位置传感器信号（仅适用于手动变速器汽车） | 44 | 制动助力压力传感器电源5V |
| 38 | 制动助力压力传感器信号 | 45 | 制动助力压力传感器接地 |
| 42 | CAN总线，高位（底盘传感器） | 注 | 其余针脚说明参考全新迈腾B8L ABS控制单元针脚说明表 |
| 43 | CAN总线，低位（底盘传感器） | | |

## 四、手动空调

途观L轿车手动空调控制单元位于仪表板中部，其针脚分布如图1-43所示，针脚说明见表1-54。

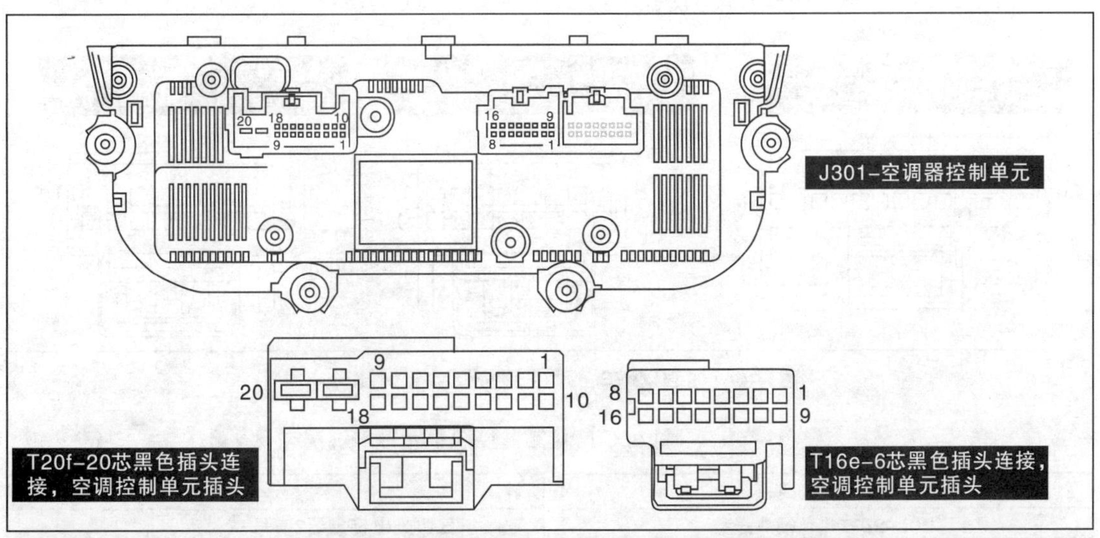


图1-43 途观L轿车手动空调控制单元针脚分布

表1-54 途观L轿车手动空调控制单元针脚说明

| 针脚 | 说明 |
| --- | --- |
| T20f-20芯黑色插头连接 | |
| 5 | CAN总线，低位（舒适/便捷系统） |
| 6 | CAN总线，高位（舒适/便捷系统） |
| 16 | LIN总线 |
| 18 | 空调压缩机调节阀控制端 |
| 19 | 接线柱31 |
| 20 | 接线柱30a |
| 注 | 编号1～4、7～15、17的针脚未使用 |
| T16e-6芯黑色插头连接 | |
| 1 | 风门伺服电动机电位计电源5V |
| 2 | 温度风门伺服电动机电位计信号 |
| 3 | 气流分配风门伺服电动机电位计信号 |
| 5 | 温度风门伺服电动机控制端 |
| 6 | 温度风门伺服电动机控制端 |
| 7 | 气流分配风门伺服电动机控制端 |
| 8 | 气流分配风门伺服电动机控制端 |
| 9 | 车内空气循环风门伺服电动机控制端 |
| 10 | 车内空气循环风门伺服电动机控制端 |
| 11 | 蒸发器温度传感器信号 |
| 14 | 传感器接地 |
| 注 | 编号4、12、13、15、16的针脚未使用 |

## 五、自动空调

途观L轿车自动空调控制单元位于仪表板中部，其针脚分布如图1-44所示，针脚说明见表1-55。

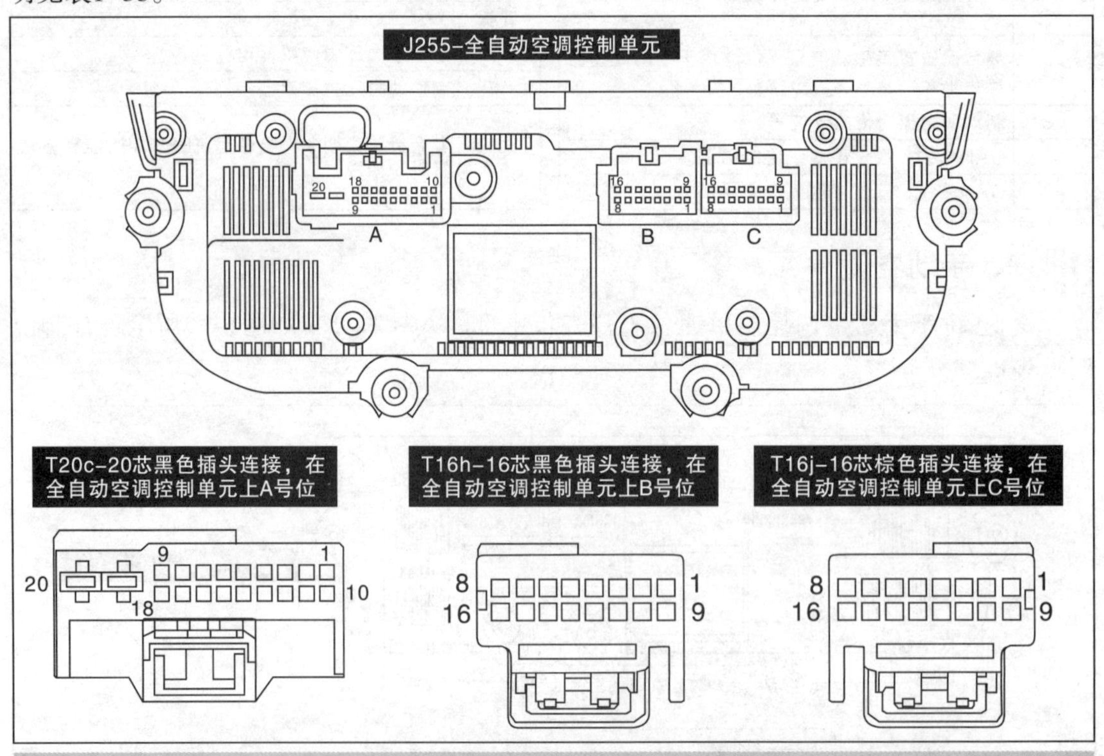


图1-44 途观L轿车自动空调控制单元针脚分布

表1-55 途观L轿车自动空调控制单元针脚说明

| 针脚 | 说明 |
| --- | --- |
| T20c-20芯黑色插头连接 | |
| 1 | 日照光电传感器信号 |
| 3 | 日照光电传感器2信号 |
| 5 | CAN总线，低位（舒适/便捷系统） |

（续）

| 针脚 | 说明 | 针脚 | 说明 |
|---|---|---|---|
| 6 | CAN总线，高位（舒适/便捷系统） | 11 | 蒸发器温度传感器信号 |
| 9 | 日照光电传感器电源5V | 12 | 后部温度风门伺服电动机电位计 |
| 11 | 后部出风口温度传感器信号 | 14 | 传感器接地 |
| 13 | 左前出风口温度传感器信号 | 注 | 编号6、9、10、13、15、16的针脚未使用 |
| 14 | 右前出风口温度传感器信号 | T16j-16芯棕色插头连接 | |
| 16 | LIN总线 | 1 | 左侧温度风门伺服电动机控制端 |
| 17 | 传感器接地 | 2 | 左侧温度风门伺服电动机控制端 |
| 18 | 空调压缩机调节阀控制端 | 3 | 除霜风门伺服电动机控制端 |
| 19 | 接线柱31 | 4 | 除霜风门伺服电动机控制端 |
| 20 | 接线柱30a | 5 | 前侧气流分配风门伺服电动机控制端 |
| 注 | 编号2、4、7、8、10、12、15的针脚未使用 | 6 | 前侧气流分配风门伺服电动机控制端 |
| T16h-16芯黑色插头连接 | | 9 | 新鲜空气/车内空气循环/速滞压力风门伺服电动机控制端 |
| 1 | 风门伺服电动机内的电位计电源5V | 10 | 新鲜空气/车内空气循环/速滞压力风门伺服电动机控制端 |
| 2 | 左侧温度风门伺服电动机电位计信号 | 11 | 右侧温度风门伺服电动机控制端 |
| 3 | 右侧温度风门伺服电动机电位计信号 | 12 | 右侧温度风门伺服电动机控制端 |
| 4 | 除霜风门伺服电动机电位计信号 | 15 | 后部温度风门伺服电动机控制端 |
| 5 | 前部气流分配风门伺服电动机电位计信号 | 16 | 后部温度风门伺服电动机控制端 |
| 7 | 新鲜空气/车内空气循环/速滞压力风门伺服电动机电位计信号 | 注 | 编号7、8、13、14的针脚未使用 |
| 8 | 脚部空间出风口温度传感器信号 | | |

## 六、进入及起动系统接口

途观L轿车进入及起动系统接口控制单元位于仪表板中部空气分配器左侧支架上，其针脚分布如图1-45所示，针脚说明见表1-56。

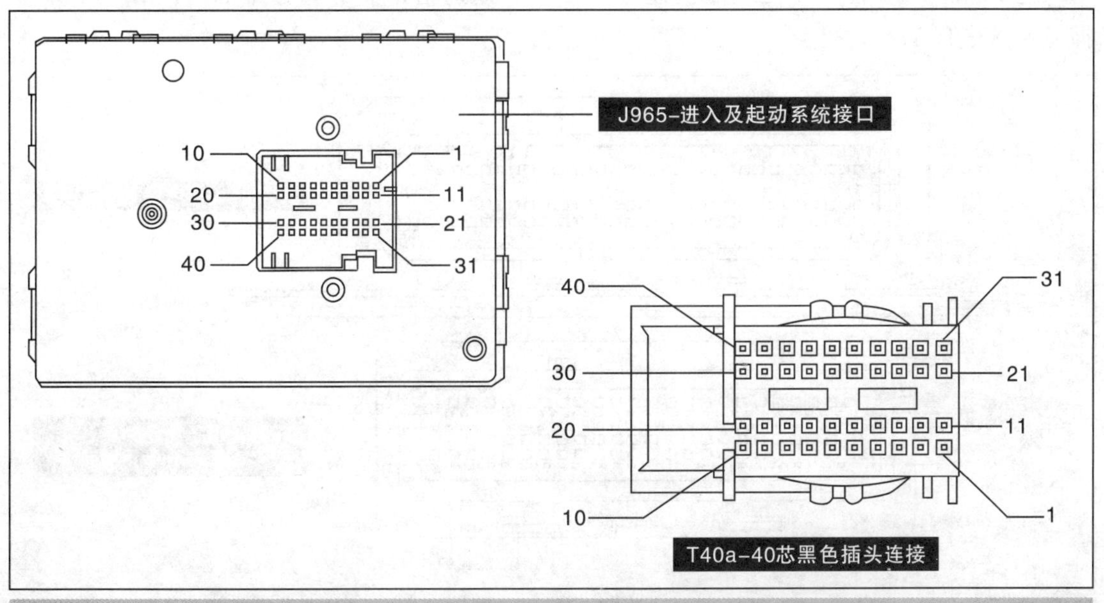


图1-45 途观L轿车进入及起动系统接口控制单元针脚分布

表1-56 途观L轿车进入及起动系统接口控制单元针脚说明

| 针脚 | 说明 | 针脚 | 说明 |
|---|---|---|---|
| 2 | 行李箱盖开启装置控制单元电源（仅用于装备行李箱盖开启传感器的汽车） | 27 | 接线柱15 |
| 5 | CAN总线，低位（舒适/便捷系统） | 30 | 接线柱 30a |
| 6 | CAN总线，高位（舒适/便捷系统） | 31 | 后部保险杠进入及起动许可天线信号（仅用于装备进入及起动许可的汽车） |
| 7 | 起动装置按钮1档信号 | 32 | 右前车门进入及起动许可天线信号（仅用于装备进入及起动许可的汽车） |
| 8 | 点火起动按钮照明灯控制端 | 33 | 行李箱内的进入及起动许可天线信号（仅用于装备进入及起动许可的汽车） |
| 11 | 左前车门外把手接触传感器信号 | 34 | 后部保险杠进入及起动许可天线信号（仅用于装备进入及起动许可的汽车） |
| 12 | 右前车门外把手接触传感器信号 | 35 | 接线柱 15 |
| 15 | 接线柱50 | 36 | 车内空间进入及起动许可天线1信号（仅用于装备进入及起动许可的汽车） |
| 16 | LIN总线（（仅用于装备行李箱盖开启传感器的汽车） | 37 | 车内空间进入及起动许可天线2信号（仅用于装备进入及起动许可的汽车） |
| 17 | 接线柱31 | 38 | 车内空间进入及起动许可天线1信号（仅用于装备进入及起动许可的汽车） |
| 19 | 起动装置按钮2档信号 | 39 | 车内空间进入及起动许可天线2信号（仅用于装备进入及起动许可的汽车） |
| 21 | 右前车门进入及起动许可天线信号（仅用于装备进入及起动许可的汽车） | 40 | 接线柱86s |
| 22 | 左前车门进入及起动许可天线信号（仅用于装备进入及起动许可的汽车） | 注 | 编号1、3、4、9、10、13、14、18、20、25、28、29的针脚未使用 |
| 23 | 行李箱内的进入及起动许可天线信号（仅用于装备进入及起动许可的汽车） | | |
| 24 | 进入及起动许可驾驶人侧天线信号（仅用于装备进入及起动许可的汽车） | | |
| 26 | 车载网络控制单元信号 | | |

## 七、SRS

途观L轿车SRS控制单元位于变速杆前方中央通道上，其针脚分布如图1-46所示，针脚说明见表1-57。

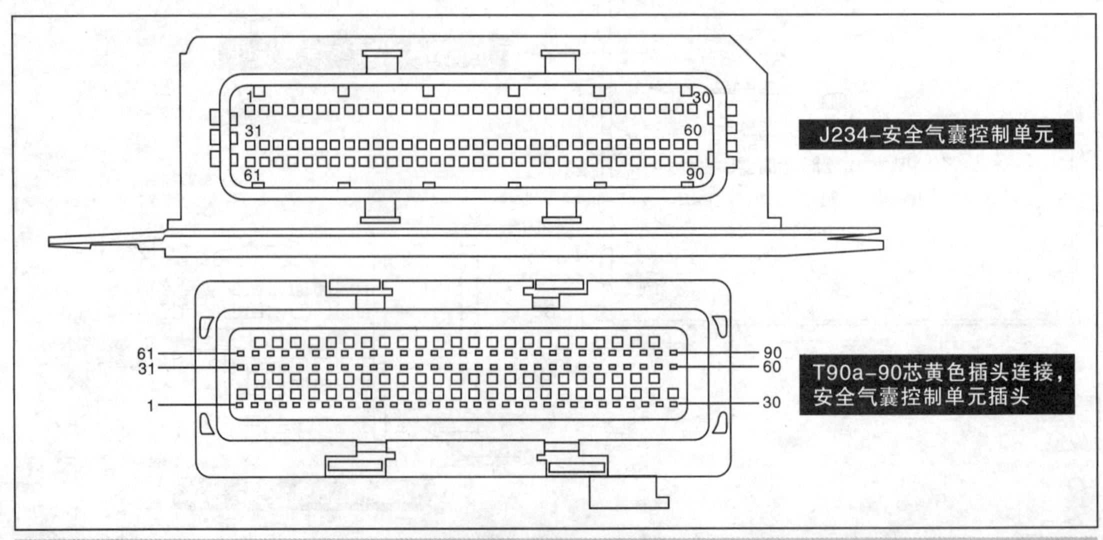


图1-46 途观L轿车SRS控制单元针脚分布

**表1-57 途观L轿车SRS控制单元针脚说明**

| 针脚 | 说明 | 针脚 | 说明 |
| --- | --- | --- | --- |
| 3 | 前排乘客侧座椅占用传感器信号 | 54 | 驾驶人侧头部安全气囊引爆装置控制端（仅用于装备头部安全气囊的汽车） |
| 21 | 前排乘客侧后部安全带拉紧器引爆装置控制端（仅用于装备后部安全带拉紧器的汽车） | 55 | 驾驶人侧安全气囊引爆装置控制端 |
| 22 | 前排乘客侧后部安全带拉紧器引爆装置控制端（仅用于装备后部安全带拉紧器的汽车） | 56 | 驾驶人侧安全气囊引爆装置控制端 |
| 23 | 前排乘客侧头部安全气囊引爆装置控制端（仅用于装备头部安全气囊的汽车） | 57 | 驾驶人侧安全带拉紧器引爆装置控制端 |
| 24 | 前排乘客侧头部安全气囊引爆装置控制端（仅用于装备头部安全气囊的汽车） | 58 | 驾驶人侧安全带拉紧器引爆装置控制端 |
| 25 | 前排乘客侧安全气囊引爆装置控制端 | 59 | 驾驶人侧侧面安全气囊引爆装置控制端 |
| 26 | 前排乘客侧安全气囊引爆装置控制端 | 60 | 驾驶人侧侧面安全气囊引爆装置控制端 |
| 27 | 前排乘客侧安全带拉紧器引爆装置控制端 | 61 | 接线柱15a |
| 28 | 前排乘客侧安全带拉紧器引爆装置控制端 | 62 | LIN总线（仅用于装备可逆安全带拉紧器的汽车） |
| 29 | 前排乘客侧侧面安全气囊引爆装置控制端 | 63 | 传感器接地 |
| 30 | 前排乘客侧侧面安全气囊引爆装置控制端 | 72 | 前部安全气囊碰撞传感器信号 |
| 31 | 接线柱15a | 73 | 前部安全气囊碰撞传感器信号 |
| 33 | 前排乘客侧安全带开关信号 | 80 | 驾驶人侧后部侧面安全气囊碰撞传感器信号（仅适用于装备头部安全气囊的汽车） |
| 35 | 驾驶人侧安全带开关信号 | 81 | 驾驶人侧后部侧面安全气囊碰撞传感器信号（仅适用于装备头部安全气囊的汽车） |
| 39 | 安全气囊诊断线 | 82 | 驾驶人侧侧面安全气囊碰撞传感器信号 |
| 47 | 驾驶人侧膝盖部安全气囊引爆器控制端（仅用于装备驾驶人侧膝盖部安全气囊的汽车） | 83 | 驾驶人侧侧面安全气囊碰撞传感器信号 |
| 48 | 驾驶人侧膝盖部安全气囊引爆器控制端（仅用于装备驾驶人侧膝盖部安全气囊的汽车） | 84 | 前排乘客侧后部侧面安全气囊碰撞传感器信号（仅适用于装备头部安全气囊的汽车） |
| 51 | 驾驶人侧后部安全带拉紧器引爆装置控制端（仅用于装备后部安全带拉紧器的汽车） | 85 | 前排乘客侧后部侧面安全气囊碰撞传感器信号（仅适用于装备头部安全气囊的汽车） |
| 52 | 驾驶人侧后部安全带拉紧器引爆装置控制端（仅用于装备后部安全带拉紧器的汽车） | 86 | 前排乘客侧侧面安全气囊碰撞传感器信号 |
| | | 87 | 前排乘客侧侧面安全气囊碰撞传感器信号 |
| | | 89 | CAN总线，高位（驱动系统） |
| | | 90 | CAN总线，低位（驱动系统） |
| 53 | 驾驶人侧头部安全气囊引爆装置控制端（仅用于装备头部安全气囊的汽车） | 注 | 编号1、2、4~20、32、34、36~38、40~46、49、50、64~71、74~79、88的针脚未使用 |

## 八、转向辅助系统

途观L轿车转向辅助系统控制单元位于发动机下方机组支架中部，其针脚分布如图1-47所示，针脚说明见表1-58。

**表1-58 途观L轿车转向辅助系统控制单元针脚说明**

| 针脚 | 说明 | 针脚 | 说明 |
| --- | --- | --- | --- |
| T3ad-3芯黑色插头连接 | | 3 | 传感器信号电源 |
| 1 | CAN总线，低位（底盘传感器） | 4 | 转向力矩传感器接地 |
| 2 | CAN总线，高位（底盘传感器） | 5 | 转向力矩传感器信号 |
| 3 | 接线柱15 | T2em-2芯黑色插头连接 | |
| T5ap-5芯黑色插头连接 | | 1 | 接线柱31 |
| 1 | 转向角传感器信号 | 2 | 接线柱30a |
| 2 | 转向角传感器接地 | | |

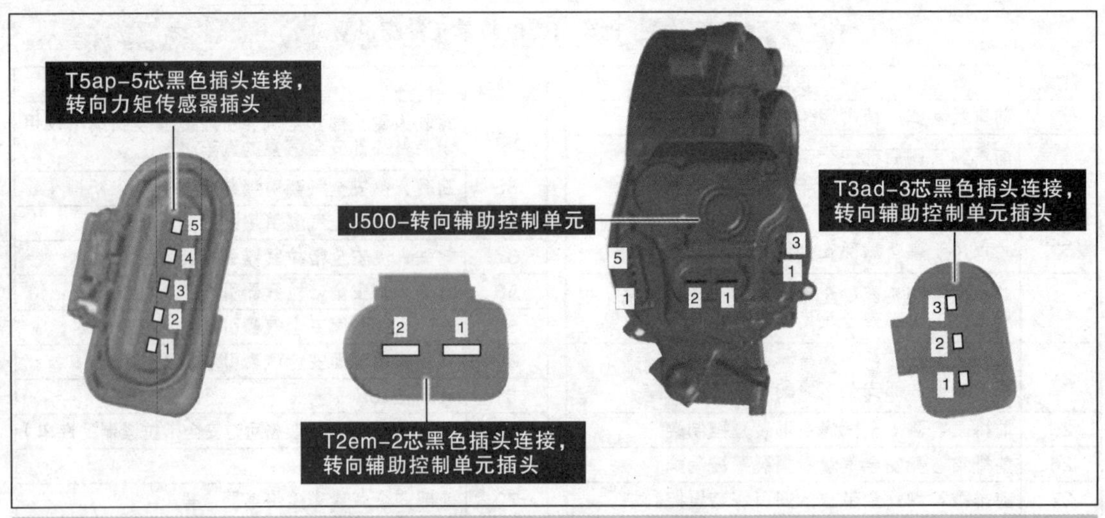


图1-47 途观L轿车转向辅助系统控制单元针脚分布

## 九、驻车辅助系统

途观L轿车驻车辅助系统控制单元位于仪表板左侧熔断器盒后方，其针脚分布如图1-48所示，针脚说明见表1-59。

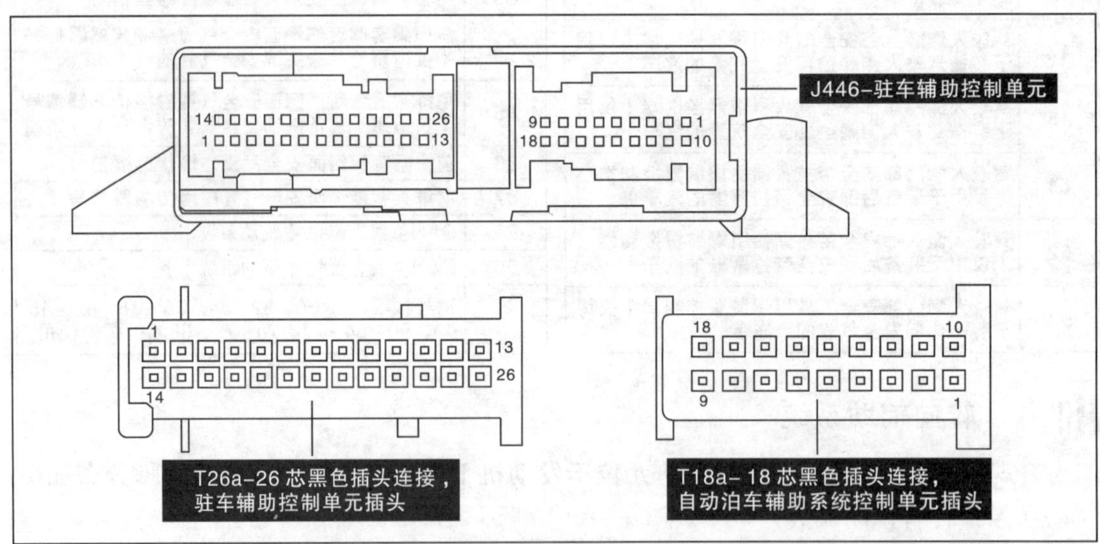


图1-48 途观L轿车驻车辅助系统控制单元针脚分布

表1-59 途观L轿车驻车辅助系统控制单元针脚说明

| 针脚 | 说明 | 针脚 | 说明 |
|---|---|---|---|
| T26a-26芯黑色插头连接 | | 7 | 右后中部驻车辅助传感器信号 |
| 2 | 前部驻车辅助警报蜂鸣器控制端 | 8 | 右后驻车转向辅助系统传感器信号 |
| 3 | 驻车转向辅助按钮信号 | 9 | 后部驻车辅助警报蜂鸣器控制端 |
| 4 | 驻车转向辅助按钮指示灯控制端 | 10 | 前部驻车辅助警报蜂鸣器控制端 |
| 6 | 左后驻车辅助传感器信号 | 13 | 接线柱31 |

（续）

| 针脚 | 说明 | 针脚 | 说明 |
|---|---|---|---|
| 14 | 接线柱15a | 注 | 编号1、5、11、12、25、26的针脚未使用 |
| 15 | 后部驻车辅助警报蜂鸣器控制端 | T18a–18芯黑色插头连接 | |
| 16 | 驻车辅助按钮信号 | 2 | 左前转向辅助传感器信号 |
| 17 | 驻车辅助按钮指示灯控制端 | 3 | 左前中部驻车辅助传感器信号 |
| 18 | 后驻车辅助传感器供电 | 4 | 右前驻车辅助传感器信号 |
| 19 | 左后驻车转向辅助系统传感器信号 | 10 | 前驻车辅助传感器接地 |
| 20 | 左后中部驻车辅助传感器信号 | 11 | 左前驻车辅助传感器信号 |
| 21 | 右后驻车辅助传感器信号 | 12 | 右前中部驻车辅助传感器信号 |
| 22 | 后驻车辅助传感器接地 | 13 | 右前转向辅助传感器信号 |
| 23 | CAN总线，低位（底盘传感器） | 14 | 前驻车辅助传感器供电 |
| 24 | CAN总线，高位（底盘传感器） | 注 | 编号1、5～9、15～18的针脚未使用 |

## 十、车载网络

途观L轿车车载网络控制单元位于仪表板左侧下方，其针脚分布如图1-49所示，针脚说明见表1-60。

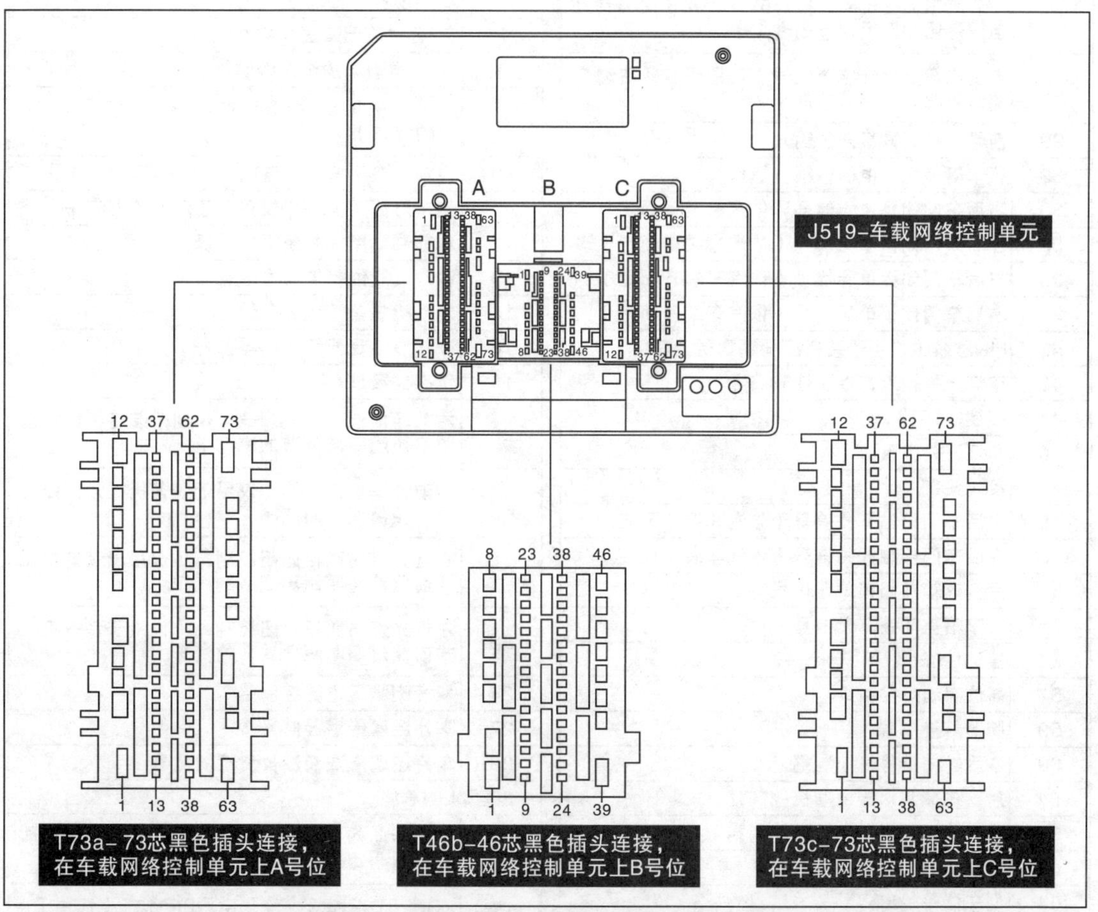


图1-49 途观L轿车车载网络控制单元针脚分布

## 表1-60 途观L轿车车载网络控制单元针脚说明

| 针脚 | 说明 |
|---|---|
| T73a-73芯黑色插头连接 | |
| 1 | 接线柱30a |
| 2 | 可加热驾驶人座椅控制端（仅用于装备可加热座椅的汽车） |
| 3 | 油箱盖锁止装置电动机控制端 |
| 4 | 油箱盖锁止装置电动机控制端 |
| 5 | 可加热前排乘客座椅控制端（仅用于装备可加热座椅的汽车） |
| 6 | 右后车门闭锁单元控制端（依汽车装备而定） |
| 7 | 右后车门闭锁单元控制端（依汽车装备而定） |
| 9 | 后盖中央门锁电动机控制端 |
| 12 | 接线柱31 |
| 13 | 端子15供电继电器控制端 |
| 14 | 接线柱15 |
| 16 | CAN总线，高位（舒适/便捷系统） |
| 17 | CAN总线，低位（舒适/便捷系统） |
| 22 | 左后汽车高度传感器电源5V（仅用于装备自动前照灯照明距离调节的汽车） |
| 23 | 左后汽车高度传感器信号（仅用于装备自动前照灯照明距离调节的汽车） |
| 29 | 前雾灯和后雾灯开关输入 |
| 32 | 行李箱盖把手中的解锁按钮信号 |
| 33 | 右后车门闭锁单元信号（依汽车装备而定） |
| 35 | 左后车门闭锁单元信号（依汽车装备而定） |
| 36 | 左后车门闭锁单元信号（依汽车装备而定） |
| 37 | 右后车门闭锁单元信号（依汽车装备而定） |
| 42 | LIN总线（仅用于装备座椅通风的汽车） |
| 43 | 车灯开关输入，接线柱58 |
| 44 | 接线柱15 |
| 46 | 车灯开关输入 |
| 47 | 接线柱15 |
| 48 | 右后车门接触开关信号（依汽车装备而定） |
| 50 | 左后车门接触开关信号（依汽车装备而定） |
| 52 | 后行李箱盖闭锁单元信号 |
| 53 | 行李箱盖闭锁单元信号 |
| 54 | 接线柱86s |
| 57 | 高位制动灯控制端 |
| 59 | 牌照灯控制端 |
| 60 | 左后转向信号灯控制端 |
| 61 | 后窗玻璃刮水器电动机控制端 |
| 62 | 后窗玻璃刮水器电动机控制端 |
| 63 | 接线柱31 |
| 64 | 倒车信号输出 |
| 65 | 右侧尾灯控制端 |
| 66 | 接线柱30a |
| 68 | 左后车门闭锁单元控制端（依汽车装备而定） |
| 69 | 左后车门闭锁单元控制端（依汽车装备而定） |
| 71 | 左侧制动信号灯灯泡控制端 |
| 72 | 左侧后雾灯灯泡控制端 |
| 73 | 接线柱30a |
| 注 | 编号8、10、11、15、18～21、24～28、30、31、34、38～41、45、49、51、55、56、58、67、70的针脚未使用 |
| T46b-46芯黑色插头连接 | |
| 1 | 右侧气体放电前照灯预接装备控制端（仅用于装备机械式前照灯照明距离调节的汽车） |
| | 右侧LED前照灯模块化电源1控制端（仅用于装备自动前照灯照明距离调节的汽车） |
| 2 | 左侧LED前照灯模块化电源2控制端（仅用于装备自动前照灯照明距离调节的汽车） |
| 5 | 右侧前雾灯控制端 |
| 7 | 前/后窗玻璃清洗泵控制端 |
| 8 | 前/后窗玻璃清洗泵控制端 |
| 9 | 喷嘴加热电阻控制端（仅用于装备可加热式喷嘴的汽车） |
| 10 | 左前驻车示宽灯控制端 |
| 11 | 倒车灯开关信号（仅用于手动变速器汽车） |
| 12 | 右前制动摩擦片磨损传感器信号 |
| 13 | 制动液液位警告信号触点信号 |
| 14 | 发动机舱盖接触开关信号 |
| 16 | 冷却液不足显示传感器信号 |
| 19 | 传感器接地 |
| 20 | 右前转向信号灯控制端（仅用于装备机械式前照灯照明距离调节的汽车） |
| 21 | 右前停车灯控制端（仅用于装备机械式前照灯照明距离调节的汽车） |
| 22 | 右近光灯防眩目遮闭控制端（仅用于装备机械式前照灯照明距离调节的汽车） |
| 23 | 左近光灯防眩目遮闭控制端（仅用于装备机械式前照灯照明距离调节的汽车） |
| 24 | 双音喇叭继电器控制端 |
| 27 | 车外温度传感器信号 |
| 28 | 车窗玻璃清洗液液位传感器信号 |
| 30 | LIN总线 |
| 36 | 左前转向信号灯控制端（仅用于装备机械式前照灯照明距离调节的汽车） |
| 39 | 右侧LED前照灯模块化电源2控制端（仅用于装备自动大灯照明距离调节的汽车） |

（续）

| 针脚 | 说明 |
|---|---|
| 45 | 左侧前雾灯控制端 |
| 注 | 编号3、4、6、15、17、18、25、26、29、31～35、37、38、40～44、46的针脚未使用 |
| T73c-73芯黑色插头连接 | |
| 1 | 接线柱30a |
| 3 | 左侧尾灯控制端（仅用于装备LED尾灯和左右两侧倒车灯的汽车） |
| 5 | 左侧LED前照灯模块化电源1控制端（仅用于装备自动前照灯照明距离调节的汽车） |
| | 左侧气体放电前照预接装备控制端（仅用于装备机械式前照灯照明距离调节的汽车） |
| 6 | 制动灯控制端（仅用于装备LED尾灯和左右两侧倒车灯的汽车） |
| 8 | 右侧制动信号灯控制端（仅用于装备LED尾灯和左右两侧倒车灯的汽车） |
| | 右侧制动信号灯和尾灯控制端（仅用于装备LED尾灯和右侧倒车灯的汽车） |
| 9 | 右侧尾灯控制端（仅用于装备LED尾灯和左右两侧倒车灯的汽车） |
| 10 | 左侧尾灯控制端 |
| 11 | 左侧倒车灯控制端（仅用于装备LED尾灯和左右两侧倒车灯的汽车） |
| 12 | 接线柱30 |
| 14 | 进入及起动许可信号 |
| 15 | 车灯开关输入，接线柱56 |
| 16 | 车灯开关输入 |

| 针脚 | 说明 |
|---|---|
| 24 | 可加热后窗玻璃继电器控制端 |
| 28 | LIN总线 |
| 29 | LIN总线（仅用于装备全景滑动天窗的汽车） |
| 31 | 右后转向信号灯控制端 |
| 40 | 右前座椅温度传感器信号（仅用于装备加热座椅的汽车） |
| 42 | 警报灯开关信号 |
| 43 | 左前座椅温度传感器信号（仅用于装备加热座椅的汽车） |
| 48 | 闪烁警报装置指示灯控制端 |
| 51 | 起动/停止运行模式指示灯控制端 |
| 56 | 座椅温度传感器接地（仅用于装备加热座椅的汽车） |
| 57 | 左后汽车高度传感器接地（仅用于装备自动前照灯距离调节的汽车） |
| 58 | 制动信号灯开关信号 |
| 60 | 起动/停止模式按钮信号 |
| 62 | 接线柱58d |
| 63 | 接线柱31 |
| 67 | 门控灯控制端 |
| 72 | 脚部空间照明控制端（仅用于装备脚部空间照明的汽车） |
| 73 | 接线柱30a |
| 注 | 编号2、4、7、13、17～23、25～27、30、32～39、41、44～47、49、50、52～55、59、61、64～66、68～71的针脚未使用 |

# 第十一节 上海大众凌渡（2015～2018年款）

## 一、1.4T CSTA/CSSA发动机

凌渡轿车1.4T CSTA/CSSA发动机控制单元位于发动机舱左侧，如图1-50中箭头所示，其针脚分布与全新宝来1.4T CSTA发动机控制单元针脚分布图相同，参考图1-7，针脚说明见表1-61。

图1-50 凌渡轿车1.4T CSTA/CSSA发动机控制单元安装位置

**表1-61 凌渡轿车1.4T CSTA/CSSA发动机控制单元针脚说明**

| 针脚 | 说明 |
|---|---|
| T94a-94芯黑色插头连接 | |
| 42 | 离合器位置传感器信号（仅用于手动变速器汽车） |
| 44 | 接线柱50 |
| 85 | 离合器位置传感器信号（仅用于手动变速器汽车） |
| | 双离合器变速器机电装置（仅用于双离合器变速器汽车） |

| 针脚 | 说明 |
|---|---|
| T60a-60芯黑色插头连接 | |
| 7 | 霍尔传感器3信号 |
| 14 | 冷却液继续补给泵控制端 |
| 24 | 进气温度传感器2信号 |
| 注 | 其余针脚说明参考全新迈腾B8L 1.4T CSSA发动机控制单元针脚说明表 |

## 二、7档双离合器变速器

凌渡轿车7档双离合器变速器控制单元针脚分布及针脚说明与全新迈腾B8L 0DW档双离合器变速器基本相同，参考全新迈腾B8L轿车相关资料。

## 三、ABS

凌渡轿车ABS控制单元位于发动机舱右侧，安装位置如图1-51中箭头所示，针脚分布与途观L轿车ABS/ESP相同，参考图1-42，针脚说明见表1-62。

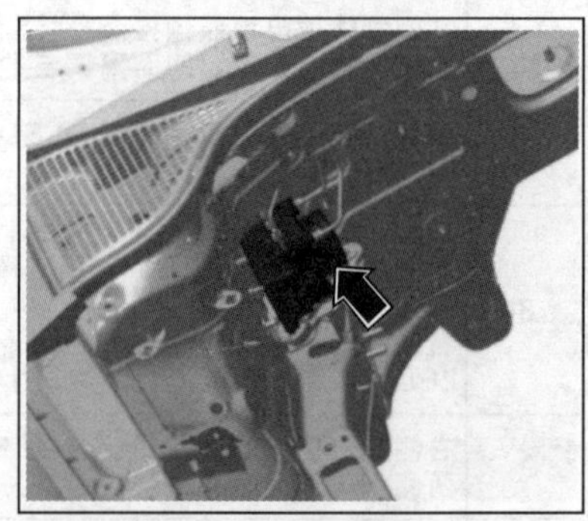

图1-51 凌渡轿车ABS控制单元安装位置

**表1-62 凌渡轿车ABS控制单元针脚说明**

| 针脚 | 说明 |
|---|---|
| 33 | 离合器位置传感器信号（仅适用于手动变速器汽车） |
| 39 | 未使用 |

| 针脚 | 说明 |
|---|---|
| 42 | CAN总线，高位（底盘传感器） |
| 43 | CAN总线，低位（底盘传感器） |
| 注 | 其余针脚说明参考全新迈腾B8L ABS控制单元针脚说明表 |

## 四、手动空调

凌渡轿车手动空调控制单元位于仪表板中部，其针脚分布及针脚说明与途观L手动空调基本相同，参考途观L相关资料。

## 五、自动空调

凌渡轿车自动空调控制单元位于仪表板中部，其针脚分布与途观L基本相同，参考图1-44，针脚说明见表1-63。

**表1-63 凌渡轿车自动空调控制单元针脚说明**

| 针脚 | 说明 |
|---|---|
| T20e-20芯黑色插头连接 | |
| 11 | 未使用 |
| T16h-16芯黑色插头连接 | |
| 12 | 未使用 |

| 针脚 | 说明 |
|---|---|
| T16j-16芯棕色插头连接 | |
| 15、16 | 未使用 |
| 注 | 其余针脚说明参考途观L自动空调控制单元针脚说明表 |

## 六、进入及起动许可

凌渡轿车进入及起动许可控制单元位于仪表板中部空气分配器左侧支架上，如图1-52中箭头所示。其针脚分布与新朗逸轿车进入及起动许可控制单元相似，参考图1-25。凌渡轿车进入及起动许可控制单元的18、29针脚未使用，其余针脚说明参考新朗逸轿车进入及起动许可控制单元针脚说明表。

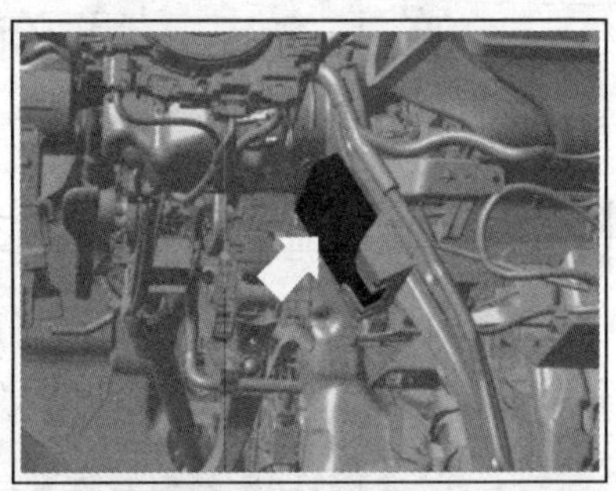

图1-52 凌渡轿车进入及起动许可控制单元安装位置

## 七、SRS

凌渡轿车SRS控制单元位于变速杆前方的中央通道上，其针脚分布与途观L轿车SRS控制单元基本相同，参考图1-46，针脚说明见表1-64。

**表1-64 凌渡轿车SRS控制单元针脚说明表**

| 针脚 | 说明 | 针脚 | 说明 |
| --- | --- | --- | --- |
| 80 | 驾驶人侧头部安全气囊碰撞传感器信号（仅用于装备头部安全气囊的汽车） | 85 | 前排乘客侧头部安全气囊碰撞传感器信号（仅用于装备头部安全气囊的汽车） |
| 81 | 驾驶人侧头部安全气囊碰撞传感器信号（仅用于装备头部安全气囊的汽车） | 注 | 编号21、22、51、52、62的针脚未使用，其余针脚说明参考途观L轿车SRS控制单元针脚说明表 |
| 84 | 前排乘客侧头部安全气囊碰撞传感器信号（仅用于装备头部安全气囊的汽车） | | |

## 八、电子转向柱锁止装置

凌渡轿车电子转向柱锁止装置控制单元位于转向柱上部，如图1-53中箭头所示。其针脚分布与新朗逸轿车电子转向柱锁止装置控制单元相似，参考图1-28。凌渡轿车电子转向柱锁止装置控制单元的3、14脚未使用，其余针脚说明参考新朗逸轿车电子转向柱锁止装置控制单元针脚说明表。

图1-53 凌渡轿车电子转向柱锁止装置控制单元安装位置

## 九、转向辅助系统

凌渡轿车转向辅助系统控制单元针脚分布与途观L轿车转向辅助控制单元基本相似，参考图1-47和表1-58。

## 十、驻车辅助系统

凌渡轿车驻车辅助系统控制单元针脚分布与途观L驻车辅助控制单元基本相似，参考图1-48和表1-59。

# 第十二节　上海大众新波罗（2015~2017年款）

## 一、1.4L DAHA/1.6L CSRA发动机

新波罗轿车1.4L DAHA/1.6L CSRA发动机控制单元位于发动机舱内横隔板左侧，其针脚分布与全新宝来1.4T CSTA发动机基本相同，参考图1-7，针脚说明见表1-65。

表1-65 新波罗轿车1.4L DAHA/1.6L CSRA发动机控制单元针脚说明

| 针脚 | 说明 |
|---|---|
| T60-60芯黑色插头连接 | |
| 33 | 凸轮轴调节阀控制端（仅用于1.6L发动机汽车） |
| T94-94芯黑色插头连接 | |
| 13 | 蒸发器出风口温度传感器信号（仅用于手动调节空调器汽车） |
| 26 | 蒸发器出风口温度传感器信号（仅用于手动调节空调器汽车） |
| 93 | 散热器风扇高速控制信号 |
| 注 | 其余针脚说明参考全新宝来轿车1.6L CSR发动机控制单元针脚说明表 |

## 二、6档自动变速器

新波罗轿车6档自动变速器控制单元位于蓄电池后面，其针脚分布及针脚说明与高尔夫A7/嘉旅轿车6档自动变速器相同，参考高尔夫A7/嘉旅轿车相关资料。

## 三、ABS

新波罗轿车ABS控制单元位于发动机舱右纵梁后部，其针脚分布与全新桑塔纳/桑塔纳浩纳轿车ABS相同，参考图1-35，针脚说明见表1-66。

表1-66 新波罗轿车ABS控制单元针脚说明

| 针脚 | 说明 |
|---|---|
| 1 | 接线柱30a |
| 4 | 右前转速传感器信号 |
| 7 | 接线柱30a |
| 8 | 左前转速传感器信号 |
| 12 | 轮胎压力监控按钮信号（仅用于装备电控行车稳定系统ESP的汽车） |
| 13 | 接线柱31 |
| 14 | CAN总线，低位（驱动系统） |
| 16 | 右前转速传感器信号 |
| 17 | 右后转速传感器信号 |
| 18 | 左后转速传感器信号 |
| 19 | 左前转速传感器信号 |
| 25 | 接线柱30a |
| 26 | CAN总线，高位（驱动系统） |
| 28 | 接线柱15a |
| 29 | 右后转速传感器信号 |
| 30 | 制动信号灯开关信号 |
| 31 | 左后转速传感器信号 |
| 38 | 接线柱31 |
| 注 | 编号2、3、5、6、9~11、15、20~24、27、32~37的针脚未使用 |

## 四、手动空调

新波罗轿车手动空调控制单元位于仪表板中部，其针脚分布如图1-54所示，针脚说明见表1-67。

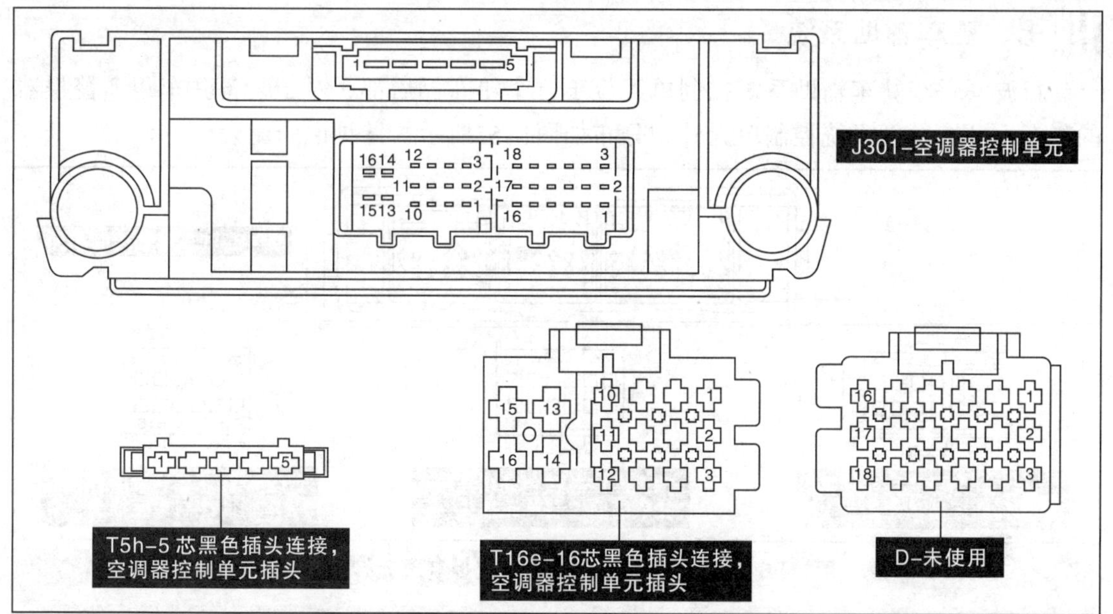


图1-54 新波罗轿车手动空调控制单元针脚分布

表1-67 新波罗轿车手动空调控制单元针脚说明

| 针脚 | 说明 |
|---|---|
| T5h–5芯黑色插头连接 | |
| 1 | 新鲜空气鼓风机4档控制 |
| 2 | 新鲜空气鼓风机3档控制 |
| 3 | 新鲜空气鼓风机2档控制 |
| 4 | 新鲜空气鼓风机1档控制 |
| 5 | 鼓风机电源，接线柱75a |
| T16e–16芯黑色插头连接 | |
| 3 | 新鲜空气风门和车内空气循环风门的伺服电动机控制端 |
| 6 | 新鲜空气风门和车内空气循环风门的伺服电动机控制端 |
| 9 | 空调开关信号 |
| 12 | 接线柱58d |
| 13 | 接线柱31 |
| 14 | 接线柱15a |
| 注 | 编号1、2、4、5、7、8、10、11、15、16的针脚未使用 |

## 五、SRS

新波罗轿车SRS控制单元位于变速杆前方中央通道上，其针脚分布与新朗逸轿车SRS控制单元相同，参考图1-27，针脚说明见表1-68。

表1-68 新波罗轿车SRS控制单元针脚说明

| 针脚 | 说明 |
|---|---|
| 3 | 安全气囊诊断导线 |
| 31 | 座椅占用传感器信号 |
| 注 | 其余针脚说明参考新朗逸轿车SRS控制单元针脚说明表 |

## 六、转向辅助系统

新波罗轿车转向辅助系统控制单元在转向柱右侧的仪表板内，其针脚分布及针脚说明与新朗逸轿车转向辅助控制单元基本相同，参考新朗逸轿车相关资料。

## 七、驻车辅助系统

新波罗轿车驻车辅助系统控制单元位于行李箱右侧后部，对于装备驻车距离警报器的汽车，驻车辅助系统控制单元针脚分布如图1-55所示，针脚说明见表1-69。

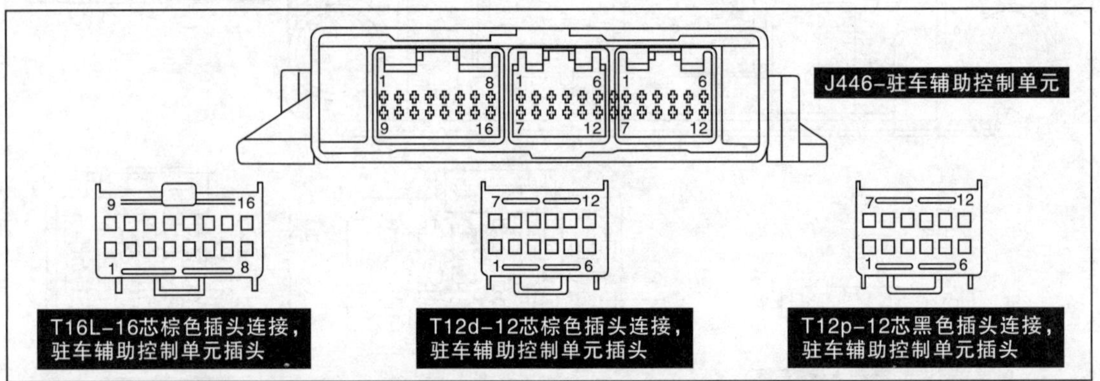


图1-55 新波罗轿车驻车辅助系统控制单元针脚分布

表1-69 新波罗轿车驻车辅助系统控制单元针脚说明

| 针脚 | 说明 |
|---|---|
| T16L-16芯棕色插头连接 | |
| 1 | 接线柱15a |
| 2 | 后部驻车辅助警报蜂鸣器（-） |
| 4 | 驻车辅助按钮信号（仅用于装备前/后驻车距离警报器的汽车） |
| 6 | 倒车信号输入（仅用于装备后部驻车距离警报器的汽车）<br>CAN总线，高位（驱动系统）（仅用于装备前/后驻车距离警报器的汽车） |
| 8 | 接线柱31 |
| 10 | 后部驻车辅助警报蜂鸣器（+） |
| 13 | 驻车辅助按钮指示灯（仅用于装备前/后驻车距离警报器的汽车） |
| 15 | CAN总线，低位（驱动系统）（仅用于装备前/后驻车距离警报器的汽车） |
| 注 | 编号3、5、7、9、11、12、14、16的针脚未使用 |
| T12d-12芯棕色插头连接头（仅用于装备前/后驻车距离警报器的汽车） | |
| 1 | 传感器接地 |
| 2 | 传感器电源 |
| 3 | 前部驻车辅助警报蜂鸣器信号 |
| 4 | 前部驻车辅助警报蜂鸣器信号 |
| 5 | 左前驻车辅助传感器信号 |
| 6 | 左前中部驻车辅助传感器信号 |
| 7 | 右前中部驻车辅助传感器信号 |
| 8 | 右前驻车辅助传感器信号 |
| 注 | 编号9～12的针脚未使用 |
| T12p-12芯黑色插头连接 | |
| 2 | 右后中部驻车辅助传感器信号 |
| 3 | 左后中部驻车辅助传感器信号 |
| 4 | 右后驻车辅助传感器信号 |
| 5 | 左后驻车辅助传感器信号 |
| 8 | 传感器内部接地 |
| 11 | 传感器电源 |
| 注 | 编号1、6、7、9、10、12的针脚未使用 |

# 第十三节 一汽奥迪A3（2015～2017年款）

## 一、1.4T CSSA发动机

奥迪A3 1.4T CSSA发动机控制单元位于发动机舱内蓄电池和电子盒之间，安装位置及其针脚分布如图1-56所示，针脚说明见表1-70。

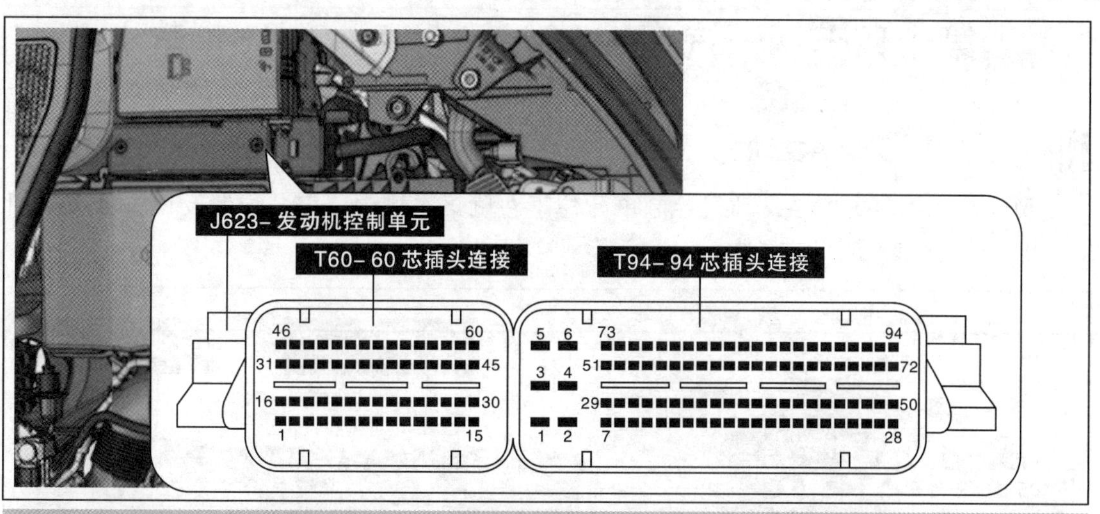


图1-56 奥迪A3 1.4T CSSA发动机控制单元针脚分布

表1-70 奥迪A3 1.4T CSSA发动机控制单元针脚说明

| 针脚 | 说明 |
| --- | --- |
| T94-94芯插头连接 | |
| 27 | 变速器空档位置传感器信号接地（如装备） |
| 42 | 离合器位置传感器信号（仅用于手动变速器汽车） |
| 44 | 点火开关信号（仅用于不装备进入及起动许可的汽车） |
| | 起动/停止模式按钮信号（仅用于装备进入及起动许可的汽车） |
| 58 | 变速器空档位置传感器信号（如装备） |
| 61 | 机油油位和机油温度传感器信号 |
| 85 | 离合器位置传感器信号（仅用于手动变速器汽车） |
| 88 | 变速器空档位置传感器电源5V（如装备） |
| T60-60芯插头连接 | |
| 15 | 速滞压力风门伺服电动机控制端 |
| 30 | 速滞压力风门伺服电动机控制端 |
| 注 | 其余针脚说明参考全新迈腾B8L 1.4T CSSA发动机控制单元针脚说明表 |

## 二、ABS/ESP

奥迪A3 ABS与ESP控制单元位于发动机舱内，安装位置及其针脚分布如图1-57所示，针脚说明见表1-71。

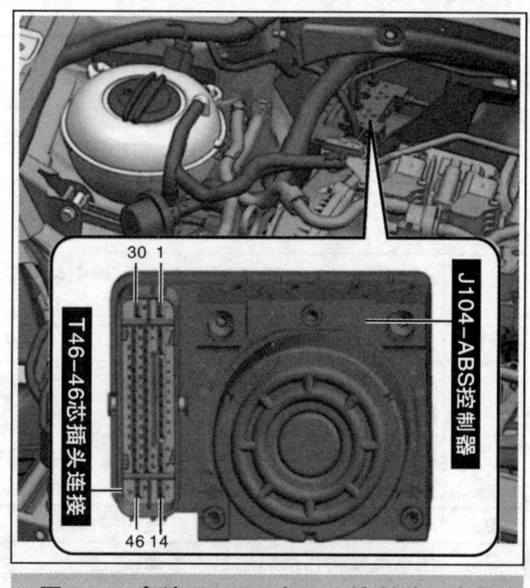


图1-57 奥迪A3 ABS与ESP控制单元安装位置及针脚分布

表1-71 奥迪A3 ABS与ESP控制单元针脚说明

| 针脚 | 说明 |
| --- | --- |
| 38 | ASR和电子稳定程序按钮信号 |
| 注 | 其余针脚说明参考高尔夫A7轿车ABS/ESP控制单元针脚说明表（2015年7月起） |

# 第十四节　一汽奥迪A6L（2012~2016年款）

## 一、1.8L CYYA发动机

奥迪A6L 1.8L CYYA发动机控制单元位于左侧集水槽中，安装位置及针脚分布如图1-58所示，针脚说明见表1-72。

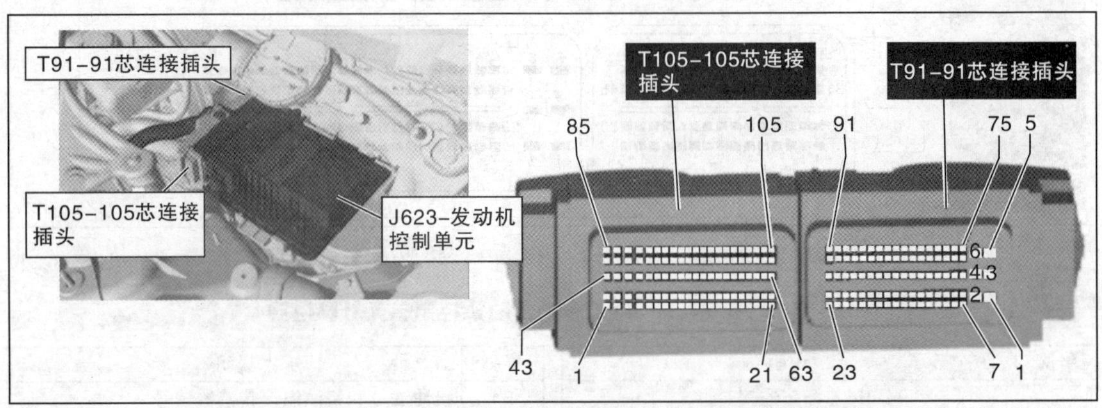


图1-58　奥迪A6L 1.8L CYYA发动机控制单元安装位置及针脚分布

表1-72　奥迪A6L 1.8L CYYA发动机控制单元针脚说明

| 针脚 | 说明 |
| --- | --- |
| T91-91芯连接插头 | |
| 1 | 接线柱31 |
| 2 | 接线柱31 |
| 3 | 接线柱87a |
| 4 | 接线柱31 |
| 5 | 接线柱87a |
| 6 | 接线柱87a |
| 7 | 主继电器控制端 |
| 8 | 发动机部件供电继电器控制端 |
| 9 | 燃油泵控制 |
| 11 | 尾气催化转化器后的氧传感器加热控制端 |
| 12 | 散热器风扇控制 |
| 15 | 冷却液继续补给泵控制端（仅用于不装备手动变速器的汽车） |
| 16 | 加速踏板位置传感器2（+） |
| 17 | 档位识别感应器信号（仅用于装备手动变速器的汽车） |
| 19 | 档位识别感应器信号（仅用于装备手动变速器的汽车） |
| 23 | 电动液压发动机支座左侧电磁阀控制端 |
| 25 | 尾气催化转化器后的氧传感器 |
| 26 | 尾气催化转化器后的氧传感器 |
| 29 | 散热器出口处的冷却液温度传感器信号 |
| 32 | 增压压力传感器供电 |
| 33 | 加速踏板位置传感器+ |
| 34 | 加速踏板位置传感器- |
| 35 | 增压压力传感器接地 |
| 37 | 制动信号灯开关信号 |
| 41 | 接氧传感器 |
| 43 | 接氧传感器 |
| 44 | 接氧传感器 |
| 49 | 散热器出口处的冷却液温度传感器信号 |
| 50 | 接熔断器SA3 |
| 51 | 加速踏板位置传感器2- |
| 52 | 加速踏板位置传感器信号 |
| 54 | 进气温度传感器信号 |
| 55 | 增压压力传感器信号 |
| 61 | 离合器位置传感器信号（仅适用于手动变速器）<br>变速杆P和N档位信号（仅适用于自动变速器） |
| 62 | 离合器位置传感器信号（仅适用于手动变速器）<br>变速杆传感器控制单元信号（仅适用于自动变速器） |
| 64 | 档位识别感应器信号（仅用于手动变速器汽车） |
| 67 | 接熔断器SA9 |
| 68 | 接舒适/便捷系统控制单元J393的T32g/5端 |
| 69 | 加速踏板位置传感器2信号 |

（续）

| 针脚 | 说明 |
|---|---|
| 70 | GRA开关信号（仅用于装备定速巡航装置GRA的汽车） |
| 74 | 氧传感器加热控制端 |
| 79 | CAN总线，高位（驱动系统） |
| 80 | CAN总线，低位（驱动系统） |
| 86 | 接线柱30a |
| 87 | 起动继电器控制端 |
| 88 | 起动继电器2控制端 |
| T105−105芯连接插头 | |
| 1 | 气缸2喷油阀控制端 |
| 2 | 气缸3喷油阀控制端 |
| 3 | 活性炭罐电磁阀1控制端 |
| 4 | 凸轮轴调节元件5控制端 |
| 6 | 凸轮轴调节元件1控制端 |
| 7 | 活塞冷却喷嘴控制阀控制端 |
| 11 | 燃油压力传感器供电 |
| 17 | 机油压力调节阀控制端 |
| 20 | 接增压调节器 |
| 22 | 气缸3喷油阀控制端 |
| 23 | 气缸2喷油阀控制端 |
| 24 | 气缸3喷油阀2控制端 |
| 25 | 气缸1喷油阀2控制端 |
| 26 | 发动机温度调节伺服元件供电 |
| 27 | 进气管风门位置传感器接地 |
| 28 | 霍尔传感器3信号 |
| 29 | 霍尔传感器3接地 |
| 30 | 霍尔传感器信号 |
| 31 | 低压燃油压力传感器接地 |
| 33 | 接空气流量传感器1#脚 |
| 35 | 发动机转速传感器供电 |
| 36 | 进气管风门位置传感器信号 |
| 37 | 低压的燃油压力传感器供电 |
| 38 | 霍尔传感器3供电 |
| 40 | 冷却液温度传感器信号 |
| 41 | 增压调节器信号 |
| 42 | 接空气流量传感器4#脚 |
| 43 | 气缸4喷油阀控制端 |
| 44 | 霍尔传感器接地 |
| 45 | 气缸4喷油阀2控制端 |
| 46 | 气缸2喷油阀2控制端 |
| 47 | 冷却液温度传感器信号 |
| 48 | 进气管风门位置传感器供电 |
| 49 | 燃油压力传感器信号 |
| 50 | 低压燃油压力传感器信号 |

| 针脚 | 说明 |
|---|---|
| 51 | 接空气流量传感器2#脚 |
| 52 | 接空气流量传感器3#脚 |
| 53 | 进气管风门阀门控制端 |
| 54 | 节气门驱动装置角度传感器2信号 |
| 55 | 节气门驱动装置角度传感器1信号 |
| 56 | 节气门驱动装置角度传感器供电 |
| 57 | 带功率输出级的点火线圈3控制端 |
| 58 | 凸轮轴调节元件4控制端 |
| 59 | 凸轮轴调节元件3控制端 |
| 61 | 增压调节器电动机控制端 |
| 62 | 带功率输出级的点火线圈4控制端 |
| 64 | 气缸1喷油阀控制端 |
| 65 | 气缸4喷油阀控制端 |
| 66 | 涡轮增压器循环空气阀控制端 |
| 68 | 燃油压力传感器接地 |
| 69 | 霍尔传感器供电 |
| 70 | 发动机转速传感器信号 |
| 72 | 机油压力降低开关信号 |
| 73 | 接T14b/14 |
| 74 | 油压开关信号 |
| 76 | 带功率输出级的点火线圈1控制端 |
| 77 | 发动机转速传感器接地 |
| 78 | 发动机温度调节伺服元件电动机控制端 |
| 79 | 带功率输出级的点火线圈2控制端 |
| 80 | 发动机温度调节伺服元件电动机控制端 |
| 83 | 机油油位和温度传感器信号 |
| 85 | 气缸1喷油阀控制端 |
| 86 | 发动机温度调节伺服元件信号 |
| 87 | 发动机温度调节伺服元件接地 |
| 88 | 增压调节器电动机控制端 |
| 89 | 接增压调节器 |
| 90 | 节气门驱动装置控制端 |
| 91 | 节气门驱动装置控制端 |
| 92 | 燃油定量阀控制端 |
| 93 | 燃油定量阀控制端 |
| 94 | 凸轮轴调节元件6控制端 |
| 95 | 凸轮轴调节元件8控制端 |
| 96 | 凸轮轴调节元件7控制端 |
| 97 | 爆燃传感器1信号 |
| 98 | 爆燃传感器1信号 |
| 101 | 凸轮轴调节元件2控制端 |
| 104 | 排气门凸轮轴调节阀1控制端 |
| 105 | 凸轮轴调节阀1控制端 |
| 注 | 其余针脚未使用 |

## 二、2.5L CLXA发动机

奥迪A6L 2.5L CLXA发动机控制单元位于左侧排水槽中，安装位置及针脚分布如图1-59所示，针脚说明见表1-73。

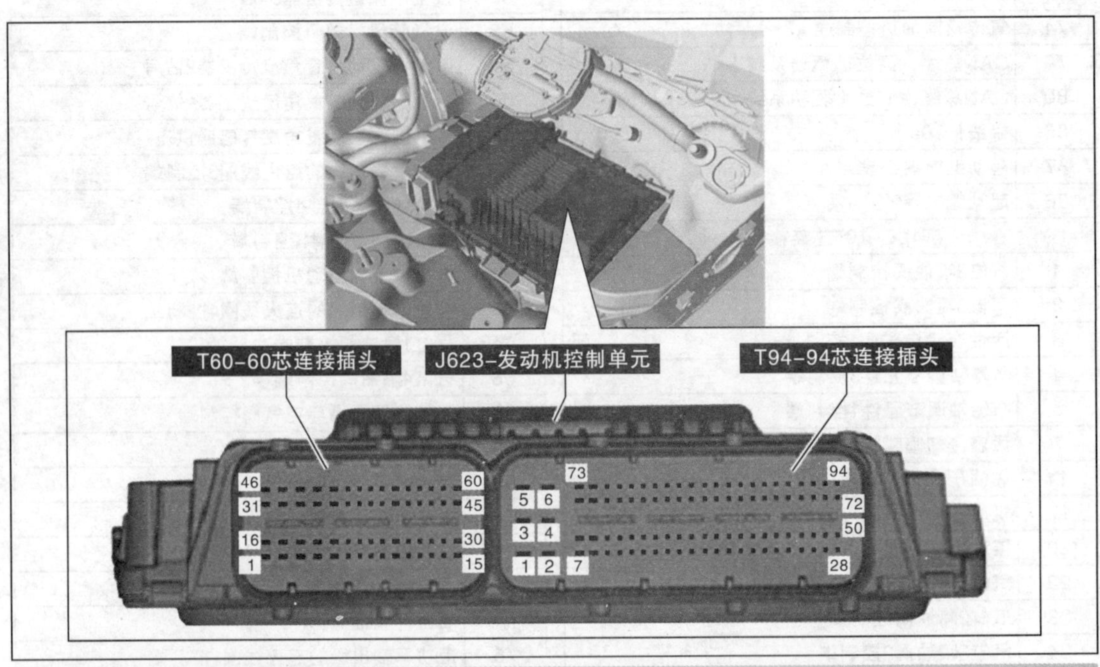


图1-59 奥迪A6L 2.5L CLXA发动机控制单元安装位置及针脚分布

表1-73 奥迪A6L 2.5L CLXA发动机控制单元针脚说明

| 针脚 | 说明 |
|---|---|
| T94-94芯连接插头 | |
| 1 | 接线柱31 |
| 2 | 接线柱31 |
| 3 | 接线柱87a |
| 4 | 接线柱31 |
| 5 | 接线柱87a |
| 6 | 接线柱87a |
| 8 | 起动机继电器2控制端 |
| 10 | 舒适/便捷系统的中央控制单元T32g/5#脚 |
| 11 | P/N档位信号 |
| 16 | 机油压力降低开关信号 |
| 17 | 油压开关信号 |
| 19 | 主继电器控制端 |
| 20 | 接自动变速器 |
| 21 | 凸轮轴调节元件1控制端 |
| 23 | 凸轮轴调节元件4控制端 |
| 24 | 凸轮轴调节元件3控制端 |
| 28 | 凸轮轴调节元件10控制端 |
| 29 | 气缸盖冷却液阀控制端 |
| 30 | 起动机继电器控制端 |
| 31 | 机油压力调节阀控制端 |
| 32 | 接后氧传感器1 |
| 33 | 制动信号灯开关信号 |
| 36 | 机油油位和温度传感器 |
| 37 | 发动机温度调节装置的温度传感器 |
| 38 | 发动机温度调节装置的温度传感器 |
| 39 | 传感器接地 |
| 41 | 后氧传感器2 加热装置控制端 |
| 42 | 燃油泵控制单元控制端 |
| 43 | 二次空气喷射阀控制端 |
| 46 | 后氧传感器1加热装置控制端 |
| 47 | 散热器风扇控制单元 |
| 49 | 凸轮轴调节元件9控制端 |
| 50 | 凸轮轴调节元件2控制端 |
| 51 | 氧传感器2加热控制端 |
| 53 | 开关式进气管传感器信号 |
| 54 | 接后氧传感器2 |
| 55 | 接后氧传感器2 |

（续）

| 针脚 | 说明 |
| --- | --- |
| 56 | 加速踏板位置传感器1 接地 |
| 57 | 加速踏板位置传感器1信号 |
| 58 | 加速踏板位置传感器2电源5V |
| 59 | 接氧传感器2 |
| 60 | 接氧传感器2 |
| 61 | 接氧传感器 |
| 62 | 接氧传感器2 |
| 63 | 传感器电源5V（霍尔、开关式进气管传感器） |
| 64 | 接线柱30 |
| 67 | CAN总线，低位（驱动系统） |
| 68 | CAN总线，高位（驱动系统） |
| 70 | 凸轮轴调节元件8控制端 |
| 72 | 发动机部件供电继电器控制端 |
| 73 | 氧传感器加热装置控制端 |
| 75 | 活性炭罐电磁阀1 |
| 76 | 接后氧传感器1 |
| 77 | 接线柱50 |
| 78 | 加速踏板位置传感器2接地 |
| 79 | 加速踏板位置传感器2信号 |
| 80 | 加速踏板位置传感器1电源5V |
| 81 | 接氧传感器2 |
| 82 | 接氧传感器 |
| 83 | 接氧传感器 |
| 84 | 接氧传感器 |
| 87 | 接线柱15a |
| 88 | GRA开关信号（仅用于装备定速巡航装置GRA的汽车） |
| 92 | 曲轴箱排气截止阀控制端 |
| 93 | 凸轮轴调节元件12控制端 |
| 94 | 凸轮轴调节元件7控制端 |
| 注 | 编号7、9、12～15、18、22、25～27、34、35、40、44、45、48、52、65、66、69、71、74、85、86、89～91的针脚未使用 |
| T60－60芯连接插头 | |
| 1 | 3缸喷油控制 |
| 2 | 二次空气泵继电器控制端 |
| 3 | 1缸喷油控制 |
| 4 | 4缸喷油控制 |
| 5 | 凸轮轴调节元件6控制端 |
| 6 | 带功率输出级的点火线圈4 控制端 |
| 7 | 带功率输出级的点火线圈6控制端 |
| 8 | 带功率输出级的点火线圈3 控制端 |
| 10 | 排气门凸轮轴调节阀2控制端 |
| 11 | 霍尔传感器4信号 |

| 针脚 | 说明 |
| --- | --- |
| 13 | 节气门驱动装置角度传感器2信号 |
| 14 | 传感器电源 |
| 15 | 节气门驱动装置控制端 |
| 16 | 5缸喷油控制 |
| 18 | 6缸喷油控制 |
| 19 | 2缸喷油控制 |
| 20 | 凸轮轴调节元件5控制端 |
| 21 | 带功率输出级的点火线圈1控制端 |
| 22 | 带功率输出级的点火线圈5控制端 |
| 23 | 带功率输出级的点火线圈2控制端 |
| 25 | 霍尔传感器3信号 |
| 26 | 排气门凸轮轴调节阀1控制端 |
| 27 | 冷却液温度传感器信号 |
| 28 | 节气门驱动装置角度传感器1信号 |
| 29 | 传感器接地 |
| 30 | 节气门驱动装置控制端 |
| 31 | 1缸喷油控制 |
| 32 | 6缸喷油控制 |
| 33 | 2缸喷油控制 |
| 34 | 4缸喷油控制 |
| 35 | 传感器电源5V（霍尔、燃油压力、低压的燃油压力、进气管压力传感器） |
| 37 | 进气管压力传感器 |
| 39 | 凸轮轴调节阀2控制端 |
| 40 | 霍尔传感器2信号 |
| 41 | 进气温度传感器信号 |
| 42 | 爆燃传感器屏蔽 |
| 44 | 低压的燃油压力传感器信号 |
| 46 | 3缸喷油控制 |
| 47 | 5缸喷油控制 |
| 50 | 传感器接地（冷却液温度、霍尔、燃油压力、进气温度传感器） |
| 51 | 凸轮轴调节元件11控制端 |
| 52 | 进气歧管转换阀 |
| 53 | 发动机转速传感器信号 |
| 54 | 凸轮轴调节阀1控制端 |
| 55 | 霍尔传感器信号 |
| 56 | 爆燃传感器2信号 |
| 57 | 爆燃传感器接地 |
| 58 | 爆燃传感器1信号 |
| 59 | 燃油压力传感器信号 |
| 60 | 燃油定量阀控制端 |
| 注 | 编号9、12、17、24、36、38、43、45、48、49的针脚未使用 |

# 第十五节 一汽奥迪Q3（2013~2016年款）

## 一、1.4T CSSA发动机

奥迪Q3 1.4T CSSA发动机控制单元位于发动机舱排水槽中央，其针安装位置及脚分布如图1-60所示，针脚说明见表1-74。

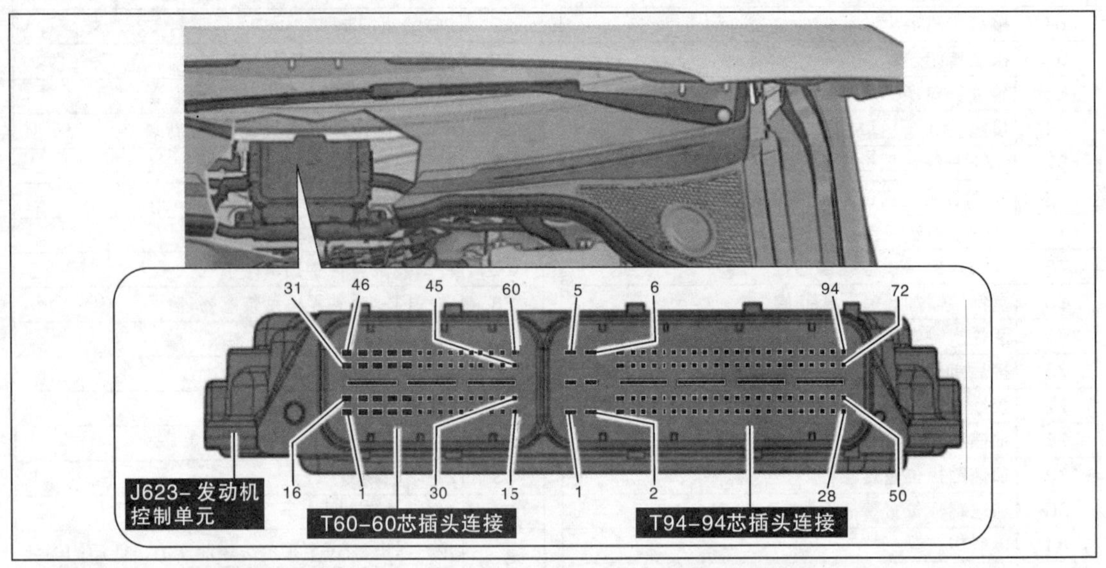


图1-60 奥迪Q3 1.4T CSSA发动机控制单元安装位置及针脚分布

表1-74 奥迪Q3 1.4T CSSA发动机控制单元针脚说明

| 针脚 | 说明 | 针脚 | 说明 |
|---|---|---|---|
| T94-94芯插头连接 | | 85 | 离合器位置传感器信号（仅用于手动变速器汽车） |
| 11 | 起动/停止模式按钮信号 | | |
| 27 | 传感器接地（制动助力压力传感器、变速器空档位置传感器） | 88 | 传感器电源5V（制动助力压力传感器、变速器空档位置传感器） |
| 42 | 离合器位置传感器信号（仅用于手动变速器汽车） | 78、80 | 未使用 |
| | | T60-60芯插接器 | |
| 58 | 变速器空档位置传感器信号（仅用于手动变速器汽车） | 15 | 速滞压力风门伺服电动机控制端 |
| | | 22、25 | 未使用 |
| 73 | 废气风门控制单元信号 | 30 | 速滞压力风门伺服电动机控制端 |
| 75 | 制动助力压力传感器信号（仅用于装备制动助力压力传感器的汽车） | 35 | 凸轮轴调节阀2 控制端 |
| 77 | 起动/停止模式按钮信号 | 注 | 其余针脚说明参考全新迈腾B8L 1.4T CSSA发动机控制单元针脚说明表 |

## 二、ABS/ESP

奥迪Q3 ABS/ESP控制单元位于发动机舱左侧，安装位置及其针脚分布如图1-61所示。奥迪Q3 ABS/ESP控制单元16脚未使用，其余针脚说明参考途观轿车ABS/ESP控制单元针脚说明表。

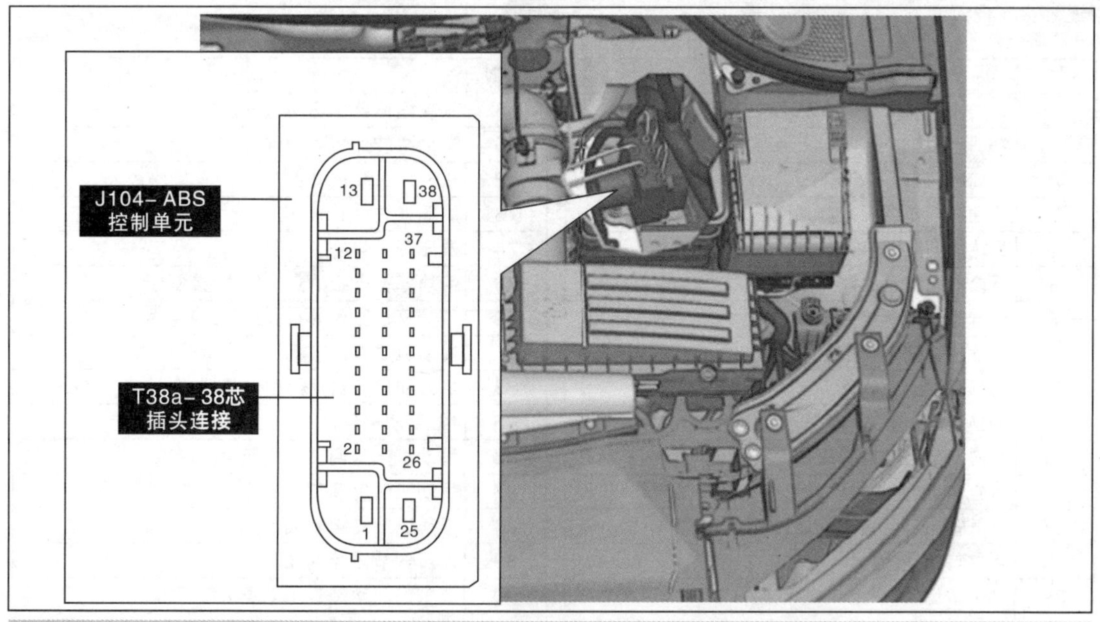


图1-61 奥迪Q3 ABS/ESP控制单元安装位置及其针脚分布

# 第十六节 一汽奥迪Q5（2013～2017年款）

## 一、2.0L CUHA/CUJA/ CNCB/CNCD 发动机

奥迪Q5 2.0L CUHA/CUJA/ CNCB/CNCD发动机控制单元位于驾驶人侧排水槽电控箱上，安装位置及其针脚分布如图1-62所示，针脚说明见表1-75。

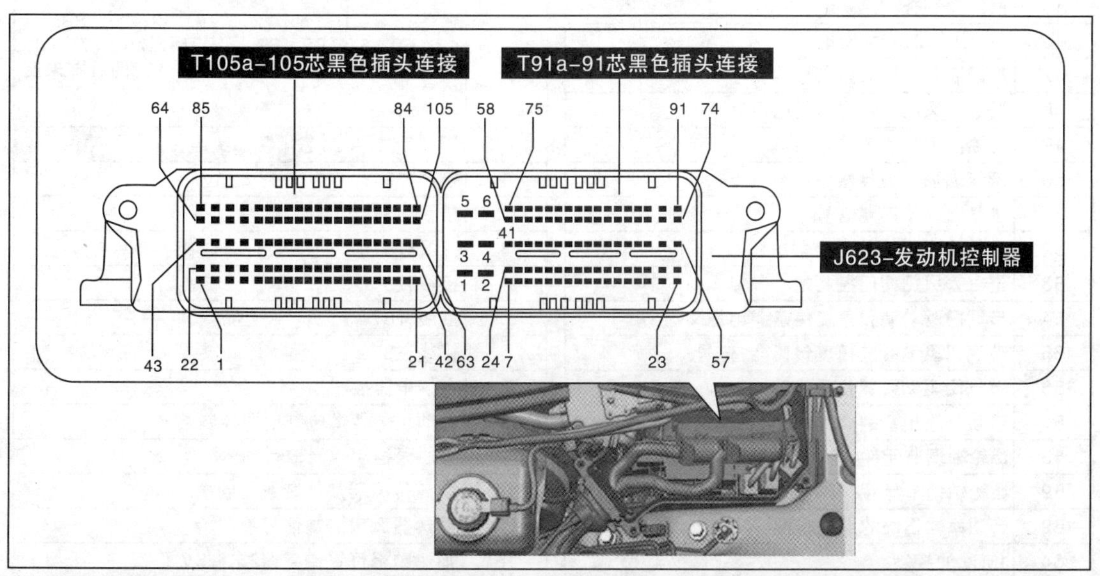


图1-62 奥迪Q5 2.0L CUHA/CUJA/ CNCB/CNCD发动机控制单元安装位置及其针脚分布

**表1-75 奥迪Q5 2.0L CUHA/CUJA/ CNCB/CNCD发动机控制单元针脚说明**

| 针脚 | 说明 |
|---|---|
| T105a-105芯黑色插头连接 | |
| 1 | 2缸喷油控制 |
| 2 | 3缸喷油控制 |
| 3 | 活性炭罐电磁阀控制端 |
| 4 | 凸轮轴调节元件5控制端 |
| 6 | 凸轮轴调节元件1控制端 |
| 7 | 活塞冷却喷嘴控制阀控制端 |
| 17 | 机油压力调节阀控制端 |
| 22 | 3缸喷油控制 |
| 23 | 2缸喷油控制 |
| 24 | 气缸3喷油阀2控制端 |
| 25 | 气缸1喷油阀2控制端 |
| 27 | 进气管风门位置传感器接地 |
| 28 | 霍尔传感器3信号 |
| 29 | 霍尔传感器3接地 |
| 30 | 霍尔传感器信号 |
| 31 | 低压燃油压力传感器接地 |
| 33 | 传感器接地 |
| 34 | 节气门驱动装置角度传感器2信号 |
| 35 | 传感器电源5V |
| 36 | 进气管风门位置传感器信号 |
| 39 | 变速器冷却液阀控制端[*1] |
| 40 | 冷却液温度传感器信号 |
| 41 | 增压压力调节位置传感器信号 |
| 43 | 4缸喷油控制 |
| 44 | 霍尔传感器接地 |
| 45 | 气缸4喷油阀2控制端 |
| 46 | 气缸2喷油阀2控制端 |
| 47 | 冷却液温度传感器信号 |
| 48 | 进气管风门位置传感器电源5V |
| 49 | 燃油压力传感器信号 |
| 50 | 低压燃油压力传感器信号 |
| 51 | 进气温度传感器信号 |
| 52 | 进气管压力传感器信号 |
| 53 | 进气管风门阀门控制端 |
| 54 | 节气门驱动装置角度传感器电源5V |
| 55 | 节气门驱动装置角度传感器1信号 |
| 56 | 节气门驱动装置角度传感器接地 |
| 57 | 带功率输出级的点火线圈3控制端 |
| 58 | 凸轮轴调节元件4控制端 |
| 59 | 凸轮轴调节元件3控制端 |
| 62 | 带功率输出级的点火线圈4控制端 |
| 64 | 1缸喷油控制 |
| 65 | 4缸喷油控制 |
| 66 | 涡轮增压器循环空气阀控制端 |
| 70 | 发动机转速传感器信号 |
| 72 | 机油压力降低开关信号 |
| 73 | 油压开关，3档信号 |
| 74 | 油压开关信号 |
| 76 | 带功率输出级的点火线圈1控制端 |
| 79 | 带功率输出级的点火线圈2控制端 |
| 80 | 发动机温度调节伺服元件信号 |
| 83 | 机油油位和机油温度传感器信号 |
| 85 | 1缸喷油控制 |
| 86 | 发动机温度调节伺服元件控制端 |
| 87 | 发动机温度调节伺服元件控制端 |
| 88 | 增压调节器控制端 |
| 89 | 增压调节器控制端 |
| 90 | 节气门驱动装置（电子节气门） |
| 91 | 节气门驱动装置（电子节气门） |
| 92 | 燃油定量阀控制端 |
| 93 | 燃油定量阀控制端 |
| 94 | 凸轮轴调节元件6控制端 |
| 95 | 凸轮轴调节元件8控制端 |
| 96 | 凸轮轴调节元件7控制端 |
| 97 | 爆燃传感器信号 |
| 98 | 爆燃传感器信号 |
| 101 | 凸轮轴调节元件2控制端 |
| 104 | 排气门凸轮轴调节阀1控制端 |
| 105 | 凸轮轴调节阀1控制端 |
| 注 | 编号5、8~16、18~21、26、32、37、38、42、60、61、63、67~69、71、75、77、78、81、82、84、99、100、102、103的针脚未使用 |
| T91a-91芯黑色插头连接 | |
| 1 | 接线柱31 |
| 2 | 接线柱31 |
| 3 | 接线柱87a |
| 4 | 接线柱31 |
| 5 | 接线柱87a |
| 6 | 接线柱87a |
| 7 | 主继电器控制端 |
| 8 | 发动机部件供电继电器控制端 |
| 9 | 燃油泵控制单元信号 |
| 11 | 后氧传感器加热装置控制端 |
| 12 | 散热器风扇控制信号 |
| 16 | 加速踏板位置传感器2电源5V |
| 17 | 档位识别感应器电源[*1] |

（续）

| 针脚 | 说明 |
|---|---|
| 23 | 电动液压发动机支座左侧电磁阀控制端（如装备） |
| 25 | 后氧传感器信号 |
| 26 | 后氧传感器信号 |
| 29 | 散热器出口处的冷却液温度传感器信号 |
| 32 | 增压压力传感器电源5V |
| 33 | 加速踏板位置传感器电源5V |
| 34 | 加速踏板位置传感器接地 |
| 35 | 传感器接地 |
| 36 | 传感器接地 |
| 37 | 制动信号灯开关信号 |
| 39 | 变速器冷却液阀控制端*1 |
| 40 | 电动液压发动机支座右侧电磁阀控制端（如装备） |
| 41 | 氧传感器信号 |
| 43 | 氧传感器信号 |
| 44 | 氧传感器信号 |
| 45 | 制动助力压力传感器信号*2 |
| 49 | 散热器出口处的冷却液温度传感器信号 |
| 50 | 接熔断器SB3 |
| 51 | 加速踏板位置传感器2接地 |
| 52 | 加速踏板位置传感器信号 |
| 54 | 增压压力传感器 |
| 55 | 增压压力传感器 |
| 61 | 离合器位置传感信号*1 |
| 62 | 发动机起动离合器开关信号*1 |
| | P/N档位信号*3 |
| 64 | 档位识别感应器信号*1 |
| 67 | 接线柱50 |
| 68 | 起动/停止模式按钮信号 |
| 69 | 加速踏板位置传感器2信号 |
| 70 | GRA开关信号*4 |
| 74 | 氧传感器加热装置控制端 |
| 77 | 接自动变速器控制单元 |
| 79 | CAN总线，高位（驱动系统） |
| 80 | CAN总线，低位（驱动系统） |
| 86 | 接线柱30a |
| 87 | 起动机继电器1控制端 |
| 88 | 起动机继电器2控制端 |
| 注 | 1. 编号10、13～15、18～22、24、27、28、30、31、38、42、46～48、53、56～60、63、65、66、71～73、75、76、78、81～85、89～91的针脚未使用<br>2. *1–仅用于手动变速器汽车　*2–仅用于装备自动起停装置的汽车　*3–仅用于自动变速器汽车　*4–仅用于装备定速巡航装置GRA的汽车 |

## 二、8档OBK/OBW自动变速器

奥迪Q5 8档OBK/OBW自动变速器控制单元位于变速器外壳上，安装位置及其插头位置如图1-63所示，针脚说明见表1-76。

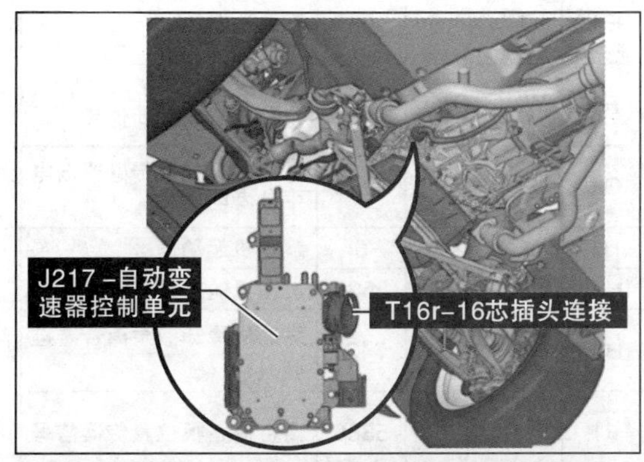


图1-63 奥迪Q5 8档OBK/OBW自动变速器控制单元安装位置

表1-76 奥迪Q5 8档OBK/OBW自动变速器控制单元针脚说明

| 针脚 | 说明 |
|---|---|
| 1 | 接发动机控制单元 |
| 2 | 变速杆锁电磁铁控制端 |
| 3 | 混合动力CAN–L总线 |
| 4 | 混合动力CAN–H总线 |
| 5 | 驱动系统CAN–H总线 |
| 6 | 驱动系统CAN–L总线 |
| 8 | 变速杆传感器控制单元T10K/3 |
| 9 | 接熔断器SB12 |
| 11 | 变速杆传感器控制单元T10K/9 |
| 13 | 接熔断器SB1 |
| 14 | 接地 |
| 注 | 编号7、10、12、15、16的针脚未使用 |

# 第二章 上汽通用车系

## 第一节 别克英朗（2016~2017年款）

### 一、1.5L L2B发动机

英朗轿车1.5L L2B发动机控制单元位于发动机舱蓄电池左侧，其针脚分布如图2-1所示，针脚说明见表2-1。

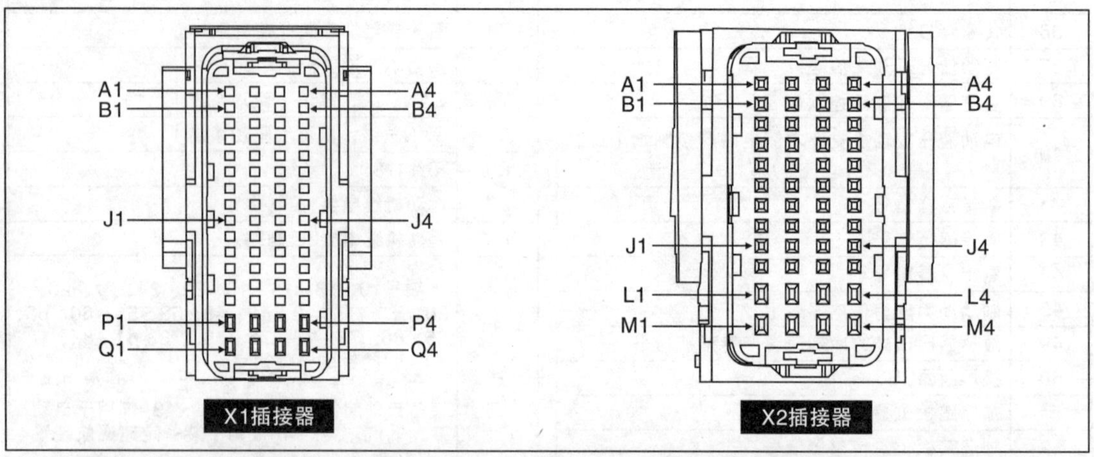


图2-1 英朗轿车1.5L L2B发动机控制单元针脚分布

表2-1 英朗轿车1.5L L2B发动机控制单元针脚说明

| 针脚 | 导线颜色 | 电路 | 功能 |
|---|---|---|---|
| X1插接器 | | | |
| A3 | GN/VT | 335 | 冷却风扇继电器线圈控制 |
| A4[*1] | WH/GY | 459 | 空调压缩机离合器继电器线圈控制 |
| B4 | YE | 447 | 起动机继电器2线圈控制 |
| C1 | WH | 2501 | 高速GMLAN串行数据- |
| C2 | WH/RD | 5381 | 传感器高电平参考电压 |
| C3 | VT/YE | 843 | 附件电源信号 |
| D1 | BU | 2500 | 高速GMLAN串行数据+ |
| D2 | RD/WH | 140 | 蓄电池电压 |
| D3 | BN/RD | 1274 | 加速踏板位置传感器高电平2 |
| E1 | YE | 5991 | 发动机控制模块继电器线圈控制 |
| E2 | GN | 1668 | 加热型氧传感器2信号高 |
| E3 | WH/RD | 1164 | 加速踏板位置传感器高电平1 |
| E4 | VT/GY | 1839 | 蓄电池电压 |
| F1 | WH/BN | 1034 | 巡航/电子节气门控制/变矩器离合器制动信号 |
| G1 | BK/BU | 1271 | 加速踏板位置传感器低电平参考电压1 |
| H1 | YE | 6 | 起动机起动信号 |
| H2 | YE | 5530 | 发动机舱盖开关信号2 |
| H4 | BU/WH | 7421 | 发动机冷却液泵离合器控制 |
| J1 | WH/GN | 5380 | 离合器踏板位置传器信号 |
| J3 | VT/BU | 458 | 燃油泵继电器线圈控制 |

（续）

| 针脚 | 导线颜色 | 电路 | 功能 |
|---|---|---|---|
| J4 | 0.5BN/WH | 419 | 发动机自检信号 |
| K1[*2] | WH/GY | 1786 | 空档位置传感器信号 |
| K2[*2] | YE | 400 | 变速器输出轴速度传感器信号 |
| K3 | WH/GY | 4578[*1] | 自动变速器蓄压器电磁阀控制[*1] |
| | | 459[*2] | 空调压缩机离合器继电器线圈控制[*2] |
| K4 | BK/VT | 941 | 起动机继电器1线圈控制 |
| L2 | WH/GY | 1786 | 倒车灯开关信号 |
| L3 | YE/WH | 1669 | 加热型氧传感器2信号低 |
| L4 | BK/VT | 1272 | 加速踏板位置传感器低电平参考电压2 |
| M1 | YE/VT | 6030 | 制动助力器真空传感器信号 |
| M3 | GN | 380 | 空调制冷剂压力传感器信号 |
| M4 | BU | 410 | 冷却液温度传感器信号 |
| N2 | YE/BU | 231 | 机油压力开关信号 |
| N3 | YE/WH | 1161 | 加速踏板位置传感器信号1 |
| N4 | BU/GN | 1936 | 燃油泵电机温度传感器信号 |
| O1 | VT/YE | 843 | 附件电源信号 |
| O2 | GN/WH | 1162 | 加速踏板位置传感器信号2 |
| P1 | BN | 927 | 蓄电池电压 |
| P2 | BN/YE | 473 | 冷却风扇中速继电器线圈控制传感器 |
| P3 | BK/YE | 5382 | 传感器低电平参考电压 |
| P4 | BK | 350 | 接地 |
| Q1 | BN | 927 | 蓄电池电压 |
| Q3 | GN/VT | 1423 | 加热型氧传感器加热熔丝控制 |
| Q4 | BK | 350 | 接地 |

| 针脚 | 导线颜色 | 电路 | 功能 |
|---|---|---|---|
| 注 | 1. 编号A1~A2、B1~B3、C4、D4、F2~F4、G2~G4、H3、J2、L1、M2、N1、O3、O4、Q2的针脚未使用<br>2. *1-仅用于1.5AT发动机<br>*2-仅用于1.5MT发动机 | | |
| X2插接器 | | | |
| A1 | BU | 961 | 电子节温器控制 |
| A2 | BN/BU | 486 | 节气门位置传感器信号2 |
| A3 | BK/YE | 1716 | 爆燃传感器信号- |
| A4 | BU | 410 | 冷却液温度传感器1信号 |
| B2 | BN/GN | 485 | 节气门位置传感器信号1 |
| B3 | VT/GY | 496 | 爆燃传感器信号+ |
| B4 | YE/GN | 2925 | 进气温度传感器信号 |
| C1 | YE/WH | 1745 | 燃油喷射器2控制 |
| C3 | GN/WH | 432 | 进气歧管绝对压力传感器信号 |
| D1 | BN/VT | 1744 | 燃油喷射器1控制 |
| D2 | BN | 930 | 加热型氧传感器1信号低 |
| D3 | BN | 25 | 充电指示灯控制 |
| D4 | WH/BK | 3111 | 加热型氧传感器1信号高 |
| E1 | GN/BN | 5283 | 排气凸轮轴位置执行器电磁阀控制 |
| E3 | YE/BU | 630 | 进气凸轮轴位置传感器信号 |
| E4 | YE/VT | 633 | 排气凸轮轴位置传感器信号 |
| F1 | BK | 913 | 进气歧管调谐电磁阀控制 |
| F3 | BU | 5372 | 蒸发排放清洗电磁阀控制 |
| F4 | BU/WH | 225 | 发动机磁场占空比信号 |
| G1 | GN | 5272 | 进气凸轮轴位置执行器电磁阀控制 |
| G3 | BN | 907 | 凸轮轴位置传感器低电平参考电压 |

（续）

| 针脚 | 导线颜色 | 电路 | 功能 |
|---|---|---|---|
| G4 | GY/RD | 416 | 节气门位置传感器5V参考电压 |
| H1 | BN/VT | 1746 | 燃油喷射器3控制 |
| H2 | BK/GN | 2868 | 曲轴位置传感器低电平参考电压 |
| H3 | BU/YE | 2832 | 曲轴位置传感器信号 |
| H4 | VT/BU | 2867 | 曲轴位置传感器高电平 |
| J1 | GY/WH | 3113 | 加热型氧传感器1加热器控制 |
| J2 | BK/BN | 2761 | 进气歧管绝对压力传感器低电平参考电压 |
| J4 | GY/RD | 2704 | 进气歧管绝对压力传感器高电平 |
| K1 | BU/WH | 1747 | 燃油喷射器4控制 |
| K2 | BU/YE | 923 | 节气门位置传感器低电平参考信号 |
| K3 | WH | 922 | 凸轮轴位置传感器高电平 |
| L1 | YE | 581 | 节气门执行器控制关闭 |
| L2 | BN/WH | 582 | 节气门执行器控制打开 |
| L3 | GN/BU | 2123 | 点火线圈3控制 |
| L4 | BK | 350 | 接地 |
| M1 | YE/BU | 2124 | 点火线圈4控制 |
| M2 | BU/WH | 2122 | 点火线圈2控制 |
| M3 | BU/VT | 2121 | 点火线圈1控制 |
| M4 | BK | 350 | 接地 |
| 注 | 编号B1、C2、C4、E2、F2、G2、J3、K4的针脚未使用 | | |

## 二、6档自动变速器

英朗轿车6档自动变速器控制单元位于发动机舱自动变速器内，其针脚分布如图2-2所示，针脚说明见表2-2。

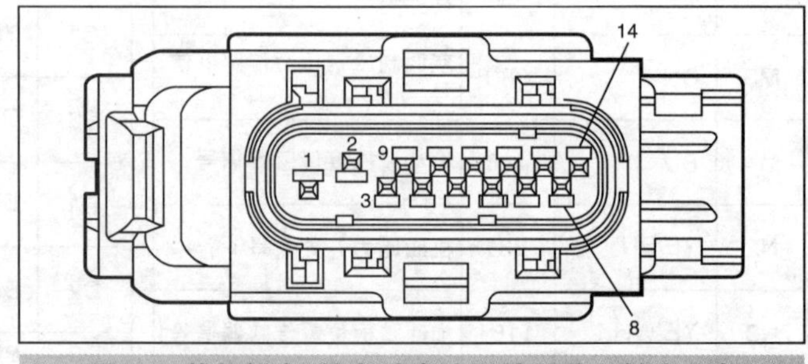


图2-2 英朗轿车6档自动变速器控制单元针脚分布

表2-2 英朗轿车6档自动变速器控制单元针脚说明

| 针脚 | 导线颜色 | 电路 | 功能 |
|---|---|---|---|
| 1 | RD/YE | 2340 | 蓄电池电压 |
| 2 | BK | 350 | 接地 |
| 3 | WH/GY | 1786 | 变速器驻车档/空档信号 |
| 6 | BU | 2500 | 高速GMLAN串行数据1+ |
| 7 | BU | 2500 | 高速GMLAN串行数据2+ |
| 8 | WH | 2501 | 高速GMLAN串行数据1− |
| 12 | VT/GY | 1839 | 运行/起动点火电压 |
| 13 | VT/YE | 843 | 附件电源信号 |
| 14 | WH | 2501 | 高速GMLAN串行数据2− |
| 注 | 编号4~5、9~11的针脚未使用 | | |

## 三、7T35自动变速器

英朗轿车7T35自动变速器控制单元位于发动机舱自动变速器内，其针脚分布如图2-3所示，针脚说明见表2-3。

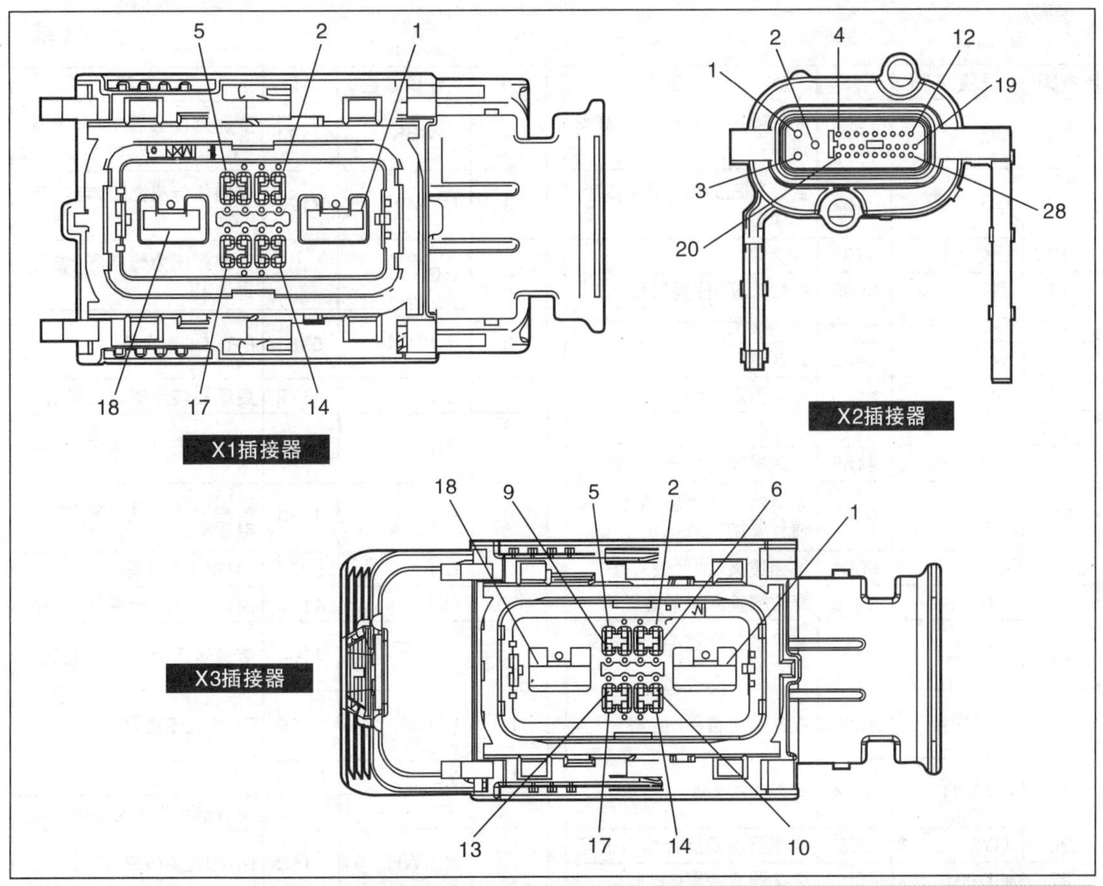


图2-3 英朗轿车7T35自动变速器控制单元针脚分布

表2-3 英朗轿车7T35自动变速器控制单元针脚说明

| 针脚 | 导线颜色 | 电路 | 功能 |
|---|---|---|---|
| X1插接器 | | | |
| 1 | VT/BU | 5290 | 蓄电池电压 |
| 2 | VT/GY | 1839 | 运行/起动信号 |
| 3 | WH | 2501 | 高速GMLAN串行数据1- |
| 4 | BU | 2500 | 高速GMLAN串行数据1+ |
| 7 | WH | 2501 | 高速GMLAN串行数据2- |
| 8 | BU | 2500 | 高速GMLAN串行数据2+ |
| 10 | WH/BN | 951 | 曲轴位置传感器重现信号 |
| 11 | YE | 5991 | 变速器继电器控制 |
| 14 | VT/YE | 843 | 附件电源信号 |
| 18 | RD/YE | 2340 | 蓄电池电压 |
| 注 | 编号5、6、9、12、13、15~17的针脚未使用 | | |

| 针脚 | 导线颜色 | 电路 | 功能 |
|---|---|---|---|
| X2插接器 | | | |
| 1 | PU | 3772 | MGU相位U控制 |
| 2 | GY | 3771 | MGU相位V控制 |
| 3 | BK | 3770 | MGU相位W控制 |
| 4 | RD | 6388 | 变速器高速侧驱动装置2#信号 |
| 5 | LGN/BK | 6401 | 离合器B控制 |
| 6 | PU/WH | 6400 | 离合器A控制 |
| 7 | RD | 4170 | 变速器传感器B参考电压9V |
| 8 | BN/WH | 9001 | 换档拨叉2位置信号 |
| 9 | BU/WH | 9000 | 偶数档输入轴转速信号 |
| 10 | PK | 6962 | 变速器控制模块离合器电磁阀启用A |

（续）

| 针脚 | 导线颜色 | 电路 | 功能 | 针脚 | 导线颜色 | 电路 | 功能 |
|---|---|---|---|---|---|---|---|
| 11 | BU | 1530 | 变速器主管路压力电磁阀控制 | 2 | GN/BK | 4171 | 变速器传感器A参考电压9V |
| 12 | RD/BK | 4162 | 变速器压力传感器A参考电压5V | 3 | GY/WH | 4170 | 变速器传感器B参考电压9V |
| 13 | BK | 1792 | 屏蔽线 | 4 | OG | 4162 | 变速器压力传感器A参考电压5V |
| 14 | TN | 9002 | 换档拨叉3位置信号 | | | | |
| 15 | OG | 9003 | 换档拨叉1位置信号 | 5 | BU/WH | 5981 | PRNDL A信号 |
| 16 | WH | 6402 | 离合器C控制 | | | | |
| 17 | BN | 6403 | 离合器D控制 | 6 | BK | 4172 | 变速器转速输出信号过高 |
| 18 | — | — | — | 7 | BN/WH | 4165 | 变速器压力传感器A回油 |
| 19 | BU | 4165 | 变速器压力传感器A回油 | | | | |
| 20 | YE | 6387 | 变速器高速侧驱动装置1#信号驱动装置 | 8 | BU | 4163 | 变速器压力传感器B参考电压5V |
| 21 | BK | 9004 | 换档拨叉4位置信号 | 9 | BN | 5982 | PRNDL B信号 |
| 22 | GN | 9005 | 奇数档输入轴转速信号 | 10 | GN | 4166 | 离合器位置传感器B信号 |
| 23 | YE/BK | 4171 | 变速器传感器A参考电压9V | 11 | YE/BK | 4164 | 变速器压力传感器B回油 |
| 24 | GN/WH | 4509 | 变速器离合器F控制 | 12 | RD/BK | 4169 | PRNDL S信号 |
| 25 | GY/WH | 6404 | 离合器E控制 | 13 | YE | 5983 | PRNDL C信号 |
| | | | | 14 | BK | 4167 | 离合器位置传感器A信号 |
| 26 | GY | 585 | 变速器油温度传感器信号 | 17 | RD/WH | 4168 | PRNDL P信号 |
| 27 | GN | 4508 | 变速器离合器G控制 | | | | |
| 28 | PU | 4507 | 变速器离合器H控制 | 18 | VT | 3927 | 内部模式开关回位 |
| X3插接器 | | | | 注 | 编号15、16的针脚未使用 | | |
| 1 | BK | 251 | 信号接地 | | | | |

## 四、电子制动控制模块

英朗轿车电子制动控制模块位于发动机舱内左侧，其针脚分布如图2-4所示，针脚说明见表2-4。

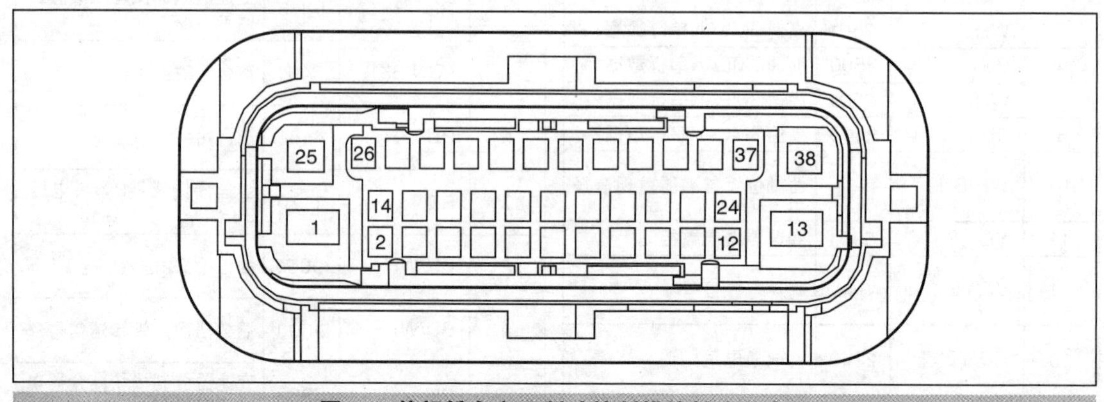


图2-4 英朗轿车电子制动控制模块针脚分布

表2-4 英朗轿车电子制动控制模块针脚说明

| 针脚 | 导线颜色 | 电路 | 功能 |
|---|---|---|---|
| 1 | RD/YE | 442 | 电子制动模块电源 |
| 3 | BN | 7448 | 制动助力真空泵继电器线圈控制 |
| 4 | BK/YE | 833 | 右前轮速传感器信号低 |
| 6 | YE/WH | 33 | 制动液液位信号 |
| 8 | BK/GY | 873 | 左前轮速传感器信号低 |
| 13 | BK | 450 | 接地 |
| 14 | WH | 2501 | 高速GMLAN串行数据1（-） |
| 15 | WH | 2501 | 高速GMLAN串行数据2（-） |
| 16 | YE | 872 | 右前轮速传感器信号高 |
| 17 | VT | 882 | 右后轮速传感器信号高 |
| 18 | BK/BU | 885 | 左后轮速传感器信号低 |
| 19 | GY | 830 | 左前轮速传感器信号高 |
| 20 | WH | 6106 | 转向盘转角传感器负极 |
| 25 | RD/GY | 1842 | 电子制动模块电源 |
| 26 | BU | 2500 | 高速GMLAN串行数据1（+） |
| 27 | BU | 2500 | 高速GMLAN串行数据2（+） |
| 28 | WH/BU | 5986 | 通信启用信号 |
| 29 | BK/VT | 883 | 右后轮速传感器信号低 |
| 31 | BU | 884 | 左后轮速传感器信号高 |
| 33 | BU/YE | 6105 | 转向盘转角传感器信号正极 |
| 34 | YE/WH | 939 | 轮速传感器速度输出 |
| 35 | GN/BN | 2087 | 转向盘转角传感器电源 |
| 38 | BK | 450 | 接地 |
| 注 | 编号2、5、7、9~12、21~24、30、32、36、37的针脚未使用 | | |

## 五、手动空调

英朗轿车手动空调控制单元位于仪表板中央收音机下方，其针脚分布如图2-5所示，针脚说明见表2-5。

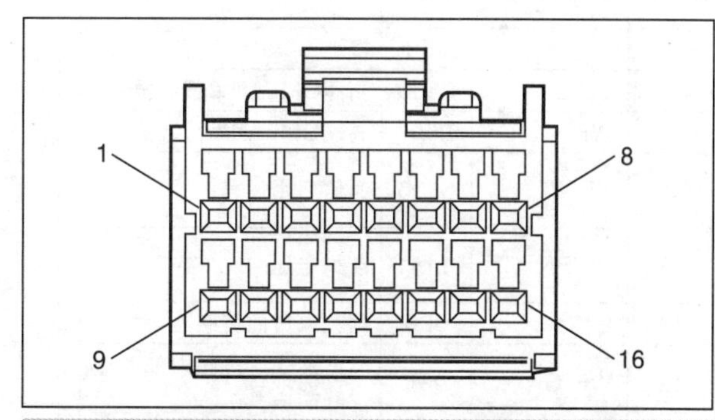


图2-5 英朗轿车手动空调控制单元针脚分布

表2-5 英朗轿车手动空调控制单元针脚说明

| 针脚 | 导线颜色 | 电路 | 功能 |
|---|---|---|---|
| 1 | BN/WH | 66 | 空调压缩机启用请求信号 |
| 2 | VT | 272 | 自起停系统状态信号 |
| 4 | BU/GY | 754 | 鼓风机速度控制信号 |
| 7 | YE/DBU | 197 | 除雾继电器控制信号 |
| 9 | RD/VT | 1940 | 蓄电池正极电源电压 |
| 10 | VT/BN | 1141 | 起动电压 |
| 11 | BK | 150 | 接地 |
| 12 | YE | 1491 | LED背景灯控制 |
| 13 | BK | 150 | 接地 |
| 15 | BU/BN | 3167 | 空调模式风门控制+ |
| 16 | BN | 3168 | 空调模式风门控制 |
| 注 | 编号3、5、6、8、14的针脚未使用 | | |

## 六、自动空调

英朗轿车自动空调控制单元位于仪表板中央收音机下方，其针脚分布如图2-6所示，针脚说明见表2-6。

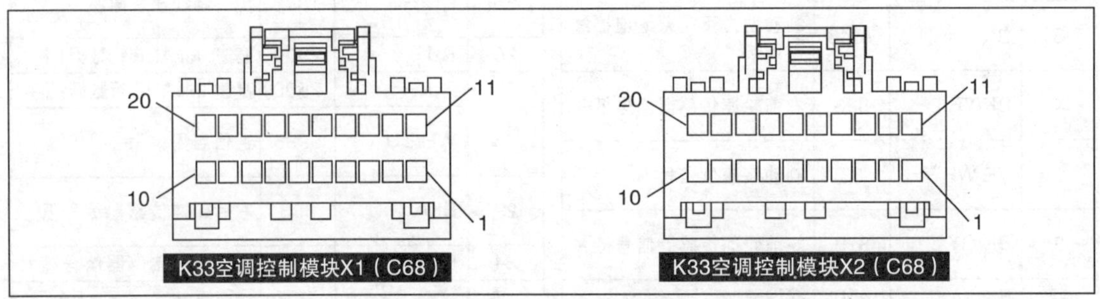


图2-6 英朗轿车自动空调控制单元针脚分布

表2-6 英朗轿车自动空调控制单元针脚说明

| 针脚 | 导线颜色 | 电路 | 功能 |
|---|---|---|---|
| K33空调控制模块X1（C68） | | | |
| 1 | RD/VT | 1940 | 蓄电池电压 |
| 4 | BU/WH | 734 | 内部空气温度传感器信号 |
| 7 | BK/BU | 7566 | 接地 |
| 8 | BK | 150 | 接地 |
| 9 | BU | 2500 | 高速GMLAN串行数据2+ |
| 10 | WH | 2501 | 高速GMLAN串行数据2− |
| 11 | YE/VT | 3830 | 通信启用信号 |
| 13 | VT/BN | 1141 | 点火电压 |
| 14 | GY | 590 | 驾驶人日照传感器信号 |
| 15 | WH/GN | 985 | 风窗玻璃湿度和内部温度传感器信号 |
| 16 | BU/GY | 754 | 压缩机速度控制信号 |
| 17 | WH/DGN | 5962 | 风窗玻璃湿度和内部温度传感器高电平 |
| 18 | YE/BU | 197 | 除雾器继电器控制 |
| 19 | BU | 2500 | 高速GMLAN串行数据1+ |
| 20 | WH | 2501 | 高速GMLAN串行数据1− |
| 注 | 编号2、3、5、6、12的针脚未使用 | | |
| K33空调控制模块X2（C68） | | | |
| 1 | BN | 404 | 空气温度传感器-上风道高电平信号 |
| 2 | YE | 3165 | 模式风门低电平控制执行器 |
| 3 | WH/RD | 3166 | 模式风门执行器低电平控制 |
| 4 | GY/BN | 3167 | 模式门执行器低电平信号 |
| 5 | GN/BN | 3168 | 模式门执行器低电平信号 |
| 7 | YE/GY | 516 | 空气温度传感器-下风道高电平信号 |
| 9 | BK/YE | 407 | 低电平参考 |
| 11 | GN | 3169 | 空气温度风门执行器低电平控制 |
| 12 | WH/PK | 3170 | 空气温度风门执行器低电平控制 |
| 13 | GY/RD | 3171 | 空气温度风门执行器低电平控制 |
| 14 | RD/BK | 3172 | 空气温度风门执行器低电平控制 |
| 15 | BK | 7572 | 高电平控制 |
| 16 | GY | 3173 | 空气再循环风门执行器低电平控制 |
| 17 | BU/WH | 3174 | 空气再循环风门执行器低电平控制 |
| 18 | BN/GN | 3175 | 空气再循环风门执行器低电平控制 |
| 19 | RD/GN | 4176 | 空气再循环风门执行器低电平控制 |
| 20 | GY | 6137 | 空调蒸发器温度传感器高电平信号 |
| 注 | 编号6、8、10的针脚未使用 | | |

## 七、动力转向系统

英朗轿车动力转向系统控制模块位于转向柱上靠近底座位置，其针脚分布如图2-7所示，针脚说明见表2-7。

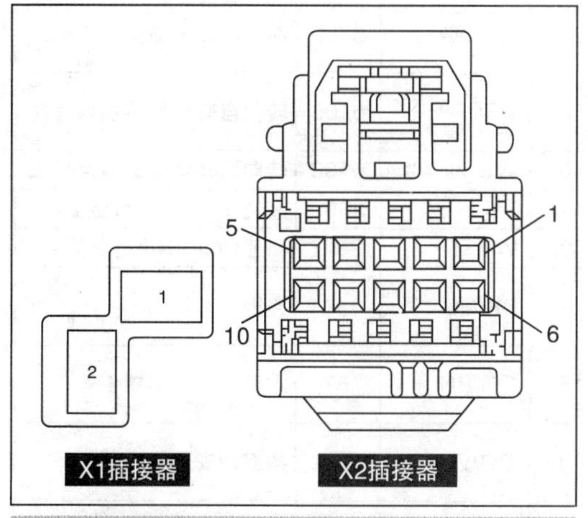


图2-7 英朗轿车动力转向系统控制模块针脚分布

表2-7 英朗轿车动力转向系统控制模块针脚

| 针脚 | 导线颜色 | 电路 | 功能 |
|---|---|---|---|
| X1插接器 | | | |
| 1 | RD/GY | 2840 | 动力转向控制模块电源 |
| 2 | BK | 1150 | 接地 |
| X2插接器 | | | |
| 1 | WH/DBU | 5986 | 通信启用信号 |
| 2 | DBU | 2500 | 高速GMLAN串行数据1+ |
| 3 | WH | 2501 | 高速GMLAN串行数据1− |
| 7 | DBU | 2500 | 高速GMLAN串行数据2+ |
| 8 | WH | 2501 | 高速GMLAN串行数据2− |
| 注 | 编号4~6、9、10的针脚未使用 | | |

## 八、SRS

英朗轿车SRS控制单元位于仪表板下方，其针脚分布如图2-8所示，针脚说明见表2-8。

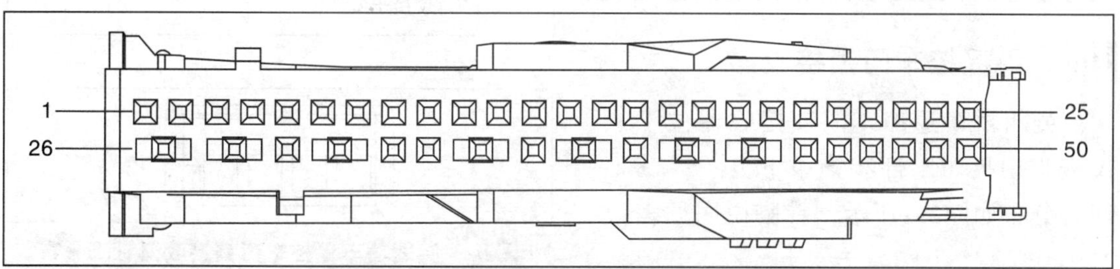


图2-8 英朗轿车SRS控制单元针脚分布

表2-8 英朗轿车SRS控制单元针脚说明

| 针脚 | 导线颜色 | 电路 | 功能 | 针脚 | 导线颜色 | 电路 | 功能 |
|---|---|---|---|---|---|---|---|
| 1 | OG/DGN | 3023 | 驾驶人侧安全气囊控制电平高 | 6 | BN/OG | 2119 | 驾驶人座椅安全带固定点预张紧器信号低 |
| 2 | WH/OG | 3022 | 驾驶人侧安全气囊控制电平低 | 7 | OG/GY | 2117 | 乘客座椅安全带固定点预张紧器信号低 |
| 3 | OG/WH | 3024 | 乘客侧安全气囊控制电平低 | 8 | BU/OG | 2116 | 乘客座椅安全带固定点预张紧器信号高 |
| 4 | YE/OG | 3025 | 乘客侧安全气囊控制电平高 | 9 | OG/DBU | 3068 | 驾驶人侧侧面安全气囊控制电平高 |
| 5 | OG/YE | 2118 | 驾驶人座椅安全带固定点预张紧器信号高 | 10 | GN/OG | 3069 | 驾驶人侧侧面安全气囊控制电平低 |

（续）

| 针脚 | 导线颜色 | 电路 | 功能 |
|---|---|---|---|
| 11* | BN/OG | 3067 | 乘客侧侧面安全气囊控制电平低 |
| 12* | OG/GY | 3066 | 乘客侧侧面安全气囊控制电平高 |
| 13* | OG/YE | 3481 | 驾驶人座椅安全带固定点预张紧器信号高 |
| 14* | YE/OG | 3482 | 驾驶人座椅安全带固定点预张紧器信号低 |
| 15* | GY/OG | 3480 | 乘客座椅安全带固定点预张紧器信号低 |
| 16* | OG/BN | 3479 | 乘客座椅安全带固定点预张紧器信号高 |
| 25 | WH/DBU | 5986 | 通信启用信号 |
| 30* | BN/OG | 2134 | 右侧碰撞传感器信号 |
| 31* | BK/OG | 6629 | 右侧碰撞传感器接地 |
| 32* | OG/GN | 2132 | 左侧碰撞传感器信号 |
| 33* | BK/OG | 6628 | 左侧碰撞传感器接地 |
| 36* | OG/LGN | 1409 | 前碰撞传感器信号 |
| 37* | BK/OG | 5600 | 前碰撞传感器接地 |
| 39 | DBU/YE | 6105 | 转向盘转角传感器信号高 |
| 40 | WH | 6106 | 转向盘转角传感器信号低 |
| 42 | BU | 2500 | 高速GMLAN串行数据+ |
| 43 | WH | 2501 | 高速GMLAN串行数据- |
| 44* | BK/OG | 1361 | 接地 |
| 45* | OG/BN | 7571 | 乘客感知传感器信号 |
| 46* | OG/VT | 1362 | 乘客侧安全带开关信号 |
| 47 | OG/BN | 238 | 驾驶人侧安全带开关信号 |
| 49 | BK | 1250 | 接地 |
| 50 | VT/WH | 1139 | 模块电源 |
| 注 | 1. 编号17~24、26~29、34、35、38、41、48的针脚未使用<br>2. *仅用于AJ7 | | |

## 九、遥控车门锁接收器

英朗轿车遥控车门锁接收器位于仪表板中央（上部装饰条下方），其针脚分布如图2-9所示，针脚说明见表2-9。

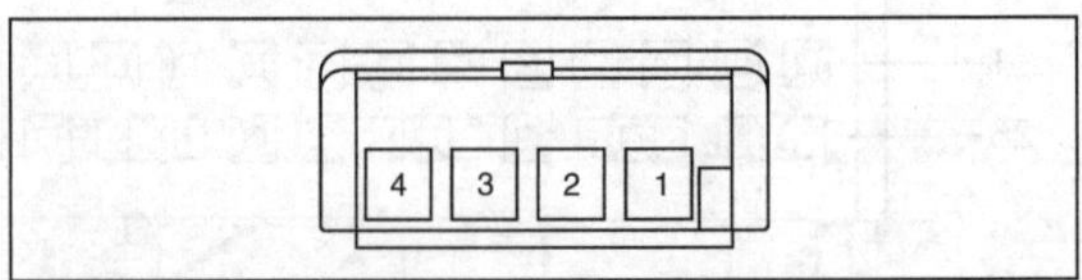


图2-9 英朗轿车遥控车门锁接收器针脚分布

表2-9 英朗轿车遥控车门锁接收器针脚说明

| 针脚 | 导线颜色 | 电路 | 功能 |
|---|---|---|---|
| 1 | RD/WH | 1040 | 遥控车门锁接收器电源 |
| 2 | — | — | 未使用 |
| 3 | GY/WH | 3272 | 遥控车门锁接收器信号输出 |
| 4 | GY/GN | 3271 | 接地 |

## 十、安全防盗系统

英朗轿车安全防盗系统控制模块位于转向柱后侧（点火锁芯周围），其针脚分布如图2-10所示，针脚说明见表2-10。

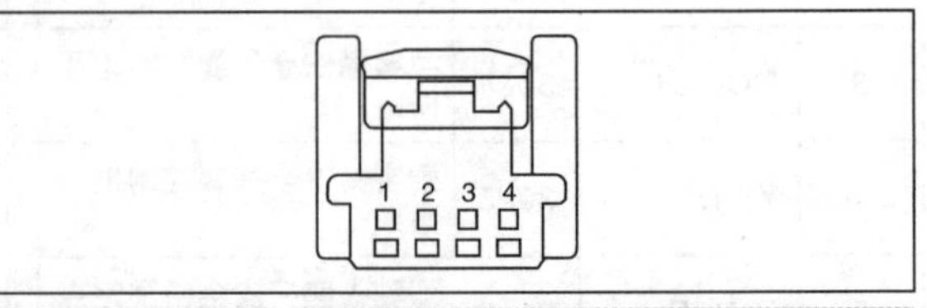


图2-10 英朗轿车安全防盗系统控制模块针脚分布

**表2-10 英朗轿车安全防盗系统控制模块针脚说明**

| 针脚 | 导线颜色 | 电路 | 功能 |
|---|---|---|---|
| 1 | GY/BK | 3276 | 安全防盗系统控制模块 |
| 2 | — | — | 未使用 |
| 3 | — | — | 未使用 |
| 4 | GN/GY | 3277 | 安全防盗控制模块接地 |

## 十一、驻车辅助系统

英朗轿车驻车辅助系统控制模块针脚分布如图2-11所示，针脚说明见表2-11。

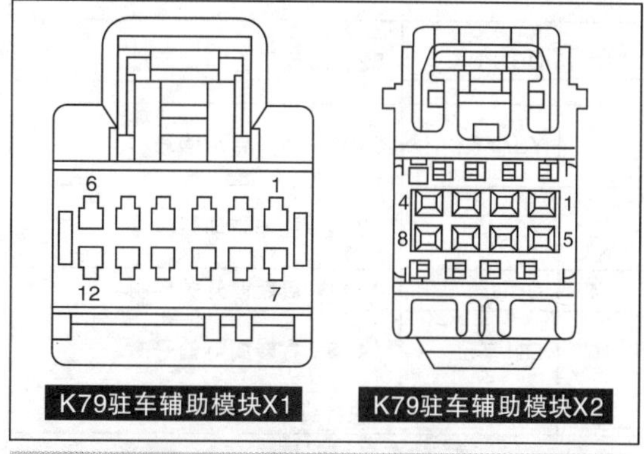


图2-11 英朗轿车驻车辅助系统控制模块针脚分布

**表2-11 英朗轿车驻车辅助系统控制模块针脚说明**

| 针脚 | 导线颜色 | 电路 | 功能 |
|---|---|---|---|
| K79驻车辅助模块X1 | | | |
| 1 | RD/DBU | 4540 | 驻车辅助模块电源 |
| 2 | WH/DBU | 5986 | 通信启用信号 |
| 5 | DBU | 2500 | 高速GMLAN串行数据1+ |
| 6 | DBU | 2500 | 高速GMLAN串行数据2+ |
| 7 | BK | 750 | 接地 |
| 11 | WH | 2501 | 高速GMLAN串行数据2– |
| 12 | WH | 2501 | 高速GMLAN串行数据1– |
| 注 | 编号3、4、8～10的针脚未使用 | | |
| K79驻车辅助模块X2 | | | |
| 1 | YE | 2375 | 车后左驻车辅助传感器信号 |
| 3 | YE/BU | 2376 | 车后左中驻车辅助传感器信号 |
| 4 | BN/WH | 2374 | 驻车辅助传感器电源 |
| 5 | YE/VT | 2378 | 车后右驻车传感器信号 |
| 7 | YE/WH | 2377 | 车后右中驻车传感器信号 |
| 8 | BK/GY | 2379 | 接地 |
| 注 | 编号2、6的针脚未使用 | | |

## 十二、车身控制模块

英朗轿车车身控制模块位于仪表板左后下方，其针脚分布如图2-12所示，针脚说明见表2-12。

**表2-12 英朗轿车车身控制模块针脚说明**

| 针脚 | 导线颜色 | 电路 | 功能 |
|---|---|---|---|
| K9车身控制模块X1 | | | |
| 1 | BK | 150 | 接地 |
| 2 | GY/BK | 3276 | 安全防盗模块控制 |
| 3 | GN/GY | 3277 | 安全防盗模块接地 |
| 4 | BN/VT | 5486 | 起动继电器控制 |

（续）

| 针脚 | 导线颜色 | 电路 | 功能 |
|---|---|---|---|
| 5 | GN | 1110 | 自起停开关LED灯控制 |
| 6 | GY | 728 | 安全指示灯 |
| 8 | VT | 272 | 自起停系统状态信号 |
| 9 | BN/BK | 5270 | 附件电源LED灯 |
| 10 | DBU/BK | 5219 | 运行起动指示灯 |
| 11 | YE/VT | 3830 | 通信启用信号 |
| 12 | YE/WH | 33 | 驻车制动器信号 |
| 14 | DBU | 1111 | 自起停开关控制 |
| 15 | GN/VT | 1415 | 右转向灯信号 |
| 注 | 编号7、13、16的针脚未使用 | | |
| K9车身控制模块X2 | | | |
| 1 | WH | 1200 | 远光灯信号 |
| 2 | GN/WH | 1932 | 转向柱锁止换档位置信号 |
| 3 | YE | 10 | 前照灯开关信号 |
| 4 | BN | 1356 | 超车灯信号 |
| 5 | PN | 991 | 危险警报灯开关信号 |
| 6 | DGN/GY | 13 | 驻车灯信号 |
| 7 | VT/YE | 43 | 附件电压信号 |
| 8 | YE/BN | 5 | 起动信号 |
| 9 | BN/DGN | 196 | 刮水器停止信号 |
| 12 | BU/WH | 1414 | 左转向灯信号 |
| 15 | BN/GY | 80 | 点火钥匙捕获信号 |
| 16 | BU/VT | 1788 | 稳定性控制开关信号 |
| 17 | VT/WH | 1939 | 运行起动信号 |
| 18 | BN/WH | 66 | 空调压缩机启用请求信号 |
| 19 | WH/BK | 94 | 风窗玻璃清洗泵开关信号 |
| 20 | GY | 1715 | 刮水器关闭信号 |
| 注 | 编号10、11、13、14的针脚未使用 | | |

| 针脚 | 导线颜色 | 电路 | 功能 |
|---|---|---|---|
| K9车身控制模块X3 | | | |
| 1 | YE | 7556 | 远光灯信号 |
| 3 | BN/DGN | 109 | 发动机舱盖开关信号 |
| 5 | BU/YE | 5361 | 制动踏板位置传感器信号 |
| 6 | WH | 5359 | 制动踏板位置传感器电源电压 |
| 7 | BK/BN | 5360 | 制动踏板位置传感器接地 |
| 8 | GY/WH | 3272 | 遥控车门锁传送信号 |
| 9 | WH | 2501 | 高速GMLAN串行数据2– |
| 10 | BU | 2500 | 高速GMLAN串行数据2+ |
| 11 | BU/DGN | 5723 | 自起停开关信号 |
| 12 | GY/WH | 955 | 前照灯开关控制 |
| 13 | DBU/YE | 6985 | 刮水器间隔开关控制 |
| 14 | GY | 6137 | 蒸发器温度传感器信号 |
| 15 | BN/GN | 1884 | 左转向盘控制开关信号 |
| 16 | VT/YE | 5526 | 驻车锁止电磁阀控制 |
| 17 | BK/GY | 6138 | 接地 |
| 18 | GN/BN | 6132 | 蓄电池电流传感器信号 |
| 19 | WH | 2501 | 高速GMLAN串行数据1– |
| 20 | BU | 2500 | 高速GMLAN串行数据1+ |
| 注 | 编号2、4的针脚未使用 | | |
| K9车身控制模块X4 | | | |
| 1 | VT/YE | 843 | 附件电源信号2 |
| 3 | VT/BK | 7553 | 驻车锁止电磁阀控制 |
| 4 | VT/BN | 6136 | 顶灯控制 |

（续）

| 针脚 | 导线颜色 | 电路 | 功能 |
|---|---|---|---|
| 5 | GN/WH | 24 | 倒车灯控制 |
| 6 | YE | 1491 | LED背景变光灯控制 |
| 7 | GN/YE | 262 | 驾驶人车门钥匙捕获信号 |
| 8 | GN/VT | 957 | 车身控制模块电源 |
| 9 | WH | 7063 | 高位停车灯控制 |
| 10 | GN/VT | 15 | 右侧转向灯控制 |
| 11 | GN/VT | 5199 | 起动信号 |
| 12 | VT/YE | 43 | 附件电源信号1 |
| 13 | WH/BN | 1034 | 巡航/电子节气门控制/变矩器离合器制动信号 |
| 14 | LGN/GY | 737 | 行李箱盖微开开关信号 |
| 15 | BN/WH | 781 | 驾驶人车门解锁信号 |
| 16 | BN/WH | 780 | 驾驶人车门锁止信号 |
| 17 | WH/GY | 49 | 驾驶人车门微开开关信号 |
| 18 | GY | 745 | 乘客侧车门微开开关信号 |
| 20 | DBU/GY | 383 | 行李箱盖解锁信号 |
| 注 | 编号2、19的针脚未使用 | | |
| K9车身控制模块X5 | | | |
| 1 | BN/VT | 56 | 行李箱锁闩释放执行器控制 |
| 2 | GY/WH | 149 | 顶灯控制 |
| 3 | YE/GY | 122 | 左前雾灯控制 |
| 5 | GN/GY | 9 | 驻车灯与牌照灯控制 |
| 6 | BU/WH | 14 | 左转向灯控制 |

| 针脚 | 导线颜色 | 电路 | 功能 |
|---|---|---|---|
| 7 | WH | 7063 | 停车灯控制 |
| 10 | WH/BU | 5986 | 通信启用信号 |
| 12 | BU | 6848 | 刮水器继电器线圈控制 |
| 15 | BN/WH | 28 | 喇叭继电器线圈控制 |
| 17 | BN/VT | 1969 | 远光灯继电器线圈控制 |
| 18 | GY/VT | 691 | 近光灯继电器线圈空控制 |
| 20 | GY/BU | 5722 | 自动起停开关LED灯 |
| 注 | 编号4、8、9、11、13、14、16、19的针脚未使用 | | |
| K9车身控制模块X6 | | | |
| 1 | GY/BU | 7538 | 左日间行车灯控制 |
| 2 | BU/BN | 7539 | 右日间行车灯控制 |
| 3 | BK/WH | 651 | 接地 |
| 4 | RD/WH | 1040 | 蓄电池电压 |
| 5 | GY | 295 | 车门锁止信号 |
| 6 | BN | 294 | 车门解锁信号 |
| 7 | RD/BK | 3240 | 蓄电池电压 |
| 8 | BK | 1350 | 接地 |
| 9 | RD/WH | 3440 | 蓄电池电压 |
| 10 | RD/WH | 1340 | 蓄电池电压 |

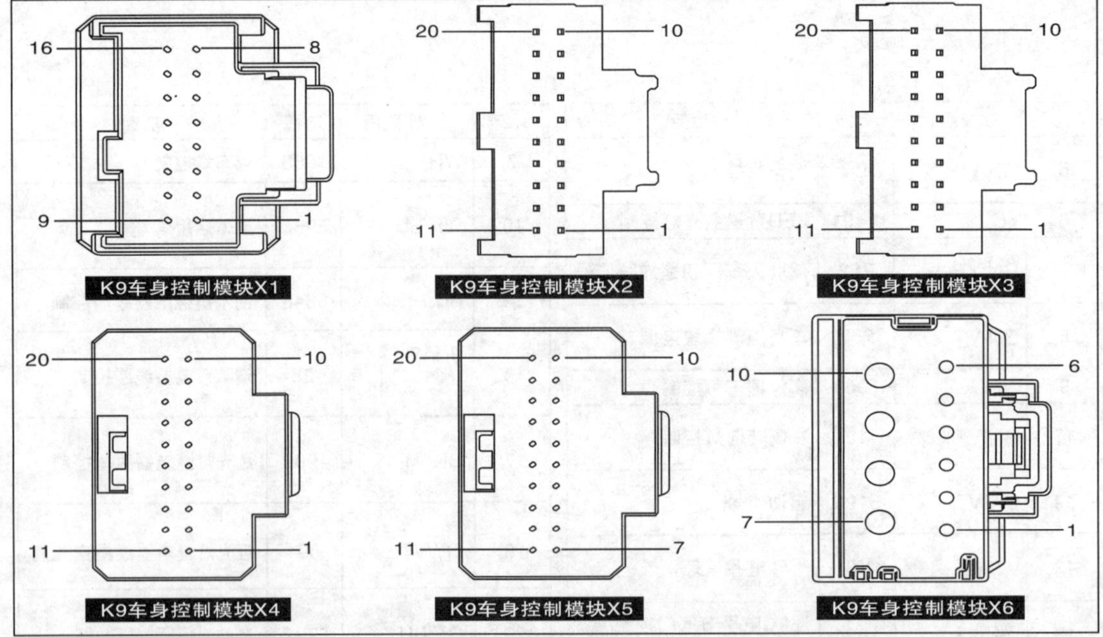


图2-12 英朗轿车车身控制模块针脚分布

## 十三、组合仪表

英朗轿车组合仪表控制模块针脚分布如图2-13所示，针脚说明见表2-13。

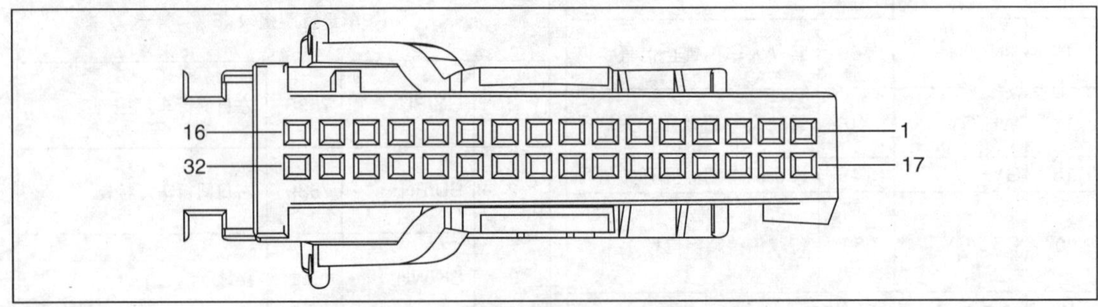


图2-13 英朗轿车组合仪表控制模块针脚分布

表2-13 英朗轿车组合仪表控制模块针脚说明

| 针脚 | 导线颜色 | 电路 | 功能 | 针脚 | 导线颜色 | 电路 | 功能 |
|---|---|---|---|---|---|---|---|
| 5 | VT/BK | 739 | 运行起动电压 | 13 | GY/DBU | 893 | 多功能开关高电平参考信号 |
| 6 | RD/WH | 1040 | 蓄电池电压 | 14 | GN/WH | 1358 | 多功能开关信号 |
| 7 | BK/WH | 651 | 接地 | 15 | BK/BN | 897 | 多功能开关接地 |
| 8 | WH | 2501 | 高速GMLAN串行数据1- | 19 | BN/WH | 419 | 发动机自检信号 |
| 9 | BU | 2500 | 高速GMLAN串行数据1+ | | | | |
| 11 | BU/GY | 636 | 外部温度传感器信号 | 24 | WH | 2501 | 高速GMLAN串行数据2- |
| | | | | 25 | BU | 2500 | 高速GMLAN串行数据2+ |
| 12 | BK/DBU | 61 | 外部温度传感器接地 | 27 | BK/BN | 1798 | 自起停开关信号接地 |

（续）

| 针脚 | 导线颜色 | 电路 | 功能 |
|---|---|---|---|
| 28 | GN/YE | 5724 | 自动起停开关信号 |
| 29 | VT/BK | 3 | 运行起动电压信号 |
| 30 | VT/YE | 4 | 附件电压信号 |
| 31 | GY | 728 | 安全指示灯 |
| 32 | YE/VT | 3830 | 通信启用信号 |
| 注 | 编号1~4、10、16~18、20~23、26的针脚未使用 | | |

# 第二节 别克昂科威（2016~2018年款）

## 一、1.5T LFV发动机

昂科威1.5T LFV发动机控制单元位于发动机舱左侧、蓄电池右侧位置，其针脚分布如图2-14所示，针脚说明见表2-14。

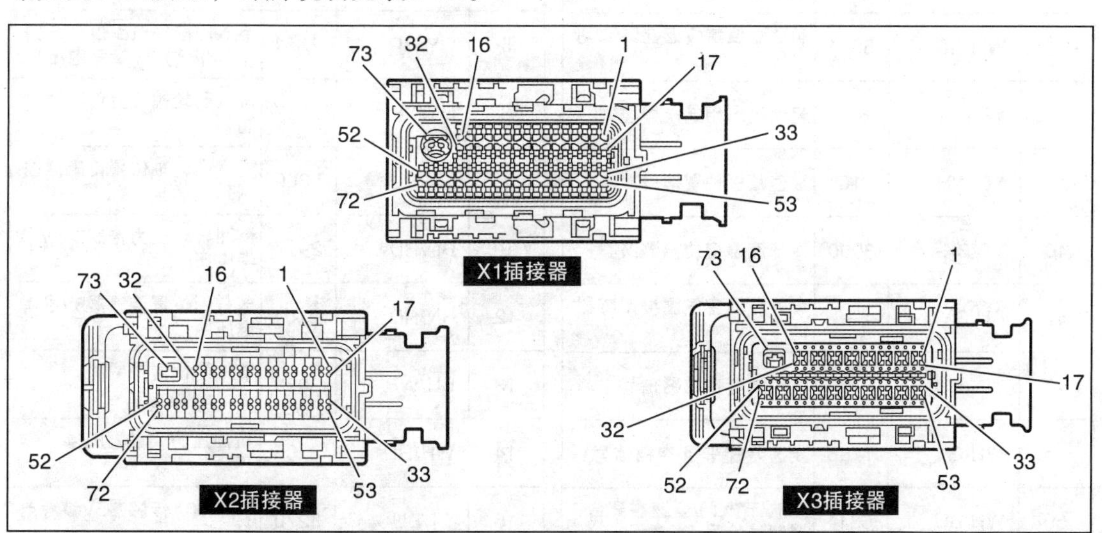


图2-14 昂科威1.5T LFV发动机控制单元针脚分布

表2-14 昂科威1.5T LFV发动机控制单元针脚说明

| 针脚 | 导线颜色 | 电路 | 功能 |
|---|---|---|---|
| X1插接器 | | | |
| 7 | WH | 7494 | 高速GMLAN串行数据3- |
| 8 | BU/BK | 7493 | 高速GMLAN串行数据3+ |
| 9 | BU | 2500 | 高速GMLAN串行数据1+ |
| 10 | WH | 2501 | 高速GMLAN串行数据1- |
| 11 | BN/RD | 1274 | 加速踏板位置5V参考电压2 |
| 12 | WH/RD | 1164 | 加速踏板位置5V参考电压1 |
| 13 | VT/YE | 5985 | 附件唤醒串行数据 |
| 14 | VT/GN | 439 | 运行/起动点火1电压 |
| 15 | RD/WH | 140 | 蓄电池正极电压 |

（续）

| 针脚 | 导线颜色 | 电路 | 功能 |
|---|---|---|---|
| 16 | VT/BU | 5292 | 动力总成主继电器熔断器电源3 |
| 17 | YE | 5530 | 发动机舱盖打开开关信号 |
| 18 | GY/RD | 3053 | 涡轮进气压力传感器高电平参考电压（缸组1） |
| 25 | BK/YE | 5382 | 制动器位置传感器低电平参考电压 |
| 27 | BK/VT | 1272 | 加速踏板位置低电平参考电压2 |
| 28 | BK/BU | 1271 | 加速踏板位置低电平参考电压1 |
| 33 | GN/WH | 1162 | 加速踏板位置信号2 |
| 34 | GN/WH | 492 | 空气流量传感器信号 |
| 37 | BN/RD | 2700 | 空调压力传感器5V参考电压 |
| 41 | WH/RD | 5381 | 制动器位置传感器5V参考电压 |
| 44 | YE/BK | 625 | 起动机启用继电器控制 |
| 45 | YE/WH | 1161 | 加速踏板位置信号 |
| 46 | YE/BK | 3000 | 冷却液温度传感器2信号 |
| 47 | BU/GY | 636 | 车外环境空气温度传感器信号 |
| 48 | WH/BU | 6289 | 进气温度传感器信号 |
| 49 | WH/GY | 1786 | 变速器驻车档/空档信号1 |
| 50 | WH/BU | 6311 | 巡航/节气门/变速器离合器制动信号 |
| 51 | VT/BU | 5291 | 动力总成主继电器熔断器电源 |
| 52 | WH/BK | 2366 | 冷却风扇控制继电器速度信号 |
| 54 | WH/GY | 459 | 空调压缩机离合器继电器控制 |
| 57 | GN | 380 | 空调制冷剂压力传感器信号 |
| 60 | BN/GY | 4008 | 湿度传感器信号 |
| 61 | WH/GN | 5380 | 制动器位置传感器信号 |
| 64 | GY | 5660 | 燃油泵控制器数据输出信号 |
| 67 | YE | 5991 | 动力总成继电器线圈控制 |
| 69 | BU | 6814 | 发动机冷却系统节温器控制 |
| 70 | YE/VT | 4325 | 起动机小齿轮电磁线圈继电器控制 |
| 73 | VT/BU | 5290 | 动力总成主继电器熔断器电源1 |
| 注 | 编号1~6、19~24、26、29~32、35、36、38~40、42、43、53、55、56、58、59、62、63、65、66、68、71、72的针脚未使用 | | |
| X2插接器 | | | |
| 2 | BU | 410 | 发动机冷却液温度传感器信号 |
| 4 | BN/RD | 7445 | 燃油管路压力传感器5V参考电压 |
| 5 | GY/RD | 7331 | 节气门前空气温度和压力（TMAP）5V参考电压 |
| 6 | GY/YE | 5297 | 排气凸轮轴位置传感器控制1 |
| 7 | GY/BU | 5300 | 进气凸轮轴位置传感器控制1 |
| 9 | BN/RD | 2917 | 燃油导轨压力传感器5V参考电压 |
| 12 | BN/RD | 2701 | 节气门位置传感器5V参考电压 |
| 13 | BU/WH | 3630 | 节气门位置传感器（SENT1）信号 |
| 14 | WH/RD | 2705 | 机油压力传感器5V参考电压 |
| 15 | VT/BU | 6270 | 曲轴60X传感器5V参考电压 |
| 20 | BU/WH | 7446 | 燃油管路压力传感器信号 |
| 21 | BK/VT | 7332 | 节气门前空气温度和压力（TMAP）低电平参考电压 |
| 22 | BK/GY | 5296 | 排气凸轮轴位置传感器低电平参考电压1 |
| 23 | BK/GN | 5301 | 进气凸轮轴位置传感器低电平参考电压1 |
| 25 | BK/GN | 2919 | 燃油导轨压力传感器低电平参考电压 |
| 26 | BU/WH | 2918 | 燃油导轨压力传感器信号 |

（续）

| 针脚 | 导线颜色 | 电路 | 功能 |
|---|---|---|---|
| 28 | BK/BN | 2752 | 节气门位置传感器低电平参考电压 |
| 29 | YE/BN | 331 | 机油压力传感器信号 |
| 30 | BK/VT | 2755 | 机油压力传感器低电平参考电压 |
| 31 | BK/VT | 6272 | 曲轴60X传感器低电平参考电压 |
| 32 | GN | 3060 | 涡轮旁通电磁阀控制，缸组1 |
| 33 | WH/BK | 3111 | 加热型氧传感器低电平信号，缸组1传感器1 |
| 34 | WH/YE | 3121 | 加热型氧传感器低电平信号，缸组1传感器2 |
| 36 | BK/VT | 6754 | 凸轮轴移相器X低电平参考电压 |
| 37 | BK/BN | 6753 | 凸轮轴移相器W低电平参考电压 |
| 38 | VT/BK | 5273 | 排气凸轮轴位置传感器1 |
| 39 | YE/VT | 5275 | 进气凸轮轴位置传感器1 |
| 40 | GN | 6271 | 曲轴60X传感器信号 |
| 42 | VT/BU | 6091 | 曲轴位置传感器复制信号 |
| 43 | BK/WH | 2051 | 信号接地 |
| 44 | BK/BU | 2129 | 点火控制低电平参考电压，缸组1 |
| 45 | GN/BU | 2123 | 点火控制3 |
| 46 | BU/VT | 2121 | 点火控制1 |
| 48 | BU | 4802 | 直接喷油器（DFI）高电压控制–气缸2 |
| 49 | GY/BU | 4804 | 直接喷油器（DFI）高电压控制–气缸4 |
| 50 | GN | 4803 | 直接喷油器（DFI）高电压控制–气缸3 |
| 51 | BN | 4801 | 直接喷油器（DFI）高电压控制–气缸1 |
| 52 | YE | 581 | 节气门执行器控制开启 |
| 53 | PU/GY | 3110 | 加热型氧传感器高电平信号，缸组1传感器1 |

| 针脚 | 导线颜色 | 电路 | 功能 |
|---|---|---|---|
| 54 | VT/BU | 3120 | 加热型氧传感器高电平信号，缸组1传感器2 |
| 56 | GY/BU | 5282 | 排气凸轮轴相位器电磁线圈1 |
| 57 | VT/BN | 5284 | 进气凸轮轴相位器电磁线圈1 |
| 60 | GY/WH | 3122 | 加热型氧传感器加热器低电平控制，缸组1传感器2 |
| 61 | GY/WH | 3113 | 加热型氧传感器加热器低电平控制，缸组1传感器1 |
| 63 | BN/YE | 258 | 排气泄压电磁阀控制 |
| 64 | BU | 179 | 机油泵指令信号 |
| 65 | BU/WH | 2122 | 点火控制2 |
| 66 | YE/BU | 2124 | 点火控制4 |
| 68 | BU/GY | 4902 | 直接喷油器（DFI）高压电源–气缸2 |
| 69 | BU/WH | 4904 | 直接喷油器（DFI）高压电源–气缸4 |
| 70 | GN/GY | 4903 | 直接喷油器（DFI）高压电源–气缸3 |
| 71 | BN/WH | 4901 | 直接喷油器（DFI）高压电源–气缸1 |
| 72 | BN/WH | 582 | 节气门执行器控制关闭 |
| 73 | BK/WH | 151 | 信号接地 |
| 注 | 编号1、3、8、10、11、16～19、24、27、35、41、47、55、58、59、62、67未使用 | | |
| X3插接器 | | | |
| 4 | GN/BU | 428 | 蒸发排放炭罐吹洗电磁阀控制 |
| 14 | WH/RD | 3201 | 节气门进口绝对压力传感器5V参考电压 |
| 15 | YE/RD | 6031 | 制动真空传感器5V参考电压 |
| 16 | VT/BU | 5293 | 动力总成主继电器熔断器电源（4） |
| 18 | BN | 25 | 充电指示灯控制 |
| 19 | GY | 23 | 发电机磁场占空比信号 |
| 20 | BK/WH | 2151 | 信号接地 |

（续）

| 针脚 | 导线颜色 | 电路 | 功能 | 针脚 | 导线颜色 | 电路 | 功能 |
|---|---|---|---|---|---|---|---|
| 30 | WH/YE | 3202 | 节气门进口绝对压力传感器5V电压回路 | 52 | VT/BK | 7300 | 高压燃油泵执行器低电平控制 |
| 40 | PU/BU | 7330 | 节气门前空气温度和压力（TMAP）空气压力信号 | 55 | GN/VT | 4621 | 局域互联网串行数据总线21 |
| 43 | BU/VT | 1589 | 主燃油油位传感器信号 | 61 | BK/YE | 1716 | 爆燃传感器低电平参考电压1 |
| 44 | BU/WH | 1937 | 辅助燃油油位传感器信号 | 62 | VT/GY | 496 | 爆燃传感器信号1 |
| 46 | YE/WH | 3200 | 节气门进气绝对压力传感器信号 | 72 | YE | 7301 | 高压燃油泵执行器高电平控制 |
| 47 | WH/BU | 7329 | 节气门前空气温度和压力（TMAP）温度信号 | 73 | BK/WH | 151 | 信号接地 |
| 48 | YE | 3054 | 涡轮增压器进气压力传感器信号缸组1 | 注 | 编号1~3、5~13、17、21~29、31~39、41、42、45、49~51、53、54、56~60、63~71的针脚未使用 | | |

## 二、2.0T LTG发动机

昂科威2.0T LTG发动机控制单元安装位置及针脚分布与1.5T LFV相同，针脚分布参考图2-14，针脚说明见表2-15。

**表2-15 昂科威2.0T LTG发动机控制单元针脚说明**

| 针脚 | 导线颜色 | 电路 | 功能 | 针脚 | 导线颜色 | 电路 | 功能 |
|---|---|---|---|---|---|---|---|
| X1插接器 | | | | 61 | — | — | 未使用 |
| 32 | YE/VT | 6030 | 制动真空传感器信号 | X3插接器 | | | |
| 38 | GY | 4109 | 驾驶人模式开关5V参考电压 | 1 | GY/WH | 3113 | 加热型氧传感器加热器低电平控制，缸组1传感器1 |
| 46 | — | — | 未使用 | 8 | YE/RD | 2709 | 燃油箱压力传感器5V参考电压 |
| 58 | WH/VT | 4108 | 驾驶人模式开关信号 | 14 | GY/RD | 7331 | 节气门前空气温度和压力（TMAP）5V参考电压 |
| 65 | WH | 1310 | 蒸发排放炭罐通风电磁阀控制 | 17 | WH/GY | 4578 | 缓冲蓄能器电磁阀低电平侧控制 |
| 66 | GY | 5127 | 沸腾后加热器继电器控制 | 30 | BK/VT | 7332 | 节气门前空气温度和压力（TMAP）低电平参考电压 |
| 69 | — | — | 未使用 | | | | |
| 71 | BN/WH | 419 | 检查发动机指示灯控制 | 35 | GN | 6935 | 加热型氧传感器电流调节信号 |
| X2插接器 | | | | 36 | YE/GY | 6936 | 加热型氧传感器收集器信号 |
| 5 | GY/RD | 2704 | 进气歧管绝对压力传感器5V参考电压 | 37 | BN/WH | 6933 | 加热型氧传感器电流泵信号 |
| 21 | BK/GN | 469 | 进气歧管绝对压力传感器低电平参考电压 | 38 | BN | 6934 | 加热型氧传感器接地 |
| 33 | — | — | 未使用 | 40 | GN/WH | 432 | 进气歧管绝对压力传感器信号 |
| 53 | — | — | 未使用 | | | | |

（续）

| 针脚 | 导线颜色 | 电路 | 功能 | 针脚 | 导线颜色 | 电路 | 功能 |
|---|---|---|---|---|---|---|---|
| 41 | BN/GN | 1174 | 机油油位开关信号 | 60 | WH/GY | 1876 | 爆燃传感器信号2 |
| 46 | VT/BU | 7330 | 节气门前空气温度和压力（TMAP）空气压力信号 | 68 | BU/WH | 890 | 燃油箱压力传感器信号 |
| 47 | BN | 7348 | 进气温度传感器2信号 | 注 | 其余针脚说明参考1.5T LFV发动机控制单元针脚说明表 | | |
| 59 | BK/GY | 2303 | 爆燃传感器低电平参考电压2 | | | | |

## 三、7T35自动变速器

昂科威7T35自动变速器控制单元位于自动变速器内，其针脚分布如图2-15所示，针脚说明“功能”栏可参考表2-3英朗轿车7T35自动变速器控制单元针脚说明。

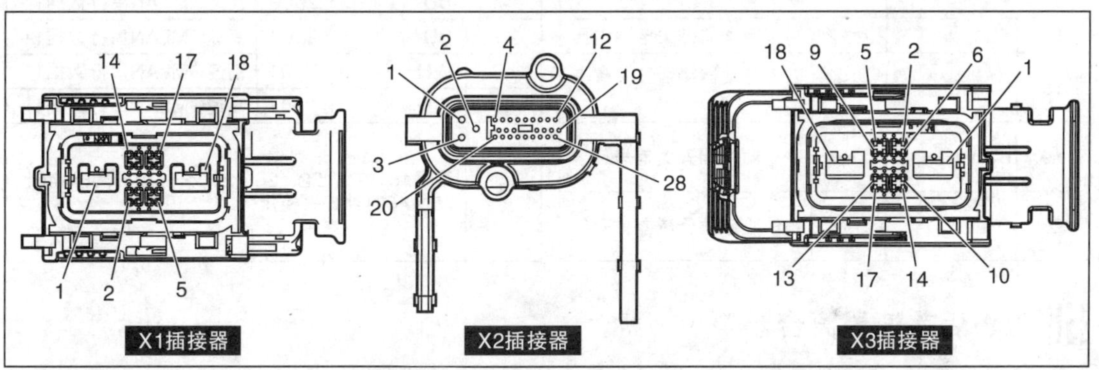


图2-15 昂科威7T35自动变速器控制单元针脚分布

## 四、电子制动系统

昂科威电子制动系统控制模块位于发动机舱左后侧，其针脚分布如图2-16所示，针脚说明见表2-16。

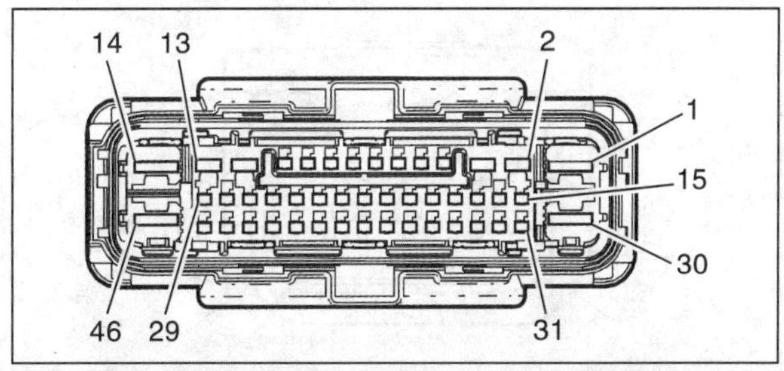


图2-16 昂科威电子制动控制模块针脚分布

表2-16 昂科威电子制动控制模块针脚说明

| 针脚 | 导线颜色 | 电路 | 功能 | 针脚 | 导线颜色 | 电路 | 功能 |
|---|---|---|---|---|---|---|---|
| 1 | RD/VT | 340 | 蓄电池正极电压 | 4 | YE | 872 | 右前轮速传感器信号 |
| 2 | GN/VT | 1988 | 右后驻车制动电机接合控制 | 5 | GY/BN | 7065 | 右前侧轮速传感器控制 |
| 3 | GY | 4368 | 右后驻车制动电机低电平参考电压 | 6 | BU | 884 | 左后轮速传感器信号 |
| | | | | 7 | GY/BK | 7127 | 左后侧轮速传感器控制 |

（续）

| 针脚 | 导线颜色 | 电路 | 功能 |
|---|---|---|---|
| 8 | GY | 830 | 左前轮速传感器信号 |
| 9 | GY/WH | 7064 | 左前侧轮速传感器控制 |
| 10 | VT | 882 | 右后轮速传感器信号 |
| 11 | GY/YE | 7128 | 右后侧轮速传感器控制 |
| 12 | GY/BK | 4369 | 左后驻车制动电动机低电平参考电压 |
| 13 | WH | 2001 | 左后驻车制动器电动机接合控制 |
| 14 | BK | 1450 | 接地 |
| 15 | GN/BN | 2087 | 组合式车辆惯性传感器电源电压 |
| 17 | YE | 1492 | 驻车制动器开关电源电压 |
| 18 | GY/RD | 7684 | 驻车制动器接合开关参考电压 |
| 19 | BU/VT | 1134 | 驻车制动器开关信号 |
| 20 | GN/GY | 333 | 制动液液位传感器信号 |

| 针脚 | 导线颜色 | 电路 | 功能 |
|---|---|---|---|
| 23 | BU/BK | 6108 | 驻车制动器释放开关信号 |
| 24 | BN | 6107 | 驻车制动器接合开关信号 |
| 25 | YE/RD | 7683 | 驻车制动器释放开关参考电压 |
| 30 | RD/WH | 342 | 蓄电池正极电压 |
| 32 | BU/YE | 6105 | 高速GMLAN串行数据2+ |
| 33 | WH | 6106 | 高速GMLAN串行数据2– |
| 35 | WH/BU | 5986 | 串行数据通信启用 |
| 41 | BU | 2500 | 高速GMLAN串行数据1+ |
| 42 | BU | 2500 | 高速GMLAN串行数据1+ |
| 43 | WH | 2501 | 高速GMLAN串行数据1– |
| 44 | WH | 2501 | 高速GMLAN串行数据1– |
| 注 | 编号16、21、22、26~29、31、34、36~40、45、46的针脚未使用 | | |

## 五、后差速器离合器

昂科威后差速器离合器控制模块（F46）位于驱动轴左侧，其针脚分布如图2-17所示，针脚说明见表2-17。

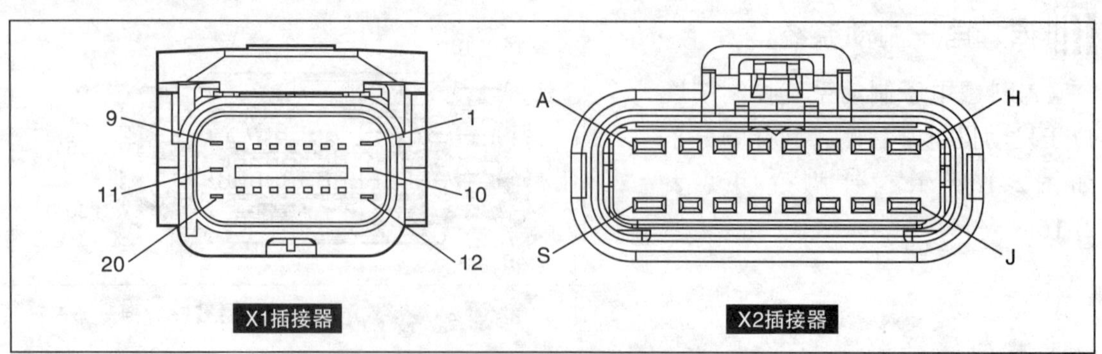


图2-17 昂科威后差速器离合器控制模块（F46）针脚分布

表2-17 昂科威后差速器离合器控制模块（F46）针脚说明

| 针脚 | 导线颜色 | 电路 | 功能 |
|---|---|---|---|
| X1插接器 | | | |
| 2 | GY/GN | 1561 | 全轮驱动指示灯控制 |
| 5 | WH | 6106 | 高速GMLAN串行数据2– |

| 针脚 | 导线颜色 | 电路 | 功能 |
|---|---|---|---|
| 6 | BU/YE | 6105 | 高速GMLAN串行数据2+ |
| 7 | WH | 2501 | 高速GMLAN串行数据1– |
| 8 | BU | 2500 | 高速GMLAN串行数据1+ |

（续）

| 针脚 | 导线颜色 | 电路 | 功能 |
| --- | --- | --- | --- |
| 9 | BK | 2550 | 接地 |
| 10 | RD/VT | 1940 | 蓄电池正极电压 |
| 11 | WH/BU | 5986 | 串行数据通信启用 |
| 16 | WH | 6106 | 高速GMLAN串行数据2– |
| 17 | BU/YE | 6105 | 高速GMLAN串行数据2+ |
| 18 | WH | 2501 | 高速GMLAN串行数据1– |
| 19 | BU | 2500 | 高速GMLAN串行数据1+ |
| 20 | RD/VT | 1640 | 蓄电池正极电压 |
| 注 | 编号1、3、4、12~15的针脚未使用 | | |
| X2插接器 | | | |
| A | RD/BK | – | 差速器离合器泵电动机相位V |
| B | BU/WH | – | 差速器离合器泵电动机霍尔传感器信号1 |
| C | BU/OG | – | 差速器离合器泵电动机霍尔传感器信号2 |
| D | BU | – | 差速器离合器泵电动机霍尔传感器信号3 |
| E | PU/WH | – | 差速器离合器泵电动机霍尔传感器供电电压 |
| F | PU | – | 差速器离合器泵电动机霍尔传感器低电压 |
| H | RD | – | 差速器离合器泵电动机相位W |
| J | RD/WH | – | 差速器离合器泵电动机相位U |
| P | WH/BK | – | 差速器离合器电磁阀2低电平控制信号 |
| R | WH/OG | – | 差速器离合器电磁阀1低电平控制信号 |
| S | WH | – | 差速器离合器电磁阀高电平控制信号 |
| 注 | 编号G、K~O的针脚未使用 | | |

## 六、悬架

昂科威悬架控制模块位于左后轮罩后面的装饰板下方，其针脚分布如图2-18所示，针脚说明见表2-18。

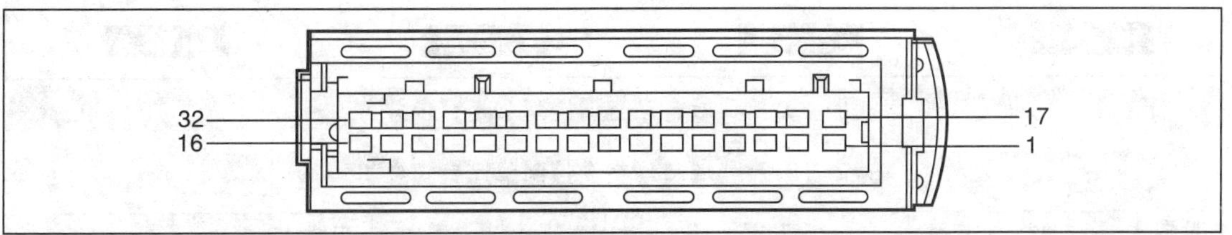


图2-18 昂科威悬架控制模块针脚分布

表2-18 昂科威悬架控制模块针脚说明

| 针脚 | 导线颜色 | 电路 | 功能 |
| --- | --- | --- | --- |
| 1 | RD/VT | 1940 | 蓄电池正极电压 |
| 2 | GN/GY | 1119 | 右后减振伺服控制 |
| 3 | BN/GN | 1118 | 右后减振伺服控制电源端 |
| 4 | BU/GY | 1114 | 左后减振伺服控制电源端 |
| 5 | GN/VT | 1115 | 左后减振伺服控制 |
| 6 | WH/BU | 5986 | 串行数据通信启用 |
| 7 | BN/RD | 1819 | 右前轮减振加速计5V参考电压 |
| 8 | BK/GN | 1105 | 右前轮减振加速计低电平参考电压 |
| 9 | YE/BN | 1103 | 左后轮减振加速计信号 |
| 10 | WH | 1100 | 左前轮减振加速计信号 |
| 11 | WH | 1106 | 右前轮减振加速计信号 |

（续）

| 针脚 | 导线颜色 | 电路 | 功能 |
|---|---|---|---|
| 12 | YE/RD | 1817 | 左前轮减振加速计5V参考电压 |
| 13 | BN | 1113 | 左前减振伺服控制电源端 |
| 14 | BK | 1107 | 左前减振伺服控制电源端 |
| 15 | BK | 1116 | 右前减振伺服控制电源端 |
| 16 | BN | 1117 | 右前减振伺服控制 |
| 18 | BK | 2350 | 接地 |
| 20 | BK/BN | 1099 | 左前轮减振加速计低电平参考电压 |
| 21 | BK/VT | 1833 | 左后轮减振加速计低电平参考电压 |
| 22 | BU | 2500 | 高速GMLAN串行数据1+ |
| 23 | BU | 2500 | 高速GMLAN串行数据1+ |
| 24 | WH | 2501 | 高速GMLAN 串行数据1− |
| 25 | WH | 2501 | 高速GMLAN 串行数据1− |
| 28 | BU/YE | 6105 | 高速GMLAN 串行数据2+ |
| 29 | BU/YE | 6105 | 高速GMLAN 串行数据2+ |
| 30 | WH | 6106 | 高速GMLAN 串行数据2− |
| 31 | WH | 6106 | 高速GMLAN 串行数据2− |
| 32 | VT/RD | 1818 | 左后轮减振加速计5V参考电压 |
| 注 | 编号17、19、26、27的针脚未使用 | | |

## 七、自动空调

昂科威自动空调控制单元位于仪表板右侧通风口上方，其针脚分布如图2-19所示，针脚说明见表2-19。

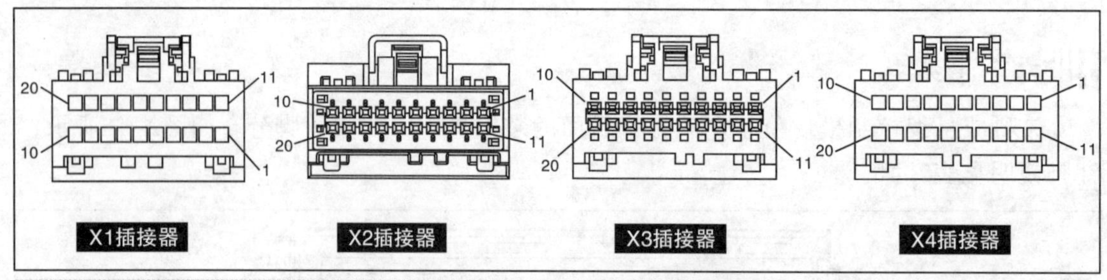


图2-19 昂科威自动空调控制单元针脚分布

表2-19 昂科威自动空调控制单元针脚说明

| 针脚 | 导线颜色 | 电路 | 功能 |
|---|---|---|---|
| X1插接器 | | | |
| 2 | GY/GN | 7565 | 风窗玻璃温度传感器信号 |
| 4 | BU | 734 | 内部空气温度传感器信号 |
| 5 | YE/BU | 3197 | 湿度温度传感器信号 |
| 6 | YE/RD | 597 | 5V参考电压 |
| 7 | BK/BU | 7566 | 湿度/风窗玻璃温度传感器低电平参考电压 |
| 12 | GY/BU | 7564 | 湿度传感器信号 |
| 13 | YE | 1120 | 日光传感器脉冲参考电压 |
| 14 | GY | 590 | 驾驶人侧日光传感器信号 |
| 20 | GN/WH | 1121 | 日光传感器组合信号 |
| 注 | 编号1、3、8～11、15～19的针脚未使用 | | |
| X2插接器 | | | |
| 1 | RD/GN | 742 | 蓄电池正极电压 |
| 2 | GN | 5060 | 低速GMLAN串行数据 |
| 3 | GN | 5060 | 低速GMLAN串行数据 |
| 4 | GN/YE | 7531 | 局域互联网串行数据总线9 |
| 8 | BK | 1650 | 接地 |
| 9 | VT/GN | 39 | 运行/起动点火1电压 |
| 10 | BU/BN | 7573 | 电动可变排量控制 |

（续）

| 针脚 | 导线颜色 | 电路 | 功能 |
|---|---|---|---|
| 11 | BU/GY | 7573 | 电动可变排量电源 |
| 15 | GN | 754 | 鼓风机电机转速控制 |
| 18 | GN | 7567 | 日光传感器低电平参考电压 |
| 19 | BN/VT | 193 | 后窗除雾继电器控制 |
| 注 | 编号5~7、12~14、16、17、20的针脚未使用 | | |
| X3插接器 | | | |
| 1 | GY/GN | 516 | 左上空气温度传感器信号 |
| 2 | YE | 3165 | 模式风门步进电动机控制1 |
| 3 | WH/RD | 3166 | 模式风门步进电动机控制2 |
| 4 | GY/BN | 3167 | 模式风门步进电动机控制3 |
| 5 | GN/WH | 3168 | 模式风门步进电动机控制4 |
| 9 | BK | 1791 | 低电平参考电压 |
| 11 | GN | 3169 | 温度风门步进电动机控制1 |
| 12 | WH/PK | 3170 | 温度风门步进电动机控制2 |
| 13 | GY/RD | 3171 | 温度风门步进电动机控制3 |
| 14 | RD/BK | 3172 | 温度风门步进电动机控制4 |
| 15 | OG | 7572 | HVAC电动机控制 |
| 16 | GY | 3173 | 进气口风门步进电动机控制1 |
| 17 | BU/WH | 3174 | 进气口风门步进电动机控制2 |
| 18 | BN/GN | 3175 | 进气口风门步进电动机控制3 |
| 19 | RD/GN | 3176 | 进气口风门步进电动机控制4 |
| 20 | BK/GY | 6137 | 蒸发排放芯温度传感器信号 |
| 注 | 编号6~8、10的针脚未使用 | | |
| X4插接器 | | | |
| 5 | WH | 3181 | 温度风门步进电动机乘客控制1 |
| 6 | VT/BU | 3182 | 温度风门步进电动机乘客控制2 |
| 7 | GY/WH | 3183 | 温度风门步进电动机乘客控制3 |
| 8 | YE/BU | 3184 | 温度风门步进电动机乘客控制4 |
| 9 | VT/GY | 517 | 右上空气温度传感器信号 |
| 11 | BU | 518 | 左下空气温度传感器信号 |
| 12 | WH/VT | 520 | 右下空气温度传感器信号 |
| 注 | 编号1~4、10、13~20的针脚未使用 | | |

## 八、动力转向系统

昂科威动力转向系统控制模块位于发动机舱内，其针脚分布如图2-20所示，针脚说明见表2-20。

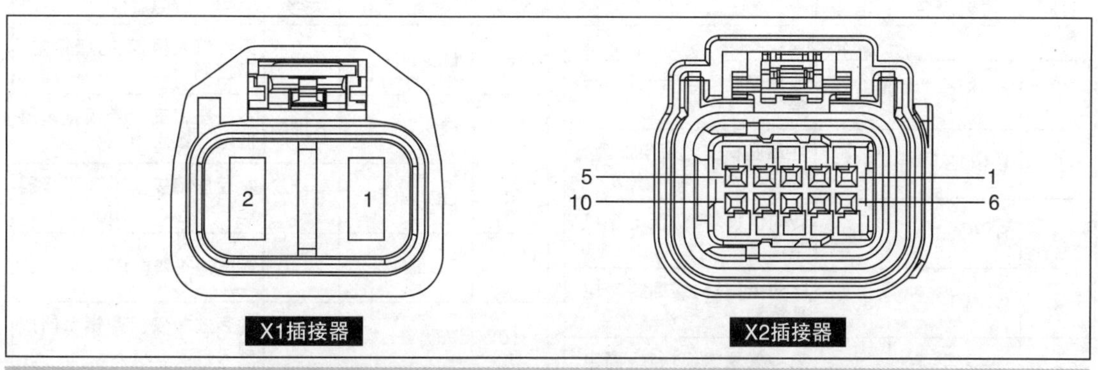


图2-20 昂科威动力转向系统控制模块针脚分布

表2-20 昂科威动力转向系统控制模块针脚说明

| 针脚 | 导线颜色 | 电路 | 功能 |
|---|---|---|---|
| X1插接器 | | | |
| 1 | RD | 2840 | 蓄电池正极电压 |
| 2 | BK | 350 | 接地 |
| X2插接器 | | | |
| 1 | — | — | 未使用 |
| 2 | BU | 2500 | 高速GMLAN串行数据1+ |
| 3 | WH | 2501 | 高速GMLAN串行数据1− |
| 4 | BU/YE | 6105 | 高速GMLAN串行数据2+ |
| 5 | WH | 6106 | 高速GMLAN串行数据2− |
| 6 | WH/BU | 5986 | 串行数据通信启用 |
| 7 | BU | 2500 | 高速GMLAN串行数据1+ |
| 8 | WH | 2501 | 高速GMLAN串行数据1− |
| 9 | BU/YE | 6105 | 高速GMLAN串行数据2+ |
| 10 | WH | 6106 | 高速GMLAN串行数据2− |

## 九、SRS

昂科威SRS控制模块位于中控台下面，其针脚分布如图2-21所示，针脚说明见表2-21。

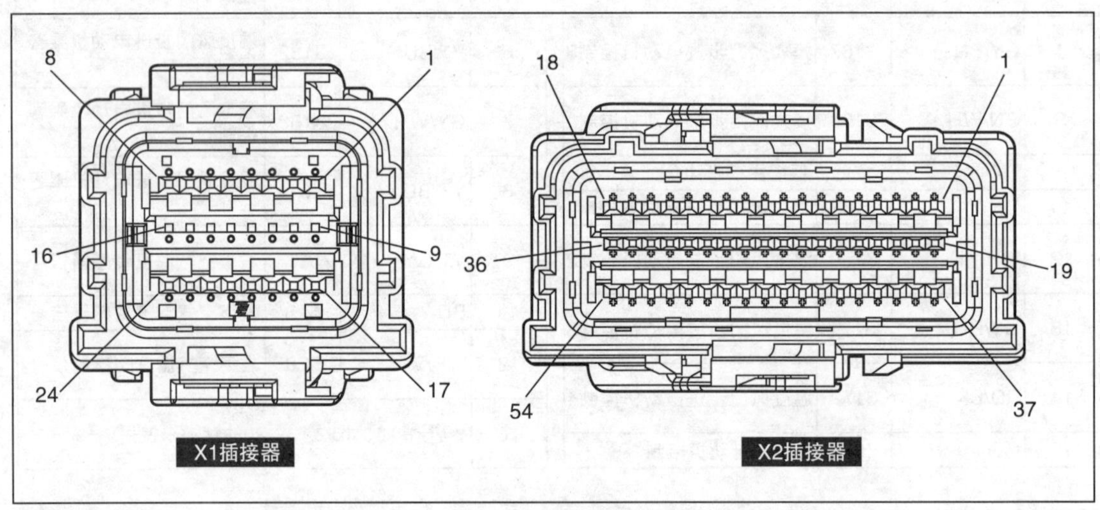


图2-21 昂科威SRS控制模块针脚分布

表2-21 昂科威SRS控制模块针脚说明

| 针脚 | 导线颜色 | 电路 | 功能 |
|---|---|---|---|
| X1插接器 | | | |
| 1 | OG/VT | 5155 | 左后座椅安全带预张紧器控制 |
| 2 | BK/OG | 5156 | 左后座椅安全带预张紧器低电平参考电压 |
| 3 | BN/OG | 3020 | 转向盘模块1级低电平控制 |
| 4 | OG/VT | 3021 | 转向盘模块1级回路高电平控制 |
| 5 | YE/OG | 3025 | 乘客仪表板模块1级高电平控制 |
| 6 | OG/WH | 3024 | 乘客仪表板模块1级低电平控制 |
| 7 | BK/OG | 5158 | 右后座椅安全带预张紧器低电平参考电压 |
| 8 | OG/WH | 5157 | 右后座椅安全带预张紧器控制 |
| 9 | RD/BN | 2240 | 蓄电池正极电压 |
| 10 | VT/WH | 5234 | 乘客座椅安全带指示器控制 |
| 15 | GN | 5060 | 低速GMLAN串行数据 |

（续）

| 针脚 | 导线颜色 | 电路 | 功能 |
| --- | --- | --- | --- |
| 17 | WH/BU | 5986 | 串行数据通信启用 |
| 18 | BU/YE | 6105 | 高速GMLAN串行数据2+ |
| 19 | BK | 2450 | 接地 |
| 20 | WH | 6106 | 高速GMLAN串行数据2− |
| 注 | 编号11～14、16、21～24的针脚未使用 | | |
| X2插接器 | | | |
| 9 | OG/YE | 3481 | 驾驶人座椅安全带固定装置预张紧器高电平控制 |
| 10 | YE/OG | 3482 | 驾驶人座椅安全带固定装置预张紧器低电平控制 |
| 11 | GY/OG | 3480 | 乘客座椅安全带固定装置预张紧器低电平控制 |
| 12 | OG/BN | 3479 | 乘客座椅安全带固定装置预张紧器高电平控制 |
| 13 | OG/BU | 3068 | 驾驶人侧碰撞模块高电平控制 |
| 14 | GN/OG | 3069 | 驾驶人侧碰撞模块低电平控制 |
| 15 | BN/OG | 3067 | 乘客侧碰撞模块低电平控制 |
| 16 | OG/GY | 3066 | 乘客侧碰撞模块高电平控制 |
| 17 | OG/GN | 5019 | 左前头部气帘模块高电平控制 |
| 18 | VT/OG | 5020 | 左前头部气帘模块低电平控制 |
| 19 | OG/GN | 2132 | 左前侧面碰撞传感模块信号 |
| 20 | BK/OG | 6628 | 左前侧面碰撞传感模块低电平参考电压 |
| 21 | BK/OG | 6629 | 右前侧面碰撞传感模块低电平参考电压 |
| 22 | BN/OG | 2134 | 右前侧面碰撞传感模块信号 |
| 23 | OG/YE | 354 | 左前识别传感器信号 |
| 24 | BK/OG | 5045 | 左前识别传感器低电平参考电压 |
| 25 | BK/OG | 5600 | 右前识别传感器低电平参考电压 |
| 26 | OG/GN | 1409 | 右前识别传感器信号 |
| 37 | OG/WH | 3477 | 驾驶人座椅安全带卷收器预张紧器高电平控制 |
| 38 | GY/OG | 3478 | 驾驶人座椅安全带卷收器预张紧器低电平控制 |
| 39 | WH/OG | 3476 | 乘客座椅安全带卷收器预张紧器低电平控制 |
| 40 | OG/GN | 3475 | 乘客座椅安全带卷收器预张紧器高电平控制 |
| 41 | OG/BN | 238 | 驾驶人安全带开关信号 |
| 43 | BK/OG | 1363 | 驾驶人安全带开关低电平参考电压 |
| 44 | BK/OG | 1361 | 乘客安全带开关低电平参考电压 |
| 45 | OG/VT | 1362 | 乘客安全带开关信号 |
| 47 | OG/BN | 7571 | 乘客安全带提示信号 |
| 53 | OG/GY | 5021 | 右前头部气帘模块高电平控制 |
| 54 | WH/OG | 5022 | 右前头部气帘模块低电平控制 |
| 注 | 编号1～8、27～36、42、46、48～52的针脚未使用 | | |

## 十、转向柱锁止系统

昂科威转向柱锁止系统控制模块位于仪表板左侧下方，其针脚分布如图2-22所示，针脚说明见表2-22。

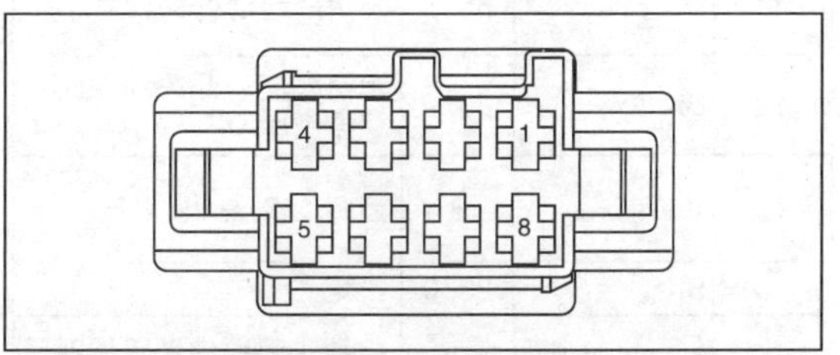


图2-22 昂科威转向柱锁止控制模块针脚分布

**表2-22 昂科威转向柱锁止控制模块针脚说明**

| 针脚 | 导线颜色 | 电路 | 功能 | 针脚 | 导线颜色 | 电路 | 功能 |
|---|---|---|---|---|---|---|---|
| 2 | BU/VT | 5904 | 转向柱锁止状态信号 | 5 | RD/VT | 3340 | 蓄电池正极电压 |
| 3 | BU/VT | 807 | 关闭/附件点火电压 | 6 | BK | 1650 | 接地 |
| | | | | 7 | BK | 1650 | 接地 |
| 4 | GN/VT | 1601 | 转向柱锁止信号 | 8 | GN | 5060 | 低速GMLAN串行数据 |
| | | | | 注 | 编号1的针脚未使用 | | |

## 十一、无钥匙进入

昂科威无钥匙进入控制模块位于乘客舱内右后装饰板下部，其针脚分布如图2-23所示，针脚说明见表2-23。

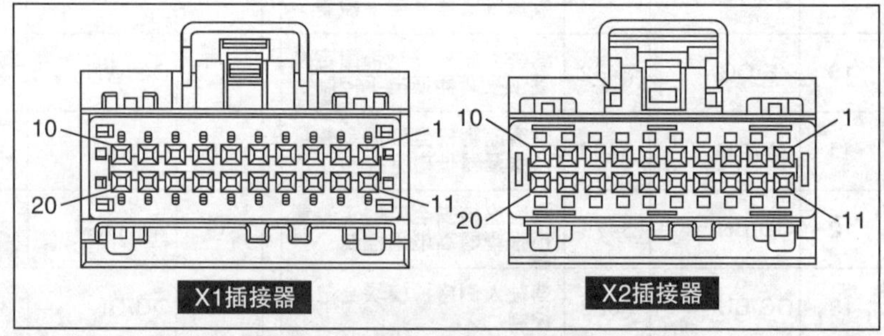


图2-23 昂科威无钥匙进入控制模块针脚分布

**表2-23 昂科威无钥匙进入控制模块针脚说明**

| 针脚 | 导线颜色 | 电路 | 功能 |
|---|---|---|---|
| X1插接器 | | | |
| 1 | GN/VT | 1601 | 转向柱锁止信号 |
| 2 | RD/WH | 4042 | 蓄电池正极电压 |
| 3 | GN | 5060 | 低速GMLAN串行数据 |
| 5 | VT/YE | 4 | 附件点火电压 |
| 7 | GY/GN | 4083 | 保持型附件电源继电器2线圈控制 |
| 9 | WH/YE | 3574 | 驾驶人侧车门开启开关信号 |
| 10 | YE/BU | 4086 | 按钮起动校验口令激活信号 |
| 11 | GN/BK | 3558 | 无钥匙起动开关信号2 |
| 12 | BK/GY | 3559 | 无钥匙起动开关2低电平参考电压 |
| 13 | VT/BK | 3 | 运行/起动点火1电压 |
| 14 | BK | 2350 | 接地 |
| 15 | GY/BK | 3555 | 被动式起动内部天线2低电平信号 |
| 16 | BN/BK | 3552 | 被动式起动内部天线1高电平信号 |
| 17 | WH | 3553 | 被动式起动内部天线1低电平信号 |
| 18 | WH/GN | 3556 | 被动式起动内部天线3高电平信号 |
| 19 | GN | 3557 | 被动式起动内部天线3低电平信号 |
| 20 | BU | 3554 | 被动式起动内部天线2高电平信号 |
| 注 | 编号4、6、8的针脚未使用 | | |
| X2插接器 | | | |
| 1 | YE | 6158 | 右后车门把手开关信号 |
| 2 | BN | 6157 | 左后车门把手开关信号 |
| 6 | VT | 3560 | 被动式遥控门锁驾驶人车门天线高电平信号 |
| 7 | VT/GY | 3561 | 被动式遥控门锁驾驶人车门天线低电平信号 |
| 9 | GN/BK | 3563 | 被动进入乘客车门天线低电平信号 |
| 11 | VT/WH | 3571 | 乘客车门把手开关信号 |

（续）

| 针脚 | 导线颜色 | 电路 | 功能 | 针脚 | 导线颜色 | 电路 | 功能 |
|---|---|---|---|---|---|---|---|
| 12 | GN/WH | 3570 | 驾驶人车门把手开关信号 | 18 | GN/GY | 3569 | 被动式遥控门锁行李箱天线低电平信号 |
| 13 | YE/BU | 5797 | 后盖把手开关打开信号 | 20 | GN/YE | 3562 | 被动进入乘客车门天线高电平信号 |
| 16 | BN/GN | 3568 | 被动式遥控门锁行李箱天线高电平信号 | 注 | 编号3~5、8、10、14、15、17、19的针脚未使用 | | |

## 十二、安全防盗系统

昂科威安全防盗系统控制模块位于中控台下面，其针脚分布如图2-24所示，针脚说明见表2-24。

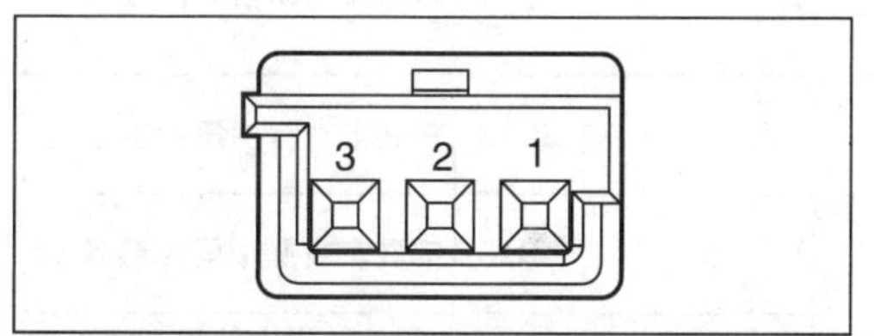


图2-24 昂科威安全防盗系统控制模块针脚分布

表2-24 昂科威安全防盗系统控制模块针脚说明

| 针脚 | 导线颜色 | 电路 | 功能 |
|---|---|---|---|
| 1 | GN/GY | 3277 | 车辆安全防盗系统低电平参考电压 |
| 2 | GN/VT | 7533 | 局域网串行数据总线11 |
| 3 | GY/BK | 3276 | 车辆安全防盗系统控制 |

## 十三、前/后驻车辅助系统

昂科威前/后驻车辅助系统控制模块位于右后侧车窗和车轮罩之间的装饰板下方，其针脚分布如图2-25所示，针脚说明见表2-25。

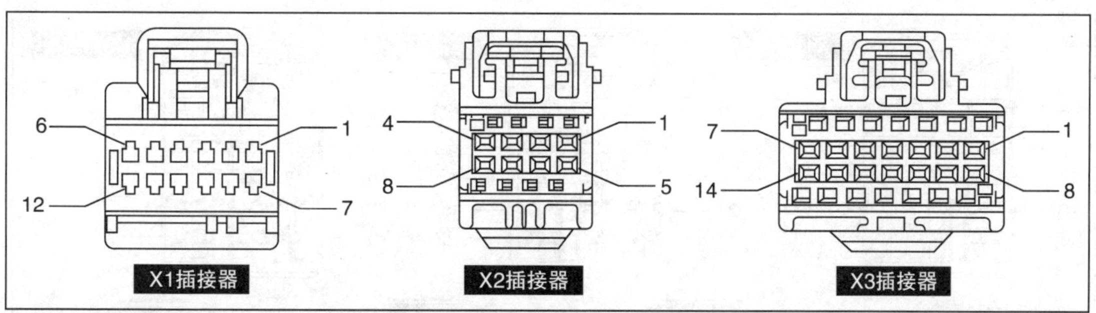


图2-25 昂科威前/后驻车辅助系统控制模块针脚分布

表2-25 昂科威前/后驻车辅助系统控制模块针脚说明

| 针脚 | 导线颜色 | 电路 | 功能 | 针脚 | 导线颜色 | 电路 | 功能 |
|---|---|---|---|---|---|---|---|
| X1插接器 | | | | 5 | BU/YE | 6105 | 高速GMLAN串行数据2+ |
| 1 | RD/YE | 5040 | 蓄电池正极电压 | 6 | BU/YE | 6105 | 高速GMLAN串行数据2+ |
| 3 | GN/BN | 5852 | 后驻车辅助系统LED停用信号 | 7 | BK | 2350 | 接地 |

（续）

| 针脚 | 导线颜色 | 电路 | 功能 |
|---|---|---|---|
| 8 | GY/GN | 2555 | 后驻车辅助系统停用信号 |
| 9 | GN | 5060 | 低速GMLAN串行数据 |
| 10 | BU/BN | 3161 | 平行驻车辅助系统停用开关信号 |
| 11 | WH | 6106 | 高速GMLAN串行数据2- |
| 12 | WH | 6106 | 高速GMLAN串行数据2- |
| 注 | 编号2、4的针脚未使用 | | |
| X2插接器 | | | |
| 1 | YE | 2375 | 左后角物体传感器信号 |
| 3 | YE/BU | 2376 | 左后中部物体传感器信号 |
| 4 | BN/WH | 2374 | 物体传感器控制 |
| 5 | YE/VT | 2378 | 右后角物体传感器信号 |
| 7 | YE/WH | 2377 | 右后中部物体传感器信号 |
| 8 | BK/GY | 2379 | 物体传感器低电平参考电压 |

| 针脚 | 导线颜色 | 电路 | 功能 |
|---|---|---|---|
| 注 | 编号2、6的针脚未使用 | | |
| X3插接器 | | | |
| 1 | YE/VT | 5213 | 前驻车左侧/右侧/中间传感器 |
| 3 | GY | 3154 | 左前附加物体传感器信号 |
| 4 | VT/WH | 5215 | 前驻车左侧拐角传感器 |
| 5 | YE/GY | 5216 | 前驻车左侧中间传感器 |
| 8 | BK/BU | 5214 | 前驻车传感器低电平参考电压 |
| 10 | GN | 3155 | 右前部辅助物体传感器信号 |
| 11 | WH/GY | 5217 | 前驻车右侧拐角传感器 |
| 12 | VT/GY | 5218 | 前驻车右侧中间传感器 |
| 注 | 编号2、6、7、9、13、14的针脚未使用 | | |

## 十四、车身控制模块

昂科威车身控制模块位于仪表板中央下面的地板上，其针脚分布如图2-26所示，针脚说明见表2-26。

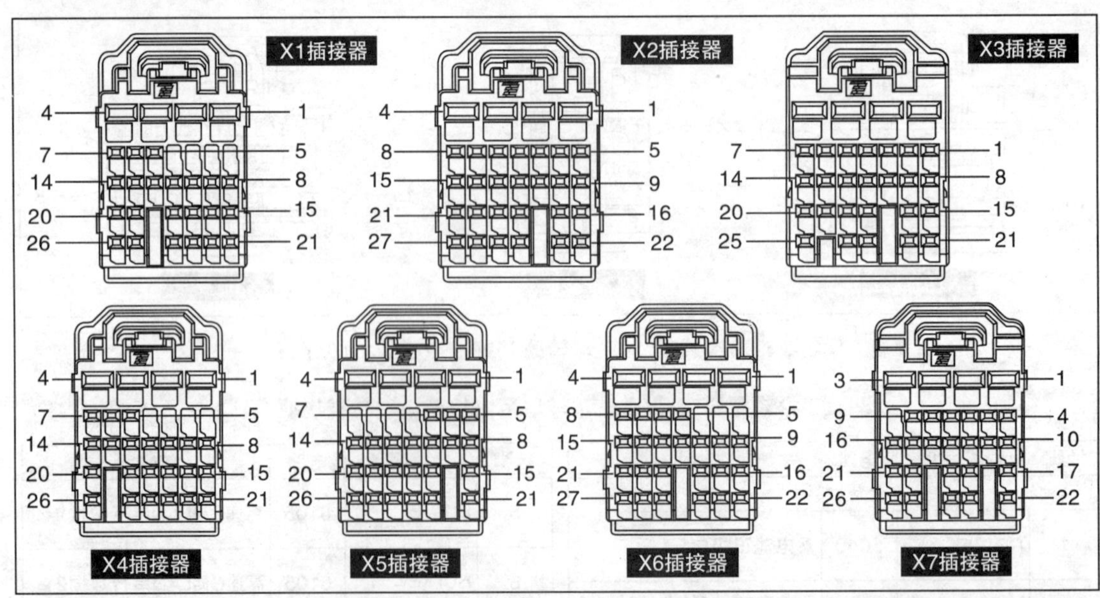


图2-26 昂科威车身控制模块针脚分布

表2-26 昂科威车身控制模块针脚说明

| 针脚 | 导线颜色 | 电路 | 功能 |
|---|---|---|---|
| X1插接器 | | | |
| 1 | BK | 2250 | 接地 |
| 2 | RD/BU | 4540 | 蓄电池正极电压 |
| 3 | RD/GN | 4440 | 蓄电池正极电压 |
| 4 | RD/YE | 4340 | 蓄电池正极电压 |
| 5 | WH | 6816 | 指示灯变光控制 |
| 8 | BN/BK | 5720 | 点火模式开关附件LED信号 |
| 9 | WH/BN | 7555 | 照明控制开关信号 |
| 10 | BU/YE | 6844 | 防抱死制动系统/牵引力控制系统下坡控制开关信号 |
| 11 | GN/BN | 306 | 前照灯开关/前照灯熄灭信号控制 |
| 12 | BU/GY | 553 | 换档开关性能信号 |
| 14 | GY | 5054 | 运动模式开关信号 |
| 16 | WH/VT | 103 | 前照灯开关点亮信号 |
| 17 | GY/YE | 7543 | 危险警告LED变光信号 |
| 18 | BU/VT | 5904 | 转向柱锁止状态信号 |
| 19 | BK/BN | 5360 | 制动器接合传感器低电平参考电压 |
| 20 | BU/BK | 5719 | 点火模式开关起动LED信号 |
| 21 | GY | 728 | 安全指示灯控制 |
| 22 | GN/GY | 13 | 前照灯开关/驻车灯信号 |
| 24 | WH | 2501 | 高速GMLAN串行数据1- |
| 25 | BU | 2500 | 高速GMLAN串行数据1+ |
| 26 | BU/WH | 3275 | 遥控功能执行器接收信号 |
| 注 | 编号6、7、13、15、23的针脚未使用 | | |
| X2插接器 | | | |
| 1 | RD/GY | 4840 | 蓄电池正极电压 |
| 2 | BK | 2250 | 接地 |
| 4 | RD/BN | 4940 | 蓄电池正极电压 |
| 6 | GN | 1110 | 自动停车/起步指示灯控制 |
| 7 | BU/YE | 5361 | 制动器接合传感器信号 |
| 8 | YE | 6817 | LED背景灯变光控制 |
| 10 | WH/BU | 278 | 环境光照传感器信号 |
| 11 | VT/YE | 5526 | 触动式加档/减档开关信号 |
| 12 | BN/BU | 391 | 后窗刮水器开关信号 |
| 13 | WH | 5359 | 制动器接合传感器控制 |
| 14 | BU/VT | 1788 | 牵引力控制开关信号1 |
| 15 | BN/WH | 781 | 驾驶人车门锁开关解锁信号 |
| 16 | GY | 3273 | 遥控功能执行器低电平参考电压 |
| 17 | BU/GN | 5723 | 点火模式开关模式电压 |
| 19 | BN/YE | 780 | 驾驶人车门锁开关锁止信号 |
| 21 | GN/GY | 6135 | 局域网串行数据总线4 |
| 22 | GN | 5060 | 低速GMLAN串行数据 |
| 23 | WH | 2501 | 高速GMLAN串行数据1- |
| 24 | BU | 2500 | 高速GMLAN串行数据1+ |
| 25 | GY/WH | 3272 | 遥控功能执行器控制 |
| 26 | GN/WH | 111 | 危险警告灯开关信号 |
| 27 | YE/GN | 3274 | 遥控功能执行器传送信号 |
| 注 | 编号3、5、9、18、20的针脚未使用 | | |
| X3插接器 | | | |
| 1 | GN/GY | 3277 | 车辆安全防盗系统低电平参考电压 |
| 2 | GN/VT | 7533 | 局域网串行数据总线11 |
| 3 | GY/BK | 3276 | 车辆安全防盗系统控制 |
| 4 | YE | 7556 | 照明控制开关参考 |
| 5 | VT/YE | 4 | 附件点火电压 |
| 6 | VT/BK | 3 | 运行/起动点火1电压 |

（续）

| 针脚 | 导线颜色 | 电路 | 功能 | 针脚 | 导线颜色 | 电路 | 功能 |
|---|---|---|---|---|---|---|---|
| 9 | BN/GN | 1884 | 巡航控制设置/滑行/恢复/加速开关信号 | 11 | VT/WH | 5065 | 制动灯继电器线圈控制 |
| 10 | BK/GY | 6009 | 风窗玻璃刮水器开关低电平参考电压 | 13 | GN/YE | 6846 | 后牌照灯控制 |
| 11 | WH/GN | 534 | 高怠速开关控制 | 14 | BN/GY | 2268 | 风窗玻璃洗涤器继电器控制 |
| 12 | WH/GN | 663 | 危险警告灯开关左转向信号 | 15 | GN/VT | 5199 | 运行/起动继电器线圈控制 |
| 13 | YE/BU | 1714 | 风窗玻璃刮水器开关低速信号 | 16 | GY | 91 | 风窗玻璃刮水器电动机继电器线圈控制 |
| 14 | BU | 1111 | 自动停车/起步开关信号 | 17 | BN/GN | 196 | 风窗玻璃刮水器电动机停止开关信号 |
| 16 | GY/GN | 5737 | 自适应巡航控制车距增加/减小开关信号 | 22 | VT/YE | 5985 | 附件唤醒串行数据 |
| 17 | YE/BN | 307 | 前照灯开关闪光超车信号 | 23 | WH/BU | 5986 | 串行数据通信启用 |
| 18 | GN/WH | 3287 | 喇叭开关信号 | 24 | BN/GN | 4064 | 发动机舱盖状态B信号 |
| 20 | GY | 1715 | 风窗玻璃刮水器开关高速信号 | 注 | 编号12、18~21、25、26的针脚未使用 | | |
| | | | | X5插接器 | | | |
| 24 | VT/BU | 664 | 危险警告灯开关右转向信号 | 1 | BU/WH | 1334 | 左后转向信号灯控制 |
| 25 | WH/BK | 94 | 风窗玻璃洗涤器开关信号 | 2 | BU/WH | 1314 | 左前转向信号灯控制 |
| 注 | 编号7、8、15、19、21~23的针脚未使用 | | | 3 | RD/GY | 4840 | 蓄电池正极电压 |
| X4插接器 | | | | | | | |
| 1 | YE | 312 | 右侧前照灯近光控制 | 4 | RD/WH | 4740 | 蓄电池正极电压 |
| 2 | YE | 712 | 左侧前照灯近光控制 | | | | |
| 3 | GN/VT | 1315 | 右前转向信号灯控制 | 5 | YE/GY | 122 | 后雾灯控制 |
| 4 | BU/VT | 1335 | 右后转向信号灯控制 | 7 | WH/YE | 7541 | 右后制动灯控制 |
| 5 | GY/BN | 309 | 右侧驻车灯控制 | 9 | GN/WH | 2270 | 后窗洗涤器继电器控制 |
| 6 | VT/GY | 709 | 左侧驻车灯控制 | 10 | BN/WH | 1317 | 雾灯继电器控制 |
| 7 | GY/YE | 7542 | 左后制动灯控制 | 12 | WH/BU | 6311 | 巡航/节气门控制/自动变速器离合器制动信号 |
| 8 | YE | 5420 | 后窗刮水器电动机继电器线圈控制 | 13 | BN/YE | 1970 | 前照灯近光继电器控制 |
| 9 | GY/VT | 3264 | 逻辑模式继电器关闭控制 | 14 | VT/BN | 300 | 运行点火3电压 |
| 10 | VT/YE | 3267 | 儿童安全锁止继电器控制 | 15 | GN/GY | 3215 | 运动型LED控制电脑指令 |

（续）

| 针脚 | 导线颜色 | 电路 | 功能 |
| --- | --- | --- | --- |
| 17 | WH/BU | 3214 | 行程LED控制电脑指令 |
| 18 | BN/VT | 1969 | 前照灯远光继电器控制 |
| 19 | BN/WH | 28 | 喇叭继电器控制 |
| 22 | BU | 45 | 驻车灯继电器控制 |
| 24 | WH/VT | 860 | 前风窗玻璃刮水器开关高速信号 |
| 25 | GY/YE | 6188 | 举升门玻璃/行李箱盖电动机释放控制 |
| 26 | YE/BU | 2282 | 前照灯洗涤器继电器控制 |
| 注 | 编号6、8、11、16、20、21、23的针脚未使用 | | |
| X6插接器 | | | |
| 1 | BU/WH | 195 | 门锁控制 |
| 2 | GY/GN | 3271 | 门锁控制（装备NCG） |
| | GY | 295 | 门锁执行器锁止控制（未装备NCG） |
| 3 | BK | 1550 | 接地 |
| 4 | BN/YE | 294 | 门锁执行器解锁控制 |
| 5 | VT/GY | 1303 | 举升门微开开关信号1 |
| 6 | YE/BU | 4086 | 按钮起动校验口令激活信号 |
| 9 | GN/BU | 6133 | 局域网串行数据总线2 |
| 10 | GN/YE | 6134 | 局域网串行数据总线3 |
| 15 | YE/BU | 5797 | 后盖把手开关打开信号 |
| 16 | GN/BN | 6132 | 局域网串行数据总线1 |
| 18 | BU | 2500 | 高速GMLAN串行数据1+ |
| 19 | WH | 2501 | 高速GMLAN串行数据1− |
| 22 | GY/GN | 328 | 车内灯防御开关信号 |
| 24 | BU | 2500 | 高速GMLAN串行数据1+ |
| 25 | WH | 2501 | 高速GMLAN串行数据1− |
| 注 | 编号7、8、11～14、17、20、21、23、26、27的针脚未使用 | | |
| X7插接器 | | | |
| 1 | GY | 157 | 车内灯控制 |
| 2 | GN/WH | 1324 | 倒车灯控制 |
| 3 | WH/BN | 6815 | 外接电源控制 |
| 5 | BU/WH | 1334 | 左后转向信号灯控制 |
| 6 | VT/BK | 7553 | 驻车锁定电磁阀控制 |
| 7 | GN/GY | 737 | 行李箱盖灯控制 |
| 8 | BU/VT | 1335 | 右后转向信号灯控制 |
| 9 | YE | 6817 | LED背景灯变光控制 |
| 12 | BN/WH | 3269 | 左后儿童安全锁电动机状态信号 |
| 13 | WH/VT | 5905 | 钥匙获取/转向柱锁止换档位置信号 |
| 16 | VT/BU | 3263 | 逻辑模式继电器打开控制 |
| 18 | GY/BK | 3268 | 右后儿童安全锁电动机状态信号 |
| 19 | GY | 156 | 门控灯开关信号 |
| 22 | WH/YE | 7557 | LED环境照明控制1 |
| 23 | GN | 5060 | 低速GMLAN串行数据 |
| 注 | 编号4、10、11、14、15、17、20、21、24～26的针脚未使用 | | |

## 十五、组合仪表

昂科威组合仪表位于仪表板左侧转向柱上方，其控制模块针脚分布如图2-27所示，针脚说明见表2-27。

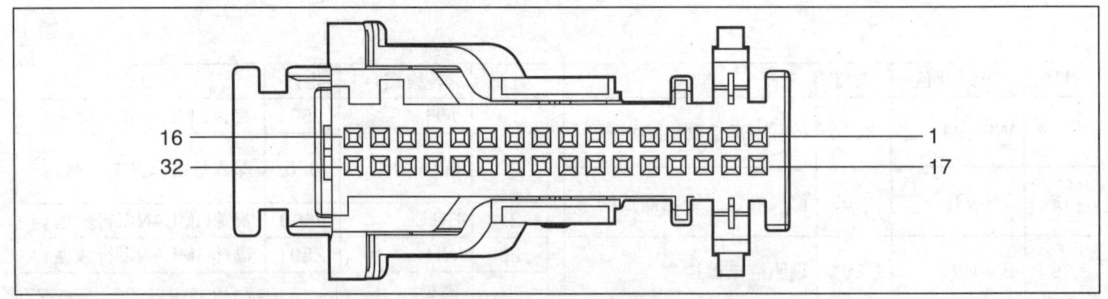


图2-27 昂科威组合仪表控制模块针脚分布

表2-27 昂科威组合仪表控制模块针脚说明

| 针脚 | 导线颜色 | 电路 | 功能 | 针脚 | 导线颜色 | 电路 | 功能 |
|---|---|---|---|---|---|---|---|
| 1 | WH/GN | 3997 | MOST串行数据- | 17 | GY/VT | 3998 | MOST串行数据+ |
| 2 | GY/VT | 3998 | MOST串行数据+ | 18 | WH/GN | 3997 | MOST串行数据- |
| 3 | GN | 5060 | 低速GMLAN串行数据 | 19 | BK | 1650 | 接地 |
| 5 | WH/VT | 3999 | MOST控制 | 20 | GN/BK | 3894 | 局域网串行数据总线12 |
| 7 | RD/YE | 5040 | 蓄电池正极电压 | 24 | VT | 185 | 洗涤液液位过低指示灯控制 |
| 8 | VT/GN | 39 | 运行/起动点火1电压 | 30 | WH/GN | 3535 | 反射LED显示器变光控制 |
| 12 | GY/YE | 3885 | 前方碰撞报警LED灯控制 | 注 | 编号4、6、9~11、13~16、21~23、25~29、31、32的针脚未使用 | | |

# 第三节　威朗（2015~2018年款）

## 一、1.5L L3G /1.5T LFV发动机

威朗1.5L L3G /1.5T LFV发动机控制单元位于发动机舱左侧，其针脚分布与昂科威1.5T LFV发动机相同，参考图2-14，针脚说明见表2-28。

表2-28 威朗1.5L L3G /1.5T LFV发动机控制单元针脚说明

| 针脚 | 导线颜色 | 电路 | 功能 | 针脚 | 导线颜色 | 电路 | 功能 |
|---|---|---|---|---|---|---|---|
| X1插接器 | | | | 35 | GN/RD | 3532 | 空档传感器供电 |
| 19 | BK/GN | 3531 | 空档传感器回路 | 42 | GY/RD | 6109 | 离合器接合传感器参考电压 |
| 26 | BK/GY | 6110 | 离合器接合传感器低电平参考电压 | 44 | YE/BK | 625 | 起动机启用继电器控制（仅用于M4S） |
| 32 | YE/VT | 6030 | 制动真空传感器信号 | 44 | YE/VT | 4325 | 12V起动机停止起动控制（仅用于M2A/MO5） |

（续）

| 针脚 | 导线颜色 | 电路 | 功能 |
| --- | --- | --- | --- |
| 55 | GN | 3534 | 空档传感器信号1 |
| 62 | YE | 6111 | 离合器接合传感器信号 |
| 64 | GN/GY | 465 | 燃油泵主继电器控制 |
| X2插接器 | | | |
| 5 | GY/RD | 2704 | 歧管绝对压力传感器5V参考电压 |
| | GY/RD | 7331 | 节气门前空气温度和压力（TMAP）5 V参考电压 |
| 21 | BK/GN | 469 | 进气歧管绝对压力传感器低电平参考电压 |
| | BK/VT | 7332 | 节气门前空气温度和压力（TMAP）低电平参考电压 |
| X3插接器 | | | |
| 2 | BU/WH | 3608 | 高速质量空气流量传感器启用 |
| 3 | BU | 7302 | 进气歧管调节阀（IMTV）控制信号 |
| 6 | BN/RD | 2917 | 燃油导轨压力传感器5V参考电压 |
| 17 | WH/GY | 4578 | — |
| 21 | BU/WH | 2918 | 燃油导轨压力传感器信号 |
| 22 | BK/GN | 2919 | 燃油导轨压力传感器低电平参考电压 |
| 40 | GN/WH | 432 | 进气歧管绝对压力传感器信号 |
| | VT/BU | 7330 | 节气门前空气温度和压力（TMAP）空气压力信号 |
| 44 | — | — | 未使用 |
| 注 | 其余针脚“功能”栏参考昂科威1.5T LFV发动机控制单元针脚说明表 | | |

## 二、6档自动变速器

威朗6档自动变速器控制单元位于自动变速器总成内部，其针脚分布及针脚说明与英朗6档自动变速器控制单元基本相同，参考图2-2和表2-2。

## 三、7T35自动变速器

威朗7T35自动变速器控制单元位于自动变速器总成内部，其针脚分布及针脚说明与昂科威7T35自动变速器控制单元基本相同，参考昂科威7T35自动变速器相关资料。

## 四、电子制动系统

威朗电子制动系统控制模块位于发动机舱左后侧顶部，根据带电子助力制动器的不同，分以下两种型号。

### 1. 带电子助力制动器J69

威朗带电子助力制动器J69的控制模块针脚分布与英朗基本相同，参考图2-4，其针脚说明见表2-29。

**表2-29 威朗带电子助力制动器J69的控制模块针脚说明**

| 针脚 | 功能 |
| --- | --- |
| 3 | 未使用 |
| 6 | 未使用 |
| 7 | 制动液液位信号 |
| 34 | 未使用 |
| 35 | 未使用 |
| 注 | 其余针脚“功能”栏参考英朗电子制动控制模块针脚说明表 |

### 2. 带电子助力制动器J71

威朗带电子助力制动器J71的控制模块针脚分布与昂科威电子助力制动模块基本相同，参考图2-16，其针脚说明见表2-30。

**表2-30 威朗带电子助力制动器J71的控制模块针脚说明**

| 针脚 | 导线颜色 | 电路 | 功能 |
|---|---|---|---|
| 1 | RD/VT | 340 | 蓄电池正极电压 |
| 2 | GN/VT | 1988 | 右后驻车制动器电动机接合 |
| 3 | GY | 4368 | 右后驻车制动器电动机返回 |
| 4 | BU | 2500 | 高速GMLAN串行数据1+ |
| 5 | BU | 2500 | 高速GMLAN串行数据1+ |
| 7 | GY | 830 | 左前轮速传感器信号 |
| 8 | YE/RD | 7683 | 驻车制动器释放开关参考电压 |
| 9 | BU/VT | 1134 | 驻车制动器开关信号 |
| 11 | BU/YE | 6105 | 高速GMLAN串行数据2+ |
| 12 | GY/BK | 4369 | 左后驻车制动器电动机返回 |
| 13 | WH | 2001 | 左后驻车制动器电动机接合 |
| 14 | BK | 1450 | 接地 |
| 15 | BU/BK | 6108 | 驻车制动器释放开关信号 |
| 16 | YE | 1492 | 驻车制动器开关电源电压 |
| 18 | WH | 2501 | 高速GMLAN串行数据1- |
| 19 | WH | 2501 | 高速GMLAN串行数据1- |
| 21 | GY/BN | 7065 | 右前轮速传感器电源电压 |
| 22 | GY/YE | 7128 | 右后轮速传感器电源电压 |
| 23 | BU | 884 | 左后轮速传感器信号 |
| 24 | GY/WH | 7064 | 左前轮速传感器电源电压 |
| 25 | WH | 6106 | 高速GMLAN串行数据2- |
| 26 | YE | 872 | 右前轮速传感器信号 |
| 30 | RD/WH | 342 | 蓄电池正极电压 |
| 31 | BN | 6107 | 驻车制动器接合开关信号 |
| 32 | GY/RD | 7684 | 驻车制动器接合开关参考电压 |
| 36 | WH/BU | 5986 | 串行数据通信启用 |
| 37 | VT | 882 | 右后轮速传感器信号 |
| 39 | GY/BK | 7127 | 左后轮速传感器电源电压 |
| 40 | GN/BN | 2087 | 组合式车辆惯性传感器电源电压 |
| 42 | GN/GY | 333 | 制动液液位传感器信号 |
| 46 | BK | 1450 | 接地 |
| 注 | 编号6、10、17、20、27~29、33~35、38、41、43~45的针脚未使用 | | |

## 五、自动空调

威朗自动空调控制模块位于仪表板杂物箱上方，其针脚分布与昂科威自动空调相同，参看图2-19，针脚说明见表2-31。

**表2-31 威朗自动空调控制模块针脚说明**

| 针脚 | 导线颜色 | 电路 | 功能 |
|---|---|---|---|
| X1插接器 | | | |
| 13 | YE/VT | 1783 | 弱光感应延迟信号 |
| 14 | YE/VT | 1783 | 弱光感应延迟信号 |
| X2插接器 | | | |
| 18 | — | — | 未使用 |
| 注 | 其余针脚“功能”栏参考昂科威自动空调控制单元针脚说明表 | | |

## 六、动力转向系统

威朗动力转向系统控制模块位于发动机舱内，其针脚分布与昂科威动力转向控制模块相同，参考图2-20，针脚说明见表2-32。

**表2-32 威朗动力转向系统控制模块针脚说明**

| 针脚 | 导线颜色 | 电路 | 功能 |
|---|---|---|---|
| X1插接器 | | | |
| 1 | BK | 350 | 接地 |
| 2 | RD/GY | 2840 | 蓄电池正极电压 |
| X2插接器 | | | |
| 1 | BU/YE | 6105 | 高速GMLAN串行数据2+ |
| 2 | WH | 6106 | 高速GMLAN串行数据2− |
| 3 | BU | 2500 | 高速GMLAN串行数据1+ |
| 4 | WH | 2501 | 高速GMLAN串行数据1− |
| 5 | WH/BU | 5986 | 串行数据通信启用 |
| 6 | BU/YE | 6105 | 高速GMLAN串行数据2+ |
| 7 | WH | 6106 | 高速GMLAN串行数据2− |
| 8 | BU | 2500 | 高速GMLAN串行数据1+ |
| 9 | WH | 2501 | 高速GMLAN串行数据1− |
| 10 | — | — | 未使用 |

## 七、SRS

威朗SRS控制模块针脚分布与昂科威SRS控制模块相同，参考图2-21，其针脚说明见表2-33。

**表2-33 威朗SRS控制模块针脚说明**

| 针脚 | 导线颜色 | 电路 | 功能 |
|---|---|---|---|
| X1插接器 | | | |
| 1、2 | — | — | 未使用 |
| 7、8 | — | — | 未使用 |
| 16 | GN | 5060 | 低速GMLAN串行数据 |
| 注 | 其余针脚“功能”参考昂科威SRS控制单元针脚说明表 | | |

## 八、转向柱锁止系统

威朗转向柱锁止系统控制模块针脚分布及针脚说明与昂科威转向柱锁止控制模块相同，参考图2-22和表2-22。

## 九、无钥匙进入

威朗无钥匙进入控制模块针脚分布与昂科威无钥匙进入控制模块相同，参考图2-23。威朗无钥匙进入控制模块X2插接器的13、16、18脚未使用，其余针脚“功能”栏说明参考表2-23。

## 十、安全防盗系统

威朗安全防盗系统控制模块针脚分布及针脚说明与昂科威安全防盗系统控制模块相同，参考图2-24和表2-24。

## 十一、前/后驻车辅助系统

威朗前/后驻车辅助系统控制模块针脚分布与昂科威前/后驻车辅助控制模块相同，参考图2-25，其针脚说明见表2-34。

**表2-34 威朗前/后驻车辅助系统控制模块针脚说明**

| 针脚 | 导线颜色 | 电路 | 功能 |
|---|---|---|---|
| X1插接器 | | | |
| 4 | GN | 5060 | 低速GMLAN串行数据 |
| 9 | — | — | 未使用 |
| X2插接器 | | | |
| 2 | BU | 3157 | 右后附加物体传感器信号 |
| 6 | GN | 3156 | 左后附加物体传感器信号 |
| 2 | BK | 2350 | 接地 |
| X3插接器 | | | |
| 6 | GY/YE | 5853 | 驾驶人侧物体检测LED信号1 |
| 7 | GY | 5861 | 乘客侧物体检测LED信号1 |
| 13 | BK | 2350 | 接地 |
| 注 | 其余针脚参考昂科威前/后驻车辅助控制模块针脚说明表 | | |

## 十二、车身控制模块

威朗车身控制模块针脚分布与昂科威车身控制模块相同，参考图2-26，其针脚说明见表2-35。

**表2-35 威朗车身控制模块针脚说明**

| 针脚 | 导线颜色 | 电路 | 功能 |
|---|---|---|---|
| X1插接器 | | | |
| 10 | BU/VT | 1134 | 驻车制动器开关信号 |
| 12 | — | — | 未使用 |
| X2插接器 | | | |
| 12 | — | — | 未使用 |
| 15 | — | — | 未使用 |
| 19 | — | — | 未使用 |
| X3插接器 | | | |
| 7 | VT/YE | 143 | 附件电压 |
| 11 | WH | 524 | 前照灯变光器开关远光信号 |
| 15 | WH/VT | 1020 | 关闭/运行/起动电压 |
| 22 | WH/BK | 1073 | 点火钥匙电阻器信号 |
| X4插接器 | | | |
| 1 | BU/BN | 7539 | 右前日间行车灯电源电压 |
| | GN | 3289 | 右前照灯近光继电器电源电压 |
| 2 | GY/BU | 7538 | 左前日间行车灯电源电压 |
| | GY | 3288 | 左前照灯近光继电器电源电压 |
| 8～10 | — | — | 未使用 |
| 12 | VT | 801 | 保持型附件电源熔断器电源电压 |
| 17 | — | — | 未使用 |
| 20 | RD/WH | 2740 | 蓄电池正极电压 |
| 26 | BK | 1650 | 接地 |
| X5插接器 | | | |
| 5 | — | — | 未使用 |
| 8 | GN/BN | 3215 | 运动型LED控制电脑指令 |
| 9、10 | — | — | 未使用 |
| 11 | GY/YE | 6188 | 举升门玻璃/行李箱电动机释放控制 |
| 14 | — | — | 未使用 |
| 15 | WH/BN | 544 | 日间行车灯继电器控制 |
| 17 | — | — | 未使用 |

（续）

| 针脚 | 导线颜色 | 电路 | 功能 |
|---|---|---|---|
| 22 | — | — | 未使用 |
| 23 | GY/BU | 545 | 日间行车灯继电器控制 |
| 24、25 | — | — | 未使用 |
| X6插接器 | | | |
| 6 | BN/WH | 781 | 驾驶人车门锁开关解锁信号 |
| 7 | WH/YE | 7557 | LED环境照明控制1 |
| 12 | YE/BU | 4086 | 按钮起动校验口令激活信号 |
| 14 | VT/BU | 6189 | 举升门玻璃/行李箱车内释放信号 |
| 15 | — | — | 未使用 |

| 针脚 | 导线颜色 | 电路 | 功能 |
|---|---|---|---|
| 18、19 | — | — | 未使用 |
| X7插接器 | | | |
| 2 | WH/BN | 6815 | 意外电源控制 |
| 3 | GN/WH | 1324 | 倒车灯电源电压 |
| 5 | — | — | 未使用 |
| 8 | — | — | 未使用 |
| 12 | — | — | 未使用 |
| 16 | — | — | 未使用 |
| 18 | — | — | 未使用 |
| 22 | — | — | 未使用 |
| 注 | 其余针脚“功能”栏参考昂科威车身控制模块针脚说明表 | | |

# 第四节　别克凯越（2014~2016年款）

## 一、1.5L L2B发动机

凯越1.5L L2B发动机控制单元针脚分布如图2-28所示，针脚说明见表2-36。

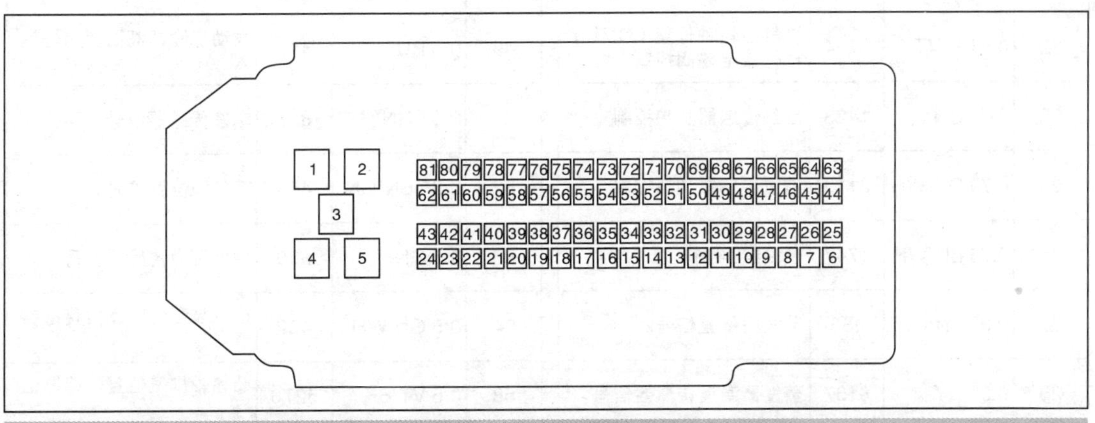


图2-28 凯越1.5L L2B发动机控制单元针脚分布

表2-36 凯越1.5L L2B发动机控制单元针脚说明

| 针脚 | 导线颜色 | 电路 | 功能 |
|---|---|---|---|
| 1 | 0.75 GN/BU | 2123 | 点火线圈C控制 |
| 2 | 0.75 BK | 350 | 接地 |

| 针脚 | 导线颜色 | 电路 | 功能 |
|---|---|---|---|
| 3 | 0.75 BK | 350 | 接地 |
| 4 | 0.75 BU/VT | 2121 | 点火线圈A控制 |

（续）

| 针脚 | 导线颜色 | 电路 | 功能 |
|---|---|---|---|
| 5 | 0.75 BN | 927 | 高电平参考电压 |
| 6 | 0.75 BN/VT | 1744 | 喷油器A控制 |
| 7 | 0.75 BN/VT | 1746 | 喷油器C控制 |
| 8 | 0.75 YE/WH | 1745 | 喷油器B控制 |
| 9 | 0.35 VT/BU | 458 | 燃油泵继电器控制 |
| 10 | 0.35 WH/GN | 6385 | 起动继电器控制 |
| 14 | 0.35 WH/GY | 459 | 空调继电器控制 |
| 15 | 0.5 BN | 25 | 发电机控制 |
| 17 | 0.35 BN/YE | 473 | 高速冷却风扇继电器控制 |
| 19 | 0.35 BN/WH | 419 | 发动机故障指示灯信号 |
| 20 | 0.5 YE | 581 | 电子节气控制电压信号 |
| 21 | 0.5 BN/WH | 582 | 电子节气控制接地信号 |
| 22 | 0.5 BK/VT | 6754 | 排气凸轮轴位置（CMP）执行器电磁阀控制 |
| 23 | 0.75 GN | 1423 | 后氧传感器加热控制 |
| 24 | 0.75 GY/WH | 3113 | 前氧传感器加热控制 |
| 25 | 0.75 BU/WH | 1747 | 喷油器D控制 |
| 27 | 0.35 BN/BU | 486 | 节气门位置信号2 |
| 28 | 0.35 GY | 6137 | 蒸发器温度传感器信号 |
| 30 | 0.35 BU/YE | 2832 | 曲轴位置传感器信号 |
| 33 | 0.35 WH | 7063 | 制动踏板开关信号输入 |
| 34 | 0.5 GN | 1433 | 离合器低电平信号 |
| 35 | 0.5 YE/BU | 231 | 机油压力开关信号输入 |
| 36 | 0.35 VT/GY | 496 | 爆燃传感器高电平输入 |
| 37 | 0.35 BK/YE | 1716 | 爆燃传感器低电平输入 |
| 38 | 0.35 WH | 2501 | 高速GMLAN串行数据– |
| 39 | 0.35 BU | 2500 | 高速GMLAN串行数据+ |
| 40 | 0.5 GN/YE | 1845 | 动力转向开关控制 |
| 41 | 0.75 YE/WH | 1161 | 加速踏板位置1传感器信号输入 |
| 42 | 0.75 GN/WH | 1162 | 加速踏板位置2传感器信号输入 |
| 43 | 0.5 BK/BN | 6753 | 进气凸轮轴位置（CMP）执行器电磁阀控制 |
| 44 | 0.35 YE | 5991 | 发动机控制模块继电器控制 |
| 46 | 0.75 BK | 913 | 可变进气歧管控制 |
| 47 | 0.75 WH | 3111 | 前氧传感器信号输入 |
| 48 | 0.75 YE/WH | 1169 | 后氧传感器信号输入 |
| 49 | 0.5 BU | 410 | 发动机冷却液温度信号输入 |
| 51 | 0.35 GN/GY | 817 | 车速传感器信号 |
| 52 | 0.35 BN/GN | 485 | 节气门位置信号1 |
| 53 | 0.5 GN | 380 | 空调压力传感器信号 |
| 54 | 0.5 GN/WH | 432 | 进气歧管绝对压力传感器信号 |
| 58 | 0.5 VT/BK | 5273 | 凸轮轴排气位置传感器信号 |
| 59 | 0.35 BU/GN | 1936 | 燃油泵液位传感器信号输入 |
| 60 | 0.50 WH/GY | 1786 | 驻车/空档开关信号<br>发动机继电器线圈供电（2014年6月起） |
| 62 | 0.75 YE/BU | 2124 | 点火线圈D控制 |

（续）

| 针脚 | 导线颜色 | 电路 | 功能 | 针脚 | 导线颜色 | 电路 | 功能 |
|---|---|---|---|---|---|---|---|
| 64 | 0.75 BU | 5372 | 蒸发排放炭罐清污电磁阀控制 | 73 | 0.35 BU/YE | 923 | 节气门低电平参考电压 |
| 65 | 0.35 GN/VT | 335 | 低速冷却风扇继电器控制 | 74 | 0.75 BK/WH | 915 | 低电平参考电压 |
| 66 | 0.75 WH | 922 | 5V参考电压 | 76 | 0.75 BN | 907 | 低电平参考电压 |
| 67 | 0.75 RD/WH | 140 | 发动机控制模块电源 | 77 | 0.5 YE/BU | 630 | 凸轮轴进气位置传感器信号 |
| 68 | 0.50 VT/GN | 1739 | 点火信号 | 78 | 0.75 BK/YE | 833 | 道路不平信号 |
| 69 | 0.35 VT/BN | 7062 | 低电平信号 | 79 | 0.35 BN/WH | 66 | 空调压力开关信号 |
| 70 | 0.75 WH | 914 | 5V参考电压 | 81 | 0.75 BU/WH | 2122 | 点火线圈B控制 |
| 71 | 0.5 GY/BU | 6118 | 进气温度传感器信号 | 注 | 编号11～13、16、18、26、29、31、32、45、50、55～57、61、63、75、80的针脚未使用 | | |
| 72 | 0.5 VT/YE | 843 | 辅助电源2信号 | | | | |

## 二、6档自动变速器

凯越6档自动变速器控制单元针脚分布及说明与英朗6档自动变速器相同，参考图2-2和表2-2。

# 第五节　雪佛兰科鲁兹（2017年起）

## 一、1.5L L3G发动机

科鲁兹1.5L L3G发动机控制单元位于发动机舱左侧，其针脚分布与昂科威1.5T LFV发动机相同，参考图2-14，针脚说明见表2-37。

**表2-37 科鲁兹1.5L L3G发动机控制单元针脚说明**

| 针脚 | 导线颜色 | 电路 | 功能 | 针脚 | 导线颜色 | 电路 | 功能 |
|---|---|---|---|---|---|---|---|
| X1插接器 | | | | 35 | GN/RD | 3532 | 空档传感器供电 |
| 18 | — | — | 未使用 | | | | |
| 19 | BK/GN | 3531 | 空档传感器低电平参考电压 | 42 | GY/RD | 6109 | 离合器接合传感器5V参考电压 |
| 26 | BK/GY | 6110 | 离合器接合传感器低电平参考电压 | 55 | GN | 3534 | 空档传感器信号1 |
| | | | | 62 | YE | 6111 | 离合器接合传感器信号 |
| 32 | YE/VT | 6030 | 制动真空传感器信号 | 65 | WH | 1310 | 蒸发排放炭罐通风电磁阀控制 |

（续）

| 针脚 | 导线颜色 | 电路 | 功能 |
|---|---|---|---|
| 71 | BN/WH | 419 | 检查发动机指示灯控制 |
| X2插接器 | | | |
| 5 | GY/RD | 2704 | 进气歧管绝对压力传感器5V参考电压 |
| 21 | BK/GN | 469 | 进气歧管绝对压力传感器低电平参考电压 |
| 32 | — | — | 未使用 |
| 42 | — | — | 未使用 |
| 63 | — | — | 未使用 |
| X3插接器 | | | |
| 2 | BU/WH | 3608 | 高速质量空气流量传感器控制 |
| 3 | BU | 7302 | 进气歧管调节阀（IMTV）控制信号 |
| 8 | YE/RD | 2709 | 燃油箱压力传感器5V参考电压 |
| 17 | WH/GY | 4578 | 缓冲蓄能器电磁阀低电平侧控制 |
| 30 | — | — | 未使用 |
| 40 | GN/WH | 432 | 进气歧管绝对压力传感器信号 |
| 44 | — | — | 未使用 |
| 47、48 | — | — | 未使用 |
| 55 | — | — | 未使用 |
| 67 | GN/WH | 5007 | 倒档开关信号 |
| 68 | BU/WH | 890 | 燃油箱压力传感器信号 |
| 注 | 其余针脚“功能”栏参考昂科威1.5T LFV发动机控制单元针脚说明表 | | |

## 二、7T35自动变速器

科鲁兹7T35自动变速器控制单元位于自动变速器内部，其针脚分布及针脚说明与昂科威7T35自动变速器控制单元基本相同，参考昂科威7T35自动变速器相关资料。

## 三、电子制动系统

科鲁兹电子制动系统控制模块位于发动机舱左后侧顶部，根据带电子助力制动器的不同，分以下两种型号。

### 1. 不带电子助力制动器J71

科鲁兹不带电子助力制动器J71的控制模块针脚分布及针脚说明与威朗带电子助力制动器J69的控制模块基本相同，参考威朗相关维修资料。

### 2. 带电子助力制动器J71

科鲁兹带电子助力制动器J71的控制模块针脚分布与昂科威电子制动控制模块基本相同，参考图2-16；科鲁兹电子制动控制模块编号40的针脚未使用，其余针脚“功能”栏的说明参考表2-30威朗带电子助力制动器J71的控制单元针脚说明。

# 第六节 雪佛兰新赛欧（2014年款）

## 一、1.4L LCU发动机

新赛欧1.4L LCU发动机控制单元针脚分布如图2-29所示，针脚说明见表2-38。

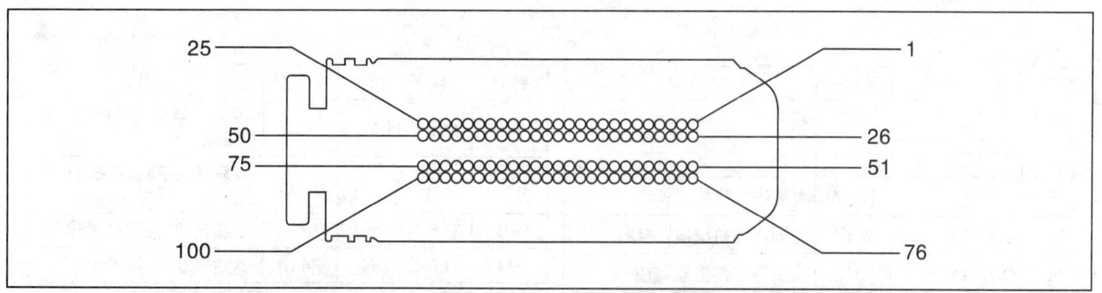


图2-29 新赛欧1.4L LCU发动机控制单元针脚分布

表2-38 新赛欧1.4L LCU发动机控制单元针脚说明

| 针脚 | 线径颜色 | 电路 | 功能 |
|---|---|---|---|
| 1 | 0.5 D-GN | 2123 | 点火控制信号-缸4 |
| 2 | 0.5 L-BU | 2122 | 点火控制信号-缸3 |
| 3 | 0.5 YE | 2124 | 点火控制信号-缸2 |
| 4 | 0.5 BK | 150 | 接地 |
| 5 | 0.35 YE | 630 | 凸轮轴位置传感器信号 |
| 7 | 0.35 WH | 919 | 进气歧管温度传感器信号 |
| 8 | 0.5 BN | 435 | 排气再循环阀位置传感器信号 |
| 10 | 0.5 BN | 908 | 后加热型氧传感器信号 |
| 11 | 0.35 D-GN | 432 | 进气歧管绝对压力传感器信号 |
| 12 | 0.35 L-GN | 9469 | 低电平参考电压 |
| 13 | 0.35 BN | 918 | 5V参考电压 |
| 14 | 0.35 BK | 469 | 低电平参考电压 |
| 15 | 0.5 BK | 1271 | 低电平参考电压 |
| 16 | 0.5 WH | 1664 | 5V参考电压 |
| 17 | 0.5 RD | 140 | 蓄电池正极电压 |
| 18 | 0.35 L-GN | 573 | 5V参考电压 |
| 19 | 0.35 D-BU | 916 | 低电平参考电压 |
| 20 | 0.5 BN | 907 | 低电平参考电压 |
| 21 | 0.5 WH | 3201 | 5V参考电压 |
| 24 | 0.5 D-GN | 7335 | 节气门执行器电动机控制低电平 |
| 25 | 0.5 L-BU | 5292 | 点火电压 |
| 26 | 0.5 D-BU | 2121 | 点火控制信号-缸1 |
| 27 | 0.5 BK | 150 | 接地 |
| 28 | 0.5 BK | 150 | 接地 |
| 29 | 0.5 BK | 150 | 接地 |
| 30 | 0.35 L-BU | 2832 | 曲轴位置传感器信号 |
| 32 | 0.5 YE | 1661 | 踏板位置传感器信号 |
| 33 | 0.35 BK | 917 | 低电平参考电压 |
| 34 | 0.5 L-GN | 1662 | 踏板位置传感器信号 |
| 35 | 0.35 L-GN | 3683 | 空调蒸发器温度传感器信号 |
| 36 | 0.5 WH | 203 | 空调压力传感器信号 |
| 37 | 0.5 L-GN | 30 | 燃油油位传感器信号 |
| 39 | 0.35 BK | 2761 | 冷却液温度传感器信号 |
| 40 | 0.5 D-GN | 7352 | 加热型氧传感器信号 |
| 42 | 0.5 VT | 7355 | 低电平参考电压 |
| 43 | 0.5 BN | 1274 | 5V参考电压 |
| 44 | 0.5 BK/WH | 1272 | 低电平参考电压 |
| 45 | 0.35 BN | 915 | 低参考电压 |
| 46 | 0.5 WH | 914 | 5V参考电压 |
| 47 | 0.5 VT | 1739 | 点火2/3电压 |
| 48 | 0.5 RD | 340 | 点火1/2电压 |
| 49 | 0.5 YE | 7336 | 节气门执行器电动机控制高电平 |
| 50 | 0.5 L-BU | 5292 | 点火电压 |
| 51 | 0.5 BN | 473 | 高速冷却风扇继电器控制 |
| 52 | 0.5 D-GN | 335 | 低速冷却风扇继电器控制 |
| 53 | 0.5 D-GN | 21 | 制动踏板位置传感器信号 |
| 54 | 0.35 YE | 710 | CAN串行数据高电平（EMT） |
| 55 | 0.35 YE/BK | 1807 | CAN串行数据低电平（EMT） |
| 56 | 0.5 BN | 20 | 制动踏板位置传感器信号 |
| 57 | 0.5 VT/BK | 1319 | 串行数据 |
| 58 | 0.5 YE | 5270 | 轮速信号 |
| 60 | 0.5 BN | 66 | 空调请求信号 |
| 65 | 0.5 BN/BK | 486 | 节气门位置传感器 2 信号 |
| 66 | 0.5 BN | 485 | 节气门位置传感器 1 信号 |
| 67 | 0.5 WH/BK | 3202 | 低电平参考电压 |
| 68 | 0.5 D-GN | 817 | 车速传感器信号（仅用于手动变速器汽车） |
| 69 | 0.35 D-BU | 410 | 低电平参考电压 |
| 71 | 0.35 WH | 1876 | 爆燃传感器信号 |
| 72 | 0.35 VT | 496 | 爆燃传感器信号 |

（续）

| 针脚 | 线径颜色 | 电路 | 功能 |
|---|---|---|---|
| 74 | 0.75 BK | 150 | 接地 |
| 75 | 0.75 BK | 150 | 接地 |
| 76 | 0.5 YE | 7017 | 可变进气道控制信号 |
| 77 | 0.5 WH | 459 | 空调压缩机继电器控制 |
| 78 | 0.75 YE/RD | 7013 | 喷油器控制信号-缸2 |
| 79 | 0.75 YE/WH | 7011 | 喷油器控制信号-缸3 |
| 80 | 0.75 YE | 7010 | 喷油器控制信号-缸1 |
| 81 | 0.75 YE/BK | 7012 | 喷油器控制信号-缸4 |
| 83 | 0.5 BK | 913 | 可变进气歧管控制信号 |
| 84 | 0.5 D-GN | 817 | 车速信号输出 |
| 85 | 0.5 WH | 135 | 冷却液温度信号输出 |
| 86 | 0.5 VT | 458 | 燃油泵继电器控制信号 |
| 87 | 0.5 WH | 902 | 起动继电器控制信号（EMT） |
| 88 | 0.5 BK | 9349 | 前氧传感器加热器低电平控制 |
| 90 | 0.5 BK | 7354 | 加热器低电平参考电压 |
| 91 | 0.5 D-GN | 7414 | 燃油液位信号输出 |
| 92 | 0.5 BN | 419 | 故障指示灯控制 |
| 94 | 0.5 BN | 5069 | 主继电器控制信号 |
| 95 | 0.5 D-BU | 5372 | 蒸发排放炭罐清污电磁阀控制 |
| 97 | 0.5 WH | 121 | 发动机转速信号 |
| 98 | 0.5 L-GN | 436 | 排气再循环阀控制 |
| 注 | 编号6、9、22、23、31、38、41、59、61～64、70、73、82、89、93、96、99、100的针脚未使用 | | |

## 二、自动变速器

新赛欧自动变速器控制单元针脚分布如图2-30所示，针脚说明见表2-39。

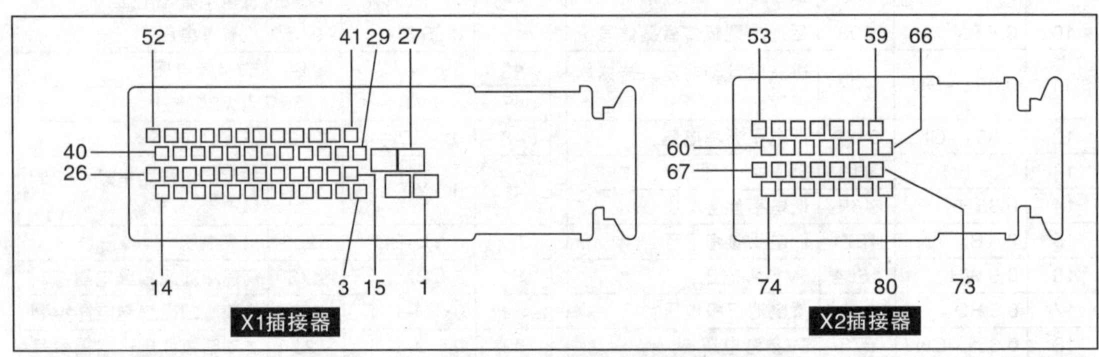


图2-30 新赛欧自动变速器控制单元针脚分布

表2-39 新赛欧自动变速器控制单元针脚说明

| 针脚 | 线径颜色 | 电路 | 功能 |
|---|---|---|---|
| X1插接器 | | | |
| 1 | 1 BK | 150 | 接地 |
| 2 | 1 BK | 150 | 接地 |
| 3 | 0.75 YE | 1223 | 5—R档区选档电磁阀EV4控制 |
| 7 | 0.35 YE | 5643 | CAN串行数据低电平 |
| 19 | 0.35 YE/BK | 5642 | CAN串行数据高电平 |
| 26 | 0.5 BN | 771 | 换档器信号0 |
| 27 | 1 WH | 5649 | 蓄电池电压 |
| 28 | 0.75 VT | 5025 | 点火2/3电压 |
| 29 | 0.75 WH | 1222 | 1—2档区选档电磁阀EV3控制 |
| 31 | 0.35 GY | 324 | 变速器油泵继电器控制 |
| 32 | 0.75 D-BU | 922 | 奇数档挂档电磁阀EV1控制 |
| 33 | 0.35 YE/BK | 1807 | CAN串行数据低电平 |
| 36 | 0.5 L-GN | 817 | 车速传感器输入信号 |
| 38 | 0.5 OG | 6253 | 离合器速度传感器信号 |
| 39 | 0.5 WH | 232 | 挂档位置传感器信号 |
| 40 | 0.5 BN | 2966 | 变速器油液压力传感器信号 |
| 43 | 0.75 YE/BK | 924 | 离合器电磁阀EV0控制 |
| 44 | 0.75 OG | 923 | 偶数档挂档电磁阀EV2控制 |

（续）

| 针脚 | 线径颜色 | 电路 | 功能 |
|---|---|---|---|
| 45 | 0.35 YE | 710 | CAN串行数据高电平 |
| 49 | 0.35 L-BU | 2051 | 串行数据 |
| 50 | 0.5 WH | 6254 | 离合器速度传感器低参考电压 |
| 51 | 0.5 BN | 7578 | 选档位置传感器信号 |
| 52 | 0.5 BK | 6294 | 离合器位置传感器信号 |
| 注 | 编号4～6、8～18、20～25、30、34、35、37、41、42、46～48的针脚未使用 | | |
| X2插接器 | | | |
| 59 | 0.5 YE | 7344 | 低参考电压 |
| 65 | 0.5 WH | 776 | 低参考电压 |
| 66 | 0.5 YE | 1457 | 低参考电压 |

| 针脚 | 线径颜色 | 电路 | 功能 |
|---|---|---|---|
| 67 | 0.5 YE | 772 | 换档器信号1 |
| 68 | 0.5 YE/BK | 1371 | 换档器信号3 |
| 69 | 0.5 BN | 20 | 制动灯信号 |
| 73 | 0.5 D-GN | 438 | 5V参考电压 |
| 74 | 0.5 GY | 773 | 换档器信号2 |
| 76 | 0.5 OG | 900 | 点火3信号 |
| 77 | 0.35 D-GN | 137 | 燃油经济模式开关信号 |
| 78 | 0.35 WH | 156 | 车门未关信号 |
| 79 | 0.5 WH | 6293 | 5V参考电压 |
| 80 | 0.35 BN | 926 | 蜂鸣器控制信号 |
| 注 | 编号53～58、60～64、70～72、75的针脚未使用 | | |

# 第七节 雪佛兰迈锐宝（2017年起）

## 一、1.5T LFV发动机

迈锐宝1.5T LFV发动机控制单元位于发动机舱左前角位置，其针脚分布与昂科威1.5T LFV发动机控制单元相同，参考图2-14，针脚说明见表2-40。

**表2-40 迈锐宝1.5T LFV发动机控制单元针脚说明**

| 针脚 | 导线颜色 | 电路 | 功能 |
|---|---|---|---|
| X1插接器 | | | |
| 32 | YE/VT | 6030 | 制动真空传感器 |
| 46、47 | — | — | 未使用 |
| 66 | BN/YE | 473 | 高速冷却风扇继电器线圈低电平控制 |
| 69 | — | — | 未使用 |
| 71 | BN/WH | 419 | 检查发动机指示控制 |
| X2插接器 | | | |
| 9 | — | — | 未使用 |
| 25、26 | — | — | 未使用 |
| 42 | — | — | 未使用 |

| 针脚 | 导线颜色 | 电路 | 功能 |
|---|---|---|---|
| X3插接器 | | | |
| 6 | BN/RD | 2917 | 5V参考电压 |
| 17 | WH/GY | 4578 | 变速器油压电磁阀控制 |
| 21 | BU/WH | 2918 | 低电平参考 |
| 22 | BK/GN | 2919 | 燃油导轨压力传感器信号 |
| 44、45 | — | — | 未使用 |
| 72 | YE | 582 | 节气门执行器控制关闭 |
| 注 | 其余针脚“功能”栏说明参考昂科威1.5T LFV发动机控制单元针脚说明表 | | |

## 二、6档自动变速器

迈锐宝6档自动变速器控制单元位于变速器内侧，其针脚分布与英朗6档自动变速器相同，参考图2-2，针脚“功能”栏说明可参考表2-2。

## 三、电子制动系统

迈锐宝电子制动系统控制模块位于发动机舱左后部，其针脚分布与英朗电子制动控制模块相同，参考图2-4，针脚说明见表2-41。

表2-41 迈锐宝电子制动控制模块针脚说明

| 针脚 | 导线颜色 | 电路 | 功能 |
| --- | --- | --- | --- |
| 1 | RD/YE | 442 | 蓄电池正极电压 |
| 3 | VT | 882 | 右后轮速传感器信号 |
| 4 | BK/VT | 883 | 右后轮速传感器低电平参考电压 |
| 5 | BU/YE | 6105 | 高速GMLAN串行数据+ |
| 6 | WH | 6106 | 高速GMLAN串行数据- |
| 8 | WH | 2501 | 高速GMLAN串行数据- |
| 9 | BU | 2500 | 高速GMLAN串行数据+ |
| 10 | YE | 872 | 右前轮速传感器信号 |
| 11 | BK/YE | 833 | 右前轮速传感器低电平参考电压 |
| 13 | BK | 1450 | 接地 |
| 17 | GN/BN | 2087 | 组合式车辆惯性传感器电源电压 |
| 18 | GN/GY | 333 | 制动液液位传感器信号 |
| 20 | WH | 2501 | 高速GMLAN串行数据- |
| 21 | BU | 2500 | 高速GMLAN串行数据+ |
| 25 | RD/GY | 1042 | 蓄电池正极电压 |
| 26 | GY | 1903 | 车辆速度信号 |
| 28 | WH/BU | 5986 | 通信唤醒信号 |
| 29 | BU | 884 | 左后车轮速度传感器信号 |
| 30 | BK/BU | 885 | 左后车轮速度传感器低电平参考 |
| 35 | GY | 830 | 左前轮速传感器信号 |
| 36 | BK/GY | 873 | 左后轮速传感器低电平参考 |
| 38 | BK | 1450 | 接地 |
| 注 | 编号2、7、12、14~16、19、22~24、27、31~34、37的针脚未使用 | | |

## 四、自动空调

迈锐宝自动空调控制单元位于仪表板内，其针脚分布与昂科威自动空调控制单元相似，可参考图2-19，针脚说明见表2-42。

表2-42 迈锐宝自动空调控制单元针脚说明

| 针脚 | 导线颜色 | 电路 | 功能 |
| --- | --- | --- | --- |
| X1插接器 | | | |
| 2 | — | — | 未使用 |
| 5~7 | — | — | 未使用 |
| 12 | — | — | 未使用 |
| 14 | YE | 1783 | 弱光感应延迟信号 |
| 19~20 | — | — | 未使用 |
| X2插接器 | | | |
| 3 | — | — | 未使用 |
| 18 | BN | 6102 | 内部空气温度传感器低电平参考电压 |
| X4插接器 | | | |
| 1 | YE/BK | 3177 | 乘客模式风门步进电动机控制（1） |
| 2 | BK/VT | 3178 | 乘客模式风门步进电动机控制（2） |
| 3 | PK/BU | 3179 | 乘客模式风门步进电动机控制（3） |
| 4 | YE/RD | 3180 | 乘客模式风门步进电动机控制（4） |
| 注 | 其余针脚“功能”栏说明参考昂科威自动空调控制单元针脚说明表 | | |

# 第八节 五菱宏光S（2014~2017年款）

## 一、1.2L发动机

五菱宏光S 1.2L发动机控制单元针脚分布如图2-31所示，针脚说明见表2-43。

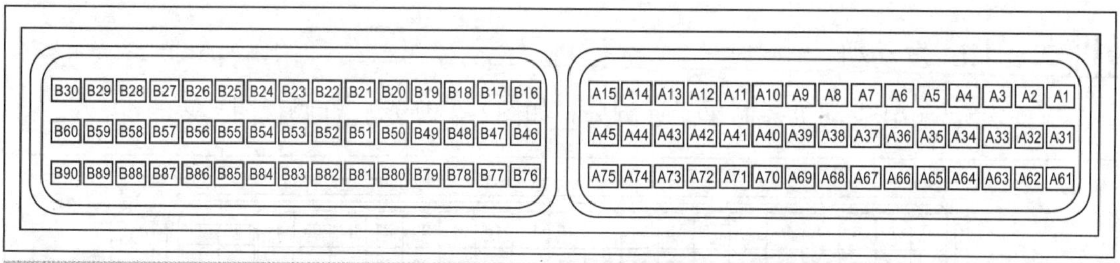

| B30 | B29 | B28 | B27 | B26 | B25 | B24 | B23 | B22 | B21 | B20 | B19 | B18 | B17 | B16 |
|---|---|---|---|---|---|---|---|---|---|---|---|---|---|---|
| B60 | B59 | B58 | B57 | B56 | B55 | B54 | B53 | B52 | B51 | B50 | B49 | B48 | B47 | B46 |
| B90 | B89 | B88 | B87 | B86 | B85 | B84 | B83 | B82 | B81 | B80 | B79 | B78 | B77 | B76 |

| A15 | A14 | A13 | A12 | A11 | A10 | A9 | A8 | A7 | A6 | A5 | A4 | A3 | A2 | A1 |
|---|---|---|---|---|---|---|---|---|---|---|---|---|---|---|
| A45 | A44 | A43 | A42 | A41 | A40 | A39 | A38 | A37 | A36 | A35 | A34 | A33 | A32 | A31 |
| A75 | A74 | A73 | A72 | A71 | A70 | A69 | A68 | A67 | A66 | A65 | A64 | A63 | A62 | A61 |

**图2-31 五菱宏光S 1.2L发动机控制单元针脚分布**

**表2-43 五菱宏光S 1.2L发动机控制单元针脚说明**

| 针脚号 | 颜色 | 功能 |
|---|---|---|
| A1 | 蓝色/绿色 | 步进电动机A高 |
| A2 | 绿色/红色 | 步进电动机A低 |
| A3 | 黑色/白色 | 点火接地屏蔽线 |
| A5 | 灰色 | 废气循环阀信号输出 |
| A6 | 绿色/黑色 | 油泵继电器控制 |
| A7 | 灰色/黑色 | 主控制电器控制 |
| A9 | 绿色/黑色 | 冷却风扇继电器控制 |
| A10 | 蓝色/灰色 | 空调风扇继电器控制 |
| A11 | 黑色/白色 | 爆燃传感器屏蔽线 |
| A12 | 橙色/黑色 | 爆燃传感器接地 |
| A13 | 蓝色/黑色 | 进气压力温度传感器接地 |
| A14 | 白色/黄色 | 后氧传感器输入信号 |
| A15 | 蓝色/黑色 | 前氧传感器接地 |
| B16 | 蓝色/黑色 | 后氧传感器接地 |
| B17 | 棕色/黄色 | 凸轮轴传感器/EGR接地 |
| B19 | 黑色 | 冷却液温度传感器接地 |
| B21 | 绿色/白色 | 节气门位置传感器供电 |
| B22 | 棕色/红色 | 凸轮轴传感器输入信号 |
| B24 | 黑色 | ECU接地 |
| B25 | — | 曲轴位置传感器屏蔽线 |
| B28 | 黑色 | ECU接地 |
| B29 | 红色/黄色 | ECU点火信号 |
| B30 | 橙色 | ECU常通电 |
| A31 | 蓝色/红色 | 点火线圈2&3缸 |
| A32 | 红色 | 点火线圈1&4缸 |
| A33 | 黑色 | ECU接地 |
| A35 | 棕色/绿色 | 前氧传感器控制 |
| A39 | 棕色/白色 | 故障指示灯信号 |
| A41 | 绿色/白色 | 空调压缩机继电器控制 |
| A42 | 蓝色/灰色 | 爆燃传感器信号 |
| A44 | 紫色 | 前氧传感器输入信号 |
| A45 | 棕色 | 废气循环阀输入信号 |
| B49 | 蓝色/灰色 | 空调温度信号 |
| B50 | 蓝色/红色 | 进气压力温度传感器供电 |
| B51 | 棕色 | 车速信号 |
| B52 | 绿色/白色 | A/C请求 |
| B53 | 蓝色 | 轮速传感器信号A（带ABS） |
| B54 | 黄色/红色 | 曲轴传感器信号A |
| B56 | 蓝色/黄色 | 故障K线 |
| B59 | 红色/黄色 | 喷油器1 |
| B60 | 绿色/红色 | 喷油器3 |
| A61 | 蓝色/白色 | 步进电动机B高 |
| A62 | 蓝色/红色 | 步进电动机B低 |
| A64 | 绿色/红色 | 后氧传感器控制 |
| A65 | 绿色/白色 | 炭罐控制阀控制 |
| A66 | 橙色/黑色 | ECU-主控继电器电源输出 |
| A67 | 黑色 | ECU接地 |
| A68 | 白色 | 转速信号输出 |
| A70 | 灰色 | 进气歧管调节阀PDA信号 |
| A74 | 蓝色/灰色 | 节气门传感器信号 |
| A75 | 绿色/灰色 | 进气歧管绝对压力MAP信号 |
| B76 | 黄色 | 冷却液温度传感器信号 |
| B78 | 棕色/绿色 | 进气温度TIA信号 |
| B79 | 蓝色/棕色 | 废气循环阀供电 |
| B82 | 黄色 | 节气门传感器接地 |
| B83 | 黄色 | 动力转向开关 |

（续）

| 针脚号 | 颜色 | 功能 |
|---|---|---|
| B84 | 棕色 | 转速传感器信号B |
| B85 | 黑色/黄色 | 曲轴传感器信号B |
| B87 | 蓝色/黑色 | 空调管压力开关信号 |
| B89 | 棕色 | 喷油器4 |
| B90 | 蓝色/红色 | 喷油器2 |
| 注 | 针脚编号A4、A8、B18、B20、B23、B26、B27、A34、A36～A38、A40、A43、B46～B48、B55、B57、B58、A63、A69、A71～A73、B77、B80、B81、B86、B88未使用 | |

## 二、1.5L发动机

五菱宏光S 1.5L发动机控制单元针脚分布如图2-32所示，针脚说明见表2-44。

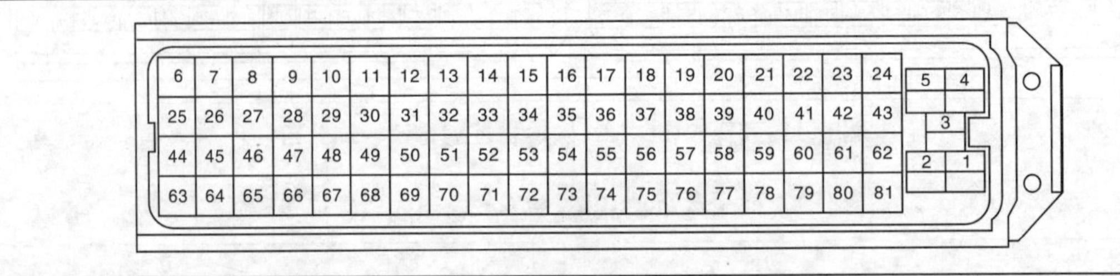


图2-32 五菱宏光S 1.5L发动机控制单元针脚分布

表2-44 五菱宏光S 1.5L发动机控制单元针脚说明

| 针脚号 | 颜色 | 功能 |
|---|---|---|
| 1 | 绿色/红色 | 点火线圈2 |
| 2 | 绿色/白色 | 点火线圈3 |
| 3 | 黑色 | 点火接地 |
| 4 | 绿色/蓝色 | 点火线圈4 |
| 5 | 绿色 | 点火线圈1 |
| 6 | 绿色/黑色 | 喷油器第二缸 |
| 7 | 灰色/黑色 | 喷油器第三缸 |
| 8 | 绿色/黑色 | 发动机转速输出 |
| 9 | 蓝色/灰色 | 冷却液温度输出 |
| 10 | 黑色/白色 | 油耗输出 |
| 11 | 蓝色/黄色 | 油位输出 |
| 12 | 红色 | 持续电源 |
| 13 | 蓝色/灰色 | 点火开关 |
| 14 | 白色/黄色 | 主继电器 |
| 15 | 白色 | 曲轴位置传感器 |
| 16 | 蓝色/白色 | 加速踏板位置传感器1 |
| 17 | 棕色/黄色 | 传感器接地1 |
| 18 | 红色/黄色 | 上游氧传感器 |
| 19 | 绿色/白色 | 爆燃传感器A端 |
| 20 | 黄色/白色 | 爆燃传感器B端 |
| 21 | 黄色/红色 | 制动灯 |
| 22 | 黄色/白色 | 空调温度传感器 |
| 23 | 紫色/白色 | 助力转向开关 |
| 25 | 黄色/绿色 | 可变进气歧管 |
| 26 | 绿色/白色 | 上游氧传感器加热 |
| 27 | 红色/黄色 | 喷油器第一缸 |
| 28 | 绿色/白色 | 可变凸轮轴正时（排气） |
| 29 | 灰色 | 下游氧传感器加热 |
| 30 | 白色 | 油位警告灯 |
| 31 | 黑色/绿色 | 故障灯 |
| 32 | 红色/黑色 | 5V电源1 |
| 33 | 蓝色/绿色 | 5V电源2 |
| 35 | 灰色/白色 | 传感器接地3 |
| 36 | 红色/黄色 | 传感器接地2 |
| 37 | 绿色/黑色 | 进气压力传感器 |
| 38 | 绿色/黑色 | 节气门位置传感器2 |
| 39 | 绿色/红色 | 冷却液温度传感器 |
| 40 | 蓝色/灰色 | 加速踏板传感器2 |
| 42 | 蓝色/黑色 | 进气温度传感器 |
| 43 | 紫色 | 油位传感器 |
| 44 | 红色/白色 | 非持续电源 |
| 45 | 红色/白色 | 非持续电源 |
| 46 | 红色/黄色 | 炭罐电磁阀 |
| 47 | 绿色/白色 | 喷油器第四缸 |
| 48 | 绿色/白色 | 可变凸轮轴正时（进气） |
| 50 | 橙色/白色 | 风扇控制1 |

（续）

| 针脚号 | 颜色 | 功能 |
|---|---|---|
| 51 | 黑色 | 电子接地2 |
| 53 | 黑色 | 电子接地1 |
| 54 | 绿色/黑色 | 节气门位置传感器1 |
| 55 | 绿色/白色 | 下游氧传感器 |
| 57 | 红色/黄色 | 空调压力开关 |
| 58 | 绿色/黄色 | 制动开关 |
| 59 | 蓝色/棕色 | 车速信号 |
| 60 | 灰色 | ABS轮速信号 |
| 61 | 黑色 | 功率接地1 |
| 63 | 红色/白色 | 非持续电源 |
| 64 | 蓝色 | 节气门执行器 |
| 65 | 棕色 | 节气门执行器 |
| 66 | 蓝色/灰色 | 节气门执行器 |
| 67 | 蓝色/黑色 | 节气门执行器 |

| 针脚号 | 颜色 | 功能 |
|---|---|---|
| 68 | 灰色/白色 | 风扇控制2 |
| 69 | 蓝色 | 油泵继电器 |
| 70 | 红色/黄色 | 空调压缩机继电器 |
| 71 | 黑色/白色 | 诊断K线 |
| 72 | 绿色/灰色 | 相位传感器2（排气） |
| 74 | 黄色 | 离合器开关 |
| 75 | 蓝色/红色 | 空调开关 |
| 76 | 蓝色/黄色 | 电子负载1/前照灯开关 |
| 77 | 蓝色/黑色 | 电子负载2/鼓风机 |
| 78 | 蓝色 | 传感器接地4 |
| 79 | 蓝色/棕色 | 相位传感器1（进气） |
| 80 | 黑色 | 功率接地2 |
| 注 | 编号24、34、41、49、52、56、62、73、81的针脚未使用 | |

## 三、ABS

五菱宏光S的ABS控制单元针脚分布如图2-33所示，针脚说明见表2-45。

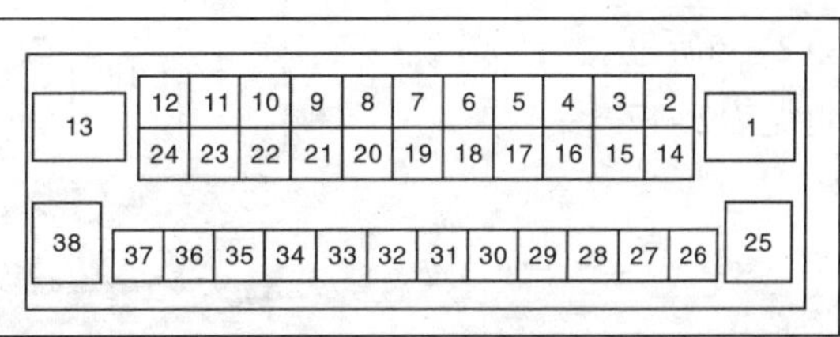


图2-33 五菱宏光S的ABS控制单元针脚分布

表2-45 五菱宏光S的 ABS控制单元针脚说明

| 针脚号 | 颜色 | 功能 |
|---|---|---|
| 1 | 红色 | 来自熔断器F102电源 |
| 2 | 绿色/灰色 | 给ECU信号 |
| 3 | 绿色/灰色 | EBD信号 |
| 4 | 红色 | 右前轮速传感器信号地 |
| 6 | 白色 | 给诊断接口信号 |
| 8 | 白色/红色 | 左前轮速传感器信号地 |
| 13 | 黑色 | 接地 |
| 16 | 白色 | 右前轮速传感器电压信号 |
| 17 | 黑色/蓝色 | 右后轮速传感器电压信号 |
| 18 | 黄色/红色 | 左后轮速传感器信号地 |
| 19 | 黑色/红色 | 左前轮速传感器电压信号 |

| 针脚号 | 颜色 | 功能 |
|---|---|---|
| 25 | 红色 | 来自熔断器F103电源 |
| 27 | 绿色/黑色 | ABS信号 |
| 28 | 黄色/红色 | 来自熔断器F207电源 |
| 29 | 白色/蓝色 | 右后轮速传感器信号地 |
| 30 | 黄色 | 制动信号接地 |
| 31 | 灰色/红色 | 左后轮速传感器电压信号 |
| 33 | 蓝色/白色 | 轮速信号 |
| 38 | 黑色 | 接地 |
| 注 | 编号5、7、9~12、14、15、20~24、26、32、34~37的针脚未使用 | |

## 四、空调

五菱宏光S空调控制器针脚分布如图2-34所示，针脚说明见表2-46。

空调控制器A

| A1 | A2 | A3 | A4 | A5 | A6 |
|---|---|---|---|---|---|
| A7 | A8 | A9 | A10 | A11 | A12 |

空调控制器B

| B1 | B2 | B3 |
|---|---|---|
| B4 | B5 | B6 |

图2-34 五菱宏光S空调控制器针脚分布

表2-46 五菱宏光S空调控制器针脚说明

| 针脚号 | 颜色 | 功能 |
|---|---|---|
| 空调控制器A | | |
| A1 | 绿色/白色 | ECU信号 |
| A2 | 黑色/白色 | 暖风机工作输入信号 |
| A3 | 黑色 | 接地 |
| A4 | 棕色/白色 | 背景灯电源 |
| A5 | 红色/白色 | 常通电源 |
| A6 | 黄色/红色 | IGN2电源 |
| A7 | 黑色 | 接地 |
| A8 | 黑色 | 接地 |
| A9 | — | 未使用 |
| A10 | — | 未使用 |
| A11 | 红色/黄色 | 内循环输出 |
| A12 | 黄色/蓝色 | 外循环输出 |
| 空调控制器B | | |
| B1 | 黑色/白色 | 暖风机工作输出信号 |
| B2 | 黄色/红色 | 暖风机工作电源 |
| B3 | 蓝色/红色 | 三档工作电压 |
| B4 | 黄色 | 一档工作电压 |
| B5 | 棕色/绿色 | 二档工作电压 |
| B6 | 橙色 | 四档工作电压 |

## 五、SRS

五菱宏光S的SRS控制单元针脚分布如图2-35所示，针脚说明见表2-47。

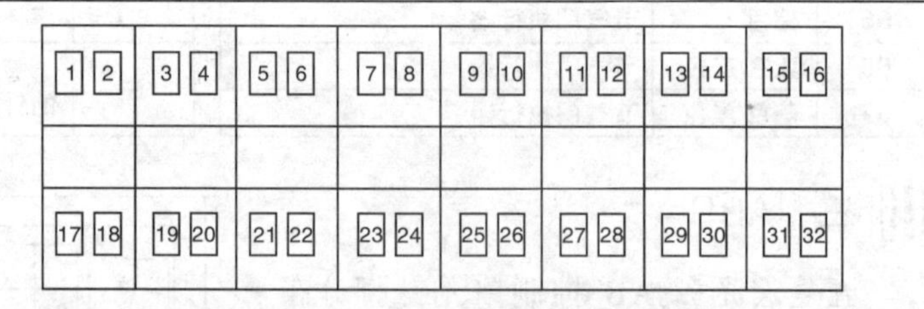


图2-35 五菱宏光S的SRS控制单元针脚分布

表2-47 五菱宏光S的SRS控制单元针脚说明

| 针脚号 | 颜色 | 功能 |
|---|---|---|
| 1 | 棕色 | 给驾驶人侧安全气囊信号 |
| 2 | 蓝色 | 给驾驶人侧安全气囊信号 |
| 3 | 黄色 | 给乘客侧安全气囊信号 |
| 4 | 红色 | 给乘客侧安全气囊信号 |
| 18 | 白色 | 给组合仪表信号 |
| 27 | 橙色 | 诊断接口 |
| 30 | 黑色 | 接地 |
| 32 | 绿色 | 供电 |
| 注 | 编号5～17、19～26、28、29、31的针脚未使用 | |

## 六、转向系统

五菱宏光S转向系统控制单元针脚分布如图2-36所示，针脚说明见表2-48。

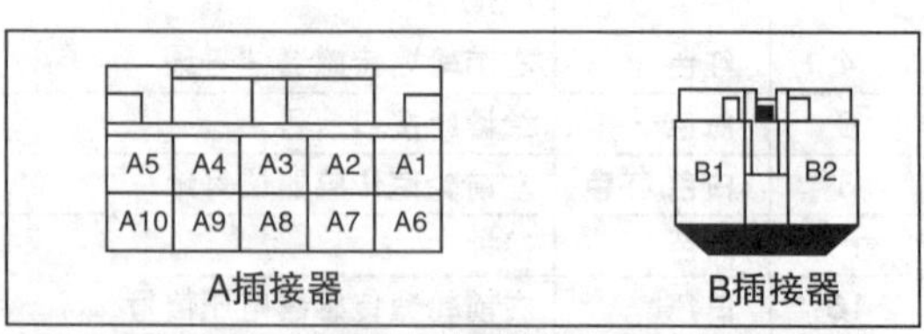


图2-36 五菱宏光S转向系统控制单元针脚分布

表2-48 五菱宏光S转向系统控制单元针脚说明

| 针脚号 | 颜色 | 功能 |
|---|---|---|
| A插接器 | | |
| A1 | 黄色/白色 | IGN1电 |
| A4 | 蓝色/白色 | 轮速信号 |
| A5 | 黑色/白色 | 发动机转速信号 |
| A6 | 黄色/黑色 | 电控单元（ECU）信号 |
| A9 | 白色 | 诊断信号 |
| A10 | 黑色/绿色 | 组合仪表指示信号 |
| 注 | 编号A2、A3、A7、A8的针脚未使用 | |
| B插接器 | | |
| B1 | 白色/红色 | 电源 |
| B2 | 黑色 | 接地 |

## 七、组合仪表

五菱宏光S组合仪表电控单元针脚分布如图2-37所示，针脚说明见表2-49。

| 16 | 15 | 14 | 13 | 12 | 11 | 10 | 9 | 8 | 7 | 6 | 5 | 4 | 3 | 2 | 1 |
|---|---|---|---|---|---|---|---|---|---|---|---|---|---|---|---|
| 32 | 31 | 30 | 29 | 28 | 27 | 26 | 25 | 24 | 23 | 22 | 21 | 20 | 19 | 18 | 17 |

图2-37 五菱宏光S组合仪表电控单元针脚分布

表2-49 五菱宏光S组合仪表电控单元针脚说明

| 针脚号 | 颜色 | 功能 |
|---|---|---|
| 1 | 棕色/黑色 | 机油压力警告信号 |
| 2 | 黄色/棕色 | 制动警告信号 |
| 3 | 灰色 | 安全气囊警告信号 |
| 4 | 黄色/白色 | 安全带警告信号 |
| 5 | 白色/红色 | 充电信号 |
| 6 | 黑色/白色 | 转速信号 |
| 7 | 黑色/蓝色 | 前雾灯信号 |
| 8 | 红色/绿色 | 后雾灯信号 |
| 9 | 棕色/红色 | 发动机故障信号 |
| 10 | 绿色/黄色 | ABS故障信号 |
| 11 | 棕色 | 车速信号 |
| 12 | 蓝色 | 左转向信号 |
| 13 | 蓝色/黄色 | 右转向信号 |
| 14 | 绿色/黑色 | 冷却液温度信号 |
| 15 | 橙色 | 前照灯信号 |
| 17 | 红色/白色 | 常通电源 |
| 18 | 红色/黄色 | 供电 |
| 21 | 黑色 | 接地 |
| 23 | 紫色 | 燃油量信号 |
| 24 | 黑色 | 接地 |
| 25 | 棕色/白色 | 小灯信号 |
| 26 | 黑色/绿色 | EPS故障信号 |
| 27 | 白色 | 门开关状态信号 |
| 注 | 编号16、19、20、22、28~32的针脚未使用 | |

# 第九节 五菱之光（2015~2018年款）

## 一、新1.2L发动机（N109）/（N111）

五菱之光新1.2L发动机（N109）/（N111）控制单元针脚分布如图2-38所示，针脚说明见表2-50。

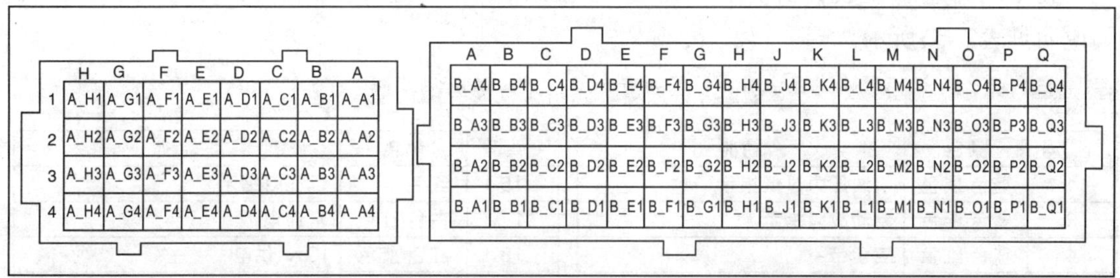


图2-38 五菱之光新1.2L发动机（N109）/（N111）控制单元针脚分布

表2-50 五菱之光新1.2L发动机（N109）/（N111）控制单元针脚说明

| 针脚号 | 功能 |
|---|---|
| A_A1 | CAN-H |
| A_A2 | 空调压力开关 |
| A_A3* | 离合器开关* |
| A_A4 | 诊断K线 |
| A_B1 | CAN-L |
| A_B2 | 冷却液温度传感器接地 |
| A_B4 | 进气压力传感器接地 |
| A_C1 | 节气门位置传感器信号2 |
| A_C2 | 进气温度传感器接地 |

（续）

| 针脚号 | 功能 | 针脚号 | 功能 | 针脚号 | 功能 |
|---|---|---|---|---|---|
| A_C3 | 制动灯开关 | B_B1 | 加速踏板2信号 | B_K4 | 喷油器2 |
| A_C4 | EGR位置传感器电源 | B_B2 | 爆燃传感器接地 | B_L1 | 进气凸轮轴传感器电源 |
| A_D1 | 空调开关 | B_B3* | 轮速信号* | B_L2* | 油位传感器接地* |
| A_D2 | 节气门位置传感器接地 | B_B4* | 油位传感器* | B_L3 | 风扇继电器控制 |
| A_D3 | 发动机冷却液温度传感器 | B_C1 | 前氧传感器 | B_L4 | 喷油器1 |
| A_D4 | 节气门位置传感器电源 | B_C2 | 加速踏板2接地 | B_M1 | 加速踏板1电源 |
| A_E1 | EGR位置传感器 | B_C3 | 进气凸轮轴位置传感器 | B_M2 | 进气凸轮轴传感器接地 |
| A_E2 | 行车制动开关 | B_D1 | 车速信号 | B_M3 | 喷油器4 |
| A_E3 | 空调蒸发器温度传感器接地 | B_D2 | 加速踏板1接地 | B_M4 | 喷油器3 |
| A_E4 | 进气温度传感器 | B_D3 | 加速踏板1 信号 | B_N2 | 空调压缩机继电器 |
| A_F1 | 节气门电动机- | B_E1 | 轮速传感器+ | B_N3 | 发动机转速（仪表） |
| A_F2 | 助力转向开关（预留） | B_E2 | 后氧传感器接地 | B_N4 | 前氧传感器加热 |
| A_F3 | 节气门位置传感器信号1 | B_F1 | 轮速传感器- | B_O2 | EGR阀 |
| A_F4 | 进气压力传感器电源 | B_F2 | 前氧传感器接接地 | B_O4 | 后氧传感器加热 |
| A_G1 | 节气门电动机+ | B_G1 | 空调蒸发器温度传感器 | B_P1 | 功率接地2 |
| A_G2 | 进气压力传感器 | B_G4 | 燃油泵继电器 | B_P2 | 功率接地1 |
| A_G4 | 功率地3 | B_H1 | 加速踏板2电源 | B_P3 | 蓄电池电源（常电） |
| A_H1 | 点火线圈3 | B_H2 | EGR位置传感器接地 | B_P4 | 蓄电池电源（主继电器后） |
| A_H2 | 点火线圈2 | B_H3 | 曲轴位置传感器信号 | B_Q3 | 炭罐电磁阀 |
| A_H3 | 点火线圈4 | B_H4 | MIL | 注 | 1. *仅适用于新1.2L发动机（N111）<br>2. 编号A_B3、A_G3、B_C4、B_D4、B_E3、B_E4、B_F3、B_F4、B_G2、B_G3、B_J1、B_K1、B_N1、B_O1、B_O3、B_Q1、B_Q2、B_Q4的针脚未使用 |
| A_H4 | 点火线圈1 | B_J2 | 曲轴位置传感器接地 | | |
| B_A1 | 爆燃传感器屏蔽接地 | B_J3 | 风扇2继电器控制 | | |
| B_A2 | 蓄电池 | B_J4 | 进气侧可变气门正时VVT | | |
| B_A3 | 后氧传感器 | B_K2 | 车速信号接地 | | |
| B_A4 | 爆燃信号输入 | B_K3 | 主继电器 | | |

## 二、组合仪表

五菱之光组合仪表针脚分布与五菱宏光S组合仪表针脚分布相同，参考图2-37，针脚说明见表2-51所示。

**表2-51 五菱之光组合仪表针脚说明**

| 针脚号 | 颜色 | 功能 | 针脚号 | 颜色 | 功能 |
|---|---|---|---|---|---|
| 1 | 蓝色/黑色 | 机油压力过低指示 | 15 | 红色 | 远光灯指示 |
| 2 | 黄色/绿色 | 制动故障指示 | 17 | 白色/红色 | 常通电 |
| 4 | 蓝色/红色 | 安全带- | 18 | 红色/蓝色 | IGN1供电 |
| 5 | 蓝色/白色 | 充电指示 | 21 | 黑色 | 数字接地 |
| 6 | 黑色/白色 | 转速信号 | 23 | 黄色 | 油量指示 |
| 9 | 红色/白色 | 发动机故障指示 | 24 | 棕色/白色 | 模拟接地 |
| 11 | 蓝色/白色 | 车速信号 | 25 | 绿色/白色 | 背景照明 |
| 12 | 绿色/蓝色 | 左转向指示信号 | 注 | 编号3、7、8、10、16、19、20、22、26~32的针脚未使用 | |
| 13 | 绿色/黄色 | 右转向指示信号 | | | |
| 14 | 绿色/红色 | 冷却液温度信号 | | | |

## 三、点火开关

五菱之光点火开关针脚分布如图2-39所示，针脚说明见表2-52。

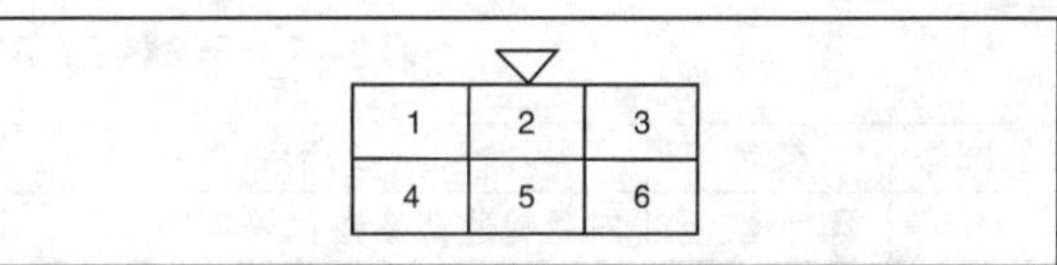

图2-39 五菱之光点火开关针脚分布

表2-52 五菱之光点火开关针脚说明

| 针脚号 | 颜色 | 功能 | 针脚号 | 颜色 | 功能 |
|---|---|---|---|---|---|
| 1 | 白色 | 蓄电池供电 | 4 | 黑色/黄色 | 蓄电池起动机 |
| 2 | 黑色/白色 | 供电给ON/START档位 | 5 | 白色 | 蓄电池供电 |
| 3 | 蓝色 | 供电给ACC/ON档位 | 6 | 蓝色/红色 | 供电给ON/START档位 |

# 第十节 五菱荣光/五菱荣光S（2015~2018年款）

## 一、新1.2L发动机

五菱荣光/五菱荣光S新1.2L发动机控制单元针脚分布及针脚说明与五菱之光新1.2L发动机（N111）基本相同，可参考图2-38和表2-50。

## 二、1.5L发动机

五菱荣光S 1.5L发动机控制单元针脚分布与五菱宏光S发动机基本相同，参考图2-32所示，针脚说明见表2-53。

表2-53 五菱荣光S 1.5L发动机控制单元针脚说明

| 针脚号 | 功能 | 针脚号 | 功能 |
|---|---|---|---|
| 30 | 油位警告灯 | 注 | 编号10、11、43、60、76、77的针脚未使用，其余针脚说明参考五菱宏光S 1.5L发动机单元针脚针脚说明表 |
| 50 | 风扇低速信号控制端 | | |
| 68 | 风扇高速信号控制端 | | |

## 三、ABS

### 1. 五菱荣光ABS

五菱荣光ABS控制单元针脚分布如图2-40所示，针脚说明见表2-54。

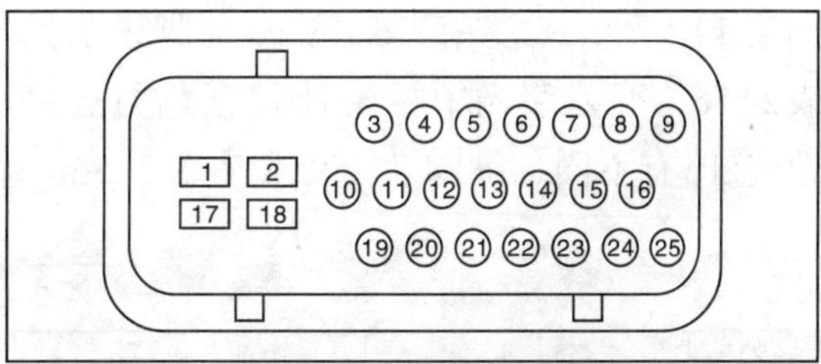

图2-40 五菱荣光ABS控制单元针脚分布

表2-54 五菱荣光ABS控制单元针脚说明

| 针脚号 | 颜色 | 功能 | 针脚号 | 颜色 | 功能 |
|---|---|---|---|---|---|
| 1 | 红色/黄色 | 供电1 | 3 | 蓝色/黄色 | ABS制动液控制信号 |
| 2 | 黄色/黑色 | 接地1 | 4 | 红色/白色 | 左后轮速传感器信号- |

表2-54 五菱荣光ABS控制单元针脚说明 （续）

| 针脚号 | 颜色 | 功能 | 针脚号 | 颜色 | 功能 |
|---|---|---|---|---|---|
| 5 | 黑色/红色 | 左后轮速传感器信号+ | 18 | 棕色/蓝色 | 接地2 |
| 6 | 红色/绿色 | IGN2供电 | 19 | 棕色/黄色 | 右后轮速传感器信号+ |
| 7 | 绿色/红色 | 传感器信号输出 | 20 | 蓝色/白色 | 右后轮速传感器信号- |
| 8 | 紫色/红色 | 左前轮速传感器信号- | 22 | 黑色/红色 | 右前轮速传感器信号- |
| 9 | 蓝色/红色 | 左前轮速传感器信号+ | 23 | 绿色 | 右前轮速传感器信号+ |
| 10 | 棕色 | ABS警告灯信号 | 24 | 黑色/蓝色 | 制动信号 |
| 17 | 紫色/黑色 | 供电2 | 注 | 编号11~16、21、25的针脚未使用 | |

2. 五菱荣光S ABS

五菱荣光S的ABS控制单元针脚分布如图2-41所示，针脚说明见表2-55。

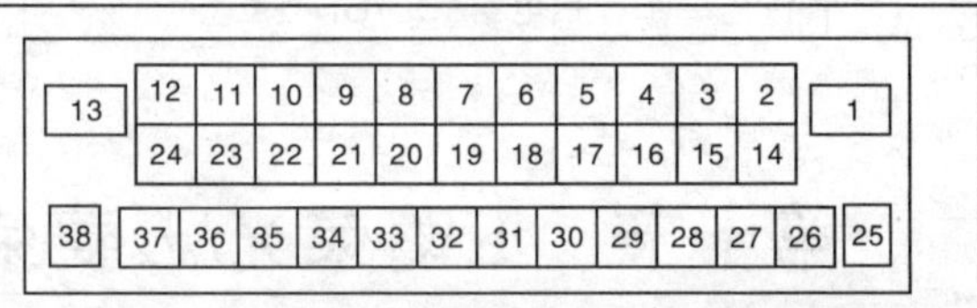


图2-41 五菱荣光S的ABS控制单元针脚分布

表2-55 五菱荣光S的ABS控制单元针脚说明

| 针脚号 | 颜色 | 功能 | 针脚号 | 颜色 | 功能 |
|---|---|---|---|---|---|
| 1 | 白色 | 供电1 | 25 | 白色 | 供电2 |
| 3 | 棕色 | ABS警告灯信号 | 27 | 蓝色 | ABS警告灯信号 |
| 4 | 绿色 | 右前轮速传感器信号 | 29 | 棕色/蓝色 | 右后轮速传感器信号 |
| 6 | 蓝色/黄色 | ABS制动油控制信号 | 30 | 绿色 | 制动信号 |
| 8 | 蓝色/红色 | 左前轮速传感器信号 | 31 | 红色/白色 | 左后轮速传感器电压 |
| 13 | 黑色 | 接地 | 37 | 蓝色/白色 | 右后轮速传感器电压 |
| 16 | 黑色/红色 | 右前轮速传感器信号 | 38 | 黑色 | 接地 |
| 18 | 红色/黑色 | 左后轮速传感器信号 | 注 | 编号2、5、7、9~12、14、15、17、20~24、26、28、32~36的针脚未使用 | |
| 19 | 紫色/红色 | 左前轮速传感器信号 | | | |

## 四、中控盒

五菱荣光/五菱荣光S中控盒针脚分布如图2-42所示，五菱荣光S中控盒针脚说明见表2-56。五菱荣光中控盒针脚颜色与五菱荣光S略有不同，针脚功能可参考表2-56。

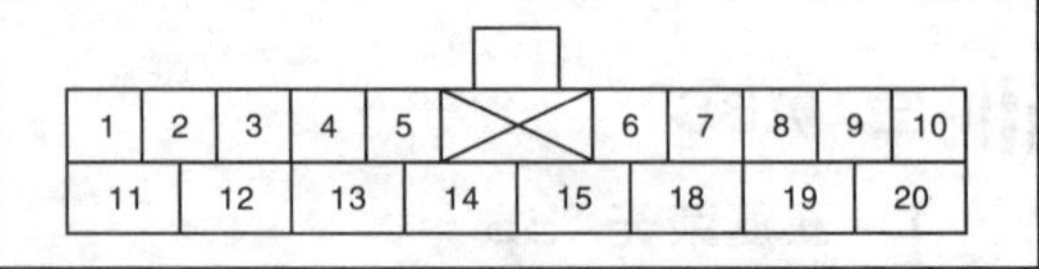


图2-42 五菱荣光/五菱荣光S中控盒针脚分布

表2-56 五菱荣光S中控盒针脚说明

| 针脚号 | 颜色 | 功能 | 针脚号 | 颜色 | 功能 |
|---|---|---|---|---|---|
| 1 | 黑色/白色 | IGN1供电 | 14 | 绿色 | 闭锁信号 |
| 7 | 黄色 | 门锁信号 | 15 | 红色 | 供电 |
| 10 | 黑色/蓝色 | 门开信号 | 16 | 蓝色 | 车速信号 |
| 11 | 蓝色 | 开锁信号 | 17 | 绿色/蓝色 | 警告信号C |
| 12 | 黑色 | 接地 | 18 | 绿色/红色 | 警告信号D |
| 13 | 红色/蓝色 | 报警信号 | 注 | 编号2~6、8、9、19、20的针脚未使用 | |

## 五、空调

五菱荣光S空调控制器针脚分布如图2-43所示，针脚说明见表2-57。

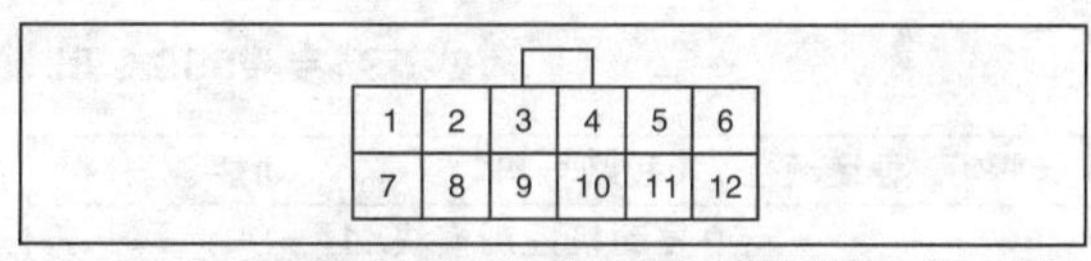

图2-43 五菱荣光S空调控制器针脚分布

表2-57 五菱荣光S空调控制器针脚说明

| 针脚号 | 颜色 | 功能 | 针脚号 | 颜色 | 功能 |
|---|---|---|---|---|---|
| 1 | — | 未使用 | 7 | 白色/红色 | 后除霜器继电器信号 |
| 2 | 蓝色/白色 | 供电 | 8 | 黑色/白色 | 供电 |
| 3 | 绿色/白色 | 灯光信号 | 9 | 棕色/白色 | ECU信号 |
| 4 | 绿色/白色 | 灯光信号 | 10 | 蓝色/白色 | 暖风机开关信号 |
| 5 | 红色 | 内外换气执行器信号 | 11 | 黑色 | 接地 |
| 6 | 白色 | 内外换气执行器信号 | 12 | 黑色 | 接地 |

## 六、转向系统

五菱荣光S转向系统控制单元针脚分布如图2-44所示，针脚说明见表2-58。

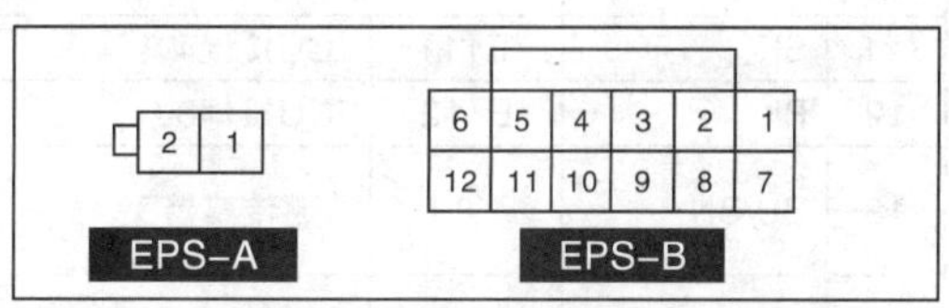

图2-44 五菱荣光S转向系统控制单元针脚分布

表2-58 五菱荣光S转向系统控制单元针脚说明

| 针脚号 | 颜色 | 功能 | 针脚号 | 颜色 | 功能 |
|---|---|---|---|---|---|
| A1 | 白色 | 供电 | B9 | 白色/绿色 | 转向控制灯信号 |
| A2 | 黑色 | 接地 | B10 | 黑色/白色 | 转速信号 |
| B3 | 蓝色/黄色 | 诊断信号 | B11 | 蓝色 | 助力转向信号 |
| B7 | 黑色/白色 | IGN1供电 | 注 | 编号B1、B2、B4～B6、B8、B12的针脚未使用 | |

# 第十一节 宝骏560（2015～2018年款）

## 一、1.8L发动机

宝骏560 1.8L发动机控制单元位于发动机舱左侧，针脚分布如图2-45所示，针脚说明见表2-59。

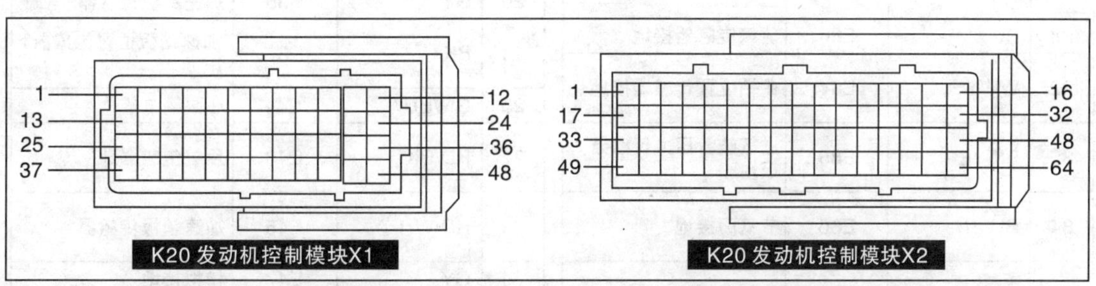

图2-45 宝骏560 1.8L发动机控制单元针脚分布

**表2-59 宝骏560 1.8L发动机控制单元针脚说明**

| 针脚 | 导线颜色 | 线路号码 | 功能 |
|---|---|---|---|
| K20 发动机控制模块X1 | | | |
| 1 | BU/RD | E101 | 冷却液温度传感器 |
| 2 | BU/BN | E102 | 进气温度传感器 |
| 4 | YE/GN | E104 | 前氧传感器 |
| 6 | RD/WH | E106 | 发动机负载反馈 |
| 7 | BU | E107 | 节气门5V电源 |
| 8 | WH | E108 | 转速传感器5V电源 |
| 9 | GY | E109 | 进气歧管压力传感器5V电源 |
| 11 | BK | E111 | ECU接地4 |
| 12 | BK | E112 | ECU接地3 |
| 13 | BU/BN | E89 | 爆燃传感器B |
| 14 | GN/BU | E90 | 爆燃传感器A |
| 15 | YE/GN | E91 | 进气压力传感器 |
| 17 | RD/WH | E93 | 相位传感器（进气） |
| 18 | BU | E94 | 炭罐阀 |
| 19 | WH | E95 | 相位传感器接地 |
| 20 | GY | E96 | 发动机转速传感器输入 |
| 22 | BN/RD | E98 | 相位传感器5V电源 |
| 23 | BU/BN | E99 | 点火线圈2（第3缸） |
| 24 | GN/BU | E100 | 点火线圈1（第1缸） |
| 25 | YE/GN | E77 | 节气门位置传感器1 |
| 26 | RD/BK | E78 | 节气门位置传感器2 |
| 28 | BU | E80 | 前氧传感器接地 |
| 32 | WH/YE | E84 | 曲轴位置传感器接地 |
| 33 | BK/YE | E85 | 进气歧管压力传感器接地 |
| 34 | BU/BN | E86 | 节气门接地 |
| 35 | GN/BU | E87 | 节气门执行器 |
| 36 | YE/GN | E88 | 点火线圈4（第2缸） |
| 39 | BU | E67 | 喷油器4（第2缸） |
| 40 | WH | E68 | 喷油器1（第1缸） |
| 43 | BU/WH | E71 | 可变凸轮轴正时（进气） |
| 44 | YE/GN | E72 | 喷油器2（第3缸） |
| 45 | BU/BN | E73 | 前氧传感器加热 |
| 46 | GN/BU | E74 | 喷油器3（第4缸） |
| 47 | YE/GN | E75 | 节气门执行器 |
| 48 | RD/BK | E76 | 点火线圈3（第4缸） |
| 注 | 编号3、5、10、16、21、27、29~31、37、38、41、42的针脚未使用 | | |
| K20 发动机控制模块X2 | | | |
| 5 | RD/BK | E53 | 空调高低压开关 |
| 8 | WH | E56 | 低速风扇控制1 |
| 9 | GY | E57 | 故障灯 |
| 10 | BK | E58 | 空调压缩机继电器 |
| 11 | WH/YE | E59 | 加速踏板传感器2接地 |
| 13 | GN/BU | E61 | 油位传感器 |
| 14 | YE/GN | E62 | 空调温度传感器 |
| 15 | RD/BK | E63 | ECU接地2 |
| 16 | BK | E64 | ECU接地1 |
| 19 | WH | E35 | 点火开关 |
| 20 | GY | E36 | 加速踏板传感器2电源 |
| 21 | BK | E37 | 加速踏板位置传感器1电源 |
| 25 | GN/BU | E41 | 油泵继电器 |
| 27 | RD/BK | E43 | 后氧传感器地 |
| 29 | RD/WH | E45 | 加速踏板传感器1 |
| 31 | GY | E47 | 模拟接地 |
| 32 | BK | E48 | 后氧传感器加热 |

（续）

| 针脚 | 导线颜色 | 线路号码 | 功能 |
|---|---|---|---|
| 33 | BK/WH | E17 | CAN-L |
| 36 | GN/BU | E20 | 加速踏板传感器2电源5V |
| 37 | YE/GN | E21 | 后氧传感器 |
| 39 | RD/WH | E23 | 进气侧凸轮轴位置传感器5V |
| 41 | WH | E25 | 制动灯 |
| 42 | GY | E26 | 车速信号输入 |
| 44 | WH/BU | E28 | 空调开关 |
| 46 | GN/BU | E30 | 加速踏板传感器2 |
| 47 | YE/GN | E31 | 高速风扇控制器2 |
| 48 | RD/BK | E32 | 防盗输入 |
| 49 | RD/WH | E1 | CAN-H |
| 53 | GN/VT | E5 | 主继电器 |
| 54 | BU/BK | E6 | 离合器开关 |
| 55 | BU/BN | E7 | 加速踏板传感器1接地 |
| 57 | YE/GN | E9 | 巡航开关组 |
| 63 | BK | E15 | 非持续电源 |
| 64 | RD/WH | E16 | 非持续电源 |
| 注 | 编号1～4、6、7、12、17、18、22～24、26、28、30、34、35、38、40、43、45、50～52、56、58～62的针脚未使用 | | |

## 二、手动空调

宝骏560手动空调控制单元针脚分布如图2-46所示，针脚说明见表2-60。

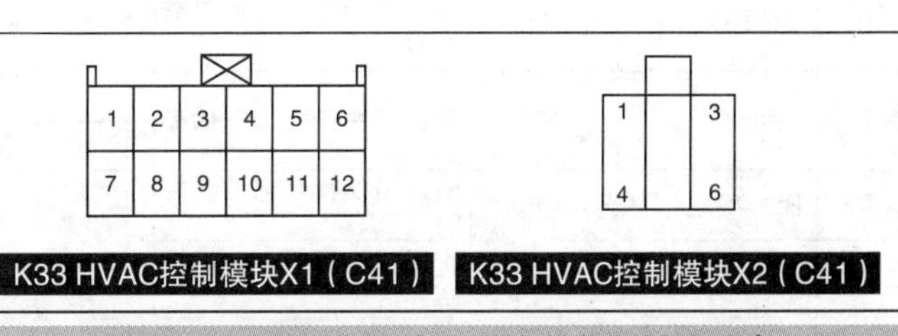


图2-46 宝骏560手动空调控制单元针脚分布

表2-60 宝骏560手动空调控制单元针脚说明

| 针脚 | 导线颜色 | 线路号码 | 功能 |
|---|---|---|---|
| K33 HVAC控制模块X1（C41） | | | |
| 1 | GN/VT | 380 | 空调开关 |
| 2 | RD | 229 | 鼓风机信号 |
| 3 | BK | 168 | 接地 |
| 4 | GN/RD | 132 | 空调背景灯 |
| 6 | GY | 7 | 电源 |
| 7 | BK | 170 | 接地 |
| 8 | BK | 167 | 接地 |
| 10 | BN | 266 | 后除霜及外部后视镜除霜 |
| 11 | GN/RD | 395 | 空气再循环风门执行器控制 |
| 12 | GN/WH | 394 | 空气再循环风门执行器控制 |
| 注 | 针脚编号5、9未使用 | | |
| K33 HVAC控制模块X2（C41） | | | |
| 1 | RD | 229 | 鼓风机信号反馈 |
| 2 | BK/WH | 443 | 鼓风电动机继电器信号 |
| 3 | WH | 72 | 三档 |
| 4 | WH/RD | 60 | 一档 |
| 5 | RD/WH | 63 | 二档 |
| 6 | YE | 2620 | 四档 |

## 三、自动空调

宝骏560自动空调控制单元针脚分布如图2-47所示，针脚说明见表2-61。

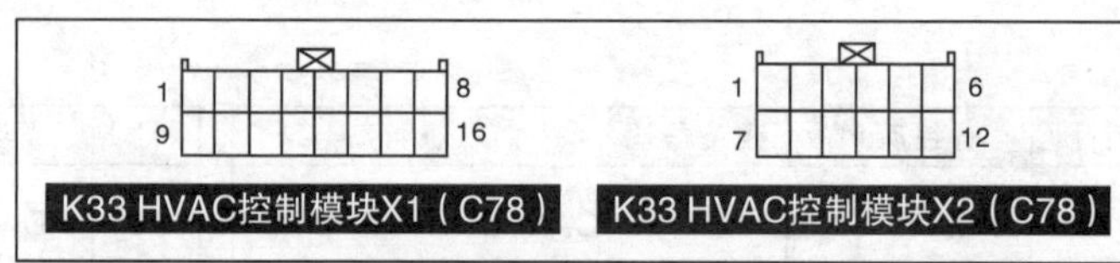


图2-47 宝骏560自动空调控制单元针脚分布

表2-61 宝骏560自动空调控制单元针脚说明

| 针脚 | 导线颜色 | 线路号码 | 功能 |
|---|---|---|---|
| K33 HVAC控制模块X1（C78） | | | |
| 1 | BK/YE | 440 | 鼓风电动机及电阻器反馈信号 |
| 2 | GN/VT | 380 | 空调开关 |
| 3 | BN | 266 | 后除霜及外部后视镜除霜 |
| 5 | OG | 441 | 鼓风电动机风量控制信号 |
| 7 | BK/WH | 443 | 鼓风电动机继电器信号 |
| 9 | GN/WH | 394 | 空气再循环风门执行器控制 |
| 10 | GN/RD | 395 | 空气再循环风门执行器控制 |
| 11 | VT/BK | 401 | 模式门执行器控制信号 |
| 12 | BU | 405 | 模式门执行器电动机控制 |
| 13 | RD/WH | 403 | 模式门执行器电动机控制 |
| 14 | YE | 396 | 空气温度风门执行器电机控制 |
| 15 | WH | 399 | 空气温度风门执行器控制信号 |
| 16 | RD | 398 | 空气温度风门执行器电机控制 |
| 注 | 编号4、6、8的针脚未使用 | | |
| K33 HVAC控制模块X2（C78） | | | |
| 1 | BK | 400 | 模式门执行器及空气温度风门执行器低电平 |
| 3 | BK | 131 | 接地 |
| 4 | BK | 410 | 接地 |
| 5 | BK | 411 | 接地 |
| 7 | GN/RD | 132 | 空调背景灯 |
| 8 | GY | 7 | 电源 |
| 11 | GN/YE | 402 | 模式门执行器及空气温度风门执行器5V电源 |
| 注 | 编号2、6、9、10、12的针脚未使用 | | |

## 四、无钥匙进入系统

宝骏560无钥匙进入系统控制单元针脚分布如图2-48所示，针脚说明见表2-62。

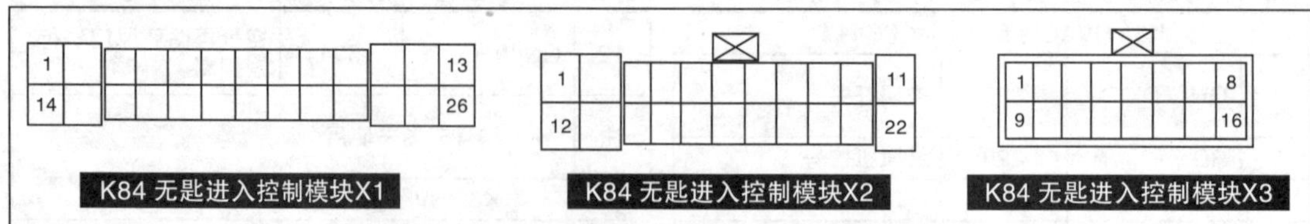


图2-48 宝骏560无钥匙进入系统控制单元针脚分布

表2-62 宝骏560无钥匙进入系统控制单元针脚说明

| 针脚 | 导线颜色 | 线路号码 | 功能 |
|---|---|---|---|
| K84 无匙进入控制模块X1 | | | |
| 3 | GY/BU | 5615 | 转向柱锁K线 |
| 4 | BN/YE | 1371 | 空档信号 |
| 5 | YE | 1881 | 右前门把手开关 |
| 6 | BU/GN | 5118 | 起动开关信号2 |
| 7 | GY/YE | 1022 | ON档信号 |

（续）

| 针脚 | 导线颜色 | 线路号码 | 功能 |
|---|---|---|---|
| 8 | OG/WH | 70 | ACC档信号 |
| 9 | RD/YE | 5112 | ON/ST档继电器控制 |
| 10 | WH/VT | 39 | ON/ST档信号 |
| 11 | BK | 9950 | 接地 |
| 12 | BK | 1223 | 转向柱锁地 |
| 13 | RD | 1471 | B+电源 |
| 15 | BN/BU | 5117 | 起动开关信号1 |
| 18 | BU/RD | 1880 | 左前门把手开关 |
| 19 | YE/WH | 93 | 尾门开关信号 |
| 21 | RD/WH | 5111 | ACC档继电器控制 |
| 22 | YE/GN | 5113 | ON档继电器控制 |
| 23 | GN/WH | 137 | 起动继电器控制 |
| 24 | BK | 9950 | 接地 |
| 25 | VT/GN | 5613 | 转向柱锁电 |
| 26 | RD/WH | 1472 | B+电源 |
| 注 | 编号1、2、14、16、17、20的针脚未使用 | | |
| K84 无匙进入控制模块X2 | | | |
| 1 | RD | 4871 | 左前门把手天线电 |
| 2 | GN/OG | 4873 | 右前门把手天线电 |
| 3 | BU | 4875 | 副仪表天线+ |
| 4 | VT | 4881 | 尾门天线+ |
| 7 | OG | 4877 | 仪表天线+ |
| 8 | RD/WH | 4879 | 后部天线+ |
| 12 | WH/BK | 4872 | 左前门把手天线地 |
| 13 | YE/WH | 4874 | 右前门把手天线地 |
| 14 | GY | 4876 | 副仪表天线- |
| 15 | YE/BK | 4882 | 尾门天线- |
| 17 | BN/BU | 5114 | DCU继电器控制 |
| 18 | BN | 4878 | 仪表天线- |
| 19 | YE | 4880 | 后部天线- |
| 21 | WH/RD | 5120 | 起动开关背光灯电源 |
| 22 | RD/BK | 5115 | 起动开关指示灯电源 |
| 注 | 编号5、6、9、10、11、16、20的针脚未使用 | | |
| K84 无匙进入控制模块X3 | | | |
| 1 | GY/BN | 4281 | 速度信号 |
| 2 | RD | 5612 | 转向柱锁解锁信号 |
| 4 | VT | 7063 | 制动信号 |
| 6 | BN/RD | 5121 | 起动开关lin线 |
| 7 | YE | 197 | CAN-H |
| 8 | WH | 198 | CAN-L |
| 9 | BU/RD | 5116 | 起动开关允许/起动指示灯 |
| 13 | GY/YE | 489 | 离合开关信号 |
| 15 | BK | 5614 | 转向柱锁状态信号 |
| 注 | 编号3、5、10、11、12、14、16的针脚未使用 | | |

## 五、车辆稳定性系统

宝骏560车辆稳定性系统控制单元针脚分布如图2-49所示，针脚说明见表2-63。

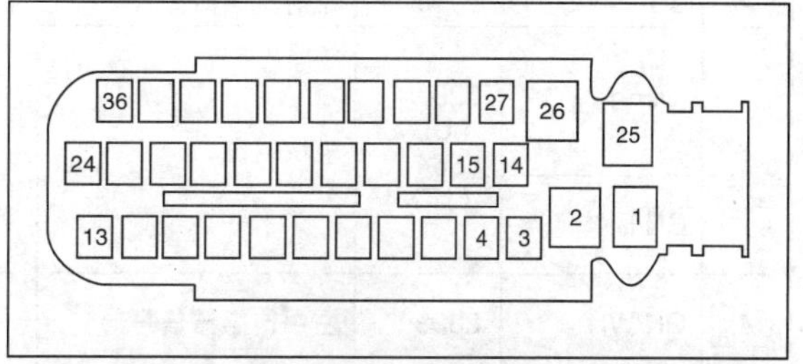


图2-49 宝骏560车辆稳定性系统控制单元针脚分布

**表2-63 宝骏560车辆稳定性系统控制单元针脚说明**

| 针脚 | 导线颜色 | 线路号码 | 功能 |
| --- | --- | --- | --- |
| 1 | WH | 173 | B+电源 |
| 2 | BU/YE | 162 | B+电源 |
| 13 | GN/BU | 74 | CAN-L |
| 24 | RD/BU | 73 | CAN-H |
| 25 | BK | 469 | 接地 |
| 26 | BK | 471 | 接地 |
| 31 | BU/RD | 43 | 唤醒信号 |
| 注 | 编号3~12、14~23、27~30、32~36的针脚未使用 | | |

## 六、动力转向系统

宝骏560动力转向系统控制单元针脚分布如图2-50所示，针脚说明见表2-64。

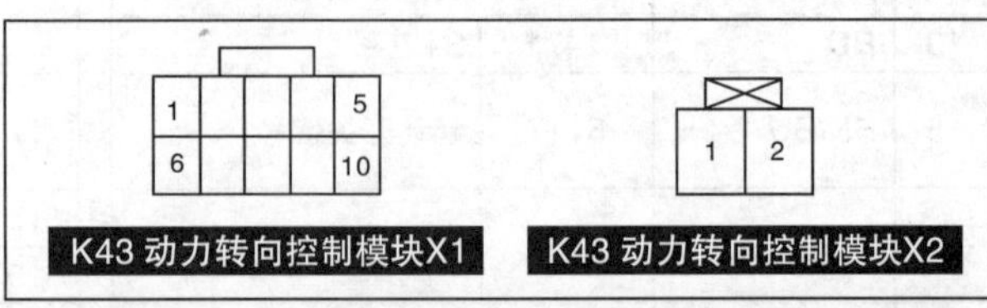


图2-50 宝骏560动力转向系统控制单元针脚分布

**表2-64 宝骏560动力转向系统控制单元针脚说明**

| 针脚 | 导线颜色 | 线路号码 | 功能 |
| --- | --- | --- | --- |
| K43 动力转向控制模块X1 | | | |
| 1 | WH | 8201 | 转速信号 |
| 2 | WH | 8202 | 车速信号 |
| 3 | WH | 198G | 预留 |
| 4 | YE | 197G | 预留 |
| 5 | OG | 479C | IGN供电 |
| 6 | WH | 8203 | 警告信号 |
| 7 | WH | 8204 | 诊断信号 |
| 8 | — | — | 未使用 |
| 9 | — | — | 未使用 |
| 10 | WH | 8205 | EPS信号 |
| K43 动力转向控制模块X2 | | | |
| 1 | RD | 663 | 蓄电池供电 |
| 2 | BK | 501 | 接地 |

## 七、后部助车辅助系统

宝骏560后部助车辅助系统控制单元针脚分布如图2-51所示，针脚说明见表2-65。

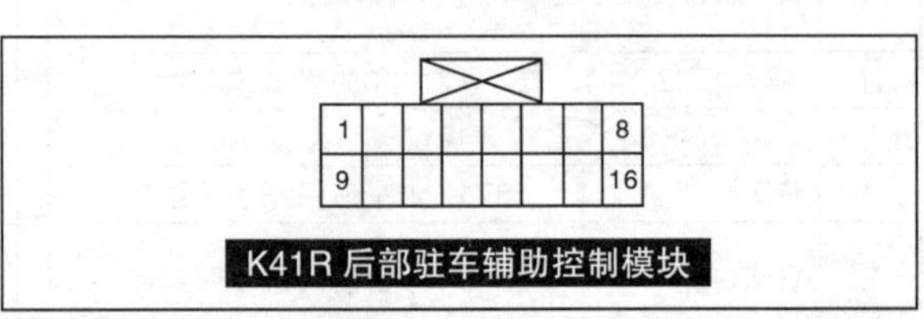


图2-51 宝骏560后部助车辅助系统控制单元针脚分布

**表2-65 宝骏560后部助车辅助系统控制单元针脚说明**

| 针脚 | 导线颜色 | 线路号码 | 功能 |
| --- | --- | --- | --- |
| 2 | BU | 2318 | 左前传感器信号 |
| 3 | GN/YE<br>GN/BK | 328（UD7）<br>5864（UD8） | 模块供电 |
| 4 | GN/WH | 2323 | 左中传感器信号 |
| 5 | WH | 198 | CAN-L |
| 6 | GN/VT | 1540 | 倒车雷达控制开关 |
| 7 | YE/GN | 2321 | 左外传感器信号 |
| 8 | WH/RD | 2322 | 左中传感器信号 |
| 9 | BK | 2160 | 模块接地 |
| 10 | BU/RD | 2324 | 右传感器接地 |

（续）

| 针脚 | 导线颜色 | 线路号码 | 功能 | 针脚 | 导线颜色 | 线路号码 | 功能 |
|---|---|---|---|---|---|---|---|
| 11 | BK/YE | 2325 | 传感器电源 | 14 | PK/RD | 2326 | 传感器接地 |
| | | | | 15 | WH | 2319 | 右前传感器信号 |
| 12 | YE | 197 | CAN-H | 注 | 编号1、13、16的针脚未使用 | | |

## 八、SRS

宝骏560 SRS控制单元针脚分布如图2-52所示，针脚说明见表2-66。

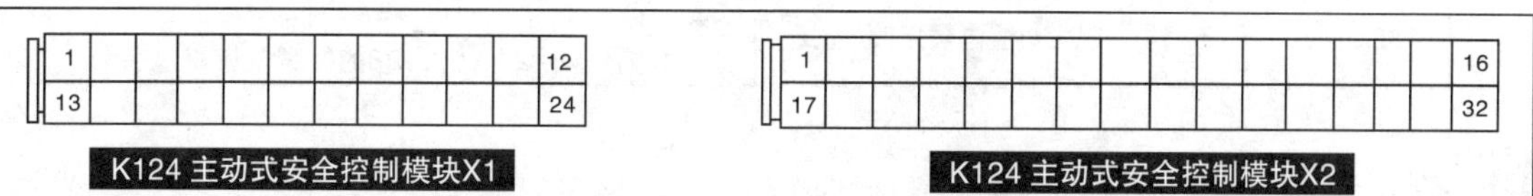


图2-52 宝骏560 SRS控制单元针脚分布

表2-66 宝骏560 SRS控制单元针脚说明

| 针脚 | 导线颜色 | 线路号码 | 功能 |
|---|---|---|---|
| K124 主动式安全控制模块X1 | | | |
| 2 | GN/RD | 274 | ESC开关 |
| 3 | WH/GN | 19 | 乘客座垫感知信号 |
| 4 | VT/WH | 1362 | 乘客座椅安全带扣 |
| 5 | OG | 5016 | 驾驶人安全带扣 |
| 6 | GN | 278 | 左前轮速传感器- |
| 7 | VT | 277 | 左前轮速传感器电源 |
| 9 | BU/RD | 43 | 唤醒信号 |
| 10 | BK | 64 | 接地 |
| 11 | BN/BU | 348 | 碰撞信号输出 |
| 12 | BN/RD<br>RD/YE | 350（LV2）<br>351（LV3） | 模块供电 |
| 13 | BK | 75 | 接地 |
| 15 | RD/PK | 481 | 右前轮速传感器电源 |
| 16 | GN/YE | 482 | 右前轮速传感器- |
| 17 | BN/RD | 279 | 左后轮速传感器电源 |
| 18 | YE/BU | 280 | 左后轮速传感器- |
| 19 | RD/WH | 281 | 右后轮速传感器电源 |
| 20 | VT/YE | 282 | 右后轮速传感器- |
| 23 | RD/BU | 420 | 右侧碰撞传感器+ |
| 24 | GY/YE | 421 | 右侧碰撞传感器- |
| 注 | 编号1、8、14、21、22的针脚未使用 | | |
| K124 主动式安全控制模块X2 | | | |
| 1 | BN | 422 | 转向盘气囊- |
| 2 | OG | 423 | 转向盘气囊+ |
| 3 | GN/RD | 425 | 乘客安全气囊+ |
| 4 | YE/GN | 424 | 乘客安全气囊- |
| 5 | RD | 6969 | 驾驶人安全带预紧+ |
| 6 | BU | 6970 | 驾驶人安全带预紧- |
| 7 | GY | 428 | 乘客安全带预紧- |
| 8 | GN | 430 | 乘客安全带预紧+ |
| 9 | GN/WH | 4221 | 驾驶人侧气囊- |
| 10 | GY/VT | 4231 | 驾驶人侧安全气囊+ |
| 11 | BU/BN | 4251 | 乘客侧安全气囊+ |
| 12 | PK/YE | 4241 | 乘客侧安全气囊- |

（续）

| 针脚 | 导线颜色 | 线路号码 | 功能 |
|---|---|---|---|
| 13 | RD/WH | 7069 | 左后排安全带预紧+ |
| 14 | BU/VT | 7070 | 左后排安全带预紧- |
| 15 | BN | 419 | 左侧碰撞传感器+ |
| 16 | YE/PK | 418 | 左侧碰撞传感器- |
| 17 | BN/BU | 5114 | DCU继电器控制 |
| 25 | VT | 7063 | 制动信号 |
| 27 | GY | 4281 | 车速信号 |
| 29 | RD/BU | 73 | CAN-H（局部） |
| 30 | GN/BU | 74 | CAN-L（局部） |
| 31 | WH | 198 | CAN-L |
| 32 | YE | 197 | CAN-H |
| 注 | 编号18~24、26、28的针脚未使用 | | |

## 九、车身控制

宝骏560车身控制单元针脚分布如图2-53所示，针脚说明见表2-67。

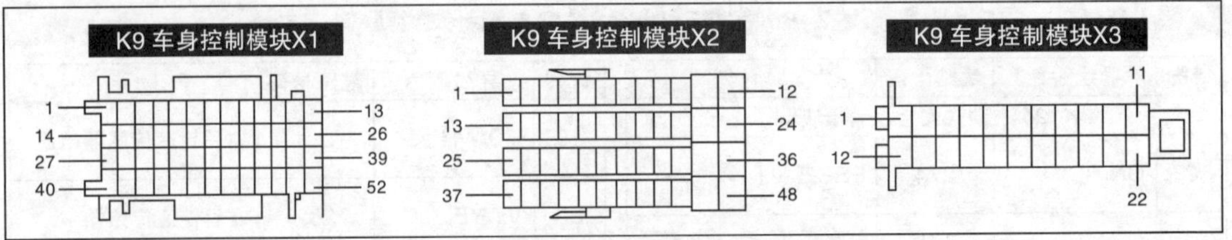


图2-53 宝骏560车身控制单元针脚分布

表2-67 宝骏560车身控制单元针脚说明

| 针脚 | 导线颜色 | 线路号码 | 功能 |
|---|---|---|---|
| K9 车身控制模块X1 | | | |
| 1 | WH/YE | 8198 | CAN-L |
| 2 | GN/WH | 136/137（LV3） | 起动机继电器控制信号 |
| 4 | BK | 111 | 接地 |
| 5 | WH/RD | 83 | 左转向灯开关 |
| 7 | OG/WH | 70 | ACC档 |
| 8 | GN/BK | 5864 | ON档 |
| 9 | RD/YE | 192 | 危险警告灯开关 |
| 10 | RD/WH | 38 | 后刮水器开关 |
| 13 | VT/WH | 49 | 前刮水器高速开关 |
| 14 | YE/WH | 8197 | CAN-H |
| 16 | GY | 58 | 前刮水器低速开关 |
| 21 | YE | 56 | 前刮水器间歇开关 |
| 22 | RD/BK | 96 | 钥匙插入开关 |
| 24 | RD/YE | 37 | 后除霜 |
| 27 | RD | 1661 | 日间行车灯电源 |
| 29 | BK | 161 | 接地 |
| 30 | GN/RD | 92 | 前照灯开关 |
| 32 | GY | 867 | 制动开关 |
| 33 | GN/RD | 187 | 后雾灯开关 |
| 34 | RD | 67 | 右转向灯开关 |
| 37 | RD/GN | 54 | 后洗涤开关 |
| 38 | BU/GN | 40 | 前洗涤开关 |
| 41 | WH | 198 | CAN-L |
| 42 | YE | 197 | CAN-H |

（续）

| 针脚 | 导线颜色 | 线路号码 | 功能 |
|---|---|---|---|
| 45 | BK/GN | 345 | 刮水器间歇时间调节开关 |
| 47 | VT | 85 | 近光灯开关 |
| 49 | RD/BU | 84 | 远光灯开关 |
| 50 | WH/GN | 66 | 前雾灯开关 |
| 注 | 编号3、6、11、12、15、17～20、23、25、26、28、31、35、36、39、40、43、44、46、48、51、52的针脚未使用 | | |
| K9 车身控制模块X2 | | | |
| 1 | BN/BU | 348 | 碰撞信号 |
| 2 | BU/WH | 224 | 中控开锁信号 |
| 3 | RD/WH | 745 | 驾驶人门碰开关 |
| 4 | BK/RD | 347 | 尾门未关信号 |
| 5 | GN/RD | 1970 | 近光灯外接继电器 |
| 6 | VT/WH | 341 | 喇叭外置继电器 |
| 7 | BK/WH | 361 | 电动窗电源外接继电器 |
| 8 | BU/YE | 6281 | 外后视镜打开信号 |
| 11 | RD/GN | 68 | 节电输出 |
| 12 | BU | 815 | 右后转向灯电源 |
| 13 | GN/RD | 132 | 背光灯 |
| 15 | VT/RD | 226 | 锁反馈开关 |
| 16 | BK/BU | 374 | 小灯继电器控制 |
| 17 | GN/OG | 1833 | 电动后视镜折入 |
| 19 | RD | 225 | 前刮水器高速继电器 |
| 22 | YE | 435 | LIN1 |
| 23 | 0.5BU | 15 | 右转向灯输出 |
| 24 | YE | 814 | 左后转向灯电源 |
| 26 | 0.5WH | 169 | 遥控电动窗（降） |
| 27 | BU/YE | 104 | 后刮水器外接继电器 |
| 28 | BK/YE | 1834 | 电动后视镜折开 |
| 29 | GN/BU | 220 | 前刮水器低速继电器 |
| 30 | YE/BU | 524 | 远光灯外接继电器 |
| 31 | YE/WH | 93 | 尾门开启控制 |
| 33 | RD/WH | 57 | 前刮水器归位开关 |
| 35 | GN | 816 | 右后转向灯电源 |
| 36 | GN | 14 | 左转向灯输出 |
| 37 | RD/BK | 746 | 右前门碰信号 |
| 38 | 0.35GN | 89 | 位置灯开关 |
| 39 | RD/YE | 7467 | 左后门碰开关 |
| 41 | YE/BK | 223 | 中控开锁信号 |
| 42 | RD/GN | 292 | 前雾灯外接继电器 |
| 43 | RD/BU | 748 | 右后门碰信号 |
| 44 | 0.5BK | 111 | 接地 |
| 47 | WH | 817 | 左后转向灯电源 |
| 48 | 0.5BK/GN | 77 | 室内灯输出 |
| 注 | 编号9、10、14、18、20、21、25、32、34、40、45、46的针脚未使用 | | |
| K9 车身控制模块X3 | | | |
| 1 | GY/BN | 10 | 后洗涤电源 |
| 2 | 0.5WH | 284 | 后洗涤内部继电器 |
| 3 | GY/BN | 10 | 前洗涤电源 |
| 4 | 0.5BK | 52 | 前洗涤接地 |
| 5 | BN/RD | 283 | 前洗涤内部继电器 |
| 6 | 0.5WH | 183 | 尾门开启信号 |
| 7 | RD/WH | 442 | 中控锁电源 |

（续）

| 针脚 | 导线颜色 | 线路号码 | 功能 | 针脚 | 导线颜色 | 线路号码 | 功能 |
|---|---|---|---|---|---|---|---|
| 9 | BU/WH | 195 | 所有门锁闭锁电动机 | 13 | 0.75GN | 1739 | 转向灯/BCM电源 |
| 10 | BU/YE | 194 | 所有门锁解锁电动机 | 14 | BU | 1870 | 后雾灯输出 |
| | | | | 15 | 0.5BK | 111 | 接地 |
| 11 | BK | 1050 | 功率接地 | 16 | 0.5BK | 111 | 接地 |
| 12 | OG | 539 | 室内灯/后雾灯车身控制模块（BCM）电源 | 注 | 编号8、17～22的针脚未使用 | | |

## 十、组合仪表

宝骏560组合仪表控制单元针脚分布如图2-54所示，针脚说明见表2-68。

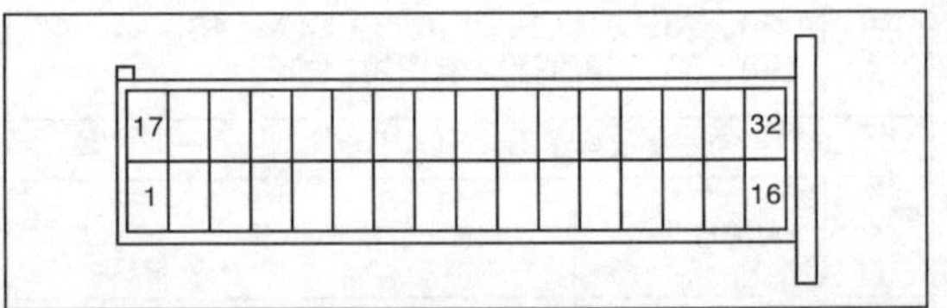


图2-54 宝骏560 组合仪表控制单元针脚分布

表2-68 宝骏560 组合仪表控制单元针脚说明

| 针脚 | 导线颜色 | 线路号码 | 功能 | 针脚 | 导线颜色 | 线路号码 | 功能 |
|---|---|---|---|---|---|---|---|
| 1 | GN | 31 | 机油油位 | 21 | BK | 151B | 接地 |
| 2 | GY/VT | 868 | 驻车信号 | 24 | BK | 151C | 接地 |
| 5 | YE | 182 | 充电信号 | 30 | BK | 151A | 接地 |
| 9 | YE/BU | 210 | 发动机信号 | 31 | YE | 197E | CAN- H |
| 17 | RD/WH | 438A | 蓄电池供电 | 32 | WH | 198E | CAN-L |
| 18 | GN/BK | 5864A | IGN供电 | 注 | 编号3、4、6～8、10～16、19、20、22、23、25～29的针脚未使用 | | |

# 第十二节 宝骏730（2014～2018年款）

## 一、1.5L发动机

宝骏730 1.5L发动机控制单元针脚分布如图2-55所示，针脚说明见表2-69。

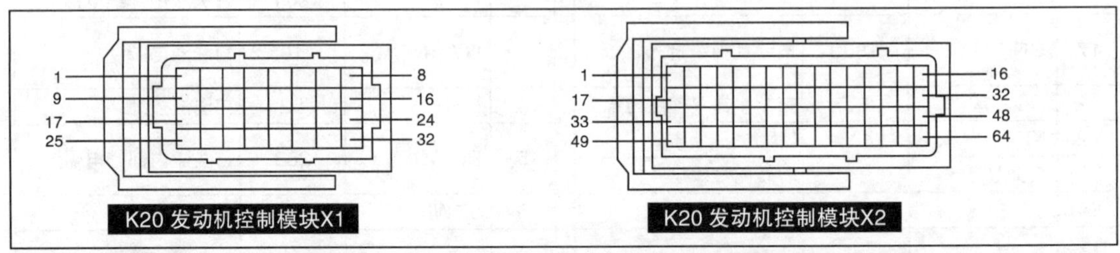


图2-55 宝骏730 1.5L发动机控制单元针脚分布

表2-69 宝骏730 1.5L发动机控制单元针脚说明

| 针脚 | 导线颜色 | 线路号码 | 功能 |
|---|---|---|---|
| K20 发动机控制模块X1 | | | |
| 1 | 0.75GN | A_H1 | 点火线圈3 |
| 2 | 0.75 BU/YE | A_G1 | 节气门电动机+ |
| 3 | 0.75 GN/YE | A_F1 | 节气门电动机- |
| 5 | 0.5 BU/YE | A_D1 | 空调请求信号 |
| 6 | 0.5GY | A_C1 | 节气门位置传感器信号2 |
| 7 | 0.5BU | A_B1 | CAN-L |
| 8 | 0.5 GN/BK | A_A1 | CAN-H |
| 9 | 0.5 GN/BU | A_H2 | 点火线圈2 |
| 10 | 0.5 BN/BU | A_G2 | 进气歧管压力 |
| 12 | 0.5 GN/WH | A_E2 | 制动测试开关 |
| 13 | 0.5 BN/WH | A_D2 | 节气门位置传感器接地 |
| 14 | 0.5BK | A_C2 | 巡航控制接地 |
| 15 | 0.5 GN/YE | A_B2 | 冷却液温度传感器接地 |
| 16 | 0.5 WH/YE | A_A2 | 空调压力开关 |
| 17 | 0.75 GN/WH | A_H3 | 点火线圈3 |
| 19 | 0.5 WH/YE | A_F3 | 节气门位置传感器信号1 |
| 20 | 0.5 YE /WH | A_E3 | 空调温度传感器接地 |
| 21 | 0. 5 BU/WH | A_D3 | 发动机冷却液温度 |
| 22 | 0.5 OG/WH | A_C3 | 制动灯开关 |
| 24 | 0.5BN | A_A3 | 离合器开关 |
| 25 | 0.75 GN/RD | A_H4 | 点火线圈1 |
| 26 | 1.0BK | A_G4 | 功率接地3 |
| 27 | 0.5 BU/RD | A_F4 | 进气压力传感器5V |
| 28 | 0.5 BN/RD | A_E4 | 进气歧管温度 |
| 29 | 0.5 RD/WH | A_D4 | 节气门位置传感器电源 |
| 31 | 0.5 BU/RD | A_B4 | 进气压力传感器接地 |
| 32 | 0.5 BU/BK | A_A4 | 诊断K线 |
| 注 | 编号4、11、18、23、30的针脚未使用 | | |
| K20 发动机控制模块X2 | | | |
| 1 | 0. 5GY | B_A4 | 爆燃信号输入 |
| 2 | 0.5GN/WH | B_B4 | 油温传感器 |
| 3 | 0.5RD/BN | B_C4 | 巡航控制 |
| 5 | 0.5BU/RD | B_E4 | 排气侧凸轮轴位置传感器 |
| 7 | 0.5GY/BN | B_G4 | 空调压缩机继电器 |
| 8 | 0.5BN/WH | B_H4 | MIL |
| 9 | 0.5VT/WH | B_J4 | 进气侧可变气门正时 |
| 10 | 0.5 BU/RD | B_K4 | 喷油器2 |
| 11 | 0.5 BN/RD | B_L4 | 喷油器1 |
| 12 | 0.5BN | B_M4 | 喷油器3 |
| 13 | 0.5VT/YE | B_N4 | 前氧传感器加热 |
| 14 | 0.5VT/RD | B_O4 | 后氧传感器加热 |
| 15 | 0.5RD/WH | B_P4 | 蓄电池电源 |
| 17 | 0.5RD/GN | B_A3 | 后氧传感器 |
| 19 | 0.5BU/BK | B_C3 | 进气凸轮轴位置传感器 |
| 20 | 0.5WH/BU | B_D3 | 加速踏板信号1 |
| 24 | 0.5 OG/GN | B_H3 | 曲轴位置传感器信号 |
| 25 | 0.5YE/BU | B_J3 | 风扇2继电器控制 |
| 26 | — | B_K3 | 主继电器 |
| 27 | 0.5GN/BK | B_L3 | 风扇1继电器控制 |

（续）

| 针脚 | 线径颜色 | 线路号码 | 功能 | 针脚 | 线径颜色 | 线路号码 | 功能 |
|---|---|---|---|---|---|---|---|
| 28 | 0.5YE/WH | B_M3 | 喷油器4 | 46 | 0.5GN/OG | B_O2 | 排气侧可变气门正时 |
| 31 | 0.5RD/WH | B_P3 | 蓄电池电源 | 47 | 1.0BK | B_P2 | 功率接地1 |
|  |  |  |  | 48 | — | B_Q2 | — |
| 32 | 0.5GY/VT | B_Q3 | 炭罐电磁阀 | 49 | 0.5BK/GN | B_A1 | 爆燃传感器屏蔽接地 |
| 33 | 0.5GN/VT | B_A2 | 蓄电池电源 | 50 | 0.5BU/BN | B_B1 | 加速踏板信号2 |
| 34 | 0.5BU | B_B2 | 爆燃传感器接地 | 51 | 0.5BK/YE | B_C1 | 前氧传感器 |
| 35 | 0.5BU/BN | B_C2 | 加速踏板2接地 |  |  |  |  |
| 36 | 0.5BK/BN | B_D2 | 加速踏板1接地 | 52 | 0.5BU/GY | B_D1 | 车速信号 |
| 37 | 0.5RD/BK | B_E2 | 后氧传感器接地 | 55 | 0.5BU/BN | B_G1 | 空调蒸发器温度 |
| 38 | 0.5GN/WH | B_F2 | 前氧传感器接地 | 56 | 0.5GN/BU | B_H1 | 加速踏板2电源 |
| 39 | 0.5WH/VT | B_G2 | 排气侧凸轮轴位置传感器接地 | 57 | 0.5YE/GN | B_J1 | 排气侧凸轮轴位置传感器5V |
| 40 | 0.5BU | B_H2 | 进气温度传感器接地 | 58 | 0.5RD/BK | B_K1 | 曲轴位置传感器5V |
| 41 | 0.5GN/RD | B_J2 | 曲轴位置传感器接地 | 59 | 0.5RD/WH | B_L1 | 进气侧凸轮轴位置传感器5V |
| 42 | 0.5YE/GN | B_K2 | 车速信号接地 | 60 | 0.5BU | B_M1 | 加速踏板1电源 |
|  |  |  |  | 61 | 0.5WH | B_N1 | 巡航指示灯 |
| 44 | 0.5VT/WH | B_M2 | 进气侧凸轮轴位置传感器接地 | 62 | 0.5GY | B_O1 | 可变进气歧管控制信号 |
|  |  |  |  | 63 | 1.0BK | B_P1 | 功率接地2 |
| 45 | 0.5YE/BK | B_N2 | 油泵继电器 | 注 | 编号4、6、16、18、21～23、29、30、43、53、54、64的针脚未使用 |  |  |

## 二、1.8L发动机

宝骏730 1.8L发动机控制单元针脚分布及针脚说明与宝骏560 1.8L发动机基本相同，可参考图2-45和表2-59。

## 三、ABS

宝骏730 ABS控制单元针脚分布如图2-56所示，针脚说明见表2-70。

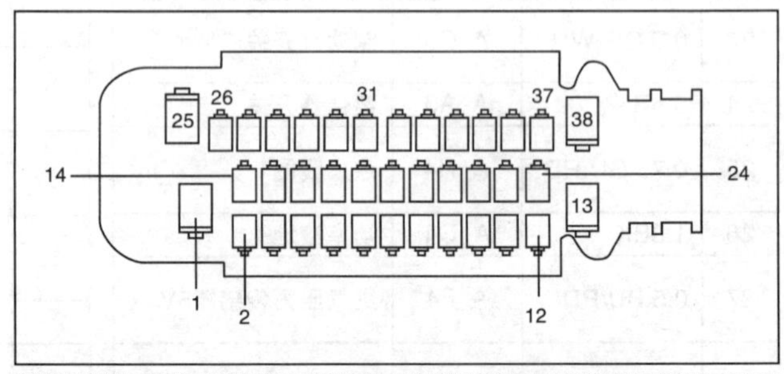


图2-56 宝骏730 ABS控制单元针脚分布

表2-70 宝骏730 ABS控制单元针脚说明

| 针脚 | 线径颜色 | 线路号码 | 功能 |
|---|---|---|---|
| 1 | 4.0RD | 173 | 电池供电 |
| 4 | 0. 5GN/YE | 482 | 右前轮速信号 |
| 8 | 0.5GN | 278 | 左前轮速信号 |
| 13 | 4.0BK | 469 | 接地 |
| 14 | 0.5WH | 276 | CAN-L |
| 16 | 0.5RD | 481 | 5V |
| 17 | 0.5RD/WH | 281 | 5V |
| 18 | 0.5YE/BU | 280 | 左后轮速信号 |
| 19 | 0.5GY | 277 | 5V |
| 25 | 1.5BU/YE | 162 | 电池供电 |
| 26 | 0.5YE | 262 | CAN-H |
| 28 | 0.5OG | 479 | IGN供电 |
| 29 | 0.5GY/BN | 282 | 右后轮速信号 |
| 30 | 0.75GY/RD | 7063 | 制动信号 |
| 31 | 0.5BNRD | 279 | 5V |
| 38 | 1.5BK | 471 | 接地 |
| 注 | 编号2、3、5~7、9~12、15、20~24、27、32~37的针脚未使用 | | |

## 四、手动空调

宝骏730手动空调控制单元针脚分布及针脚说明与宝骏560手动空调基本相同，可参考图2-60和表2-60。

## 五、自动空调

宝骏730自动空调控制单元针脚分布如图2-57所示，针脚说明见表2-71。

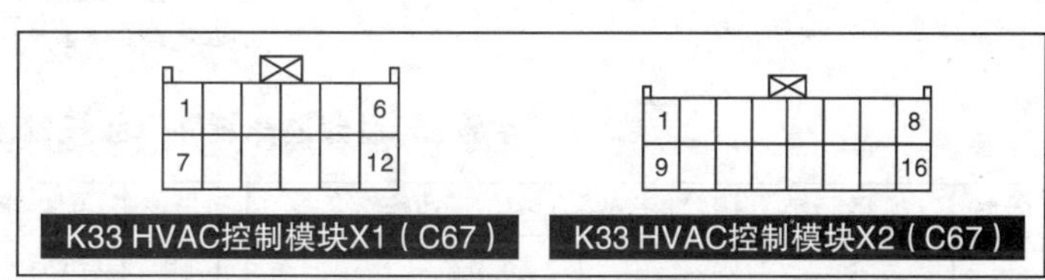


图2-57 宝骏730自动空调控制单元针脚分布

表2-71 宝骏730自动空调控制单元针脚说明

| 针脚 | 线径颜色 | 线路号码 | 功能 |
|---|---|---|---|
| K33 HVAC控制模块X1（C67） | | | |
| 1 | 0.5BK | 400 | 空气温度风门接地 |
| 3 | 0.5BK | 131 | — |
| 4 | 0.5BK | 410 | 接地 |
| 5 | 0.5BK | 411 | 接地 |
| 7 | 0.35RD/GN | 132 | 小灯信号 |
| 8 | 0.5GY | 7 | 鼓风电动机控制 |
| 11 | 0.35GN/YE | 402 | 5V |
| 注 | 编号2、6、9、10、12的针脚未使用 | | |
| K33 HVAC控制模块X2（C67） | | | |
| 1 | 0.5BK/YE | 440 | 鼓风电动机电阻控制 |
| 2 | 0.5GN/VT | 380 | 空调开关 |
| 3 | 0.5BN | 266 | 除雾除霜接地 |
| 5 | 0.5OG | 441 | 接地 |
| 7 | 2.5BK/WH | 443 | 鼓风电动机继电器电源 |
| 9 | 0.35GN/WH | 394 | 内外循环电动机信号2 |
| 10 | 0.35GN/RD | 395 | 内外循环电动机信号1 |
| 11 | 0.35VT/BK | 401 | 位置传感器 |
| 12 | 0.35BK/RD | 405 | 电动机控制 |
| 13 | 0.35RD/WH | 403 | 电动机控制 |
| 14 | 0.5YE | 396 | 温度传感器 |
| 15 | 0.5WH | 399 | 电动机控制 |
| 16 | 0.5RD | 398 | 电动机控制 |
| 注 | 编号4、6、8的针脚未使用 | | |

## 六、动力转向系统

宝骏730动力转向系统控制单元针脚分布如图2-58所示，针脚说明见表2-72。

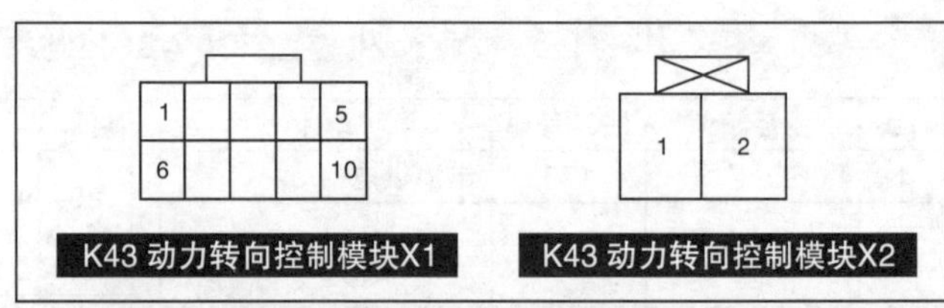


图2-58 宝骏730动力转向系统控制单元针脚分布

表2-72 宝骏730动力转向系统控制单元针脚说明

| 针脚 | 线径颜色 | 线路号码 | 功能 |
| --- | --- | --- | --- |
| K43 动力转向控制模块X1 | | | |
| 3 | 05WH | 198 | CAN-L |
| 4 | 0.5YE | 197 | CAN-H |
| 5 | 0.5WH | 39 | IGN供电 |
| 注 | 编号1、2、6～10的针脚未使用 | | |
| K43 动力转向控制模块X2 | | | |
| 1 | 8 RD | 6638 | 蓄电池供电 |
| 2 | 8 BK | 6639 | 接地 |

## 七、后部助车辅助系统

宝骏730后部助车辅助系统控制单元针脚分布如图2-59所示，针脚说明见表2-73。

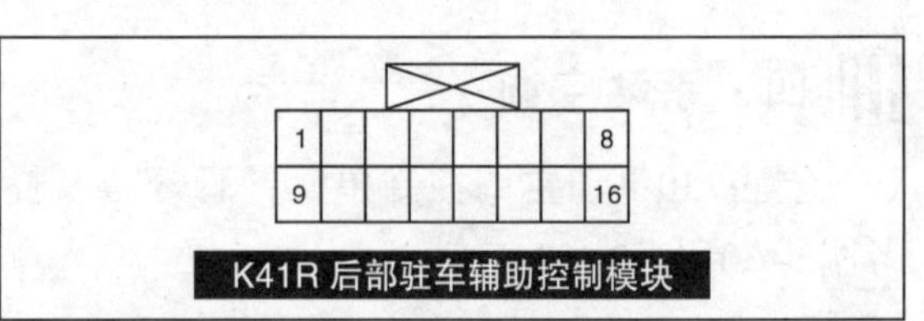


图2-59 宝骏730后部助车辅助系统控制单元针脚分布

表2-73 宝骏730后部助车辅助系统控制单元针脚说明

| 针脚 | 线径颜色 | 线路号码 | 功能 |
| --- | --- | --- | --- |
| 1 | 0.5GN/YE | 328 | 模块供电 |
| 6 | 0.35BK/GN | 309 | 右传感器信号 |
| 7 | 0. 35VT/BK | 308 | 中传感器信号 |
| 8 | 0.35RD/WH | 307 | 左传感器信号 |
| 9 | 0.5BK | 326 | 模块接地 |
| 14 | 0.35WH/RD | 306 | 右传感器接地 |
| 15 | 0.35BK/RD | 314 | 中传感器接地 |
| 16 | 0.35BK | 313 | 左传感器接地 |
| 注 | 编号2～5、10～13的针脚未使用 | | |

## 八、SRS

宝骏730 SRS控制单元针脚分布如图2-60所示，针脚说明见表2-74。

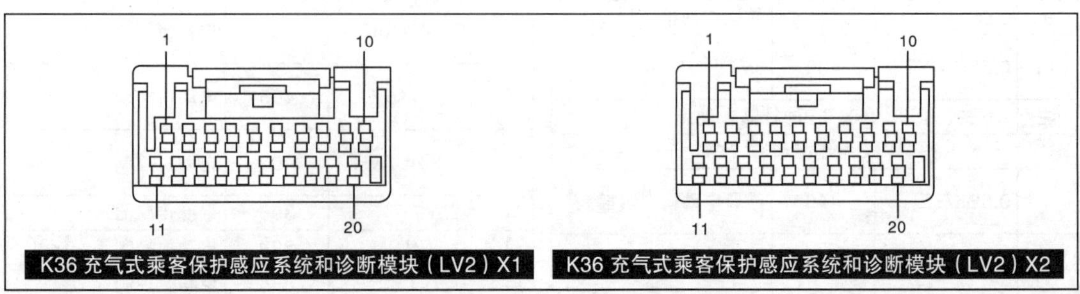


图2-60 宝骏730 SRS控制单元针脚分布

表2-74 宝骏730 SRS控制单元针脚说明

| 针脚 | 线径颜色 | 线路号码 | 功能 |
|---|---|---|---|
| K36 充气式乘客保护感应系统和诊断模块（LV2）X1 | | | |
| 1 | 0.35WH | 197 | CAN-H |
| 2 | 0.35RD | 3023 | 转向盘气囊- |
| 3 | 0.35BK | 3025 | 乘客仪表气囊- |
| 4 | 0.35VT/WH | 6070 | 驾驶人安全带预紧- |
| 5 | 0.35GY/RD | 428 | 乘客安全带预贤- |
| 7 | — | — | 左侧碰撞传感器- |
| 9 | 0.35GN | 350 | 电源IG |
| 10 | 0.35BN | 5017 | 接地 |
| 11 | 0.35WH | 198 | CAN-L |
| 12 | 0.35GY | 3022 | 转向盘气囊+ |
| 13 | 0.35BU | 3024 | 乘客仪表气囊+ |
| 14 | 0.35PK | 6969 | 驾驶人安全带预紧+ |
| 15 | 0.35BN/BU | 430 | 乘客安全带预紧+ |
| 19 | 0.35OG | 348 | 碰撞信号输出 |
| 注 | 编号6、8、16~18、20的针脚未使用 | | |
| K36 充气式乘客保护感应系统和诊断模块（LV2）X2 | | | |
| 1 | 0.35GY | 423 | 驾驶人座椅气囊- |
| 2 | 0.35GN/WH | 425 | 乘客座椅气囊- |
| 7 | 0.35GY/BU | 419 | 左侧碰撞传感器- |
| 9 | 0.35BU | 421 | 右侧碰撞传感器- |
| 11 | 0.35BK | 422 | 驾驶人座椅气囊+ |
| 12 | 0.35RD | 424 | 乘客座椅气囊+ |
| 17 | 0.35GN/RD | 418 | 左侧碰摘传感器+ |
| 19 | 0.35BK/WH | 420 | 右侧碰撞传感器+ |
| 注 | 编号3~6、8、10、13~16、18、20的针脚未使用 | | |

## 九、车身控制

宝骏730车身控制单元针脚分布与宝骏560车身控制单元相同，参考图2-53，针脚说明见表2-75。

表2-75 宝骏730车身控制单元针脚说明

| 针脚 | 线径颜色 | 线路号码 | 功能 |
|---|---|---|---|
| K9 车身控制模块X1 | | | |
| 2 | 0.5BN | 136 | 起动机继电器控制信号 |
| 4 | 0.5 Bk | 111 | 接地 |
| 5 | 0.5WH/RD | 83 | 左转向灯开关 |
| 7 | 0.5OG/WH | 70 | ACC档 |
| 8 | 0.5RD/BK | 5864 | ON档 |
| 9 | 0.35RD/YE | 132 | 危险警告灯开关 |
| 10 | 0.35RD/WH | 38 | 后刮水器开关 |
| 13 | 0.35RD | 49 | 前刮水器高速开关 |
| 16 | 0.35GN/YE | 58 | 前刮水器低速开关 |
| 21 | 0.35GN | 56 | 前刮水器间歇开关 |
| 22 | 0.5RD/BK | 96 | 钥匙插入开关 |
| 24 | 1.5BN | 37 | 后除霜 |
| 26 | 0.75GN/YE | 328 | 倒车开关 |
| 27 | 0.5RD | 9026 | LED灯供电 |
| 29 | 0.35BK | 161 | 接地 |
| 30 | 0.35BK/WH | 92 | 前照灯开关 |
| 32 | 0.5GY | 867 | 驻车制动开关 |
| 33 | 0.35GN/WH | 187 | 后雾灯开关 |
| 34 | 0.35RD | 67 | 右转向灯开关 |

（续）

| 针脚 | 线径颜色 | 线路号码 | 功能 |
|---|---|---|---|
| 37 | 0.35RD/WH | 54 | 后洗涤开关 |
| 38 | 0.35BU/GN | 40 | 前洗涤开关 |
| 41 | 0.5WH | 198 | CAN-L |
| 42 | 0.5YE | 197 | CAN-H |
| 45 | 0.35BK/GN | 345 | 刮水器间歇时间调节开关 |
| 47 | 0.35YE/GN | 85 | 近光灯开关 |
| 49 | 0.35RD/BU | 84 | 远光灯开关 |
| 50 | 0.35WH/GN | 66 | 前雾灯开关 |
| 注 | 编号1、3、6、11、12、14、15、17～20、23、25、28、31、35、36、39、40、43、44、46、48、51、52的针脚未使用 | | |
| K9 车身控制模块X2 | | | |
| 1 | 0.5YE | 348 | 碰撞信号 |
| 3 | 0.35GN | 745 | 驾驶人侧门控开关 |
| 4 | 0.5YE/WH | 93 | 行李箱盖开关 |
| 5 | 0.35GN/RD | 1970 | 近光灯外接继电器 |
| 6 | 0.35VT | 341 | 喇叭外置继电器 |
| 7 | 0.35BK/WH | 361 | 电动窗电源外接继电器 |
| 11 | 0.5RD/GN | 68 | 节电输出 |
| 15 | 0.5VT/RD | 226 | 门锁反馈开关 |
| 16 | 0.5GN | 113 | 位置灯外接继电器 |
| 19 | 0.75BU/RD | 225 | 前刮水器高速继电器 |
| 22 | 0.35YE | 435 | LIN1 |
| 23 | 0.5BU | 15 | 右转向灯输出 |
| 26 | 0.5WH | 169 | 遥控电动窗（降） |
| 27 | 0.35BU/YE | 104 | 后刮水器外接继电器 |
| 29 | 0.5VT | 220 | 前刮水器低速继电器 |
| 30 | 0.35YE/BU | 524 | 远光灯外接继电器 |

| 针脚 | 线径颜色 | 线路号码 | 功能 |
|---|---|---|---|
| 31 | 0.5GN | 347 | 行李箱解锁开关 |
| 33 | 0.5VT/RD | 57 | 前刮水器复位开关 |
| 36 | 0.5GN/WH | 14 | 左转向灯输出 |
| 38 | 0.35GN | 89 | 位置灯开关 |
| 40 | 0.35YE | 746 | 其他门门控开关 |
| 42 | 0.35YE | 292 | 前雾灯外接继电器 |
| 44 | 0.5BK | 111 | 接地 |
| 48 | 0.5BK/GN | 77 | 室内灯输出 |
| 注 | 编号2、8～10、12～14、17、18、20、21、24、25、28、32、34、35、37、39、41、43、45～47的针脚未使用 | | |
| K9 车身控制模块X3 | | | |
| 1 | 0.75YE/WH | 10 | 后清洗电源 |
| 2 | 0.5BU/RD | 283 | 前清洗内部继电器 |
| 3 | 0.75YE/WH | 10 | 前清洗电源 |
| 4 | 0.5BK | 52 | 前清洗接地 |
| 5 | 0.5WH | 284 | 后清洗内部继电器 |
| 7 | 1.5BU/RD | 442 | 中控锁电源 |
| 9 | 1.0BU/WH | 195 | 所有门锁闭锁电动机 |
| 10 | 1.0BU/YE | 194 | 所有门锁解锁电动机 |
| 11 | 2.5BK | 1050 | 功率接地 |
| 12 | 0.5VT/RD | 539 | 室内灯/后雾灯/BCM电源 |
| 13 | 0.5GN | 1739 | 转向灯/BCM电源 |
| 14 | 0.75BU | 1870 | 后雾灯输出 |
| 15 | 0.5BK | 111 | 接地 |
| 16 | 0.5BK | 111 | 接地 |
| 注 | 编号6、8、17～22的针脚未使用 | | |

## 十、组合仪表

宝骏730组合仪表控制单元针脚分布及针脚说明与宝骏560组合仪表基本相同，参考图2-54和表2-68。

# 第三章 北京现代车系

## 第一节 名图（2017年起）

### 一、1.6L T-GDI G4FG发动机

名图轿车1.6L T-GDI G4FG发动机控制单元针脚分布如图3-1所示，针脚说明见表3-1。

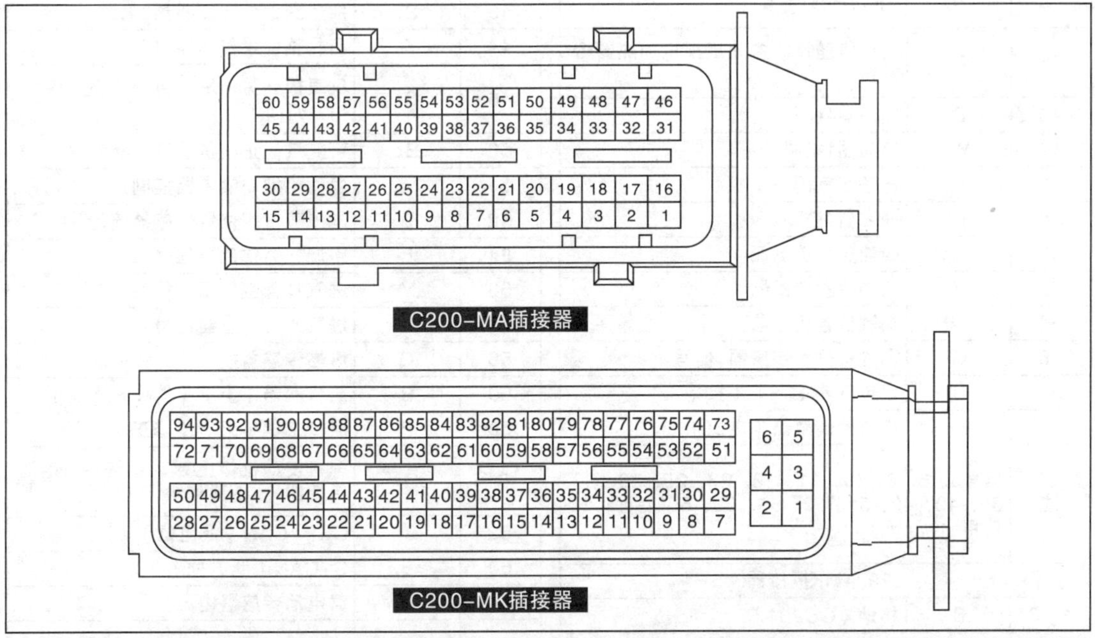


图3-1 名图轿车1.6L T-GDI G4FG发动机控制单元针脚分布

表3-1 名图轿车1.6L T-GDI G4FG发动机控制单元针脚说明

| 针脚 | 导线颜色 | 说明 |
|---|---|---|
| C200-MA插接器 | | |
| 1 | G | 点火线圈4控制 |
| 2 | W | 点火线圈3控制 |
| 4 | W | 电动排气门执行器（电动机+） |
| 5 | G | 喷油器3#控制- |
| 7 | G | 冷却液温度传感器信号 |
| 9 | L | 增压压力传感器信号 |
| 12 | R | 电动排气门执行器信号 |
| 13 | Y | 电子节气门位置传感器1信号 |
| 14 | G | 加速踏板位置传感器1信号 |
| 15 | Br | 制动助力器真空压力传感器开关（信号） |
| 16 | R | 点火线圈2控制 |
| 17 | Y | 点火线圈1控制 |
| 18 | G | 电子节气门电动机+ |
| 19 | O | 电动排气门执行器（电动机-） |
| 20 | R | 喷油器2控制- |
| 21 | G | 发动机舱接线盒（刮水器熔断器） |
| 24 | G | 凸轮轴位置传感器2信号 |
| 26 | W | 车速信号 |
| 27 | G/O | 发动机舱接线盒（起动继电器）/变速器档位开关 |
| 28 | L | 制动灯开关（制动测试开关） |
| 29 | L/O | 制动灯开关（制动灯光开关） |
| 31 | L | 喷油器2控制+ |
| 32 | W | 喷油器3控制+ |
| 34 | B | 喷油器1控制- |

（续）

| 针脚 | 导线颜色 | 说明 |
|---|---|---|
| 35 | R | 燃油压力控制阀+ |
| 36 | B | 凸轮轴位置传感器1接地 |
| 37 | B | 凸轮轴位置传感器2接地 |
| 38 | R | 发电机（FR） |
| 41 | Br | 氧传感器（下）信号 |
| 43 | Gr/B | 蓄电池传感器（温度） |
| 44 | G/O | 仪表板开关（发动机停止/起动系统ISG指示灯开关） |
| 45 | R | 发动机舱接线盒（后视镜加热器熔断器） |
| 46 | B | 喷油器4控制+ |
| 47 | W | 喷油器1控制+ |
| 48 | L | 电子节气门电动机- |
| 49 | R | 喷油器4控制- |
| 50 | B | 燃油压力控制阀- |
| 53 | B | 曲轴位置传感器- |
| 54 | W | 曲轴位置传感器+ |
| 56 | G | 凸轮轴位置传感器1信号 |
| 57 | B | 氧传感器（下）（接地） |
| 59 | Gr | 蓄电池传感器（电流） |
| 注 | 编号3、6、8、10、11、22、23、25、30、33、39、40、42、51、52、55、58、60的针脚未使用 | |
| C200-MK插接器 | | |
| 1~3 | B | 接地（GC201） |
| 4 | R | 记忆电源 |
| 5 | G/O | 发动机控制继电器ON输入 |
| 6 | G | 发动机控制继电器ON输入 |
| 7 | G | 记忆电源 |
| 8 | L | 加速踏板位置传感器1接地 |
| 9 | B | 进气压力传感器接地 |
| 10 | B | 增压压力传感器（接地） |
| 11 | L | 点火线圈反馈 |
| 12 | B | 电动排气门执行器（接地） |
| 16 | B | 发动机冷却液温度传感器（接地） |
| 22 | G | 可变气门正时机油控制阀1（进气） |
| 24 | L | 发动机舱接线盒（冷却风扇低速继电器） |
| 26 | W | 发动机舱接线盒（冷却风扇高速继电器） |
| 27 | G/B | 发动机管理系统（EMS）接线盒（燃油泵继电器） |
| 29 | P | ON/START输入 |
| 30 | P | 加速踏板位置传感器2接地 |
| 31 | Br | 燃油箱压力传感器（接地） |

| 针脚 | 导线颜色 | 说明 |
|---|---|---|
| 33 | B | 蓄电池传感器（接地） |
| 35 | B | 制动助力器真空压力传感器开关（接地） |
| 36 | B | 共轨压力传感器（接地） |
| 37 | B | 空调压力传感器（接地） |
| 39 | L | 发电机（COM） |
| 41 | G | 发动机舱接线盒（起动继电器） |
| 43 | Gr | 加速踏板位置传感器2电源 |
| 44 | R | 凸轮轴位置传感器电源 |
| 46 | Gr | 仪表板开关（发动机停止/起动系统指示灯） |
| 50 | Br | 可变气门正时机油控制阀2（排气） |
| 51 | W | 发动机控制继电器控制 |
| 52 | B | 电子节气门位置传感器接地 |
| 54 | L | 空调压力传感器信号 |
| 56 | Y | 进气歧管空气温度传感器 |
| 57 | G | 进气压力传感器信号 |
| 58 | G | 爆燃传感器接地 |
| 59 | B | 氧传感器（上）（能斯托电压） |
| 60 | P | 氧传感器（上）（修正电阻） |
| 61 | Gr | 配备发动机停止/起动系统：蓄电池传感器（LIN通信） |
| 62 | Br | CCP-CAN（低电位） |
| 63 | B | C-CAN（低电位） |
| 64 | R | 蓄电池传感器电源 |
| 65 | W | 传感器电源：制动助力器真空压力传感器开关/曲轴位置传感器（配备发动机停止/起动系统） |
| 66 | Y | 加速踏板位置传感器1电源 |
| 67 | G | 配备发动机停止/起动系统：发动机舱接线盒（起动继电器） |
| 68 | Y | 再循环阀 |
| 72 | G/B | 活性炭罐关闭阀 |
| 73 | Gr | 燃油箱压力传感器（电压输出） |
| 74 | W | 电子节气门位置传感器2信号 |
| 76 | Br | 燃油泵控制模块（燃油+） |
| 77 | B | 加速踏板位置传感器2信号 |
| 78 | Y | 共轨压力传感器（信号） |
| 79 | W | 爆燃传感器信号 |
| 80 | O | 氧传感器（上）（虚拟接地） |
| 81 | Y | 氧传感器（上）（泵电流） |
| 82 | O | 智能钥匙控制模块（发动机转速） |

（续）

| 针脚 | 导线颜色 | 说明 |
|---|---|---|
| 83 | L | 钥匙防盗数据通信电路：智能钥匙控制模块（配备智能钥匙）/钥匙防盗模块（未配备智能钥匙） |
| 84 | W | CCP-CAN（高电位） |
| 85 | Y | C-CAN（高电位） |
| 86 | R | 传感器电源：进气压力传感器/电动排气门执行器/燃油箱压力传感器 |
| 87 | R | 传感器电源：共轨压力传感器/增压压力传感器/空调压力传感器 |
| 88 | R | 电子节气门位置传感器电源 |
| 89 | W | 氧传感器（上）（加热器） |
| 91 | L | 氧传感器（下）（加热器） |
| 94 | P | 清污控制电磁阀（PCSV）控制 |
| 注 | 编号13～15、17～21、23、25、28、32、34、38、40、42、45、47～49、53、55、69～71、75、90、92、93的针脚未使用 | |

## 二、1.8L G4NB 发动机

名图轿车1.8L G4NB发动机控制单元针脚分布如图3-2所示，针脚信息及检测数据见表3-2。

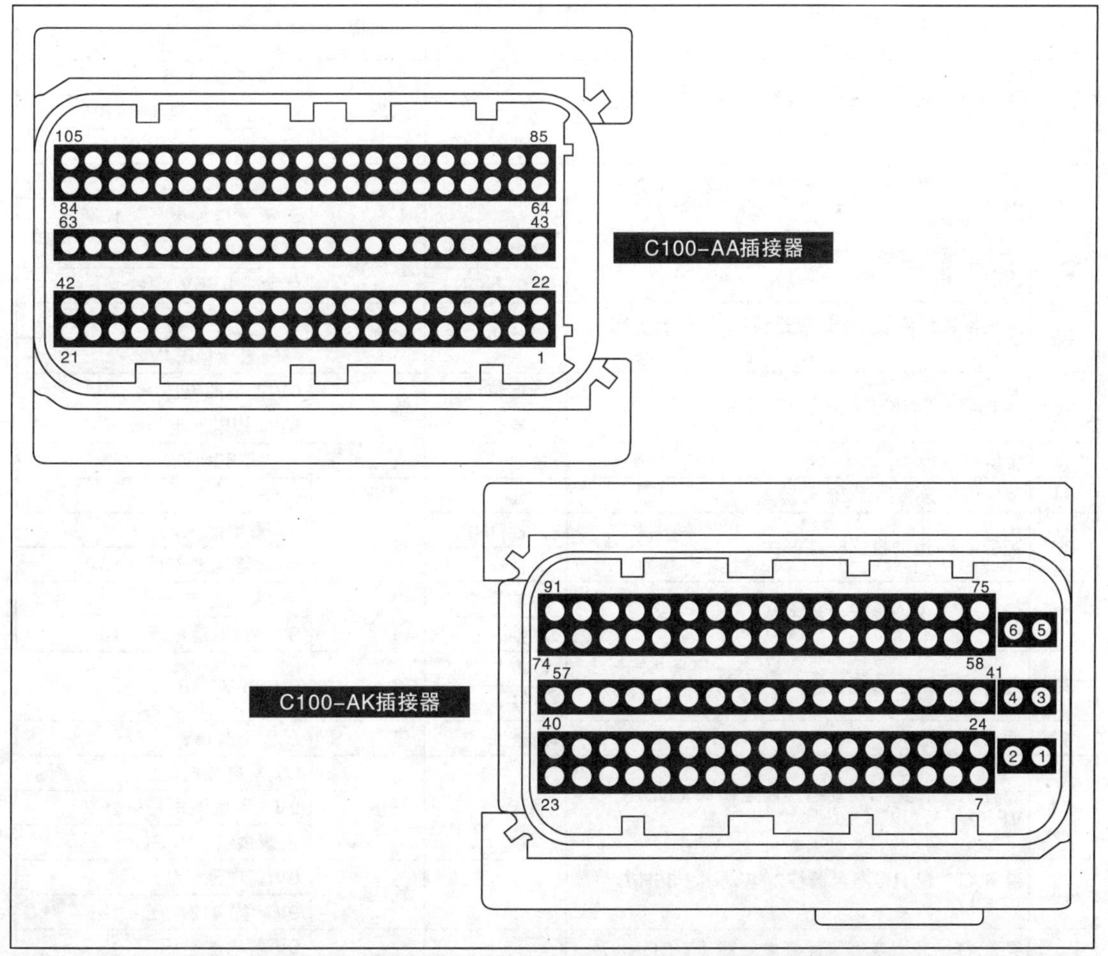


图3-2 名图轿车1.8L G4NB发动机控制单元针脚分布

**表3-2 名图轿车1.8L G4NB 发动机控制单元针脚信息及检测数据**

| 针脚编号 | 说明 | 条件 | 输入/输出信号 | |
|---|---|---|---|---|
| | | | 类型 | 等级 |
| C100-AA插接器 | | | | |
| 7 | 清污控制电磁阀（PCSV）控制输出 | 继电器OFF | 直流电压 | 蓄电池电压 |
| | | 继电器ON | | 最大值1.76V |
| 8 | 起动继电器（高电位）控制输出 | — | — | — |
| 10 | 传感器电源（+5V） | IG OFF | 直流 | 最大值0.5V |
| | | IG ON | | 最小值4.75V，最大值5.25V |
| 11 | 传感器电源（+5V） | IG OFF | 直流电压 | 最大值0.5V |
| | | IG ON | | 4.9~5.1V |
| 12 | 节气门位置传感器（TPS）1信号输入 | 怠速 | 模拟 | 0.33~4.72V |
| 13 | 传感器接地 | 怠速 | 直流电压 | 最大值50mV |
| 15 | 传感器电源（+5V） | IG OFF | 直流电压 | 最大值0.5V |
| | | IG ON | | 4.9~5.1V |
| 18 | 传感器电源（+5V） | IG OFF | 直流电压 | 最大值0.5V |
| | | IG ON | | 4.9~5.1V |
| 19 | 传感器电源（+5V） | IG OFF | 直流电压 | 最大值0.5V |
| | | IG ON | | 4.9~5.1V |
| 22 | 装备AT：超速档离合器控制电磁阀（OD/C_VFS） | — | 输出 | 0V/蓄电池电压 |
| | | | | 9V<蓄电池电压<16V |
| | | | | 电源供给：V_SOL1 |
| 23 | 装备AT：管路压力控制电磁阀（管路压力_VFS） | — | 输出 | 0V/蓄电池电压 |
| | | | | 9V<蓄电池电压<16V |
| 24 | 加热型氧传感器（1排/传感器1）加热器控制输出 | 继电器OFF | 直流电压 | 蓄电池电压 |
| | | 继电器ON | | 最大值1.65V |
| 25 | 加热型氧传感器（1排/传感器2）加热器控制输出 | 发动机运行 | 模拟 | 浓：0.6~1.0V |
| | | | | 稀：最大值0.4V |
| 26 | 装备AT：ON/OFF电磁阀B（SS-B） | 高电位 | 输出 | 0V/蓄电池电压 |
| | | 低电位 | | 9V<蓄电池电压<16V |
| 32 | 传感器接地 | 怠速 | 直流电压 | 最大值50mV |
| 34 | 节气门位置传感器2信号输入 | 怠速 | 模拟 | 0.55~4.37V |
| 37 | 装备AT：运动模式升档开关 | 升档ON | 输入 | 0V/蓄电池电压 |
| | | 其他 | | 9V<蓄电池电压<16V |
| 38 | 装备AT：运动模式选择开关 | 运动模式 | 输入 | 0V/蓄电池电压 |
| | | 其他 | | 9V<蓄电池电压<16V |
| 39 | 装备AT：油温传感器+ | ON | 输入 | 0V/3.3V |
| | | OFF | | |
| 41 | 传感器接地 | 怠速 | 直流电压 | 最大值50mV |
| 43 | 装备AT：低速档制动器控制电磁阀（UD/B_VFS） | — | 输出 | 0V/蓄电池电压 |
| | | | | 9V<蓄电池电压<16V |
| | | | | 电源供给：V_SOL2 |
| 44 | 装备AT：35R档离合器控制电磁阀（35R/C_VFS） | — | 输出 | 0V/蓄电池电压 |
| | | | | 9V<蓄电池电压<16V |
| 45 | 装备AT：液力变矩器控制电磁阀（T/CON_VFS） | — | 输出 | 0V/蓄电池电压 |
| | | | | 9V<蓄电池电压<16V |

（续）

| 针脚编号 | 说明 | 条件 | 输入/输出信号 | |
|---|---|---|---|---|
| | | | 类型 | 等级 |
| 46 | 装备AT：26档制动器控制电磁阀（26/B_VFS） | — | 输出 | 0V/蓄电池电压 |
| | | | | 9V < 蓄电池电压 < 16V |
| | | | | 电源供给：V_SOL2 |
| 49 | 传感器接地 | 怠速 | 直流电压 | 最大值50mV |
| 51 | 交流发电机脉冲宽度调制（PWM）信号输出 | 怠速 | 脉冲 | 高电位：蓄电池电压 |
| | | | | 低电位：最大值1.5V |
| 53 | 制动开关信号输出 | ON | 直流电压 | 蓄电池电压 |
| | | OFF | | 最大值2.25V |
| 54 | 加速踏板位置传感器（APS）1信号输入 | 怠速 | 模拟 | 0.674～4.379 |
| 56 | 加速踏板位置传感器（APS）2信号输入 | 怠速 | 模拟 | 0.261～2.204 |
| 58 | 装备AT：运动模式降档开关 | 降档ON | 输入 | 0V/蓄电池电压 |
| | | 其他 | | 9V < 蓄电池电压 < 16V |
| 59 | 装备AT：油温传感器（－） | — | 接地 | 0V |
| 60 | 传感器接地 | 爆燃 | 可变频率 | — |
| | | 正常 | | — |
| 61 | 爆燃传感器（KS）信号输入 | 爆燃 | 可变频率 | — |
| | | 正常 | | — |
| 62 | 传感器接地 | 怠速 | 直流电压 | 最大值50mV |
| 63 | 传感器接地 | 怠速 | 直流电压 | 最大值50mV |
| 64 | 可变气流运动执行器电动机（－）控制输出 | — | — | — |
| 65 | 可变气流运动执行器电动机（＋）控制输出 | — | — | — |
| 69 | 蓄电池电流直接输入 | 怠速 | 模拟 | 0.4～4.5V |
| 70 | 蓄电池传感器信号 | 怠速 | 模拟 | 0.3～4.7V |
| 73 | 装备AT：档位开关信号“S4” | 高电位 | 输入 | 0V/蓄电池电压 |
| | | 低电位 | | 9V < 蓄电池电压 < 16V |
| 74 | 装备AT：档位开关信号“S2” | 高电位 | 输入 | 0V/蓄电池电压 |
| | | 低电位 | | 9V < 蓄电池电压 < 16V |
| 75 | 装备AT：档位开关信号“S3” | 高电位 | 输入 | 0V/蓄电池电压 |
| | | 低电位 | | 9V < 蓄电池电压 < 16V |
| 77 | 燃油箱压力传感器（FTPS）信号输入 | 怠速 | 模拟 | -0.3～5.2V |
| 78 | 燃油量传感器（FLS）信号输入 | 怠速 | 模拟 | 0.2～4.7V |
| 82 | 发动机冷却液温度传感器（ECTS）信号输入 | 怠速 | 模拟 | 0.270～4.77V |
| 83 | 氧传感器（上）虚拟接地 | 怠速 | 模拟 | 0.2～5.2V |
| 84 | 氧传感器（上）能斯托电压 | 怠速 | 模拟 | 0.2～5.2V |
| 87 | 装备AT：电磁阀供应电源2 | ON | 电源 | 0V/蓄电池电压 |
| | | OFF | | 9V < 蓄电池电压 < 16V |
| 88 | 装备AT：电磁阀供应电源1 | ON | 电源 | 0V/蓄电池电压 |
| | | OFF | | 9V < 蓄电池电压 < 16V |
| 89 | 装备AT：ON/OFF电磁阀A（SS-A） | 高电位 | 输出 | 0V/蓄电池电压 |
| | | 低电位 | | 9V < 蓄电池电压 < 16V |
| 94 | 装备AT：档位开关信号“S1” | 高电位 | 输入 | 0V/蓄电池电压 |
| | | 低电位 | | 9V < 蓄电池电压 < 16V |

（续）

| 针脚编号 | 说明 | 条件 | 输入/输出信号 | |
|---|---|---|---|---|
| | | | 类型 | 等级 |
| 95 | 装备AT：输出速度传感器电源 | ON | 电源 | 0V/7.5V |
| | | OFF | | |
| 96 | 装备AT：输入速度传感器电源 | ON | 电源 | 0V/7.5V |
| | | OFF | | |
| 99 | 装备AT：输入速度传感器信号 | 高电位 | 输入 | 0.7V/1.4V |
| | | 低电位 | | |
| 100 | 装备AT：输出速度传感器电源 | 高电位 | 输入 | 0.7V/1.4V |
| | | 低电位 | | |
| 103 | 加热型氧传感器（1排/传感器2）加热器控制输出 | 继电器OFF | 直流 | 蓄电池电压 |
| | | 继电器ON | | 最大值1.65V |
| 104 | 氧传感器（上）泵电流 | 怠速 | 模拟 | 0.2～5.2V |
| 105、 | 氧传感器（上）修正电阻 | 怠速 | 模拟 | 0.2～5.2V |
| 注 | 编号1～6、9、14、16、17、20、21、27～31、33、35、36、40、42、47、48、50、52、55、57、66～68、71、72、76、79～81、85、86、90～93、97、98、101、102的针脚未使用 | | | |
| C100-AK插接器 | | | | |
| 1 | ECM接地 | 怠速 | 直流 | 最大值50mV |
| 2 | ECM接地 | 怠速 | 直流 | 最大值50mV |
| 3 | 蓄电池电源（B+） | IGN OFF | 直流 | 最大值1.0V |
| | | IGN ON | | 蓄电池电压 |
| 4 | ECM接地 | 怠速 | 直流 | 最大值50mV |
| 5、6 | 蓄电池电源（B+） | IGN OFF | 直流 | 最大值1.0V |
| | | IGN ON | | 蓄电池电压 |
| 7～9 | 传感器接地 | 怠速 | 直流 | 最大值50mV |
| 11 | 反馈信号输入 | — | — | — |
| 13～15 | 传感器电源（+5V） | IGN OFF | 直流 | 最大值0.5V |
| | | IGN ON | | 4.9～5.1V |
| 16 | 交流发电机通信信号输出 | 怠速 | 脉冲 | 高电位：蓄电池电压 |
| | | | | 低电位：最大值0.6V |
| 19 | 喷油器（气缸2）控制输出 | 怠速 | 直流 | 高电位：蓄电池电压 |
| | | | | 低电位：最大值0.5V |
| | | | | 48～50V |
| 20 | 冷却风扇继电器（低速）控制输出 | 继电器OFF | 直流 | 蓄电池电压 |
| | | 继电器ON | | 最大值1.76V |
| 22 | 电子节气门电动机（－）控制输出 | 怠速 | 脉冲 | 高电位：蓄电池电压 |
| | | | | 低电位：最大值1.0V |
| 23 | 电子节气门电动机（+）控制输出 | 怠速 | 脉冲 | 高电位：蓄电池电压 |
| | | | | 低电位：最大值1.0V |
| 24、25 | 传感器接地 | 怠速 | 直流 | 最大值50mV |
| 26 | 进气歧管绝对压力传感器（MAPS）信号输入 | 怠速 | 模拟 | 0.6683～4.346V |
| 28 | 进气温度传感器（IATS）信号输入 | 怠速 | 模拟 | 0.209～4.756V |
| 31 | ISG OFF开关输入 | 开关OFF | 直流电压 | 蓄电池电压 |
| | | 开关ON | | 最大值0.3V |
| 35 | ISG指示灯控制输出 | — | — | — |

（续）

| 针脚编号 | 说明 | 条件 | 输入/输出信号 | |
|---|---|---|---|---|
| | | | 类型 | 等级 |
| 36 | 冷却风扇继电器（高速）控制输出 | 继电器OFF | 直流 | 蓄电池电压 |
| | | 继电器ON | | 最大值1.76V |
| 37 | 燃油泵继电器控制输出 | 继电器OFF | 直流 | 蓄电池电压 |
| | | 继电器ON | | 最大值1.44V |
| 39 | 可变气门正时机油控制阀（1排/排气）控制输出 | 怠速 | 脉冲 | 高电位：蓄电池电压 |
| | | | | 低电位：最大值1.65V |
| 40 | 点火线圈（2缸）控制输出 | 怠速 | 脉冲 | 1级电压：370~430V |
| | | | | ON电压：最大值2.2V |
| 42 | 传感器接地 | 怠速 | 直流 | 最大值50mV |
| 43 | 制动助力器真空压力传感器（BBVPS）信号输入 | — | — | — |
| 44 | 空调压力传感器（APT）信号输入 | 空调ON | 模拟 | 0.348~4.63V |
| 46 | 制动灯开关信号输入 | ON | 直流电压 | 蓄电池电压 |
| | | OFF | | 最大值2.25V |
| 47 | 凸轮轴位置传感器CMPS（1排/排气）信号输入 | 怠速 | 脉冲 | 高电位：最小值4.8V |
| | | | | 低电位：最大值0.6V |
| 49 | 刮水器开关信号输入 | ON | 直流电压 | 蓄电池电压 |
| | | OFF | | 最大值2V |
| 50 | 主继电器控制输出 | 继电器OFF | 直流电压 | 蓄电池电压 |
| | | 继电器ON | | 最大值1.7V |
| 51 | 活性炭罐电磁阀（CCV）控制输出 | 禁用 | 直流 | -0.3~1.2V |
| | | 启用 | | 蓄电池电压 |
| 56 | 可变气门正时机油控制阀（1排/进气）控制输出 | 怠速 | 脉冲 | 高电位：蓄电池电压 |
| | | | | 低电位：最大值1.65V |
| 57 | 点火线圈（1缸）控制输出 | 怠速 | 脉冲 | 1级电压：370~430V |
| | | | | ON电压：最大值2.2V |
| 60 | C-CAN（高电位） | 隐形 | 脉冲 | 2.0~3.0V |
| | | 显性 | | 2.75~4.5V |
| 61 | 钥匙防盗通信电路 | IGN ON后通信时 | 脉冲 | 高电位：最小值8.5V |
| | | | | 低电位：最大值3.5V |
| 62 | LIN通信信号输入 | — | — | — |
| 63 | 发动机速度信号输出 | 怠速 | 频率 | 约26Hz（850r/min）怠速 |
| | | | | 约16Hz（3000r/min）怠速 |
| 64 | 车速信号输入 | 怠速 | 脉冲 | 高电位：最小值5.4V |
| | | | | 低电位：最大值2.25V |
| 66 | 凸轮轴位置传感器CMPS（1排/进气）信号输入 | 怠速 | 脉冲 | 高电位：最小值4.8V |
| | | | | 低电位：最大值0.6V |
| 67 | 起动信号输入 | ON | 直流电压 | 蓄电池电压 |
| | | OFF | | 最大值2V |
| 68 | 点火开关信号输入 | IG OFF | 直流电压 | 最大值1.0V |
| | | IG ON | | 蓄电池电压 |
| 69 | 喷油器（3缸）控制输出 | 怠速 | 直流电压 | 高电位：蓄电池电压 |
| | | | | 低电位：最大值0.5V |
| | | | | 48~50V |

（续）

| 针脚编号 | 说明 | 条件 | 输入/输出信号 | |
|---|---|---|---|---|
| | | | 类型 | 等级 |
| 71 | 起动继电器控制输出 | 继电器OFF | 直流电压 | 蓄电池电压 |
| | | 继电器ON | | 最大值2.64V |
| 74 | 点火线圈（4缸）控制输出 | 怠速 | 脉冲 | 1级电压：370～430V |
| | | | | ON电压：最大值2.2V |
| 75 | 蓄电池电源（B+） | IG OFF | 直流电压 | 最大值1.0V |
| | | IG ON | | 蓄电池电压 |
| 77 | C-CAN（低电位） | 隐形 | 脉冲 | 2.0～3.0V |
| | | 显性 | | 0.5～2.25V |
| 78 | 曲轴位置传感器CKPS（B）信号输入 | 怠速 | 脉冲 | Vp_p：最小值1.0V |
| 79 | 曲轴位置传感器CKPS（A）信号输入 | 怠速 | 脉冲 | Vp_p：最小值1.0V |
| 80 | 传感器接地 | 怠速 | 直流电压 | 最大值50mV |
| 85 | 可变进气电磁阀（VIS）控制输出 | 继电器OFF | 直流电压 | 蓄电池电压 |
| | | 继电器ON | | 最大值1.65V |
| 89 | 喷油器（4缸）控制输出 | 怠速 | 直流电压 | 高电位：蓄电池电压 |
| | | | | 低电位：最大值0.5V |
| | | | | 48～50V |
| 90 | 喷油器（1缸）控制输出 | 怠速 | 直流电压 | 高电位：蓄电池电压 |
| | | | | 低电位：最大值0.5V |
| | | | | 48～50V |
| 91 | 点火线圈（3缸）控制输出 | 怠速 | 脉冲 | 1级电压：370～430V |
| | | | | ON电压：最大值2.2V |
| 注 | 编号10、12、17、18、21、27、29、30、32～34、38、41、45、48、52～55、58、59、65、70、72、73、76、81～84、86～88的针脚未使用 | | | |

## 三、7档双离合器变速器

名图轿车7档双离合器变速器控制单元针脚分布如图3-3所示，针脚说明见表3-3。

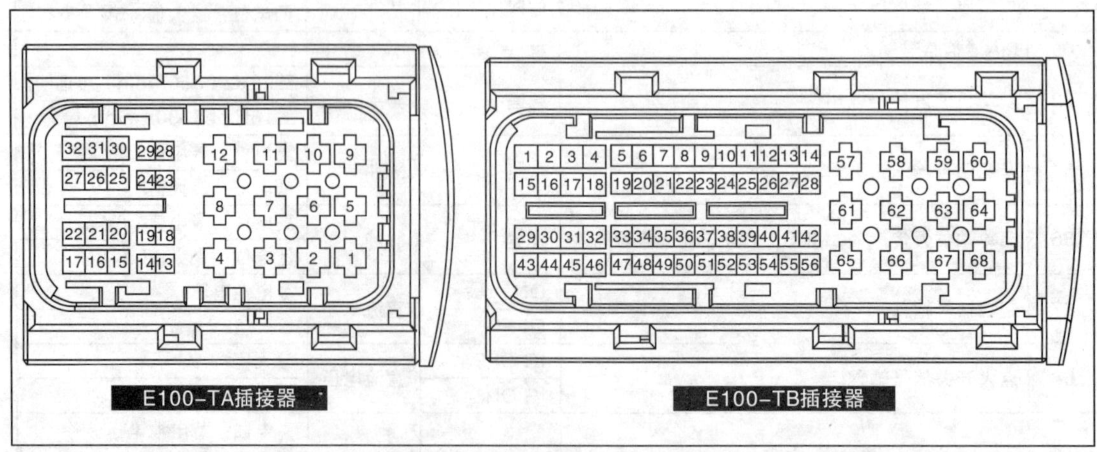


图3-3 名图轿车7档双离合器变速器控制单元针脚分布

**表 3-3 名图轿车7档双离合器变速器控制单元针脚说明**

| 针脚 | 导线颜色 | 说明 |
|---|---|---|
| E100-TA插接器 | | |
| 1 | B | 离合器执行器（离合器电动机1（奇数档）-L2（V）） |
| 2 | G | 离合器执行器（离合器电动机2（偶数档）-L2（V）） |
| 3 | R | 选择电磁执行器（电磁执行器2-接地） |
| 4 | B | 选择电磁执行器（电磁执行器1-推动） |
| 5 | P | 离合器执行器（离合器电动机1（奇数档）-L1（U）） |
| 6 | W | 离合器执行器（离合器电动机2（偶数档）-L1（U）） |
| 7 | W | 选择电磁执行器（电磁执行器1-接地） |
| 8 | G | 选择电磁执行器（电磁执行器2-推动） |
| 9 | R | 离合器执行器（离合器电动机1（奇数档）-L3（W）） |
| 10 | L | 离合器执行器（离合器电动机2（偶数档）-L3（W）） |
| 11 | P | 选择电磁执行器（电磁执行器1-拉动） |
| 12 | L | 选择电磁执行器（电磁执行器2-推动） |
| 13 | L/O | 离合器执行器（离合器电动机1（奇数档）-霍尔2） |
| 14 | Br | 离合器执行器（离合器电动机1（奇数档）-霍尔3） |
| 15 | G | 离合器执行器（离合器电动机1（奇数档）-接地） |
| 18 | Gr | 离合器执行器（离合器电动机1（奇数档）-霍尔1） |
| 19 | O | 离合器执行器（离合器电动机1（奇数档）-5V） |
| 20 | Y | 选择电磁执行器（位置传感器1-电源） |
| 21 | Y | 选择电磁执行器（位置传感器2-电源） |
| 22 | W | 选择电磁执行器（位置传感器2-信号） |
| 23 | Y | 离合器执行器（离合器电动机2（偶数档）-霍尔2） |
| 24 | B | 离合器执行器（离合器电动机2（偶数档）-霍尔3） |
| 25 | B | 离合器执行器（离合器电动机2（偶数档）-接地） |
| 26 | W | 选择电磁执行器（位置传感器1-信号） |
| 28 | W | 离合器执行器（离合器电动机2（偶数档）-霍尔1） |
| 29 | R | 离合器执行器（离合器电动机2（奇数档）-5V） |
| 30 | B | 选择电磁执行器（位置传感器1-接地） |
| 31 | B | 选择电磁执行器（位置传感器2-接地） |
| 注 | 编号16、17、27、32的针脚未使用 | |
| E100-TB插接器 | | |
| 3 | P | 发动机舱接线盒（档位开关熔断器） |
| 5 | G | 变速器档位开关（信号“P”） |
| 6 | O | 变速器档位开关（信号“R”） |
| 7 | L | 变速器档位开关（信号“D”） |
| 9 | B | 离合器速度传感器总成（偶数档传感器-信号） |
| 13 | Y | 换档执行器（电动机1-霍尔2） |
| 14 | W | 换档执行器（电动机1-霍尔3） |
| 17 | O | 发动机舱接线盒（TCU3熔断器） |
| 20 | Br | 变速器档位开关（信号“N”） |
| 23 | R | 离合器速度传感器总成（偶数档传感器-电源） |
| 26 | Y | 换档执行器（电动机1-电源） |
| 27 | B | 换档执行器（电动机1-霍尔1） |
| 28 | Br | 换档执行器（电动机1-接地） |
| 34 | R | FLEXRAY（低电位） |
| 41 | W | 换档执行器（电动机2-霍尔2） |
| 42 | B | 换档执行器（电动机2-霍尔3） |
| 44 | Y | C-CAN（高电位） |
| 45 | B | C-CAN（低电位） |
| 48 | L | FLEXRAY（高电位） |
| 49 | G | 离合器速度传感器总成（奇数档传感器-电源） |
| 50 | W | 离合器速度传感器总成（奇数档传感器-信号） |
| 54 | G | 换档执行器（电动机2-电源） |
| 55 | Y | 换档执行器（电动机2-霍尔1） |
| 56 | W | 换档执行器（电动机2-接地） |
| 57 | B | 接地GC204 |

（续）

| 针脚 | 导线颜色 | 说明 |
|---|---|---|
| 58 | B | 接地GC204 |
| 59 | P | 换档执行器（电动机2-相位W） |
| 60 | G | 换档执行器（电动机1-相位W） |
| 61 | B | 接地GC204 |
| 63 | R | 换档执行器（电动机2-相位V） |
| 64 | L | 换档执行器（电动机1-相位V） |
| 65 | R | 发动机舱接线盒（TCU1熔断器） |
| 66 | P | 发动机舱接线盒（TCU2熔断器） |
| 67 | B | 换档执行器（电动机2-相位U） |
| 68 | W | 换档执行器（电动机1-相位U） |
| 注 | | 编号1、2、4、8、10～12、15、16、18、19、21、22、24、25、29～33、35～40、43、46、47、51～53、62的针脚未使用 |

## 四、ABS/ESP

名图轿车ABS/ESP控制单元针脚分布如图3-4所示，针脚说明见表3-4。

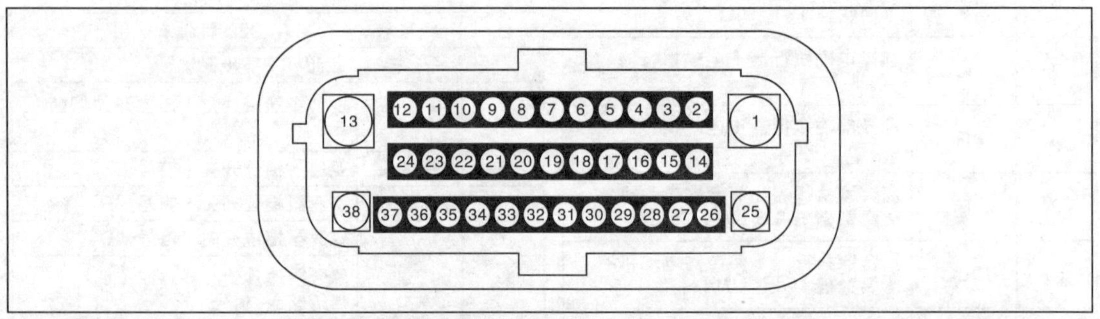


图3-4 名图轿车ABS/ESP控制单元针脚分布

表3-4 名图轿车ABS/ESP控制单元针脚说明

| 针脚 | 导线颜色 | 说明 |
|---|---|---|
| 1 | R | 发动机舱接线盒（ABS1组合熔断器） |
| 6 | R | 右前轮速传感器信号 |
| 8* | Y | 仪表板开关（ESP OFF开关） |
| 9* | W | SRS控制模块（CAN专用-高电位） |
| 10* | Gr | 智能接线盒（IPS控制模块/驻车制动开关） |
| 13 | B | 接地（GE04） |
| 14 | B | C-CAN（低电位） |
| 18 | L | 右前轮速传感器电源 |
| 19 | W | 右后轮速传感器电源 |
| 20 | G | 左后轮速传感器信号 |
| 21* | Br | SRS控制模块（CAN专用-低电位） |
| 22 | B | 左前轮速传感器信号 |
| 23* | Y | 离合器开关 |
| 25 | R | 发动机舱接线盒（ABS2熔断器） |
| 26 | Y | C-CAN（高电位） |
| 27 | W | 轮速输出 |
| 30 | G | 制动灯开关（制动灯开关） |
| 31 | Br | 右后轮速传感器信号 |
| 32 | Gr | 发动机舱接线盒（熔断器-ABS3） |
| 33 | O | 左后轮速传感器电源 |
| 34 | Y | 左前轮速传感器电源 |
| 38 | B | 接地（GE04） |
| 注 | | 1. 编号2～5、7、11、12、15～17、24、28、29、35～37的针脚未使用<br>2. *仅用于装备ESP的车型 |

## 五、自动空调

名图轿车自动空调控制单元针脚分布如图3-5所示，针脚说明见表3-5。

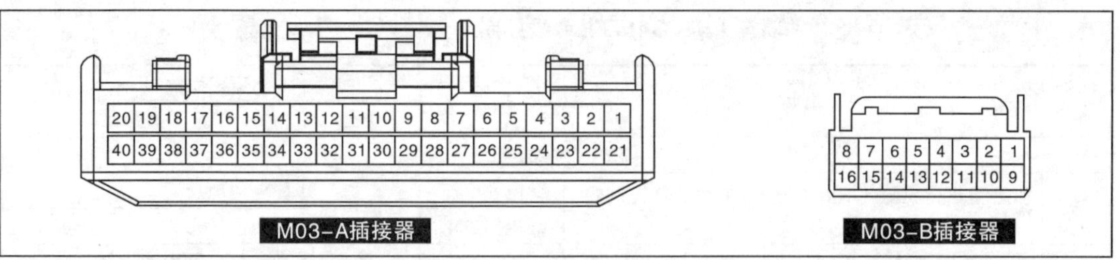


图3-5 名图轿车自动空调控制单元针脚分布

表3-5 名图轿车自动空调控制单元针脚说明

| 针脚 | 导线颜色 | 说明 |
|---|---|---|
| M03-A插接器 | | |
| 1 | L | 照明灯+ |
| 2 | O | 传感器电源：通风模式执行器、驾驶人/前排乘客温度执行器、内外空气选择执行器、自动灯光/光照度传感器 |
| 5 | Br | 通风模式执行器（中风口） |
| 6 | O | 通风模式执行器（上风口） |
| 7 | W | 通风模式执行器（反馈） |
| 8 | Gr | 内外空气选择执行器（外气进入） |
| 9 | Br | 内外空气选择执行器（内气进入） |
| 10 | L | 内外空气选择执行器（反馈） |
| 11 | W | 驾驶人温度门执行器（冷） |
| 12 | Y | 驾驶人温度门执行器（热） |
| 13 | Br | 驾驶人温度门执行器（反馈） |
| 14 | W | 前排乘客温度门执行器（冷） |
| 15 | G | 前排乘客温度门执行器（热） |
| 16 | Gr | 前排乘客温度门执行器（反馈） |
| 17 | Y | C-CAN（高电位） |
| 18 | B | C-CAN（低电位） |
| 19 | R/B | 电阻器输出 |
| 20 | Gr | 照明灯- |
| 21 | L/B | 中央仪表板开关（清洁空气指示灯） |
| 22 | Br | 离子发生器（清洁信号） |
| 23 | L | 离子发生器（离子发生器诊断） |
| 26 | L | 室外温度传感器+ |
| 28 | Y | 蒸发器温度传感器+ |
| 29 | P/B | 电控空调压缩机+ |
| 30 | G/O | 电控空调压缩机- |
| 31 | Gr | 自动灯光/光照度传感器（驾驶人） |
| 32 | P | 自动灯光/光照度传感器（前排乘客） |
| 33 | R/B | 发动机舱接线盒（后视镜加热器熔断器） |
| 34 | O | BCM（后除霜器开关） |
| 40 | P | 传感器接地：通风模式执行器、驾驶人/前排乘客温度门执行器、内外空气选择执行器、蒸发器温度传感器、室外温度传感器 |
| 注 | 编号3、4、24、25、27、35~39的针脚未使用 | |
| M03-B插接器 | | |
| 1 | B | 接地（GM03） |
| 7 | R | 装备发动机停止/起动系统：直流/直流转换器（音响） |
| 8 | W | 智能接线盒（空调熔断器） |
| 9 | B | 接地（GM03） |
| 11 | Y | 发动机舱接线盒（空调开关熔断器） |
| 12 | L | FET（栅极） |
| 13 | P | FET（漏极） |
| 15 | L/B | 智能接线盒（模块2熔断器） |
| 16 | R | 智能接线盒（记忆LCAD熔断器） |
| 注 | 编号2~6、10、14的针脚未使用 | |

# 第二节　领动（2016~2018年款）

## 一、1.6L G4FG发动机

领动轿车1.6L G4FG发动机控制单元针脚分布与名图轿车1.6L T-GDI G4FG相同，参考图3-1，其针脚信息及检测数据见表3-6。

表3-6 领动轿车1.6L G4FG发动机控制单元针脚信息及检测数据

| 针脚编号 | 说明 | 条件 | 输入/输出信号 | |
|---|---|---|---|---|
| | | | 类型 | 等级 |
| C200-MA插接器 | | | | |
| 5 | 加热型氧传感器（1排/传感器1）加热器控制输出 | 继电器OFF | 直流电压 | 蓄电池电压 |
| | | 继电器ON | | 最大值1.65V |
| 13 | 喷油器（3缸）控制输出 | 怠速 | 直流电压 | 高电位：蓄电池电压 |
| | | | | 低电位：最大值0.5V |
| | | | | 48~50V |
| 14 | 冷却风扇继电器（高速）控制输出 | 继电器OFF | 直流电压 | 蓄电池电压 |
| | | 继电器ON | | 最大值1.75V |
| 15 | 连续可变气门正时机油控制阀（1排/排气）控制输出 | 怠速 | 脉冲 | 高电位：蓄电池电压 |
| | | | | 低电位：最大值1.65V |
| 20 | 加热型氧传感器（1排/传感器2）加热器控制输出 | 继电器OFF | 直流电压 | 蓄电池电压 |
| | | 继电器ON | | 最大值1.65V |
| 23 | 发动机冷却液温度传感器（ECTS）信号输入 | 怠速 | 模拟 | 0.270~4.77V |
| 24 | 传感器接地 | 怠速 | 直流电压 | 最大值50mV |
| 27 | 燃油泵继电器控制输出（未配备智能钥匙） | 继电器OFF | 直流电压 | 蓄电池电压 |
| | | 继电器ON | | 最大值1.44V |
| 28 | 喷油器（2缸）控制输出 | 怠速 | 直流电压 | 高电位：蓄电池电压 |
| | | | | 低电位：最大值0.5V |
| | | | | 48~50V |
| 31 | 点火线圈（3缸）控制输出 | 怠速 | 脉冲 | 初级电压：370~430V |
| | | | | ON电压：最大值2.2V |
| 32 | 点火线圈（1缸）控制输出 | 怠速 | 脉冲 | 初级电压：370~430V |
| | | | | ON电压：最大值2.2V |
| 35 | 电子节气门电动机（-）控制输出 | 怠速 | 脉冲 | 高电位：蓄电池电压 |
| | | | | 低电位：最大值1.0V |
| 37 | 爆燃传感器（KS）信号输入 | 爆燃 | 可变频率 | — |
| | | 正常 | | |
| 38 | 传感器接地 | 爆燃 | 可变频率 | — |
| | | 正常 | | |
| 39 | 鼓风机开关最高速信号输入 | — | — | — |
| 40 | 制动灯开关信号输入 | ON | 直流电压 | 蓄电池电压 |
| | | OFF | | 最大值2.25V |
| 45 | 连续可变气门正时机油控制阀（1排/进气）控制输出 | 怠速 | 脉冲 | 高电位：蓄电池电压 |
| | | | | 低电位：最大值1.65V |
| 46 | 点火线圈（4缸）控制输出 | 怠速 | 脉冲 | 初级电压：370~430V |
| | | | | ON电压：最大值2.2V |
| 47 | 点火线圈（2缸）控制输出 | 怠速 | 脉冲 | 初级电压：370~430V |
| | | | | ON电压：最大值2.2V |
| 50 | 电子节气门电动机（+）控制输出 | 怠速 | 脉冲 | 高电位：蓄电池电压 |
| | | | | 低电位：最大值1.0V |
| 53 | 制动测试开关信号输入 | ON | 直流电压 | 蓄电池电压 |
| | | OFF | | 最大值2.25V |
| 55 | 离合器开关信号输入 | — | — | — |

（续）

| 针脚编号 | 说明 | 条件 | 输入/输出信号 | |
|---|---|---|---|---|
| | | | 类型 | 等级 |
| 56 | 电负荷信号输入（除霜器） | ON | 直流电压 | 蓄电池电压 |
| | | OFF | | 最大值2.25V |
| 57 | 交流发电机COM信号输出 | 怠速 | 脉冲 | 高电位：蓄电池电压 |
| | | | | 低电位：最大值0.6V |
| 58 | 发动机转速信号输出 | — | — | — |
| 59 | 冷却风扇继电器（低速）控制输出 | 继电器OFF | 直流电压 | 蓄电池电压 |
| | | 继电器ON | | 最大值1.76V |
| 60 | 可变进气电磁阀（VIS）控制输出 | 继电器OFF | 直流电压 | 蓄电池电压 |
| | | 继电器ON | | 最大值1.65V |
| 注 | 编号1～4、6～12、16～19、21、22、25、26、29、30、33、34、36、41～44、48、49、51、52、54的针脚未使用 | | | |
| C200-MK插接器 | | | | |
| 1～3 | ECM接地 | 怠速 | 直流电压 | 最大值50mV |
| 4～7 | 蓄电池电源（B+） | IG OFF | 直流电压 | 最大值1.0V |
| | | IG ON | | 蓄电池电压 |
| 8 | 传感器接地 | 怠速 | 直流电压 | 最大值50mV |
| 9 | 加速踏板位置传感器（APS）1信号输入 | 怠速 | 模拟 | 0.674～4.379V |
| 10 | 传感器接地 | 怠速 | 直流电压 | 最大值50mV |
| 13 | 传感器接地 | 怠速 | 直流电压 | 最大值50mV |
| 14 | 节气门位置传感器（TPS）1信号输入 | 怠速 | 模拟 | 0.33～4.72V |
| 17 | 燃油量信号输入 | 怠速 | 模拟 | 0.193～4.0V |
| 18 | 传感器电源（+5V） | IG OFF | 直流电压 | 最大值0.5V |
| | | IG ON | | 4.9～5.1V |
| 19 | 传感器电源（+5V） | IG OFF | 直流电压 | 最大值0.5V |
| | | IG ON | | 4.9～5.1V |
| 20 | 传感器电源（+5V） | IG OFF | 直流电压 | 最大值0.5V |
| | | IG ON | | 4.9～5.1V |
| 21 | ISG OFF开关信号输入 | — | — | — |
| 22 | 刮水器开关信号输入 | ON | 直流电压 | 蓄电池电压 |
| | | OFF | | 最大值2V |
| 23 | 空档开关信号输入 | — | — | — |
| 24 | 交流发电机PWM信号输出 | 怠速 | 脉冲 | 高电位：蓄电池电压 |
| | | | | 低电位：最大值1.5V |
| 25 | 喷油器（气缸1）控制输出 | 怠速 | 直流电压 | 高电位：蓄电池电压 |
| | | | | 低电位：最大值0.5V |
| | | | | 48～50V |
| 27 | ISG OFF警告灯信号输出 | — | — | — |
| 29 | 点火开关信号输入 | IG OFF | 直流电压 | 最大值1.0V |
| | | IG ON | | 蓄电池电压 |
| 30 | 加热型氧传感器（1排/传感器2）信号输入 | 发动机运行 | 模拟 | 浓：0.6～1.0V |
| | | | | 稀：最大值0.4V |
| 31 | 加速踏板位置传感器（APS）2信号输入 | 怠速 | 模拟 | 0.261～2.204V |

（续）

| 针脚编号 | 说明 | 条件 | 输入/输出信号 | |
|---|---|---|---|---|
| | | | 类型 | 等级 |
| 32 | 传感器接地 | 怠速 | 直流电压 | 最大值50mV |
| 35 | 传感器接地 | 怠速 | 直流电压 | 最大值50mV |
| 36 | 节气门位置传感器（TPS）2信号输入 | 怠速 | 模拟 | 0.55~4.37V |
| 38 | 制动助力器真空压力传感器信号输入 | — | — | — |
| 39~42 | 传感器电源（+5V） | IG OFF | 直流电压 | 最大值0.5V |
| | | IG ON | | 4.9~5.1V |
| 45 | 空调压力传感器（APT）信号输入 | 空调ON | 模拟 | 0.348~4.63V |
| 46 | 车速信号输入 | 怠速 | 脉冲 | 高电位：最小值5.4V |
| | | | | 低电位：最大值2.25V |
| 47 | 起动继电器（高电位）控制输出 | — | — | — |
| 51 | 传感器接地 | 怠速 | 直流电压 | 最大值50mV |
| 54 | 加热型氧传感器（1排/传感器1）信号输入 | 发动机运行 | 模拟 | 浓：0.6~1.0V |
| | | | | 稀：最大值0.4V |
| 60 | 起动信号输入 | ON | 直流电压 | 蓄电池电压 |
| | | OFF | | 最大值2V |
| 61 | LIN通信信号输入 | 隐形 | 脉冲 | 最大值5.6V（14V时） |
| | | 显性 | | 最小值8.4V（14V时） |
| 62 | CCP-CAN（低电位） | — | — | — |
| 63 | C-CAN（低电位） | 隐形 | 脉冲 | 2.0~3.0V |
| | | 显性 | | 0.5~2.25V |
| 64 | 传感器接地 | 怠速 | 直流电压 | 最大值50mV |
| 65 | 凸轮轴位置传感器（CMPS）（1排/排气）信号输入 | 怠速 | 脉冲 | 高电位：最小值4.8V |
| | | | | 低电位：最大值0.6V |
| 67 | 曲轴位置传感器（CKPS）（B）信号输入 | 怠速 | 脉冲 | Vp_p：最小值1.0V |
| 72 | 清污控制电磁阀（PCSV）控制输出 | 继电器OFF | 直流电压 | 蓄电池电压 |
| | | 继电器ON | | 最大值1.76V |
| 77 | 传感器接地 | 怠速 | 直流电压 | 最大值50mV |
| 78 | 传感器接地 | 怠速 | 直流电压 | 最大值50mV |
| 79 | 进气温度传感器（IATS）信号输入 | 怠速 | 模拟 | 0.209~4.756V |
| 80 | 进气歧管绝对压力传感器（MAPS）信号输入 | 怠速 | 模拟 | 0.6683~4.346V |
| 83 | 钥匙防盗通信电路 | 发送时 | 脉冲 | 高电位：最小值8.4V（14V时） |
| | | | | 低电位：最大值6.44V（14V时） |
| 84 | CCP-CAN（高电位） | — | — | — |
| 85 | C-CAN（高定位） | 隐形 | 脉冲 | 2.0~3.0V |
| | | 显性 | | 2.75~4.5V |
| 86 | 传感器接地 | 怠速 | 直流电压 | 最大值50mV |
| 87 | 凸轮轴位置传感器（CMPS）（1排/进气）信号输入 | 怠速 | 脉冲 | 高电位：最小值4.8V |
| | | | | 低电位：最大值0.6V |
| 89 | 曲轴位置传感器（CKPS）（A）信号输入 | 怠速 | 脉冲 | Vp_p：最小值1.0V |
| 90 | 燃油泵继电器控制输出（配备智能钥匙） | 继电器OFF | 直流电压 | 蓄电池电压 |
| | | 继电器ON | | 最大值1.44V |

（续）

| 针脚编号 | 说明 | 条件 | 输入/输出信号 | |
|---|---|---|---|---|
| | | | 类型 | 等级 |
| 92 | 喷油器（气缸4）控制输出 | 怠速 | 直流电压 | 高电位：蓄电池电压 |
| | | | | 低电位：最大值0.5V |
| | | | | 48~50V |
| 93 | 主继电器控制输出 | 继电器OFF | 直流电压 | 蓄电池电压 |
| | | 继电器ON | | 最大值1.7V |
| 94 | 起动继电器控制输出 | 继电器OFF | 直流电压 | 蓄电池电压 |
| | | 继电器ON | | 最大值2.64V |
| 注 | 编号11、12、15、16、26、28、33、34、37、43、44、48~50、52、53、55~59、66、68~71、73~76、81、82、88、91的针脚未使用 | | | |

## 二、自动变速器

领动轿车自动变速器控制单元针脚分布与名图轿车7档双离合变速器控制单元针脚分布图相同，参考图3-3，针脚说明见表3-7。

**表3-7 领动轿车自动变速器控制单元针脚说明**

| 针脚 | 导线颜色 | 说明 |
|---|---|---|
| E100-TA插接器 | | |
| 1 | L | 离合器电动机（离合器电动机1-V相） |
| 2 | R | 离合器电动机（离合器电动机2-V相） |
| 3 | R | 选择执行器（选择2电磁执行器接地） |
| 4 | R | 选择执行器（选择1电磁推动） |
| 5 | G | 离合器电动机（离合器电动机1-U相） |
| 6 | G | 离合器电动机（离合器电动机2-U相） |
| 7 | B | 选择执行器（选择1电磁执行器接地） |
| 8 | L | 选择执行器（选择2电磁拉动） |
| 9 | W | 离合器电动机（离合器电动机1-W相） |
| 10 | G | 离合器电动机（离合器电动机2-W相） |
| 11 | G | 选择执行器（选择1电磁拉动） |
| 12 | W | 选择执行器（选择2电磁推动） |
| 13 | W | 离合器电动机（离合器电动机1-霍尔2） |
| 14 | Y | 离合器电动机（离合器电动机1-霍尔3） |
| 15 | W | 离合器电动机（离合器电动机1接地） |
| 18 | B | 离合器电动机（离合器电动机1-霍尔1） |
| 19 | Br | 离合器电动机（离合器电动机1电源） |
| 20 | W | 选择执行器（选择1电源） |
| 21 | Y | 选择执行器（选择2电源） |
| 22 | Y | 选择执行器（选择2信号） |
| 23 | W/B | 离合器电动机（离合器电动机2-霍尔2） |
| 24 | Y/B | 离合器电动机（离合器电动机2-霍尔3） |
| 25 | B | 离合器电动机（离合器电动机2接地） |
| 26 | G | 选择执行器（选择1信号） |
| 28 | B/O | 离合器电动机（离合器电动机2-霍尔1） |
| 29 | Y | 离合器电动机（离合器电动机2电源） |
| 30 | Br | 选择执行器（选择1接地） |
| 31 | B | 选择执行器（选择2接地） |
| 注 | 编号16、17、27、32的针脚未使用 | |
| E100-TB插接器 | | |
| 3 | R | PCB接线块（F13熔断器） |
| 4 | L | 时钟弹簧（拨片式换档开关-升档） |
| 5 | Y | 变速器档位开关（P档位输入） |
| 6 | Gr | 变速器档位开关（R档位输入） |

（续）

| 针脚 | 导线颜色 | 说明 | 针脚 | 导线颜色 | 说明 |
|---|---|---|---|---|---|
| 7 | L | 变速器档位开关（D档位输入） | 55 | Y | 换档电动机（换档电动机2–霍尔1） |
| 9 | L | 速度传感器（离合器2速度接地） | 56 | L | 换档执行器（换档电动机2接地） |
| 13 | W | 换档电动机（换档电动机1–霍尔2） | 57 | B | 接地（GE08） |
| 14 | B | 换档电动机（换档电动机1–霍尔3） | 58 | B | 接地（GE08） |
| 17 | R | 发动机舱接线盒（F21熔断器） | 59 | G | 换档电动机2 L3（W） |
| 18 | L/O | 时钟弹簧（拨片式换档开关–降档） | | | |
| 20 | O | 变速器档位开关（N档位输入） | 60 | G | 换档电动机1 L3（W） |
| 23 | R | 速度传感器（离合器2速度电源） | | | |
| 26 | Br | 换档电动机（换档电动机1电源） | 61 | B | 接地（GE08） |
| 27 | Y | 换档电动机（换档电动机1–霍尔1） | 63 | W | 换档电动机2 L2（V） |
| 28 | W | 换档执行器（换档电动机1接地） | | | |
| 30 | R | CCP–CAN（高电位） | 64 | W | 换档电动机1 L2（V） |
| 31 | L | CCP–CAN（低电位） | | | |
| 34 | Y | FLEX RAY（低电位） | 65 | R | 发动机舱接线盒（DCT 1熔断器） |
| 41 | W | 换档电动机（换档电动机2–霍尔2） | 66 | W | 发动机舱接线盒（DCT 2熔断器） |
| 42 | B | 换档电动机（换档电动机2–霍尔3） | 67 | R | 换档电动机2 L1（U） |
| 44 | W | C–CAN（高电位） | | | |
| 45 | Y | C–CAN（低电位） | 68 | R | 换档电动机1 L1（U） |
| 48 | W | FLEX RAY（高电位） | | | |
| 49 | G | 速度传感器（离合器1速度电源） | 注 | 编号1、2、8、10～12、15、16、19、21、22、24、25、29、32、33、35～40、43、46、47、51～53、62的针脚未使用 | |
| 50 | O | 速度传感器（离合器1速度接地） | | | |
| 54 | R | 换档电动机（换档电动机2电源） | | | |

## 三、ABS/ESP

领动轿车ABS/ESP控制单元针脚分布如图3-6所示，针脚说明见表3-8。

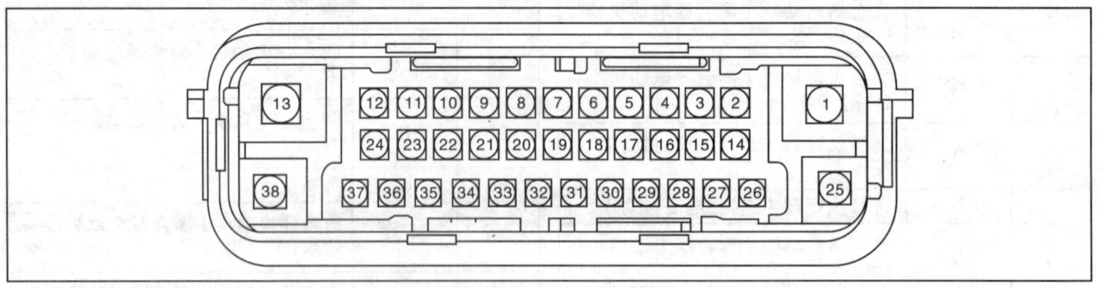


图3-6 领动轿车ABS/ESP控制单元针脚分布

表3-8 领动轿车ABS/ESP控制单元针脚说明

| 针脚 | 导线颜色 | 说明 | 针脚 | 导线颜色 | 说明 |
|---|---|---|---|---|---|
| 1 | R | 发动机舱接线盒（ABS 1熔断器） | 13 | B | 接地（GE05） |
| 6 | R | 前右轮速传感器信号 | 14 | Y | C–CAN（低电位） |
| 8* | Y | 仪表板开关（ESP OFF开关） | 18 | L | 右前轮速传感器电源 |
| 9* | O | SRS控制模块（专用–CAN高电位） | 19 | Y | 右后轮速传感器电源 |
| 10* | G | 驻车制动开关 | 20 | G | 左后轮速传感器信号 |

（续）

| 针脚 | 导线颜色 | 说明 | 针脚 | 导线颜色 | 说明 |
|---|---|---|---|---|---|
| 21* | G | SRS控制模块（专用-CAN低电位） | 31 | B | 右后轮速传感器信号 |
| 22 | Br | 左前轮速传感器信号 | 32 | P | PCB接线块（ABS 3熔断器） |
| 23* | W | 离合器开关 | 33 | O | 左后轮速传感器电源 |
| 25 | L | 发动机舱接线盒（ABS 2熔断器） | 34 | W | 左前轮速传感器电源 |
| 26 | W | C-CAN（高电位） | 38 | B | 接地（GE05） |
| 27 | W/B | 车速信号：PCM/ECM、智能钥匙控制模块 | 注 | | 1. 编号2~5、7、11、12、15~17、24、28、29、35~37的针脚未使用<br>2. *仅用于装备车身电子稳定系统（ESP）的车型 |
| 30 | G | 制动灯开关 | | | |

## 四、手动空调

领动轿车手动空调控制单元针脚分布如图3-7所示，针脚说明见表3-9。

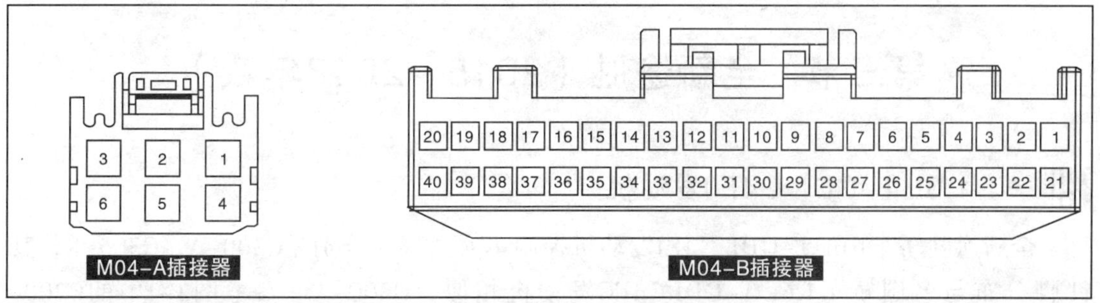


图3-7 领动轿车手动空调控制单元针脚分布

表3-9 领动轿车手动空调控制单元针脚说明

| 针脚 | 导线颜色 | 说明 | 针脚 | 导线颜色 | 说明 |
|---|---|---|---|---|---|
| M04-A插接器 | | | 11 | Br | 离子发生器（诊断） |
| 1 | W | 鼓风机开关（低速）：鼓风机电阻器 | 13 | G/O | 电控空调压缩机（电源） |
| 2 | L | 空调控制器（鼓风机ON信号） | 14 | B | 电控空调压缩机（接地） |
| 3 | B | 接地（GM06） | 15 | L/O | 智能接线盒（空调开关熔断器） |
| 4 | Y | 鼓风机开关（中低速）：鼓风机电阻器 | 16 | Br | BCM（后除霜器开关输入） |
| 5 | O | 鼓风机开关（中高速）：鼓风机电阻器/智能接线盒（空调开关熔断器） | 17 | R | 智能接线盒（IPS控制模块/危险警告灯开关） |
| 6 | P | 鼓风机开关（高速）：鼓风机电动机/鼓风机电阻器 | 18 | Gr | 照明灯- |
| M04-B插接器 | | | 19 | B | 传感器和执行器接地：内外空气选择执行器、通风模式执行器、蒸发器温度传感器、前排乘客侧温度门执行器、室外温度传感器 |
| 1 | O | 智能接线盒（空调熔断器） | 20 | B | 接地（GM02） |
| 3 | P/B | 智能接线盒（后视镜除霜器熔断器） | 21 | R | 智能接线盒（记忆1暗电流自动切断装置熔断器） |
| 4 | Y | 仪表板（变阻器输出+） | 22 | W | 智能接线盒（模块5熔断器） |
| 9 | P | BCM（前排乘客座椅安全带警告灯） | 23 | R | 配备发动机停止/起动系统：直流/直流转换器（音响） |
| 10 | G | 离子发生器（清洁信号） | | | |

（续）

| 针脚 | 导线颜色 | 说明 |
| --- | --- | --- |
| 24 | L | 照明灯+ |
| 25 | O | 传感器和执行器电源：通风模式执行器、内外空气选择执行器、前排乘客温度门执行器 |
| 26 | O/B | 蒸发器温度传感器+ |
| 27 | L/B | 室外温度传感器+ |
| 28 | W | 通风模式执行器（反馈） |
| 29 | Y | 前排乘客温度门执行器（反馈） |
| 30 | L | 内外空气选择执行器（反馈） |
| 31 | Br/B | 通风模式执行器（中风口） |
| 32 | O | 通风模式执行器（上风口） |
| 33 | Gr/B | 前排乘客温度门执行器（冷） |
| 34 | G/B | 前排乘客温度门执行器（热） |
| 35 | G | 内外空气选择执行器（外气进入） |
| 36 | Br/B | 内外空气选择执行器（内气循环） |
| 37 | W | C-CAN（高电位） |
| 38 | Y | C-CAN（低电位） |
| 39 | L | 空调控制器（共同） |
| 40 | B | 接地（GM02） |
| 注 | 编号2、5~8、12的针脚未使用 | |

# 第三节　全新途胜（2015~2018年款）

## 一、1.6L T-GDI G4FJ发动机

全新途胜轿车1.6L T-GDI G4FJ发动机控制单元插接器分别是C300-A、C300-K，其针脚分布与名图轿车1.6L T-GDI G4FG发动机相似，C300-A可参考图3-1中的C200-MA，C300-K可参考图3-1中的C200-MK。C300-A、C300-K针脚说明见表3-10。

表3-10　全新途胜轿车1.6L T-GDI G4FJ发动机控制单元针脚说明

| 针脚 | 导线颜色 | 说明 |
| --- | --- | --- |
| C300-A插接器 | | |
| 1 | W | 喷油器3控制+ |
| 2 | G | 喷油器4控制+ |
| 3 | R | 喷油器2控制- |
| 4 | Br | 涡轮增压器电动机+ |
| 5 | L | 氧传感器（上）加热器 |
| 9 | B | 涡轮增压器位置传感器接地 |
| 14 | B | 冷却风扇继电器控制（高电位） |
| 15 | L | 连续可变气门正时输出（排气） |
| 16 | L | 喷油器2控制+ |
| 17 | W | 喷油器1控制+ |
| 18 | L | 喷油器3控制- |
| 19 | G | 涡轮增压器电动机- |
| 20 | P | 氧传感器（下）加热器 |
| 23 | W | 冷却液温度信号 |
| 24 | B/O | 冷却液温度接地 |
| 27 | G | 未配备钥匙防盗/智能钥匙：燃油泵继电器控制 |
| 29 | G/O | 空调继电器 |
| 31 | W | 点火线圈3控制 |
| 32 | R | 点火线圈1控制 |
| 33 | R | 喷油器1控制- |
| 34 | L | 燃油压力控制阀+ |
| 35 | O | 电子节气门直流电动机输出- |
| 37 | W | 爆燃传感器信号 |
| 38 | G | 爆燃传感器接地 |
| 40 | G/B | 制动灯开关 |
| 45 | R | 连续可变气门正时输出（进气） |
| 46 | W | 点火线圈4控制 |
| 47 | R | 点火线圈2控制 |
| 48 | L | 喷油器4控制- |
| 49 | W | 燃油压力控制阀- |
| 50 | R | 电子节气门直流电动机输出+ |
| 52 | L | 涡轮增压器位置传感器信号 |
| 53 | L/B | 制动测试开关 |
| 56 | P | 电气负荷-除霜器 |

（续）

| 针脚 | 导线颜色 | 说明 |
|---|---|---|
| 57 | L | 发电机（COM） |
| 58 | W | 发动机转速信号 |
| 59 | B | 脉宽调制风扇控制 |
| 注 | 编号6~8、10~13、21、22、25、26、28、30、36、39、41~44、51、54、55、60的针脚未使用 | |
| C300-K插接器 | | |
| 1~3 | B | 接地 |
| 4 | R | 发动机控制继电器“ON”输入 |
| 5、6 | P | 记忆电源 |
| 7 | G | 发动机控制继电器“ON”输入 |
| 8 | G | 氧传感器（下）接地 |
| 9 | B/O | 加速踏板位置传感器1信号 |
| 10 | Y/O | 加速踏板位置传感器2接地 |
| 13 | B | 真空传感器接地 |
| 14 | Gr | 节气门位置传感器1信号 |
| 17 | Br/O | 燃油箱油量传感器 |
| 18 | G | 加速踏板位置传感器2电源 |
| 19 | R | 传感器电源（5V） |
| 20 | W | 传感器电源 |
| 21 | L | 发动机停止/起动开关 |
| 24 | W | 发电机（FR） |
| 27 | O | 发动机停止/起动警告灯 |
| 29 | B/O | ON/START输入 |
| 30 | Gr | 氧传感器（下）信号 |
| 31 | L | 加速踏板位置传感器2信号 |
| 32 | Gr/B | 加速踏板位置传感器1接地 |
| 35 | Br | 节气门位置传感器接地 |
| 36 | B/O | 节气门位置传感器2信号 |
| 38 | Br | 真空传感器信号 |
| 39 | G | 节气门位置传感器电源 |
| 40 | Br/B | 加速踏板位置传感器1电源 |
| 41 | L | 传感器电源 |
| 42 | Br | 凸轮轴位置传感器（进/排气）电源 |
| 45 | G | 空调压力传感器信号 |
| 46 | P/B | 车速 |

| 针脚 | 导线颜色 | 说明 |
|---|---|---|
| 47 | Gr | 起动继电器控制（高电位） |
| 52 | P | 氧传感器（上）_虚拟接地 |
| 53 | G | 氧传感器（上）_泵电源 |
| 55 | G/O | 增压压力传感器接地 |
| 57 | Br | 增压压力传感器信号 |
| 58 | G | 共轨压力传感器信号 |
| 60 | P | 起动开关输入信号 |
| 61 | W | LIN通信 |
| 62 | Br | CCP-CAN（低电位） |
| 63 | O | C-CAN（低电位） |
| 64 | Br | 凸轮轴位置传感器（排气）接地 |
| 65 | Gr/B | 凸轮轴位置传感器（排气）信号 |
| 67 | O | 曲轴位置传感器CKPS接地 |
| 70 | B | 再循环阀控制 |
| 72 | B/O | 清污控制电磁阀控制 |
| 74 | Gr | 氧传感器（上）-能斯托电压 |
| 75 | R | 氧传感器（上）-修正电阻 |
| 76 | L | 共轨压力传感器接地 |
| 77 | G | 空调压力传感器接地 |
| 78 | B | 进气压力传感器接地 |
| 79 | Br | 进气传感器信号 |
| 80 | Gr | 进气压力/空气流量传感器信号 |
| 83 | L | 钥匙防盗诊断通信 |
| 84 | W | CCP-CAN（高电位） |
| 85 | G | C-CAN（高电位） |
| 86 | L/O | 凸轮轴位置传感器（进气）接地 |
| 87 | B/O | 凸轮轴位置传感器（进气）信号 |
| 89 | L | 曲轴位置传感器CKPS信号 |
| 90 | G | 配备钥匙防盗/智能钥匙：燃油泵继电器控制 |
| 93 | W | 发动机控制继电器控制 |
| 94 | O | 起动继电器低电位控制 |
| 注 | 编号11、12、15、16、22、23、25、26、28、33、34、37、43、44、48~51、54、56、59、66、68、69、71、73、81、82、88、91、92的针脚未使用 | |

## 二、ABS/ESP

全新途胜轿车ABS/ESP控制单元（未装备电子驻车和自动驻车系统）针脚分布与领动轿车ABS/ESP相同，参考图3-6，针脚说明见表3-11。

**表3-11 全新途胜轿车ABS/ESP控制单元（未装备电子驻车和自动驻车系统）针脚说明**

| 针脚 | 导线颜色 | 说明 | 针脚 | 导线颜色 | 说明 |
|---|---|---|---|---|---|
| 1 | W | 发动机舱接线盒（ABS1组合熔断器） | 25 | R | 发动机舱接线盒（ABS2组合熔断器） |
| 2 | O | C-CAN（低电位） | 29 | Gr | PCB接线盒（ABS3熔断器） |
| 13 | B | 接地（GC205） | 30* | O | 控制台开关（DBC开关） |
| 14 | G | C-CAN（高电位） | 31 | W | 右前轮速传感器信号 |
| 16 | G | 制动灯开关 | 32 | B | 右后轮速传感器电源 |
| 17 | P | 右轮速传感器输出：智能钥匙控制模块、PCM/ECM（车速） | 33 | L | 左后轮速传感器电源 |
| 18 | Br | 右前轮速传感器电源 | 34 | W | 左前轮速传感器电源 |
| 19 | Y | 右后轮速传感器电源 | 35* | B | SRS控制模块、专用-CAN（低电位） |
| 20 | R | 左后轮速传感器信号 | 37 | W | 装备M/T：ECM、点火锁止/离合器开关（离合器开关） |
| 21 | G | 左前轮速传感器信号 | 38 | B | 接地（GC205） |
| 22* | Y | SRS控制模块、专用-CAN（高电位） | 注 | | 1. *仅用于装备ESP的车型<br>2. 编号3～12、15、24、26～28、36的针脚未使用 |
| 23* | W | 仪表板开关（ESP OFF开关） | | | |

## 三、自动空调

全新途胜轿车自动空调控制单元针脚分布如图3-8，针脚说明见表3-12。

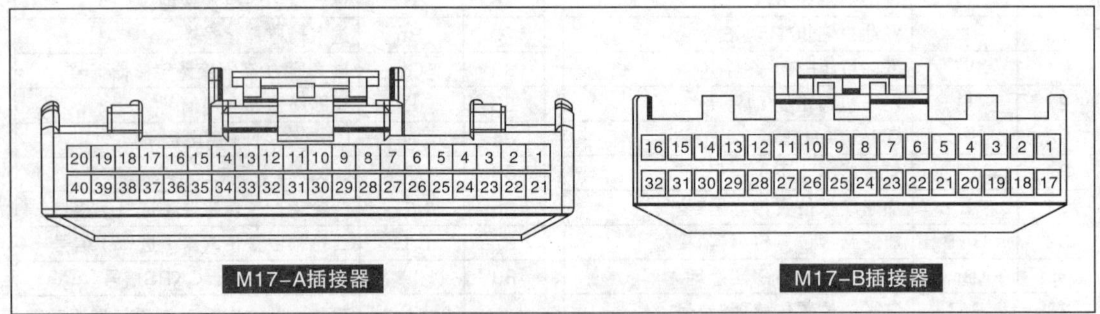


**图3-8 全新途胜轿车自动空调控制单元针脚分布**

**表3-12 全新途胜轿车自动空调控制单元针脚说明**

| 针脚 | 导线颜色 | 说明 | 针脚 | 导线颜色 | 说明 |
|---|---|---|---|---|---|
| M17-A插接器 | | | 11 | W | 驾驶人温度门执行器（反馈） |
| 1 | G | 智能接线盒（记忆2 LCAD熔断器） | 12 | Gr | 内外空气选择执行器（反馈） |
| 2 | R/O | 照明灯+ | 13 | G/O | 仪表板（变阻器输出） |
| 3 | R/W | 智能接线盒（空调熔断器） | 14 | G | C-CAN（高电位） |
| 4 | R | 通风模式执行器（上风口） | 15 | O | C-CAN（低电位） |
| 5 | L/B | 通风模式执行器（中风口） | 16 | P | 鼓风机电动机+/智能接线盒（空调熔断器） |
| 6 | Y | 驾驶人温度门执行器（冷） | | | |
| 7 | O | 驾驶人温度门执行器（热） | 17 | R | FET（漏极） |
| 8 | B | 内外空气选择执行器（外气进入） | 18 | W/B | FET（栅极） |
| 9 | P | 内外空气选择执行器（内气循环） | 20 | L/O | 照明灯- |
| 10 | G | 通风模式执行器（反馈） | 21 | P/B | 智能接线盒（模块4熔断器） |

（续）

| 针脚 | 导线颜色 | 说明 |
| --- | --- | --- |
| 22 | R | 装备发动机停止/起动系统：低电压直流/直流转换器（音响） |
| 23 | W | BCM（后除霜器开关输入） |
| 24 | P | 智能接线盒（加热式后视镜熔断器） |
| 25 | L | 自动灯光/光照度传感器（左-） |
| 26 | B | 自动灯光/光照度传感器（右-） |
| 27 | R | 室内温度传感器+ |
| 28 | W | 蒸发器温度传感器+ |
| 29 | L/B | 室外温度传感器+ |
| 30 | G | 组合离子发生器（诊断） |
| 31 | P | 组合离子发生器（清洁信号） |
| 34 | L/B | 自动除湿执行器（关闭） |
| 35 | R | 自动除湿执行器（开启） |
| 36 | Y/B | 自动除湿执行器（反馈） |
| 40 | B | 接地（GM03） |
| 注 | 编号19、32、33、37～39未使用 | |
| M17-B插接器 | | |
| 1 | Br | 传感器电源 |
| 2 | W | 前排乘客温度门执行器（反馈） |
| 3 | Y | 前排乘客温度门执行器（冷） |
| 4 | P | 前排乘客温度门执行器（热） |
| 5 | R | 驾驶人加热开关信号：前通风座椅控制模块、前座椅加热器控制模块 |
| 6 | G | 驾驶人加热开关信号高温指示灯：前通风座椅控制模块、前座椅加热器控制模块 |
| 7 | B | 驾驶人加热开关信号中温指示灯：前通风座椅控制模块、前座椅加热器控制模块 |
| 8 | L | 驾驶人加热开关信号低温指示灯：前通风座椅控制模块、前座椅加热器控制模块 |
| 9 | Y | 驾驶人冷却开关信号：前通风座椅控制模块 |
| 10 | Gr | 驾驶人冷却开关信号高冷指示灯：前通风座椅控制模块 |
| 11 | Br | 驾驶人冷却开关信号中冷指示灯：前通风座椅控制模块 |
| 12 | Br | 驾驶人冷却开关信号低冷指示灯：前通风座椅控制模块 |
| 17 | R | 前排乘客加热开关信号：前通风座椅控制模块、前座椅加热器控制模块 |
| 18 | G | 前排乘客加热开关信号高温指示灯：前通风座椅控制模块、前座椅加热器控制模块 |
| 19 | O | 前排乘客加热开关信号中温指示灯：前通风座椅控制模块、前座椅加热器控制模块 |
| 20 | L | 前排乘客加热开关信号低温指示灯：前通风座椅控制模块、前座椅加热器控制模块 |
| 21 | Gr | 前排乘客冷却开关信号高冷指示灯：前通风座椅控制模块 |
| 22 | Br | 前排乘客冷却开关信号中冷指示灯：前通风座椅控制模块 |
| 23 | O | 前排乘客冷却开关信号低冷指示灯：前通风座椅控制模块 |
| 24 | W | 自动除湿传感器信号 |
| 25 | Y/B | BCM（转向盘加热器开关指示灯） |
| 26 | Y | BCM（转向盘加热器开关信号） |
| 27 | Y/O | 驾驶人冷却开关信号：前通风座椅控制模块 |
| 31 | Gr | 传感器接地 |
| 32 | B | 接地（GM03） |
| 注 | 编号13～16、28～30的针脚未使用 | |

# 第四节　新朗动（2013～2015年款）

## 一、1.6L G4FG发动机

新朗动轿车1.6L G4FG发动机控制单元针脚分布如图3-9所示，针脚说明见表3-13。

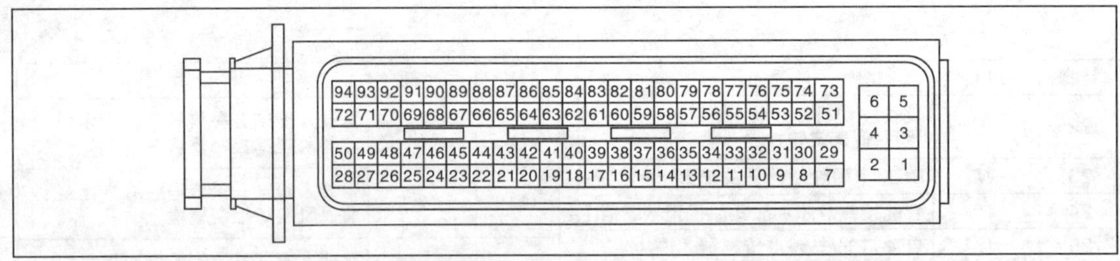


图3-9 新朗动轿车1.6L G4FG发动机控制单元针脚分布

表3-13 新朗动轿车1.6L G4FG发动机控制单元针脚说明

| 针脚 | 导线颜色 | 说明 | 针脚 | 导线颜色 | 说明 |
|---|---|---|---|---|---|
| 1 | O | 节气门电动机+ | 41 | B | 加速踏板位置传感器1接地 |
| 2 | Br | 节气门电动机- | 42 | R | 空调压力/进气歧管绝对压力传感器电源 |
| 3 | B | 接地 | 43 | P | 加速踏板位置传感器1电源 |
| 4 | B | 接地 | 44 | Br | 冷却液温度传感器信号 |
| 5 | G | 发动机控制继电器“ON”输入 | 47 | W | 动力转向 |
| 6 | L | 发动机控制继电器“ON”输入 | 48 | Y | 凸轮轴传感器接地（排气） |
| 7 | L | 氧传感器（上）加热器 | 49 | G | 点火线圈2控制 |
| 8 | Gr | 喷油器2控制 | 50 | W | 点火线圈4控制 |
| 9 | Br | 喷油器1控制 | 51 | G | 喷油器3控制 |
| 10 | G | 进气发动机转速输出 | 53 | W | 风扇继电器控制（高速） |
| 12 | W | 起动开关输入 | 54 | Br | 钥匙防盗灯 |
| 13 | O | 除霜器 | 56 | L | 曲轴位置传感器信号 |
| 15 | W | 电控负荷信号 | 57 | W | C-CAN高电位 |
| 16 | R | 凸轮轴传感器信号（排气） | 58 | G | LIN通信 |
| 17 | L | 凸轮轴传感器信号（进气） | 59 | O | CCP-CAN高电位 |
| 18 | P | ON/START输入 | 63 | O | 冷却液温度传感器接地 |
| 19 | Gr | 加速踏板位置传感器2电源 | 65 | B | 加速踏板位置传感器2接地 |
| 20 | W | 节气门位置传感器电源 | 66 | Y | 氧传感器（下）信号 |
| 22 | L | 空气温度输入 | 67 | G | 加速踏板位置传感器1信号 |
| 23 | G | 进气歧管绝对压力传感器信号 | 69 | O | 加速踏板位置传感器2信号 |
| 24 | Y | 节气门位置传感器信号1 | 70 | G | 爆燃传感器接地 |
| 25 | L/O | 空调压力传感器信号 | 71 | L | 氧传感器（下）加热器 |
| 26 | B | 凸轮轴传感器接地（进气） | 73 | L/O | 可变进气电磁阀控制 |
| 27 | R | 点火线圈3控制 | 74 | L | 喷油器4控制 |
| 28 | B | 点火线圈1控制 | 75 | G | 燃油泵继电器控制 |
| 29 | Y | 清污控制电磁阀控制 | 76 | Br | 起动继电器控制 |
| 30 | W | 发动机控制继电器控制 | 77 | B | 接地 |
| 31 | L | 风扇继电器控制（低速） | 78 | R | 曲轴位置传感器接地 |
| 32 | Gr | 交流发电机PWM输出 | 79 | B | C-CAN低电位 |
| 33 | L/O | 离合器开关（MT） | 80 | L | 钥匙防盗通信线 |
| 34 | G | 制动灯开关 | 81 | G | CCP-CAN低电位 |
| 36 | L | 刮水器信号 | 83 | B | 进气歧管绝对压力传感器接地 |
| 38 | L/O | 制动开关 | 85 | B | 节气门位置传感器接地 |
| 39 | W | 车速输入 | 86 | Br | 氧传感器接地 |
| 40 | Br | 空调压力传感器接地 | 87 | G | 氧传感器（上）信号 |

（续）

| 针脚 | 导线颜色 | 说明 |
|---|---|---|
| 88 | L | 节气门位置传感器信号2 |
| 91 | W | 爆燃传感器信号 |
| 92 | R | 机油控制阀1（进油） |
| 93 | Gr | 机油控制阀2（放油） |
| 注 | 编号11、14、21、35、37、45、46、52、55、60~62、64、68、72、82、84、89、90、94的针脚未使用 | |

## 二、自动变速器

新朗动轿车自动变速器控制单元针脚分布与1.6L G4FG发动机控制单元针脚分布相同，参考图3-9所示，针脚说明见表3-14。

**表3-14 新朗动轿车自动变速器控制单元针脚说明**

| 针脚 | 导线颜色 | 说明 |
|---|---|---|
| 1、2 | P | 发动机舱熔断器&继电器盒（TCU 2熔断器） |
| 3 | P | 发动机舱熔断器&继电器盒（TCU 1熔断器） |
| 4 | B | 接地（GE05） |
| 5 | B | 接地（GE05） |
| 8 | O | 手自一体变速器（ATM）电磁阀（SS_B） |
| 13 | W | 变速器档位开关（信号2） |
| 14 | W/B | ATM电磁阀（油温传感器+） |
| 15 | Y | ATM电磁阀（油温传感器-） |
| 16 | P | 运动模式开关（升档） |
| 17 | Y | 运动模式开关（降档） |
| 21 | O | 变速器档位开关（信号3） |
| 22 | L | 变速器档位开关（信号4） |
| 23 | Y | 变速器档位开关（信号1） |
| 29 | Br | ATM电磁阀（电磁阀电源1） |
| 30 | Br | ATM电磁阀（输出速度电源） |
| 31 | W/B | ATM电磁阀（输入速度电源） |
| 43 | W | ATM电磁阀（锁止离合器_VFS） |
| 44 | Gr | ATM电磁阀（OD_VFS） |
| 45 | P | ATM电磁阀（35R_VFS） |
| 46 | Br | ATM电磁阀（管路压力_VFS） |
| 47 | G | ATM电磁阀（UD_VFS） |
| 50 | L | ATM电磁阀（26_VFS） |
| 52 | L | ATM电磁阀（SS_A） |
| 55 | L | ATM电磁阀（输入速度信号） |
| 56 | G | ATM电磁阀（输出速度信号） |
| 61 | R | 运动模式开关（选择开关） |
| 65 | B | C-CAN（低电位） |
| 73 | Gr | ATM电磁阀（电磁阀电源2） |
| 85 | G | CCP-CAN（低电位） |
| 86 | O | CCP-CAN（高电位） |
| 87 | W | C-CAN（高电位） |
| 注 | 编号6、7、9~12、18~20、24~28、32~42、48、49、51、53、54、57~60、62~64、66~72、74~84、88~94的针脚未使用 | |

## 三、ABS/ESP

新朗动轿车ABS/ESP控制单元针脚分布与名图轿车相同，参考图3-4所示，针脚说明见表3-15。

**表3-15 新朗动轿车ABS/ESP控制单元针脚说明**

| 针脚 | 导线颜色 | 说明 |
|---|---|---|
| 1 | R | 发动机舱熔断器&继电器盒（ABS 1多功能熔断器） |
| 6 | L | 右前轮速传感器（信号） |
| 8* | Y | ESP OFF开关 |
| 10* | G | 智能接线盒（IPS控制模块） |
| 13 | B | 接地（GE06） |
| 14 | B | C-CAN（低电位） |
| 18 | R | 右前轮速传感器（电源） |
| 19 | W | 右后轮速传感器（电源） |
| 20 | G | 左后轮速传感器（信号） |
| 22 | Br | 左前轮速传感器（信号） |
| 25 | W | 发动机舱熔断器&继电器盒（ABS 2熔断器） |
| 26 | W | C-CAN（高电位） |

（续）

| 针脚 | 导线颜色 | 说明 |
|---|---|---|
| 27 | O | 智能钥匙控制模块、ECM/PCM |
| 30 | G | 制动灯开关、制动灯继电器 |
| 31 | B | 右后轮速传感器（信号） |
| 32 | P | 发动机舱熔断器&继电器盒（ABS 3熔断器）、横摆率传感器 |
| 33 | O | 左后轮速传感器（电源） |
| 34 | W | 左前轮速传感器（电源） |
| 36* | W | 横摆率传感器（CAN-H） |
| 37* | B | 横摆率传感器（CAN-L） |
| 38 | B | 接地（GE06） |
| 注 | | 1. 编号2～5、7、9、11、12、15～17、21、23、24、28、29、35的针脚未使用<br>2. *仅用于装备ESP的汽车 |

## 四、手动空调

新朗动轿车手动空调控制单元针脚分布如图3-10所示，针脚说明见表3-16。

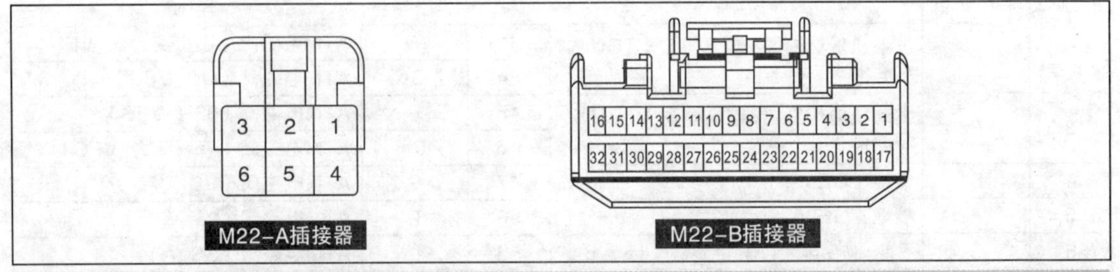


图3-10 新朗动轿车手动空调控制单元针脚分布

表3-16 新朗动轿车手动空调控制单元针脚说明

| 针脚 | 导线颜色 | 说明 |
|---|---|---|
| M22-A插接器 | | |
| 1 | P | 鼓风机开关（高速）：鼓风机电动机/鼓风机电阻器 |
| 2 | O | 鼓风机开关（中高速）：鼓风机电阻器/智能接线盒（鼓风机熔断器） |
| 3 | Y | 鼓风机开关（中低速）：鼓风机电阻器 |
| 4 | B | 鼓风机开关接地（GM06） |
| 5 | — | — |
| 6 | W | 鼓风机开关（低速）：鼓风机电阻器/智能接线盒（空调开关熔断器） |
| M22-B插接器 | | |
| 1 | R | 智能接线盒（记忆2 熔断器） |
| 2 | O | 智能接线盒（空调熔断器） |
| 3 | G | 智能接线盒（模块4熔断器） |
| 5 | L/O | 智能接线盒（鼓风机熔断器） |
| 6 | O | 传感器电源5V |
| 7 | Br | 通风模式执行器（反馈） |
| 8 | O | 通风模式执行器（上风口） |
| 9 | Gr | 温度门执行器（冷） |
| 10 | G | 温度门执行器（热） |
| 11 | Y | 内外空气选择执行器（外气进入） |
| 12 | Br | 内外空气选择执行器（内气循环） |
| 13 | N | 通风模式执行器（反馈） |
| 14 | Y | 温度门执行器（反馈） |
| 15 | R | 内外空气选择执行器（反馈） |
| 16 | B | 接地（GM01） |
| 17 | L | 智能接线盒（IPS 1-照明灯+） |
| 18 | P | 智能接线盒（加热后视镜熔断器） |
| 19 | Y | 仪表板（变阻器输出+） |
| 21 | W | C-CAN（高电位） |
| 22 | B | C-CAN（低电位） |
| 23 | L | 蒸发器温度传感器+ |
| 24 | Gr/B | 室外温度传感器+ |
| 25 | Br | 后除霜器开关信号输入 |
| 26 | O | 智能接线盒（IPS控制模块/危险警告灯开关） |
| 28 | G | 电控空调压缩机（电源） |
| 29 | B | 电控空调压缩机（接地） |
| 30 | L | 智能接线盒（空调开关熔断器） |
| 31 | B/O | 传感器接地 |
| 32 | Gr | 照明灯- |
| 注 | | 编号4、20、27的针脚未使用 |

# 第四章 丰田车系

## 第一节 一汽丰田卡罗拉（2015~2016年款）/广汽丰田雷凌（2015~2017年款）

### 一、卡罗拉1.6L 1ZR/雷凌1.6L 4ZR发动机

卡罗拉1.6L 1ZR/雷凌1.6L 4ZR发动机控制单元针脚分布如图4-1所示，用于发动机控制的针脚说明见表4-1。

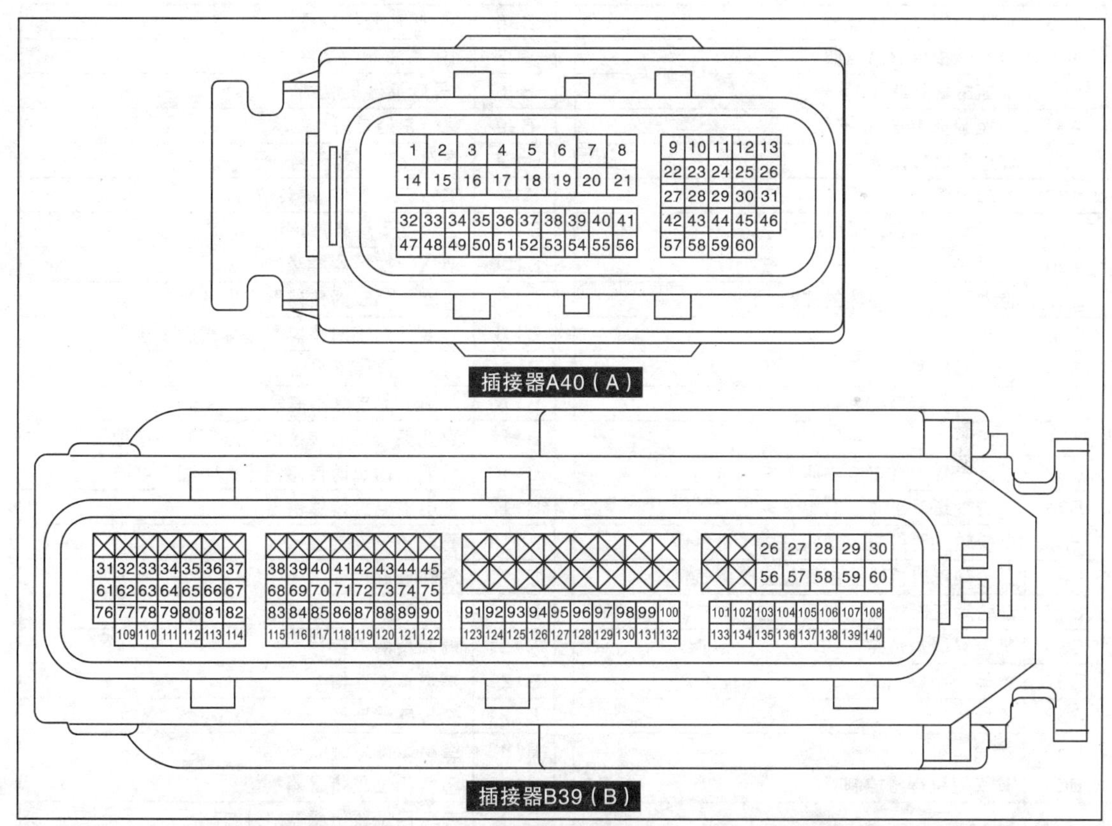


图4-1 卡罗拉1.6L 1ZR/雷凌1.6L 4ZR发动机控制单元针脚分布

表4-1 卡罗拉1.6L 1ZR/雷凌1.6L 4ZR发动机控制单元针脚说明

| 针脚 | 说明 |
| --- | --- |
| 插接器A40（A） | |
| A1 | 接EFI-B熔断器 |
| A2 | 接EFI NO.1熔断器 |
| A3 | 接EFI NO.1熔断器 |
| A6 | 接IGN熔断器 |
| A9 | 制动灯开关信号 |
| A10 | 制动灯开关信号 |
| A18 | 接WIP-S熔断器 |
| A23 | 驻车/空档位置开关信号（仅用于CVT汽车） |
| A28 | 收发器钥匙输入信号 |
| A29 | 离合器起动开关信号（仅用于M/T汽车） |
| | 驻车/空档位置开关信号（仅用于CVT汽车） |

（续）

| 针脚 | 说明 | 针脚 | 说明 |
|---|---|---|---|
| A30 | 发送至认证ECU的曲轴位置传感器信号（仅用于装备智能进入和起动的汽车） | B74 | 点火线圈2控制端 |
| | | B75 | 点火线圈1控制端 |
| A31 | 发动机转速信号 | B76 | 真空传感器接地 |
| A33 | DLC3的TC端 | B77 | 真空传感器电源 |
| A34 | 接MIR-HTR熔断器 | B78 | 真空传感器信号 |
| A39 | 真空电磁阀控制端 | B86 | 蓄电池电流传感器信号 |
| A41 | 燃油泵控制信号 | B87 | 蓄电池电流传感器温度信号 |
| A45 | 汽车防盗通信输出信号 | B89 | 油温传感器信号 |
| A46 | EFI-MAIN继电器控制端 | B90 | 油温传感器接地 |
| A47 | 加速踏板传感器信号 | B95 | 2号喷油器控制端 |
| A48 | 加速踏板传感器接地 | B96 | 3号喷油器控制端 |
| A49 | 加速踏板传感器电源 | B97 | 4号喷油器控制端 |
| A50 | 加速踏板传感器2信号 | B98 | 1号喷油器控制端 |
| A51 | 加速踏板传感器2接地 | B99 | 氧传感器信号 |
| A52 | 加速踏板传感器2电源 | B100 | 空燃比传感器信号+ |
| A60 | 冷却风扇信号 | B101 | 节气门位置传感器2信号 |
| 插接器B39（B） | | B104 | 空气流量传感器接地 |
| B26 | 接地 | B108 | 节气门执行器屏蔽端 |
| B27 | 空燃比传感器加热器控制 | B111 | 可变气门正时传感器（排气侧）电源 |
| B28 | 接地 | B112 | 可变气门正时传感器（排气侧）接地 |
| B29 | 接ETCS熔断器 | B113 | 曲轴位置传感器信号- |
| B30 | 节气门执行器控制- | B114 | 曲轴位置传感器信号+ |
| B32 | 接地 | B115 | 可变气门正时传感器（进气侧）接地 |
| B33 | 清污VSV（真空电磁阀）控制端 | B116 | 可变气门正时传感器（进气侧）电源 |
| B34 | 凸轮轴正时机油控制阀总成（进气侧）- | B117 | 蓄电池电流传感供电 |
| B35 | 凸轮轴正时机油控制阀总成（进气侧）+ | B118 | 蓄电池电流传感接地 |
| B36 | 凸轮轴正时机油控制阀总成（排气侧）- | B119 | 冷却液温度传感器接地 |
| B37 | 凸轮轴正时机油控制阀总成（排气侧）+ | B120 | 冷却液温度传感器信号 |
| B56 | 氧传感器加热控制端 | B121 | 爆燃传感器信号 |
| B57 | 接地 | B122 | 爆燃传感器信号 |
| B58 | 接地 | B131 | 氧传感器信号 |
| B59 | 接地 | B132 | 空燃比传感器信号- |
| B60 | 节气门执行器控制+ | B133 | 节气门位置传感器接地 |
| B61 | LIN | B134 | 节气门位置传感器电源 |
| B62 | 未使用 | B135 | 节气门位置传感器1信号 |
| B71 | 点火确认反馈信号 | B137 | 空气流量传感器信号 |
| B72 | 点火线圈4控制端 | B138 | 进气温度传感器信号 |
| B73 | 点火线圈3控制端 | B139 | 进气温度传感器接地 |

## 二、无级变速器

卡罗拉/雷凌轿车无级变速与发动机电控单元集成为一体，控制单元针脚分布参考图4-1，用于无级变速器控制的针脚说明见表4-2。

表4-2 丰田卡罗拉/雷凌轿车无级变速器控制的针脚说明

| 针脚 | 说明 |
|---|---|
| 插接器A40（A） | |
| A13 | CAN-H |
| A26 | CAN-L |
| A27 | 故障指示灯（MIL）信号 |
| A35 | 巡航控制主开关信号（仅用于装备巡航控制系统的汽车） |
| A36 | 巡航控制主开关信号（仅用于装备巡航控制系统的汽车） |
| A42 | 加档开关信号 |
| A43 | 减档开关信号 |
| A44 | 来自组合仪表信号的车速信号 |
| A57 | 模式选择开关信号 |
| A59 | 变速杆位置开关S信号 |
| 插接器B39（B） | |
| B38 | 换档电磁阀（SLP）信号- |
| B39 | 换档电磁阀（SLP）信号+ |
| B41 | 换档电磁阀（SC）信号 |
| B42 | 换档电磁阀（SLU）信号- |
| B43 | 换档电磁阀（SLU）信号+ |
| B44 | 换档电磁阀（SLS）信号- |
| B45 | 换档电磁阀（SLS）信号+ |
| B64 | 驻车/空档位置开关R档位 |
| B65 | 驻车/空档位置开关D档位 |
| B67 | 换档电磁阀（SL）信号 |
| B69 | 驻车/空档位置开关N档位 |
| B70 | 驻车/空档位置开关P档位 |
| B79 | 油压传感器信号 |
| B80 | VVT传感器（排气侧）信号 |
| B82 | VVT传感器（进气侧）信号 |
| B109 | 油压传感器接地 |
| B110 | 油压传感器电源 |
| B125 | 换档电磁阀（NT）信号 |
| B126 | 换档电磁阀（NT）信号 |
| B123 | 变速器转速传感器（初级）+ |
| B124 | 变速器转速传感器（初级）- |
| B127 | 变速器转速传感器（次级）+ |
| B128 | 变速器转速传感器（次级）- |
| B129 | 变速器油温度传感器信号 |
| B130 | 变速器油温度传感器接地 |

## 三、ABS/VSC

卡罗拉/雷凌轿车ABS/VSC（车身稳定控制系统）控制单元针脚分布如图4-2所示，针脚说明见表4-3。

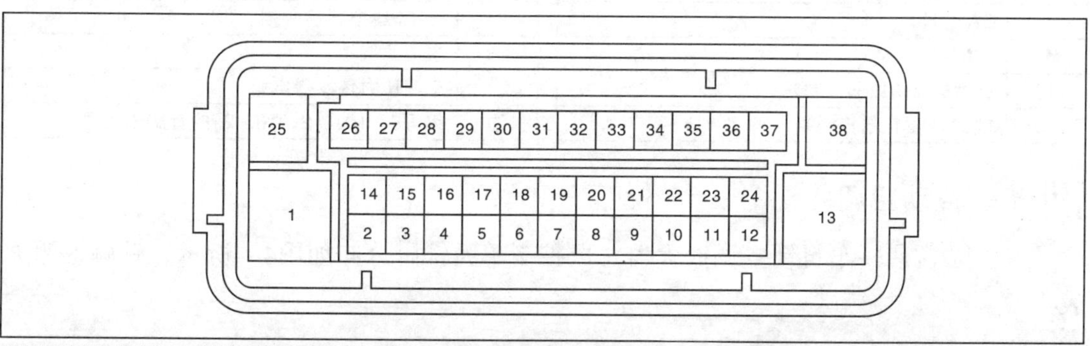


图4-2 卡罗拉/雷凌轿车ABS/VSC控制单元针脚分布

表4-3 卡罗拉/雷凌轿车ABS/VSC控制单元针脚说明

| 针脚 | 说明 |
|---|---|
| 1 | ABS电动机继电器电源 |
| 2 | 车速表转速信号输出 |
| 4 | 右前轮转速信号输入- |
| 8 | 左前轮转速信号输入- |
| 9 | VSC OFF开关信号（仅用于装备VSC的汽车） |
| 13 | 泵电动机接地 |
| 14 | CAN-L |
| 16 | 右前轮转速信号输入+ |

（续）

| 针脚 | 说明 | 针脚 | 说明 |
|---|---|---|---|
| 17 | 右后轮转速信号输入+ | 29 | 右后轮转速信号输入- |
| 18 | 左后轮转速信号输入+ | 30 | 制动灯开关输入 |
| 19 | 左前轮转速信号输入+ | 31 | 左后轮转速信号输入- |
| 25 | ABS电磁线圈继电器电源 | 38 | ECU接地 |
| 26 | CAN-H | 注 | 编号3、5~7、10~12、15、20~24、27、32~37的针脚未使用 |
| 28 | IG1电源输入 | | |

## 四、手动空调

卡罗拉/雷凌轿车手动空调放大器总成控制单元针脚分布如图4-3所示，针脚说明见表4-4。

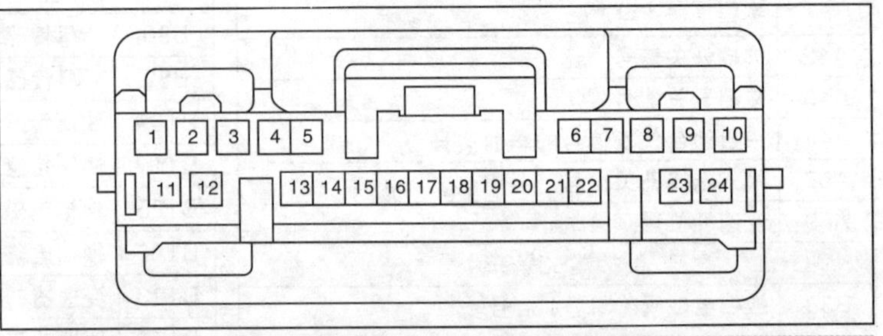


图4-3 卡罗拉/雷凌轿车手动空调放大器总成控制单元针脚分布

表4-4 卡罗拉/雷凌轿车手动空调放大器总成控制单元针脚说明

| 针脚 | 说明 | 针脚 | 说明 |
|---|---|---|---|
| 1 | 电源（IG） | 14 | HTR继电器控制端 |
| 2 | 1号/3号加热器控制装置分总成信号 | 15 | 1号温度传感器接地 |
| 3 | 加热开关信号 | 16 | 空调面板背光灯控制端 |
| 4 | 1号温度传感器信号 | 17 | 2号加热器控制装置分总成信号 |
| 5 | 空调压力传感器接地 | 19 | 2号PTC继电器控制端 |
| 7 | 空调压力传感器信号 | 20 | 3号PTC继电器控制端 |
| 8 | CAN-H | 21 | H-LP继电器控制端 |
| 9 | CAN-L | 23 | 主电源接地 |
| 11 | 压缩机电磁线圈控制端 | 24 | 空调压力传感器电源 |
| 13 | 1号PTC继电器控制端 | 注 | 编号6、10、12、18、22的针脚未使用 |

## 五、自动空调

卡罗拉/雷凌轿车自动空调放大器总成控制单元针脚分布如图4-4所示，针脚说明见表4-5。

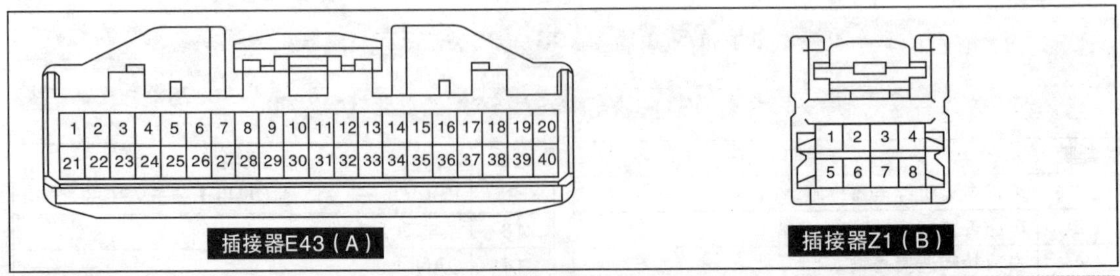


图4-4 卡罗拉/雷凌轿车自动空调放大器总成控制单元针脚分布

表4-5 卡罗拉/雷凌轿车自动空调放大器总成控制单元针脚说明

| 针脚 | 说明 |
|---|---|
| 插接器E43（A） | |
| A1 | 电源（IG） |
| A2 | 压缩机电磁线圈控制端 |
| A3 | 2号PTC继电器控制端 |
| A9 | 空调压力传感器信号 |
| A10 | 空调压力传感器电源 |
| A11 | CAN-H |
| A12 | CAN-L |
| A13 | 空调压力传感器接地 |
| A14 | 主电源接地 |
| A21 | 电源 |
| A22 | 鼓风机电动机转速控制端 |
| A27 | H-LP继电器控制端 |
| A29 | 驾驶舱温度传感器信号+ |
| A30 | 阳光传感器信号+ |
| A33 | 阳光传感器信号- |
| A34 | 驾驶舱温度传感器信号- |
| A37 | LIN1总线 |
| A38 | 除霜继电器控制端 |
| A39 | 3号PTC继电器控制端 |
| A40 | 1号PTC继电器控制端 |
| 注 | 编号4～8、15～20、23～26、28、31、32、35、36的针脚未使用 |
| 插接器Z1（B） | |
| B2 | BUS IC接地 |
| B3 | BUS IC控制信号 |
| B4 | BUS IC的电源 |
| B5 | 蒸发器温度传感器信号- |
| B6 | 蒸发器温度传感器信号+ |
| 注 | 编号B1、B7、B8的针脚未使用 |

## 六、动力转向系统

卡罗拉/雷凌轿车动力转向系统（EPS）控制单元针脚分布如图4-5所示，针脚说明见表4-6。

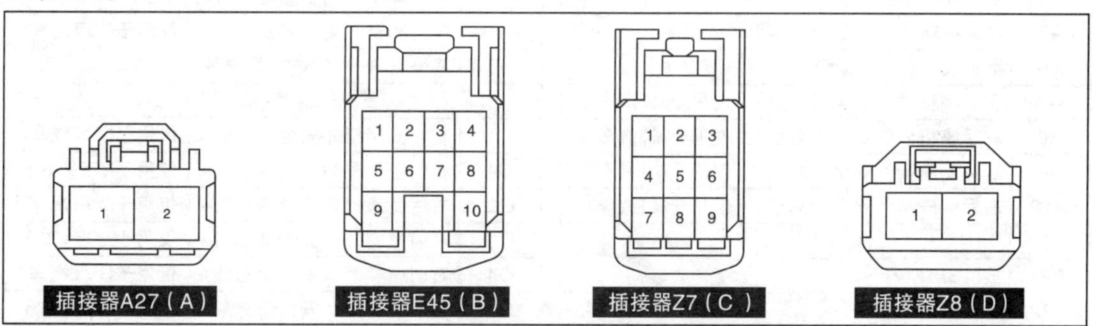


图4-5 卡罗拉/雷凌轿车动力转向EPS控制单元针脚分布

表 4-6 卡罗拉/雷凌轿车动力转向EPS控制单元针脚说明

| 针脚 | 说明 |
|---|---|
| 插接器A27（A） | |
| A1 | 电源 |
| A2 | 接地 |
| 插接器E45（B） | |
| B1 | 电源IG |
| B6 | 测试模式信号 |
| B7 | CAN-H |
| B8 | CAN-L |
| 注 | 编号2～5、9、10的针脚未使用 |
| 插接器Z7（C） | |
| C1 | 转向力矩传感器2信号 |
| C2 | 转向力矩传感器接地 |
| C8 | 转向力矩传感器电源 |
| C9 | 转向力矩传感器1信号 |
| 注 | 编号3～7的针脚未使用 |
| 插接器Z8（D） | |
| D1 | 动力转向电动机控制端 |
| D2 | 动力转向电动机控制端 |

## 七、SRS

卡罗拉/雷凌轿车SRS控制单元针脚分布如图4-6所示，针脚说明见表4-7。

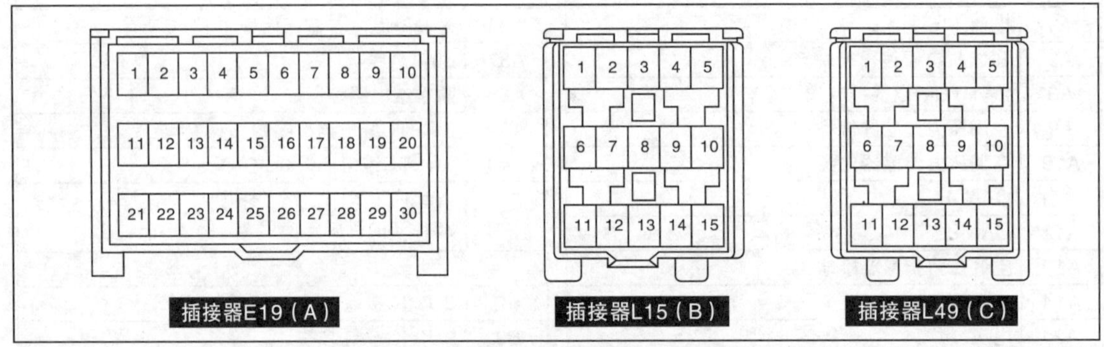


图4-6 卡罗拉/雷凌轿车SRS控制单元针脚分布

表4-7 卡罗拉/雷凌轿车SRS控制单元针脚说明

| 针脚 | 说明 | 针脚 | 说明 |
|---|---|---|---|
| 插接器E19（A） | | B6 | 左侧帘式空气囊总成– |
| A1 | 右后侧座椅外安全带总成–（仅用于MT汽车） | B7 | 左侧帘式空气囊总成+ |
| A2 | 右后侧座椅外安全带总成+（仅用于MT汽车） | B8 | 左侧侧空气囊传感器总成+（仅用于CVT汽车） |
| A3 | 仪表板乘客空气囊总成（前乘客侧引爆装置）– | B9 | 左前座椅空气囊总成+（仅用于CVT汽车） |
| A4 | 仪表板乘客空气囊总成（前乘客侧引爆装置）+ | B10 | 左前座椅空气囊总成–（仅用于CVT汽车） |
| A5 | 喇叭按钮总成（驾驶人侧引爆装置）+ | B15 | 左侧侧空气囊传感器总成–（仅用于CVT汽车） |
| A6 | 喇叭按钮总成（驾驶人侧引爆装置）– | 注 | 编号3、11~14的针脚未使用 |
| A7 | 左后座椅外侧安全带总成–（仅用于MT汽车） | 插接器L49（C） | |
| A8 | 左后座椅外侧安全带总成+（仅用于MT汽车） | C1 | 右后侧座椅外安全带总成–（仅用于CVT汽车） |
| A9 | 右后侧座椅外安全带总成+（仅用于MT汽车） | C1 | 右前座椅外侧安全带总成–（仅用于MT汽车） |
| A10 | 右后侧座椅外安全带总成–（仅用于MT汽车） | C2 | 右后侧座椅外安全带总成+（仅用于CVT汽车） |
| A13 | CAN–H | C2 | 右前座椅外侧安全带总成+（仅用于MT汽车） |
| A21 | 接A/B熔断器 | C4 | 右前座椅外侧安全带总成+（仅用于CVT汽车） |
| A22 | CAN–L | C4 | 左前座椅外侧安全带总成+（仅用于MT汽车） |
| A25 | 接地 | C5 | 右前座椅外侧安全带总成–（仅用于CVT汽车） |
| A26 | 接地 | C5 | 左前座椅外侧安全带总成–（仅用于MT汽车） |
| A27 | 右前空气囊传感器– | C6 | 右前座椅空气囊总成– |
| A28 | 左前空气囊传感器– | C7 | 右前座椅空气囊总成+ |
| A29 | 右前空气囊传感器+ | C8 | 右侧侧空气囊传感器总成+（仅用于CVT汽车） |
| A30 | 左前空气囊传感器+ | C9 | 左前座椅空气囊总成+（仅用于MT汽车） |
| 注 | 编号11、14~20、23、24的针脚未使用 | C9 | 右侧帘式空气囊总成+（仅用于带帘式空气囊） |
| 插接器L15（B） | | C10 | 左前座椅空气囊总成–（仅用于MT汽车） |
| B1 | 左前座椅外侧安全带总成–（仅用于CVT汽车） | C10 | 右侧帘式空气囊总成–（仅用于带帘式空气囊） |
| B2 | 左前座椅外侧安全带总成+（仅用于CVT汽车） | C11 | 右侧侧空气囊传感器总成– |
| B4 | 右前座椅外侧安全带总成+（仅用于CVT汽车） | C12 | 右侧侧空气囊传感器总成+（仅用于MT汽车） |
| B4 | 左后座椅外侧安全带总成–（仅用于CVT汽车） | C14 | 左侧侧空气囊传感器总成+（仅用于MT汽车） |
| B5 | 左后座椅外侧安全带总成+（仅用于CVT汽车） | C15 | 左侧侧空气囊传感器总成–（仅用于MT汽车） |
| B5 | 右前座椅外侧安全带总成–（仅用于CVT汽车） | 注 | 编号3、13的针脚未使用 |

## 八、防盗系统/无钥匙进入系统

### 1. 认证ECU

卡罗拉/雷凌轿车认证ECU针脚分布如图4-7所示，针脚说明见表4-8。

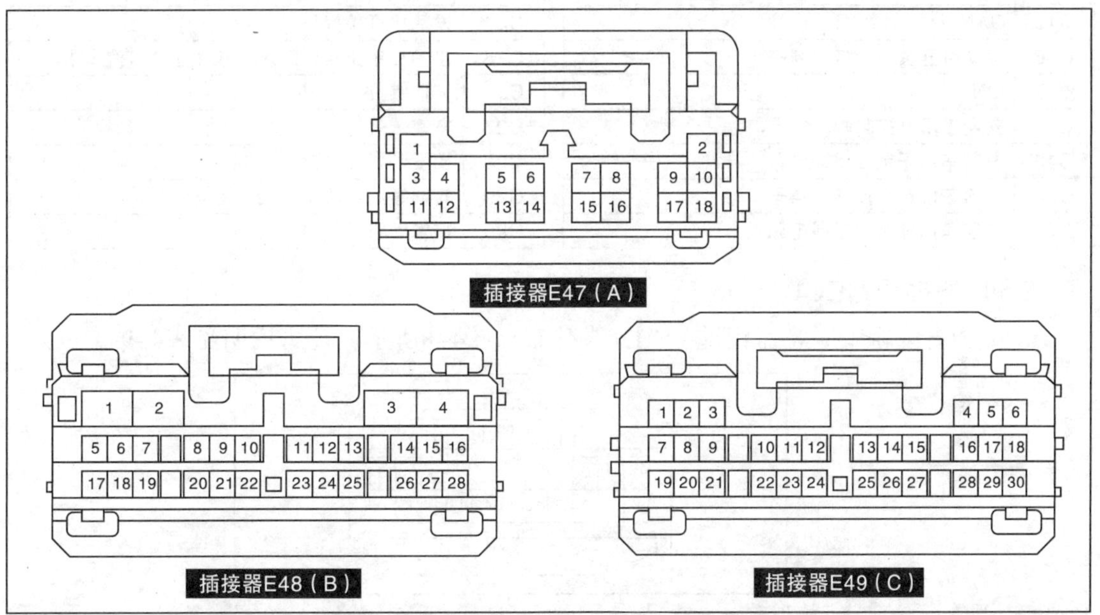


**图4-7 卡罗拉/雷凌轿车认证ECU针脚分布**

**表 4-8 卡罗拉/雷凌轿车认证ECU针脚说明**

| 针脚 | 说明 |
|---|---|
| 插接器E47（A） | |
| A2 | 电源 |
| A5 | 驻车/空档位置开信号（仅用于CVT汽车） |
| A5 | 离合器起动开关信号（仅用于MT汽车） |
| A6 | 接认证ECU的A12# |
| A7 | 起动机继电器控制端 |
| A9 | IG2电压 |
| A10 | 暗电流切断端 |
| A11 | 接地 |
| A12 | 接认证ECU的A6# |
| A16 | 发动机转速信号 |
| A18 | 制动灯开关信号 |
| 注 | 编号1、3、4、8、13~15、17的针脚未使用 |
| 插接器E48（B） | |
| B1 | 输出至后部电子钥匙天线信号 |
| B2 | 输出至后部电子钥匙天线信号 |
| B5 | 智能车门控制接收器电源 |
| B6 | 通信频道切换控制端 |
| B8 | 输出至车内3号电子钥匙天线信号 |
| B9 | 输出至车内3号电子钥匙天线信号 |
| B10 | 输出至车内2号电子钥匙天线信号 |
| B11 | 输出至车内2号电子钥匙天线信号 |
| B15 | 接地 |
| B17 | 智能车门控制接收器数据输入 |
| B27 | 行李箱电子钥匙开关信号 |
| 注 | 编号3、4、7、12~14、16、18~26、28的针脚未使用 |
| 插接器E49（C） | |
| C1 | 发动机开关电源 |
| C2 | 输出至车内1号电子钥匙天线信号 |
| C3 | 输出至车内1号电子钥匙天线信号 |
| C4 | ACC电压 |
| C5 | 点火电压 |
| C6 | 点火电压 |
| C7 | 接发动机开关8# |
| C8 | 右前车门锁止传感器信号 |
| C9 | 接发动机开关7# |
| C10 | 输出至右前车门电子钥匙天线信号 |
| C11 | 输出至右前车门电子钥匙天线信号 |
| C12 | 输出至左前车门电子钥匙天线信号 |

（续）

| 针脚 | 说明 | 针脚 | 说明 |
|---|---|---|---|
| C13 | 输出至左前车门电子钥匙天线信号 | C22 | 左前车门开锁传感器信号 |
| C14 | CAN-H | C23 | 右前车门开锁传感器信号 |
| C15 | CAN-L | C24 | 发动机开关接地 |
| C16 | 发动机开关指示灯控制端 | C25 | 接换档锁止控制ECU（仅用于CVT汽车） |
| C17 | LIN | C26 | 转向锁位置信号 |
| C18 | 安全指示灯控制端 | C27 | 车速信号 |
| C19 | 左前车门开锁传感器电源 | C28 | 接发动机开关5# |
| C20 | 左前车门锁止传感器信号 | C29 | 转向锁电动机工作指令信号 |
| C21 | 右前车门开锁传感器电源 | C30 | 接发动机开关1# |

### 2. 应答器钥匙ECU

卡罗拉/雷凌轿车应答器钥匙 ECU针脚分布如图4-8所示，针脚说明见表4-9。

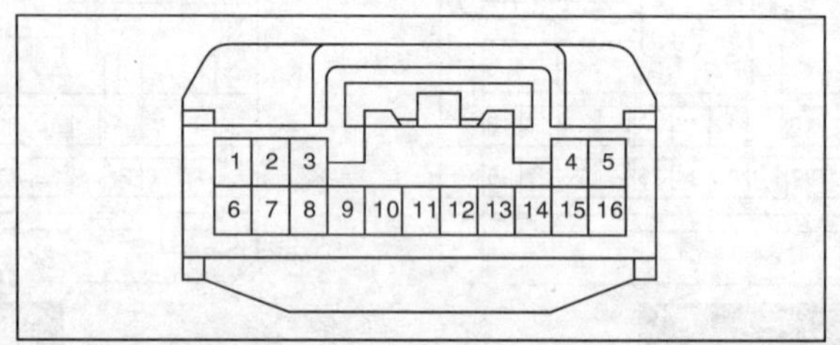


图4-8 卡罗拉/雷凌轿车应答器钥匙 ECU针脚分布

表 4-9 卡罗拉/雷凌轿车应答器钥匙 ECU针脚说明

| 针脚 | 说明 | 针脚 | 说明 |
|---|---|---|---|
| 1 | 蓄电池 | 8 | 安全指示灯信号 |
| 2 | 点火开关信号 | 9 | DLC3 通信 |
| 3 | 未锁警告开关信号 | 12 | ECM输入信号 |
| 4 | 应答器钥匙放大器电源 | 13 | ECM输出信号 |
| 5 | 接地 | 15 | 应答器钥匙放大器通信信号 |
| | | 注 | 编号6、7、10、11、14、16的针脚未使用 |

## 九、驻车辅助系统

卡罗拉/雷凌轿车驻车辅助系统间隙警告ECU针脚分布如图4-9所示，针脚说明见表4-10。

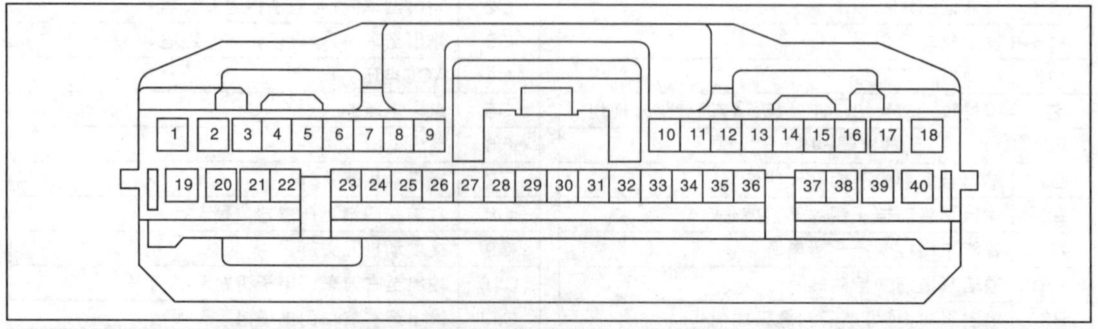


图4-9 卡罗拉/雷凌轿车驻车辅助系统间隙警告ECU针脚分布

表 4-10 卡罗拉/雷凌轿车驻车辅助系统间隙警告ECU针脚说明

| 针脚 | 说明 | 针脚 | 说明 |
|---|---|---|---|
| 1 | 1号间隙警告蜂鸣器控制端 | 16 | 接地 |
| 2 | 1号间隙警告蜂鸣器控制端 | 17 | 车速信号 |
| 3 | 前1号超声波传感器电源 | 19 | 后声纳或侦测声纳开关信号 |
| 4 | 前1号超声波传感器接地 | 20 | 接PANEL熔断器 |
| 5 | 前1号超声波传感器信号 | 21 | 倒车灯开关信号（仅用于MT汽车） |
| 6 | 驻车/空档开关信号 | 21 | 驻车/空档位置开关信号（仅用于CVT汽车） |
| 7 | 后声纳和侦测声纳指示灯信号 | 22 | 后声纳或侦测声纳开关指示灯接地 |
| 8 | 后声纳和侦测声纳指示灯信号 | 23 | 后声纳和侦测声纳指示灯控制端 |
| 9 | 后声纳和侦测声纳指示灯控制端 | 24 | 后声纳和侦测声纳指示灯控制端 |
| 10 | 后声纳和侦测声纳指示灯接地 | 注 | 编号12～15、18、25～40的针脚未使用 |
| 11 | IG电源 | | |

## 第二节 一汽丰田RAV4（2014～2016年款）

### 一、2.0L 6ZR发动机

RAV4 2.0L 6ZR发动机控制单元针脚分布如图4-10所示，用于发动机控制的针脚说明见表4-11。

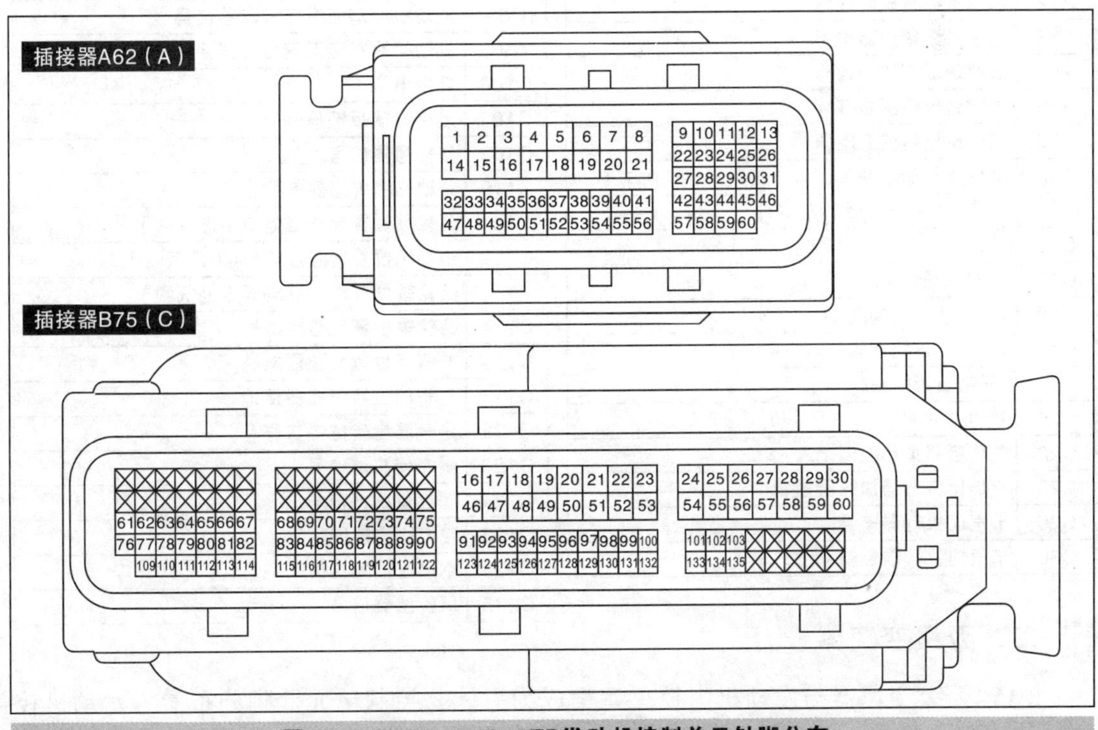


图4-10 RAV4 2.0L 6ZR发动机控制单元针脚分布

**表4-11 RAV4 2.0L 6ZR发动机控制单元针脚说明**

| 针脚 | 说明 |
|---|---|
| 插接器A62（A） | |
| A1 | 蓄电池 |
| A2 | 接EFI NO.1熔断器 |
| A3 | 接EFI NO.1熔断器 |
| A4 | PANEL熔断器 |
| A7 | 3号风扇继电器控制 |
| A8 | 1、2号风扇继电器控制 |
| A9 | 制动灯开关信号 |
| A10 | 制动灯开关信号 |
| A17 | 接MIR-HTR熔断器 |
| A21 | C/OPN继电器控制端 |
| A22 | 驻车/空档位置开关信号（仅用于CVT汽车） |
| A22 | 点火或起动机开关信号（仅用于MT汽车） |
| A27 | 发动机故障指示灯（MIL）信号 |
| A28 | 收发器钥匙输入信号 |
| A29 | 汽车防盗通信输出信号 |
| A30 | 发送至认证ECU的曲轴位置传感器信号（仅用于装备智能进入和起动的汽车） |
| A37 | 接IGN熔断器 |
| A46 | EFI-MAIN继电器控制端 |
| A50 | 接地 |
| A51 | 加速踏板传感器信号 |
| A52 | 加速踏板传感器接地 |
| A53 | 加速踏板传感器电源 |
| A54 | 加速踏板传感器信号 |
| A55 | 加速踏板传感器接地 |
| A56 | 加速踏板传感器电源 |
| A63 | 点火或起动机开关信号（仅用于CVT汽车） |
| 插接器B75（C） | |
| C16 | 接地 |
| C17 | 2号喷油器控制端 |
| C18 | 3号喷油器控制端 |
| C19 | 4号喷油器控制端 |
| C20 | 1号喷油器控制端 |
| C21 | 接地 |
| C22 | 氧传感器加热控制端 |
| C23 | 空燃比传感器加热器控制 |
| C29 | 节气门执行器电源 |
| C30 | 节气门执行器控制- |
| C50 | 清污电磁阀（增压进气系统）控制端 |
| C51 | 接地 |
| C52 | 接地 |
| C54 | 4号点火线圈控制端 |
| C55 | 3号点火线圈控制端 |
| C56 | 2号点火线圈控制端 |
| C57 | 1号点火线圈控制端 |
| C58 | 节气门执行器屏蔽端 |
| C59 | 接地 |
| C60 | 节气门执行器控制+ |
| C64 | 凸轮轴正时机油控制阀总成（排气侧）控制端- |
| C65 | 凸轮轴正时机油控制阀总成（排气侧）控制端+ |
| C74 | 凸轮轴正时机油控制阀总成（进气侧）控制端- |
| C75 | 凸轮轴正时机油控制阀总成（进气侧）控制端+ |
| C76 | 真空开关阀控制端 |
| C78 | 曲轴位置传感器信号+ |
| C80 | 凸轮轴位置传感器信号+（排气侧） |
| C82 | 凸轮轴位置传感器信号+（进气侧） |
| C83 | 节气门位置传感器1信号 |
| C84 | 节气门位置传感器2信号 |
| C90 | 进气温度传感器信号+ |
| C91 | 空气流量传感器信号 |
| C93 | 发动机冷却液温度传感器信号 |
| C94 | 发动机冷却液温度传感器接地 |
| C100 | 接发电机 |
| C102 | 点火确认反馈信号 |
| C103 | 氧传感器信号 |
| C110 | 曲轴位置传感器信号- |
| C111 | 凸轮轴位置传感器电源（排气侧） |
| C112 | 凸轮轴位置传感器信号-（排气侧） |
| C113 | 凸轮轴位置传感器电源（进气侧） |
| C114 | 凸轮轴位置传感器信号-（进气侧） |
| C115 | 节气门位置传感器电源 |
| C116 | 节气门位置传感器接地 |
| C122 | 进气温度传感器信号- |
| C123 | 爆燃传感器信号 |
| C124 | 爆燃传感器信号 |
| C133 | 空燃比传感器信号+ |
| C134 | 空燃比传感器信号- |
| C135 | 氧传感器信号 |

## 二、无级变速器

RAV4无级变速器与发动机电控单元集成为一体，控制单元针脚分布参考发动机控制单元针脚分布图，用于无级变速器控制的针脚说明见表4-12。

表4-12 RAV4无级变速器控制单元针脚说明

| 针脚 | 说明 | 针脚 | 说明 |
|---|---|---|---|
| 插接器A62（A） | | C73 | 换档电磁阀（SLS）信号+ |
| A13 | CAN-H总线 | C79 | 驻车/空档位置开关R档 |
| A23 | DLC3的端子TC | C81 | 驻车/空档位置开关D档 |
| A26 | CAN-L总线 | C89 | 油压传感器信号 |
| A31 | 发动机转速信号 | C95 | 变速器油温度传感器信号 |
| A41 | 变速杆位置开关S信号 | C96 | 变速器油温度传感器接地 |
| A42 | 加档开关信号 | C97 | 驻车/空档位置开关N档位 |
| A43 | 减档开关信号 | C99 | 驻车/空档位置开关P档位 |
| A44 | 来自组合仪表信号的车速信号 | C120 | 油压传感器电源 |
| A57 | 模式选择开关信号（组合开关中） | C121 | 油压传感器接地 |
| A60 | 巡航控制主开关信号 | C125 | 变速器转速传感器信号-（涡轮） |
| 插接器B75（C） | | C126 | 变速器转速传感器信号+（涡轮） |
| C68 | 换档电磁阀（SL）信号 | C127 | 变速器转速传感器信号-（初级） |
| C69 | 换档电磁阀（DS2）信号 | C128 | 变速器转速传感器信号+（初级） |
| C70 | 换档电磁阀（DS1）信号 | C129 | 变速器转速传感器信号-（次级） |
| C71 | 换档电磁阀（DSU）信号 | C130 | 变速器转速传感器信号+（次级） |
| C72 | 换档电磁阀（SLS）信号- | | |

## 三、ABS

RAV4 ABS控制单元针脚分布如图4-11所示，控制单元针脚说明见表4-13。

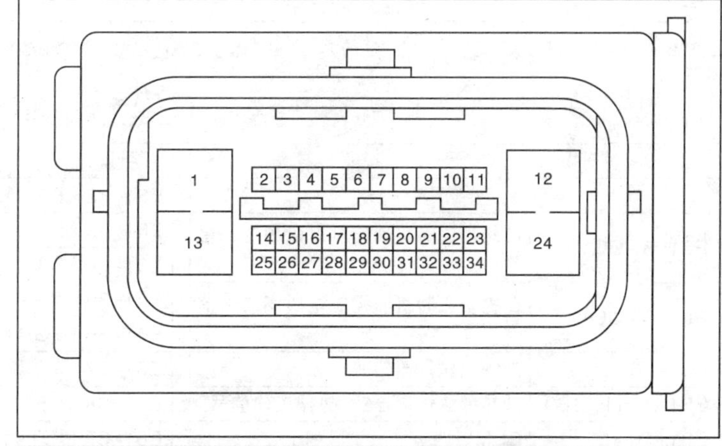


图4-11 RAV4 ABS控制单元针脚分布

表4-13 RAV4 ABS控制单元针脚说明

| 针脚 | 说明 | 针脚 | 说明 |
|---|---|---|---|
| 1 | ECU接地 | 14 | CAN-L总线 |
| 3 | 减速度传感器信号 | 15 | 减速度传感器接地 |
| 4 | 左后轮转速信号输入- | 16 | 右后轮转速信号输入- |
| 5 | 左后轮转速信号输入+ | 17 | 右后轮转速信号输入+ |
| 6 | 右前轮转速信号输入- | 18 | 左前轮转速信号输入- |
| 7 | 右前轮转速信号输入+ | 19 | 左前轮转速信号输入+ |
| 12 | ABS电磁线圈继电器电源 | 22 | 车速表转速信号输出 |
| 13 | 泵电动机接地 | 24 | ABS电动机继电器电源 |

（续）

| 针脚 | 说明 |
|---|---|
| 25 | CAN-H总线 |
| 26 | 减速度传感器电源 |
| 28 | 制动灯开关输入 |
| 34 | IG1电源输入 |
| 注 | 编号2、8～11、20、21、23、27、29～33的针脚未使用 |

# 第三节　广汽丰田凯美瑞（2015年款）

## 一、2.0L 6AR发动机

凯美瑞轿车2.0L 6AR发动机控制单元针脚分布如图4-12所示，用于发动机控制的针脚说明见表4-14。

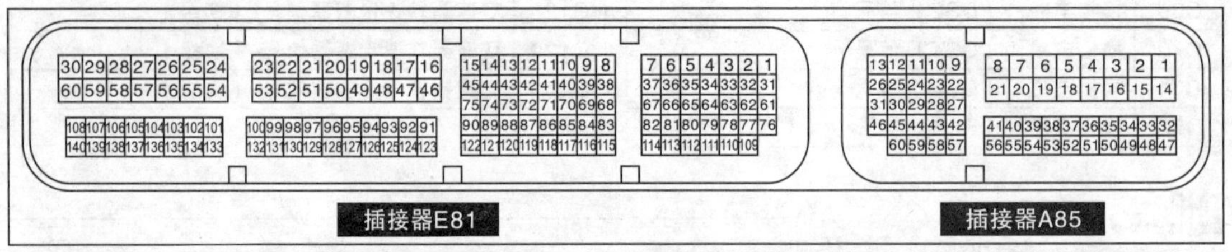


图4-12 凯美瑞轿车2.0L 6AR发动机控制单元针脚分布

表4-14 凯美瑞轿车2.0L 6AR发动机控制单元针脚说明

| 针脚（符号） | 说明 |
|---|---|
| 插接器E81 | |
| E81-8（OC1-） | 凸轮轴正时机油控制电磁阀工作信号- |
| E81-9（OC1+） | 凸轮轴正时机油控制电磁阀工作信号+ |
| E81-16（M+） | 节气门执行器信号+ |
| E81-17（HT1B） | 加热型氧传感器2加热器工作信号 |
| E81-18（E04） | ECM接地 |
| E81-19（HA1A） | 空燃比传感器1加热器工作信号 |
| E81-20（#2D-） | 2号喷油器（直接喷射）信号- |
| E81-21（#2D+） | 2号喷油器（直接喷射）信号+ |
| E81-22（#3D+） | 3号喷油器（直接喷射）信号+ |
| E81-23（#3D-） | 3号喷油器（直接喷射）信号- |
| E81-24（#4D-） | 4号喷油器（直接喷射）信号- |
| E81-25（#4D+） | 4号喷油器（直接喷射）信号+ |
| E81-26（#1D+） | 1号喷油器（直接喷射）信号+ |
| E81-27（#1D-） | 1号喷油器（直接喷射）信号- |
| E81-28（FP1+） | 燃油泵（高压侧）信号+ |
| E81-29（FP1-） | 燃油泵（高压侧）信号- |
| E81-30（+BD1） | ECU电源（喷油器驱动） |
| E81-32（EGR4） | EGR阀控制端 |
| E81-33（EGR2） | EGR阀控制端 |
| E81-34（D） | D位置信号 |
| E81-35（R） | 变速杆位置R信号 |
| E81-36（EGR1） | EGR阀控制端 |
| E81-37（EGR3） | EGR阀控制端 |
| E81-38（OE1+） | 凸轮轴正时机油控制阀工作信号+ |
| E81-39（IGT4） | 4号点火线圈控制端（点火信号） |
| E81-40（IGT3） | 3号点火线圈控制端（点火信号） |
| E81-41（IGT2） | 2号点火线圈控制端（点火信号） |
| E81-42（IGT1） | 1号点火线圈控制端（点火信号） |
| E81-46（M-） | 节气门执行器信号- |
| E81-47（GE01） | 节气门执行器的屏蔽接地 |
| E81-48（+BM） | 节气门执行器电源 |
| E81-49（ME01） | 接地 |
| E81-50（E02） | 接地 |
| E81-51（E01） | 接地 |
| E81-53（E1） | 接地 |
| E81-54（#20） | 2号喷油器（进气口喷射）信号 |
| E81-55（#30） | 3号喷油器（进气口喷射）信号 |

（续）

| 针脚（符号） | 说明 | 针脚（符号） | 说明 |
|---|---|---|---|
| E81-56（#40） | 4号喷油器（进气口喷射）信号 | E81-129（EPEO） | 机油压力传感器接地 |
| E81-57（#10） | 1号喷油器（进气口喷射）信号 | E81-130（VCPE） | 发动机机油表传感器电源 |
| E81-58（E1D2） | 接地 | E81-131（A1A+） | 空燃比传感器信号+ |
| E81-59（E1D1） | 接地 | E81-132（A1A-） | 空燃比传感器信号- |
| E81-60（+BD2） | ECU电源（喷油器驱动） | E81-135（EPR） | 燃油压力传感器接地 |
| E81-64（P） | 变速杆位置P信号 | E81-137（EPIM） | 进气歧管绝对压力传感器接地 |
| E81-65（N） | 变速杆位置N信号 | E81-136（VCPR） | 燃油压力传感器电源 |
| E81-68（OE1-） | 凸轮轴正时机油控制阀工作信号- | E81-138（VCPM） | 歧管绝对压力传感器电源 |
| E81-70（PRG） | 燃油蒸发控制的清污电磁阀控制 | 插接器A85 | |
| E81-76（NE+） | 曲轴位置传感器信号+ | A85-1（BATT） | 蓄电池供电 |
| E81-81（EV1+） | 排气凸轮轴位置传感器信号+ | A85-2（+B） | ECM电源 |
| E81-82（VV1+） | 进气凸轮轴位置传感器信号+ | A85-3（+B2） | ECM电源 |
| E81-88（VTA2） | 节气门位置传感器信号 | A85-4（FANH） | 冷却风扇电动机（高）工作信号 |
| E81-90（VCVG） | 空气流量传感器电源 | A85-6（IGSW） | 点火开关信号 |
| E81-91（E2G） | 空气流量传感器接地 | A85-8（IREL） | EDU继电器工作信号 |
| E81-92（VG） | 空气流量传感器信号 | A85-9（STP） | 制动灯开关信号 |
| E81-94（THA） | 进气温度传感器信号 | A85-10（ST1-） | 制动灯开关信号（与端子STP相对） |
| E81-96（ETHE） | 机油温度传感器接地 | A85-13（CANH） | CAN通信信号 |
| E81-97（THEO） | 机油温度传感器信号 | A85-14（EC） | ECM接地 |
| E81-98（PEO） | 机油压力传感器信号 | A85-17（FANL） | 冷却风扇电动机（低）工作信号 |
| E81-99（OX1B） | 加热型氧传感器信号 | A85-21（FPC） | 燃油泵控制 |
| E81-100（EX1B） | 加热型氧传感器接地 | A85-26（CANL） | CAN通信信号 |
| E81-101（IGF1） | 点火确认信号 | A85-27（W） | 故障指示灯（MIL）信号 |
| E81-103（PR） | 燃油压力传感器信号 | A85-29（STA） | 起动机信号 |
| E81-104（THW） | 冷却液温度传感器信号 | A85-31（TACH） | 发动机转速信号 |
| E81-105（ETHW） | 冷却液温度传感器接地 | A85-33（TC） | DLC3的端子TC |
| E81-106（PIM） | 进气歧管绝对压力传感器信号 | A85-44（SPD） | 来自组合仪表的车速信号 |
| E81-109（NE-） | 曲轴位置传感器信号- | A85-46（MREL） | EFI MAIN继电器工作信号 |
| E81-112（EV1-） | 排气凸轮轴位置传感器信号- | A85-47（VPA） | 加速踏板位置传感器信号 |
| E81-110（VCNE） | 曲轴位置传感器电源 | A85-48（EPA） | 加速踏板位置传感器接地 |
| E81-111（VCE1） | 排气凸轮轴位置传感器电源 | A85-49（VCPA） | 加速踏板位置传感器电源（VPA） |
| E81-113（VCV1） | 进气凸轮轴位置传感器电源 | A85-50（VPA2） | 加速踏板位置传感器2信号 |
| E81-114（VV1-） | 进气凸轮轴位置传感器信号- | A85-51（EPA2） | 加速踏板位置传感器2接地 |
| E81-120（ETA） | 节气门位置传感器接地 | A85-52（VCP2） | 加速踏板位置传感器2电源（VPA2） |
| E81-121（VCTA） | 节气门位置传感器电源 | A85-57（NSW） | 驻车/空档位置开关信号 |
| E81-122（VTA1） | 节气门位置传感器信号 | A85-58（KSW） | 未锁警告开关信号 |
| E81-123（EKNK） | 爆燃控制传感器信号- | A85-59（S） | 变速杆位置S信号 |
| E81-124（KNK1） | 爆燃控制传感器信号+ | | |

## 二、2.5L 5AR发动机

凯美瑞轿车2.5L 5AR发动机控制单元针脚分布如图4-13所示，用于发动机控制的针脚说明见表4-14。

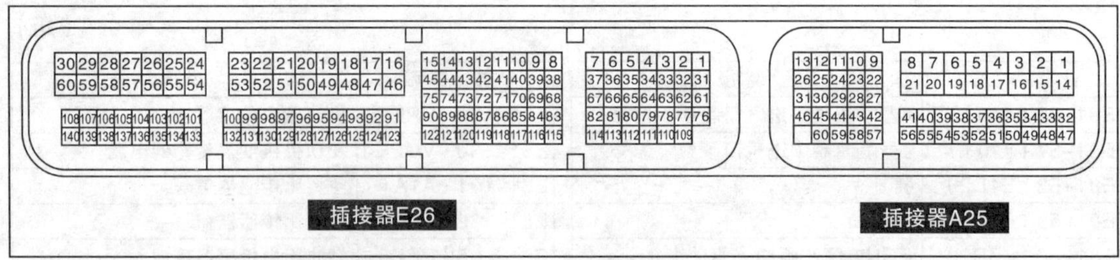


图4-13 凯美瑞轿车2.5L 5AR发动机控制单元针脚分布

表4-15 凯美瑞轿车2.5L 5AR发动机控制单元针脚说明

| 针脚（符号） | 说明 |
| --- | --- |
| 插接器E26 | |
| E26-16（E1） | ECM接地 |
| E26-17（#20） | 2号喷油器控制信号 |
| E26-18（#30） | 3号喷油器控制信号 |
| E26-19（#40） | 4号喷油器控制信号 |
| E26-20（#10） | 1号喷油器控制信号 |
| E26-21（IA1-）* | 进气控制阀执行器正时控制阀- |
| E26-22（IA1+）* | 进气控制阀执行器正时控制阀+ |
| E26-23（HA1A） | 空燃比传感器加热器工作信号 |
| E26-24（HT1B） | 加热型氧传感器加热器工作信号 |
| E26-29（+BM） | 节气门执行器电源 |
| E26-30（M-） | 节气门执行器控制信号- |
| E26-49（E02） | ECM接地 |
| E26-50（E01） | ECM接地 |
| E26-51（IGF1） | 点火确认信号 |
| E26-53（E04） | 空燃比传感器加热器接地 |
| E26-54（IGT4） | 4号点火线圈控制信号 |
| E26-55（IGT3） | 3号点火线圈控制信号 |
| E26-56（IGT2） | 2号点火线圈控制信号 |
| E26-57（IGT1） | 1号点火线圈控制信号 |
| E26-58（ME01） | ECM接地 |
| E26-59（GE01） | 节气门执行器的屏蔽接地 |
| E26-60（M+） | 节气门执行器控制信号+ |
| E26-63（NSW） | 驻车/空档位置开关信号 |
| E26-64（OE1-） | 排气凸轮轴正时机油控制阀工作信号- |
| E26-65（OE1+） | 排气凸轮轴正时机油控制阀工作信号+ |
| E26-68（PRG） | 燃油蒸发控制系统的清污电磁阀工作信号 |
| E26-69（ACIS） | ACIS（可变进气系统）真空开关阀控制信号 |
| E26-73（ALT） | 发电机信号 |
| E26-74（OC1+） | 进气凸轮轴正时机油控制阀控制+ |
| E26-75（OC1-） | 进气凸轮轴正时机油控制阀控制- |
| E26-76（NE+） | 曲轴位置传感器信号+ |
| E26-81（EV1+） | 凸轮轴位置传感器信号+（排气凸轮轴） |
| E26-82（VV1+） | 凸轮轴位置传感器信号+（进气凸轮轴） |
| E26-91（VG） | 空气流量传感器信号+ |
| E26-92（E2G） | 空气流量传感器信号- |
| E26-93（THA） | 进气温度传感器信号 |
| E26-94（ETHA） | 进气温度传感器接地 |
| E26-95（THW） | 冷却液温度传感器信号 |
| E26-96（ETHW） | 冷却液温度传感器接地 |
| E26-100（OX1B） | 加热型氧传感器信号+ |
| E26-109（NE-） | 曲轴位置传感器信号- |
| E26-111（VCE1） | 排气凸轮轴位置传感器电源 |
| E26-112（EV1-） | 排气凸轮轴位置传感器信号- |
| E26-113（VCV1） | 进气凸轮轴位置传感器电源 |
| E26-114（VV1-） | 进气凸轮轴位置传感器信号- |
| E26-123（KNK1） | 爆燃控制传感器信号+ |
| E26-124（EKNK） | 爆燃控制传感器信号- |
| E26-125（VCTA） | 节气门位置传感器电源 |
| E26-126（ETA） | 节气门位置传感器接地 |
| E26-127（VTA1） | 节气门位置传感器信号1 |
| E26-128（VTA2） | 节气门位置传感器信号2 |
| E26-129（EIA1）* | 正时控制阀位置传感器接地 |
| E26-130（VCIA）* | 正时控制阀节气门位置传感器电源 |
| E26-131（IAC1）* | 正时控制阀位置传感器信号 |
| E26-132（EX1B） | 加热型氧传感器信号- |
| E26-133（A1A+） | 空燃比传感器信号 |
| 注 | *仅用于装备正时控制阀的汽车 |
| 插接器A25 | |
| A25-1（BATT） | 蓄电池供电 |
| A25-2（+B） | ECM电源 |
| A25-3（+B2） | ECM电源 |
| A25-5（FANL） | 冷却风扇电动机（低）工作信号 |
| A25-6（FANH） | 冷却风扇电动机（高）工作信号 |

（续）

| 针脚（符号） | 说明 |
| --- | --- |
| A25-11（STP） | 制动灯开关信号 |
| A25-13（CANH） | CAN-H通信 |
| A25-14（EC） | ECM接地 |
| A25-21（FC） | 燃油泵控制 |
| A25-22（STA） | 起动机信号 |
| A25-23（TC） | DLC3的端子TC |
| A25-24（ST1-） | 制动灯开关信号（与STP端子电压相反） |
| A25-26（CANL） | CAN-L通信 |
| A25-30（W） | 故障指示灯（MIL）信号 |
| A25-31（TACH） | 发动机转速信号 |
| A25-37（IGSW） | 发动机开关信号 |
| A25-45（NEO） | 发送至认证ECU的曲轴位置传感器信号 |
| A25-46（MREL） | EFI MAIN继电器工作信号 |
| A25-51（VPA） | 加速踏板位置传感器信号 |
| A25-52（EPA） | 加速踏板位置传感器接地 |
| A25-53（VCPA） | 加速踏板位置传感器电源（VPA） |
| A25-54（VPA2） | 加速踏板位置传感器2信号 |
| A25-55（EPA2） | 加速踏板位置传感器2接地 |
| A25-56（VCP2） | 加速踏板位置传感器电源（VPA2） |
| A25-57（SPD） | 来自组合仪表信号的车速信号 |

## 三、U761E自动变速器

凯美瑞轿车U761E自动变速器控制单元针脚分布与2.0L 6AR发动机控制单元针脚分布相同，参考图4-12所示，针脚说明见表4-16。

**表4-16 凯美瑞轿车U761E自动变速器控制单元针脚说明**

| 针脚（符号） | 说明 |
| --- | --- |
| E81-1（SLT+） | 电磁阀（SLT）信号+ |
| E81-2（SLU-） | 电磁阀（SLU）信号- |
| E81-3（SLU+） | 电磁阀（SLU）信号+ |
| E81-4（SL2-） | 电磁阀（SL2）信号- |
| E81-5（SL2+） | 电磁阀（SL2）信号+ |
| E81-6（SL3-） | 电磁阀（SL3）信号- |
| E81-7（SL3+） | 电磁阀（SL3）信号+ |
| E81-12（SL4-） | 电磁阀（SL4）信号- |
| E81-13（SL4+） | 电磁阀（SL4）信号+ |
| E81-14（SL1-） | 电磁阀（SL1）信号- |
| E81-15（SL1+） | 电磁阀（SL1）信号+ |
| E81-31（SLT-） | 电磁阀（SLT）信号- |
| E81-34（D） | 变速杆D位置开关信号 |
| E81-35（R） | 变速杆R位置开关信号 |
| E81-53（E1） | 接地 |
| E81-64（P） | 变速杆P位置开关信号 |
| E81-65（N） | 变速杆N位置开关信号 |
| E81-71（NTB） | 传感器电源 |
| E81-72（NTO） | 转速传感器（NT）信号 |
| E81-73（NCB） | 传感器电源 |
| E81-74（NCO） | 转速传感器（NC）信号 |
| E81-75（SL） | 电磁阀（SL）信号 |
| E81-83（ETHO） | 变速器油温传感器接地 |
| E81-84（THO1） | 变速器油温传感器信号 |
| A85-1（BATT） | 蓄电池供电 |
| A85-9（STP） | 制动灯开关信号 |
| A85-29（STA） | 起动机信号 |
| A85-41（ECCS） | 巡航控制开关信号 |
| A85-42（SFTU） | 加档开关信号 |
| A85-43（SFTD） | 减档开关信号 |
| A85-44（SPD） | 来自组合仪表的车速信号 |
| A85-57（NSW） | 驻车/空档位置开关信号 |
| A85-59（S） | 变速杆S位置开关信号 |

## 四、ABS

凯美瑞轿车ABS控制单元针脚分布与卡罗拉/雷凌轿车ABS/VSC相同，参考图4-2。凯美瑞轿车ABS控制单元9#未使用，其余针脚说明参考卡罗拉/雷凌轿车ABS/VSC控制单元针脚说明表4-3。

## 五、ESP

凯美瑞轿车ESP控制单元针脚分布如图4-14所示，针脚说明见表4-17。

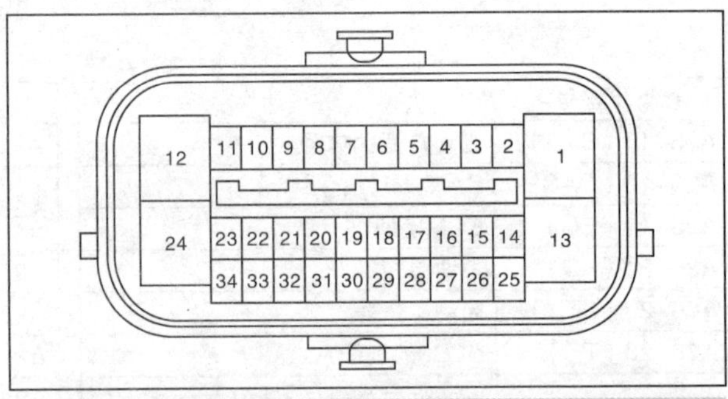


图4-14 凯美瑞轿车ESP控制单元针脚分布

表4-17 凯美瑞轿车ESP控制单元针脚说明

| 针脚（符号） | 说明 | 针脚（符号） | 说明 |
|---|---|---|---|
| 1（GND1） | 防滑控制ECU接地 | 18（FL-） | 左前轮转速 LH（-）信号输入 |
| 2（STP） | 制动灯开关输入 | 19（FL+） | 左前轮转速 LH（+）电源输出 |
| 4（RL-） | 左后轮转速LH（-）信号输入 | 22（STP2）* | 制动灯控制继电器输入 |
| 5（RL+） | 左后轮转速LH（+）电源输出 | 24（+BM） | ABS电动机继电器电源 |
| 6（FR-） | 右前轮转速RH（-）信号输入 | 25（CANH） | CAN通信线路-H |
| 7（FR+） | 右前轮转速RH（+）电源输出 | 27（FSW+） | 制动踏板感载开关输入 |
| 11（SP1） | 车速表转速信号输出 | 30（CSW） | VSC OFF开关输入 |
| 12（+BS） | ABS电磁线圈继电器电源 | 31（STPO）* | 制动灯控制继电器输出 |
| 13（GND2） | 泵电动机接地 | 34（IG1） | IG1电源输入 |
| 14（CANL） | CAN通信线路-L | 注 | 1. 编号3、8~10、15、20、21、23、26、28、29、32、33的针脚未使用<br>2. *带动态雷达巡航控制系统 |
| 16（RR-） | 右后轮转速 RH（-）信号输入 | | |
| 17（RR+） | 右后轮转速 RH（+）电源输出 | | |

## 六、动力转向系统

凯美瑞轿车动力转向系统控制单元针脚分布如图4-15所示，针脚说明见表4-18。

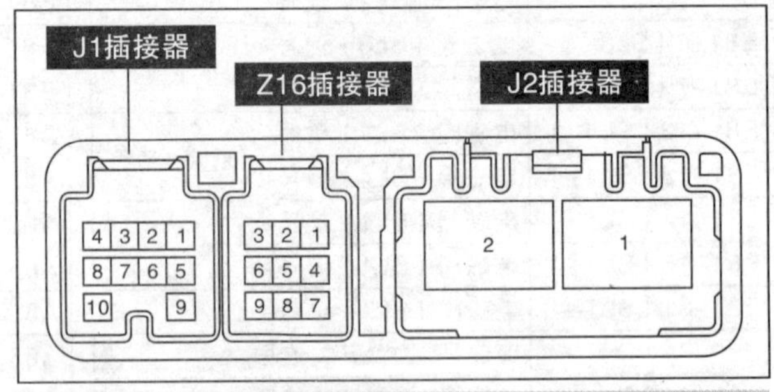


图4-15 凯美瑞轿车动力转向系统控制单元针脚分布

表4-18 凯美瑞轿车动力转向系统控制单元针脚说明

| 针脚（符号） | 说明 | 针脚（符号） | 说明 |
|---|---|---|---|
| J1插接器 | | Z16-2（TRQG） | 转向力矩传感器接地 |
| J1-1（IG） | IG 电源 | Z16-8（TRQV） | 转向力矩传感器电源电压 |
| J1-6（TS） | 测试模式信号 | Z16-9（TRQ1） | 转向力矩传感器信号 |
| J1-7（CANH） | CAN-H 通信线路 | J2插接器 | |
| J1-8（CANL） | CAN-L通信线路 | J2-1（PIG） | 电源 |
| Z16插接器 | | J2-2（PGND） | 电源接地 |
| Z16-1（TRQ2） | 转向力矩传感器信号 | | |

# 第五章 本田车系

## 第一节　东风本田思域（2016~2018年款）

### 一、1.0L P10A1发动机

思域1.0L P10A1发动机动力系统控制单元（PCM）位于发动机舱左侧，其针脚分布如图5-1所示，针脚说明见表5-1。

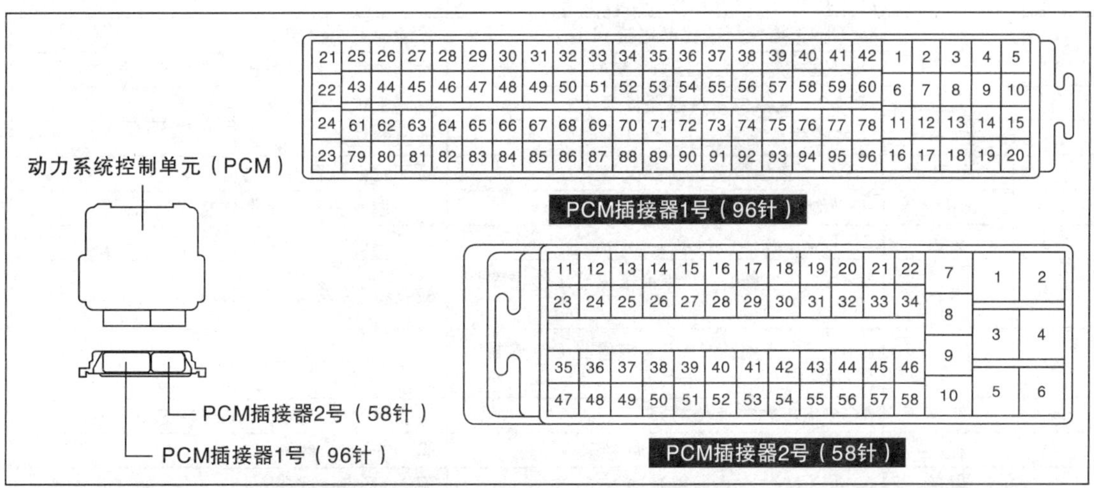


图5-1 思域1.0L P10A1发动机动力系统控制单元（PCM）针脚分布

表5-1 思域1.0L P10A1发动机动力系统控制单元（PCM）针脚说明

| 针脚号 | 颜色 | 针脚名称 | 说明 |
|---|---|---|---|
| PCM插接器1号（96针） | | | |
| 1 | 黄褐色 | VTCEX（VTC机油控制电磁阀B） | 驱动可变的气门正时机油控制电磁阀B |
| 2 | 黄色 | HPUMPH（高压燃油泵+） | 驱动燃油控制电磁阀（内置于高压燃油泵中） |
| 3 | 紫色 | MTR1（节气门执行器） | 驱动节气门执行器 |
| 5 | 红色 | WGMTR1（涡轮增压器泄气阀控制执行器+侧） | 驱动涡轮增压器泄气阀控制执行器 |
| 6 | 粉色 | VTCIN（VTC机油控制电磁阀A） | 驱动可变的气门正时机油控制电磁阀A |
| 7 | 蓝色 | HPUMPL（高压燃油泵-） | 驱动燃油控制电磁阀（内置于高压燃油泵中） |
| 8 | 浅蓝色 | MTR2（节气门执行器） | 驱动节气门执行器 |
| 10 | 浅绿色 | WGMTR2（涡轮增压器泄气阀控制执行器-侧） | 驱动涡轮增压器泄气阀控制执行器 |
| 11 | 红色 | SO2HT［辅助热氧传感器（前辅助HO2S）（传感器2）加热器控制］ | 驱动辅助HO2S（传感器2）加热器 |
| 14 | 绿色 | INJL2（2号喷油器-） | 驱动2号喷油器 |
| 15 | 蓝色 | INJH2（2号喷油器+） | 驱动2号喷油器 |
| 16 | 浅蓝色 | AFHT［空燃比（A/F）传感器1加热器控制］ | 驱动A/F传感器（传感器1）加热器 |
| 17 | 白色 | INJH1（1号喷油器+） | 驱动1号喷油器 |

（续）

| 针脚号 | 颜色 | 针脚名称 | 说明 |
|---|---|---|---|
| 18 | 红色 | INJL1（1号喷油器-） | 驱动1号喷油器 |
| 19 | 紫色 | INJL3（3号喷油器-） | 驱动3号喷油器 |
| 20 | 粉色 | INJH3（3号喷油器+） | 驱动3号喷油器 |
| 21 | 蓝色 | OPCV（油泵控制阀） | 运行油泵控制阀 |
| 22 | 黄色 | SO2［辅助加热型氧传感器（辅助HO2S）（传感器2）］ | 检测辅助HO2S（传感器2）信号 |
| 23 | 灰色 | SGTHL（传感器接地） | 传感器接地 |
| 24 | 黑色 | SO2SG［辅助热氧传感器（辅助HO2S）（传感器2）接地］ | 辅助HO2S的接地（传感器2） |
| 25 | 粉色 | VTSIN（摇臂机油控制电磁阀） | 驱动摇臂机油控制电磁阀 |
| 27 | 紫色 | PB［进气歧管绝对压力（MAP）传感器］ | 检测进气歧管绝对压力传感器信号 |
| 28[*1] | 白色 | NSS2（空档位置传感器信号） | 检测空档位置传感器信号 |
| 29 | 灰色 | SG2（传感器接地） | 传感器接地 |
| 30[*1] | 粉色 | NSS1（空档位置传感器信号） | 检测空档位置传感器信号 |
| 32 | 黄褐色 | PF（燃油分配管压力传感器） | 检测燃油分配管压力传感器信号 |
| 35 | 灰色 | SGTA2（传感器接地） | 传感器接地 |
| 36 | 绿色 | LAFVG［空燃比（A/F）传感器（传感器1）基准电压］ | 检测A/F传感器（传感器1）信号 |
| 37 | 浅绿色 | LAFCP［空燃比（A/F）传感器（传感器1）微调电阻］ | 检测A/F传感器（传感器1）信号 |
| 38[*1] | 红色 | NC（输出轴转速传感器） | 检测输出轴（副轴）转速传感器信号 |
| 41 | 浅蓝色 | IGN02（2号点火线圈脉冲） | 驱动2号点火线圈 |
| 42 | 绿色 | IGN03（3号点火线圈脉冲） | 驱动3号点火线圈 |
| 45 | 浅蓝色 | TA［进气温度（IAT）传感器3］ | 检测进气温度传感器3信号 |
| 46 | 红色 | RFC（RFC单元控制） | 驱动风扇控制单元 |
| 47 | 浅绿色 | OPSEN（摇臂机油压力传感器） | 检测摇臂机油压力传感器信号 |
| 48 | 蓝色 | VTMIN（摇臂机油压力开关） | 检测摇臂机油压力开关信号 |
| 49 | 紫色 | TW［发动机冷却液温度（ECT）传感器1］ | 检测冷却液温度传感器1信号 |
| 50 | 浅蓝色 | OTSEN［发动机油温（EOT）传感器］ | 检测机油温度传感器信号 |
| 51 | 绿色 | P3（涡轮增压器增压传感器） | 检测涡轮增压器增压传感器信号 |
| 52 | 紫色 | TA2（进气温度IAT传感器1） | 检测进气温度传感器1信号 |
| 53[*2] | 黄褐色 | CUTRLY（IG2断电继电器、ACC断电继电器） | 驱动IG2断电继电器和ACC断电继电器 |
| 54 | 蓝色 | LAFVN［空燃比（A/F）传感器（传感器1）负电流控制］ | 检测A/F传感器（传感器1）信号 |
| 55 | 白色 | LAFCA［空燃比（A/F）传感器（传感器1）正电流控制］ | 检测A/F传感器（传感器1）信号 |
| 57 | 绿色 | CAMEX［凸轮轴位置（CMP）传感器B］ | 检测凸轮轴位置传感器B信号 |
| 58 | 棕色 | SG1（传感器接地） | 传感器接地 |
| 59 | 浅绿色 | IGN01（1号点火线圈脉冲） | 驱动1号点火线圈 |
| 61 | 蓝色 | VCCTHL（传感器电压） | 提供传感器基准电压 |
| 62[*1] | 红色 | VCCNSS（传感器电压） | 提供传感器基准电压 |
| 64 | 粉色 | VCCMAP（传感器电压） | 提供传感器基准电压 |
| 65 | 白色 | VCCWG（传感器电压） | 提供传感器基准电压 |

（续）

| 针脚号 | 颜色 | 针脚名称 | 说明 |
|---|---|---|---|
| 66 | 黄色 | VCCCAMIN（传感器电压） | 提供传感器基准电压 |
| 67 | 粉色 | VCC1（传感器电压） | 提供传感器基准电压 |
| 68 | 蓝色 | T3［进气温度（IAT）传感器2］ | 检测进气温度传感器2信号 |
| 70 | 粉色 | WGL（涡轮增压器排气阀控制执行器位置传感器） | 检测涡轮增压器泄气阀控制执行器位置传感器信号 |
| 71 | 白色 | KSPOS（爆燃传感器） | 检测爆燃传感器信号 |
| 73 | 绿色 | CAMIN［凸轮轴位置（CMP）传感器A］ | 检测凸轮轴位置传感器A信号 |
| 74 | 黑色 | SG4（传感器接地） | 传感器接地 |
| 75 | 红色 | CRK（曲轴位置CKP传感器） | 检测曲轴位置传感器信号 |
| 76 | 灰色 | SGCRK（传感器接地） | 传感器接地 |
| 78 | 蓝色 | SGPF（传感器接地） | 传感器接地 |
| 79 | 浅蓝色 | ECT1（恒温加热器） | 运行恒温加热器 |
| 80 | 黄色 | VCCCRK（传感器电压） | 提供传感器基准电压 |
| 81 | 白色 | VCCPF（传感器电压） | 提供传感器基准电压 |
| 82 | 黄褐色 | VCC2（传感器电压） | 提供传感器基准电压 |
| 84*1 | 灰色 | SGNSS（传感器接地） | 传感器接地 |
| 86*3 | 白色 | TM-CAN-L（TM-CAN通信信号低） | TCM的发送和接收通信信号 |
| 87*3 | 黄色 | TM-CAN-H（TM-CAN通信信号高） | TCM的发送和接收通信信号 |
| 88 | 红色 | THL2（节气门位置TP传感器B） | 检测节气门位置传感器B信号 |
| 89 | 浅绿色 | THL1（节气门位置TP传感器A） | 检测节气门位置传感器A信号 |
| 90 | 黑色 | KSNEG（爆燃传感器接地） | 爆燃传感器的传感器接地 |
| 91 | 灰色 | SGTW（传感器接地） | 传感器接地 |
| 94 | 黄色 | LIN（本地互联网络） | 发送和接收通信信号 |
| 95 | 黑色 | SGWG（传感器接地） | 传感器接地 |
| 96 | 紫色 | PCS（蒸发排放EVAP炭罐净化阀） | 驱动蒸发排放炭罐清污阀 |
| 注 | 1. 编号4、9、12、13、26、31、33、34、39、40、43、44、56、60、63、69、72、77、83、85、92、93的针脚未使用<br>2. *1-MT　　*2-不带智能钥匙进入系统　　*3-CVT | | |
| PCM插接器2号（58针） | | | |
| 1 | 黑色 | GND（电源接地） | PCM接地 |
| 2 | 白色 | FIMAINRLYOUT（电源） | PCM电源 |
| 3 | 黑色 | GND（电源接地） | PCM接地 |
| 4 | 白色 | FIMAINRLYOUT（电源） | PCM电源 |
| 5 | 黑色 | GND（电源接地） | PCM电源 |
| 6 | 白色 | FIMAINRLYOUT（电源） | PCM接地 |
| 8 | 棕色 | SCS（维修检查信号） | 检测维修检查信号 |
| 9 | 白色 | SG5（传感器接地） | 传感器接地 |
| 10 | 白色 | SG4（传感器接地） | 传感器接地 |
| 12 | 蓝色 | RFCRLYCL-（RFC继电器） | 驱动风扇控制继电器 |
| 13 | 棕色 | FUELPUMPRLYCL-（发动机防盗锁止系统燃油泵继电器） | 驱动PGM-FI主继电器2 |
| 15 | 白色 | F-CAN-H（CAN通信信号，高位） | 发送和接收通信信号 |
| 16 | 浅绿色 | S-NET（发动机防盗锁止系统串行通信） | 传送串行通信信号 |
| 18 | 棕色 | BKSWNC（制动踏板位置开关） | 检测制动踏板位置开关信号 |

（续）

| 针脚号 | 颜色 | 针脚名称 | 说明 |
| --- | --- | --- | --- |
| 19 | 绿色 | TW2SENSOR（发动机冷却液温度ECT传感器2） | 检测发动机冷却液温度传感器2信号 |
| 20 | 白色 | STS（起动机开关信号） | 检测起动机开关信号 |
| 22*1 | 黄色 | CLUTCHSW（SA）（离合器踏板位置开关A信号） | 检测离合器踏板位置开关A信号 |
| 22*2 | | ATP-NP（变速器档位开关P/N位置） | 检测变速器档位开关P/N位置信号 |
| 23*3 | 紫色 | DC STS | 输出DC/DC变换器操作信号 |
| 24*1 | 灰色 | VSP（车速信号输出） | 发送车速信号 |
| 26 | 绿色 | FIMAINRLYCL-（PGM-FI主继电器1） | 驱动PGM-FI主继电器1和点火线圈继电器 |
| 27 | 红色 | F-CAN-L（CAN通信信号，低位） | 发送和接收通信信号 |
| 31 | 灰色 | STOPSW（制动踏板位置开关） | 检测制动踏板位置开关信号 |
| 32*3 | 棕色 | SG6（传感器接地） | 传感器接地 |
| 35*1 | 粉色 | REVERSELOCKSOL（倒档锁止电磁阀） | 驱动倒档锁止电磁阀 |
| 36 | 白色 | ABV（涡轮增压器旁通控制电磁阀） | 驱动涡轮增压器旁通控制电磁阀 |
| 38 | 浅蓝色 | STCUTRLY2CL-（起动机断电继电器2） | 驱动起动机断电继电器2 |
| 42 | 蓝色 | VVGND08（传感器接地） | 传感器接地 |
| 43*3 | 粉色 | MPMON（制动助力器压力传感器信号） | 检测制动助力器压力传感器信号 |
| 45 | 紫色 | APS2（加速踏板位置APP传感器B） | 检测加速踏板位置传感器B信号 |
| 46 | 灰色 | VCC5（传感器电压） | 提供传感器基准电压 |
| 47 | 紫色 | FISUBRLYCL-（PGM-FI辅助继电器） | 驱动PGM-FI辅助继电器 |
| 48 | 红色 | A/CMGCLUTCHRLYCL-（空调压缩机离合器继电器） | 驱动空调压缩机离合器继电器 |
| 49 | 粉色 | STCUTRLY1CL-（起动机断电继电器1） | 驱动起动机断电继电器1 |
| 50 | 黄色 | +BBACKUPFI-ECU（备用电压） | PCM存储器电源 |
| 51 | 蓝色 | IG1FUELPUMP（点火信号） | 检测点火信号 |
| 52 | 绿色 | STRLY1TO2（起动机断电继电器返回信号） | 检测起动机断电继电器信号 |
| 54 | 黑色 | TW2GND（传感器接地） | 传感器接地 |
| 55 | 红色 | VCC6（传感器电压） | 提供传感器基准电压 |
| 56 | 浅绿色 | PD传感器（空调压力传感器） | 检测空调压力传感器信号 |
| 57 | 黄色 | APS1（加速踏板位置APP传感器A） | 检测加速踏板位置传感器A信号 |
| 58 | 棕色 | VCC4（传感器电压） | 提供传感器基准电压 |
| 注 | 1. 编号7、11、14、17、21、25、28~30、33、34、37、39~41、44、53的针脚未使用<br>2. *1-MT　*2-CVT　*3-带发动机节能自动起停系统 | | |

## 二、1.5T L15B8发动机

思域1.5T L15B8发动机动力系统控制单元位于发动机舱左侧，其针脚分布如图5-2所示，针脚说明见表5-2。

**表5-2 思域1.5T L15B8发动机动力系统控制单元针脚说明**

| 针脚号 | 颜色 | 针脚名称 | 说明 |
| --- | --- | --- | --- |
| PCM插接器A（50针） | | | |
| 1 | 黄色 | INJ RLY OUT（喷油器电源） | PCM电源（喷油器驱动） |
| 2 | 黄色 | INJ RLY OUT（喷油器电源） | PCM电源（喷油器驱动） |

（续）

| 针脚号 | 颜色 | 针脚名称 | 说明 |
|---|---|---|---|
| 3 | 红色 | +B VBACT（涡轮增压器泄气阀控制执行器电源） | PCM电源（涡轮增压器泄气阀控制执行器） |
| 4 | 白色 | SO2HT［辅助加热型氧传感器（前辅助HO2S）（传感器2）加热器控制］ | 驱动辅助HO2S（传感器2）加热器 |
| 5 | 绿色 | FI MAIN RLY CL-（PGM-FI 主继电器1） | 驱动PGM-FI主继电器1、喷油器继电器、点火线圈继电器 |
| 7 | 黄色 | +B BACKUP FI-ECU（备用电压） | PCM存储器电源 |
| 8 | 白色 | FI MAIN RLY OUT（电源） | PCM电源 |
| 10 | 浅绿色 | LIN（BATT SENSOR）（本地互联网络） | 发送和接收通信信号 |
| 11 | 棕色 | FUEL PUMP RLY CL-（发动机防盗锁止系统燃油泵继电器） | 驱动PGM-FI主继电器2 |
| 13 | 黑色 | FI ECU GND（接地） | PCM接地 |
| 14 | 紫色 | DC STS | 输出DC/DC变换器操作信号 |
| 15 | 粉色 | ST CUT RLY1 CL-（起动机断电继电器1） | 驱动起动机断电继电器1 |
| 16 | 浅蓝色 | FI SUB RLY OUT（电源） | PCM电源 |
| 17 | 黄色 | 风扇控制（RFC 单元控制） | 驱动风扇控制单元 |
| 19 | 绿色 | ST RLY 1 TO 2（起动机断电继电器返回信号） | 检测起动机断电继电器信号 |
| 20*1 | 绿色 | TM-CAN-L（TM-CAN通信信号，低位） | TCM的发送和接收通信信号 |
| 21*1 | 粉色 | TM-CAN-H（TM-CAN通信信号，高位） | TCM的发送和接收通信信号 |
| 21*2 | 黄色 | CLUTCH SW（SA）（离合器踏板位置开关A信号） | 检测离合器踏板位置开关A信号 |
| 23 | 浅蓝色 | ST CUT RLY2 CL-（起动机断电继电器 2） | 驱动起动机断电继电器2 |
| 25 | 紫色 | FI SUB RLY CL-（PGM-FI 辅助继电器） | 驱动PGM-FI辅助继电器 |
| 26 | 灰色 | STOP SW（制动踏板位置开关） | 检测制动踏板位置开关信号 |
| 27 | 棕色 | SCS（维修检查信号） | 检测维修检查信号 |
| 28 | 白色 | STS（起动机开关信号） | 检测起动机开关信号 |
| 30 | 蓝色 | RFC RLY CL-（RFC继电器） | 驱动风扇控制继电器 |
| 31 | 粉色 | MPMON（制动助力器压力传感器信号） | 检测制动助力器压力传感器信号 |
| 32 | 黄色 | APS1（加速踏板位置传感器A） | 检测加速踏板位置传感器A信号 |
| 33 | 浅绿色 | PD 传感器（空调压力传感器） | 检测空调压力传感器信号 |
| 34 | 紫色 | APS2（加速踏板位置传感器B） | 检测加速踏板位置传感器B信号 |
| 35*2 | 灰色 | VSP（车速信号输出） | 发送车速信号 |
| 36*3 | 红色 | F-CAN-L（CAN通信信号，低位） | 发送和接收通信信号 |
| 36*4 | | F-CAN A-L（CAN通信A信号，低位） | 发送和接收通信信号 |
| 37*3 | 白色 | F-CAN-H（CAN通信信号，高位） | 发送和接收通信信号 |
| 37*4 | | F-CAN A-H（CAN通信A信号，高位） | 发送和接收通信信号 |
| 38*4 | 绿色 | F-CAN B-L（CAN通信B信号，低位） | 发送和接收通信信号 |
| 39*4 | 黄色 | F-CAN B-H（CAN通信B信号，高位） | 发送和接收通信信号 |
| 40 | 浅绿色 | S-NET（发动机防盗锁止系统串行通信） | 传送串行通信信号 |
| 41*2 | 浅绿色 | BACK LT（倒车灯开关信号） | 检测倒车灯开关信号 |
| 43 | 白色 | SG5（传感器接地） | 传感器接地 |
| 44 | 灰色 | VCC5（传感器电压） | 提供传感器基准电压 |
| 45 | 棕色 | VCC4（传感器电压） | 提供传感器基准电压 |
| 46 | 白色 | SG4（传感器接地） | 传感器接地 |

（续）

| 针脚号 | 颜色 | 针脚名称 | 说明 |
|---|---|---|---|
| 47 | 浅蓝色 | SO2［辅助加热型氧传感器（辅助HO2S）（传感器2）］ | 检测辅助HO2S（传感器2）信号 |
| 48 | 粉色 | SO2 SG［辅助加热型氧传感器（辅助HO2S）（传感器2）传感器接地］ | 辅助HO2S的传感器接地（传感器2） |
| 49 | 棕色 | BKSWNC（制动踏板位置开关） | 检测制动踏板位置开关信号 |
| 注 | 1. 编号1、2、6、9、12、18、22、24、29、42、50的针脚未使用<br>2. *1-CVT　*2-M/T　*3-未装备多用途摄像头单元　*4-装备多用途摄像头单元 | | |
| PCM插接器E（80针） | | | |
| 1 | 白色 | HPUMPH（高压燃油泵+） | 驱动燃油控制阀（内置于高压油泵） |
| 2 | 粉色 | INJH4（4号INJECTOR+） | 驱动4号喷油器 |
| 3 | 红色 | INJL1（1号INJECTOR-） | 驱动1号喷油器 |
| 4 | 黑色 | INJL3（3号INJECTOR-） | 驱动3号喷油器 |
| 5 | 蓝色 | INJH2（2号INJECTOR+） | 驱动2号喷油器 |
| 6 | 白色 | INJH3（3号INJECTOR+） | 驱动3号喷油器 |
| 7 | 黑色 | INJGND2（喷油器接地） | PCM接地（喷油器驱动） |
| 8 | 黑色 | INJGND1（喷油器接地） | PCM接地（喷油器驱动） |
| 13 | 棕色 | AFHTN［空燃比（A/F）传感器（传感器1）加热器控制］ | 驱动A/F传感器（传感器1）加热器 |
| 14 | 黑色 | HPUMPL（高压燃油泵-） | 驱动燃油控制阀（内置于高压油泵） |
| 15 | 绿色 | INJH1（1号INJECTOR+） | 驱动1号喷油器 |
| 16 | 紫色 | INJL4（4号INJECTOR-） | 驱动4号喷油器 |
| 17 | 黄色 | INJL2（2号INJECTOR-） | 驱动2号喷油器 |
| 22 | 黑色 | GND4（接地） | PCM接地 |
| 23 | 黑色 | GND3（接地） | PCM接地 |
| 24 | 黑色 | GND2（接地） | PCM接地 |
| 25 | 黄色/红色 | WGMTR2（-）（涡轮增压器泄气阀控制执行器-侧） | 驱动涡轮增压器泄气阀控制执行器 |
| 26 | 黄色/绿色 | WGMTR1（+）（涡轮增压器泄气阀控制执行器+侧） | 驱动涡轮增压器泄气阀控制执行器 |
| 27 | 浅蓝色 | MTR1（节气门执行器） | 驱动节气门执行器 |
| 28 | 红色 | MTR2（节气门执行器） | 驱动节气门执行器 |
| 29*1 | 蓝色 | RVSLCK（倒档锁止电磁阀） | 驱动倒档锁止电磁阀 |
| 31 | 棕色 | ACC（空调压缩机离合器继电器） | 驱动空调压缩机离合器继电器 |
| 32 | 绿色 | CAMEX［凸轮轴位置（CMP）传感器B］ | 检测凸轮轴位置传感器B信号 |
| 34 | 黑色 | KSGND（爆燃传感器接地） | 爆燃传感器的传感器接地 |
| 35 | 白色 | KS（爆燃传感器） | 检测爆燃传感器信号 |
| 36 | 白色 | IG1（MONI） | 检测点火信号 |
| 37 | 粉色 | IGN01（1号点火线圈脉冲） | 驱动1号点火线圈 |
| 38 | 蓝色 | IGN02（2号点火线圈脉冲） | 驱动2号点火线圈 |
| 39 | 绿色 | IGN03（3号点火线圈脉冲） | 驱动3号点火线圈 |

（续）

| 针脚号 | 颜色 | 针脚名称 | 说明 |
|---|---|---|---|
| 40 | 浅蓝色 | IGN04（4号点火线圈脉冲） | 驱动4号点火线圈 |
| 43 | 蓝色 | TDCAM（凸轮轴位置CMP传感器A） | 检测凸轮轴位置传感器A信号 |
| 44 | 红色 | CRKP（曲轴位置CKP传感器） | 检测曲轴位置传感器信号 |
| 45 | 黑色 | SG6（传感器接地） | 传感器接地 |
| 46 | 白色 | VTC（EX）（VTC机油控制电磁阀B） | 驱动可变气门正时机油控制电磁阀B |
| 48 | 蓝色 | IP［空燃比（A/F）传感器（传感器1）IP电压］ | 检测A/F传感器（传感器1）泵电压 |
| 50 | 浅绿色 | THL1（节气门位置TP传感器A） | 检测节气门位置传感器A信号 |
| 51 | 棕色 | THL2（节气门位置TP传感器B） | 检测节气门位置传感器B信号 |
| 52 | 紫色 | Tw［发动机冷却液温度（ECT）传感器1］ | 检测发动机冷却液温度传感器1信号 |
| 53 | 紫色 | ITA1（TA）［进气温度（IAT）传感器1］ | 检测进气温度传感器1信号 |
| 54 | 灰色 | Tw2［发动机冷却液温度（ECT）传感器2］ | 检测发动机冷却液温度传感器2信号 |
| 55 | 紫色 | ITA2（INTA）［进气温度（IAT）传感器2］ | 检测进气温度传感器2信号 |
| 56 | 红色 | Pb［进气歧管绝对压力（MAP）传感器］ | 检测进气歧管绝对压力传感器信号 |
| 57 | 绿色 | P3（涡轮增压器增压传感器） | 检测涡轮增压器增压传感器信号 |
| 58 | 棕色 | ENGOPSW（机油压力开关） | 检测机油压力开关信号 |
| 60 | 棕色 | DCWGL（涡轮增压器泄气阀控制执行器位置传感器） | 检测涡轮增压器泄气阀控制执行器位置传感器信号 |
| 61 | 粉色 | VGP［空气流量（MAF）传感器+侧］ | 检测质量空气流量传感器信号 |
| 62 | 红色 | VGM［空气流量（MAF）传感器-侧］ | 空气流量传感器接地 |
| 63 | 蓝色 | VCC6（传感器电压） | 提供传感器基准电压 |
| 64 | 蓝色 | VTC（IN）（VTC机油控制电磁阀A） | 驱动可变气门正时机油控制电磁阀A |
| 66*1 | 红色 | Nc（输出轴转速传感器） | 检测输出轴（副轴）转速传感器信号 |
| 67*1 | 粉色 | NSS1（空档位置传感器信号） | 检测空档位置传感器信号 |
| 67*2 | 红色 | ATPST（变速器档位开关P/N位置） | 检测变速器档位开关P/N位置信号 |
| 68*1 | 黄色 | NSS2（空档位置传感器信号） | 检测空档位置传感器信号 |
| 70 | 粉色 | VCC1（传感器电压） | 提供传感器基准电压 |
| 71 | 蓝色 | SG1（传感器接地） | 传感器接地 |
| 72 | 棕色 | PF（燃油分配管压力传感器） | 检测燃油分配管压力传感器信号 |
| 73 | 绿色 | VS［空燃比A/F传感器（传感器1）VS电压］ | 检测A/F传感器（传感器1）VS电压 |
| 74 | 棕色 | VCENT［空燃比（A/F）传感器（传感器1）虚接地］ | 为A/F传感器（传感器1）提供参考电压 |
| 75 | 绿色 | VCC3（传感器电压） | 提供传感器基准电压 |
| 76 | 蓝色 | SG3（传感器接地） | 传感器接地 |
| 77 | 红色 | VCC2（传感器电压） | 提供传感器基准电压 |
| 78 | 灰色 | SG2（传感器接地） | 传感器接地 |
| 79 | 浅绿色 | ABV（涡轮增压器旁通控制电磁阀） | 驱动涡轮增压器旁通控制电磁阀 |
| 80 | 棕色 | IPV［蒸发排放（EVAP）炭罐净化阀］ | 驱动蒸发排放炭罐清污阀 |
| 注 | 1. 编号9～12、18～21、30、33、41、42、47、49、59、65、69的针脚未使用<br>2. *1-M/T　　*2-CVT | | |

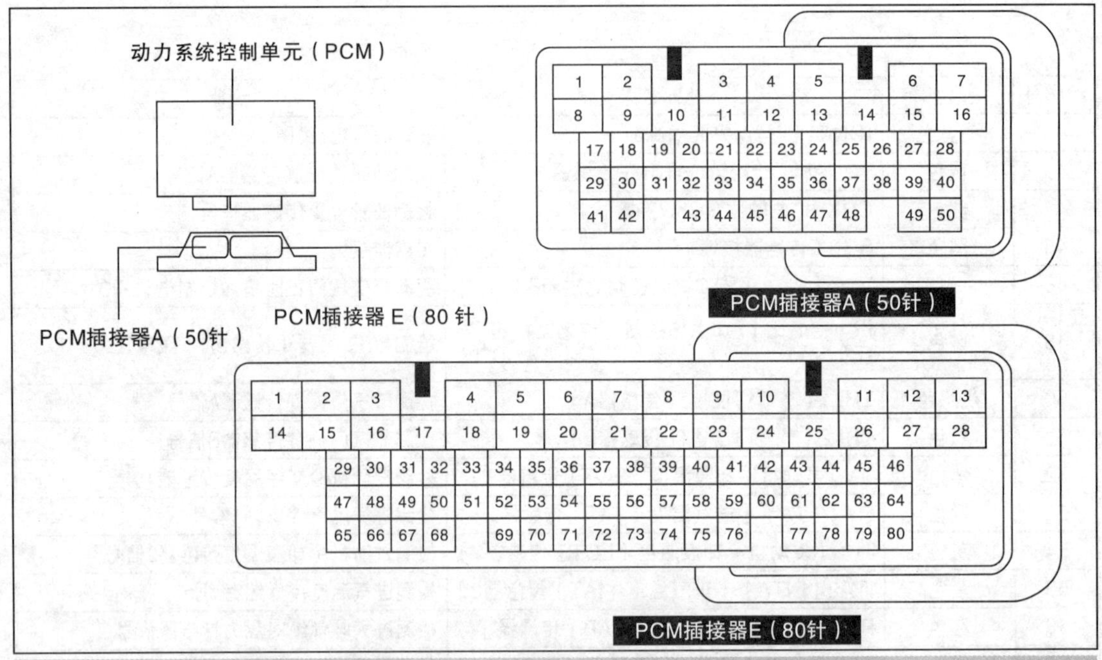


图5-2 思域1.5T L15B8发动机动力系统控制单元针脚分布

## 三、无级变速器（配P10A1发动机）

思域无级变速器（配P10A1发动机）控制单元针脚分布如图5-3所示，针脚说明见表5-3。

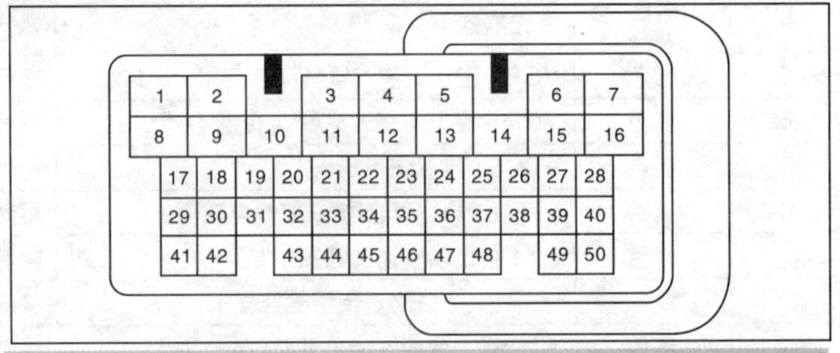

图5-3 思域无级变速器（配P10A1发动机）控制单元针脚分布

表5-3 思域无级变速器（配P10A1发动机）控制单元针脚说明

| 针脚号 | 颜色 | 针脚名称 | 说明 |
|---|---|---|---|
| 1 | 白色 | +B（电源） | TCM的电源 |
| 3 | 红色 | F-CAN-H（F-CAN通信信号，高位） | 发送和接收通信信号 |
| 4 | 蓝色 | TM-CAN-H（TM-CAN通信信号，高位） | 发送和接收通信信号 |
| 7 | 紫色 | SOLB（换档电磁阀B） | 驱动换档电磁阀B |
| 8 | 粉色 | IG1（点火信号） | 检测点火信号 |
| 9 | 黑色 | GND2（TCU）（TCM接地） | TCM接地 |
| 10 | 黑色 | GND1（TCU）（TCM接地） | TCM接地 |
| 11 | 白色 | F-CAN-L（F-CAN通信信号，低位） | 发送和接收通信信号 |
| 12 | 粉色 | TM-CAN-L（TM-CAN通信信号，低位） | 发送和接收通信信号 |
| 13 | 蓝色 | CPCLS（CVT离合器压力控制电磁阀） | 驱动CVT离合器压力控制电磁阀 |
| 14 | 粉红色 | DNLS（CVT从动带轮压力控制电磁阀） | 驱动CVT从动带轮压力控制电磁阀 |
| 15 | 浅绿色 | DRLS（CVT主动带轮压力控制电磁阀） | 驱动CVT主动带轮压力控制电磁阀 |
| 16 | 红色 | LCCLS（CVT锁止离合器控制电磁阀） | 驱动CVT锁止离合器控制电磁阀 |

（续）

| 针脚号 | 颜色 | 针脚名称 | 说明 |
|---|---|---|---|
| 17 | 绿色 | VCC4（传感器电压） | 提供传感器基准电压 |
| 18 | 粉色 | VCC1（传感器电压） | 提供传感器基准电压 |
| 19 | 灰色 | SG2（传感器接地） | 传感器接地 |
| 20 | 蓝色 | SG1（传感器接地） | 传感器接地 |
| 21 | 绿色 | VCC2（传感器电压） | 提供传感器基准电压 |
| 22 | 白色 | VEL-PWM（CVT转速传感器） | 检测CVT转速传感器信号 |
| 25 | 灰色 | SG3（传感器接地） | 传感器接地 |
| 26 | 绿色 | SLS（换档锁止电磁阀） | 驱动换档锁止电磁阀 |
| 27 | 紫色 | EOPRLY（辅助变速器油泵继电器） | 驱动辅助变速器油泵继电器 |
| 28 | 黄色 | NDR-PWM（CVT驱动轮转速传感器） | 检测CVT主动带轮转速传感器信号 |
| 29 | 紫色 | SG4（传感器接地） | 传感器接地 |
| 31 | 黄褐色 | PDN（CVT从动带轮压力传感器） | 检测CVT从动带轮压力传感器信号 |
| 32 | 灰色 | SG5（传感器接地） | 传感器接地 |
| 33 | 浅蓝色 | TATF（变速器油温传感器） | 检测变速器油温传感器信号 |
| 35 | 蓝色 | ATP-L（变速器档位开关L位置） | 检测变速器档位开关L位置信号 |
| 36 | 黄褐色 | ATP-S（变速器档位开关S位置） | 检测变速器档位开关S位置信号 |
| 37 | 浅蓝色 | ATP-D（变速器档位开关D位置） | 检测变速器档位开关D位置信号 |
| 40 | 粉色 | EOPSIG（辅助变速器油泵） | 驱动辅助变速器油泵 |
| 41 | 绿色 | VCC3（传感器电压） | 提供传感器基准电压 |
| 42 | 蓝色 | VSPOUT（车速信号输出） | 发送车速信号 |
| 43 | 绿色 | ATP-RVS（变速器档位开关RVS位置） | 检测变速器档位开关RVS位置信号 |
| 44 | 白色 | ATP-FWD（变速器档位开关FWD位置） | 检测变速器档位开关FWD位置信号 |
| 46 | 红色 | ATP-N（变速器档位开关N位置） | 检测变速器档位开关N位置信号 |
| 47 | 黄色 | ATP-R（变速器档位开关R位置） | 检测变速器档位开关R位置信号 |
| 48 | 紫色 | ATP-P（变速器档位开关P位置） | 检测变速器档位开关P位置信号 |
| 49 | 浅绿色 | NT（变矩器涡轮转速传感器） | 检测变矩器涡轮转速传感器信号 |
| 50 | 白色 | EOPSTS（辅助变速器油泵） | 检测辅助变速器油泵信号 |
| 注 | 编号2、5、6、23、24、30、34、38、39、45的针脚未使用 | | |

## 四、无级变速器（配L15B8发动机）

思域无级变速器（配L15B8发动机）控制单元针脚分布如图5-4所示，针脚说明见表5-4。

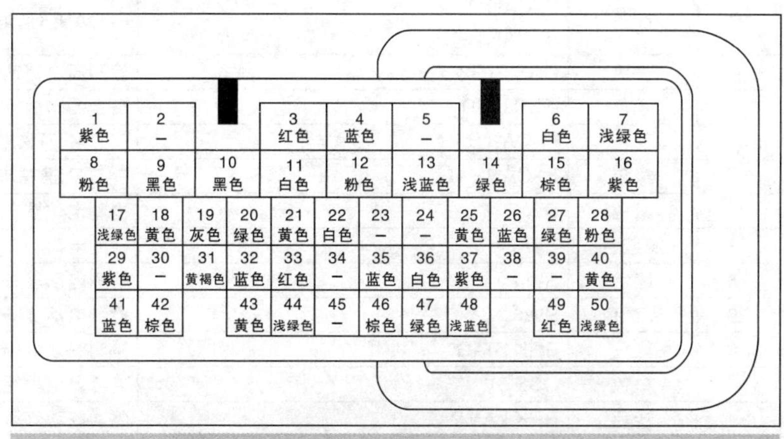


图5-4 思域无级变速器（配L15B8发动机）控制单元针脚分布

表5-4 思域无级变速器（配L15B8发动机）控制单元针脚说明

| 针脚号 | 针脚名称 | 说明 |
| --- | --- | --- |
| 3 | F-CAN-H（F-CAN通信信号，高位） | 发送和接收通信信号 |
| 6 | — | 未使用 |
| 11 | F-CAN A-L（F-CAN通信信号，低位） | 发送和接收通信信号 |
| 注 | 其余针脚说明参考无级变速器（配P10A1发动机）控制单元针脚说明表 | |

## 五、ABS/VSA

思域ABS/VSA（车辆稳定性辅助系统）控制单元针脚分布如图5-5所示，针脚说明见表5-5。

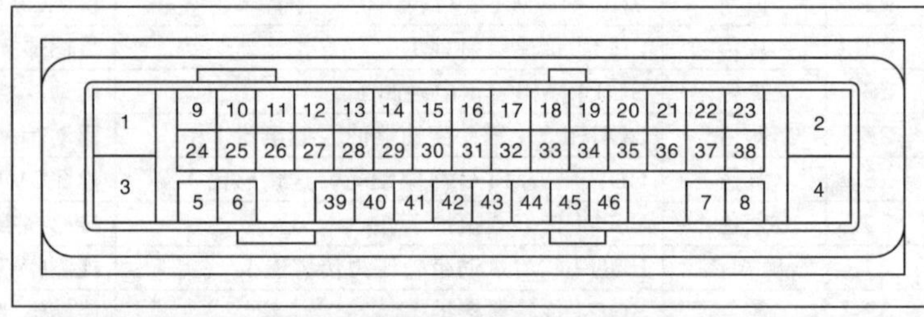


图5-5 思域ABS/VSA（车辆稳定性辅助系统）控制单元针脚分布

表5-5 思域ABS/VSA（车辆稳定性辅助系统）控制单元针脚说明

| 针脚号 | 颜色 | 针脚名称 | 说明 |
| --- | --- | --- | --- |
| 1 | 白色 | +B ABS/VSA FSR | 失效保护继电器电源 |
| 3 | 红色 | +B ABS/VSA MTR | 电动机继电器电源 |
| 4 | 黑色 | GND | VSA调制器控制单元接地 |
| 5 | 红色 | EPB R ACT+ | 驱动右电子驻车制动执行器电动机 |
| 6 | 黑色 | EPB R ACT- | 驱动右电子驻车制动执行器电动机 |
| 7 | 绿色 | EPB L ACT- | 驱动左电子驻车制动执行器电动机 |
| 8 | 黄色 | EPB L ACT+ | 驱动左电子驻车制动执行器电动机 |
| 13 | 蓝色 | IG1 VSA/ABS | 用于激活系统的电源 |
| 14 | 棕色 | PARK BUSY | 发送驻车制动信号 |
| 16 | 粉色 | PARK LAMP | 发送电动驻车制动指示灯信号 |
| 18[*3] | 红色 | CSS SIG1 | 检测离合器踏板行程传感器信号 |
| 20 | 白色 | F-CAN-H[*1]<br>F-CAN A-H[*2] | F-CAN通信电路 |
| 21 | 红色 | F-CAN-L[*1]<br>F-CAN A-L[*2] | F-CAN通信电路 |
| 22[*3] | 黄色 | CSS SIG2 | 检测离合器踏板行程传感器信号 |
| 23[*3] | 绿色 | CSS GND | 离合器踏板行程传感器接地 |
| 24[*2] | 黄色 | F-CAN B-H | F-CAN通信电路 |
| 25[*2] | 绿色 | F-CAN B-L | F-CAN通信电路 |
| 26 | 紫色 | SW1 | 检测电动驻车制动开关信号 |
| 27 | 浅蓝色 | SW3 | 检测电动驻车制动开关信号 |
| 28 | 绿色 | SW4 | 检测电动驻车制动开关信号 |
| 29 | 浅绿色 | SW6 | 检测电动驻车制动开关信号 |
| 30 | 红色 | BRK DIAG | 检测制动灯继电器信号 |
| 33[*3] | 白色 | CSS 5V | 离合器踏板行程传感器电源 |
| 34 | 粉色 | BRK LAMP | 驱动制动灯继电器 |
| 36[*3] | 粉色 | REVERSE SW | 检测倒车灯开关信号 |

（续）

| 针脚号 | 颜色 | 针脚名称 | 说明 |
|---|---|---|---|
| 38[*3] | 白色 | RVS SW GND | 倒车灯开关接地 |
| 39 | 粉色 | FR R ABS SNSR- | 检测右前轮速传感器信号 |
| 40 | 绿色 | FR R ABS SNSR+ | 检测右前轮速传感器信号 |
| 41 | 黄色 | RR L ABS SNSR- | 检测左后轮速传感器信号 |
| 42 | 灰色 | RR L ABS SNSR+ | 检测左后轮速传感器信号 |
| 43 | 蓝色 | FR L ABS SNSR- | 检测左前轮速传感器信号 |
| 44 | 棕色 | FR L ABS SNSR+ | 检测左前轮速传感器信号 |
| 45 | 白色 | RR R ABS SNSR- | 检测右后轮速传感器信号 |
| 46 | 浅绿色 | RR R ABS SNSR+ | 检测右后轮速传感器信号 |
| 注 | 1. 编号2、9~12、15、17、19、31、32、35、37的针脚未使用<br>2. *1- 未装备ACC　　*2- 装备ACC　　*3-M/T | | |

## 六、自动空调

思域自动空调控制单元针脚分布如图5-6所示，针脚说明见表5-6。

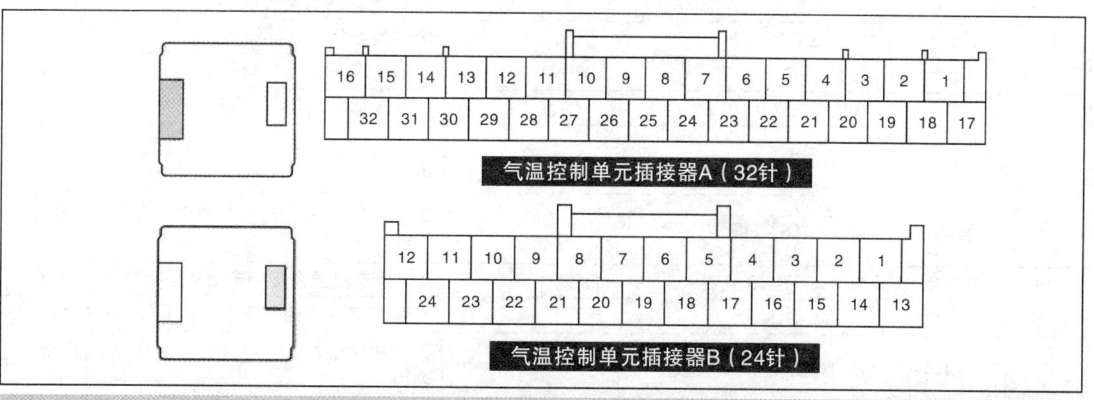


图5-6 思域自动空调控制单元针脚分布

表5-6 思域自动空调控制单元针脚说明

| 针脚号 | 颜色 | 针脚名称 | 说明 |
|---|---|---|---|
| 气温控制单元插接器A（32针） | | | |
| 7 | 黄色 | HUM 数据 | 湿度/车内温度传感器通信信号 |
| 8 | 蓝色 | B-CAN-L | B-CAN通信信号 |
| 10* | 紫色 | TSUN | 检测阳光传感器信号 |
| 11 | 浅蓝色 | TAM | 检测车外空气温度传感器信号 |
| 12 | 灰色 | SENSOR COM | 传感器接地 |
| 14 | 黑色 | SOL IN | 空调压缩机可调容积控制电磁阀接地 |
| 16 | 棕色 | +B BACKUP2 | +B电源 |
| 21 | 白色 | RR DEF RLY CL- | 后窗除雾器继电器信号 |
| 24 | 白色 | HUM CLK | 湿度/车内温度传感器通信信号 |
| 25 | 粉色 | B-CAN-H | B-CAN通信信号 |
| 26 | 红色 | S 5V | 输出传感器5V |
| 28 | 黑色 | GND | 气温控制单元接地（G505） |

（续）

| 针脚号 | 颜色 | 针脚名称 | 说明 |
|---|---|---|---|
| 29 | 绿色 | BUS-DATA | BUS-DATA通信信号 |
| 30 | 白色 | SOL OUT | 输出12V至空调压缩机可调容积控制电磁阀 |
| 32 | 棕色 | IG2 OPTION | IG2电源 |
| 注 | 1. 编号1~6、9、13、15、17~20、22、23、27、31的针脚未使用<br>2. *不带自动照明 | | |
| 气温控制单元插接器B（24针） | | | |
| 1 | 红色 | S5V-H | 输出传感器5V |
| 2 | 蓝色 | AMD-P-DR | 检测空气混合控制电动机（车门位置）传感器信号 |
| 3 | 紫色 | AMD-P-AS | 检测乘客侧空气混合控制电动机（车门位置）传感器信号 |
| 4 | 粉色 | RFD-P | 检测内循环控制电动机（车门位置）传感器信号 |
| 5 | 浅蓝色 | MDD-P-DR | 检测模式控制电动机（车门位置）传感器信号 |
| 8 | 白色 | T-EVA | 检测蒸发器温度传感器信号 |
| 10 | 绿色 | SENS COM-H | 传感器接地 |
| 11 | 紫色 | 鼓风机 G | 输出功率晶体管栅电压 |
| 12 | 绿色 | BLOWER V | 功率晶体管漏电压的反馈信号 |
| 13 | 灰色 | M-HOT-DR | 驾驶人侧空气混合控制电动机至HOT位置的输出 |
| 14 | 黄褐色 | M-COOL-DR | 驾驶人侧空气混合控制电动机至COOL位置的输出 |
| 15 | 粉色 | M-HOT-AS | 乘客侧空气混合控制电动机至HOT侧的输出 |
| 16 | 黄色 | M-COOL-AS | 乘客侧空气混合控制电动机至COOL侧的输出 |
| 17 | 白色 | M-REC | 内循环控制电动机至RECIRCULATE位置的输出 |
| 18 | 黄色 | M-FRS | 内循环控制电动机至FRESH位置的输出 |
| 19 | 棕色 | M-VENT-DR | 模式控制电动机至VENT位置的输出 |
| 20 | 浅绿色 | M-DEF-DR | 模式控制电动机至DEF位置的输出 |
| 注 | 编号6、7、9、21~24的针脚未使用 | | |

## 七、手动空调

思域手动空调控制单元针脚分布与自动空调基本相同，参考图5-6，针脚说明见表5-7。

**表5-7 思域手动空调控制单元针脚说明**

| 针脚号 | 颜色 | 针脚名称 | 说明 |
|---|---|---|---|
| HVAC控制单元插接器A（32针） | | | |
| 7、10 | — | — | 未使用 |
| 16[*1] | 棕色 | +B BACKUP2 | +B电源 |
| 22 | 绿色 | A/C PTC2 RLY CL- | PTC加热器A 继电器信号 |

（续）

| 针脚号 | 颜色 | 针脚名称 | 说明 |
|---|---|---|---|
| 23 | 紫色 | A/C PTC4 RLY CL- | PTC加热器B继电器信号 |
| 24 | — | — | 未使用 |
| HVAC控制单元插接器B（24针） | | | |
| 3、15、16 | — | — | 未使用 |
| 注 | 1. 其余针脚说明参考思域自动空调控制单元针脚说明表<br>2. *1-装备发动机节能自动起停系统 | | |

## 八、动力转向系统

思域电动动力转向系统（EPS）控制单元针脚分布如图5-7所示，针脚说明见表5-8。

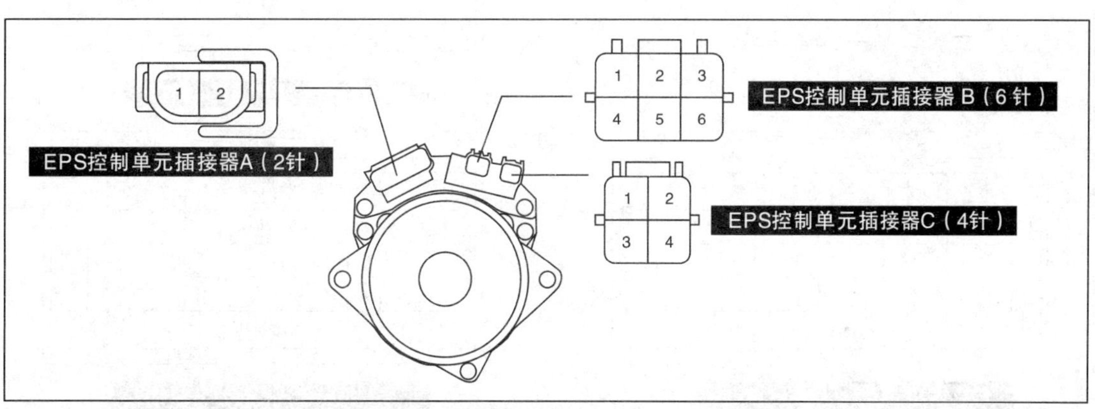


图5-7 思域EPS控制单元针脚分布

表5-8 思域EPS控制单元针脚说明

| 针脚号 | 颜色 | 针脚名称 | 说明 |
|---|---|---|---|
| EPS控制单元插接器A（2针） | | | |
| 1 | 黑色 | GND | EPS控制单元接地 |
| 2 | 红色 | +B | EPS执行器电动机的电源 |
| EPS控制单元插接器B（6针） | | | |
| 1 | 红色 | F-CAN_L*1<br>F-CAN B_L*2 | F-CAN通信电路 |
| 3 | 蓝色 | F-CAN-H*1<br>F-CAN B-H*2 | F-CAN通信电路 |
| 5 | 黑色 | IG1 VSA/ABS | 用于激活系统的电源 |
| 注 | 1. 编号2、4、6的针脚未使用<br>2. *1-装备车道保持辅助系统　　*2-未装备车道保持辅助系统 | | |
| EPS控制单元插接器C（4针） | | | |
| 1 | — | T/S GND | 转向力矩传感器接地 |
| 2 | — | T/S VDD | 转向力矩传感器电源 |
| 3 | — | TSM | 检测转向力矩传感器主信号 |
| 4 | — | TSS | 检测转向力矩传感器副信号 |

# 第二节 东风本田CR-V（2015~2017年款）

## 一、2.0L R20A7发动机/无级变速器

CR-V轿车2.0L R20A7发动机动力系统控制单元位于发动机舱左侧，其针脚分布如图5-8所示，针脚说明见表5-9。

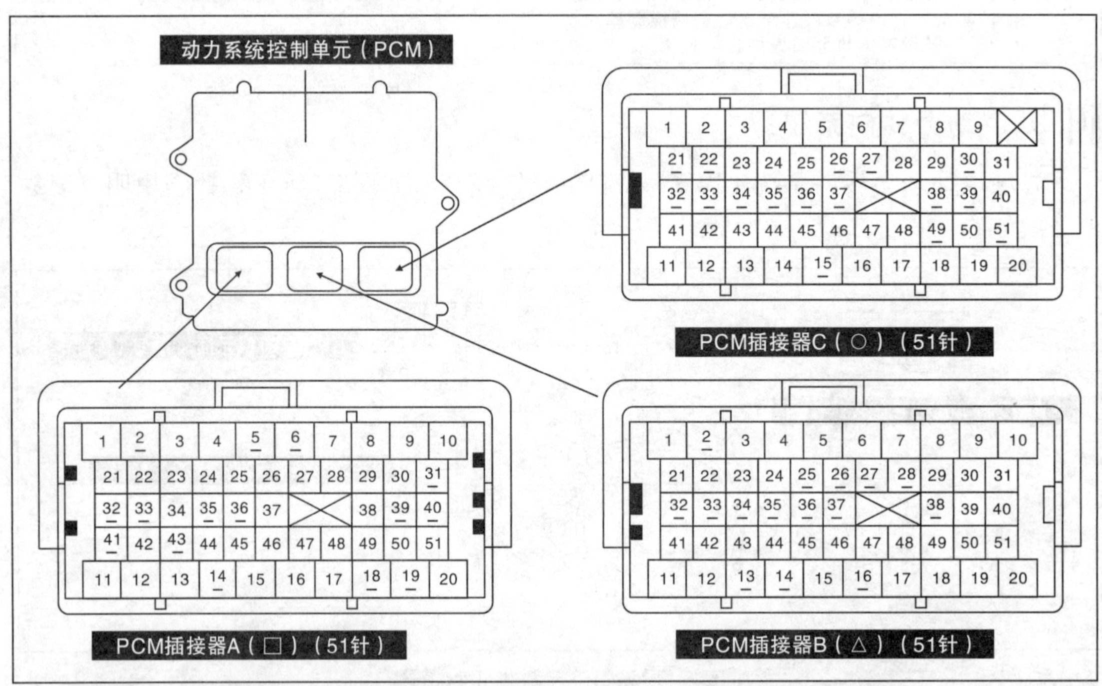


图5-8 CR-V轿车2.0L R20A7发动机动力系统控制单元针脚分布

表5-9 CR-V轿车2.0L R20A7发动机动力系统控制单元针脚说明

| 针脚号 | 颜色 | 针脚名称 | 说明 |
|---|---|---|---|
| PCM插接器A（□）（51针） | | | |
| 1 | 蓝色 | IG1 FI-ECU（PCM电源） | PCM电源 |
| 3 | 白色 | F-CAN- H（F-CAN通信信号高） | 发送和接收通信信号 |
| 4 | 红色 | F-CAN- L（F-CAN通信信号低） | 发送和接收通信信号 |
| 7 | 灰色 | FI MAIN RLY CL-（PGM-FI主继电器1） | 驱动PGM-FI主继电器1 |
| 8 | 绿色 | STS（起动机开信号） | 检测起动机开关信号 |
| 9 | 棕色 | FI MAIN RLY OUT（电源） | PCM电源 |
| 10 | 灰色 | SG6（传感器接地） | 传感器接地 |
| 11[*2] | 蓝色 | SR CUT RLY2 CL-（起动机断电继电器2） | 驱动起动机断电继电器2 |
| 12 | 绿色 | A/C MG CLUTCH RLY CL-（空调压缩机离合器继电器） | 驱动空调压缩机离合器继电器 |
| 13 | 蓝色 | STOP SW（制动踏板位置开关） | 检测制动踏板位置开关信号 |
| 15 | 紫色 | FAN LO SIGNAL（散热器风扇继电器） | 驱动散热器风扇继电器 |
| 16 | 灰色 | FAN HI SIGNAL（风扇控制继电器） | 驱动风扇控制继电器 |
| 17 | 黄色 | S-NET（发动机防盗锁止系统串行通信） | 发送和接收通信信号 |

（续）

| 针脚号 | 颜色 | 针脚名称 | 说明 |
|---|---|---|---|
| 20 | 白色 | FI SUB RLY CL-（PGM-FI辅助继电器） | 驱动PGM-FI辅助继电器 |
| 21 | 白色 | DC STS（换档锁止电磁阀） | 驱动换档锁止电磁阀 |
| 22 | 黄色 | NEP（发动机转速脉冲） | 输出发动机转速脉冲 |
| 23 | 粉色 | DC STS（DC/DC PWM输出） | 传感器接地 |
| 24*2 | 灰色 | START DIAL | 检测起动机断电继电器操作 |
| 25 | 棕色 | BKSWNC（制动踏板位置开关） | 检测制动踏板位置开关信号 |
| 26*1 | 绿色 | VSP（车速信号输出） | 发送车速信号 |
| 27 | 蓝色 | PD传感器（空调压力传感器） | 检测空调压力传感器信号 |
| 28 | 黄褐色 | APS1［加速踏板位置（APP）传感器A］ | 检测加速踏板位置传感器A信号 |
| 29 | 紫色 | APS2［加速踏板位置（APP）传感器B］ | 检测加速踏板位置传感器B信号 |
| 30 | 红色 | VCC6（传感器电压） | 提供传感器基准电压 |
| 34 | 白色 | ELD（电气负载检测器） | 检测电气负载信号 |
| 37 | 浅绿色 | VCC5（传感器电压） | 提供传感器基准电压 |
| 38 | 棕色 | VCC4（传感器电压） | 提供传感器基准电压 |
| 42 | 红色 | FUEL PUMP RLY CL-（发动机防盗锁止系统燃油泵继电器） | 驱动PGM-FI主继电器2 |
| 44 | 黄褐色 | SCS（维修检查信号） | 检测维修检查信号 |
| 45 | 黄色 | EOP RLY CL-（辅助变速器油泵继电器） | 驱动辅助变速器油泵继电器 |
| 46 | 粉色 | TW2 SENSOR（发动机冷却液温度（ECT）传感器2） | 检测发动机冷却液温度传感器2信号 |
| 47 | 黄色 | SG5（传感器接地） | 传感器接地 |
| 48 | 浅蓝色 | SG4（传感器接地） | 传感器接地 |
| 49 | 粉色 | VAC1（制动助力器压力传感器） | 检测制动助力器压力传感器信号 |
| 50 | 紫色 | DBW RLY CL-（电子节气门控制系统（ETCS）控制继电器） | 驱动电子节气门控制系统控制继电器 |
| 51*2 | 黄色 | ST CUT RLY CL-（起动机断电继电器1） | 驱动起动机断电继电器1 |
| 注 | 1. 编号2、5、6、14、18、19、31～33、35、36、39～41、43的针脚未使用<br>2. *1：装备导航　　*2：装备智能钥匙进入系统 | | |
| PCM插接器B（△）（51针） | | | |
| 1 | 黑色 | PG（GND1）（电源接地） | PCM的接地电路 |
| 3 | 红色 | IG1（F/PUMP）（点火信号） | 检测点火信号 |
| 4 | 棕色 | LCCLS（CVT锁止离合器控制电磁阀） | 驱动CVT锁止离合器控制电磁阀 |
| 5 | 灰色 | SG2（传感器接地） | 传感器接地 |
| 6 | 黄色 | CPCLS（CVT离合器压力控制电磁阀） | 驱动CVT离合器压力控制电磁阀 |
| 7 | 红色 | DNLS（CVT从动带轮压力控制电磁阀） | 驱动CVT从动带轮压力控制电磁阀 |
| 8 | 白色 | VEL DD（CVT转速传感器） | 检测CVT转速传感器信号 |
| 9 | 蓝色 | TATF（CVT油温传感器） | 检测CVT油温传感器信号 |
| 10 | 浅绿色 | DRLS（CVT主动带轮压力控制电磁阀） | 驱动CVT主动带轮压力控制电磁阀 |
| 11 | 蓝色 | CRANK（曲轴位置（CKP）传感器） | 检测曲轴位置传感器信号 |
| 12 | 粉色 | SOL B（换档电磁阀B） | 驱动换档电磁阀B |
| 15 | 紫色 | SOL C（换档电磁阀O/P） | 驱动换档电磁阀O/P |
| 17 | 白色 | SO2［辅助加热型氧传感器（辅助HO2S）（传感器2）］ | 检测辅助HO2S（传感器2）信号 |
| 18 | 黑色 | PG（GND3）（电源接地） | PCM的接地电路 |

（续）

| 针脚号 | 颜色 | 针脚名称 | 说明 |
| --- | --- | --- | --- |
| 19 | 白色 | AFHT［空燃比（A/F）传感器1加热器控制］ | 驱动A/F传感器（传感器1）加热器 |
| 20 | 浅绿色 | SO2HT［辅助加热型氧传感器（辅助HO2S）（传感器2）加热器］ | 驱动辅助HO2S（传感器2）加热器 |
| 21 | 紫色 | ATPP（变速器档位开关P位置） | 检测变速器档位开关P位置信号 |
| 22 | 棕色 | ATPP（变速器档位开关R位置） | 检测变速器档位开关R位置信号 |
| 23 | 蓝色 | VGP［质量空气流量（MAF）传感器+侧］ | 检测质量空气流量传感器信号 |
| 24 | 浅绿色 | VGM［质量空气流量（MAF）传感器–侧］ | 质量空气流量传感器接地 |
| 29 | 棕色 | VCC2（传感器电压） | 提供传感器基准电压 |
| 30 | 红色 | TA（进气温度IAT传感器） | 检测进气温度传感器信号 |
| 31 | 紫色 | LIN（本地互联网络） | 发送和接收通信信号 |
| 39 | 绿色 | PDN（CVT从动带轮压力传感器） | 检测CVT从动带轮压力传感器信号 |
| 40 | 黑色 | SO2 Sg辅助加热型氧传感器［辅助HO2S（S2））传感器接地］ | 辅助HO2S（传感器2）传感器接地 |
| 41 | 粉色 | VCC1（传感器电压） | 提供传感器基准电压 |
| 42 | 黄色 | AFS–［（空燃比（A/F）传感器1）–侧］ | 检测A/F传感器（传感器1）信号 |
| 43 | 红色 | AFS+［（空燃比（A/F）传感器1）+侧］ | 检测A/F传感器（传感器1）信号 |
| 44 | 白色 | NDR（CVT主动带轮转速传感器） | 检测CVT主动带轮转速传感器信号 |
| 45 | 绿色 | NT（变矩器涡轮转速传感器） | 检测变矩器涡轮转速传感器信号 |
| 46 | 黄色 | ATP D（变速器档位开关D位置） | 检测变速器档位开关D位置信号 |
| 47 | 绿色 | ATP L（变速器档位开关L位置） | 检测变速器档位开关L位置信号 |
| 48 | 粉色 | ATP RVS（变速器档位开关RVS位置） | 检测变速器档位开关RVS位置信号 |
| 49 | 白色 | ATP N（变速器档位开关N位置） | 检测变速器档位开关N位置信号 |
| 50 | 蓝色 | ATP S（变速器档位开关S位置） | 检测变速器档位开关S位置信号 |
| 51 | 浅绿色 | ATP FWD（变速器档位开关FWD位置） | 检测变速器档位开关FWD位置信号 |
| 注 | 编号2、13、14、16、25～28、32～38的针脚未使用 | | |
| PCM插接器C（○）（51针） | | | |
| 1 | 浅绿色 | VBDBW（点火信号ETCS） | 检测点火信号 |
| 2 | 黑色 | PG（GND3）（电源接地） | PCM的接地电路 |
| 3 | 紫色 | MTR2（节气门执行器+侧） | 驱动节气门执行器 |
| 4 | 绿色 | MTR1（节气门执行器–侧） | 节气门执行器接地 |
| 5 | 浅蓝色 | E EGR［废气再循环（EGR）阀］ | 驱动废气再循环阀 |
| 6 | 粉色 | OIL PRESS SW（机油压力开关） | 检测机油压力信号 |
| 7 | 黄色 | PC SOL（蒸发排放炭罐清污阀） | 驱动蒸发排放炭罐清污阀 |
| 8 | 蓝色 | SVSP［进气歧管调节（IMT）执行器+侧］ | 驱动进气歧管调节执行器 |
| 9 | 粉色 | SVSM［进气歧管调节（IMT）执行器–侧］ | 驱动进气歧管调节执行器 |
| 11 | 棕色 | INJ 4（4号喷油器） | 驱动4号喷油器 |
| 12 | 蓝色 | INJ 3（3号喷油器） | 驱动3号喷油器 |
| 13 | 红色 | INJ 2（2号喷油器） | 驱动2号喷油器 |
| 14 | 紫色 | INJ 1（1号喷油器） | 驱动1号喷油器 |
| 16 | 蓝色 | SG3（传感器接地） | 传感器接地 |
| 17 | 红色 | THL2（节气门位置传感器B） | 检测节气门位置传感器B信号 |
| 18 | 绿色 | VCC3（传感器电压） | 提供传感器基准电压 |
| 19 | 浅绿色 | THL1（节气门位置传感器A） | 检测节气门位置传感器A信号 |
| 20 | 棕色 | LG（GND2）（逻辑接地） | PCM的接地电路 |

（续）

| 针脚号 | 颜色 | 针脚名称 | 说明 |
|---|---|---|---|
| 23 | 红色 | EGR L［废气再循环（EGR）阀位置传感器］ | 检测废气再循环阀位置传感器信号 |
| 24 | 棕色 | EOP STS（辅助变速器油泵） | 检测辅助变速器油泵信号 |
| 25 | 黄色 | EOP SIG（辅助变速器油泵） | 检测辅助变速器油泵信号 |
| 28 | 黑色 | KSGND（爆燃传感器接地） | 爆燃传感器接地 |
| 29 | 白色 | KNOCK（爆燃传感器） | 检测爆燃传感器信号 |
| 31*1 | 蓝色 | CUT RLY（IG2断电继电器） | 驱动IG2断电继电器 |
| 40 | 灰色 | SG1（传感器接地） | 传感器接地 |
| 41 | 粉色 | TW［发动机冷却液温度（ECT）传感器1］ | 检测发动机冷却液温度传感器1信号 |
| 42 | 绿色 | TDC［凸轮轴位置（CMP）传感器］ | 检测凸轮轴位置传感器信号 |
| 43 | 浅绿色 | VT SOL（摇臂机油控制电磁阀） | 驱动摇臂机油控制电磁阀 |
| 44 | 紫色 | IGN04A（4号点火线圈脉冲） | 驱动4号点火线圈 |
| 45 | 白色 | IGN03A（3号点火线圈脉冲） | 驱动3号点火线圈 |
| 46 | 蓝色 | IGN02A（2号点火线圈脉冲） | 驱动2号点火线圈 |
| 47 | 黄色 | IGN01A（1号点火线圈脉冲） | 驱动1号点火线圈 |
| 48 | 白色 | P-OIL（摇臂机油压力传感器） | 检测摇臂机油压力传感器信号 |
| 50 | 绿色 | MAP（PB）（进气歧管绝对压力传感器） | 检测进气歧管绝对压力传感器信号 |
| 注 | 1. 编号10、15、21、22、26、27、30、32~39、49、51的针脚未使用<br>2. *1-未装备智能钥匙进入系统 | | |

## 二、2.4L K24V6发动机/无级变速器

CR-V轿车2.4L K24V6发动机动力系统控制单元位于发动机舱左侧，其针脚分布如图5-9所示，针脚说明见表5-10。

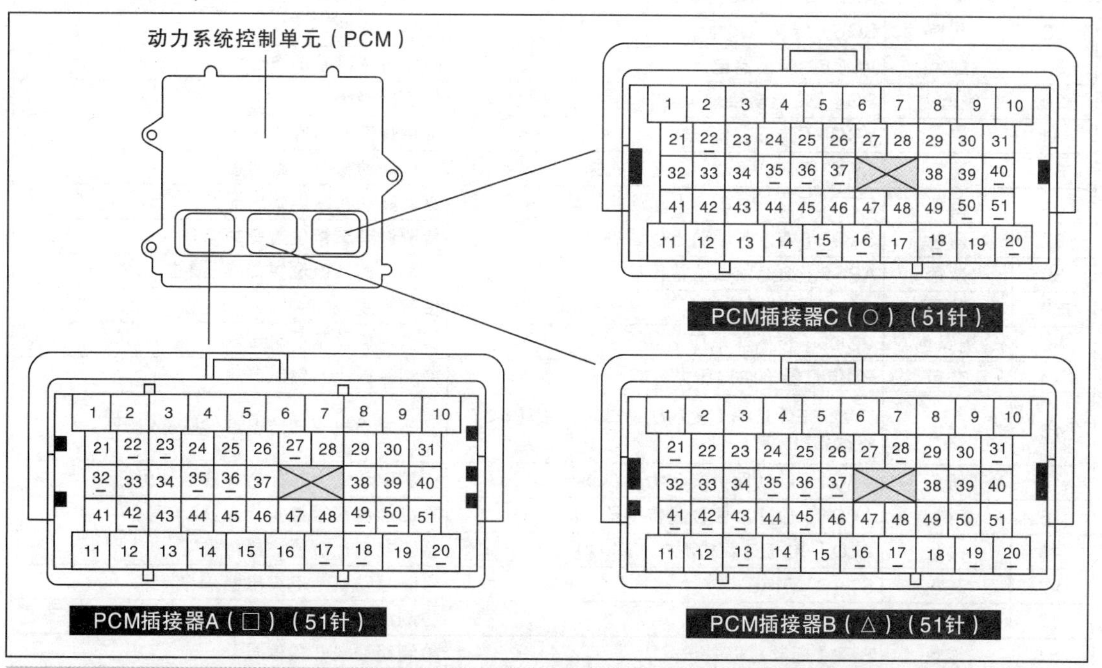


图5-9 CR-V轿车2.4L K24V6发动机动力系统控制单元针脚分布

表5-10 CR-V轿车2.4L K24V6发动机动力系统控制单元针脚说明

| 针脚号 | 颜色 | 针脚名称 | 说明 |
| --- | --- | --- | --- |
| PCM插接器A（□）（51针） | | | |
| 1 | 红色 | F-CAN-L（F-CAN通信信号低） | 发送和接收通信信号 |
| 2 | 白色 | F-CAN-H（F-CAN通信信号高） | 发送和接收通信信号 |
| 3 | 灰色 | FI MAIN RLY CL-（PGM-FI主继电器1） | 驱动PGM-FI主继电器1 |
| 4 | 蓝色 | IG1 FUEL PUMP（点火信号） | 检测点火信号 |
| 5 | 棕色 | FI MAIN RLY OUT（电源） | PCM电源 |
| 6 | 红色 | INJ RLY OUT（喷油器电源） | PCM电源（喷油器驱动） |
| 7 | 红色 | INJ RLY OUT（喷油器电源） | PCM电源（喷油器驱动） |
| 9 | 紫色 | FAN LO SIGNAL（散热器风扇控制） | 驱动散热器风扇继电器 |
| 10 | 灰色 | FAN HI SIGNAL（散热器风扇控制） | 驱动风扇控制继电器 |
| 11 | 蓝色 | IG1 FI-ECU（PCM电源） | PCM电源 |
| 12 | 白色 | SHIFT LOCK SOL（换档锁止电磁阀） | 驱动换档锁止电磁阀 |
| 13 | 绿色 | A/C MG CLUTCH RLY CL-（空调压缩机离合器继电器） | 驱动空调压缩机离合器继电器 |
| 14 | 红色 | FUEL PUMP RLY CL-（发动机防盗锁止系统燃油泵继电器） | 驱动PGM-FI主继电器2 |
| 15 | 红色 | INJ RLY CL-（喷油器驱动器继电器） | 驱动喷油器继电器 |
| 16 | 白色 | FI SUB RLY CL-（PGM-FI辅助继电器） | 驱动PGM-FI辅助继电器 |
| 19 | 紫色 | DBW RLY CL-［电子节气门控制系统（ETCS）控制继电器］ | 驱动电子节气门控制系统控制继电器 |
| 21 | 黄色 | S-NET（发动机防盗锁止系统串行通信） | 发送和接收通信信号 |
| 24 | 棕色 | BKSWNC（制动踏板位置开关） | 检测制动踏板位置开关信号 |
| 25 | 绿色 | VSP（车速信号输出） | 发送车速信号 |
| 26 | 黄色 | NEP（发动机转速脉冲） | 输出发动机转速脉冲 |
| 28 | 灰色 | SG6（传感器接地） | 传感器接地 |
| 29 | 红色 | VCC6（传感器电压） | 提供传感器基准电压 |
| 30 | 浅蓝色 | SG4（传感器接地） | 传感器接地 |
| 31 | 棕色 | VCC4（传感器电压） | 提供传感器基准电压 |
| 33 | 黄色 | ST CUT RLY1 CL-（起动机断电继电器1） | 驱动起动机断电继电器1 |
| 34 | 蓝色 | ST CUT RLY2 CL-（起动机断电继电器2） | 驱动起动机断电继电器2 |
| 37 | 蓝色 | STOP SW（制动踏板位置开关） | 检测制动踏板位置开关信号 |
| 38 | 紫色 | APS2（加速踏板位置传感器B） | 检测加速踏板位置传感器B信号 |
| 39 | 黄色 | SG5（传感器接地） | 传感器接地 |
| 40 | 浅绿色 | VCC5（传感器电压） | 提供传感器基准电压 |
| 41 | 蓝色 | PD传感器（空调压力传感器） | 检测空调压力传感器信号 |
| 43 | 粉色 | TW2 SENSOR（发动机冷却液温度（ECT）传感器2） | 检测发动机冷却液温度传感器2信号 |
| 44 | 粉色 | VAC1（制动助力器压力传感器） | 检测制动助力器压力传感器信号 |
| 45 | 黄褐色 | APS1（加速踏板位置传感器A） | 检测加速踏板位置传感器A信号 |
| 46 | 白色 | ELD［电气负载检测器（ELD）］ | 检测电气负载检测器信号 |
| 47 | 灰色 | START DIAL | 检测起动机断电继电器操作 |
| 48 | 黄褐色 | SCS（维修检查信号） | 检测维修检查信号 |
| 51 | 绿色 | STS（起动机开关信号） | 检测起动机开关信号 |
| 注 | 编号8、17、18、20、22、23、27、32、35、36、42、49、50的针脚未使用 | | |

（续）

| 针脚号 | 颜色 | 针脚名称 | 说明 |
|---|---|---|---|
| PCM插接器B（△）（51针） | | | |
| 1 | 黑色 | INJ H1（1号喷油器+） | 驱动1号喷油器 |
| 2 | 白色 | INJ L1（1号喷油器-） | 驱动1号喷油器 |
| 3 | 棕色 | INJ H4（4号喷油器+） | 驱动4号喷油器 |
| 4 | 绿色 | INJ L4（4号喷油器-） | 驱动4号喷油器 |
| 5 | 棕色 | INJ H2（2号喷油器+） | 驱动2号喷油器 |
| 6 | 绿色 | INJ L2（2号喷油器-） | 驱动2号喷油器 |
| 7 | 黑色 | INJ H3（3号喷油器+） | 驱动3号喷油器 |
| 8 | 白色 | INJ L3（3号喷油器-） | 驱动3号喷油器 |
| 9 | 黑色 | GND INJ 1（喷油器接地） | PCM接地（喷油器驱动器） |
| 10 | 黑色 | GND INJ 2（喷油器接地） | PCM接地（喷油器驱动器） |
| 11 | 黑色 | GND1（PCM接地） | PCM接地 |
| 12 | 黑色 | GND2（PCM接地） | PCM接地 |
| 15 | 黄色/蓝色 | PCS（蒸发排放炭罐清污阀） | 驱动蒸发排放炭罐清污阀 |
| 18 | 粉色 | VTS（摇臂机油控制电磁阀） | 驱动摇臂机油控制电磁阀 |
| 22 | 绿色 | CST（变换器起动触发器） | DC/DC变换器的触发信号 |
| 23 | 浅蓝色 | EOP SIG（辅助变速器油泵） | 检测辅助变速器油泵信号 |
| 24 | 白色 | IGNO1（1号点火线圈脉冲） | 驱动1号点火线圈 |
| 25 | 紫色 | IGNO2（2号点火线圈脉冲） | 驱动2号点火线圈 |
| 26 | 蓝色 | IGNO3（3号点火线圈脉冲） | 驱动3号点火线圈 |
| 27 | 浅蓝色 | IGNO4（4号点火线圈脉冲） | 驱动4号点火线圈 |
| 29 | 粉色 | EOP STS（辅助变速器油泵） | 检测辅助变速器油泵信号 |
| 30 | 浅绿色 | TDC［凸轮轴位置（CMP）传感器B］ | 检测凸轮轴位置传感器B信号 |
| 32 | 红色 | VGP［空气流量（MAF）传感器+侧］ | 检测空气流量传感器信号 |
| 33 | 红色/蓝色 | VGM［空气流量（MAF）传感器-侧］ | 空气流量传感器接地 |
| 34 | 黄色/红色 | ENG OP SW（机油压力开关） | 检测机油压力开关信号 |
| 38 | 蓝色/黄色 | CRKN［曲轴位置（CKP）传感器］ | 检测曲轴位置传感器信号 |
| 39 | 白色 | CAM［凸轮轴位置（CMP）传感器A］ | 检测凸轮轴位置传感器A信号 |
| 40 | 黄色 | LIN（本地互联网络） | 发送和接收通信信号 |
| 44 | 黄色 | EOP RLY（辅助变速器油泵继电器） | 驱动辅助变速器油泵继电器 |
| 46 | 红色/黑色 | THL1［节气门位置（TP）传感器A］ | 检测节气门位置传感器A信号 |
| 47 | 红色/蓝色 | THL2［节气门位置（TP）传感器B］ | 检测节气门位置传感器B信号 |
| 48 | 蓝色 | VCC3（DBW）（传感器电压） | 提供传感器基准电压 |
| 49 | 绿色 | SG3（DBW）（传感器接地） | 传感器接地 |
| 50 | 粉色 | TW［冷却液温度（ECT）传感器1］ | 检测冷却液温度传感器1信号 |
| 51 | 黄色 | Ta［进气温度（IAT）传感器］ | 检测进气温度传感器信号 |
| 注 | 编号13、14、16、17、19～21、28、31、35～37、41～43、45的针脚未使用 | | |
| PCM插接器C（○）（51针） | | | |
| 1 | 黑色 | PGM（GND）（电源接地ETCS） | PCM接地 |
| 2 | 黄色/绿色 | VBDBW（点火信号ETCS） | 检测点火信号 |
| 3 | 蓝色/黑色 | LCLS（CVT锁止离合器控制电磁阀） | 驱动CVT锁止离合器控制电磁阀 |
| 4 | 棕色 | DR LS（CVT主动带轮压力控制电磁阀） | 驱动CVT主动带轮压力控制电磁阀 |
| 5 | 红色/黑色 | CPC LS（CVT离合器压力控制电磁阀） | 驱动CVT离合器压力控制电磁阀 |
| 6 | 红色 | VTC（VTC机油控制电磁阀） | 驱动VTC机油控制电磁阀 |

（续）

| 针脚号 | 颜色 | 针脚名称 | 说明 |
|---|---|---|---|
| 7 | 绿色 | AFHT［空燃比（A/F）传感器加热器控制］ | 驱动空燃比传感器（传感器1）加热器 |
| 8 | 黑色 | GND3（PCM接地） | PCM接地 |
| 9 | 黑色/白色 | SO2 HT［辅助加热型氧传感器辅助HO2S（传感器2）加热器］ | 驱动辅助HO2S（传感器2）加热器 |
| 10 | 蓝色/黄色 | DN Ls（CVT从动带轮压力控制电磁阀） | 驱动CVT从动带轮压力控制电磁阀 |
| 11 | 绿色/黄色 | MTR1（节气门执行器–侧） | 节气门执行器接地 |
| 12 | 蓝色/红色 | MTR2（节气门执行器+侧） | 驱动节气门执行器 |
| 13 | 白色 | HPUMP H（高压燃油泵+） | 驱动高压燃油泵 |
| 14 | 黑色 | HPUMP L（高压燃油泵–） | 驱动高压燃油泵 |
| 17 | 蓝色/黑色 | SOL C（换档电磁阀O/P） | 驱动换档电磁阀O/P |
| 19 | 绿色/白色 | SOL B（换档电磁阀B） | 驱动换档电磁阀B |
| 21 | 红色 | NT（变矩器涡轮转速传感器） | 检测变矩器涡轮转速传感器信号 |
| 23 | 粉色 | ATP–RVS（变速器档位开关RVS位置） | 检测变速器档位开关RVS位置信号 |
| 24 | 紫色 | ATP–N（变速器档位开关N位置） | 检测变速器档位开关N位置信号 |
| 25 | 浅绿色 | ATP–D（变速器档位开关D位置） | 检测变速器档位开关D位置信号 |
| 26 | 黄色 | ATP–FWD（变速器档位开关FWD位置） | 检测变速器档位开关FWD位置信号 |
| 27 | 白色 | ATP–R（变速器档位开关R位置） | 检测变速器档位开关R位置信号 |
| 28 | 黑色 | KS GND（爆燃传感器接地） | 爆燃传感器的传感器接地 |
| 29 | 白色 | KNOCK（爆燃传感器） | 检测爆燃传感器信号 |
| 30 | 黄褐色 | VCC2（传感器电压） | 提供传感器基准电压 |
| 31 | 灰色 | SG2（传感器接地） | 传感器接地 |
| 32 | 白色 | VEL DD（CVT转速传感器） | 检测CVT转速传感器信号 |
| 33 | 红色 | NDR DD（CVT主动带轮转速传感器） | 检测CVT主动带轮转速传感器信号 |
| 34 | 蓝色 | ATP–P（变速器档位开关P位置） | 检测变速器档位开关P位置信号 |
| 37 | 红色/黄色 | TATF（CVT油温传感器） | 检测CVT油温传感器信号 |
| 38 | 白色 | SO2［辅助加热型氧传感器（辅助HO2S）（传感器2）］ | 检测辅助HO2S（传感器2）信号 |
| 39 | 绿色/黑色 | SO2SG［辅助加热型氧传感器辅助HO2S（传感器2）传感器接地］ | 辅助HO2S（传感器2）传感器接地 |
| 41 | 粉色 | VCC1（传感器电压） | 提供传感器基准电压 |
| 42 | 绿色 | SG1（传感器接地） | 传感器接地 |
| 43 | 黄褐色 | ATP–S（变速器档位开关S位置） | 检测变速器档位开关S位置信号 |
| 44 | 红色 | ATP–L（变速器档位开关L位置） | 检测变速器档位开关L位置信号 |
| 45 | 紫色 | PB［进气歧管绝对压力（MAP）传感器］ | 检测进气歧管绝对压力传感器信号 |
| 46 | 紫色 | PF（燃油分配管压力传感器） | 检测燃油分配管压力传感器信号 |
| 47 | 红色/黄色 | AFS–［空燃比（A/F）传感器1–侧］ | 检测空燃比传感器（传感器1）信号 |
| 48 | 红色 | AFS+［空燃比（A/F）传感器1+侧］ | 检测空燃比传感器（传感器1）信号 |
| 49 | 蓝色 | PDN（CVT从动带轮压力传感器） | 检测CVT从动带轮压力传感器信号 |
| 注 | 编号15、16、18、20、22、35、36、40、50、51的针脚未使用 | | |

## 三、ABS/VSA

CR–V轿车ABS/VSA控制单元针脚分布如图5–10所示，针脚说明见表5–11。

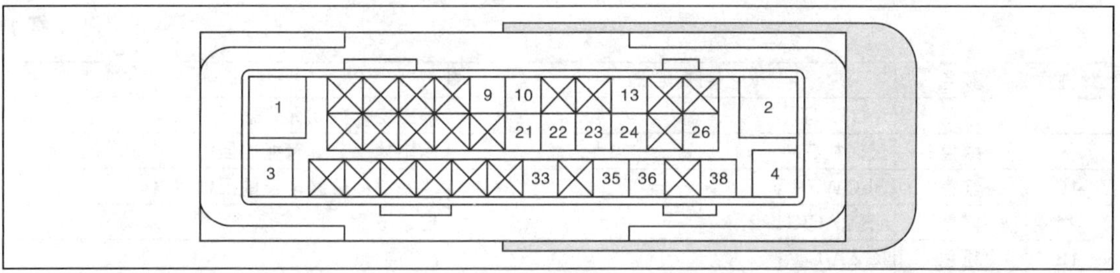


图5-10 CR-V轿车ABS/VSA控制单元针脚分布

表5-11 CR-V轿车ABS/VSA控制单元针脚说明

| 针脚号 | 颜色 | 针脚名称 | 说明 |
|---|---|---|---|
| 1 | 黑色 | GND | 泵电动机接地 |
| 2 | 红色 | +B ABS/VSA MTR | 电动机继电器电源 |
| 3 | 黑色 | GND | ABS调制器控制单元接地 |
| 4 | 白色 | +B ABS/VSA FSR | 失效保护继电器电源 |
| 9 | 绿色 | FR L ABS SNSR- | 检测左前轮速传感器信号 |
| 10 | 白色 | +B UB ECU | ECU备用电源 |
| 13 | 粉色 | FR R ABS SNSR- | 检测右前轮速传感器信号 |
| 21 | 橙色 | FR L ABS SNSR+ | 检测左前轮速专感器信号 |
| 22 | 紫色 | RR L ABS SNSR- | 检测左后轮速专感器信号 |
| 23 | 浅绿色 | RR R ABS SNSR+ | 检测右后轮速专感器信号 |
| 24 | 白色 | FR R ABS SNSR+ | 检测右前轮速专感器信号 |
| 26 | 红色 | F-CAN-L | F-CAN通信电路 |
| 33 | 灰色 | RR L ABS SNSR+ | 检测左后轮速传感器信号 |
| 35 | 绿色 | RR R ABS SNSR- | 检测右后轮速传感器信号 |
| 36 | 紫色 | IG1 ABS/VSA | 用于激活系统的电源 |
| 38 | 白色 | F-CAN-H | F-CAN通信电路 |
| 注 | 编号5~8、11、12、14~20、25、27~32、34、37的针脚未使用 | | |

## 四、手动空调

CR-V轿车手动空调控制单元针脚分布如图5-11所示，针脚说明见表5-12。

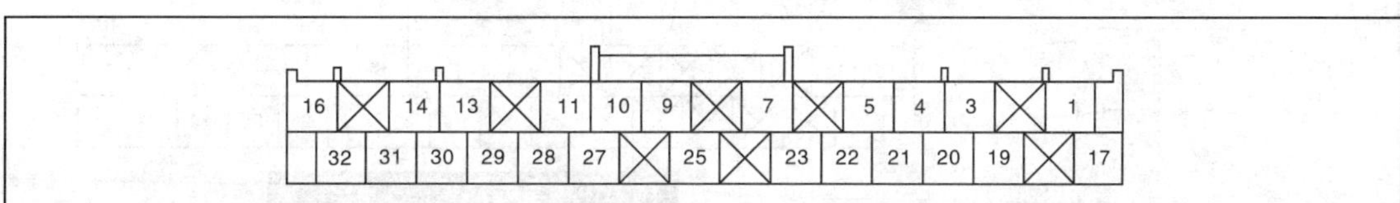


图5-11 CR-V轿车手动空调控制单元针脚分布

表5-12 CR-V轿车手动空调控制单元针脚说明

| 针脚号 | 颜色 | 针脚名称 | 说明 |
|---|---|---|---|
| 1 | 红色 | RR DEF RLY CL- | 后窗除雾器继电器信号 |
| 3 | 黄色 | ECON OUT | 输入经济模式控制信号 |
| 4 | 蓝色 | IS-CANCEL | 发动机节能自动起停取消信号 |
| 5 | 棕色 | GND | HVAC控制单元接地（G502） |

（续）

| 针脚号 | 颜色 | 针脚名称 | 说明 |
|---|---|---|---|
| 7 | 蓝色 | A/C CUT | 输出空调关闭允许信号 |
| 9 | 绿色 | 鼓风机G | 输出功率晶体管栅电压 |
| 10 | 红色 | BLOWER V | 功率晶体管漏电压的反馈信号 |
| 11 | 紫色 | +B BACKUP2 | 连续电源 |
| 13 | 粉色 | IG2 A/C | IG2电源 |
| 14 | 灰色 | ILLUMI+ | 照明电源 |
| 16 | 绿色 | ILL-（LED） | 检测照明控制信号 |
| 17 | 浅蓝色 | 传感器5V | 输出传感器5V |
| 19 | 黄褐色 | TEVA | 检测蒸发器温度传感器信号 |
| 20 | 灰色 | SENSOR COM | 传感器接地 |
| 21 | 粉色 | RFD-P | 检测内循环控制电动机（车门位置）电位计信号 |
| 22 | 浅绿色 | AMD P DR | 检测空气混合控制电动机（车门位置）电位计信号 |
| 23 | 白色 | MODE-P | 检测模式控制电动机（车门位置）电位计信号 |
| 25 | 浅绿色 | ACS | 输出空调打开/关闭信号 |
| 27 | 浅蓝色 | M-HOT DR | 驾驶人侧空气混合控制电动机至HOT位置的输出 |
| 28 | 绿色 | M-COOL DR | 驾驶人侧空气混合控制电动机至COOL位置的输出 |
| 29 | 紫色 | M-VENT | 驱动模式控制电动机至VENT位置的输出 |
| 30 | 黄色 | M-DEF | 驱动模式控制电动机至DEF位置的输出 |
| 31 | 黑色 | F/R MTR（REC） | 驱动内循环控制电动机至REC位置的输出 |
| 32 | 蓝色 | F/R MTR（FRESH） | 驱动内循环控制电动机至FRESH位置的输出 |
| 注 | 编号2、6、8、12、15、18、24、26的针脚未使用 | | |

## 五、自动空调

CR-V轿车自动空调控制单元针脚分布如图5-12所示，针脚说明见表5-13。

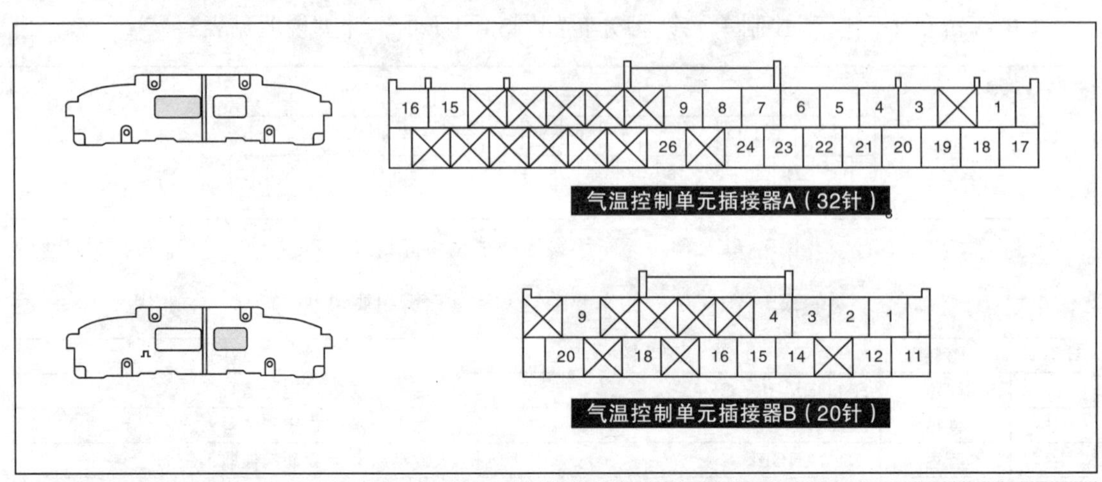


图5-12 CR-V轿车自动空调控制单元针脚分布

表5-13 CR-V轿车自动空调控制单元针脚说明

| 针脚号 | 颜色 | 针脚名称 | 说明 |
|---|---|---|---|
| 气温控制单元插接器A（32针） | | | |
| A1 | 棕色 | GND | 气温控制单元接地（G502） |
| A3 | 紫色 | TSUN | 检测阳光传感器信号 |
| A4 | 黄褐色 | HUM数据 | 湿度传感器通信信号 |
| A5 | 红色 | HUM CLK | 湿度传感器通信信号 |
| A6 | 粉色 | RFD-P | 检测内循环控制电动机（车门位置）电位计信号 |
| A7 | 绿色 | 鼓风机G | 输出功率晶体管栅电压 |
| A8 | 红色 | BLOWER V | 功率晶体管漏电压的反馈信号 |
| A9 | 灰色 | ILLUMI+ | 照明电源 |
| A15 | 蓝色 | B-CAN-L | B-CAN-L通信信号 |
| A16 | 粉色 | B-CAN-H | B-CAN-H通信信号 |
| A17 | 浅蓝色 | 传感器5V | 输出传感器5V |
| A18 | 黄褐色 | TEVA | 检测蒸发器温度传感器信号 |
| A19 | 粉色 | TAM | 检测车外空气温度传感器信号 |
| A20 | 浅绿色 | AMD P DR | 检查驾驶人侧空气混合控制电动机（车门位置）电位计信号 |
| A21 | 棕色 | AMD P AS | 检查乘客侧空气混合控制电动机（车门位置）电位计信号 |
| A22 | 白色 | MODE-P | 检测模式控制电动机（车门位置）电位计信号 |
| A23 | 灰色 | SENSOR COM | 传感器接地 |
| A24 | 浅绿色 | ACS | 输出空调打开/关闭信号 |
| A26 | 绿色 | ILL-（LED） | 检测照明控制信号 |
| 注 | 编号A2、A10~A14、A25、A27~A32未使用 | | |
| 气温控制单元插接器B（20针） | | | |
| B1 | 黄色 | M-DEF | 驱动模式控制电动机至DEF位置的输出 |
| B2 | 紫色 | M-VENT | 驱动模式控制电动机至VENT位置的输出 |
| B3 | 浅蓝色 | M-HOT DR | 驱动驾驶人侧空气混合控制电动机至HOT侧的输出 |
| B4 | 绿色 | M-COOL DR | 驱动驾驶人侧空气混合控制电动机至COOL侧的输出 |
| B9 | 红色 | RR DEF RLY CL- | 后窗除雾器继电器信号 |
| B11 | 蓝色 | F/R MTR（新风） | 驱动内循环控制电动机至FRESH位置的输出 |
| B12 | 黑色 | F/R MTR（REC） | 驱动内循环控制电动机至REC位置的输出 |
| B14 | 白色 | M-HOT AS | 驱动乘客侧空气混合控制电动机至HOT的输出 |
| B15 | 紫色 | M-COOL AS | 驱动乘客侧空气混合控制电动机至COOL位置的输出 |
| B16 | 棕色 | GND | 气温控制单元接地（G502） |
| B18 | 粉色 | IG2 A/C | IG2电源 |
| B20 | 紫色 | +B BACKUP2 | 连续电源 |
| 注 | 编号B5~B8、B10、B13、B17、B19的针脚未使用 | | |

## 六、动力转向系统

CR-V轿车动力转向系统（EPS）控制单元针脚分布如图5-13所示，针脚说明见表5-14。

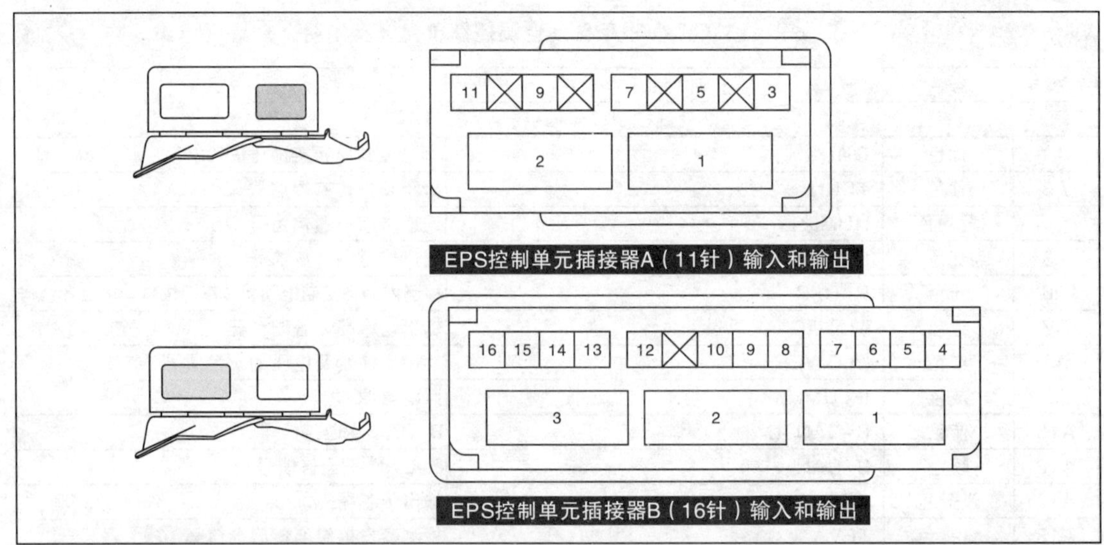


图5-13 CR-V轿车EPS控制单元针脚分布

表5-14 CR-V轿车EPS控制单元针脚说明

| 针脚号 | 颜色 | 针脚名称 | 说明 |
|---|---|---|---|
| EPS控制单元插接器A（11针）输入和输出 | | | |
| 1 | 黑色 | GND | EPS控制单元接地 |
| 2 | 白色 | +B EPS | 执行器EPS电动机的电源 |
| 3 | 黄色 | NEP | 检测发动机转速信号 |
| 5 | 浅蓝色 | K LINE | 与HDS通信 |
| 7 | 白色 | F-CAN-H | F-CAN通信电路（高位） |
| 9 | 红色 | F-CAN-L | F-CAN通信电路（低位） |
| 11 | 紫色 | IG1 ABS/VSA | 用于激活系统的电源 |
| 注 | 编号4、6、8、10的针脚未使用 | | |
| EPS控制单元插接器B（16针）输入和输出 | | | |
| 1 | 绿色 | MTRV | 驱动EPS电动机 |
| 2 | 红色 | MTRU | 驱动EPS电动机 |
| 3 | 白色 | MTR W | 驱动EPS电动机 |
| 4 | 浅绿色 | RESOLVER S3 | 检测EPS电动机转角传感器信号 |
| 5 | 绿色 | RESOLVER S1 | 检测EPS电动机转角传感器信号 |
| 6 | 粉色 | RESOLVER S4 | 检测EPS电动机转角传感器信号 |
| 7 | 紫色 | RESOLVER S2 | 检测EPS电动机转角传感器信号 |
| 8 | 浅蓝色 | RESOLVER R2 | 检测EPS电动机转角传感器信号 |
| 9 | 灰色 | SHLTRQ SNSR | 接地 |
| 10 | 黄褐色 | RESOLVER R1 | 检测EPS电动机转角传感器信号 |
| 11 | — | — | 未使用 |
| 12 | 红色 | VS1 | 检测转向力矩传感器信号 |
| 13 | 黄色 | TRQ SUB | 转向力矩传感器的基准电压 |
| 14 | 棕色 | TRO SE | 转向力矩传感器接地 |
| 15 | 蓝色 | VS2 | 检测转向力矩传感器信号 |
| 16 | 白色 | PVF | 转向力矩传感器电源 |

# 第三节　东风本田XR-V（2015~2017年款）

## 一、1.5L L15B5发动机/无级变速器

XR-V轿车1.5L L15B5发动机动力系统控制单元位于发动机舱左侧，其针脚分布如图5-14所示，针脚说明见表5-15。

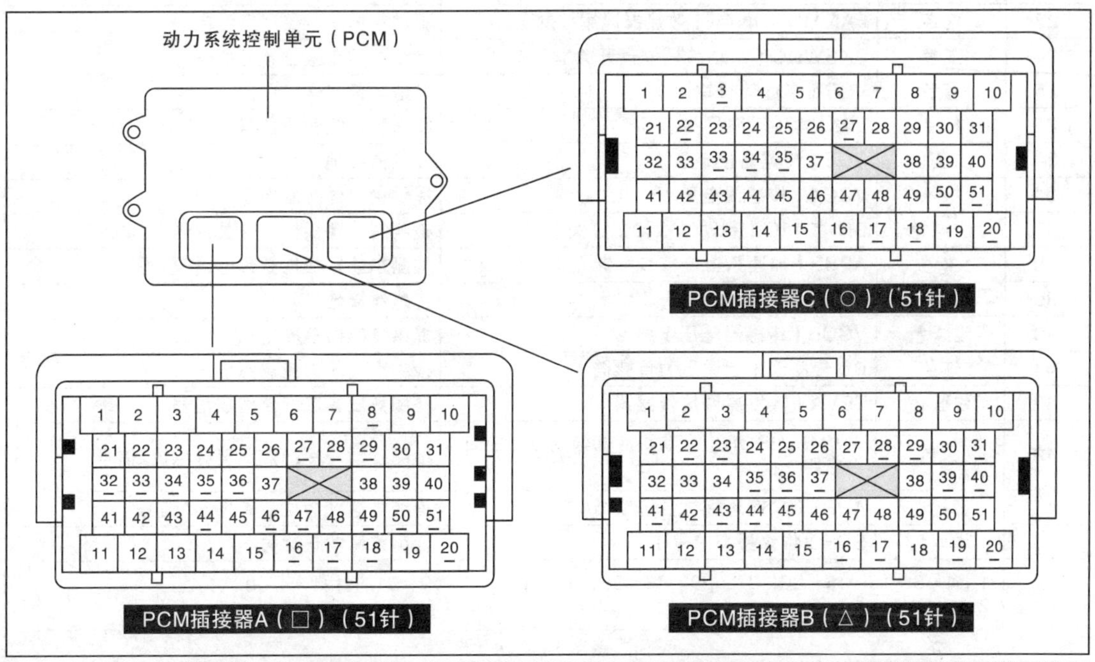


图5-14 XR-V轿车1.5L L15B5发动机动力系统控制单元针脚分布

表5-15 XR-V轿车1.5L L15B5发动机动力系统控制单元针脚说明

| 针脚号 | 颜色 | 针脚名称 | 说明 |
|---|---|---|---|
| PCM插接器A（□）（51针） | | | |
| 1 | 红色 | F-CAN-L（CAN通信信号，低位） | 发送和接收通信信号 |
| 2 | 白色 | F-CAN-H（CAN通信信号，高位） | 发送和接收通信信号 |
| 3 | 绿色 | FI MAIN RLY CL-（PGM-FI主继电器1） | 驱动PGM-FI主继电器1 |
| 4 | 白色 | IG1 FUEL PUMP（点火信号） | 检测点火信号 |
| 5 | 白色 | FI MAIN RLY OUT（电源） | PCM电源 |
| 6 | 紫色 | INJ RLY OUT（喷油器电源） | PCM电源（喷油器驱动） |
| 7 | 紫色 | INJ RLY OUT（喷油器电源） | PCM电源（喷油器驱动） |
| 9*1 | 紫色 | ATP-R（变速器档位开关R位置） | 检测变速器档位开关R位置信号 |
| 10*1 | 黄色 | ATP-P（变速器档位开关P位置） | 检测变速器档位开关P位置信号 |
| 11*1 | 紫色 | IG1 MISS SOL（电磁阀的电源） | 电磁阀电源 |
| 12*1 | 白色 | SHIFT LOCK SOL（换档锁止电磁阀） | 驱动换档锁止电磁阀 |
| 13 | 绿色 | A/C MG CLUTCH RLY CL-（空调压缩机离合器继电器） | 驱动空调压缩机离合器继电器 |
| 14 | 浅蓝色 | FUEL PUMP RLY CL-（发动机防盗锁止系统燃油泵继电器） | 驱动PGM-FI主继电器2 |

（续）

| 针脚号 | 颜色 | 针脚名称 | 说明 |
|---|---|---|---|
| 15 | 黄色 | INJ RLY CL-（喷油器驱动器继电器） | 驱动喷油器继电器 |
| 19 | 浅绿色 | DBW RLY CL-［电子节气门控制系统（ETCS）控制继电器］ | 驱动电子节气门控制系统控制继电器 |
| 21 | 蓝色 | S-NET（发动机防盗锁止系统串行通信） | 发送和接收通信信号 |
| 22 | 紫色 | FAN LO SIGNAL（散热器风扇控制） | 驱动散热器风扇继电器 |
| 23 | 红色 | FAN HI SIGNAL（散热器风扇控制） | 驱动空调冷凝器风扇继电器 |
| 24 | 灰色 | BKSWNC（制动踏板位置开关） | 检测制动踏板位置开关信号 |
| 25 | 蓝色 | VSP（车速信号输出） | 发送车速信号 |
| 26 | 红色 | LIN（本地互联网络） | 发送和接收通信信号 |
| 30 | 浅蓝色 | SG4（传感器接地） | 传感器接地 |
| 31 | 棕色 | VCC4（传感器电压） | 提供传感器基准电压 |
| 37 | 浅绿色 | BRK DIAG（制动踏板位置开关） | 检测制动踏板位置开关信号 |
| 38 | 白色 | APS2（加速踏板位置传感器 B） | 检测加速踏板位置传感器B信号 |
| 39 | 蓝色 | SG5（传感器接地） | 传感器接地 |
| 40 | 浅绿色 | VCC5（传感器电压） | 提供传感器基准电压 |
| 41 | 红色 | PD 传感器（空调压力传感器） | 检测空调压力传感器信号 |
| 42 | 浅蓝色 | TEVA（蒸发器温度传感器） | 检测蒸发器温度传感器信号 |
| 43 | 绿色 | TW2 SENSOR［发动机冷却液温度（ECT）传感器 2］ | 检测发动机冷却液温度传感器2信号 |
| 45 | 黄褐色 | APS1（加速踏板位置传感器A） | 检测加速踏板位置传感器A信号 |
| 48 | 浅蓝色 | SCS（维修检查信号） | 检测维修检查信号 |
| 注 | 1. 编号8、16～18、20、27～29、32～36、44、46、47、49～51的针脚未使用<br>2. *1-CVT | | |
| PCM插接器B（△）（51针） | | | |
| 1 | 白色 | INJH1（1号INJECTOR+） | 驱动1号喷油器 |
| 2 | 黑色 | INJL1（1号INJECTOR-） | 驱动1号喷油器 |
| 3 | 绿色 | INJH4（4号INJECTOR+） | 驱动4号喷油器 |
| 4 | 黄色 | INJL4（4号INJECTOR-） | 驱动4号喷油器 |
| 5 | 浅绿色 | INJH2（2号INJECTOR+） | 驱动2号喷油器 |
| 6 | 蓝色 | INJL2（2号INJECTOR-） | 驱动2号喷油器 |
| 7 | 粉色 | INJH3（3号INJECTOR+） | 驱动3号喷油器 |
| 8 | 紫色 | INJL3（3号INJECTOR-） | 驱动3号喷油器 |
| 9 | 黑色 | INJGND1（喷油器接地） | PCM接地（喷油器驱动） |
| 10 | 黑色 | INJGND2（喷油器接地） | PCM接地（喷油器驱动） |
| 11 | 黑色 | PG3（电源接地） | PCM接地 |
| 12 | 棕色 | LG（逻辑接地） | PCM接地 |
| 13*1 | 红色 | LCCLS（CVT锁止离合器控制电磁阀） | 驱动CVT锁止离合器控制电磁阀 |
| 14*1 | 蓝色 | CPCLS（CVT离合器压力控制电磁阀） | 驱动CVT离合器压力控制电磁阀 |
| 15 | 黄色 | PCS（蒸发排放炭罐清污阀） | 驱动蒸发排放炭罐清污阀 |
| 18 | 红色 | VTS（摇臂机油控制电磁阀） | 驱动摇臂机油控制电磁阀 |
| 21*1 | 绿色 | VTM（摇臂机油压力开关） | 检测摇臂机油压力开关信号 |
| 24 | 粉色 | IGN01（1号点火线圈脉冲） | 驱动1号点火线圈 |
| 25 | 蓝色 | IGN02（2号点火线圈脉冲） | 驱动2号点火线圈 |
| 26 | 绿色 | IGN03（3号点火线圈脉冲） | 驱动3号点火线圈 |

（续）

| 针脚号 | 颜色 | 针脚名称 | 说明 |
|---|---|---|---|
| 27 | 浅蓝色 | IGN04（4号点火线圈脉冲） | 驱动4号点火线圈 |
| 30 | 绿色 | TDCAM［凸轮轴位置（CMP）传感器］ | 检测凸轮轴位置传感器信号 |
| 32 | 浅绿色 | VGP［质量空气流量（MAF）传感器+侧］ | 检测质量空气流量传感器信号 |
| 33 | 棕色 | VGM［质量空气流量（MAF）传感器-侧］ | 质量空气流量传感器接地 |
| 34 | 黄色 | OPSEN（摇臂机油压力传感器） | 检测摇臂机油压力传感器信号 |
| 38 | 红色 | CRKN［曲轴位置（CKP）传感器］ | 检测曲轴位置传感器信号 |
| 42 | 紫色 | INTA［进气温度（IAT）传感器2］ | 检测进气温度传感器2信号 |
| 46 | 浅绿色 | THL1［节气门位置（TP）传感器A］ | 检测节气门位置传感器A信号 |
| 47 | 红色 | THL2［节气门位置（TP）传感器B］ | 检测节气门位置传感器B信号 |
| 48 | 蓝色 | VCC3（传感器电压） | 提供传感器基准电压 |
| 49 | 绿色 | SG3（传感器接地） | 传感器接地 |
| 50 | 紫色 | TW［冷却液温度（ECT）传感器1］ | 检测冷却液温度传感器1信号 |
| 51 | 紫色 | TA［进气温度（IAT）传感器1］ | 检测进气温度传感器1信号 |
| 注 | 1. 编号16、17、19、20、22、23、28、29、31、35~37、39~41、43~45的针脚未使用<br>2. *1-CVT | | |
| PCM插接器C（○）（51针） | | | |
| 1 | 黑色 | PG2（电源接地） | PCM接地 |
| 2 | 白色 | VBDBW［点火信号（ETCS）］ | 检测点火信号 |
| 4 | 蓝色 | E-EGR［废气再循环（EGR）阀］ | 驱动废气再循环阀 |
| 5*1 | 浅绿色 | DRLS（CVT主动带轮压力控制电磁阀） | 驱动CVT主动带轮压力控制电磁阀 |
| 6 | 蓝色 | VTC（VTC机油控制电磁阀） | 驱动VTC机油控制电磁阀 |
| 7 | 绿色 | AFHT［空燃比（A/F）传感器1加热器控制］ | 驱动空燃比传感器（传感器1）加热器 |
| 8 | 黑色 | PG2（电源接地） | PCM接地 |
| 9 | 黄色 | SO2HT［辅助加热型氧传感器2（辅助HO2S）加热器］ | 驱动辅助HO2S（传感器2）加热器 |
| 10*1 | 紫色 | DNLS（CVT从动带轮压力控制电磁阀） | 驱动CVT从动带轮压力控制电磁阀 |
| 11 | 浅蓝色 | MTR1（节气门执行器-侧） | 节气门执行器接地 |
| 12 | 紫色 | MTR2（节气门执行器+侧） | 驱动节气门执行器 |
| 13 | 白色 | HPUMPH（高压燃油泵+） | 驱动燃油控制电磁阀（内置于高压燃油泵中） |
| 14 | 黑色 | HPUMPL（高压燃油泵-） | 驱动燃油控制电磁阀（内置于高压燃油泵中） |
| 19*1 | 紫色 | SOLB（换档电磁阀B） | 驱动换档电磁阀B |
| 21*1 | 红色 | NDRDD（CVT主动带轮转速传感器） | 检测CVT主动带轮转速传感器信号 |
| 23*1 | 粉色 | ATP-RVS（变速器档位开关RVS位置） | 检测变速器档位开关RVS位置信号 |
| 23*2 | | RVSLCK（倒档锁止电磁阀） | 驱动倒档锁止电磁阀 |
| 24*1 | 红色 | ATP-N（变速器档位开关N位置） | 检测变速器档位开关N位置信号 |
| 25*1 | 粉色 | ATP-D（变速器档位开关D位置） | 检测变速器档位开关D位置信号 |
| 26*1 | 蓝色 | ATP-FWD（变速器档位开关FWD位置） | 检测变速器档位开关FWD位置信号 |
| 28 | 黑色 | SG7（传感器接地） | 传感器接地 |
| 29 | 白色 | KS（爆燃传感器） | 检测爆燃传感器信号 |
| 30 | 红色 | VCC2（传感器电压） | 提供传感器基准电压 |
| 31 | 绿色 | SG2（传感器接地） | 传感器接地 |
| 32*1 | 浅绿色 | VELDD（CVT转速传感器） | 检测CVT转速传感器信号 |
| 33*1 | 粉色 | NT（变矩器涡轮转速传感器信号） | 检测变矩器涡轮转速传感器信号 |
| 33*2 | 红色 | Nc［输出轴（副轴）转速传感器］ | 检测输出轴（副轴）转速传感器信号 |

（续）

| 针脚号 | 颜色 | 针脚名称 | 说明 |
|---|---|---|---|
| 37*1 | 黄色 | TATF（变速器油温传感器） | 检测变速器油温传感器信号 |
| 37*2 | 粉色 | NSS1（空档位置传感器1） | 检测空档位置传感器1信号 |
| 38 | 白色 | SO2辅助加热型氧传感器2（辅助HO2S） | 检测辅助HO2S（传感器2）信号 |
| 39 | 绿色 | SO2SG［辅助加热型氧传感器2（辅助HO2S接地）］ | 辅助HO2S（传感器2）传感器接地 |
| 40 | 红色 | EGRL［废气再循环（EGR）阀位置传感器］ | 检测废气再循环阀位置传感器信号 |
| 41 | 粉色 | VCC1（传感器电压） | 提供传感器基准电压 |
| 42 | 蓝色 | SG1（传感器接地） | 传感器接地 |
| 43*1 | 黄色 | ATP-S（变速器档位开关S位置） | 检测变速器档位开关S位置信号 |
| 44*1 | 白色 | ATP-L（变速器档位开关L位置） | 检测变速器档位开关L位置信号 |
| 45 | 红色 | PB［进气歧管绝对压力（MAP）传感器］ | 检测进气歧管绝对压力传感器信号 |
| 46 | 浅绿色 | PF（燃油压力传感器） | 检测燃油分配管压力传感器信号 |
| 47 | 紫色 | AFS-［空燃比（A/F）传感器1-侧］ | 检测空燃比传感器（传感器1）信号 |
| 48 | 红色 | AFS+［空燃比（A/F）传感器1+侧］ | 检测空燃比传感器（传感器1）信号 |
| 49*1 | 绿色 | PDN（CVT从动带轮压力传感器） | 检测CVT从动带轮压力传感器信号 |
| 49*2 | 黄色 | NSS2（空档位置传感器2） | 检测空档位置传感器2信号 |
| 注 | 1. 编号3、15~18、20、22、27、34~36、50、51的针脚未使用<br>2. *1-CVT　　*2-MT | | |

## 二、1.8L R18ZA发动机/无级变速器

XR-V轿车1.8L R18ZA发动机动力系统控制单元位于发动机舱内左侧，其针脚分布如图5-15所示，针脚说明见表5-16。

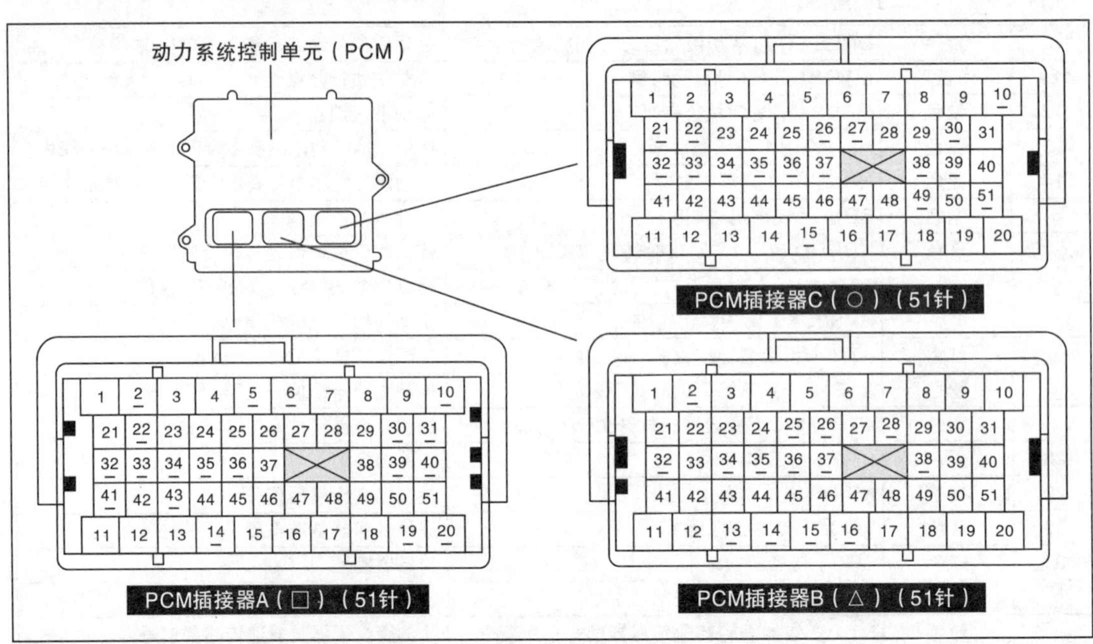


图5-15 XR-V轿车1.8L R18ZA发动机动力系统控制单元针脚分布

**表5-16 XR-V轿车1.8L R18ZA发动机动力系统控制单元针脚说明**

| 针脚号 | 颜色 | 针脚名称 | 说明 |
|---|---|---|---|
| PCM插接器A（□）（51针） | | | |
| 1[*1] | 紫色 | IG1 MISS SOL（电磁阀的电源） | 电磁阀电源 |
| 3 | 白色 | F-CAN-H（CAN 通信信号，高位） | 发送和接收通信信号 |
| 4 | 红色 | F-CAN-L（CAN 通信信号，低位） | 发送和接收通信信号 |
| 7 | 绿色 | FI MAIN RLY CL-（PGM-FI主继电器1） | 驱动PGM-FI主继电器1 |
| 8 | 绿色 | STS（起动机开关信号） | 检测起动机开关信号 |
| 9 | 白色 | FI MAIN RLY OUT（电源） | PCM电路的电源 |
| 11 | 蓝色 | STRLY2（起动机断电继电器2） | 驱动起动机断电继电器2 |
| 12 | 绿色 | A/C MG CLUTCH RLY CL-（空调压缩机离合器继电器） | 驱动空调压缩机离合器继电器 |
| 13 | 浅绿色 | BRK DIAG（制动踏板位置开关） | 检测制动踏板位置开关信号 |
| 15 | 紫色 | FAN LO SIGNAL（散热器风扇控制） | 驱动空调冷凝器风扇继电器 |
| 16 | 红色 | FAN HI SIGNAL（散热器风扇控制） | 驱动散热器风扇继电器 |
| 17 | 蓝色 | S-NET（发动机防盗锁止系统串行通信） | 发送和接收通信信号 |
| 18[*2] | 粉色 | CLUTCH SW（SA）（离合器开关A） | 检测离合器踏板位置开关A信号 |
| 21[*1] | 白色 | SHIFT LOCK SOL（换档锁止电磁阀） | 驱动换档锁止电磁阀 |
| 21[*2] | | REVERSE LOCK SOL（倒档锁止电磁阀） | 驱动倒档锁止电磁阀 |
| 23 | 黄色 | DC STS（变换器起动触发器） | DC/DC变换器的触发信号 |
| 24 | 灰色 | START DIAG（起动机信号负载） | 检测起动机信号 |
| 25 | 灰色 | BKSWNC（制动踏板位置开关） | 检测制动踏板位置开关信号 |
| 26 | 蓝色 | VSP（车速信号输出） | 发送车速传感器信号 |
| 27 | 红色 | PD 传感器（空调压力传感器） | 检测空调压力传感器信号 |
| 28 | 黄褐色 | APS1［加速踏板位置（APP）传感器A］ | 检测加速踏板位置传感器A信号 |
| 29 | 白色 | APS2［加速踏板位置（APP）传感器B］ | 检测加速踏板位置传感器B信号 |
| 37 | 浅绿色 | VCC5（传感器电压） | 提供传感器基准电压 |
| 38 | 棕色 | VCC4（传感器电压） | 提供传感器基准电压 |
| 42 | 浅蓝色 | FUEL PUMP RLY CL-（发动机防盗锁止系统燃油泵继电器） | 驱动PGM-FI主继电器2 |
| 44 | 浅蓝色 | SCS（维修检查信号） | 检测维修检查信号 |
| 45 | 黄褐色 | EOP RLY CL-（辅助变速器油泵继电器） | 驱动辅助变速器油泵继电器 |
| 46 | 绿色 | TW2 SENSOR（发动机冷却液温度（ECT）传感器2） | 检测发动机冷却液温度传感器2信号 |
| 47 | 蓝色 | SG5（传感器接地） | 传感器接地 |
| 48 | 浅蓝色 | SG4（传感器接地） | 传感器接地 |
| 49 | 浅绿色 | VAC1（制动助力器真空） | 检测制动助力器真空 |
| 50 | 浅绿色 | DBW RLY CL-［电子节气门控制系统（ETCS）控制继电器］ | 驱动电子节气门控制系统控制继电器 |
| 51 | 黄色 | STRLY1（起动机断电继电器1） | 驱动起动机断电继电器1 |
| 注 | 1. 编号2、5、6、10、14、19、20、22、30~36、39~41、43的针脚未使用<br>2. *1-CVT　　*2-M/T | | |
| PCM插接器B（△）（51针） | | | |
| 1 | 黑色 | PG（GND1）（PCM接地） | PCM接地 |
| 3 | 红色 | IG1（F/PUMP）（点火信号） | 检测点火信号 |
| 4[*1] | 黄褐色 | LCCLS（CVT锁止离合器控制电磁阀） | 驱动CVT锁止离合器控制电磁阀 |

（续）

| 针脚号 | 颜色 | 针脚名称 | 说明 |
|---|---|---|---|
| 5 | 灰色 | SG2（传感器接地） | 传感器接地 |
| 6[*1] | 黄色 | CPCLS（CVT离合器压力控制电磁阀） | 驱动CVT离合器压力控制电磁阀 |
| 7[*1] | 红色 | DNLS（CVT从动带轮压力控制电磁阀） | 驱动CVT从动带轮压力控制电磁阀 |
| 8[*1] | 白色 | VEL DD（CVT转速传感器） | 检测CVT转速传感器信号 |
| 8[*2] | 浅绿色 | Nc（输出轴转速传感器） | 检测输出轴（副轴）转速传感器信号 |
| 9[*1] | 浅蓝色 | TATF（变速器油温传感器） | 检测变速器油温传感器信号 |
| 10[*1] | 浅绿色 | DRLS（CVT主动带轮压力控制电磁阀） | 驱动CVT主动带轮压力控制电磁阀 |
| 11 | 蓝色 | CRANK［曲轴位置（CKP）传感器］ | 检测曲轴位置传感器信号 |
| 12[*1] | 粉色 | SOL B（换档电磁阀B） | 驱动换档电磁阀B |
| 17 | 绿色 | SO2［辅助加热型氧传感器（辅助HO2S）（传感器2）］ | 检测辅助HO2S（传感器2）信号 |
| 18 | 黑色 | PG2（GND3）（PCM 接地） | PCM接地 |
| 19 | 白色 | AFHT［空燃比（A/F）传感器1加热器控制］ | 驱动空燃比传感器（传感器1）加热器 |
| 20 | 浅绿色 | SO2HT［辅助加热型氧传感器（辅助HO2S）（传感器2）加热器］ | 驱动辅助HO2S（传感器2）加热器 |
| 21[*1] | 紫色 | ATP P（变速器档位开关P位置） | 检测变速器档位开关P位置信号 |
| 22[*1] | 黄褐色 | ATP R（变速器档位开关R位置） | 检测变速器档位开关R位置信号 |
| 22[*2] | 紫色 | BKLT-（倒车灯开关） | 检测倒车灯开关信号 |
| 23 | 浅蓝色 | VGP［空气流量（MAF）传感器+侧］ | 检测空气流量传感器信号 |
| 24 | 浅绿色 | VGM［空气流量（MAF）传感器-侧］ | 空气流量传感器信号接地 |
| 27[*3] | 白色 | TAC（蒸发器温度传感器） | 检测蒸发器温度传感器信号 |
| 29 | 黄褐色 | VCC2（传感器电压） | 提供传感器基准电压 |
| 30 | 红色 | TA（进气温度（IAT）传感器） | 检测进气温度传感器信号 |
| 31 | 紫色 | LIN（本地互联网络） | 发送和接收通信信号 |
| 33[*2] | 绿色 | NSS1（空档位置传感器1） | 检测空档位置传感器1信号 |
| 39[*1] | 黄色 | PDN（CVT从动带轮压力传感器） | 检测CVT从动带轮压力传感器信号 |
| 39[*2] |  | NSS2（空档位置传感器2） | 检测空档位置传感器2信号 |
| 40 | 蓝色 | SO2 SG［辅助加热型氧传感器（辅助HO2S（S2））传感器接地］ | 辅助HO2S（S2）的传感器接地 |
| 41 | 粉色 | VCC1（传感器电压） | 提供传感器基准电压 |
| 42 | 黄色 | AFS-［空燃比（A/F）传感器1-侧］ | 检测空燃比传感器（传感器1）信号 |
| 43 | 红色 | AFS+［空燃比（A/F）传感器1+侧］ | 检测空燃比传感器（传感器1）信号 |
| 44[*1] | 白色 | NDR（CVT主动带轮转速传感器） | 检测CVT主动带轮转速传感器信号 |
| 45[*1] | 绿色 | NT（变矩器涡轮转速传感器信号） | 检测变矩器涡轮转速传感器信号 |
| 46[*1] | 黄色 | ATP D（变速器档位开关D位置） | 检测变速器档位开关D位置信号 |
| 47[*1] | 蓝色 | ATP L（变速器档位开关L位置） | 检测变速器档位开关L位置信号 |
| 48[*1] | 粉色 | ATP RVS（变速器档位开关RVS位置） | 检测变速器档位开关RVS位置信号 |
| 49[*1] | 棕色 | ATP N（变速器档位开关N位置） | 检测变速器档位开关N位置信号 |
| 50[*1] | 浅蓝色 | ATP S（变速器档位开关S位置） | 检测变速器档位开关S位置信号 |
| 51[*1] | 浅绿色 | ATP FWD（变速器档位开关FWD位置） | 检测变速器档位开关FWD位置信号 |
| 注 | 1. 编号2、13~16、25、26、28、32、34~38的针脚未使用<br>2. *1-CVT　　*2-MT　　*3-手动空调 | | |
| PCM插接器C（○）（51针） | | | |
| 1 | 浅绿色 | VBDBW（点火信号ETCS） | 检测点火信号 |

（续）

| 针脚号 | 颜色 | 针脚名称 | 说明 |
|---|---|---|---|
| 2 | 黑色 | PG（电源接地ETCS） | PCM接地 |
| 3 | 紫色 | MTR 2（节气门执行器+侧） | 驱动节气门执行器 |
| 4 | 棕色 | MTR 1（节气门执行器-侧） | 节气门执行器接地 |
| 5 | 浅蓝色 | E EGR［废气再循环（EGR）阀］ | 驱动废气再循环阀 |
| 6 | 粉色 | OIL PRESS SW（机油压力开关） | 检测机油压力信号 |
| 7 | 黄色 | PC SOL［蒸发排放（EVAP）炭罐清污阀］ | 驱动蒸发排放炭罐清污阀 |
| 8 | 蓝色 | SVSP［进气歧管调节（IMT）执行器+侧］ | 驱动进气歧管调节执行器 |
| 9 | 粉色 | SVSM［进气歧管调节（IMT）执行器-侧］ | 驱动进气歧管调节执行器 |
| 11 | 黄褐色 | INJ 4（4号喷油器） | 驱动4号喷油器 |
| 12 | 蓝色 | INJ 3（3号喷油器） | 驱动3号喷油器 |
| 13 | 红色 | INJ 2（2号喷油器） | 驱动2号喷油器 |
| 14 | 紫色 | INJ 1（1号喷油器） | 驱动1号喷油器 |
| 16 | 灰色 | SG3（传感器接地） | 传感器接地 |
| 17 | 红色 | THL2［节气门位置（TP）传感器B］ | 检测节气门位置传感器B信号 |
| 18 | 黄褐色 | VCC3（传感器电压） | 提供传感器基准电压 |
| 19 | 浅绿色 | THL1［节气门位置（TP）传感器A］ | 检测节气门位置传感器A信号 |
| 20 | 棕色 | LG（GND2）（PCM接地） | PCM接地 |
| 23 | 红色 | EGR L［废气再循环（EGR）阀位置传感器］ | 检测废气再循环阀位置传感器信号 |
| 24*1 | 黄褐色 | EOP STS（辅助变速器油泵信号） | 检测辅助变速器油泵信号 |
| 25*1 | 黄色 | EOP SIG（辅助变速器油泵信号） | 检测辅助变速器油泵信号 |
| 28 | 黑色 | KSGND（爆燃传感器接地） | 爆燃传感器的传感器接地 |
| 29 | 白色 | KNOCK（爆燃传感器） | 检测爆燃传感器信号 |
| 31*2 | 浅蓝色 | CUTRLY（IG2断电继电器、ACC断电继电器） | 驱动IG2断电继电器、ACC断电继电器 |
| 40 | 灰色 | Sg1（传感器接地） | 传感器接地 |
| 41 | 粉色 | TW［冷却液温度（ECT）传感器 1］ | 检测冷却液温度传感器1信号 |
| 42 | 绿色 | TDC［凸轮轴位置（CMP）传感器］ | 检测凸轮轴位置传感器信号 |
| 43 | 浅绿色 | VT SOL（摇臂机油控制电磁阀） | 驱动摇臂机油控制电磁阀 |
| 44 | 紫色 | IGN04A（4号点火线圈脉冲） | 驱动4号点火线圈 |
| 45 | 白色 | IGN03A（3号点火线圈脉冲） | 驱动3号点火线圈 |
| 46 | 蓝色 | IGN02A（2号点火线圈脉冲） | 驱动2号点火线圈 |
| 47 | 黄色 | IGN01A（1号点火线圈脉冲） | 驱动1号点火线圈 |
| 48*1 | 白色 | POIL（摇臂机油压力传感器） | 检测摇臂机油压力传感器信号 |
| 50 | 绿色 | MAP（PB）［进气歧管绝对压力（MAP）传感器］ | 检测进气歧管绝对压力传感器信号 |
| 注 | 1. 编号10、15、21、22、26、27、30、32～39、49、51的针脚未使用<br>2. *1-CVT　　*2-未装备无钥匙进入系统 | | |

## 三、ABS/VSA

XR-V轿车ABS/VSA控制单元针脚分布如图5-16所示，针脚说明见表5-17。

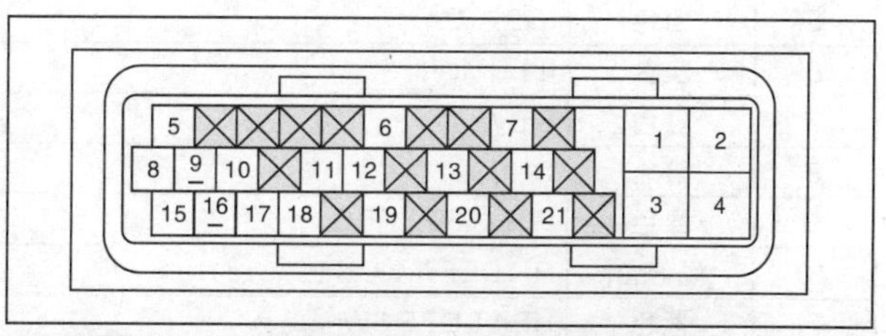


图5-16 XR-V轿车ABS/VSA控制单元针脚分布

**表5-17 XR-V轿车ABS/VSA控制单元针脚说明**

| 针脚号 | 颜色 | 针脚名称 | 说明 |
|---|---|---|---|
| 1 | 黑色 | GND | VSA调制器控制单元接地 |
| 2 | 黑色 | GND | 泵电动机接地 |
| 3 | 白色 | +B ABS/VSA FSR | 失效保护继电器电源 |
| 4 | 红色 | +B ABS/VSA MTR | 电动机继电器电源 |
| 5 | 粉色 | BRK LAMP | 驱动制动灯继电器 |
| 6*1 | 白色 | IG1 RELAY2 | 用于激活系统的电源 |
| 6*2 | 浅蓝色 | IG1 VSA/EPS | 用于激活系统的电源 |
| 7 | 红色 | STOP SW | 驱动制动灯继电器 |
| 8 | 白色 | F-CAN-H | F-CAN通信电路（高位） |
| 10*3 | 浅绿色 | RVS SW（EPB） | 检测倒车灯开关信号 |
| 11 | 浅绿色 | RR R ABS SNSR+ | 检测右后轮速传感器信号 |
| 12 | 黄色 | FR L ABS SNSR+ | 检测左前轮速传感器信号 |
| 13 | 灰色 | RR L ABS SNSR+ | 检测左后轮速传感器信号 |
| 14 | 白色 | FR R ABS SNSR+ | 检测右前轮速传感器信号 |
| 15 | 红色 | F-CAN-L | F-CAN通信电路（低位） |
| 17 | 浅蓝色 | K LINE | 与HDS通信 |
| 18 | 绿色 | RR R ABS SNSR- | 检测右后轮速传感器信号 |
| 19 | 棕色 | FR L ABS SNSR- | 检测左前轮速传感器信号 |
| 20 | 紫色 | RR L ABS SNSR- | 检测左后轮速传感器信号 |
| 21 | 粉色 | FR R ABS SNSR- | 检测右前轮速传感器信号 |
| 注 | 1. 编号9、16的针脚未使用<br>2. *1-装备发动机节能自动起停系统 *2-未装备发动机节能自动起停系统 *3-MT | | |

## 四、手动空调

XR-V轿车手动空调控制单元针脚分布如图5-17所示，针脚说明见表5-18。

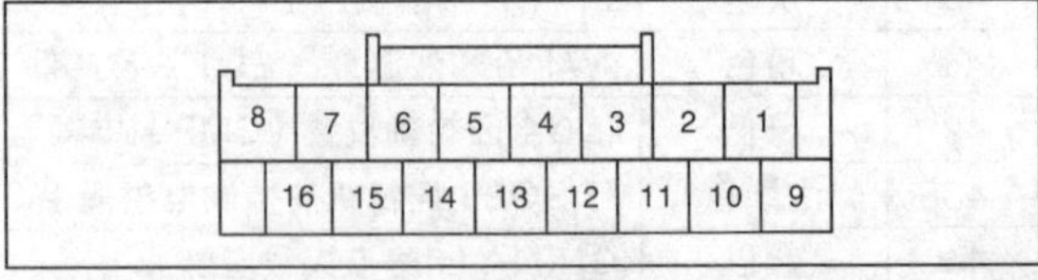


**图5-17 XR-V轿车手动空调控制单元针脚分布**

**表5-18 XR-V轿车手动空调控制单元针脚说明**

| 针脚号 | 颜色 | 针脚名称 | 说明 |
|---|---|---|---|
| 1 | 浅绿色 | F/R MTR（FRESH） | 输出驱动内循环控制电动机到FRESH侧 |
| 2 | 黄色 | ACS | 输出A/C打开/关闭信号 |
| 3 | 白色 | A/C SW- | 检测FAN ON信号 |
| 4 | 红色 | BLOWER REQ | 检测鼓风机电动机低输出 |
| 5 | 粉色 | IG2 A/C | IG2电源 |
| 6 | 灰色 | ILLUMI+ | 照明电源 |
| 7 | 红色 | S 5V | 输出传感器5V |
| 8 | 黑色 | GND | 空调控制单元的接地（G403） |
| 9 | 绿色 | F/R MTR（REC） | 输出驱动内循环控制电动机到RECIRCULATE侧 |
| 10 | 浅蓝色 | RR DEF开关 | 输出后窗除雾器继电器 |
| 11 | 紫色 | HEAT DEF SW | 检测H/D DEF位置 |
| 12 | 黑色 | GND | 空调控制单元的接地（G403） |

（续）

| 针脚号 | 颜色 | 针脚名称 | 说明 |
|---|---|---|---|
| 13 | 灰色 | SENSOR COM | 传感器接地 |
| 14 | 红色 | TAM | 检测车外空气温度传感器信号 |
| 15 | 蓝色 | RFD-P | 检测内循环控制电动机的电位计信号 |
| 16 | 蓝色 | VSP | 输入车速脉冲 |

## 五、自动空调

XR-V轿车自动空调控制单元针脚分布如图5-18所示，针脚说明见表5-19。

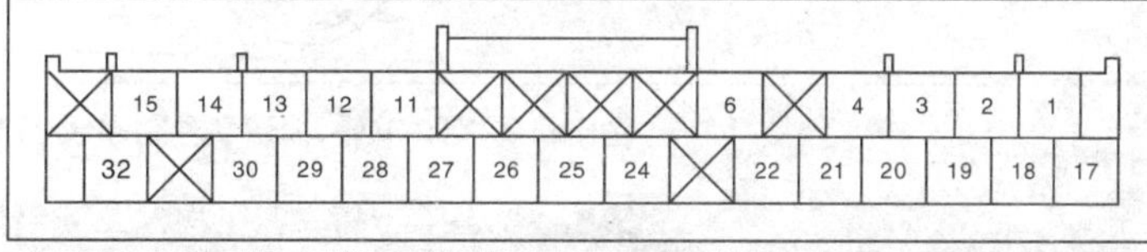


图5-18 XR-V轿车自动空调控制单元针脚分布

表5-19 XR-V轿车自动空调控制单元针脚说明

| 针脚号 | 颜色 | 针脚名称 | 说明 |
|---|---|---|---|
| 1 | 红色 | +B BACKUP（VST） | 起动发动机时的照明电源 |
| 2 | 粉色 | IG2 A/C | IG2电源 |
| 3 | 黄色 | BLOWER V | 功率晶体管漏电压的反馈信号 |
| 4 | 棕色 | 鼓风机 G | 输出功率晶体管栅电压 |
| 6 | 浅蓝色 | RR DEF RLY CL- | 后窗除雾器继电器信号 |
| 11 | 粉色 | MODE MTR VENT | 驱动模式控制电动机至VENT位置的输出 |
| 12 | 绿色 | MODE MTR DEF | 驱动模式控制电动机至DEF位置的输出 |
| 13 | 黄色 | M-COOL | 将驱动空气混合控制电动机输出到COOL侧 |
| 14 | 浅蓝色 | M-HOT | 将驱动空气混合控制电动机输出到HOT侧 |
| 15 | 浅绿色 | F/R MTR（FRESH） | 输出驱动内循环控制电动机到FRESH侧 |
| 17 | 黑色 | GND | 空调控制单元接地（G403） |
| 18 | 浅蓝色 | TEVA | 检测蒸发器温度传感器信号 |
| 19 | 粉色 | B-CAN-H | B-CAN通信信号（高位） |
| 20 | 红色 | TAM | 检测车外空气温度传感器信号 |
| 21 | 蓝色 | B-CAN-L | B-CAN通信信号（低位） |
| 22 | 紫色 | TSUN | 检测阳光传感器信号 |
| 24 | 红色 | S 5V | 输出传感器5V |
| 25 | 黄褐色 | HUM数据 | 湿度/车内温度传感器通信信号 |
| 26 | 浅蓝色 | HUM CLK | 湿度/车内温度传感器通信信号 |
| 27 | 白色 | MDD-P | 检测模式控制电动机的电位计信号 |
| 28 | 浅绿色 | AMD-P | 检测空气混合控制电动机电位计信号 |
| 29 | 蓝色 | RFD-P | 检测内循环控制电动机的电位计信号 |
| 30 | 灰色 | SENSOR COM | 传感器接地 |
| 32 | 绿色 | F/R MTR（REC） | 输出驱动内循环控制电动机到REC侧 |
| 注 | 编号5、7~10、16、23、31的针脚未使用 | | |

## 六、动力转向系统

XR-V轿车动力转向系统（EPS）控制单元针脚分布如图5-19所示，针脚说明见表5-20。

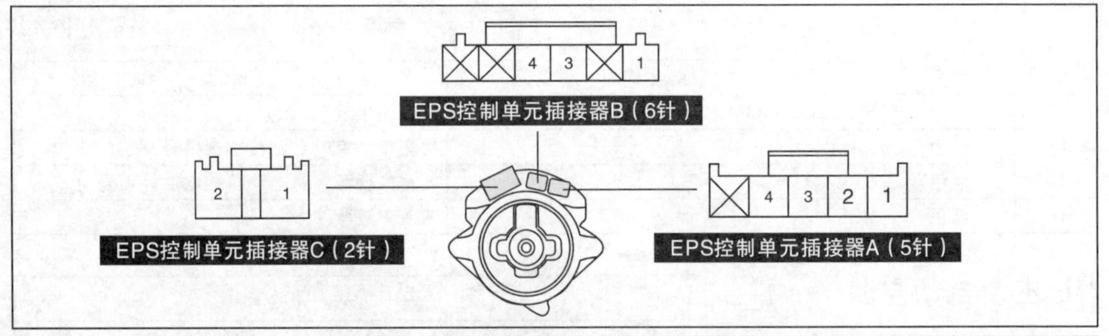


图5-19 XR-V轿车EPS控制单元针脚分布

表5-20 XR-V轿车EPS控制单元针脚说明

| 针脚号 | 颜色 | 针脚名称 | 说明 |
|---|---|---|---|
| EPS控制单元插接器A（5针） | | | |
| 1 | 白色 | TSM | 检测转向力矩传感器信号 |
| 2 | 黑色 | TSE | 转向力矩传感器接地 |
| 3 | 黄色 | TSS | 检测转向力矩传感器信号 |
| 4 | 红色 | TSV | 转向力矩传感器的电源 |
| 5 | — | — | 未使用 |
| EPS控制单元插接器B（6针） | | | |
| 1*1 | 浅蓝色 | IG1 VSA/EPS | 用于激活系统的电源 |
| 1*2 | 白色 | IG1 RELAY2 | 用于激活系统的电源 |
| 3 | 红色 | F-CAN_L | F- CAN通信电路 |
| 4 | 白色 | F-CAN_H | F- CAN通信电路 |
| 注 | 1. 编号2、5、6的针脚未使用<br>2. *1-未装备发动机节能自动起停系统<br>*2-装备发动机节能自动起停系统 | | |
| EPS控制单元插接器C（2针） | | | |
| 1 | 黑色 | GND | EPS控制单元接地 |
| 2 | 红色 | +B EPS | 用于激活系统的电源 |

# 第四节　广汽本田新雅阁混合动力（2016~2018年款）

## 一、动力系统

新雅阁混合动力轿车动力系统控制单元针脚分布如图5-20所示，针脚说明见表5-21。

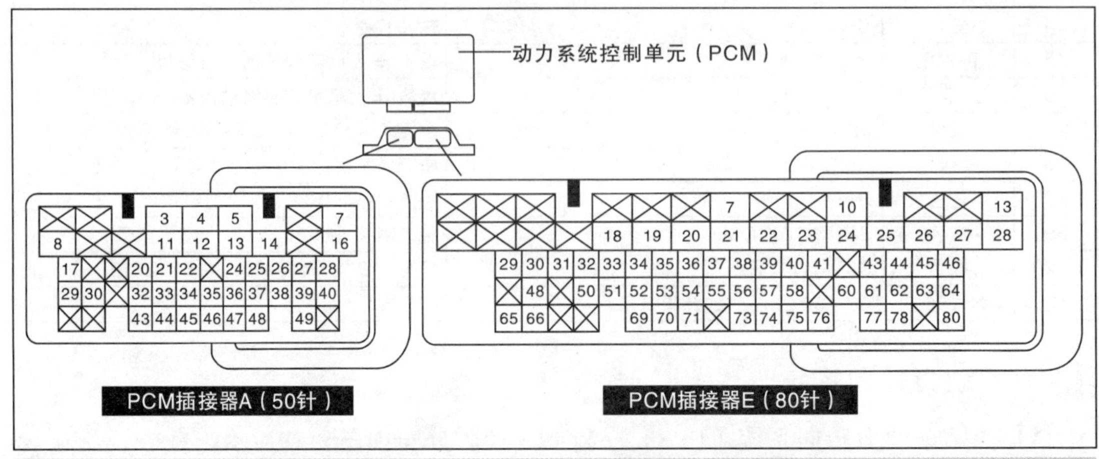


图5-20 新雅阁混合动力轿车动力系统控制单元针脚分布

表5-21 新雅阁混合动力轿车动力系统控制单元针脚说明

| 针脚号 | 颜色 | 针脚名称 | 说明 |
|---|---|---|---|
| PCM插接器A（50针） | | | |
| 3 | 浅蓝色 | IG1 VBSOL（电磁阀的电源） | 电磁阀电源 |
| 4 | 浅蓝色 | SO2HT［辅助加热型氧传感器（辅助HO2S）（S2）加热器控制］ | 驱动辅助HO2S（传感器2）加热器 |
| 5 | 橙色 | FI MAIN RLY CL-（PGM-FI主继电器1） | 驱动PGM-FI主继电器1 |
| 7 | 灰色 | +B VBU（备用电压） | PCM存储器电源 |
| 8 | 棕色 | FI MAIN RLY OUT（电源） | PCM电源 |
| 11 | 灰色 | FUEL PUMP RLY CL-（发动机防盗锁止系统燃油泵继电器） | 驱动PGM-FI主继电器2 |
| 12 | 浅绿色 | PADDLE SW UP（换档拔片+） | 检测换档拔片+信号 |
| 13 | 黑色 | GND（电源接地） | PCM接地 |
| 14 | 绿色 | ATP-R（倒档位置） | 检测R位置信号 |
| 16 | 蓝色 | DBW RLY OUT（电源） | PCM的电源 |
| 17 | 白色 | FAN CONTROL（散热器风扇控制） | 驱动散热器风扇继电器 |
| 20 | 棕色 | EPP-CAN_L（EPP-CAN通信信号低） | 发送和接收通信信号 |
| 21 | 粉色 | EPP-CAN_H（EPP-CAN通信信号高） | 发送和接收通信信号 |
| 22 | 蓝色 | RFC DIAG（RFC诊断） | 检测散热器风扇控制器诊断信号 |
| 24 | 灰色 | ENG W/PUMP DI-（发动机EWP继电器） | 驱动发动机EWP继电器 |
| 25 | 白色 | DBW RLY CL-［电子节气门控制系统（ETCS）控制继电器］ | 驱动电子节气门控制系统（ETCS）控制继电器 |
| 26 | 浅绿色 | STOP SW（制动踏板位置开关） | 检测制动踏板位置开关信号 |
| 27 | 粉色 | SCS（维修检查信号） | 检测维修检查信号 |
| 28 | 浅蓝色 | STC（起动机开关信号） | 检测起动机开关信号 |
| 29 | 红色 | PADDLE SW DOWN（换档拔片-） | 检测换档拔片（-）信号 |
| 30 | 粉色 | EVTC RLY CL-（电动VTC继电器） | 驱动电动可变气门正时继电器 |
| 32 | 黄色 | APS1［加速踏板位置（APP）传感器A］ | 检测加速踏板位置传感器A信号 |
| 33 | 红色 | Pd传感器（空调压力传感器） | 检测空调压力传感器信号 |
| 34 | 白色 | APS2［加速踏板位置（APP）传感器B］ | 检测加速踏板位置传感器B信号 |
| 35* | 红色 | VSP（车速信号输出） | 发送车速信号 |
| 36 | 红色 | F-CAN A-L（CAN通信信号低） | 发送和接收通信信号 |
| 37 | 白色 | F-CAN A-H（CAN通信信号高） | 发送和接收通信信号 |
| 38 | 浅绿色 | F-CAN B-L（CAN通信信号低） | 发送和接收通信信号 |
| 39 | 浅蓝色 | F-CAN B-H（CAN通信信号高） | 发送和接收通信信号 |
| 40* | 灰色 | S-NET（发动机防盗锁止系统串行通信） | 传送串行通信信号 |
| 43 | 绿色 | SG5（传感器接地） | 传感器接地 |
| 44 | 棕色 | VCC5（传感器电压） | 提供传感器基准电压 |
| 45 | 灰色 | VCC4（传感器电压） | 提供传感器基准电压 |
| 46 | 蓝色 | SG4（传感器接地） | 传感器接地 |
| 47 | 蓝色 | SO2［辅助加热型氧传感器（辅助HO2S）（传感器2）］ | 检测辅助HO2S（传感器2）信号 |
| 48 | 粉色 | SO2 SG［辅助加热型氧传感器（辅助HO2S）（传感器2）传感器接地］ | 辅助HO2S的传感器接地（传感器2） |
| 49 | 橙色 | BKSWNC（制动踏板位置开关） | 检测制动踏板位置开关信号 |
| 注 | 1. 编号1、2、6、9、10、15、18、19、23、31、41、42、50的针脚未使用<br>2. *不带中央扶手箱USB端口 | | |

（续）

| 针脚号 | 颜色 | 针脚名称 | 说明 |
|---|---|---|---|
| PCM插接器E（80针）处的PCM输入和输出 | | | |
| 7 | 黑色 | PGM（电源接地） | PCM接地 |
| 10 | 粉色 | EEGR［废气再循环（EGR）阀］ | 驱动废气再循环阀 |
| 13 | 红色 | AFHT［空燃比（A/F）传感器1加热器控制］ | 驱动空燃比传感器（传感器1）加热器 |
| 18 | 棕色 | INJ 1（1号喷油器） | 驱动1号喷油器 |
| 19 | 黄褐色 | INJ 4（4号喷油器） | 驱动4号喷油器 |
| 20 | 蓝色 | INJ 3（3号喷油器） | 驱动3号喷油器 |
| 21 | 红色 | INJ 2（2号喷油器） | 驱动2号喷油器 |
| 22 | 黑色 | GND1（电源接地） | PCM接地 |
| 23 | 黑色 | GND3（电源接地） | PCM接地 |
| 24 | 棕色 | LG（接地） | PCM接地 |
| 25 | 浅绿色 | SHB（换档电磁阀B） | 驱动换档电磁阀B |
| 26 | 浅蓝色 | SHA（换档电磁阀A） | 驱动换档电磁阀A |
| 27 | 黄色 | MTR1（节气门执行器） | 驱动节气门执行器 |
| 28 | 灰色 | MTR2（节气门执行器） | 驱动节气门执行器 |
| 29 | 棕色 | EWP C（SWP）（发动机冷却液电动泵控制） | 发送冷却液电动泵控制信号 |
| 30 | 粉色 | EVTS（电动VTC转速传感器） | 检测电动可变气门正时转速传感器信号 |
| 31 | 红色 | EVTP（电动VTC控制信号） | 发送电动可变气门正时控制信号 |
| 32 | 灰色 | PARKBUSY（驻车棘爪执行器驱动器单元的通信信号） | 检测驻车位置信号 |
| 33 | 蓝色 | PODCL（变速器油压传感器） | 检测变速器油压传感器信号 |
| 34 | 黑色 | KSGND（爆燃传感器接地） | 爆燃传感器的传感器接地 |
| 35 | 白色 | KS（爆燃传感器） | 检测爆燃传感器信号 |
| 36 | 浅绿色 | IG1（F/P）（点火信号） | 检测点火信号 |
| 37 | 白色 | IGN01A（1号点火线圈脉冲） | 驱动1号点火线圈 |
| 38 | 紫色 | IGN02A（2号点火线圈脉冲） | 驱动2号点火线圈 |
| 39 | 蓝色 | IGN03A（3号点火线圈脉冲） | 驱动3号点火线圈 |
| 40 | 浅蓝色 | IGN04A（4号点火线圈脉冲） | 驱动4号点火线圈 |
| 41 | 绿色 | CAM［凸轮轴位置（CMP）传感器A］ | 检测凸轮轴位置传感器A信号 |
| 43 | 黄色 | TDC［凸轮轴位置（CMP）传感器B］ | 检测凸轮轴位置传感器B信号 |
| 44 | 蓝色 | CRKP［曲轴位置（CKP）传感器］ | 检测曲轴位置传感器信号 |
| 45 | 白色 | SG6（传感器接地） | 传感器接地 |
| 46 | 灰色 | EVTD（电动VTC转速传感器） | 检测电动可变气门正时转速传感器信号 |
| 48 | 紫色 | IP（A/F传感器S1IP电池） | 检测空燃比传感器泵电池信号 |
| 50 | 浅蓝色 | THL1［节气门位置（TP）传感器A］ | 检测节气门位置传感器A信号 |
| 51 | 红色 | THL2［节气门位置（TP）传感器B］ | 检测节气门位置传感器B信号 |
| 52 | 粉色 | TW［发动机冷却液温度（ECT）传感器1］ | 检测冷却液温度传感器1信号 |
| 53 | 紫色 | TA［进气温度（IAT）传感器1］ | 检测进气温度传感器1信号 |
| 54 | 黄色 | Tw2［发动机冷却液温度（ECT）传感器2］ | 检测冷却液温度传感器2信号 |
| 55 | 浅蓝色 | INTA［进气温度（IAT）传感器2］ | 检测进气温度传感器2信号 |
| 56 | 绿色 | MAP（PB）［进气歧管绝对压力（MAP）传感器］ | 检测歧管绝对压力传感器信号 |
| 57 | 棕色 | EVTM（电动VTC诊断） | 检测电动可变气门正时诊断信号 |
| 58 | 浅绿色 | OPSEN（机油压力传感器） | 检测摇臂机油压力传感器信号 |
| 60 | 紫色 | EWP REV（NWP）（冷却液电动泵） | 检测冷却液电动泵转速信号 |

（续）

| 针脚号 | 颜色 | 针脚名称 | 说明 |
|---|---|---|---|
| 61 | 绿色 | VGP［空气流量（MAF）传感器+侧］ | 检测空气流量传感器信号 |
| 62 | 红色 | VGM［空气流量（MAF）传感器-侧］ | 空气流量传感器信号接地 |
| 63 | 浅蓝色 | VCC6（传感器电压） | 提供传感器基准电压 |
| 64 | 紫色 | PARKCMD（驻车棘爪作动器驱动器单元的通信信号） | 发送驻车位置切换信号 |
| 65 | 黄褐色 | VTS（摇臂机油控制电磁阀） | 驱动摇臂机油控制电磁阀 |
| 66 | 黄色 | NGENPLS（发电机转子脉冲） | 检测发电机转子旋转脉冲 |
| 69 | 白色 | EGRL［废气再循环（EGR）阀位置传感器］ | 检测废气再循环阀位置传感器信号 |
| 70 | 粉色 | VCC1（传感器电压） | 提供传感器基准电压 |
| 71 | 黑色 | SG1（传感器接地） | 传感器接地 |
| 73 | 白色 | VS［空燃比（A/F）传感器（传感器1）VS电池］ | 检测空燃比传感器（传感器1）VS电池 |
| 74 | 黄色 | VCENT（A/F传感器（S1）虚接地） | 为空燃比传感器（传感器1）提供参考电压 |
| 75 | 白色 | VCC3（DBW）（传感器电压） | 提供传感器基准电压 |
| 76 | 蓝色 | SG3（DBW）（传感器接地） | 传感器接地 |
| 77 | 黄褐色 | VCC2（传感器电压） | 提供传感器基准电压 |
| 78 | 灰色 | SG2（传感器接地） | 传感器接地 |
| 80 | 绿色 | PCS（蒸发排放（EVAP）炭罐清污阀） | 驱动蒸发排放炭罐清污阀 |
| 注 | 编号1～6、8、9、11、12、14～17、42、47、49、59、67、68、72、79的针脚未使用 | | |

## 二、ABS/VSA

新雅阁混合动力轿车ABS/VSA控制单元针脚分布如图5-21所示，针脚说明见表5-22。

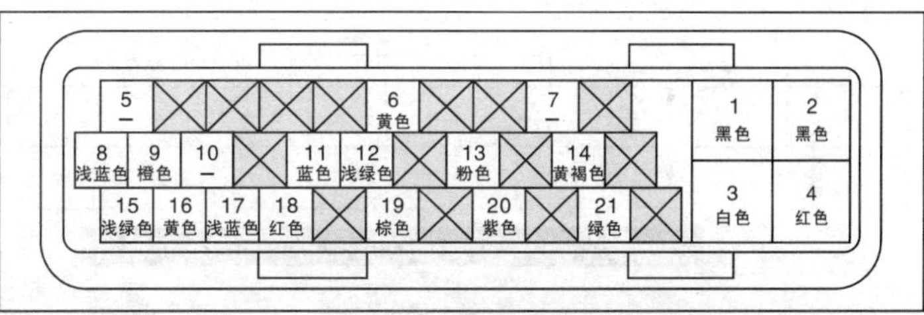


图5-21 新雅阁混合动力轿车ABS/VSA控制单元针脚分布

表5-22 新雅阁混合动力轿车ABS/VSA控制单元针脚说明

| 针脚号 | 针脚名称 | 说明 | 针脚号 | 针脚名称 | 说明 |
|---|---|---|---|---|---|
| 6 | IG1 VSA/ABS | 用于激活系统的电源 | 16 | F-CAN C-L | F-CAN通信电路（低位） |
| 9 | F-CAN C-H | F-CAN通信电路（高位） | 注 | 其余针脚说明参考XR-V轿车ABS/VSA控制单元针脚说明表 | |
| 5、7、10 | — | 未使用 | | | |

# 第五节 广汽本田缤智（2016～2018年款）

## 一、1.5L L15B3发动机/无级变速器

缤智轿车1.5L L15B3发动机动力系统控制单元针脚分布及针脚说明与XR-V轿车1.5L L15B5发动机动力系统控制单元相同，参考XR-V轿车相关资料。

## 二、1.8L R18Z7发动机/无级变速器

缤智轿车1.8L R18Z7发动机动力系统控制单元针脚分布与XR–V轿车1.8L R18ZA发动机动力系统控制单元基本相同，参考图5–15，针脚说明见表5–23。

表5–23 缤智轿车1.8L R18Z7发动机动力系统控制单元针脚说明

| 针脚号 | 针脚名称 | 说明 |
| --- | --- | --- |
| PCM插接器A（□）（51针） | | |
| 18*1 | CLUTCH SW（SA）（离合器开关 A） | 检测离合器踏板位置开关 A 信号 |
| 18*2 | PADDLE SW UP换档拨片+（加档开关） | 检测换档拨片+（加档开关）信号 |
| 19*2 | PADDLE SW DOWN换档拨片–（减档开关） | 检测换档拨片–（减档开关）信号 |
| 注 | 1. 其余针脚说明参考XR–V轿车1.8L R18ZA发动机动力系统控制单元针脚说明表<br>2. *1–仅用于MT汽车　*2–仅用于装备换档拨片的汽车 | |

## 三、ABS/VSA

缤智轿车ABS/VSA控制单元针脚分布及针脚说明与XR–V轿车ABS/VSA控制单元相同，参考XR–V轿车相关资料。

## 四、自动空调

缤智轿车自动空调控制单元针脚分布如图5–22所示，针脚说明见表5–24。

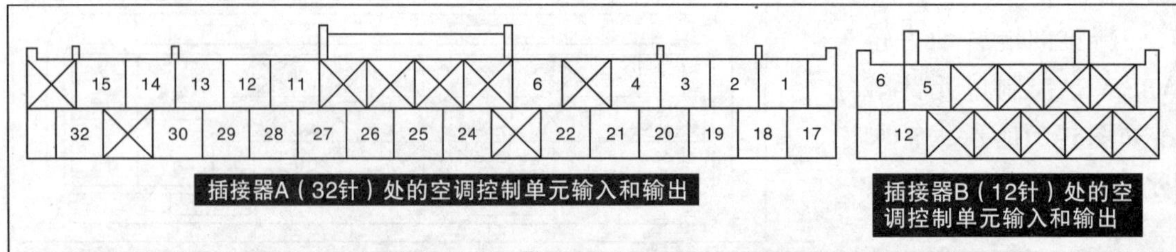


图5–22 缤智轿车自动空调控制单元针脚分布

表5–24 缤智轿车自动空调控制单元针脚说明

| 针脚号 | 颜色 | 针脚名称 | 说明 |
| --- | --- | --- | --- |
| 插接器A（32针） | | | |
| 1 | 红色 | +B BACKUP（VST） | 起动发动机时的照明电源 |
| 2 | 粉色 | IG2 A/C | IG2电源 |
| 3 | 黄色 | BLOWER V | 功率晶体管漏电压的反馈信号 |
| 4 | 棕色 | 鼓风机 G | 输出功率晶体管栅电压 |
| 6 | 浅蓝色 | RR DEF RLY CL– | 后窗除雾器继电器信号 |
| 11 | 粉色 | MODE MTR VENT | 驱动模式控制电动机至VENT位置的输出 |
| 12 | 绿色 | MODE MTR DEF | 驱动模式控制电动机至DEF位置的输出 |
| 13 | 黄色 | M–COOL | 驱动空气混合控制电动机（驾驶人侧空气混合控制电动机）至COOL侧的输出 |
| 14 | 浅蓝色 | M–HOT | 驱动空气混合控制电动机（驾驶人侧空气混合控制电动机）至HOT侧的输出 |

（续）

| 针脚号 | 颜色 | 针脚名称 | 说明 |
| --- | --- | --- | --- |
| 15 | 浅绿色 | F/R MTR（FRESH） | 输出驱动内循环控制电动机到FRESH侧 |
| 17 | 黑色 | GND | 空调控制单元的接地（G403） |
| 18 | 浅蓝色 | TEVA | 检测蒸发器温度传感器信号 |
| 19 | 粉色 | B-CAN-H | B-CAN通信信号（高位） |
| 20 | 红色 | TAM | 检测车外空气温度传感器信号 |
| 21 | 蓝色 | B-CAN-L | B-CAN通信信号（低位） |
| 22 | 紫色 | TSUN | 检测阳光传感器信号 |
| 24 | 红色 | S 5V | 输出传感器5V |
| 25 | 黄褐色 | HUM 数据 | 湿度/车内温度传感器通信信号 |
| 26 | 浅蓝色 | HUM CLK | 湿度/车内温度传感器通信信号 |
| 27 | 白色 | MDD-P | 检测模式控制电动机的电位计信号 |
| 28 | 浅绿色 | AMD-P | 检测空气混合控制电动机（驾驶人侧空气混合控制电动机）的电位计信号 |
| 29 | 蓝色 | RFD-P | 检测内循环控制电动机的电位计信号 |
| 30 | 灰色 | SENSOR COM | 传感器接地 |
| 32 | 绿色 | F/R MTR（REC） | 输出驱动内循环控制电动机到REC侧 |
| 注 | 编号5、7～10、16、23、31的针脚未使用 | | |
| 插接器B（12针） | | | |
| 5 | 蓝色 | M-COOL AS | 输出驱动乘客侧空气混合控制电动机到COOL侧 |
| 6 | 浅蓝色 | M-HOT AS | 输出驱动乘客侧空气混合控制电动机到HOT侧 |
| 12 | 浅绿色 | AMD-P AS | 检测乘客侧空气混合控制电动机的电位计信号 |
| 注 | 编号1～4、7～11的针脚未使用 | | |

## 五、动力转向系统

缤智轿车动力转向系统（EPS）控制单元针脚分布及针脚说明与XR-V轿车EPS控制单元相同，参考XR-V轿车相关资料。

# 第六节　广汽本田飞度（2017年起）

## 一、1.5L L15B3发动机/无级变速器

飞度轿车1.5L L15B5发动机动力系统控制单元位于发动机舱左侧，其针脚分布如图5-23所示，针脚说明见表5-25。

**表5-25 飞度轿车1.5L L15B5发动机动力系统控制单元针脚说明**

| 针脚号 | 针脚名称 | 说明 |
| --- | --- | --- |
| PCM插接器A（□）（51针） | | |
| 9[*1] | CLUTCH SW（SHIFT UP）（离合器踏板位置开关C） | 检测离合器踏板位置开关C信号 |
| 9[*2] | ATP-R（变速器档位开关R位置） | 检测变速器档位开关R位置信号 |

（续）

| 针脚号 | 针脚名称 | 说明 |
|---|---|---|
| 10[*1] | CLUTCH SW（SA）（离合器踏板位置开关A） | 检测离合器踏板位置开关A信号 |
| 10[*2] | ATP-P（变速器档位开关P位置） | 检测变速器档位开关P位置信号 |
| 20[*1] | CLUTCH SW（I/S）（离合器踏板位置开关D） | 检测离合器踏板位置开关D信号 |
| 20 | — | 未使用 |
| 25[*3] | VSP（车速信号输出） | 发送车速信号 |
| 33[*4] | ST CUT RLY1 CL-（起动机断电继电器1） | 驱动起动机断电继电器1 |
| 34[*4] | ST CUT RLY2 CL-（起动机断电继电器2） | 驱动起动机断电继电器2 |
| 37 | STOP LT（制动踏板位置开关） | 检测制动踏板位置开关信号 |
| 42[*5] | TEVA（蒸发器温度传感器） | 检测蒸发器温度传感器信号 |
| 44[*6] | VAC1（制动助力器真空） | 检测制动助力器真空 |
| 47[*4] | START DIAG（起动机信号负载） | 检测起动机断电继电器信号 |
| 50[*7] | CLUTCH SW（CRUISE）（离合器踏板位置开关B） | 检测离合器踏板位置开关B信号 |
| PCM插接器B（△）（51针） | | |
| 23[*6] | EOPSIG（辅助变速器油泵信号） | 检测辅助变速器油泵信号 |
| 29[*6] | EOPSTS（辅助变速器油泵信号） | 检测辅助变速器油泵信号 |
| 44[*6] | EOPRLY（辅助变速器油泵继电器） | 驱动辅助变速器油泵继电器 |
| PCM插接器C（○）（51针） | | |
| 37[*2] | TATF（变速器油温传感器） | 检测变速器油温传感器信号 |
| 49[*2] | PDN（CVT从动带轮压力传感器） | 检测CVT从动带轮压力传感器信号 |
| 注 | 1. 其余针脚说明参考XR-V轿车1.5L L15B5发动机动力系统控制单元针脚说明表<br>2. *1-MT　*2-CVT　*3-装备天窗　*4-装备无钥匙进入系统　*5-装备手动空调　*6-装备发动机节能自动起停系统　*7-装备MT及无钥匙进入系统 | |

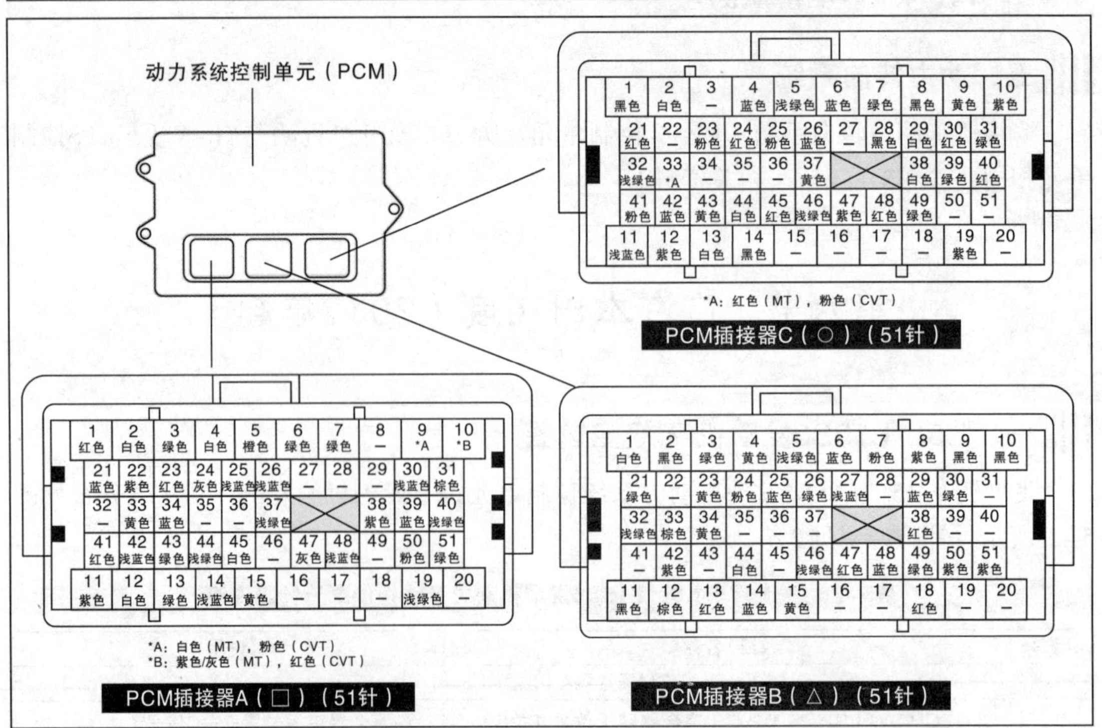

图5-23 飞度轿车1.5L L15B5发动机动力系统控制单元针脚分布

## 二、ABS/VSA

飞度轿车ABS/VSA控制单元针脚分布如图5-24所示，针脚说明见表5-26。

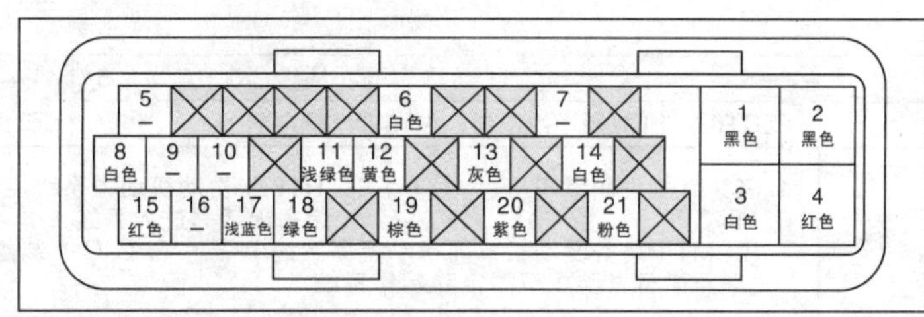


图5-24 飞度轿车ABS/VSA控制单元针脚分布

表5-26 飞度轿车ABS/VSA控制单元针脚说明

| 针脚号 | 颜色 | 针脚名称 | 说明 | 针脚号 | 颜色 | 针脚名称 | 说明 |
|---|---|---|---|---|---|---|---|
| 5 | — | — | 未使用 | 10 | — | — | 未使用 |
| 6 | 白色 | IG1 RELAY2 | 用于激活系统的电源 | 注 | 其余针脚说明参考XR-V轿车ABS/VSA控制单元针脚说明表 | | |
| 7 | — | — | 未使用 | | | | |

# 第七节 广汽本田凌派（2016~2018年款）

## 一、1.8L R18ZH发动机/无级变速器

凌派轿车1.8L R18ZH发动机动力系统控制单元针脚分布如图5-25所示，针脚说明见表5-27。

表5-27 凌派轿车1.8L R18ZH发动机动力系统控制单元针脚说明

| 针脚号 | 针脚名称 | 说明 |
|---|---|---|
| PCM插接器A（□）（51针） | | |
| 10 | SG6（传感器接地） | 传感器接地 |
| 14[*2] | CLUTCH SW（CRUISE）（离合器踏板位置开关B） | 检测离合器踏板位置开关B信号 |
| 18[*3] | CLUTCH SW（SA）（离合器踏板位置开关A） | 检测离合器踏板位置开关A信号 |
| 19[*5] | CLSW SIL（离合器踏板位置开关C） | 检测离合器踏板位置开关C信号 |
| 21[*1] | SHIFT LOCK SOL（换档锁止电磁阀） | 驱动换档锁止电磁阀 |
| 22 | NEP（发动机转速脉冲） | 输出发动机转速脉冲 |
| 23[*4] | DC CST（变换器起动触发器） | DC/DC变换器的触发信号 |
| 30 | VCC6（传感器电压） | 提供传感器基准电压 |
| 34 | ELD（电气负载检测器（ELD）） | 检测ELD信号 |
| 43[*5] | CL SW I/S（离合器踏板位置开关D） | 检测离合器踏板位置开关D信号 |
| 45[*6] | EOP RLY CL-（辅助变速器油泵继电器） | 驱动辅助变速器油泵继电器 |
| 49[*4] | VAC1（制动助力器真空） | 检测制动助力器真空 |
| PCM插接器B（△）（51针） | | |
| 27 | TAC（蒸发器温度传感器） | 检测蒸发器温度传感器信号 |
| PCM插接器C（○）（51针） | | |
| 24[*6] | EOP STS（辅助变速器油泵信号） | 检测辅助变速器油泵信号 |
| 25[*6] | EOP SIG（辅助变速器油泵信号） | 检测辅助变速器油泵信号 |

（续）

| PCM插接器C（○）（51针） | | |
|---|---|---|
| 31[*7] | CUTRLY（IG2断电继电器、ACC断电继电器） | 驱动IG2断电继电器、ACC断电继电器 |
| 注 | 1. 其余针脚说明参考XR-V轿车1.8L R18ZA发动机动力系统控制单元针脚说明表<br>2. *1-CVT　*2-MT　*3-MT（装备无钥匙进入系统）　*4-装备发动机节能自动起停系统<br>*5-MT（装备发动机节能自动起停系统）　*6-CVT（装备发动机节能自动起停系统）<br>*7-不装备发动机节能自动起停系统 | |

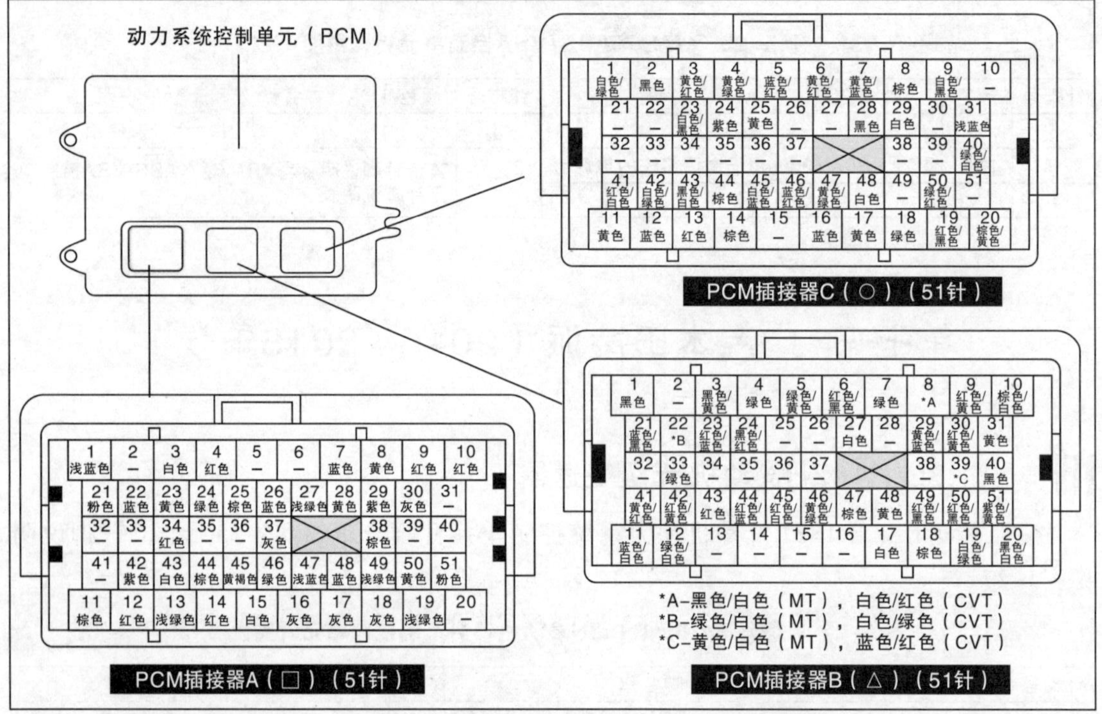


图5-25 凌派轿车1.8L R18ZH发动机动力系统控制单元针脚分布

## 二、ABS/VSA

凌派轿车ABS/VSA控制单元针脚分布如图5-26所示，针脚说明见表5-28。

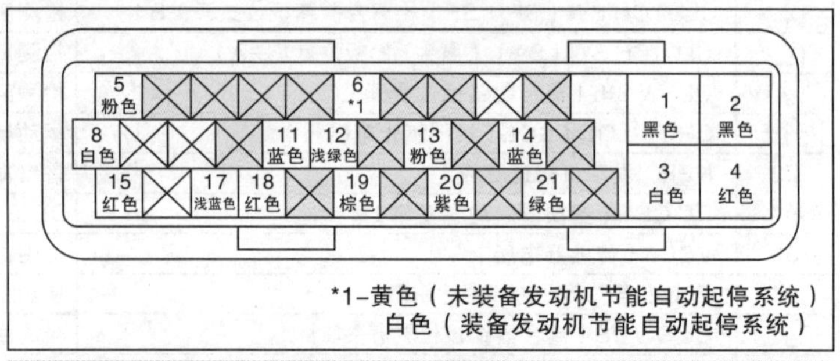


图5-26 凌派轿车ABS/VSA控制单元针脚分布

表5-28 凌派轿车ABS/VSA控制单元针脚说明

| 针脚号 | 针脚名称 | 说明 | 针脚号 | 针脚名称 | 说明 |
|---|---|---|---|---|---|
| 5 | WEN | 检测写允许信号 | 注 | 其余针脚说明参考XR-V轿车ABS/VSA控制单元针脚说明表 | |
| 6 | IG1 VSA/ABS | 用于激活系统的电源 | | | |
| 7、10 | — | 未使用 | | | |

# 第八节　广汽本田锋范（2015~2018年款）

## 一、1.5L L15B2发动机/无级变速器

锋范轿车1.5L L15B2发动机动力系统控制单元位于发动机舱左侧，其针脚分布如图5-27所示，针脚说明见表5-29。

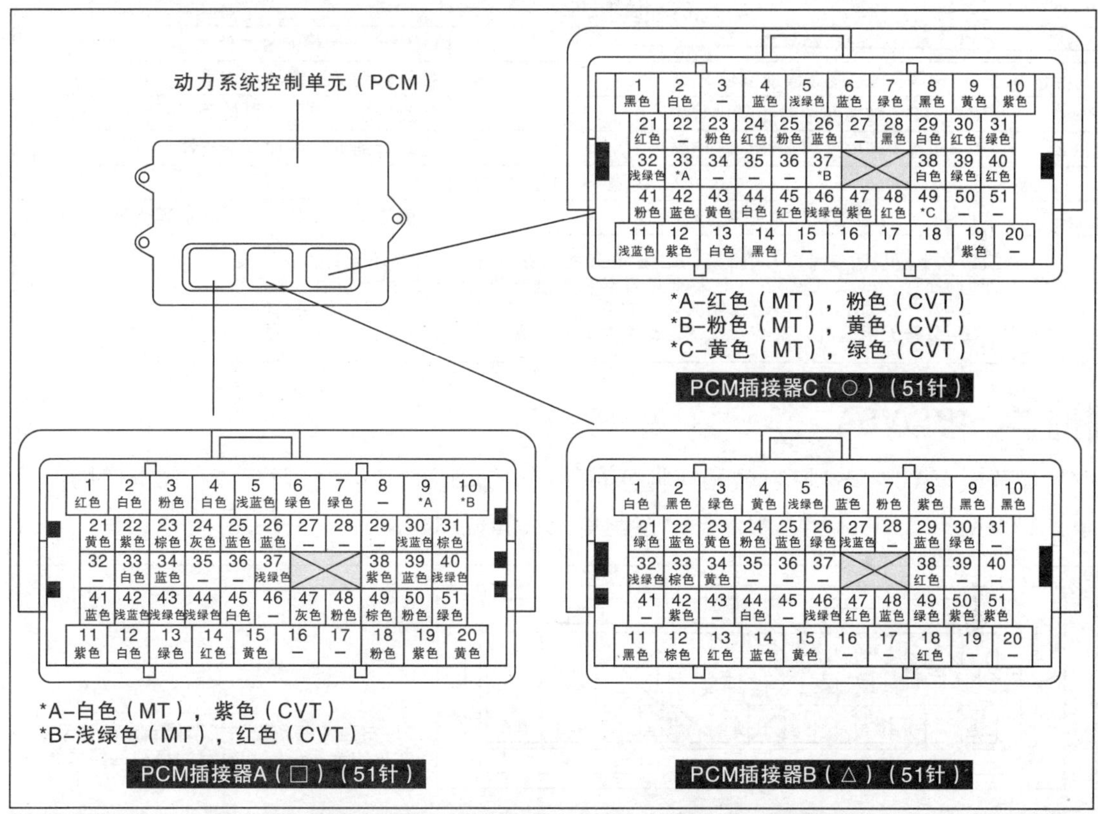


图5-27 锋范轿车1.5L L15B2发动机动力系统控制单元针脚分布

表5-29 锋范轿车1.5L L15B2发动机动力系统控制单元针脚说明

| 针脚号 | 针脚名称 | 说明 |
| --- | --- | --- |
| PCM插接器A（□）（51针） | | |
| 9[*1] | CLUTCH SW（加档）（离合器踏板位置开关C） | 检测离合器踏板位置开关C信号 |
| 9[*2] | ATP-R（变速器档位开关R位置） | 检测变速器档位开关R位置信号 |
| 10[*1] | CLUTCH SW（SA）（离合器踏板位置开关A） | 检测离合器踏板位置开关A信号 |
| 10[*2] | ATP-P（变速器档位开关P位置） | 检测变速器档位开关P位置信号 |
| 18[*3] | ACC/IG2 CUT RLY CL-（ACC断电继电器/IG2断电继电器） | 驱动ACC断电继电器、IG2断电继电器 |
| 20[*4] | CLUTCH SW（I/S）（离合器踏板位置开关D） | 检测离合器踏板位置开关D信号 |
| 33[*3] | ST CUT RLY1 CL-（起动机断电继电器1） | 驱动起动机断电继电器1 |
| 34[*3] | ST CUT RLY2 CL-（起动机断电继电器2） | 驱动起动机断电继电器2 |
| 37 | STOP LT（制动踏板位置开关） | 检测制动踏板位置开关信号 |

（续）

| 针脚号 | 针脚名称 | 说明 |
|---|---|---|
| 44[*5] | VAC1（制动助力器真空） | 检测制动助力器真空 |
| 47[*3] | START DIAG（起动机信号负载） | 检测起动机信号 |
| 49[*1] | BACK LT（倒车灯开关） | 检测倒车灯开关信号 |
| 50[*7] | CLUTCH SW（巡航）（离合器踏板位置开关B） | 检测离合器踏板位置开关B信号 |
| 51[*6] | STS（起动机开关信号） | 检测起动机开关信号 |
| PCM插接器B（△）（51针） | | |
| 22[*5] | CTS（变换器起动触发器） | DC/DC变换器的触发信号 |
| 23[*2] | EOPSIG（辅助变速器油泵信号） | 检测辅助变速器油泵信号 |
| 29[*2] | EOPSTS（辅助变速器油泵信号） | 检测辅助变速器油泵信号 |
| 44[*2] | EOPRLY（辅助变速器油泵继电器） | 驱动辅助变速器油泵继电器 |
| PCM插接器C（○）（51针） | | |
| 23[*2] | ATP-RVS（变速器档位开关RVS位置） | 检测变速器档位开关RVS位置信号 |
| 注 | 1. 其余针脚说明参考XR-V轿车1.5L L15B5发动机动力系统控制单元针脚说明表<br>2. *1-MT *2-CVT *3-装备发动机节能自动起停系统和无钥匙进入系统<br>*4-装备发动机节能自动起停系统（MT） *5-装备发动机节能自动起停系统<br>*6-装备无钥匙进入系统 *7-装备发动机节能自动起停系统和无钥匙进入系统（MT） | |

## 二、ABS/VSA

锋范轿车ABS/VSA控制单元针脚分布如图5-28所示，其中针脚5、7、10未使用，其余针脚说明参考XR-V轿车ABS/VSA控制单元针脚说明表。

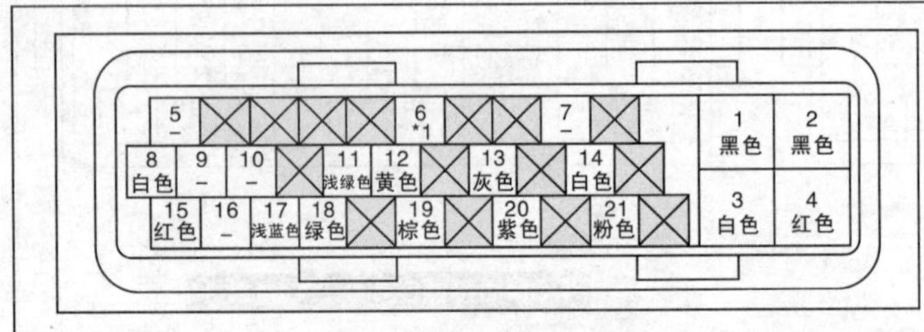


*1-白色（装备发动机节能自动起停系统）
紫色（未装备发动机节能自动起停系统）

图5-28 锋范轿车ABS/VSA控制单元针脚分布

# 第六章 东风日产车系

## 第一节 全新轩逸（2016~2018年款）

### 一、1.6L HR16DE发动机

全新轩逸轿车1.6L HR16DE发动机控制单元位于发动机舱，安装位置如图6-1所示，其针脚分布如图6-2所示，针脚说明及检测数据见表6-1。

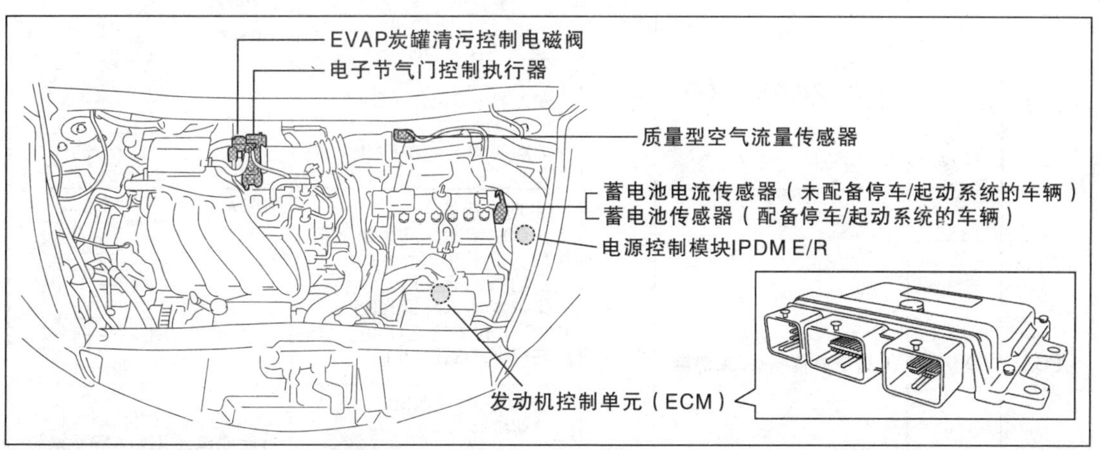


图6-1 全新轩逸轿车1.6L HR16DE发动机控制单元安装位置

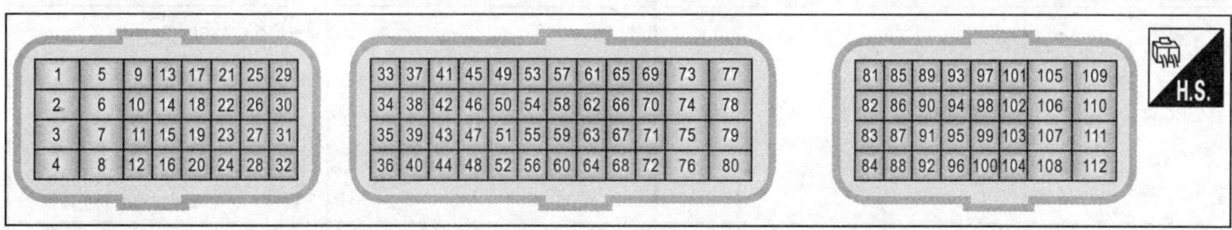


图6-2 全新轩逸轿车1.6L HR16DE发动机控制单元针脚分布

表6-1 全新轩逸轿车1.6L HR16DE发动机控制单元针脚说明及检测数据

| 针脚号 | | 说明 | | 状态 | 值（近似值） |
|---|---|---|---|---|---|
| + | − | 信号名称 | 输入/输出 | | |
| 提示：●在ECM和ECM线束接头之间连接一个接线盒和一个线束适配器<br>·特别注意不要同时接触两个销<br>·数据仅供比较之用，可能并非正确值<br>●技术参数数据为参考值，在各端子之间测得<br>●用CONSULT测量脉冲信号<br>●下文“值（近似值）”列中的图均为示波器输出的原图，1msec/div表示每格1ms，5V/div表示每格5V | | | | | |
| 1（V） | 108（B） | 节气门控制电动机（打开） | 输出 | [点火开关：ON]<br>◇发动机停止<br>◇变速杆：D档位（CVT），1档（M/T）<br>◇加速踏板：完全踩下 | 1.7V★<br>1mSec/div<br>5V/div |

（续）

| 针脚号 | | 说明 | | 状态 | 值（近似值） |
|---|---|---|---|---|---|
| + | − | 信号名称 | 输入/输出 | | |
| 2（L） | 108（B） | 节气门控制电动机电源 | 输入 | [点火开关：ON] | 蓄电池电压（11~14 V） |
| 3（G） | 108（B） | 空燃比传感器1加热器 | 输出 | [发动机运转中]<br>◇暖机状态<br>◇怠速（在起动发动机后超过140s） | 2.9–8.8V★<br>50mSec/div<br>5V/div |
| 4（P） | 108（B） | 节气门控制电动机（关闭） | 输出 | [点火开关：ON]<br>◇发动机停止<br>◇变速杆：D档位（CVT），1档（M/T）<br>◇加速踏板：完全松开 | 1.8V★<br>1mSec/div<br>5V/div |
| 5（G） | 59（R） | 加热型氧传感器2加热器 | 输出 | [发动机运转中]<br>◇发动机转速：满足以下条件后，低于3600r/min<br>・发动机：暖机后<br>・保持发动机转速在3500～4000r/min之间达1min，然后在空载下怠速1min | 10V★<br>50mSec/div<br>10V/div |
| | | | | [点火开关：ON]<br>◇发动机停止<br>[发动机运转中]<br>◇发动机转速：大于3600r/min | 蓄电池电压（11~14V） |
| 6[*2]（GR） | 108（B） | 稳压器信号 | 输出 | [停车/起动系统操作]<br>◇重新起动期间 | 12V★<br>100mSec/div<br>5V/div<br>（操作起动电动机期间） |
| 7[*2]（W） | 108（B） | 发动机重新起动旁通控制继电器 | 输出 | [发动机运转中]<br>◇暖机状态<br>◇怠速 | 蓄电池电压（11~14V） |
| | | | | [停车/起动系统操作]<br>◇重新起动期间 | 0V（操作起动电动机期间） |
| 9（L） | 108（B） | EVAP炭罐净化量控制电磁阀 | 输出 | [发动机运转中]<br>◇怠速 | 蓄电池电压（11~14V）★<br>50mSec/div<br>10V/div |
| | | | | [发动机运转中]<br>◇发动机转速：大约2000 r/min（发动机起动超过100s后） | 蓄电池电压（11~14V）★<br>50mSec/div<br>10V/div |

（续）

| 针脚号 | | 说明 | | 状态 | 值（近似值） |
|---|---|---|---|---|---|
| + | − | 信号名称 | 输入/输出 | | |
| 10（B） | — | ECM接地 | — | — | — |
| 11（B） | — | ECM接地 | — | — | — |
| 12（G） | 108（B） | 1号喷油器（后） | 输出 | [发动机运转中]<br>◇暖机状态<br>◇怠速<br>注：怠速时，脉冲周期随转速改变 | 蓄电池电压（11~14V）★<br>50mSec/div<br>10V/div |
| 16（LG） | | 3号喷油器（后） | | | |
| 20（P） | | 2号喷油器（后） | | | |
| 24（L） | | 4号喷油器（后） | | | |
| 25（SB） | | 4号喷油器（前） | | [发动机运转中]<br>◇暖机状态<br>◇发动机转速：2000r/min | 蓄电池电压（11~14V）★<br>50mSec/div<br>10V/div |
| 29（SB） | | 3号喷油器（前） | | | |
| 30（SB） | | 2号喷油器（前） | | | |
| 31（SB） | | 1号喷油器（前） | | | |
| 15（Y） | 108（B） | 节气门控制电动机继电器 | 输出 | [点火开关：OFF] | 蓄电池电压（11~14V） |
| | | | | [点火开关：ON] | 0.8V |
| 17（BR） | 108（B） | 1号点火信号 | 输出 | [发动机运转中]<br>◇暖机状态<br>◇怠速<br>注：怠速时，脉冲周期随转速改变 | 0~0.13 V★<br>50mSec/div<br>2V/div |
| 18（LG） | | 2号点火信号 | | | |
| 21（W） | | 4号点火信号 | | [发动机运转中]<br>◇暖机状态<br>◇发动机转速：2500r/min | 0.21V★<br>50mSec/div<br>2V/div |
| 22<br>（O）[*1]<br>（BG）[*2] | | 3号点火信号 | | | |
| 23（GR） | 108（B） | 燃油泵继电器 | 输出 | [点火开关：ON]<br>◇点火开关转至ON位置后1s<br>[发动机运转中] | 0~1.0V |
| | | | | [点火开关：ON]<br>◇点火开关转至ON位置后超过1s | 蓄电池电压（11~14V） |
| 32（P） | 108（B） | ECM继电器（自切断） | 输出 | [发动机运转中]<br>[点火开关：OFF]<br>◇点火开关转至OFF位置后几秒 | 0~1.0V |
| | | | | [点火开关：OFF]<br>◇点火开关转至OFF位置后超过几秒 | 蓄电池电压（11~14V） |
| 33（G） | 36<br>（R）[*1]<br>（W）[*2] | 节气门位置传感器1 | 输入 | [点火开关：ON]<br>◇发动机停止<br>◇变速杆：D档位（CVT），1档（M/T）<br>◇加速踏板：完全松开 | 高于0.68V |

（续）

| 针脚号 | | 说明 | | 状态 | 值（近似值） |
|---|---|---|---|---|---|
| + | − | 信号名称 | 输入/输出 | | |
| 33（G） | 36（R）*1（W）*2 | 节气门位置传感器1 | 输入 | [点火开关：ON]<br>◇发动机停止<br>◇变速杆：D档位（CVT），1档（M/T）<br>◇加速踏板：完全踩下 | 低于1.82V |
| 34（W） | 36（R）*1（W）*2 | 节气门位置传感器2 | 输入 | [点火开关：ON]<br>◇发动机停止<br>◇变速杆：D档位（CVT），1档（M/T）<br>◇加速踏板：完全松开 | 低于4.32V |
| | | | | [点火开关：ON]<br>◇发动机停止<br>◇变速杆：D档（CVT），1档（M/T）<br>◇加速踏板：完全踩下 | 高于3.17V |
| 36（R） | — | 传感器接地（节气门位置传感器） | — | — | — |
| 37（W） | 40（B） | 爆燃传感器 | 输入 | [发动机运转中]<br>◇怠速 | 2.5V |
| 38（LG） | 44（V） | 冷却液温度传感器 | 输入 | [发动机运转中] | 0~4.8V<br>输出电压随冷却液温度变化 |
| 39*1（O） | 68*1（BR） | 蓄电池温度传感器 | 输入 | [发动机运转中] | 0~4.8V<br>输出电压随冷却液温度变化 |
| 40（B） | — | 传感器接地（爆燃传感器遮蔽电路） | | — | — |
| 41*2（G） | 60（W） | 制动助力器压力传感器 | 输入 | [发动机运转中]<br>◇怠速<br>◇制动踏板：完全松开 | 1.25V |
| | | | | [发动机运转中]<br>◇怠速<br>◇制动踏板：轻轻踩下 | 1.5V |
| 43*2（G） | 68（BR） | 大气压力传感器 | 输入 | [点火开关：ON] | 1.8~4.8V<br>输出电压随大气压力变化 |
| 44（V） | — | 传感器接地（冷却液温度传感器） | | — | — |
| 45（G） | 52（P） | 质量空气流量传感器 | 输入 | [点火开关：ON]<br>◇发动机停止 | 0.4V |
| | | | | [发动机运转中]<br>◇暖机状态<br>◇怠速 | 0.8~1.3V |
| | | | | [发动机运转中]<br>◇暖机状态<br>◇发动机从怠速上升至约4000r/min | 0.8~1.3至2.4V<br>（检查电压是否随发动机转速升高至约4000r/min而线性上升） |

（续）

| 针脚号 | | 说明 | | 状态 | 值（近似值） |
|---|---|---|---|---|---|
| + | − | 信号名称 | 输入/输出 | | |
| 46（SB） | 52（P） | 进气温度传感器 | 输入 | [发动机运转中] | 0~4.8 V<br>输出电压随进气温度变化 |
| 47（G） | 60（W） | 机油压力传感器 | 输入 | [发动机运转中]<br>◇暖机状态<br>◇怠速 | 1.0~2.0V |
| | | | | [发动机运转中]<br>◇暖机状态<br>◇发动机转速：2000r/min | 1.5~3.5V |
| 48（Y） | 63（L） | 排气门正时控制位置传感器 | 输入 | [发动机运转中]<br>◇暖机状态<br>◇怠速<br>注：怠速时，脉冲周期随转速改变 | 4.1V★ 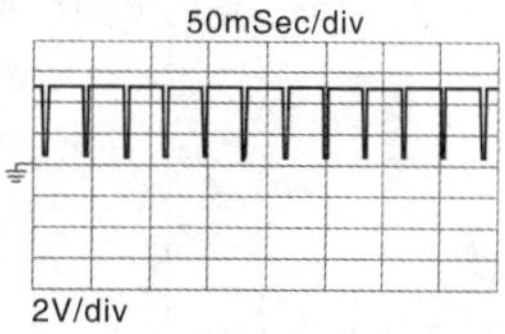<br>50mSec/div<br>2V/div |
| | | | | [发动机运转中]<br>◇发动机转速：2000r/min | 1.2V★ 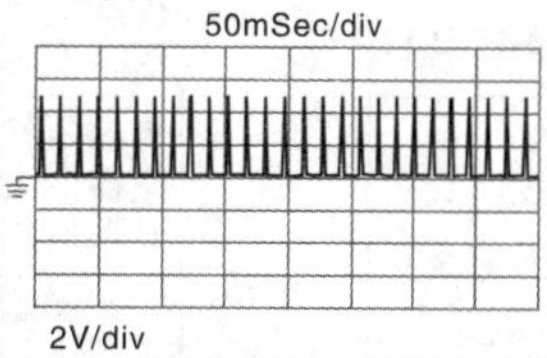<br>50mSec/div<br>2V/div |
| 49（W） | 108（B） | 空燃比传感器1 | 输入 | [点火开关：ON] | 2.2V |
| 50（W） | 59（R） | 加热型氧传感器2 | 输入 | [发动机运转中]<br>◇满足下列条件后，发动机转速迅速从怠速升高至3000 r/min<br>・发动机：暖机后<br>・保持发动机转速在3500~4000r/min之间达1min，然后在空载下怠速1min | 0~1.0V |
| 52（W） | — | 传感器接地（质量空气流量传感器/进气温度传感器） | — | — | — |
| 53（B） | 108（B） | 空燃比传感器1 | 输入 | [发动机运转中]<br>◇暖机状态<br>◇发动机转速：2500r/min | 1.8V<br>输出电压随空燃比变化 |
| 54<br>（O）[*1]<br>（BG）[*2] | — | 传感器接地（机油温度传感器） | — | — | — |
| 57（P） | 54（BG） | 机油温度传感器 | 输入 | [发动机运转中] | 0~4.8V<br>输出电压随机油温度变化 |
| 58[*1]<br>（G） | 68[*1]<br>（BR） | 蓄电池电流传感器 | 输入 | [发动机运转中]<br>◇蓄电池：完全充满[*3]<br>◇怠速 | 2.5~3.5V |

（续）

| 针脚号 | | 说明 | | 状态 | 值（近似值） |
|---|---|---|---|---|---|
| + | - | 信号名称 | 输入/输出 | | |
| 59（R） | — | 传感器接地（加热型氧传感器2） | — | — | — |
| 60（W） | — | 传感器接地（发动机机油压力传感器） | — | — | — |
| 61（R） | 62（B） | 曲轴位置传感器（位置） | 输入 | [发动机运转中]<br>◇暖机状态<br>◇怠速<br>注：怠速时，脉冲周期随转速改变 | 4.0V★ 5mSec/div 2V/div |
| | | | | [发动机运转中]<br>◇发动机转速：2000r/min | 4.0V★ 5mSec/div 2V/div |
| 62（B） | — | 传感器接地[曲轴位置传感器（位置）] | — | — | — |
| 63（L） | — | 传感器接地[凸轮轴位置传感器（相位）、排气门正时控制位置传感器] | — | — | — |
| 65（Y） | 63（L） | 凸轮轴位置传感器（相位） | 输入 | [发动机运转中]<br>◇暖机状态<br>◇怠速<br>注：怠速时，脉冲周期随转速改变 | 4.3V★ 50mSec/div 2V/div |
| | | | | [发动机运转中]<br>◇发动机转速：2000r/min | 4.3V★ 50mSec/div 2V/div |
| 68[*1]（BR） | — | 传感器接地（蓄电池电流传感器） | — | — | — |
| 69（BR） | 108（B） | 驻车/空档信号 | 输入 | [点火开关：ON]<br>◇变速杆：P或N档（CVT）、空档（MT） | 蓄电池电压（11~14V） |
| | | | | [点火开关：ON]<br>◇变速杆：除上述档位以外 | 0V |
| 70[*2]（V） | 108（B） | 发动机通信线路（DC/DC变换器、蓄电池传感器） | 输入/输出 | [点火开关：ON] | 12V★ 1mSec/div 5V/div |

（续）

| 针脚号 | | 说明 | | 状态 | 值（近似值） |
|---|---|---|---|---|---|
| + | − | 信号名称 | 输入/输出 | | |
| 71[*1]（Y） | 68[*1]（BR） | 传感器电源（蓄电池电流传感器） | — | [点火开关：ON] | 5V |
| 72（B） | 36（R）[*1]（W）[*2] | 传感器电源（节气门位置传感器） | — | [点火开关：ON] | 5V |
| 73（Y） | 108（B） | 进气门正时控制电磁阀 | 输出 | [发动机运转中]<br>◇暖机状态<br>◇怠速 | 蓄电池电压（11~14V） |
| | | | | [发动机运转中]<br>◇暖机状态<br>◇当发动机转速迅速升高至2000r/min时 | 7~10V★<br>100mSec/div<br>10V/div |
| 74（R） | 60（W） | 传感器电源（发动机机油压力传感器） | — | [点火开关：ON] | 5V |
| 75（W） | 62（B） | 传感器电源[曲轴位置传感器（位置）] | — | [点火开关：ON] | 5V |
| 77（G） | 108（B） | 排气门正时控制电磁阀 | 输出 | [发动机运转中]<br>◇暖机状态<br>◇怠速 | 蓄电池电压（11~14V） |
| | | | | [发动机运转中]<br>◇暖机状态<br>◇当发动机转速迅速升高至2000r/min时 | 7~10V★<br>100mSec/div<br>10V/div |
| 78（G） | 63（L） | 传感器电源[凸轮轴位置传感器（相位）、排气门正时控制位置传感器] | — | [点火开关：ON] | 5V |
| 81（Y） | 108（B） | ECM电源（备份） | 输入 | [点火开关：OFF] | 蓄电池电压（11~14V） |
| 82（SB） | 108（B） | 起动电动机继电器切断信号 | 输出 | [点火开关：ON] | 0V |
| | | | | [发动机运转中]<br>◇怠速 | 蓄电池电压（11~14V） |
| 83（P） | — | CAN−L | 输入/输出 | — | — |
| 84（L） | — | CAN−H | 输入/输出 | — | — |
| 85（P） | 98（V） | 制冷剂压力传感器 | 输入 | [发动机运转中]<br>◇暖机状态<br>◇空调开关和鼓风机风扇开关：ON（压缩机工作） | 0V（起动电动机运转时） |

（续）

| 针脚号 | | 说明 | | 状态 | 值（近似值） |
|---|---|---|---|---|---|
| + | − | 信号名称 | 输入/输出 | | |
| 87（R）[*1]（V）[*2] | 108（B） | 起动电动机继电器控制信号 | 输出 | [发动机运转中]<br>◇暖机状态<br>◇怠速变速杆档位：D<br>◇发动机转速：低于1500 r/min | 0V（起动电动机运转时） |
| | | | | [发动机运转中]<br>◇暖机状态<br>◇怠速 | 蓄电池电压（11~14V） |
| 88（R） | — | 数据接口 | 输入/输出 | — | — |
| 89[*2]（W） | 108（B） | 停车/起动OFF开关 | 输入 | [点火开关：ON]<br>◇停车/起动OFF开关：OFF | 蓄电池电压（11~14V） |
| | | | | [点火开关：ON]<br>◇停车/起动OFF开关：ON | 蓄电池电压（11~14V）<br>↓<br>0V<br>↓<br>蓄电池电压（11~14V） |
| 93（R） | 108（B） | 点火开关 | 输入 | [点火开关：OFF] | 0V |
| | | | | [点火开关：ON] | 蓄电池电压（11~14V） |
| 98（V） | — | 传感器接地（制冷剂压力传感器） | | — | — |
| 99（SB）[*1]（P）[*2] | 108（B） | 制动灯开关 | 输入 | [点火开关：OFF]<br>◇制动踏板：完全松开 | 0V |
| | | | | [点火开关：OFF]<br>◇制动踏板：轻轻踩下 | 蓄电池电压（11~14V） |
| 101（L） | 98（V） | 传感器电源（制冷剂压力传感器） | — | [点火开关：ON] | 5V |
| 102（O）[*1]（W）[*2] | 104（Y） | 传感器电源（加速踏板位置传感器2） | — | [点火开关：ON] | 5V |
| 103（W）[*1]（BR）[*2] | 104（Y） | 加速踏板位置传感器2 | 输入 | [点火开关：ON]<br>◇发动机停止<br>◇加速踏板：完全松开 | 0.3~0.6V |
| | | | | [点火开关：ON]<br>◇发动机停止<br>◇加速踏板：完全踩下 | 1.95~2.4V |
| 104（R）[*1]（Y）[*2] | — | 传感器接地（加速踏板位置传感器2） | — | — | — |
| 105（LG） | 108（B） | ECM电源 | 输入 | [点火开关：ON] | 蓄电池电压（11~14V） |
| 106（V） | 111（R） | 传感器电源（加速踏板位置传感器1） | — | [点火开关：ON] | 5V |
| 108（B/Y）[*1]（B）[*2] | — | ECM接地 | — | — | — |

（续）

<table>
<tr><th colspan="2">针脚号</th><th colspan="2">说明</th><th rowspan="2">状态</th><th rowspan="2">值（近似值）</th></tr>
<tr><th>+</th><th>-</th><th>信号名称</th><th>输入/输出</th></tr>
<tr><td rowspan="2">110<br>（L）[*1]<br>（G）[*2]</td><td rowspan="2">111（R）</td><td rowspan="2">加速踏板位置传感器1</td><td rowspan="2">输入</td><td>[点火开关：ON]<br>◇发动机停止<br>◇加速踏板：完全松开</td><td>0.6~0.9V</td></tr>
<tr><td>[点火开关：ON]<br>◇发动机停止<br>◇加速踏板：完全踩下</td><td>3.9~4.7V</td></tr>
<tr><td>111<br>（B）[*1]<br>（R）[*2]</td><td>—</td><td>传感器接地（加速踏板位置传感器1）</td><td>—</td><td>—</td><td>—</td></tr>
<tr><td>注</td><td colspan="5">★-脉冲信号的平均电压（可使用示波器确认实际的脉冲信号）<br>*1-未配备停车/起动系统<br>*2-配备停车/起动系统<br>*3-测量端子电压前，确认蓄电池已经充满</td></tr>
</table>

## 二、RE0F11A/RE0F11B无级变速器

全新轩逸轿车RE0F11A/RE0F11B无级变速器控制单元针脚分布如图6-3所示，针脚说明及检测数据见表6-2。

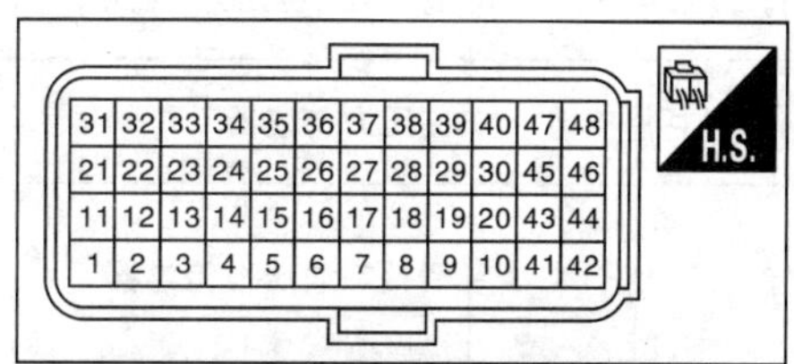


图6-3 全新轩逸轿车RE0F11A/RE0F11B无级变速器控制单元针脚分布

**表6-2 全新轩逸轿车RE0F11A/RE0F11B无级变速器控制单元针脚说明及检测数据**

<table>
<tr><th colspan="2">针脚号</th><th colspan="2">说明</th><th colspan="2" rowspan="2">状态</th><th rowspan="2">值（近似值）</th></tr>
<tr><th>+</th><th>-</th><th>信号名称</th><th>输入/输出</th></tr>
<tr><td rowspan="2">1[*1]（SB）</td><td rowspan="2">接地</td><td rowspan="2">电动油泵继电器</td><td rowspan="2">输入</td><td colspan="2">[点火开关：OFF]</td><td>10~16V</td></tr>
<tr><td colspan="2">[在D档位以5km/h速度行驶时]</td><td>0V</td></tr>
<tr><td rowspan="2">2（BR）</td><td rowspan="2">接地</td><td rowspan="2">L档位开关</td><td rowspan="2">输入</td><td rowspan="12">[点火开关ON]</td><td>变速杆：L档位</td><td>10~16V</td></tr>
<tr><td>除以上操作外</td><td>0V</td></tr>
<tr><td rowspan="2">4（W）</td><td rowspan="2">接地</td><td rowspan="2">D档位开关</td><td rowspan="2">输入</td><td>变速杆：D档位</td><td>10~16V</td></tr>
<tr><td>除以上操作外</td><td>0V</td></tr>
<tr><td rowspan="2">5（LG）</td><td rowspan="2">接地</td><td rowspan="2">N档位开关</td><td rowspan="2">输入</td><td>变速杆：N档位</td><td>10~16V</td></tr>
<tr><td>除以上操作外</td><td>0V</td></tr>
<tr><td rowspan="2">6（G）</td><td rowspan="2">接地</td><td rowspan="2">R档位开关</td><td rowspan="2">输入</td><td>变速杆：R档位</td><td>10~16V</td></tr>
<tr><td>除以上操作外</td><td>0V</td></tr>
<tr><td rowspan="2">7（SB）</td><td rowspan="2">接地</td><td rowspan="2">P档位开关</td><td rowspan="2">输入</td><td>变速杆：P档位</td><td>10~16V</td></tr>
<tr><td>除以上操作外</td><td>0V</td></tr>
<tr><td rowspan="2">10[*1]（O）</td><td rowspan="2">接地</td><td rowspan="2">低速制动压力传感器</td><td rowspan="2">输入</td><td colspan="2">◇变速杆：L档位</td><td rowspan="2">0.72 ~ 0.76 V</td></tr>
<tr><td colspan="2">◇车速：20 km/h</td></tr>
</table>

（续）

<table>
<tr><th colspan="2">针脚号</th><th colspan="2">说明</th><th colspan="2" rowspan="2">状态</th><th rowspan="2">值（近似值）</th></tr>
<tr><th>+</th><th>-</th><th>信号名称</th><th>输入/输出</th></tr>
<tr><td>11（Y）</td><td>接地</td><td>传感器接地</td><td>—</td><td colspan="2">一直</td><td>0V</td></tr>
<tr><td rowspan="3">12（SB）</td><td rowspan="3">接地</td><td rowspan="3">CVT油温度传感器</td><td rowspan="3">输入</td><td rowspan="3">[点火开关：ON]</td><td>无级变速器油：约20℃</td><td>2.01~2.05V</td></tr>
<tr><td>无级变速器油：约50℃</td><td>1.45~1.50V</td></tr>
<tr><td>无级变速器油：约80℃</td><td>0.90~0.94V</td></tr>
<tr><td>14（G）</td><td>接地</td><td>G传感器</td><td>输入</td><td>[点火开关：ON]</td><td>车辆停在水平地面上时</td><td>2.5V</td></tr>
<tr><td>15[*1]（Y）</td><td>接地</td><td>传感器接地</td><td>—</td><td colspan="2">一直</td><td>0V</td></tr>
<tr><td rowspan="2">16（P）</td><td rowspan="2">接地</td><td rowspan="2">辅助压力传感器</td><td rowspan="2">输入</td><td colspan="2" rowspan="2">◇变速杆：N档位<br>◇怠速时</td><td>0.88~0.92V[*2]</td></tr>
<tr><td>0.86~0.92V[*1]</td></tr>
<tr><td>17[*1]（W）</td><td>接地</td><td>高速离合器压力传感器</td><td>输入</td><td colspan="2">◇变速杆：N档位<br>◇怠速时</td><td>0.48~0.52V</td></tr>
<tr><td>19[*1]（P）</td><td>接地</td><td>主压力传感器</td><td>输入</td><td colspan="2">[点火开关：ON]<br>◇发动机转速：0r/min</td><td>0.48~0.52V</td></tr>
<tr><td>20[*1]（LG）</td><td>接地</td><td>倒档制动压力传感器</td><td>输入</td><td colspan="2">◇变速杆：R档位<br>◇踩下制动踏板（车速：0 km/h）</td><td>0.74~0.78V</td></tr>
<tr><td>21（O）</td><td>—</td><td>存储（片选）</td><td>—</td><td colspan="2">—</td><td>—</td></tr>
<tr><td>22（GR）</td><td>—</td><td>存储（数据）</td><td>—</td><td colspan="2">—</td><td>—</td></tr>
<tr><td>23（P）</td><td>—</td><td>CAN-L</td><td>输入/输出</td><td colspan="2">—</td><td>—</td></tr>
<tr><td>24（V）</td><td rowspan="2">接地</td><td rowspan="2">输出速度传感器</td><td rowspan="2">输入</td><td colspan="2" rowspan="2">◇变速杆：L档位<br>◇车速：20km/h</td><td rowspan="2">200Hz<br>2.5mSec/div<br>5V/div</td></tr>
<tr><td>24[*1]（GR）</td></tr>
<tr><td rowspan="2">25[*1]（BR）</td><td rowspan="2">接地</td><td rowspan="2">电动油泵命令信号</td><td rowspan="2">输出</td><td colspan="2">[停车/起动系统操作过程中]</td><td>100Hz</td></tr>
<tr><td colspan="2">[点火开关：OFF→ON]</td><td>0Hz</td></tr>
<tr><td rowspan="2">26（R）</td><td rowspan="2">接地</td><td rowspan="2">传感器电源</td><td rowspan="2">输出</td><td colspan="2">[点火开关：ON]</td><td>5.0V</td></tr>
<tr><td colspan="2">[点火开关：OFF]</td><td>0V</td></tr>
<tr><td>27[*1]（G）</td><td>接地</td><td>辅助压力电磁阀</td><td>输出</td><td colspan="2">◇变速杆：L档位<br>◇车速：20km/h</td><td>2.5mSec/div<br>5V/div</td></tr>
</table>

（续）

| 针脚号 | | 说明 | | 状态 | 值（近似值） |
|---|---|---|---|---|---|
| + | − | 信号名称 | 输入/输出 | | |
| 30（Y） | 接地 | 管路压力电磁阀 | 输出 | ◇暖机后<br>◇变速杆：N档位<br>◇怠速时 | 2.5mSec/div<br>5V/div |
| | | | | ◇暖机后<br>◇变速杆：D档位<br>◇完全踩下加速踏板 | 2.5mSec/div<br>5V/div |
| 31（V） | — | 存储（时钟） | | — | — |
| 32[*1]（G） | 接地 | 电动油泵状态信号 | 输入 | [停车/起动系统操作过程中] | 100Hz |
| | | | | [点火开关：OFF→ON] | 0Hz |
| 33（L） | — | CAN−H | 输入/输出 | — | — |
| 34（R） | 接地 | 辅助速度传感器 | 输入 | ◇变速杆：L档位<br>◇车速：20km/h | 700Hz<br>1mSec/div<br>5V/div |
| 35（O） | 接地 | 主速度传感器 | 输入 | ◇变速杆：L档位<br>◇车速：20km/h | 1100Hz<br>1mSec/div<br>5V/div |
| 36[*1]（SB） | 接地 | 传感器电源 | 输出 | [点火开关：ON] | 5.0V |
| | | | | [点火开关：OFF] | 0V |
| 37（L） | 接地 | 高速离合器和倒档制动电磁阀 | 输出 | [处于L档位时行驶] | 2.5mSec/div<br>5V/div |
| | | | | [满足下列条件时松开加速踏板]<br>◇变速杆：D档位<br>◇加速踏板位置：1/8或以下<br>◇车速：大于或等于50km/h | 2.5mSec/div<br>5V/div |

（续）

| 针脚号 | | 说明 | | 状态 | 值（近似值） |
|---|---|---|---|---|---|
| + | − | 信号名称 | 输入/输出 | | |
| 38[2]（LG） | 接地 | 变矩器离合器电磁阀 | 输出 | ◇变速杆：D档位<br>◇加速踏板位置：1/8或以下<br>◇车速：大于或等于20km/h | 1mSec/div<br>5V/div |
| 38[1]（R） | 接地 | 变矩器离合器电磁阀 | 输出 | ◇发动机起动<br>◇车辆停止 | 1mSec/div<br>5V/div |
| 39（G） | 接地 | 低速制动电磁阀 | 输出 | ◇变速杆：L档位<br>◇车速：20km/h | 2.5mSec/div<br>5V/div |
| | | | | [满足下列条件时松开加速踏板]<br>◇变速杆：D档位<br>◇加速踏板位置：1/8或以下<br>◇车速：大于或等于50km/h | 2.5mSec/div<br>5V/div |
| 40（W） | 接地 | 主压力电磁阀 | 输出 | ◇变速杆：L档位<br>◇车速：20km/h | 2.5mSec/div<br>5V/div |
| 41（B） | 接地 | 接地 | — | 一直 | 0V |
| 42（B） | 接地 | 接地 | — | 一直 | 0V |
| 45（V） | 接地 | 蓄电池电源（备用） | 输入 | 一直 | 10~16V |
| 46（GR） | 接地 | 蓄电池电源（备用） | 输入 | 一直 | 10~16V |
| 47（LG） | 接地 | 点火电源 | 输入 | [点火开关：ON] | 10~16V |
| | | | | [点火开关：OFF] | 0V |
| 48（W） | 接地 | 点火电源 | 输入 | [点火开关：ON] | 10~16V |
| | | | | [点火开关：OFF] | 0V |
| 注 | *1-仅用于RE0F11B无级变速器<br>*2-仅用于RE0F11A无级变速器 | | | | |

## 三、ABS

全新轩逸轿车ABS防抱死制动控制单元针脚分布如图6-4所示，针脚说明见表6-3。

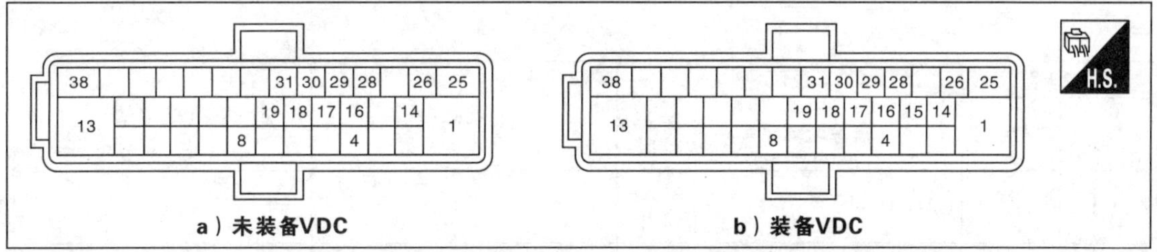


图6-4 全新轩逸轿车ABS防抱死制动控制单元针脚分布

表6-3 全新轩逸轿车ABS防抱死制动控制单元针脚说明

| 针脚号 | 导线颜色 | 信号名称（规格） | 针脚号 | 导线颜色 | 信号名称（规格） |
|---|---|---|---|---|---|
| 1 | W | ABS泵电动机 | 25 | L | ABS泵电磁阀 |
| 4 | L | 右前轮速传感器信号 | 26 | L | CAN-H |
| 8 | V | 左前轮速传感器信号 | 28 | V | 电源（IGN） |
| 13 | B | 接地 | 29 | Y | 右后轮速传感器信号 |
| 14 | P | CAN-L | 30 | R | 制动灯开关信号 |
| 15* | GR | VDC OFF开关信号 | 31 | R | 左后轮速传感器电源 |
| 16 | Y | 右前轮速传感器电源 | 38 | B | 接地 |
| 17 | BR | 右后轮速传感器电源 | 注 | 1. *表示仅用于装备VDC的汽车<br>2. 编号2、3、5~7、9~12、20~24、27、32~37的针脚未使用 | |
| 18 | W | 左后轮速传感器信号 | | | |
| 19 | LG | 左前轮速传感器信号 | | | |

## 四、空调

### 1. 自动空调

全新轩逸轿车自动空调控制器针脚分布如图6-5所示，针脚说明及检测数据见表6-4。

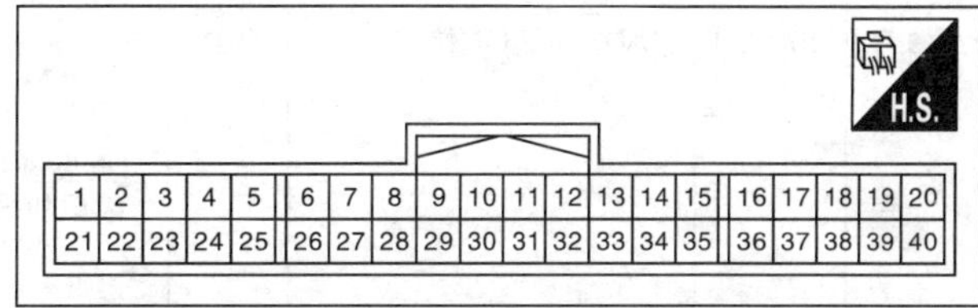


图6-5 全新轩逸轿车自动空调控制器针脚分布

表6-4 全新轩逸轿车自动空调控制器针脚说明及检测数据

| 针脚号 | | 说明 | | 状态 | 值（近似值） |
|---|---|---|---|---|---|
| + | − | 信号名称 | 输入/输出 | | |
| 1（GR） | 30（B） | 空调控制面板信号 | 输出 | [点火开关：ON]<br>主动测试（HVAC测试：模式4） | (V) 15 10 5 0 ; 0.5ms |
| 2（LG） | 30（B） | 车内传感器信号 | 输入 | [点火开关：ON] | — |
| 3（L） | 30（B） | 进气传感器信号 | 输入 | [点火开关：ON] | — |
| 4（V） | 30（B） | 环境温度传感器信号 | 输入 | [点火开关：ON] | — |
| 5（G） | 30（B） | 日照传感器信号 | 输入 | [点火开关：ON] | — |
| 6（L） | — | CAN-H | 输入/输出 | — | — |

（续）

| 针脚号 | | 说明 | | 状态 | 值（近似值） |
|---|---|---|---|---|---|
| + | − | 信号名称 | 输入/输出 | | |
| 7（P） | — | CAN–L | 输入/输出 | — | — |
| 8（W） | 30（B） | 进气风门电动机电源 | 输出 | [点火开关：ON] | 4.8~5.2 V |
| 9（GR） | 30（B） | 空调自动放大器连接识别信号 | 输出 | [点火开关：ON] | 4.8~5.2 V |
| 10（R） | 30（B） | 传感器接地 | — | [点火开关：ON] | 0~0.1V |
| 11（LG） | 30（B） | 点火电源 | — | [点火开关：ON] | 11~14 V |
| 12（Y） | 30（B） | 蓄电池电源 | — | [点火开关：OFF] | 11~14 V |
| 13（V） | 30（B） | 功率晶体管控制信号 | 输出 | [点火开关：ON]<br>◇鼓风机电机：1档速度（手动） | (V) 15 10 5 0 200μs |
| 14（LG） | 30（B） | 鼓风机风扇ON信号 | 输出 | [点火开关：ON]<br>◇鼓风机电机：OFF | (V) 3 2 1 0 10ms |
| | | | | [点火开关：ON]<br>◇鼓风机电机：ON | (V) 15 10 5 0 10ms |
| 15（L） | 30（B） | 空调ON信号 | 输出 | [点火开关：ON]<br>◇空调开关：OFF（空调指示灯：OFF） | (V) 15 10 5 0 10ms |
| | | | | [点火开关：ON]<br>◇空调开关：ON（空调指示灯：ON） | (V) 3 2 1 0 10ms |
| 16（W） | 30（B） | 后车窗除雾器开关信号 | 输出 | [后车窗除雾器开关] 当操作后车窗除雾器开关时 | 0V |
| | | | | [后车窗除雾器开关] 除以上操作外 | (V) 15 10 5 0 10ms |

（续）

<table>
<tr><th colspan="2">针脚号</th><th colspan="3">说明</th><th rowspan="2" colspan="2">状态</th><th rowspan="2">值（近似值）</th></tr>
<tr><th>+</th><th>−</th><th colspan="2">信号名称</th><th>输入/输出</th></tr>
<tr><td>17（BR）</td><td>30（B）</td><td>A/MIX驱动4</td><td rowspan="4">空气混合风门电动机（乘客侧）驱动信号</td><td rowspan="4">输出</td><td rowspan="4" colspan="2">[点火开关：ON]<br>◇操作温度控制开关（乘客侧）后</td><td rowspan="4">(V) 30 20 10 0 10ms</td></tr>
<tr><td>18（SB）</td><td>30（B）</td><td>A/MIX驱动3</td></tr>
<tr><td>19（LG）</td><td>30（B）</td><td>A/MIX驱动2</td></tr>
<tr><td>20（L）</td><td>30（B）</td><td>A/MIX驱动1</td></tr>
<tr><td>21（G）</td><td>30（B）</td><td colspan="2">点火电源</td><td>—</td><td colspan="2">[点火开关：ON]</td><td>11~14V</td></tr>
<tr><td rowspan="2">22（SB）</td><td rowspan="2">30（B）</td><td rowspan="2" colspan="2">进气风门电动机反馈信号</td><td rowspan="2">输入</td><td colspan="2">[点火开关：ON]<br>◇进气开关：REC</td><td>0.2~0.8V</td></tr>
<tr><td colspan="2">[点火开关：ON]<br>◇进气开关：FRE</td><td>4.2~4.8V</td></tr>
<tr><td rowspan="2">25（R）</td><td rowspan="2">30（B）</td><td rowspan="2" colspan="2">后窗除雾器反馈信号</td><td rowspan="2">输入</td><td rowspan="2">[点火开关：ON]</td><td>后车窗除雾器：OFF</td><td>0~1.5V</td></tr>
<tr><td>后车窗除雾器：ON</td><td>9~16V</td></tr>
<tr><td>27（R）</td><td>30（B）</td><td colspan="2">通信信号（空调控制→空调自动放大器）</td><td>输入</td><td colspan="2">[点火开关：ON]</td><td>(V) 6 4 2 0 1ms</td></tr>
<tr><td>28（BR）</td><td>30（B）</td><td colspan="2">通信信号（空调自动放大器→空调控制）</td><td>输出</td><td colspan="2">[点火开关：ON]</td><td>(V) 6 4 2 0 1ms</td></tr>
<tr><td>30（B）</td><td>接地</td><td colspan="2">接地</td><td>—</td><td colspan="2">[点火开关：ON]</td><td>0~0.1V</td></tr>
<tr><td>31（P）</td><td>30（B）</td><td>A/MIX驱动4</td><td rowspan="4">空气混合风门电动机（驾驶人侧）驱动信号</td><td rowspan="4">输出</td><td rowspan="4" colspan="2">[点火开关：ON]<br>◇操作温度控制开关（驾驶人侧）后</td><td rowspan="4">(V) 30 20 10 0 10ms</td></tr>
<tr><td>32（BR）</td><td>30（B）</td><td>A/MIX驱动 3</td></tr>
<tr><td>33（R）</td><td>30（B）</td><td>A/MIX驱动 2</td></tr>
<tr><td>34（W）</td><td>30（B）</td><td>A/MIX驱动 1</td></tr>
<tr><td rowspan="2">35（G）</td><td rowspan="2">30（B）</td><td rowspan="2">FRE</td><td rowspan="4">进气风门电动机驱动信号</td><td rowspan="4">输出</td><td colspan="2">[点火开关：ON]<br>◇进气开关：内循环→外循环</td><td>9.5~13.5V</td></tr>
<tr><td colspan="2">[点火开关：ON]<br>◇进气开关：外循环→内循环</td><td>0~1V</td></tr>
<tr><td rowspan="2">36（V）</td><td rowspan="2">30（B）</td><td rowspan="2">REC</td><td colspan="2">[点火开关：ON]<br>◇进气开关：外循环→内循环</td><td>9.5~13.5V</td></tr>
<tr><td colspan="2">[点火开关：ON]<br>◇进气开关：内循环→外循环</td><td>0~1V</td></tr>
</table>

（续）

| 针脚号 | | 说明 | | | 状态 | 值（近似值） |
|---|---|---|---|---|---|---|
| + | − | 信号名称 | | 输入/输出 | | |
| 37（GR） | 30（B） | MODE驱动4 | 模式风门电动机驱动信号 | 输出 | [点火开关：ON]<br>[操作MODE开关后] | |
| 38（G） | 30（B） | MODE驱动3 | 模式风门电动机驱动信号 | 输出 | [点火开关：ON]<br>[操作MODE开关后] | |
| 39（Y） | 30（B） | MODE驱动2 | 模式风门电动机驱动信号 | 输出 | [点火开关：ON]<br>[操作MODE开关后] | |
| 40（R） | 30（B） | MODE驱动1 | 模式风门电动机驱动信号 | 输出 | [点火开关：ON]<br>[操作MODE开关后] | |

## 2. 手动空调

全新轩逸轿车手动空调放大器针脚分布如图6-6所示，针脚说明及检测数据见表6-5。

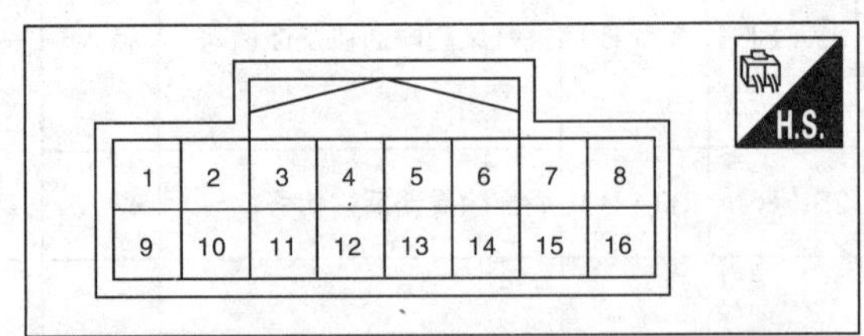


图6-6 全新轩逸轿车手动空调放大器针脚分布

表6-5 全新轩逸轿车手动空调放大器针脚说明及检测数据

| 针脚号 | | 说明 | | 状态 | | 值（近似值） |
|---|---|---|---|---|---|---|
| + | − | 信号名称 | 输入/输出 | | | |
| 1（W） | 接地 | DEF位置信号 | 输出 | [点火开关：ON] | DEF开关：OFF | 12V |
| | | | | | DEF开关：ON | 0~1.5V |
| 2（LG） | 接地 | 风扇开关信号 | 输入 | [点火开关：ON] | 风扇控制旋钮：OFF位置 | 0~1.5 V |
| | | | | | 风扇控制旋钮：OFF位置除外 | 5V |
| 3（R） | 接地 | 传感器接地 | — | [点火开关ON] | | 0~0.1V |
| 4（L） | 接地 | 进气传感器信号 | 输入 | [蒸发器散热片温度（点火开关处于：ON位置）] | 20℃ | 3.68V |
| | | | | | 10℃ | 3.13V |
| | | | | | 0℃ | 2.56V |
| | | | | | 10℃ | 2.02V |
| | | | | | 20℃ | 1.56V |
| | | | | | 25℃ | 1.36V |
| | | | | | 30℃ | 1.18V |
| | | | | | 40℃ | 0.89V |
| 5（R） | 接地 | 后窗除雾器反馈信号 | 输入 | [点火开关：ON] | 后车窗除雾器：OFF | 0~1.5V |
| | | | | | 后车窗除雾器：ON | 9~16V |

（续）

| 针脚号 | | 说明 | | 状态 | | 值（近似值） |
|---|---|---|---|---|---|---|
| + | - | 信号名称 | 输入/输出 | | | |
| 6（W） | 接地 | 后车窗除雾器开关信号 | 输出 | [后车窗除雾器开关] | 当操作后车窗除雾器开关时 | 0V |
| | | | | | 除以上操作外 | (V) 15 10 5 0 10ms |
| 7（LG） | 接地 | 鼓风机风扇ON信号 | 输出 | [点火开关：ON] | 鼓风机电动机：OFF | (V) 3 2 1 0 10ms |
| | | | | | 鼓风机电机：ON | (V) 15 10 5 0 10ms |
| 8（L） | 接地 | 空调ON信号 | 输出 | [点火开关：ON] | 空调开关：OFF（空调开关指示灯：熄灭） | (V) 15 10 5 0 10ms |
| | | | | | 空调开关：ON（空调开关指示灯：点亮） | (V) 3 2 1 0 10ms |
| 9（V） | 接地 | 照明电源 | 输入 | [照明开关] | OFF | 0~1V |
| | | | | | 1档 | 9~16V |
| 10（B） | 接地 | 照明接地 | — | [点火开关：ON] | | 0~0.1V |
| 11（B） | 接地 | 接地 | — | [点火开关：ON] | | 0~0.1V |
| 13（Y） | 接地 | 蓄电池电源 | 输入 | [点火开关：ON] | | 10.5~16V |
| 14（LG） | 接地 | 点火电源 | 输入 | [点火开关：ON] | | 10.5~16V |
| 15（L） | 接地 | 进气风门电动机外循环驱动信号 | 输出 | [点火开关：ON] | 进风口：内循环→外循环 | 9.5~13.5V |
| | | | | | 进风口：外循环→内循环 | 0~1V |

（续）

<table>
<tr><th colspan="2">针脚号</th><th colspan="2">说明</th><th colspan="2" rowspan="2">状态</th><th rowspan="2">值（近似值）</th></tr>
<tr><th>+</th><th>-</th><th>信号名称</th><th>输入/输出</th></tr>
<tr><td rowspan="2">16（G）</td><td rowspan="2">接地</td><td rowspan="2">进气风门电动机内循环驱动信号</td><td rowspan="2">输出</td><td rowspan="2">[点火开关：ON]</td><td>进风口：外循环→内循环</td><td>9.5~13.5V</td></tr>
<tr><td>进风口：内循环→外循环</td><td>0~1V</td></tr>
</table>

## 五、安全气囊

全新轩逸轿车安全气囊（SRS）诊断传感器单元针脚分布如图6-7所示，针脚说明见表6-6。

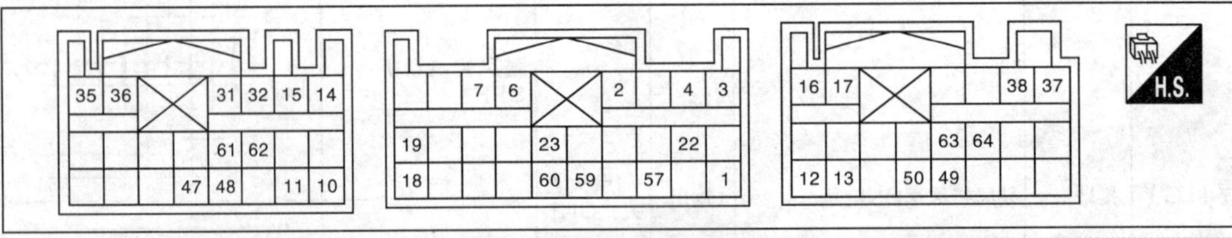


图6-7 全新轩逸轿车安全气囊诊断传感器单元针脚分布

表6-6 全新轩逸轿车安全气囊诊断传感器单元针脚说明

| 针脚号 | 导线颜色 | 信号名称（规格） | 针脚号 | 导线颜色 | 信号名称（规格） |
|---|---|---|---|---|---|
| 1 | BR | 点火电源 | 31 | L | 左侧腰部预张紧器+ |
| 2 | B | 接地 | 32 | G | 左侧腰部预张紧器- |
| 3 | Y | 安全气囊模块驱动+ | 35 | G | 左侧安全气囊模块+ |
| 4 | G | 安全气囊模块驱动- | 36 | Y | 左侧安全气囊模块- |
| 6 | R | 前排乘客安全气囊模块1+ | 37 | Y | 右侧帘式安全气囊模块+ |
| 7 | Y | 前排乘客安全气囊模块1- | 38 | BR | 右侧帘式安全气囊模块- |
| 10 | R | 左侧安全带预张紧器+ | 47 | P | 左侧卫星传感器+ |
| 11 | V | 左侧安全带预张紧器- | 48 | L | 左侧卫星传感器- |
| 12 | G | 右侧安全带预张紧器+ | 49 | G | 右侧卫星传感器+ |
| 13 | Y | 右侧安全带预张紧器- | 50 | R | 右侧卫星传感器- |
| 14 | BR | 左侧帘式安全气囊模块+ | 57 | R | 展开信息输出 |
| 15 | Y | 左侧帘式安全气囊模块- | 59 | L | CAN-H |
| 16 | R | 右侧安全气囊模块+ | 60 | P | CAN-L |
| 17 | GR | 右侧安全气囊模块- | 61 | W | — |
| 18 | LG | 碰撞传感器+ | 62 | B | 左后卫星传感器- |
| 19 | V | 碰撞传感器- | 63 | V | 右后卫星传感器+ |
| 22 | 屏蔽 | 碰撞传感器屏蔽 | 64 | LG | 右后卫星传感器- |
| 23 | SB | 安全气囊警告灯 | | | |

## 六、动力转向系统

全新轩逸轿车动力转向系统控制单元（EPS）针脚分布如图6-8所示，针脚说明及检测数据见表6-7。

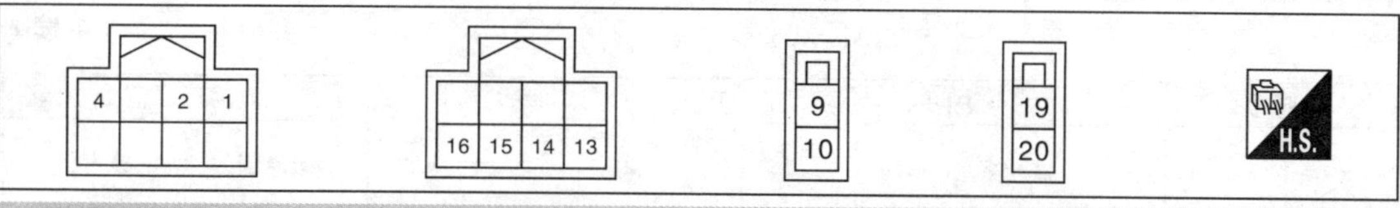


图6-8 全新轩逸轿车动力转向系统控制单元针脚分布

表6-7 全新轩逸轿车动力转向系统控制单元针脚说明及检测数据

| 针脚号 | | 说明 | | 状态 | 值（近似值） |
|---|---|---|---|---|---|
| + | − | 信号名称 | 输入/输出 | | |
| 1（P） | — | CAN-L | 输入/输出 | — | — |
| 2（L） | — | CAN-H | 输入/输出 | — | — |
| 4（G） | 接地 | 点火电源 | 输入 | [点火开关：ON] | 10~16V |
| | | | | [点火开关：OFF] | 0V |
| 9（R） | 接地 | 蓄电池电源 | 输入 | 一直 | 10~16V |
| 10（B） | 接地 | 接地 | — | 一直 | 0V |
| 13（-） | 接地 | 转向力矩传感器电源 | 输出 | [点火开关：ON] | 5V |
| 14（-） | 接地 | 分转向力矩传感器 | 输入 | [点火开关：ON] 转向盘：没有转动（无转向力） | 2.5V |
| | | | | [发动机运转] 转向盘：转向 | 1.6~3.4V（数值随转向盘的左转或右转而变化） |
| 15（-） | 接地 | 转向力矩传感器接地 | — | 一直 | 0V |
| 16（-） | 接地 | 主转向力矩传感器 | 输入 | [点火开关：ON] 转向盘：没有转动（无转向力） | 2.5V |
| | | | | [发动机运转] 转向盘：转向 | 1.6~3.4V（数值随转向盘的左转或右转而变化） |
| 19（-） | — | 电动机+ | — | — | — |
| 20（-） | — | 电动机- | — | — | — |

## 七、驾驶辅助系统

全新轩逸轿车驾驶辅助系统（ADAS）控制单元针脚分布如图6-9所示，针脚说明及检测数据见表6-8。

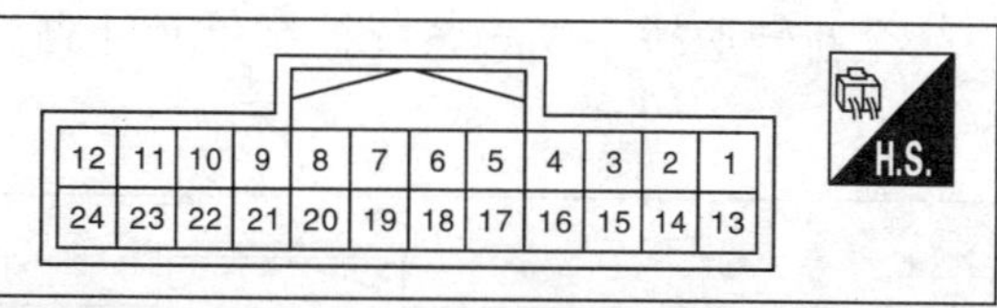


图6-9 全新轩逸轿车驾驶辅助系统控制单元针脚分布

表6-8 全新轩逸轿车驾驶辅助系统控制单元针脚说明及检测数据

| 针脚号 | | 说明 | | 状态 | 值（近似值） | |
|---|---|---|---|---|---|---|
| + | − | 信号名称 | 输入/输出 | | 标准值 | 参考值 |
| 1（B） | 接地 | 接地 | — | [点火开关：ON] | 0~0.1V | 约0V |
| 2（L） | — | ITS通信-H | 输入/输出 | — | — | — |

（续）

| 针脚号 | | 说明 | | 状态 | | 值（近似值） | |
|---|---|---|---|---|---|---|---|
| + | − | 信号名称 | 输入/输出 | | | 标准值 | 参考值 |
| 3（GR） | 1（B） | 点火电源 | 输入 | [点火开关：ON] | | 10~16V | 蓄电池电压 |
| 5（Y） | — | ITS通信-L | 输入/输出 | — | | — | — |
| 6（Y） | — | ITS通信-L | 输入/输出 | — | | — | — |
| 9（L） | — | CAN-H | 输入/输出 | — | | — | — |
| 10（P） | — | CAN-L | 输入/输出 | — | | — | — |
| 12（BR） | 24（W） | 驾驶人辅助蜂鸣器信号（+） | 输出 | [点火开关：ON] | 蜂鸣器OFF | 0~0.1V | 约0V |
| | | | | | 在“主动测试”的“ADAS蜂鸣器2”起动的情况下 | 参考 | |
| 14（V） | 1（B） | 制动保持继电器驱动信号 | 输出 | [点火开关：ON] | — | 10~16V | 约12V |
| | | | | | 在“主动测试”的“制动灯”测试中 | 0~0.1V | 约0V |
| 18（L） | — | ITS通信-H | 输入/输出 | — | | — | — |
| 24（W） | 接地 | 驾驶人辅助蜂鸣器信号（−） | — | [点火开关：ON] | | 0~0.1V | 约0V |

## 八、仪表系统

全新轩逸轿车仪表系统控制单元针脚分布如图6-10所示，针脚说明及检测数据见表6-9。

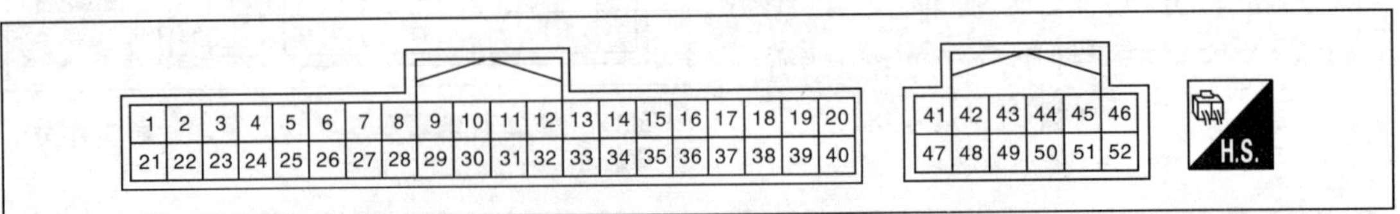


图6-10 全新轩逸轿车仪表系统控制单元针脚分布

表6-9 全新轩逸轿车仪表系统控制单元针脚说明及检测数据

| 针脚号 | | 说明 | | 状态 | | 值（近似值） |
|---|---|---|---|---|---|---|
| + | − | 信号名称 | 输入/输出 | | | |
| 1（B） | 接地 | 接地 | — | — | — | 0V |

（续）

| 针脚号 | | 说明 | | 状态 | | 值（近似值） |
|---|---|---|---|---|---|---|
| + | − | 信号名称 | 输入/输出 | | | |
| 6（Y） | 接地 | 停车/起动OFF开关信号 | 输入 | [点火开关：ON] | 停车/起动OFF开关指示灯点亮 | 0V |
| | | | | | 停车/起动OFF开关指示灯熄灭 | 12V |
| 7（Y） | 接地 | 安全信号 | 输入 | [点火开关：ON] | 安全指示灯ON | 0V |
| | | | | | 安全指示灯OFF | 12V |
| 9（GR） | 接地 | 经济模式开关信号 | 输入 | [点火开关：ON] | 按下经济模式开关 | 0V |
| | | | | | 除以上操作外 | 10.0V |
| 10（W） | 接地 | 运动模式开关信号 | 输入 | [点火开关：ON] | 按下运动模式开关 | 0V |
| | | | | | 除以上操作外 | 4.7V |
| 11（L） | 接地 | 交流发电机信号 | 输入 | [点火开关：ON] | 充电警告灯ON | 2V |
| | | | | | 充电警告灯OFF | 蓄电池电压 |
| 12（Y） | 接地 | LED前照灯（右侧）警告信号 | 输入 | [点火开关：ON] | 前照灯警告ON | 1.0V |
| | | | | | 前照灯警告OFF | 蓄电池电压 |
| 13（GR） | 接地 | LED前照灯（左侧）警告信号 | 输入 | [点火开关：ON] | 前照灯警告ON | 1.0V |
| | | | | | 前照灯警告OFF | 蓄电池电压 |
| 14（L） | 接地 | ACC电源 | 输入 | [点火开关：ON] | 点火开关ACC或ON电源 | 蓄电池电压 |
| 15（V） | 20（R） | 环境温度传感器信号 | 输入 | [点火开关：ON] | 根据环境温度变化 | (V) 4 3 2 1 0 / −10 0 10 20 30 40 [℃] |
| 16（SB） | 接地 | 安全气囊信号 | 输入 | [点火开关ON] | 安全气囊（SRS）警告灯点亮 | — |
| | | | | | 安全气囊（SRS）警告灯熄灭 | — |
| 17（B） | 接地 | 照明控制开关接地 | — | — | — | 0V |
| 19（GR） | 接地 | 空调自动放大器连接识别信号 | 输入 | [点火开关：ON] | — | 5V |
| 20（R） | 接地 | 环境温度传感器接地 | — | [点火开关：ON] | — | 0V |
| 21（L） | 接地 | 转向盘开关接地 | — | [点火开关：ON] | — | 0V |
| 22（G） | 21（L） | 转向盘开关信号A | 输入 | [点火开关：ON] | 按住SOURCE开关 | 0V |
| | | | | | 按住MENU UP开关 | 0.5V |
| | | | | | 按住MENU DOWN开关 | 1.2V |
| | | | | | 按住TEL开关 | 2.1V |
| | | | | | 按住ENTER开关 | 3.3V |

（续）

| 针脚号 | | 说明 | | 状态 | | 值（近似值） |
|---|---|---|---|---|---|---|
| + | − | 信号名称 | 输入/输出 | | | |
| 23（R） | 21（L） | 转向盘开关信号B | 输入 | [点火开关：ON] | 按住VOLUME DOWN开关 | 0V |
| | | | | | 按住VOLUME UP开关 | 0.5V |
| | | | | | 按住TEL END开关 | 1.2V |
| | | | | | 按住BACK开关 | 2.1V |
| | | | | | 按住DISPLAY开关 | 3.3V |
| 25（G） | 接地 | 制动液液位开关信号 | 输入 | [点火开关：ON] | 制动液位低 | 0V |
| | | | | | 制动液位正常 | 12V |
| 26（SB） | 接地 | 驻车制动开关信号 | 输入 | [点火开关：ON] | 使用驻车制动器 | 0V |
| | | | | | 驻车制动器松开 | 12V |
| 27（V） | 接地 | 安全带扣环开关信号（乘客侧） | 输入 | [点火开关：ON] | ◇入座乘客座椅时<br>◇系上乘客座椅安全带时 | 12V |
| | | | | | ◇入座乘客座椅时<br>◇未系上乘客座椅安全带时 | 0V |
| 28（L） | 接地 | 安全带扣环开关信号（驾驶人侧） | 输入 | [点火开关：ON] | 系上驾驶人安全带时 | 12V |
| | | | | | 未系上驾驶人安全带时 | 0V |
| 34（W） | 接地 | DEF位置信号 | 输入 | [点火开关：ON] | DEF开关ON | 0V |
| | | | | | DEF开关OFF | 12V |
| 36（R） | 17（B） | 照明控制开关信号（+） | 输入 | [点火开关：ON] | 按下照明控制开关+ | 0V |
| | | | | | 除以上操作外 | 4.8V |
| 37（Y） | 17（B） | 照明控制开关信号（−） | 输入 | [点火开关：ON] | 按下照明开关控制− | 0V |
| | | | | | 除以上操作外 | 4.8V |
| 38（SB） | 接地 | 车速信号（8脉冲） | 输出 | [点火开关：ON] | 车速表操作（当车速约为40km/h） | 注：最高电压随规格变化<br>0<br>20ms |
| 41（L） | 接地 | CAN–H | — | — | — | — |
| 42（P） | 接地 | CAN–L | — | — | — | — |
| 44（R） | 接地 | 燃油油位传感器接地 | — | [点火开关：ON] | — | 0V |
| 45（LG） | 接地 | 蓄电池电源 | 输入 | [点火开关：ON] | — | 蓄电池电压 |

（续）

| 针脚号 | | 说明 | | 状态 | | | 值（近似值） |
|---|---|---|---|---|---|---|---|
| + | − | 信号名称 | 输入/输出 | | | | |
| 46（L）[*1]（GR）[*2] | 接地 | 点火信号 | 输入 | [点火开关：ON] | — | | 蓄电池电压 |
| 47（SB） | 接地 | AV通信信号（H） | — | — | — | | — |
| 48（LG） | 接地 | AV通信信号（L） | — | — | — | | — |
| 51（G） | 44（R） | 燃油油位传感器信号 | 输入 | [点火开关：ON] | 燃油表指示位置 | 满 | 小于93Ω |
| | | | | | | 3/4 | 140Ω |
| | | | | | | 1/2 | 186Ω |
| | | | | | | 1/4 | —（不需要此项检查） |
| | | | | | | 1/8 | 255Ω |
| | | | | | | 空 | 大于279Ω |
| 52（B） | 接地 | 接地 | — | — | — | | 0V |
| 注： | *1-配备停车/起动系统 | | | *2-未配备停车/起动系统 | | | |

## 九、电源控制系统

全新轩逸轿车电源控制系统（IPDM E/R）控制单元针脚分布如图6-11所示，针脚说明及检测数据见表6-10。

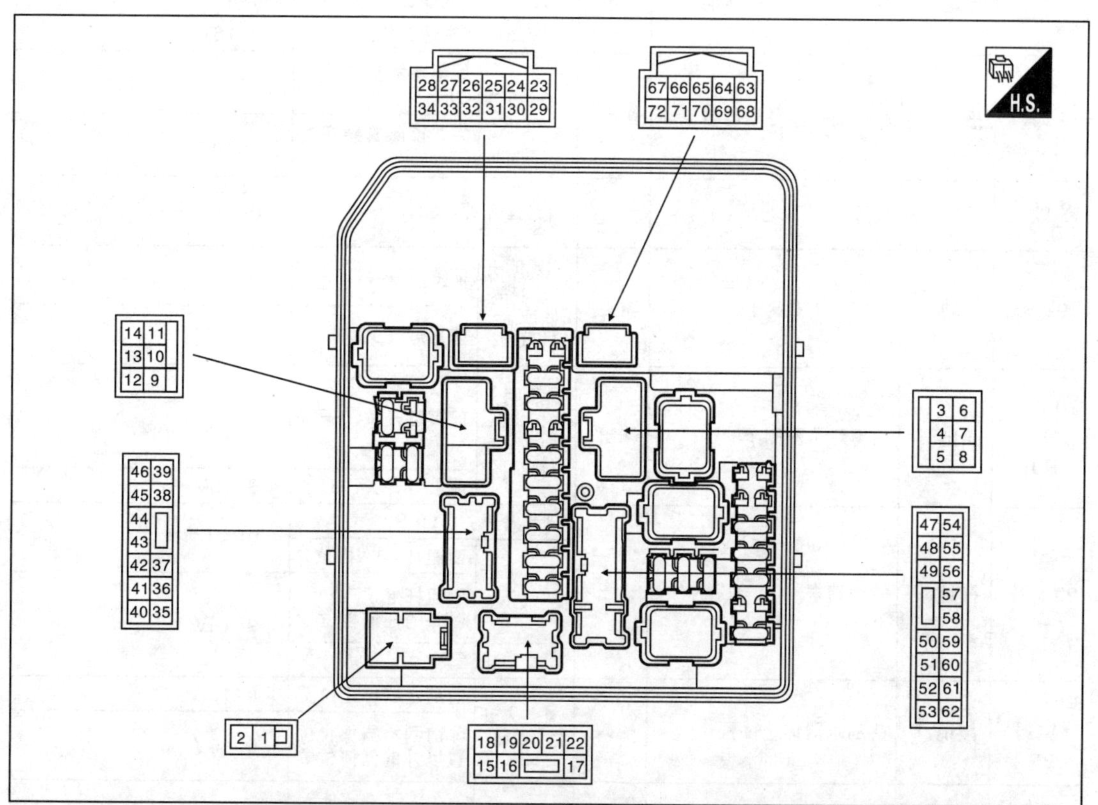


图6-11 全新轩逸轿车电源控制系统控制单元针脚分布

**表6-10 全新轩逸轿车电源控制系统控制单元针脚说明及检测数据**

| 针脚号 | | 说明 | | 状态 | | 值（近似值） |
|---|---|---|---|---|---|---|
| + | − | 信号名称 | 输入/输出 | | | |
| 1（R） | 接地 | 蓄电池电源 | 输入 | [点火开关：OFF] | | 6~16V |
| 2（G） | 接地 | 蓄电池电源 | 输入 | [点火开关：OFF] | | 6~16V |
| 3（R） | 接地 | 起动机 | 输出 | [除发动机转动外] | | 0~1V |
| | | | | [发动机起动时] | | 6~16V |
| 4（P） | 接地 | 蓄电池电源 | 输入 | [点火开关：OFF] | | 9~16V |
| 5（W）[*1]（LG）[*2] | 接地 | 冷却风扇继电器1电源 | 输出 | [冷却风扇关闭] | | 0~1V |
| | | | | [冷却风扇工作] | | 9~16V |
| 6（GR） | 接地 | 点火开关START | 输入 | [点火开关：START] | | 9~16V |
| | | | | [点火开关处于OFF、ACC或ON位置] | | 0~1V |
| 7（Y） | 接地 | 冷却风扇继电器2电源 | 输出 | [冷却风扇关闭] | | 0~1V |
| | | | | [冷却风扇低速工作] | | 4~8V |
| | | | | [冷却风扇高速工作] | | 9~16V |
| 8（V） | 接地 | 蓄电池电源 | 输入 | [点火开关：OFF] | | 6~16V |
| 9（B）[*1]（B/Y）[*2] | 接地 | 接地 | — | [点火开关：ON] | | 0~1V |
| 10（Y）[*1]（L）[*2] | 接地 | 冷却风扇电动机接地 | 输出 | [冷却风扇关闭] | | 0~1V |
| | | | | [冷却风扇低速工作] | | 4~8V |
| | | | | [冷却风扇高速工作] | | 9~16V |
| 14（R） | 接地 | 后车窗除雾器继电器电源 | 输出 | [点火开关：ON] | 后车窗除雾器开关OFF | 0~1V |
| | | | | | 后车窗除雾器开关ON | 9~16V |
| 18（B）[*1]（B/Y）[*2] | 接地 | 接地 | — | [点火开关：ON] | | 0~1V |
| 19（W） | 接地 | 前雾灯（右侧） | 输出 | [照明开关：1档、2档或AUTO] | 前雾灯开关OFF | 0~1V |
| | | | | | 前雾灯开关ON | 9~16V |
| 20（G）[*1]（R）[*2] | 接地 | 前雾灯（左侧） | 输出 | [照明开关：1档、2档或AUTO] | 前雾灯开关OFF | 0~1V |
| | | | | | 前雾灯开关ON | 9~16V |
| 23（SB） | 接地 | 转动请求 | 输出 | [点火开关：OFF] | | 0~1V |
| | | | | [点火开关：ON] | 变速杆P或N档位 | |
| | | | | | 变速杆处于P或N以外的任何档位 | 9~16V |
| | | | | [发动机运转] | | |
| 25（LG）[*1]（BR）[*2] | 接地 | 前刮水器停止位置 | 输入 | [点火开关：ON] | 前刮水器停止位置 | 0~1.5V |
| | | | | | 除前刮水器停止位置以外的任何位置 | 9~16V |
| 26（P） | 接地 | CAN-L | 输入/输出 | — | — | — |

（续）

| 针脚号 | | 说明 | | 状态 | | 值（近似值） |
|---|---|---|---|---|---|---|
| + | − | 信号名称 | 输入/输出 | | | |
| 27（L） | 接地 | CAN−H | 输入/输出 | — | — | — |
| 28（G） | 接地 | 日间行驶灯继电器控制 | 输出 | [日间行驶灯停用] | | 9~16V |
| | | | | [日间行驶灯使用] | | 0~1V |
| 30（V）[*1]（R）[*2] | 接地 | 起动机继电器控制 | 输入 | [点火开关：ON] | 变速杆P或N档位 | 6~16V |
| | | | | | 变速杆处于P或N以外的任何档位 | 0~1V |
| 31（Y） | 接地 | 燃油泵继电器控制 | 输出 | ◇在点火开关转至ON位置后约1s<br>◇发动机运转 | | 0~1V |
| | | | | [在点火开关转至ON后约1s或以上] | | 6~16V |
| 32（SB） | 接地 | 发动机舱盖开关 | 输入 | [关闭发动机舱盖] | | 9~16V |
| | | | | [打开发动机舱盖] | | 0~1V |
| 33（G） | 接地 | 发电命令信号 | 输出 | [点火开关：ON] | | 6.3V 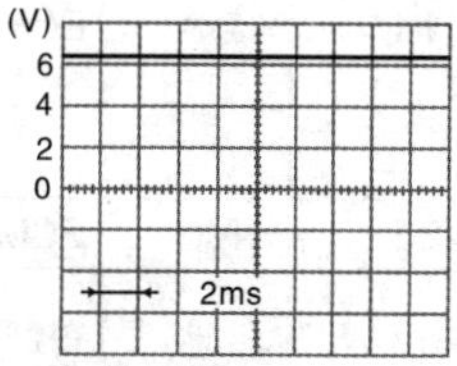 |
| | | | | 40%可在“主动测试”上设置，是“发动机”的“发电机负荷比率” | | 3.8V 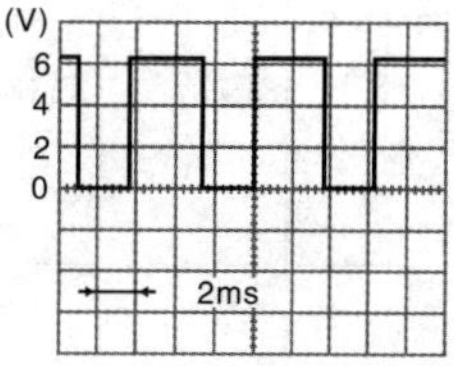 |
| | | | | 80%可在“主动测试”上设置，是“发动机”的“发电机负荷比率” | | 1.4V 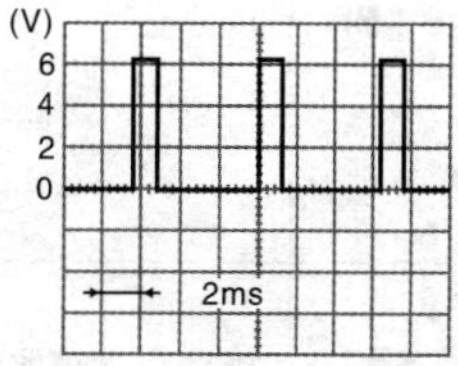 |
| 34（L） | 接地 | 喇叭继电器控制 | 输出 | [喇叭未起动] | | 9~16V |
| | | | | [喇叭起动] | | 0~1V |
| 35（LG） | 接地 | ECM继电器电源 | 输出 | [点火开关：OFF（点火开关转至OFF位置后几秒）] | | 0~1V |
| | | | | ◇点火开关：ON<br>◇点火开关：OFF（点火开关转至OFF位置后几秒） | | 6~16V |

（续）

| 针脚号 | | 说明 | | 状态 | 值（近似值） |
|---|---|---|---|---|---|
| + | − | 信号名称 | 输入/输出 | | |
| 36（BR） | 接地 | ECM继电器电源 | 输出 | [点火开关：OFF（点火开关转至OFF位置后几秒）] | 0~1V |
| | | | | [点火开关：ON]<br>[点火开关：OFF（点火开关转至OFF位置后几秒）] | 6~16V |
| 37<br>（R）[*1]<br>（L）[*2] | 接地 | 前组合灯（左侧/右侧） | 输出 | [照明开关:OFF] | 0~1V |
| | | | | [照明开关：1档] | 9~16V |
| 38<br>（Y）[*1]<br>（V）[*2] | 接地 | 后组合灯、牌照灯和照明灯 | 输出 | [照明开关：OFF] | 0~1V |
| | | | | [照明开关：1档] | 9~16V |
| 39（L） | 接地 | 前刮水器HI | 输出 | [点火开关：ON] 前刮水器开关OFF | 0~1V |
| | | | | [点火开关：ON] 前刮水器开关HI | 9~16V |
| 41（V） | 接地 | ECM继电器控制 | 输出 | [点火开关：OFF（点火开关转至OFF位置后几秒）] | 6~16V |
| | | | | [点火开关：ON]<br>[点火开关：OFF（点火开关转至OFF位置后几秒）] | 0~1V |
| 42（Y） | 接地 | ECM电源 | 输出 | [点火开关：OFF] | 6~16V |
| 45（W） | 接地 | 前刮水器LO | 输出 | [点火开关：ON] 前刮水器开关OFF | 0~1V |
| | | | | [点火开关：ON] 前刮水器开关LO | 9~16V |
| 46<br>（BE）[*1]<br>（W）[*2] | 接地 | 转向锁继电器电源 | 输出 | [转向锁单元] LOCK状态 | 9~16V<br>↓<br>0~2V |
| | | | | [转向锁单元] 操作期间 | 9~16V |
| | | | | [转向锁单元] 解锁状态 | 0~1V |
| 48（BR） | 接地 | 变速器档位开关[*3] | 输入 | ［变速杆处于P或N以外的任何档位（点火开关处于ON位置）］ | 0~1V |
| | | | | ［变速杆处于P或N档位（点火开关ON）］ | 9~16V |
| | | 点火继电器电源[*4] | | [点火开关：OFF] | 0~1V |
| | | | | [点火开关：ON] | 9~16V |
| 49<br>（SB）[*1]<br>（Y）[*2] | 接地 | 前照灯远光（右侧） | 输出 | [点火开关：2档或AUTO] 照明开关OFF | 0~1V |
| | | | | [点火开关：2档或AUTO] ◇照明开关HI<br>◇照明开关PASS | 9~16V |
| 50<br>（Y）[*1]<br>（G）[*2] | 接地 | 前照灯远光（左侧） | 输出 | [点火开关：2档或AUTO] 照明开关OFF | 0~1V |
| | | | | [点火开关：2档或AUTO] ◇照明开关HI<br>◇照明开关PASS | 9~16V |
| 51<br>（P）[*1]<br>（BE）[*2] | 接地 | 前照灯近光（左侧） | 输出 | [照明开关：OFF] | 0~1V |
| | | | | [照明开关：2档] | 9~16V |

（续）

| 针脚号 | | 说明 | | 状态 | 值（近似值） |
|---|---|---|---|---|---|
| + | − | 信号名称 | 输入/输出 | | |
| 52（P） | 接地 | 前照灯近光（右侧） | 输出 | [照明开关：OFF] | 0~1V |
| | | | | [照明开关2档] | 9~16V |
| 54（L）[*1]（P）[*2] | 接地 | 燃油泵继电器电源 | 输出 | [点火开关转至ON位置后约1s或以上] | 0~1V |
| | | | | ◇在点火开关转至ON位置后约1s ◇发动机运转 | 6~16V |
| 55（G）[*1]（GR）[*2] | 接地 | 节气门控制电动机继电器电源 | 输出 | [点火开关：OFF（点火开关转至OFF位置后几秒）] | 0~1V |
| | | | | [点火开关：ON [点火开关：OFF（点火开关转至OFF位置后几秒）] | 6~16V |
| 56（Y）[*1]（SB）[*2] | 接地 | 空调继电器电源 | 输出 | [发动机运转] 空调开关OFF | 0~1V |
| | | | | [发动机运转] 空调开关ON（空调压缩机工作） | 9~16V |
| 57（O） | 接地 | 点火继电器电源 | 输出 | [点火开关：OFF或ACC] | 0~1V |
| | | | | [点火开关：ON] | 6~16V |
| 58（LG）[*3]（BR）[*4] | 接地 | 点火继电器电源 | 输出 | [点火开关：OFF] | 0~1V |
| | | | | [点火开关：ON] | 6~16V |
| 59（V） | 接地 | 点火继电器电源 | 输出 | [点火开关：OFF] | 0~1V |
| | | | | [点火开关：ON] | 6~16V |
| 60（SB） | 接地 | 节气门控制电动机继电器控制 | 输出 | [点火开关：OFF或ACC] | 6~16V |
| | | | | [点火开关：ON] | 0~1V |
| 61（W） | 接地 | 点火继电器电源 | 输出 | [点火开关：OFF] | 0~1V |
| | | | | [点火开关：ON] | 6~16V |
| 62（R） | 接地 | 点火继电器电源 | 输出 | [点火开关：OFF] | 0~1V |
| | | | | [点火开关：ON] | 6~16V |
| 63（G）[*1]（W）[*2] | 接地 | 转向锁单元状态2 | 输入 | [转向锁锁止] | 9~16V |
| | | | | [转向锁解锁] | 0~1V |
| 64[*3]（GR）[*1]（P）[*2] | 接地 | CVT变速杆（延迟开关） | 输入 | [点火开关：ON] 变速杆P档位 释放变速杆按钮 | 0~1V |
| | | | | [点火开关：ON] 变速杆P档位 按下变速杆按钮 | 9~16V |
| | | | | [变速杆处于P以外的任何档位] | 9~16V |
| 65（BE）[*1]（R）[*2] | 接地 | 转向锁单元状态1 | 输入 | [转向锁锁止] | 0~1V |
| | | | | [转向锁解锁] | 6~16V |
| 66（R）[*1]（BE）[*2] | 接地 | 按钮式点火开关 | 输入 | [按下按钮式点火开关] | 0~1V |
| | | | | [松开按钮式点火开关] | 6~16V |

（续）

| 针脚号 | | 说明 | | 状态 | 值（近似值） |
|---|---|---|---|---|---|
| + | － | 信号名称 | 输入/输出 | | |
| 68（L）*1（G）*2 | 接地 | 点火继电器控制 | 输入 | [点火开关：OFF或ACC] | 6~16V |
| | | | | [点火开关：ON] | 0~1V |
| 69（Y）*1（BR）*2 | 接地 | 点火电源2号 | 输出 | [点火开关：OFF或ACC] | 0~1V |
| | | | | [点火开关：ON] | 6~16V |
| 注 | *1-配备停车/起动系统 *2-未配备停车/起动系统 *3-CVT车型 *4-M/T车型 | | | | |

# 第二节　全新逍客（2016~2018年款）

## 一、1.2T HRA2DDT发动机

全新逍客轿车1.2T HRA2DDT发动机控制单元针脚分布如图6-12所示，针脚说明及检测数据见表6-11。

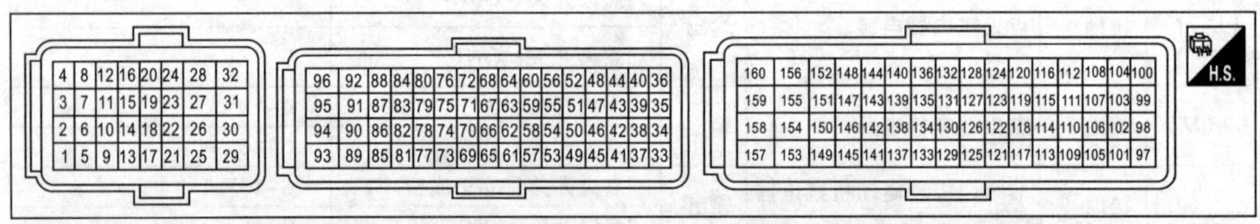


图6-12 全新逍客轿车1.2T HRA2DDT发动机控制单元针脚分布

表6-11 全新逍客轿车1.2T HRA2DDT发动机控制单元针脚说明及检测数据

| 针脚号 | | 说明 | | 状态 | 值（近似值） |
|---|---|---|---|---|---|
| + | － | 信号名称 | 输入/输出 | | |
| 提示：用CONSULT测量脉冲信号。 | | | | | |
| 1（L） | — | CAN通信线路（CAN-H） | 输入/输出 | — | — |
| 2（P） | — | CAN通信线路（CAN-L） | 输入/输出 | — | — |
| 6（R） | 29（B） | 离合器互锁开关*1 | 输入 | [点火开关：ON]<br>◇发动机停止<br>◇离合器踏板：完全松开 | 0V |
| | | | | [点火开关：ON]<br>◇发动机停止<br>◇离合器踏板：完全踩下 | 11.81V |
| 9（R） | 29（B） | 离合器踏板位置开关*1 | 输入 | [点火开关：ON]<br>◇离合器踏板：完全松开 | 0V |
| | | | | [点火开关：ON]<br>◇离合器踏板：完全踩下 | 蓄电池电压（11~14V） |

（续）

| 针脚号 | | 说明 | | 状态 | 值（近似值） |
|---|---|---|---|---|---|
| + | − | 信号名称 | 输入/输出 | | |
| 16（G） | 29（B） | 点火开关 | 输入 | [点火开关：ON] | 蓄电池电压（11~14 V） |
| 17（V） | 29（B） | 制动踏板位置开关 | 输入 | [点火开关：OFF]<br>◇制动踏板：完全松开 | 0V |
| | | | | [点火开关：OFF]<br>◇制动踏板：轻轻踩下 | 蓄电池电压（11~14 V） |
| 21（LG） | — | 传感器接地（加速踏板位置传感器2） | — | — | — |
| 22（W） | 21（LG） | 加速踏板位置传感器2 | 输入 | [点火开关：ON]<br>◇发动机停止<br>◇加速踏板：完全松开 | 0.38V |
| | | | | [点火开关：ON]<br>◇发动机停止<br>◇加速踏板：完全踩下 | 2.28V |
| 23（L） | — | 传感器电源（加速踏板位置传感器2） | — | [点火开关：ON] | 5V |
| 25（B） | — | ECM接地 | — | — | — |
| 27（V） | — | 传感器电源（加速踏板位置传感器1） | — | [点火开关：ON] | 5V |
| 29（B） | — | ECM接地 | — | — | — |
| 30（LG） | — | 传感器接地（加速踏板位置传感器1） | — | — | — |
| 31（V） | 30（LG） | 加速踏板位置传感器1 | 输入 | [点火开关：ON]<br>◇发动机停止<br>◇加速踏板：完全松开 | 0.74V |
| | | | | [点火开关：ON]<br>◇发动机停止<br>◇加速踏板：完全踩下 | 4.55V |
| 32（B） | — | ECM接地 | — | — | — |
| 35（R） | 37（B） | 曲轴位置传感器（位置） | 输入 | [发动机运转中]<br>◇暖机状态<br>◇怠速<br>注：怠速时，脉冲周期随转速改变 | 4.72V★<br>2mSec/div<br>2V/div |
| | | | | [发动机运转中]<br>◇发动机转速：2000r/min | 4.4 V★<br>2mSec/div<br>2V/div |
| 37（B） | — | 传感器接地（曲轴位置传感器） | — | — | — |
| 38（W） | 42（B） | 爆燃传感器 | 输入 | [发动机运转中]<br>◇怠速 | 0V |
| 39（Y） | 29（B） | 发动机重新起动继电器控制信号 | 输出 | [停车/起动系统操作]<br>◇重新起动期间 | 11.76 V（起动机运转时） |
| | | | | [发动机运转中]<br>◇暖机状态怠速 | 14.34V |

（续）

| 针脚号 | | 说明 | | 状态 | 值（近似值） |
|---|---|---|---|---|---|
| + | − | 信号名称 | 输入/输出 | | |
| 40（LG） | 29（B） | 排气门正时控制电磁阀 | 输出 | [发动机运转中]<br>◇暖机状态怠速 | 14.34V |
| | | | | [发动机运转中]<br>◇暖机状态发动机转速：2000r/min | （8.7～14.34V）★<br>5V/div |
| 41（L） | 37（B） | 传感器电源（曲轴位置传感器） | — | [点火开关：ON] | 5.0V |
| 42（B） | — | 传感器接地（爆燃传感器） | — | — | — |
| 43（LG） | 29（B） | 发动机重新起动旁通控制继电器 | 输出 | [发动机运转中]<br>◇暖机状态怠速 | 14.34V |
| | | | | [停车/起动系统操作]<br>◇重新起动期间 | 0V（起动机运转时） |
| 44（BR） | 29（B） | EVAP炭罐净化量控制电磁阀 | 输出 | [发动机运转中]<br>◇怠速<br>◇加速踏板：在发动机起动后，根本没有踩下 | 蓄电池电压（14.34V）★<br>50mSec/div<br>10V/div |
| | | | | [发动机运转中]<br>◇发动机转速：大约2000r/min（发动机起动超过100s后） | 13.38~4.34V★<br>50mSec/div<br>10V/div |
| 45（L） | 62（R） | 传感器电源（燃油轨压力传感器） | — | [点火开关：ON] | 5.0V |
| 46（–） | — | 屏蔽 | — | — | — |
| 48（G） | 29（B） | 涡轮增压器废气旁通阀控制电磁阀 | 输出 | [发动机运转中]<br>◇涡轮增压器：未操作 | — |
| | | | | [发动机运转中]<br>◇涡轮增压器：已操作 | — |
| 52（GR） | 29（B） | 节温器加热器控制电磁阀 | 输出 | [点火开关：ON] | 13.31V<br>20mSec/div<br>5V/div |

（续）

| 针脚号 | | 说明 | | 状态 | 值（近似值） |
|---|---|---|---|---|---|
| + | − | 信号名称 | 输入/输出 | | |
| 52（GR） | 29（B） | 节温器加热器控制电磁阀 | 输出 | [发动机运转中]<br>◇暖机状态<br>◇怠速 | 14.18V<br>20mSec/div<br>5V/div |
| | | | | [发动机运转中]<br>◇暖机前状态<br>◇怠速 | 14.20V<br>20mSec/div<br>5V/div |
| 56（LG） | 29（B） | 稳压器信号 | 输出 | [停车/起动系统操作]<br>◇重新起动期间 | （起动机运转时）<br>100mSec/div<br>5V/div |
| 57（L） | 77（R） | 传感器电源（制冷剂压力传感器） | — | [点火开关：ON] | 5.0V |
| 60（V） | 29（B） | 冷却液旁通阀控制电磁阀 | 输出 | [点火开关：ON] | 13.36V<br>20mSec/div<br>5V/div |
| | | | | [发动机运转中]<br>◇暖机状态<br>◇怠速 | 14.20V<br>20mSec/div<br>5V/div |
| 60（V） | 29（B） | 冷却液旁通阀控制电磁阀 | 输出 | [发动机运转中]<br>◇暖机前状态<br>◇怠速 | 14.10V<br>20mSec/div<br>5V/div |

（续）

| 针脚号 | | 说明 | | 状态 | 值（近似值） |
|---|---|---|---|---|---|
| + | - | 信号名称 | 输入/输出 | | |
| 62（R） | — | 传感器接地（燃油轨压力传感器） | — | — | — |
| 63（B） | 62（R） | 燃油轨压力传感器 | 输入 | [发动机运转中]<br>◇暖机状态<br>◇怠速 | 1.19V |
| | | | | [发动机运转中]<br>◇暖机状态<br>◇发动机转速迅速从怠速升高至4000r/min | 1.40~2.99V |
| 65（R） | 90（B） | 传感器电源（节气门位置传感器） | — | [点火开关：ON] | 5V |
| 68（G） | 29（B） | 涡轮增压器旁通阀控制电磁阀 | 输出 | [发动机运转中]<br>◇涡轮增压器：未操作 | 14.18V |
| | | | | [发动机运转中]<br>◇涡轮增压器：已操作 | 0.47V |
| 72（P） | 29（B） | 1号点火信号 | 输出 | [发动机运转中]<br>◇暖机状态<br>◇怠速<br>注：怠速时，脉冲周期随转速改变 | 0.2V★<br>100mSec/div<br>2V/div |
| 76（LG） | | 2号点火信号 | | | |
| 79（Y） | | 3号点火信号 | | [发动机运转中]<br>◇暖机状态<br>◇发动机转速：2000r/min | 0.3V★<br>100mSec/div<br>2V/div |
| 80（SB） | | 4号点火信号 | | | |
| 74（LG） | 106（B） | 进气温度传感器 | 输入 | [发动机运转中] | 3.13V |
| 75（BR） | 81（P） | 冷却液温度传感器 | 输入 | [发动机运转中] | 0.77V |
| 77（R） | — | 传感器接地（制冷剂压力传感器） | — | — | — |
| 78（W） | 77（R） | 制冷剂压力传感器 | 输入 | [发动机运转中]<br>◇暖机状态<br>◇打开空调开关和鼓风机电动机开关：ON（压缩机工作） | 1.44~1.70V |
| 81（P） | — | 传感器接地（冷却液温度传感器） | — | — | — |
| 82（W） | 90（B） | 节气门位置传感器2 | 输入 | [点火开关：ON]<br>◇发动机停止<br>◇档位：1档<br>◇加速踏板：完全松开 | 1.17V |
| | | | | [点火开关：ON]<br>◇发动机停止<br>◇档位：1档<br>◇加速踏板：完全踩下 | 1.17V |

（续）

| 针脚号 | | 说明 | | 状态 | 值（近似值） |
|---|---|---|---|---|---|
| + | − | 信号名称 | 输入/输出 | | |
| 84（SB） | 29（B） | 机油压力控制电磁阀 | 输出 | [发动机运转中]<br>◇暖机状态<br>◇怠速 | 0.24V<br>20mSec/div<br>500V/div |
| | | | | [发动机运转中]<br>◇发动机转速：2000r/min | 0.25V<br>20mSec/div<br>500V/div |
| | | | | [发动机运转中]<br>◇发动机转速：3000r/min | 0.3V<br>20mSec/div<br>500V/div |
| 87（G） | 90（B） | 节气门位置传感器1 | 输入 | [点火开关：ON]<br>◇发动机停止<br>◇档位：1档<br>◇加速踏板：完全松开 | 3.85V |
| | | | | [点火开关：ON]<br>◇发动机停止<br>◇档位：1档<br>◇加速踏板：完全踩下 | 3.85V |
| 88（G） | 29（B） | 进气门正时控制电磁阀 | 输出 | [发动机运转中]<br>◇暖机状态<br>◇怠速 | 14.34V |
| | | | | [发动机运转中]<br>◇暖机状态<br>◇当发动机转速迅速升高至2000r/min时 | （8.8~14.34V）★<br>5V/div |
| 90（B） | — | 传感器接地（节气门位置传感器） | — | — | — |
| 91（SB） | 29（B） | 空燃比（A/F）传感器1加热器 | 输入 | [发动机运转中]<br>◇暖机状态<br>◇怠速（在起动发动机后超过260s） | 2.9~8.8V★<br>100mSec/div<br>5V/div |

（续）

| 针脚号 | | 说明 | | 状态 | 值（近似值） |
|---|---|---|---|---|---|
| + | − | 信号名称 | 输入/输出 | | |
| 92（L） | 29（B） | 加热型氧传感器2加热器 | 输出 | [发动机运转中]<br>◇发动机转速：满足以下条件后，低于3600r/min<br>·发动机：暖机后<br>·保持发动机转速在3500～4000r/min之间达1min，然后在空载下怠速1min | 1.4V★ 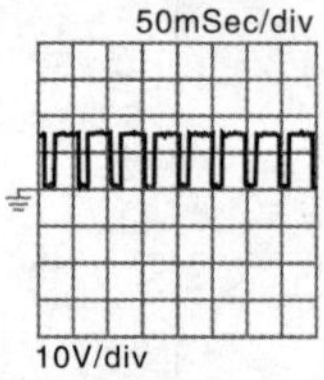<br>50mSec/div<br>10V/div |
| | | | | [点火开关：ON]<br>◇发动机停止 | 11.83V |
| 93（R） | — | ECM电源 | 输入 | [点火开关：ON] | 蓄电池电压（11~14V） |
| 95（W） | 29（B） | 高压燃油泵（HI） | 输出 | [发动机运转中]<br>◇暖机状态<br>◇怠速<br>注：怠速时，脉冲周期随转速改变 | 2.88V★ 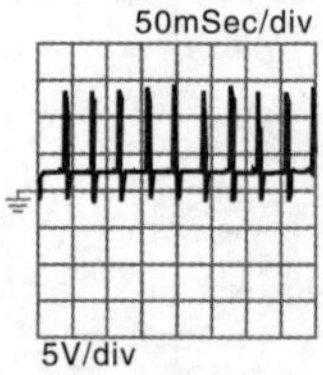<br>50mSec/div<br>5V/div |
| | | | | [发动机运转中]<br>◇发动机转速为2000r/min | 3.50V★ 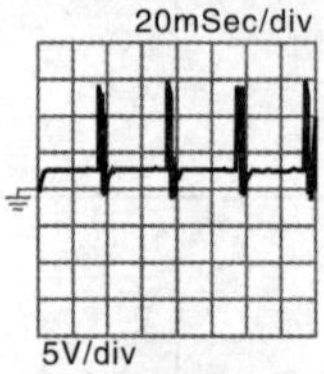<br>20mSec/div<br>5V/div |
| 96（B） | 29（B） | 高压燃油泵（LO） | 输出 | [发动机运转中]<br>◇暖机状态<br>◇怠速<br>注：怠速时，脉冲周期随转速改变 | 2.49V★ 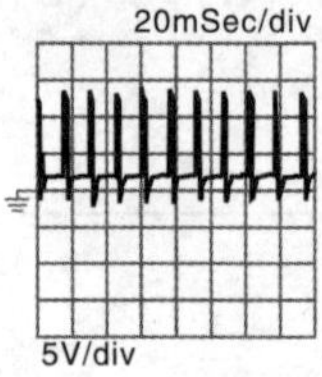<br>20mSec/div<br>5V/div |
| | | | | [发动机运转中]<br>◇发动机转速为2000r/min | 2.85V★ 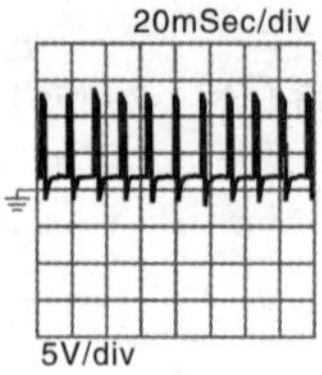<br>20mSec/div<br>5V/div |
| 97（L） | 106（B） | 涡轮增压器增压传感器 | 输入 | [发动机运转中]<br>◇暖机状态<br>◇怠速 | 1.62V |
| 97（L） | 106（B） | 涡轮增压器增压传感器 | 输入 | [发动机运转中]<br>◇暖机状态<br>◇发动机转速迅速从怠速升高至4000r/min | 1.63~2.64V |
| 100（B） | — | 传感器接地（加热型氧传感器2） | — | — | — |

（续）

| 针脚号 | | 说明 | | 状态 | 值（近似值） |
|---|---|---|---|---|---|
| + | − | 信号名称 | 输入/输出 | | |
| 102（L） | 114（R） | 进气歧管压力传感器 | 输出 | [发动机运转中]<br>◇暖机状态<br>◇空调开关和鼓风机风扇开关：ON（压缩机工作） | — |
| | | | | [发动机运转中]<br>◇暖机状态<br>◇怠速 | — |
| | | | | [发动机运转中]<br>◇暖机状态<br>◇发动机转速：2000r/min | — |
| 103（L） | 29（B） | 空燃比（A/F）传感器1 | 输入 | [发动机运转中]<br>◇发动机转速为2000r/min | 2.3V（输出电压随空燃比变化） |
| 106（B） | — | 传感器接地（进气温度传感器、涡轮增压器助力传感器） | — | — | — |
| 108（Y） | 29（B） | 空燃比（A/F）传感器1 | 输入 | [点火开关：ON] | 2.2V |
| 111（P） | 29（B） | ECM继电器（自切断） | 输出 | [发动机运转中]<br>[点火开关：OFF]<br>◇点火开关转至OFF位置后几秒钟 | 0.76V |
| | | | | [点火开关：OFF]<br>◇点火开关转至OFF位置后超过几秒钟 | 蓄电池电压（11~14V） |
| 112（W） | 100（B） | 加热型氧传感器2 | 输入 | [发动机运转中]<br>◇满足下列条件后，发动机转速迅速从怠速升至3000r/min<br>・发动机：暖机后<br>・保持发动机转速在3500~4000r/min之间达1min，然后在空载下怠速1min | 0.2~0.83V |
| 114（R） | — | 传感器接地（进气歧管压力传感器） | — | — | — |
| 115（L） | 29（B） | 燃油泵继电器 | 输出 | [点火开关：ON]<br>◇点火开关转至ON位置后1s<br>[发动机运转中] | 0.77V |
| | | | | [点火开关：ON]<br>◇点火开关转至ON位置后超过1s | 蓄电池电压（11~14V） |
| 117（B） | 114（R） | 传感器电源（进气歧管压力传感器） | — | [点火开关：ON] | 5V |
| 121（R） | 126（B） | 传感器电源（排气门正时控制位置传感器） | — | [点火开关：ON] | 5V |
| 123（G） | 29（B） | 发动机通信线路 | 输入/输出 | [点火开关：ON] | 10.6V★<br>1mSec/div<br>5V/div |

（续）

| 针脚号 | | 说明 | | 状态 | 值（近似值） |
|---|---|---|---|---|---|
| + | − | 信号名称 | 输入/输出 | | |
| 126（B） | — | 传感器接地（排气门正时控制位置传感器） | — | — | — |
| 127（L） | 126（B） | 排气门正时控制位置传感器 | 输入 | [发动机运转中]<br>◇暖机状态<br>◇怠速<br>注：怠速时，脉冲周期随转速改变 | 2.56~3.05V★<br>20mSec/div<br>2V/div |
| | | | | [发动机运转中]<br>◇发动机转速为2000r/min | 2.56~2.85V★<br>20mSec/div<br>2V/div |
| 132（R） | 136（L） | 节气门控制电动机（打开） | 输出 | [点火开关：ON]<br>◇发动机停止<br>◇档位：1档<br>◇加速踏板：完全踩下 | 1.40V★<br>1mSec/div<br>5V/div |
| 133（SB） | — | 传感器电源（凸轮轴位置传感器） | — | [点火开关：ON] | 5V |
| 134（V） | — | 传感器接地（凸轮轴位置传感器） | — | — | — |
| 135（LG） | 134（V） | 凸轮轴位置传感器 | 输入 | [发动机运转中]<br>◇暖机状态<br>◇怠速<br>注：怠速时，脉冲周期随转速改变 | 2.56~3.09V★<br>20mSec/div<br>2V/div |
| 135（LG） | 134（V） | 凸轮轴位置传感器 | 输入 | [发动机运转中]<br>◇发动机转速为2000r/min | 2.56~2.83V★<br>20mSec/div<br>2V/div |

（续）

| 针脚号 | | 说明 | | 状态 | 值（近似值） |
|---|---|---|---|---|---|
| + | − | 信号名称 | 输入/输出 | | |
| 136（L） | 132（R） | 节气门控制电动机（关闭） | 输出 | [点火开关：ON]<br>◇发动机停止<br>◇档位：1档<br>◇加速踏板：完全松开 | 1.4V★<br>1mSec/div<br>5V/div |
| 137（R） | 106（B） | 传感器电源（涡轮增压器增压传感器） | — | [点火开关：ON] | 5V |
| 143（SB）[*1]（LG）[*2] | 29（B） | PNP信号 | 输入 | [点火开关：ON]<br>◇档位：空档 | 蓄电池电压（11~14 V） |
| 153（LG） | 29（B） | 1号喷油器（HI） | 输出 | [发动机运转中]<br>◇暖机状态<br>◇怠速<br>注：怠速时，脉冲周期随转速改变 | 蓄电池电压（11~14V）★<br>100mSec/div<br>20V/div |
| 154（R） | | 3号喷油器（HI） | | | |
| 155（P） | | 2号喷油器（HI） | | [发动机运转中]<br>◇发动机转速为2000r/min | 蓄电池电压（11~14V）★<br>100mSec/div<br>20V/div |
| 156（W） | | 4号喷油器（HI） | | | |
| 157（V） | 29（B） | 1号喷油器（LO） | 输出 | [发动机运转中]<br>◇暖机状态<br>◇怠速<br>注：怠速时，脉冲周期随转速改变 | 蓄电池电压（11~14V）★<br>100mSec/div<br>20V/div |
| 158（L） | | 3号喷油器（LO） | | | |
| 159（V） | | 2号喷油器（LO） | | [发动机运转中]<br>◇发动机转速为2000r/min | 蓄电池电压（11~14V）★<br>100mSec/div<br>20V/div |
| 160（B） | | 4号喷油器（LO） | | | |
| 注 | ★：脉冲信号的平均电压（可使用示波器确认实际的脉冲信号）<br>*1–MT车型　*2–CVT车型 | | | | |

## 二、2.0L MR20DD发动机

全新逍客轿车2.0L MR20DD发动机控制单元位于发动机舱，安装位置如图6-13所示，其针脚分布如图6-14所示，针脚说明及检测数据见表6-12。

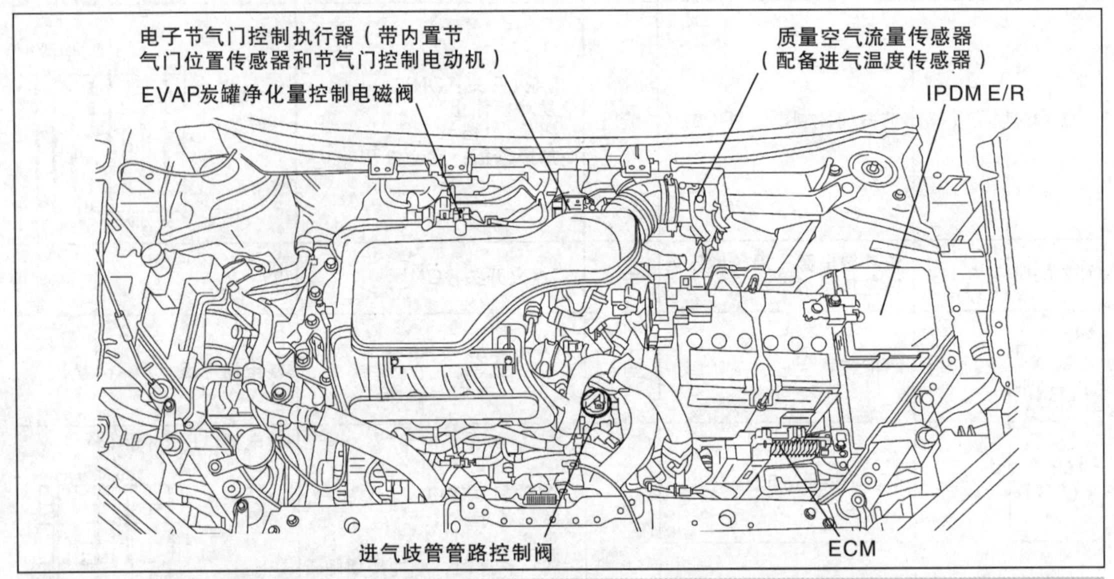


图6-13 全新逍客轿车2.0L MR20DD发动机控制单元安装位置

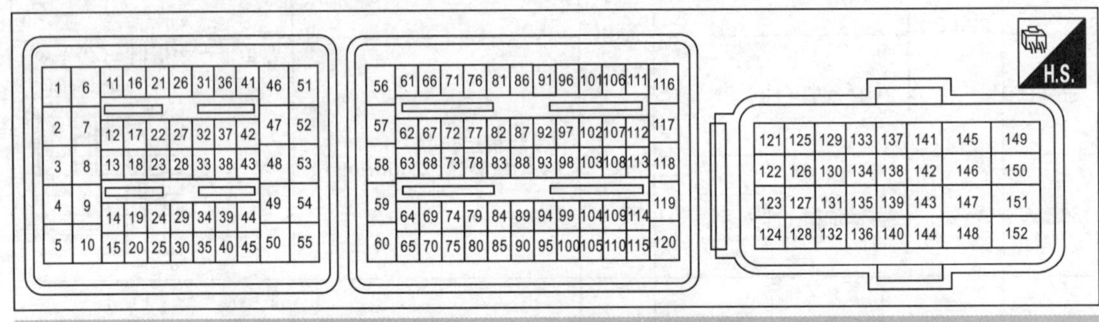


图6-14 全新逍客轿车2.0L MR20DD发动机控制单元针脚分布

表6-12 全新逍客轿车2.0L MR20DD发动机控制单元针脚说明及检测数据

| 针脚号 | | 说明 | | 状态 | 值（近似值） |
|---|---|---|---|---|---|
| + | − | 信号名称 | 输入/输出 | | |
| 提示：<br>●用CONSULT测量脉冲信号<br>●技术参数为参考值，通过在各端子与接地之间进行测量得到 | | | | | |
| 1（R/G）<br>7（R/Y） | 9（B） | 1号、4号喷油器（HI）<br>2号、3号喷油器（HI） | 输出 | [发动机运转中]<br>◇发动机：暖机后<br>◇怠速<br>注：怠速时，脉冲周期随转速改变 | 蓄电池电压（11~14V）★<br>100mSec/div<br>20V/div |

（续）

| 针脚号 | | 说明 | | 状态 | 值（近似值） |
|---|---|---|---|---|---|
| + | − | 信号名称 | 输入/输出 | | |
| 1（R/G） | 9（B） | 1 号、4 号喷油器（HI） | 输出 | [发动机运转中]<br>◇发动机：暖机后<br>◇发动机转速：2000r/min | 蓄电池电压（11~14V）★<br>100mSec/div<br>20V/div |
| 7（R/Y） | 9（B） | 2 号、3 号喷油器（HI） | 输出 | | |
| 8（BR/B） | 9（B） | 1号喷油器（LO） | 输出 | [发动机运转中]<br>◇发动机：暖机后<br>◇怠速<br>注：怠速时，脉冲周期随转速改变 | 蓄电池电压（11~14V）★<br>100mSec/div<br>20V/div |
| 2（BR/W） | 9（B） | 2号喷油器（LO） | 输出 | | |
| 3（BR/W） | 9（B） | 3号喷油器（LO） | 输出 | [发动机运转中]<br>◇发动机：暖机后<br>◇发动机转速：2000r/min | 蓄电池电压（11~14V）★<br>100mSec/div<br>20V/div |
| 6（BR/B） | 9（B） | 4号喷油器（LO） | 输出 | | |
| 4（Y） | 9（B） | 喷油器驱动电源1 | 输入 | [发动机运转中]<br>◇发动机：暖机后<br>◇怠速 | 蓄电池电压（11~14V）★ |
| 5（W） | 9（B） | 喷油器驱动电源2 | 输入 | [发动机运转中]<br>◇发动机：暖机后<br>◇怠速 | 蓄电池电压（11~14V）★ |
| 9（B） | — | ECM接地（喷油器） | — | — | — |
| 10（B） | — | ECM接地（喷油器） | — | — | — |
| 12（W） | 13（R） | 制冷剂压力传感器 | 输入 | [发动机运转中]<br>◇发动机：暖机后<br>◇怠速<br>◇空调开关：ON（压缩机操作） | 1.0~4.0V |
| 13（R） | — | 传感器接地（燃油轨压力传感器、制冷剂压力传感器、机油压力传感器） | — | — | — |
| 14（-） | — | 屏蔽 | — | — | — |
| 15（W） | 20（-） | 爆燃传感器 | 输入 | [发动机运转中]<br>◇怠速 | 2.5V |
| 20（-） | — | 传感器接地（爆燃传感器） | — | — | — |
| 22（P） | 45（L） | 机油温度传感器 | 输入 | [发动机运转中] | 0~4.8V（输出电压随机油温度变化） |

（续）

| 针脚号 | | 说明 | | 状态 | 值（近似值） |
|---|---|---|---|---|---|
| + | − | 信号名称 | 输入/输出 | | |
| 23（W） | 13（R） | 机油压力传感器 | 输入 | [发动机运转中]<br>◇发动机：暖机后<br>◇怠速 | 1.3V★<br>5mSec/div<br>2V/div |
| | | | | [发动机运转中]<br>◇发动机转速：2000r/min | 2.7V★<br>5mSec/div<br>2V/div |
| 25（G） | 13（R） | 燃油轨压力传感器 | 输入 | [发动机运转中]<br>◇发动机：暖机后<br>◇怠速 | 0.82~1.14V |
| | | | | [发动机运转中]<br>◇发动机：暖机后<br>◇高速运转发动机，从怠速升高至4000r/min | 0.82~2.9V |
| 27（L） | 44（BR） | 传感器电源（曲轴位置传感器） | — | [点火开关：ON] | 5V |
| 29（Y） | 13（R） | 传感器电源（燃油轨压力传感器、制冷剂压力传感器、机油压力传感器） | — | [点火开关：ON] | 5V |
| 33（GR） | 44（BR） | 曲轴位置传感器 | 输入 | [发动机运转中]<br>◇发动机：暖机后<br>◇怠速<br>注：怠速时，脉冲周期随转速改变 | 4.0V★<br>5mSec/div<br>2V/div |
| | | | | [发动机运转中]<br>◇发动机：暖机后<br>◇发动机转速：2000r/min | 4.0V★<br>5mSec/div<br>2V/div |
| 35（G） | 45（L） | 冷却液温度传感器 | 输入 | [发动机运转中] | 0~4.8 V（输出电压随冷却液温度变化） |
| 36（V） | 42（LG） | 进气温度传感器 | 输入 | [发动机运转中] | 0~4.8 V（输出电压随冷却液温度变化） |

（续）

| 针脚号 | | 说明 | | 状态 | 值（近似值） |
|---|---|---|---|---|---|
| + | - | 信号名称 | 输入/输出 | | |
| 37（L） | 42（LG） | 空气流量传感器 | 输入 | [点火开关：ON]<br>◇发动机停止 | 0.4V |
| | | | | [发动机运转中]<br>◇发动机：暖机后<br>◇怠速 | 0.7~1.2V |
| | | | | [发动机运转中]<br>◇发动机：暖机后<br>◇高速运转发动机，从怠速升高至4000r/min<br>注：高速运转发动机时，电压平稳升高 | 0.7~1.2 V→2.4V |
| 42（LG） | — | 传感器接地（空气流量传感器、进气温度传感器） | — | — | — |
| 44（BR） | — | 传感器接地（曲轴位置传感器） | — | — | — |
| 45（L） | — | 传感器接地（发动机冷却液温度传感器、发动机机油温度传感器） | — | — | — |
| 47（BR） | 50（B） | 高压燃油泵继电器 | 输入 | [发动机运转中]<br>◇发动机：暖机后<br>◇怠速 | 蓄电池电压（11~14V） |
| 48（W） | 50（B） | 高压燃油泵（HI） | 输出 | [发动机运转中]<br>◇发动机：暖机后<br>◇怠速<br>注：怠速时，脉冲周期随转速改变 | 蓄电池电压（11~14V）★<br>20mSec/div<br>5V/div |
| | | | | [发动机运转中]<br>◇发动机：暖机后<br>◇发动机转速：2000r/min | 蓄电池电压（11~14V）★<br>20mSec/div<br>5V/div |
| 49（B） | 152（B） | 高压燃油泵（LO） | 输出 | [发动机运转中]<br>◇发动机：暖机后<br>◇怠速<br>注：怠速时，脉冲周期随转速改变 | 蓄电池电压（11~14V）★<br>20mSec/div<br>20V/div |

（续）

| 针脚号 | | 说明 | | 状态 | 值（近似值） |
|---|---|---|---|---|---|
| + | - | 信号名称 | 输入/输出 | | |
| 49（B） | 152（B） | 高压燃油泵（LO） | 输出 | [发动机运转中]<br>◇发动机：暖机后<br>◇发动机转速：2000r/min | 蓄电池电压（11~14V）★<br>20mSec/div<br>20V/div |
| 50（B） | — | ECM接地（高压燃油泵） | — | — | — |
| 53（V） | 152（B） | 进气歧管管路控制阀电源 | 输入 | [发动机运转中]<br>◇发动机：暖机后<br>◇怠速 | 蓄电池电压（11~14V） |
| 54（B） | 152（B） | 进气歧管管路控制阀（关闭） | 输出 | [发动机运转中]<br>◇发动机：暖机后<br>◇怠速 | 0V |
| | | | | [发动机运转中]<br>◇发动机：暖机后<br>◇空载当发动机转速从3000r/min降至怠速时（松开加速踏板） | 产生临时电压（11~14V） |
| 55（W） | 152（B） | 进气歧管管路控制阀（打开） | 输出 | [发动机运转中]<br>◇发动机：暖机<br>◇后怠速 | 0V |
| | | | | [发动机运转中]<br>◇发动机：暖机后<br>◇空载高速运转发动机，从怠速升高至3000r/min | 产生临时电压（11~14V） |
| 60（B） | — | 屏蔽 | — | — | — |
| 63（B） | — | 传感器接地（排气门正时控制位置传感器） | — | — | — |
| 64（-） | — | 屏蔽 | — | — | — |
| 66（B） | 71（R） | 传感器电源（凸轮轴位置传感器） | — | [点火开关：ON] | 5V |
| 67（L） | 71（R） | 凸轮轴位置传感器 | 输入 | [发动机运转中]<br>◇发动机：暖机后<br>◇怠速<br>注：怠速时，脉冲周期随转速改变 | 1.0~2.0V★<br>10mSec/div<br>2V/div |
| | | | | [发动机运转中]<br>◇发动机：暖机后<br>◇发动机转速：2000r/min | 1.0~2.0V★<br>10mSec/div<br>2V/div |

（续）

| 针脚号 | | 说明 | | 状态 | 值（近似值） |
|---|---|---|---|---|---|
| + | - | 信号名称 | 输入/输出 | | |
| 69（L） | 63（B） | 排气门正时控制位置传感器 | 输入 | [发动机运转中]<br>◇发动机：暖机后<br>◇怠速<br>注：怠速时，脉冲周期随转速改变 | 1.0~2.0V★<br>50mSec/div<br>2V/div |
| | | | | [发动机运转中]<br>◇发动机：暖机后<br>◇发动机转速：2000r/min | 1.0~2.0V★<br>50mSec/div<br>2V/div |
| 71（R） | — | 传感器接地（凸轮轴位置传感器） | — | — | — |
| 73（R） | 63（B） | 传感器电源（排气门正时控制位置传感器） | — | [点火开关：ON] | 5V |
| 74（B） | 152（B） | 空燃比（A/F）传感器1 | 输入 | [点火开关：ON] | 1.8V |
| 78（LG） | — | 传感器接地（加热型氧传感器2） | — | — | — |
| 79（W） | 152（B） | 空燃比（A/F）传感器1 | 输入 | [发动机运转中]<br>◇发动机：暖机后<br>◇发动机转速：2000r/min | 2.2V（随空燃比而变化） |
| 80（W） | 85（B） | 节气门位置传感器2 | 输入 | [点火开关：ON]<br>◇发动机停止<br>◇变速杆：D档位<br>◇加速踏板：完全松开 | 低于4.75V |
| | | | | [点火开关：ON]<br>◇发动机停止<br>◇变速杆：D档位<br>◇加速踏板：完全踩下 | 高于0.36V |
| 81（BR） | 152（B） | ECM继电器（自切断） | 输出 | [发动机运转中]<br>[点火开关：OFF]<br>◇点火开关转至OFF位置后几秒 | 0~1.0V |
| | | | | [点火开关：OFF]<br>◇点火开关转至OFF位置后超过几秒 | 蓄电池电压（11~14V） |
| 82（L） | 152（B） | 燃油泵继电器 | 输出 | [点火开关：ON]<br>◇点火开关转至ON位置后超过1s<br>[发动机运转中] | 0~1.0V |
| | | | | [点火开关：ON]<br>◇点火开关转至ON后的1s | 蓄电池电压（11~14V） |

（续）

| 针脚号 | | 说明 | | 状态 | 值（近似值） |
|---|---|---|---|---|---|
| + | - | 信号名称 | 输入/输出 | | |
| 83（R） | 85（B） | 传感器电源（节气门位置传感器1、节气门位置传感器2） | — | [点火开关：ON] | 5V |
| 84（L） | 78（LG） | 加热型氧传感器2 | 输入 | [发动机运转中]<br>◇满足下列条件后，发动机转速迅速从怠速升高至3000r/min<br>◇发动机：暖机后<br>◇保持发动机转速在3500~4000r/min之间达1min，然后在空载下怠速1min | 0~1.0V |
| 85（B） | — | 传感器接地（节气门位置传感器1、节气门位置传感器2） | — | — | — |
| 86（G） | 152（B） | LIN通信线路 | 输入/输出 | [点火开关：ON] | 12V★<br>1mSec/div<br>5V/div |
| 88（G） | 85（B） | 节气门位置传感器1 | 输入 | [点火开关：ON]<br>◇发动机停止<br>◇变速杆：D档位<br>◇加速踏板：完全松开 | 高于0.36V |
| | | | | [点火开关：ON]<br>◇发动机停止<br>◇变速杆：D档位<br>◇加速踏板：完全踩下 | 低于4.75V |
| 96（Y） | 152（B） | 1号点火信号 | 输出 | [发动机运转中]<br>◇发动机：暖机后<br>◇怠速<br>注：怠速时，脉冲周期随转速改变 | 0~0.3V★<br>100mSec/div<br>2V/div |
| 95（BR） | | 2号点火信号 | | | |
| 104（W） | | 3号点火信号 | | [发动机运转中]<br>◇发动机：暖机后<br>◇发动机转速：2000r/min | 0.2~0.5V★<br>100mSec/div<br>2V/div |
| 101（SB） | | 4号点火信号 | | | |
| 97（V） | 152（B） | 节气门控制电动机继电器 | 输出 | [点火开关：OFF] | 蓄电池电压（11~14V） |
| | | | | [点火开关：ON] | 0~1.0V |
| 103（LG） | 152（B） | 驻车/空档信号 | 输入 | [点火开关：ON]<br>◇变速杆：P或N档位 | 蓄电池电压（11~14V） |
| | | | | [点火开关：ON]<br>◇变速杆：除上述档位外 | 0V |

（续）

| 针脚号 | | 说明 | | 状态 | 值（近似值） |
|---|---|---|---|---|---|
| + | − | 信号名称 | 输入/输出 | | |
| 110（B） | — | ECM接地 | — | — | — |
| 111（G） | 152（B） | 进气门正时控制电磁阀 | 输出 | [发动机运转中]<br>◇发动机：暖机后怠速 | 0V |
| | | | | [发动机运转中]<br>◇发动机：暖机后<br>◇发动机转速迅速从怠速升高至2000r/min | 蓄电池电压（11~14V）★<br>5V/div |
| 112（LG） | 152（B） | 排气门正时控制电磁阀 | 输出 | [发动机运转中]<br>◇发动机：暖机后<br>◇怠速 | 0V |
| | | | | [发动机运转中]<br>◇发动机：暖机后<br>◇发动机转速：2000r/min | 蓄电池电压（11~14V） |
| 115（G） | 152（B） | EVAP炭罐净化量控制电磁阀 | 输出 | [发动机运转中]<br>◇怠速<br>◇加速踏板：起动发动机后完全松开 | 蓄电池电压（11~14V）★<br>50mSec/div<br>10V/div |
| | | | | [发动机运转中]<br>◇发动机转速：2000r/min（发动机起动超过100s后） | 10V★<br>50mSec/div<br>10V/div |
| 116（P） | 152（B） | 空燃比（A/F）传感器1加热器 | 输入 | [发动机运转中]<br>◇发动机：暖机后怠速（在起动发动机后超过140s） | 2.9~8.8V★<br>100mSec/div<br>5V/div |
| 117（V） | 78（LG） | 加热型氧传感器2加热器 | 输出 | [发动机运转中]<br>◇发动机转速：满足以下条件后，低于3600r/min<br>·发动机：暖机后<br>·保持发动机转速在3500~4000r/min之间达1min，然后在空载下怠速1min | 10V★<br>50mSec/div<br>10V/div |

（续）

| 针脚号 | | 说明 | | 状态 | 值（近似值） |
|---|---|---|---|---|---|
| + | − | 信号名称 | 输入/输出 | | |
| 117（V） | 78（LG） | 加热型氧传感器2加热器 | 输出 | [点火开关：ON]<br>◇发动机：关闭<br>[发动机运转中]<br>◇发动机转速：大于3600 r/min | 蓄电池电压（11~14V） |
| 118（G） | 152（B） | 节气门控制电动机电源 | 输入 | [点火开关：ON] | 蓄电池电压（11~14V） |
| 119（L） | 152（B） | 节气门控制电动机（打开） | 输出 | [点火开关：ON]<br>◇发动机：关闭<br>◇变速杆：D档位<br>◇加速踏板：完全踩下 | 3.2V★<br>1mSec/div<br>5V/div |
| 120（Y） | 152（B） | 节气门控制电动机（关闭） | 输出 | [点火开关：ON]<br>◇发动机停止<br>◇变速杆：D档位<br>◇加速踏板：完全松开 | 1.8V★<br>5mSec/div<br>5V/div |
| 123（P） | — | CAN–L | 输入/输出 | — | — |
| 124（L） | — | CAN–H | 输入/输出 | — | — |
| 133（LG） | 152（B） | 点火开关 | 输入 | [点火开关：OFF] | 0V |
| | | | | [点火开关：ON] | 蓄电池电压（11~14V） |
| 134（LG） | 135（B） | 定速巡航（ASCD）转向盘开关 | 输入 | [点火开关：ON]<br>◇ASCD转向盘开关：OFF | 4.0V |
| | | | | [点火开关：ON]<br>◇ASCD开关：按下 | 0V |
| | | | | [点火开关：ON]<br>◇CANCEL开关：按下 | 1.0V |
| | | | | [点火开关：ON]<br>◇RESUME/ACCELERATE开关：按下 | 3.0V |
| | | | | [点火开关：ON]<br>◇COAST/SET开关：按下 | 2.0V |
| 135（B） | — | 传感器接地（ASCD转向盘开关） | — | — | — |
| 139（G） | 152（B） | 制动灯开关 | 输入 | [点火开关：OFF]<br>◇制动踏板：完全松开 | 0V |
| | | | | [点火开关：OFF]<br>◇制动踏板：踩下 | 蓄电池电压（11~14V） |

（续）

| 针脚号 | | 说明 | | 状态 | 值（近似值） |
|---|---|---|---|---|---|
| + | − | 信号名称 | 输入/输出 | | |
| 140（V） | 152（B） | 制动踏板位置开关 | 输入 | [点火开关：OFF]<br>◇制动踏板：完全松开 | 蓄电池电压（11~14V） |
| | | | | [点火开关：OFF]<br>◇制动踏板：踩下 | 0V |
| 142（L） | 144（LG） | 传感器电源（加速踏板位置传感器2） | — | [点火开关：ON] | 5V |
| 143（W） | 144（LG） | 加速踏板位置传感器2 | 输入 | [点火开关：ON]<br>◇发动机停止<br>◇加速踏板：完全松开 | 0.3~0.6V |
| | | | | [点火开关：ON]<br>◇发动机停止<br>◇加速踏板：完全踩下 | 1.95~2.4V |
| 144（LG） | — | 传感器接地（加速踏板位置传感器2） | — | — | — |
| 145（P） | 152（B） | ECM电源 | 输入 | [点火开关：ON] | 蓄电池电压（11~14V） |
| 146（V） | 151（LG） | 传感器电源（加速踏板位置传感器1） | — | [点火开关：ON] | 5V |
| 147（B） | — | ECM接地 | — | — | — |
| 149（B） | — | ECM接地 | — | — | — |
| 150（V） | 151（LG） | 加速踏板位置传感器1 | 输入 | [点火开关：ON]<br>◇发动机停止<br>◇加速踏板：完全松开 | 0.6~0.9V |
| | | | | [点火开关：ON]<br>◇发动机停止<br>◇加速踏板：完全踩下 | 3.9~4.7V |
| 151（LG） | — | 传感器接地（加速踏板位置传感器1） | — | — | — |
| 152（B） | — | ECM接地 | — | — | — |
| 注 | ★：脉冲信号的平均电压（可使用示波器确认实际的脉冲信号） | | | | |

## 三、RE0F10D无级变速器

全新逍客轿车RE0F10D无级变速器控制单元针脚分布如图6-15所示，针脚说明及检测数据见表6-13。

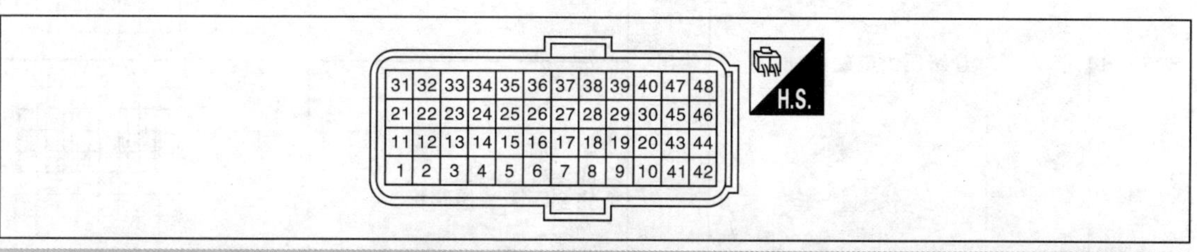


图6-15 全新逍客轿车RE0F10D无级变速器控制单元针脚分布

**表6-13 全新逍客轿车RE0F10D无级变速器控制单元针脚说明及检测数据**

| 针脚号 | | 说明 | | 状态 | | 值（近似值） |
|---|---|---|---|---|---|---|
| + | - | 信号名称 | 输入/输出 | | | |
| 2（SB） | — | — | — | — | — | — |
| 4（Y） | 接地 | D档位开关 | 输入 | [点火开关：ON] | 变速杆：D档位 | 10~16V |
| | | | | | 除以上操作外 | 0V |
| 5（V） | 接地 | N档位开关 | 输入 | [点火开关：ON] | 变速杆：N档位 | 10~16V |
| | | | | | 除以上操作外 | 0V |
| 6（LG） | 接地 | R档位开关 | 输入 | [点火开关：ON] | 变速杆：R档位 | 10~16V |
| | | | | | 除以上操作外 | 0V |
| 7（V） | 接地 | P档位开关 | 输入 | [点火开关：ON] | 变速杆：P档位 | 10~16V |
| | | | | | 除以上操作外 | 0V |
| 11（LG） | 接地 | 传感器接地 | — | 一直 | | 0V |
| 12（BR） | 接地 | CVT油温传感器 | 输入 | [点火开关：ON] | 无级变速器油：约20℃ | 2.01~2.05V |
| | | | | | 无级变速器油：约50℃ | 1.45~1.50V |
| | | | | | 无级变速器油：约80℃ | 0.90~0.94V |
| 16（L） | 接地 | 辅助压力传感器 | 输入 | ◇暖机后<br>◇变速杆：N档位<br>◇怠速时 | | 1.2~1.3V |
| 17（P） | 接地 | 主压力传感器 | 输入 | ◇暖机后<br>◇变速杆：N档位<br>◇怠速时 | | 0.7~0.85V |
| 23（P） | — | CAN-L | 输入/输出 | — | | — |
| 24（LG） | 接地 | 输入速度传感器 | 输入 | ◇档位：M1档位<br>◇车速：20km/h | | 880Hz<br>1mSec/div<br>5V/div |
| 26（G） | 接地 | 传感器电源 | 输出 | [点火开关：ON] | | 5.0V |
| | | | | [点火开关：OFF] | | 0V |
| 30（GR） | 接地 | 管路压力电磁阀 | 输出 | ◇暖机后<br>◇变速杆：N档位<br>◇怠速时 | | 2.5mSec/div<br>5V/div |
| | | | | ◇暖机后<br>◇变速杆：N档位<br>◇完全踩下加速踏板 | | 2.5mSec/div<br>5V/div |

（续）

| 针脚号 | | 说明 | | 状态 | | 值（近似值） |
|---|---|---|---|---|---|---|
| + | − | 信号名称 | 输入/输出 | | | |
| 33（L） | — | CAN−H | 输入/输出 | — | — | — |
| 34（W） | 接地 | 输出速度传感器 | 输入 | ◇档位：M1档<br>◇车速：20km/h | | 200Hz<br>2.5mSec/div<br>5V/div |
| 35（R） | 接地 | 主速度传感器 | 输入 | ◇档位：M1档<br>◇车速：20km/h | | 700Hz<br>1mSec/div<br>5V/div |
| 37（SB） | 接地 | 选择电磁阀 | 输出 | ◇发动机起动<br>◇车辆停止<br>◇变速杆：N档位 | | 2.5mSec/div<br>5V/div |
| 38（G） | 接地 | 变矩器离合器电磁阀 | 输出 | ◇变速杆：D档位<br>◇加速踏板位置：1/8或以下<br>◇车速：大于或等于20km/h | | 1mSec/div<br>5V/div |
| | | | | ◇发动机起动<br>◇车辆停止 | | 2.5mSec/div<br>5V/div |
| 39（Y） | 接地 | 辅助压力电磁阀 | 输出 | ◇档位：M1档<br>◇车速：20km/h | | 2.5mSec/div<br>5V/div |

（续）

| 针脚号 | | 说明 | | 状态 | 值（近似值） |
|---|---|---|---|---|---|
| + | − | 信号名称 | 输入/输出 | | |
| 40（V） | 接地 | 主压力电磁阀 | 输出 | ◇档位：M1档<br>◇车速：20km/h | 2.5mSec/div<br>5V/div |
| 41（B） | 接地 | 接地 | — | 一直 | 0V |
| 42（B） | 接地 | 接地 | — | 一直 | 0V |
| 45（V） | 接地 | 蓄电池电源（记忆备份） | 输入 | 一直 | 10~16V |
| 46（V） | 接地 | 蓄电池电源（记忆备份） | 输入 | 一直 | 10~16V |
| 47（BR） | 接地 | 点火电源 | 输入 | [点火开关：ON] | 10~16V |
| | | | | [点火开关：OFF] | 0V |
| 48（BR） | 接地 | 点火电源 | 输入 | [点火开关：ON] | 10~16V |
| | | | | [点火开关：OFF] | 0V |
| 注 | *：此线束没有使用 | | | | |

## 四、ABS（配备VDC）

全新逍客轿车防抱死制动系统（ABS）（配备车辆行驶动态控制系统，即VDC）针脚分布如图6-16所示，针脚说明见表6-14。

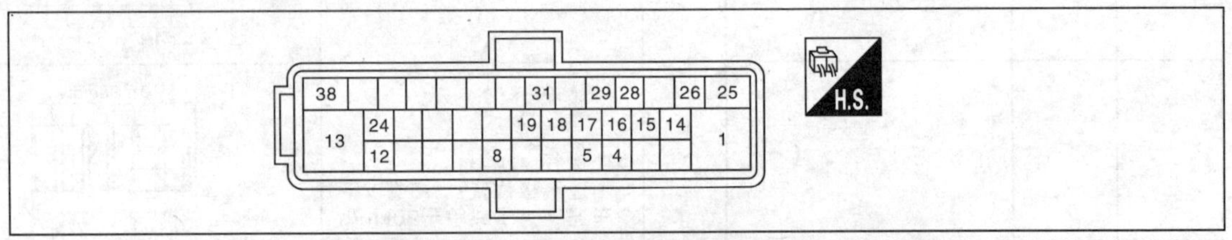


图6-16 全新逍客轿车防抱死制动系统（配备VDC）针脚分布

表6-14 全新逍客轿车防抱死制动系统（配备VDC）针脚说明

| 针脚号 | 导线颜色 | 信号名称（规格） | 针脚号 | 导线颜色 | 信号名称（规格） |
|---|---|---|---|---|---|
| 1 | Y | 电动机电源 | 18 | G | 左后车轮传感器信号 |
| 4 | W | 右前车轮传感器信号 | 19 | V | 左前车轮传感器电源 |
| 5 | W | 制动真空传感器电源 | 24 | 屏蔽 | 制动真空传感器接地 |
| 8 | P | 左前车轮传感器信号 | 25 | BR | 阀电源 |
| 12 | B | 制动真空传感器信号 | 26 | L | CAN-H |
| 13 | B | 接地（电动机） | 28 | G | 附件电源 |
| 14 | P | CAN-L | 29 | R | 右后车轮传感器信号 |
| 15 | BR | VDC OFF开关 | 31 | L | 左后车轮传感器电源 |
| 16 | R | 右前车轮传感器电源 | 38 | B | 接地（阀） |
| 17 | W | 右后车轮传感器电源 | | | |

# 第三节 奇骏（2014~2016年款）

## 一、2.0L MR20DD发动机

奇骏轿车2.0L MR20DD发动机控制单元针脚分布如图6-17所示，针脚说明见表6-15。

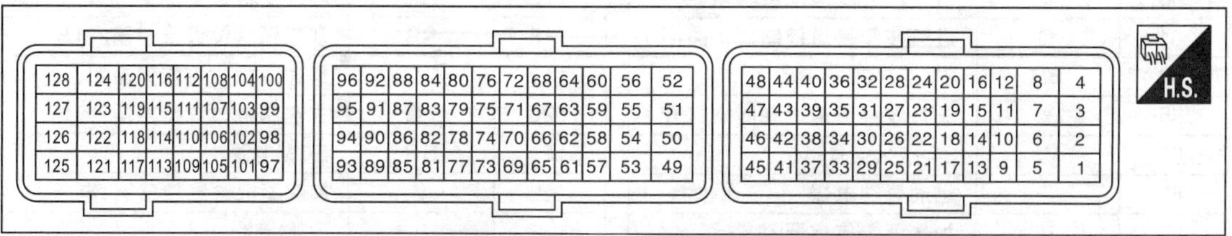


图6-17 奇骏轿车2.0L MR20DD发动机控制单元针脚分布

表6-15 奇骏轿车2.0L MR20DD发动机控制单元针脚说明

| 针脚号 | 导线颜色 | 信号名称（规格） | 针脚号 | 导线颜色 | 信号名称（规格） |
|---|---|---|---|---|---|
| 1 | W | 1号喷油器（HI） | 39 | R | 传感器接地 |
| 2 | W | 2号喷油器（HI） | 40 | W | 爆燃传感器 |
| 3 | W | 3号喷油器（HI） | 42 | B | 排气门正时控制位置传感器接地 |
| 4 | W | 4号喷油器（HI） | | | |
| 5 | B | 喷油器No. 1（LO） | 43 | G | 凸轮轴位置传感器电压 |
| 6 | B | 喷油器No. 2（LO） | 44 | BR | 曲轴位置传感器接地 |
| 7 | B | 喷油器No. 3（LO） | 45 | G | LIN通信线路 |
| 8 | B | 喷油器No. 4（LO） | 46 | LG | 排气门正时控制位置传感器 |
| 11 | B | ECM接地 | 48 | GR | 曲轴位置传感器 |
| 12 | BR | 屏蔽 | 49 | Y | 喷油器驱动电源1 |
| 14 | W | 倒档/空档位置信号（M/T） | 50 | V | 高压燃油泵继电器 |
| | | 驻车/空档位置信号（CVT） | 51 | W | 高压燃油泵（HI） |
| 15 | R | 凸轮轴位置传感器接地 | 52 | B | 高压燃油泵（LO） |
| 19 | W | 凸轮轴位置传感器 | 53 | W | 喷油器驱动电源2 |
| 20 | L | 传感器接地 | 54 | BR | ECM接地（高压燃油泵） |
| 21 | L | 曲轴位置传感器电源 | 55 | GR | ECM接地（喷油器） |
| 23 | Y | 传感器电源 | 56 | B | ECM接地（喷油器） |
| 24 | Y | 排气门正时控制位置传感器电源 | 57 | Y | 加热型氧传感器2 |
| | | | 59 | B | 加热型氧传感器2接地 |
| 25 | L | 传感器接地 | 60 | R | 节气门位置传感器电压 |
| 28 | BR | 空气流量传感器 | 62 | B | 屏蔽 |
| 29 | GR | 机油压力传感器 | 63 | G | 节气门位置传感器1 |
| 31 | G | 冷却液温度传感器 | 64 | Y | 空燃比（A/F）传感器1 |
| 32 | P | 机油温度传感器 | 65 | W | 节气门控制电动机电源 |
| 33 | G | 燃油轨压力传感器 | 69 | R | 节气门控制电动机（打开） |
| 34 | P | 制冷剂压力传感器 | 70 | — | 屏蔽 |
| 35 | V | 进气温度传感器 | 71 | W | 节气门位置传感器2 |
| 36 | 屏蔽 | 传感器接地（爆燃传感器） | 72 | G | 空燃比（A/F）传感器 1 |

（续）

| 针脚号 | 导线颜色 | 信号名称（规格） | 针脚号 | 导线颜色 | 信号名称（规格） |
|---|---|---|---|---|---|
| 73 | L | 节气门控制电动机（关闭） | 108 | R | 离合器踏板位置开关 |
| 75 | B | 传感器接地 | 109 | LG | 点火开关 |
| 77 | BG | EVAP炭罐净化量控制电磁阀 | 110 | G | ASCD转向盘开关 |
| 78 | Y | 1号点火信号 | 111 | BR | ASCD转向盘开关接地 |
| 79 | V | 进气歧管管道控制阀电源 | 115 | V | 制动灯开关 |
| 80 | V | 节气门控制电动机继电器 | 116 | GR | 制动踏板位置开关 |
| 81 | G | 进气歧管管道控制阀（关闭） | 118 | SB | 加速踏板位置传感器2电压 |
| 82 | BR | 2号点火信号 | 119 | Y | 加速踏板位置传感器2 |
| 85 | Y | 进气歧管管道控制阀（打开） | 120 | LG | 加速踏板位置传感器2接地 |
| 86 | W | 3号点火信号 | 121 | BR | ECM电源 |
| 87 | P | 燃油泵继电器 | 122 | V | 加速踏板位置传感器1电压 |
| 89 | V | 加热型氧传感器2加热器 | 123 | B | ECM接地 |
| 90 | SB | 4号点火信号 | 124 | R | 大气压力传感器接地 |
| 91 | P | ECM继电器（自切断） | 125 | B | ECM接地 |
| 93 | P | 空燃比（A/F）传感器1加热器 | 126 | GR | 加速踏板位置传感器1 |
| 94 | G | 进气门正时控制电磁阀 | 127 | R | 加速踏板位置传感器1接地 |
| 95 | GR | 排气门正时控制电磁阀 | 128 | B | ECM接地 |
| 97 | W | 大气压力传感器 | 注 | 编号9、10、13、16~18、22、26、27、30、37、38、41、47、58、61、66~68、74、76、83、84、88、92、96、98、102~107、112~114、117的针脚未使用 | |
| 99 | P | CAN-L | | | |
| 100 | L | CAN-H | | | |
| 101 | Y | 大气压力传感器电压 | | | |

## 二、2.5L QR25DE发动机

奇骏轿车2.5L QR25DE发动机控制单元安装位置如图6-18所示，针脚分布与2.0L MR20DD发动机相同，参考图6-17，针脚说明及检测数据见表6-16。

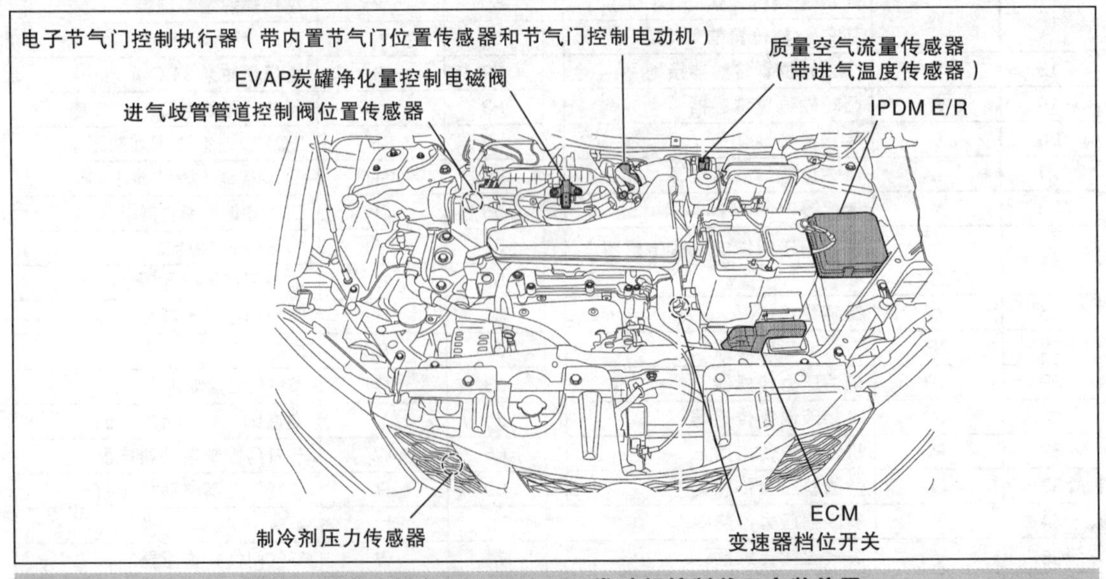


图6-18 奇骏轿车2.5L QR25DE发动机控制单元安装位置

**表6-16 奇骏轿车2.5L QR25DE发动机控制单元针脚说明及检测数据**

| 针脚号 | | 说明 | | 状态 | 值（近似值） |
|---|---|---|---|---|---|
| + | − | 信号名称 | 输入/输出 | | |
| 提示：<br>●技术参数为参考值，通过在各端子与接地之间进行测量得到<br>●用CONSULT测量脉冲信号 | | | | | |
| 1（G） | 128（BR） | 节气门控制电动机（关） | 输出 | [点火开关：ON]<br>◇发动机停止运转<br>◇变速杆：D档位<br>◇加速踏板：完全松开 | 1.8V★<br>5mSec/div<br>5V/div |
| 2（GR） | 128（BR） | 节气门控制电动机电源 | 输入 | [点火开关：ON] | 蓄电池电压（11~14V） |
| 3（L） | 128（BR） | 节气门控制电动机（开） | 输出 | [点火开关：ON]<br>◇发动机停止运转<br>◇变速杆：D档位<br>◇加速踏板：完全踩下 | 3.2V★<br>1mSec/div<br>5V/div |
| 4（W） | 8（−） | 爆燃传感器 | 输入 | [发动机运转中]<br>◇怠速 | 2.5V |
| 8（−） | — | 传感器接地（爆燃传感器遮蔽电路） | — | — | — |
| 9（Y） | 128（BR） | 4号喷油器 | 输出 | [发动机运转中]<br>◇暖机状态<br>◇怠速<br>注：怠速时，脉冲周期随转速改变 | 蓄电池电压（11~14V）★<br>50mSec/div<br>10V/div |
| 10（P） | | 3号喷油器 | | | |
| 13（L） | | 1号喷油器 | | [发动机运转中]<br>◇暖机状态<br>◇发动机转速：2000r/min | 蓄电池电压（11~14V）★<br>50mSec/div<br>10V/div |
| 14（G） | | 2号喷油器 | | | |
| 16（BR） | — | ECM接地 | — | — | — |
| 17（BG） | 128（BR） | EVAP炭罐净化量控制电磁阀 | 输出 | [发动机运转中]<br>◇怠速<br>◇加速踏板：在发动机起动后，没有踩下 | 蓄电池电压（11~14V）★<br>50mSec/div<br>20V/div |

（续）

| 针脚号 | | 说明 | | 状态 | 值（近似值） |
|---|---|---|---|---|---|
| + | － | 信号名称 | 输入/输出 | | |
| 17（BG） | 128（BR） | EVAP炭罐净化量控制电磁阀 | 输出 | [发动机运转中]<br>◇发动机转速：大约2000 r/min（发动机起动超过100s之后） | 蓄电池电压（11~14V）★<br>50mSec/div<br>10V/div |
| 18（P） | 128（BR） | 燃油泵继电器 | 输出 | [点火开关：ON]<br>◇点火开关按至ON位置后1s<br>[发动机运转中] | 0~1.0V |
| | | | | [点火开关：ON]<br>◇点火开关按至ON位置后超过1s | 蓄电池电压（11~14V） |
| 21（V） | 128（BR） | 节气门控制电动机继电器 | 输出 | [点火开关：OFF] | 蓄电池电压（11~14V） |
| | | | | [点火开关：ON] | 0~1.0V |
| 22（Y） | 23（B） | 加热型氧传感器2 | 输入 | [发动机运转中]<br>◇满足下列条件后，发动机转速迅速从怠速升至3000r/min<br>·发动机：暖机后<br>·发动机转速保持在3500~4000r/min之间达1min，并在无负荷下怠速运转1min | 0~1.0V |
| 23（B） | — | 传感器接地（加热型氧传感器2） | — | — | — |
| 25（P） | 26（BR） | 机油温度传感器 | 输入 | [发动机运转中] | 0~4.8V（输出电压随发动机机油温度而变化） |
| 26（BR） | — | 传感器接地（机油温度传感器） | — | — | — |
| 27（L） | — | 传感器接地（冷却液温度传感器） | — | — | — |
| 28（G） | 27（L） | 冷却液温度传感器 | 输入 | [发动机运转中] | 0~4.8V（输出电压随发动机冷却液温度变化） |
| 30（R） | — | 传感器接地（凸轮轴位置传感器） | — | — | — |
| 31（W） | 30（R） | 凸轮轴位置传感器（相位） | 输入 | [发动机运转中]<br>◇暖机状态<br>◇怠速<br>注：怠速时，脉冲周期随转速改变 | 1.0~2.0V★<br>10mSec/div<br>2V/div |
| | | | | [发动机运转中]<br>◇发动机转速：2000r/min | 1.0~2.0V★<br>10mSec/div<br>2V/div |

（续）

| 针脚号 | | 说明 | | 状态 | 值（近似值） |
|---|---|---|---|---|---|
| + | − | 信号名称 | 输入/输出 | | |
| 32（B） | — | 传感器电源（凸轮轴位置传感器相位） | — | [点火开关：ON] | 5.0V |
| 33（V） | 34（GR） | 进气温度传感器 | 输入 | [发动机运转中] | 0~4.8V（输出电压随进气温度而变化） |
| 34（GR） | — | 传感器接地（空气流量传感器、进气温度传感器） | — | — | — |
| 35（BR） | 34（GR） | 空气流量传感器 | 输入 | [点火开关：ON]<br>◇发动机停止运转 | 1.3V |
| | | | | [发动机运转中]<br>◇暖机状态<br>◇怠速 | 1.3~1.6V |
| | | | | [发动机运转中]<br>◇暖机状态<br>◇发动机转速从怠速上升至约4000r/min | 1.3~1.6至2.5V（检查电压是否随发动机转速升高到约4000r/min而线性上升） |
| 36（L） | — | 传感器电源（空气流量传感器、进气温度传感器） | — | [点火开关：ON] | 5.0V |
| 37（–） | — | 屏蔽 | — | — | — |
| 38（SB） | — | 传感器接地（机油压力传感器） | — | — | — |
| 39（P） | 38（SB） | 机油压力传感器 | 输入 | [发动机运转中]<br>◇暖机状态<br>◇怠速 | 1.3V★<br>5mSec/div<br>2V/div |
| | | | | [发动机运转中]<br>◇暖机状态<br>◇发动机转速：2000r/min | 2.7V★<br>5mSec/div<br>2V/div |
| 40（W） | 38（SB） | 传感器电源（机油压力传感器） | — | [点火开关：ON] | 5.0V |
| 41（Y） | 128（BR） | 空燃比传感器1 | 输入 | [点火开关：ON] | 2.2V |
| 42（B） | — | 传感器接地（排气门正时控制位置传感器） | — | — | — |
| 43（LG） | 42（B） | 排气门正时控制位置传感器 | 输入 | [发动机运转中]<br>◇暖机状态<br>◇怠速<br>注：怠速时，脉冲周期随转速改变 | 1.0~2.0V★<br>50mSec/div<br>2V/div |

（续）

| 针脚号 | | 说明 | | 状态 | 值（近似值） |
|---|---|---|---|---|---|
| + | − | 信号名称 | 输入/输出 | | |
| 43（LG） | 42（B） | 排气门正时控制位置传感器 | 输入 | [发动机运转中]<br>◇发动机转速：2000r/min | 1.0~2.0V★<br>50mSec/div<br>2V/div |
| 44（Y） | — | 传感器电源（排气门正时控制位置传感器） | — | [点火开关：ON] | 5V |
| 45（G） | 128（BR） | 空燃比传感器1 | 输入 | [发动机运转中]<br>◇发动机转速：2000r/min | 1.8V（输出电压随空燃比而变化） |
| 49（G） | 128（BR） | 进气歧管调运行控制阀电机（关闭） | 输出 | [点火开关：ON]<br>◇发动机冷却液温度：−7~60℃<br>◇加速踏板：踩下→完全松开 | 蓄电池电压出现约1s |
| 50（V） | 128（BR） | 进气歧管管道控制阀电动机电源 | 输入 | [点火开关：ON] | 蓄电池电压（11~14V） |
| 51（Y） | 128（BR） | 进气歧管运行控制阀电动机（打开） | 输出 | [点火开关：ON]<br>◇发动机冷却液温度：−7~60℃<br>◇加速踏板：踩下→完全松开 | 蓄电池电压出现约1s |
| 52（B） | — | ECM接地 | — | — | — |
| 53（P） | 128（BR） | A/F传感器1加热器 | 输入 | [发动机运转中]<br>◇暖机状态<br>◇怠速（在起动发动机后超过140s） | 2.9~8.8V★<br>5mSec/div<br>5V/div |
| 54（V） | 128（BR） | 加热型氧传感器2加热器 | 输出 | [发动机运转中]<br>◇发动机转速：满足以下条件之后低于3600r/min<br>・发动机：暖机后<br>・发动机转速保持在3500~4000r/min之间达1min，并在无负荷下怠速运转1min | 10V★<br>50mSec/div<br>10V/div |
| | | | | [点火开关：ON]<br>◇发动机停止运转<br>[发动机运转中]<br>◇发动机转速：大于3600r/min | 蓄电池电压（11~14V） |
| 56（GR） | 128（BR） | 进气门正时中央锁止控制电磁阀 | 输出 | [发动机运转中]<br>◇暖机状态<br>◇怠速 | 0V |
| | | | | [发动机运转中]<br>◇冷态<br>[发动机冷却液温度：低于60℃]<br>◇怠速 | 蓄电池电压（11~14V） |

（续）

| 针脚号 | | 说明 | | 状态 | 值（近似值） |
|---|---|---|---|---|---|
| + | - | 信号名称 | 输入/输出 | | |
| 70（BR） | — | 传感器接地（曲轴位置传感器） | — | — | — |
| 71（GR） | 70（BR） | 曲轴位置传感器 | 输入 | [发动机运转中]<br>◇暖机状态<br>◇怠速<br>注：怠速时，脉冲周期随转速改变 | 4.0V★<br>5mSec/div<br>2V/div |
| | | | | [发动机运转中]<br>◇发动机转速：2000r/min | 4.0V★<br>5mSec/div<br>2V/div |
| 72（L） | — | 传感器电源（曲轴位置传感器） | — | [点火开关：ON] | 5.0V |
| 73（-） | — | 屏蔽 | — | — | — |
| 77（W） | 78（B） | 节气门位置传感器2 | 输入 | [点火开关：ON]<br>◇发动机停止运转<br>◇变速杆：D档位<br>◇加速踏板：完全松开 | 低于4.75V |
| | | | | [点火开关：ON]<br>◇发动机停止运转<br>◇变速杆：D档位<br>◇加速踏板：完全踩下 | 高于0.36V |
| 78（B） | — | 传感器接地（节气门位置传感器1和2） | — | — | — |
| 79（G） | 78（B） | 节气门位置传感器1 | 输入 | [点火开关：ON]<br>◇发动机停止运转<br>◇变速杆：D档位<br>◇加速踏板：完全松开 | 高于0.36V |
| | | | | [点火开关：ON]<br>◇发动机停止运转<br>◇变速杆：D档位<br>◇加速踏板：完全踩下 | 低于4.75V |
| 80（R） | — | 传感器电源（节气门位置传感器） | — | [点火开关：ON] | 5.0V |
| 83（L） | 92（LG） | 进气歧管管道控制阀位置传感器 | 输入 | [点火开关：ON]<br>◇发动机冷却液温度：-7~60℃<br>◇加速踏板：完全松开 | 低于1.4V |
| | | | | [点火开关：ON]<br>◇发动机冷却液温度：-7~60℃<br>◇加速踏板：完全踩下 | 高于2.8V |

（续）

<table>
<tr><th colspan="2">针脚号</th><th colspan="2">说明</th><th rowspan="2">状态</th><th rowspan="2">值（近似值）</th></tr>
<tr><th>+</th><th>−</th><th>信号名称</th><th>输入/输出</th></tr>
<tr><td>84（V）</td><td>—</td><td>传感器电源（进气歧管管道控制阀位置传感器）</td><td>—</td><td>[点火开关：ON]</td><td>5.0V</td></tr>
<tr><td>85（G）</td><td>—</td><td>LIN通信线路</td><td>输入/输出</td><td>—</td><td>—</td></tr>
<tr><td>86（Y）</td><td rowspan="4">128（BR）</td><td>1缸点火信号</td><td rowspan="4">输出</td><td rowspan="2">[发动机运转中]<br>◇暖机状态<br>◇怠速<br>注：怠速时，脉冲周期随转速改变</td><td rowspan="2">0~0.1V★ 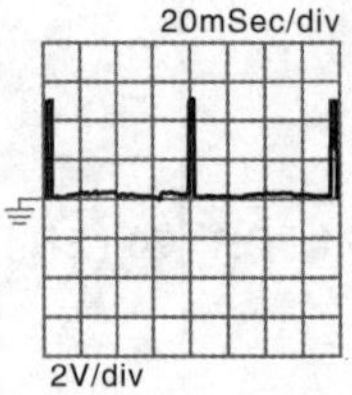<br>20mSec/div<br>2V/div</td></tr>
<tr><td>87（BR）</td><td>2缸点火信号</td></tr>
<tr><td>90（W）</td><td>3缸点火信号</td><td rowspan="2">[发动机运转中]<br>◇暖机状态<br>◇发动机转速：2000r/min</td><td rowspan="2">0~0.2V★ 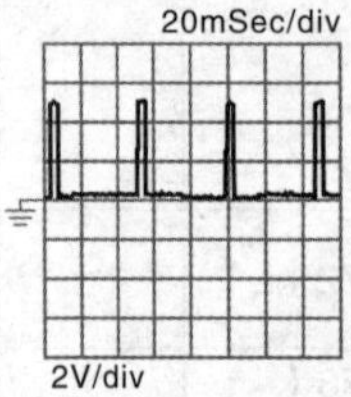<br>20mSec/div<br>2V/div</td></tr>
<tr><td>91（SB）</td><td>4缸点火信号</td></tr>
<tr><td rowspan="2">89（P）</td><td rowspan="2">128（BR）</td><td rowspan="2">ECM继电器（自切断）</td><td rowspan="2">输出</td><td>[发动机运转中]<br>[点火开关：OFF]<br>◇点火开关按至OFF位置后几秒</td><td>0~1.0V</td></tr>
<tr><td>[点火开关：OFF]<br>◇点火开关按至OFF位置后超过几秒</td><td>蓄电池电压（11~14V）</td></tr>
<tr><td>92（LG）</td><td>—</td><td>传感器接地（进气歧管管道控制阀位置传感器）</td><td>—</td><td>—</td><td>—</td></tr>
<tr><td rowspan="2">93（L）</td><td rowspan="2">128（BR）</td><td rowspan="2">进气门正时控制电磁阀</td><td rowspan="2">输出</td><td>[发动机运转中]<br>◇暖机状态<br>◇怠速</td><td>0V</td></tr>
<tr><td>[发动机运转中]<br>◇暖机状态<br>◇发动机转速迅速升高到2000r/min时</td><td>蓄电池电压（11~14V）★ 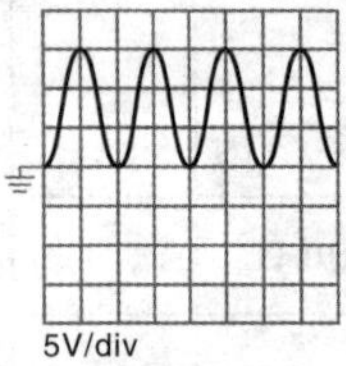<br>5V/div</td></tr>
<tr><td rowspan="2">94（BR）</td><td rowspan="2">128（BR）</td><td rowspan="2">排气门正时控制电磁阀</td><td rowspan="2">输出</td><td>[发动机运转中]<br>◇暖机状态<br>◇怠速</td><td>0V</td></tr>
<tr><td>[发动机运转中]<br>◇暖机状态<br>◇发动机转速：2000r/min</td><td>蓄电池电压（11~14V）</td></tr>
<tr><td>99（P）</td><td>—</td><td>CAN通信线路（CAN–L）</td><td>输入/输出</td><td>—</td><td>—</td></tr>
</table>

（续）

| 针脚号 | | 说明 | | 状态 | 值（近似值） |
|---|---|---|---|---|---|
| + | − | 信号名称 | 输入/输出 | | |
| 100（L） | — | CAN通信线路（CAN−H） | 输入/输出 | — | — |
| 103（Y） | 124（W） | 制冷剂压力传感器 | 输入 | [发动机运转中]<br>◇暖机状态<br>◇打开A/C开关和鼓风机风扇电动机开关：ON（压缩机工作） | 1.0~4.0V |
| 104（R） | — | 传感器电源（制冷剂压力传感器） | — | [点火开关：ON] | 5.0V |
| 109（LG） | 128（BR） | 点火开关 | 输入 | [点火开关：OFF] | 0V |
| | | | | [点火开关：ON] | 蓄电池电压（11~14V） |
| 110（G） | 111（BR） | ASCD转向盘开关 | 输入 | [点火开关：ON]<br>◇ASCD转向盘开关：OFF | 4V |
| | | | | [点火开关：ON]<br>◇主开关：按下 | 0V |
| | | | | [点火开关：ON]<br>◇CANCEL开关：按下 | 1V |
| | | | | [点火开关：ON]<br>◇ACCEL/RES开关：按下 | 3V |
| | | | | [点火开关：ON]<br>◇COAST/SET开关：按下 | 2V |
| 111（BR） | — | 传感器接地（ASCD转向盘开关） | — | — | — |
| 115（V） | 128（BR） | 制动灯开关 | 输入 | [点火开关：OFF]<br>◇制动踏板：完全松开 | 0V |
| | | | | [点火开关：OFF]<br>◇制动踏板：轻轻踩下 | 蓄电池电压（11~14V） |
| 116（GR） | 128（BR） | 制动踏板位置开关 | 输入 | [点火开关：OFF]<br>◇制动踏板：完全松开 | 蓄电池电压（11~14V） |
| 117（W） | 128（BR） | PNP信号 | 输入 | [点火开关：ON]<br>◇变速杆：P或N档位 | 蓄电池电压（11~14V） |
| | | | | [点火开关：ON]<br>◇变速杆：除上述以外 | 0V |
| 118（SB） | — | 传感器电源（加速踏板位置传感器2） | — | [点火开关：ON] | 5.0V |
| 119（Y） | 120（LG） | 加速踏板位置传感器2 | 输入 | [点火开关：ON]<br>◇发动机停止运转<br>◇加速踏板：完全松开 | 0.25~0.5V |
| | | | | [点火开关：ON]<br>◇发动机停止运转<br>◇加速踏板：完全踩下 | 2.0~2.5V |
| 120（LG） | — | 传感器接地（加速踏板位置传感器2） | — | — | — |
| 121（BR） | 128（BR） | ECM电源 | 输入 | [点火开关：ON] | 蓄电池电压（11~14V） |

（续）

| 针脚号 | | 说明 | | 状态 | 值（近似值） |
|---|---|---|---|---|---|
| + | - | 信号名称 | 输入/输出 | | |
| 122（V） | — | 传感器电源（加速踏板位置传感器1） | — | [点火开关：ON] | 5.0V |
| 123（BR） | — | ECM接地 | — | — | — |
| 124（W） | — | 传感器接地（制冷剂压力传感器） | — | — | — |
| 126（GR） | 127（R） | 加速踏板位置传感器1 | 输入 | [点火开关：ON]<br>◇发动机停止运转<br>◇加速踏板：完全松开 | 0.5~1.0V |
| | | | | [点火开关：ON]<br>◇发动机停止运转<br>◇加速踏板：完全踩下 | 4.2~4.8V |
| 127（R） | — | 传感器接地（加速踏板位置传感器1） | — | — | — |
| 128（BR） | — | ECM接地 | — | — | — |
| 注 | ★：脉冲信号的平均电压（可使用示波器确认实际的脉冲信号） | | | | |

## 三、RE0F10B无级变速器

奇骏轿车RE0F10B无级变速器控制单元针脚分布如图6-19所示，针脚说明及检测数据见表6-17。

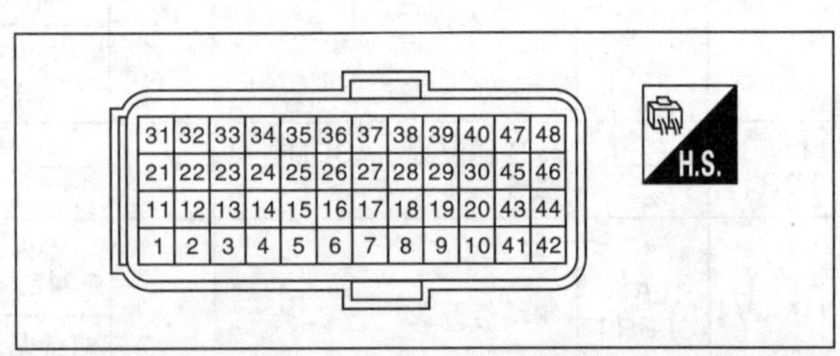


图6-19 奇骏轿车RE0F10B无级变速器控制单元针脚分布

表6-17 奇骏轿车RE0F10B无级变速器控制单元针脚说明及检测数据

| 针脚号 | | 说明 | | 状态 | | 值（近似值） |
|---|---|---|---|---|---|---|
| + | - | 信号名称 | 输入/输出 | | | |
| 2（GR） | — | — | — | — | | — |
| 4（Y） | 接地 | D档位开关 | 输入 | [点火开关：ON] | 变速杆：D档位 | 10~16V |
| | | | | | 除以上操作外 | 0V |
| 5（BR） | 接地 | N档位开关 | 输入 | | 变速杆：N档位 | 10~16V |
| | | | | | 除以上操作外 | 0V |
| 6（G） | 接地 | R档位开关 | 输入 | | 变速杆：R档位 | 10~16V |
| | | | | | 除以上操作外 | 0V |
| 7（V） | 接地 | P档位开关 | 输入 | | 变速杆：P档位 | 10~16V |
| | | | | | 除以上操作外 | 0V |
| 11（LG） | 接地 | 传感器接地 | — | 一直 | | 0V |

（续）

| 针脚号 | | 说明 | | 状态 | | 值（近似值） |
|---|---|---|---|---|---|---|
| + | − | 信号名称 | 输入/输出 | 状态 | | 值（近似值） |
| 12（BR） | 接地 | CVT油温传感器 | 输出 | [点火开关：ON] | CVT油：约20℃ | 2.01~2.05V |
| | | | | | CVT油：约50℃ | 1.45~1.50V |
| | | | | | CVT油：约80℃ | 0.90~0.94V |
| 16（SB） | 接地 | 辅助压力传感器 | 输入 | ◇暖机后<br>◇变速杆：N档位<br>◇怠速中 | | 1.23~1.25V |
| 17（R） | 接地 | 主压力传感器 | 输入 | ◇暖机后<br>◇变速杆：N档位<br>◇怠速中 | | 0.75~0.82V |
| 23（P） | — | CAN–L | 输入/输出 | — | | — |
| 24（LG） | 接地 | 输入速度传感器 | 输入 | ◇档位M1位置<br>◇车速：20km/h | | 880Hz<br>1mSec/div<br>5V/div |
| 26（BG） | 接地 | 传感器电源 | 输出 | [点火开关：ON] | | 5.0V |
| | | | | [点火开关OFF] | | 0V |
| 30（GR） | 接地 | 管路压力电磁阀 | 输出 | ◇暖机后<br>◇变速杆：N档位<br>◇怠速中 | | 2.5mSec/div<br>5V/div |
| | | | | ◇暖机后<br>◇变速杆：N档位<br>◇完全踩下加速踏板 | | 2.5mSec/div<br>5V/div |
| 33（L） | — | CAN–H | 输入/输出 | — | | — |
| 34（W） | 接地 | 输出速度传感器 | 输入 | ◇档位：M1位置<br>◇车速：20km/h | | 200Hz<br>2.5mSec/div<br>5V/div |

（续）

| 针脚号 | | 说明 | | 状态 | 值（近似值） |
|---|---|---|---|---|---|
| + | − | 信号名称 | 输入/输出 | | |
| 35（GR） | 接地 | 主速度传感器 | 输入 | ◇档位：M1位置<br>◇车速：20km/h | 700Hz 1mSec/div 5V/div |
| 37（Y） | 接地 | 选档电磁阀 | 输出 | ◇发动机起动<br>◇车辆停止<br>◇变速杆：N档位 | 2.5mSec/div 5V/div |
| 38（G） | 接地 | 变矩器离合器电磁阀 | 输出 | ◇变速杆：D档位<br>◇加速踏板位置：1/8或以下<br>◇车速：20km/h或以上 | 1mSec/div 5V/div |
| | | | | ◇发动机起动<br>◇车辆停止 | 2.5mSec/div 5V/div |
| 39（W） | 接地 | 辅助压力电磁阀 | 输出 | ◇档位：M1位置<br>◇车速：20km/h | 2.5mSec/div 5V/div |
| 40（V） | 接地 | 主压力电磁阀 | 输出 | ◇档位：M1位置<br>◇车速：20km/h | 2.5mSec/div 5V/div |
| 41（B） | 接地 | 接地 | — | 一直 | 0V |
| 42（B） | 接地 | 接地 | — | 一直 | 0V |
| 45（V） | 接地 | 蓄电池电源（存储后备） | 输入 | 一直 | 10~16V |
| 46（V） | 接地 | 蓄电池电源（存储后备） | 输入 | 一直 | 10~16V |
| 47（BG） | 接地 | 点火电源 | 输入 | [点火开关：ON] | 10~16V |
| | | | | [点火开关：OFF] | 0V |

（续）

| 针脚号 | | 说明 | | 状态 | 值（近似值） |
|---|---|---|---|---|---|
| + | − | 信号名称 | 输入/输出 | | |
| 48（BG） | 接地 | 点火电源 | 输入 | [点火开关：ON] | 10~16V |
| | | | | [点火开关：OFF] | 0V |

## 四、ABS（配备VDC）

奇骏轿车ABS（配备VDC）控制单元针脚分布如图6-20所示，针脚说明及检测数据见表6-18。

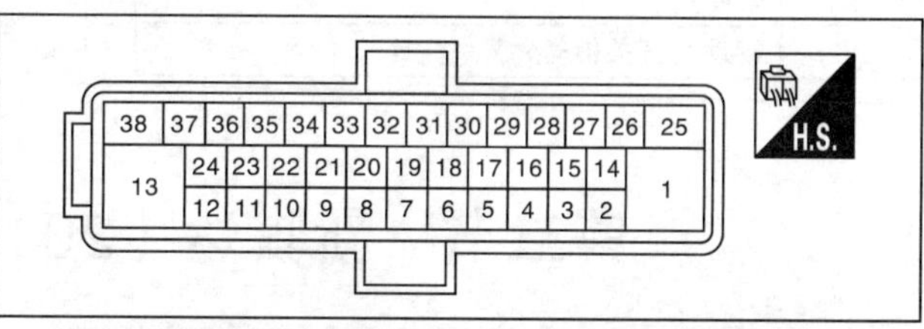


图6-20 奇骏轿车ABS（配备VDC）控制单元针脚分布

表6-18 奇骏轿车ABS（配备VDC）控制单元针脚说明

| 针脚号 | 导线颜色 | 信号名称 |
|---|---|---|
| 1 | Y | 电动机电源 |
| 4 | SB | 右前轮传感器信号 |
| 5 | V | 制动真空传感器电源 |
| 8 | P | 左前轮传感器信号 |
| 9 | Y | 陡坡缓降控制开关 |
| 12 | Y | 制动真空传感器信号 |
| 13 | B | 接地（电动机） |
| 14 | P | CAN-L |
| 15 | BR | VDC OFF开关 |
| 16 | R | 右前轮传感器电源 |
| 17 | Y | 右后轮传感器电源 |
| 18 | G | 左后轮传感器信号 |
| 19 | W | 左前轮传感器电源 |
| 24 | 屏蔽 | 制动真空传感器接地 |
| 25 | BR | 阀电源 |
| 26 | L | CAN-H |
| 28 | GR | 点火电源 |
| 29 | LG | 右后轮传感器信号 |
| 31 | BR | 左后轮传感器电源 |
| 38 | B | 接地（阀） |
| 注 | 编号2、3、6、7、10、11、20～23、27、30、32～37的针脚未使用 | |

# 第四节 天籁（2016年起）

## 一、2.0L MR20DD发动机

天籁轿车2.0L MR20DD发动机控制单元针脚分布、针脚说明及检测数据与全新逍客2.0L MR20DD发动机基本相同，可参见图6-14和表6-12。

## 二、RE0F10D无级变速器

天籁轿车RE0F10D无级变速器控制单元针脚分布、针脚说明及检测数据与全新逍客RE0F10D 无级变速器基本相同，可参见图6-15和表6-13。

## 三、ABS（配备VDC）

天籁轿车ABS（配备VDC）控制单元针脚分布与奇骏轿车ABS（配备VDC）相同，参考图6-20所示，其针脚说明见表6-19。

表6-19 天籁轿车ABS（配备VDC）控制单元针脚说明

| 针脚号 | 信号名称 | 针脚号 | 信号名称 |
| --- | --- | --- | --- |
| 9 | 未使用 | 注 | 其余针脚信号名称栏说明参考奇骏轿车ABS（配备VDC）针脚说明表 |
| 30 | 制动灯开关信号 | | |

# 第五节 新骐达（2016~2018年款）

## 一、1.6L HR16DE发动机

新骐达轿车1.6L HR16DE发动机控制单元针脚分布、针脚说明及检测数据与全新轩逸1.6L HR16DE发动机基本相同，可参考图6-2和表6-1。

## 二、RE0F11B无级变速器

新骐达轿车RE0F11B无级变速器控制单元针脚分布、针脚说明及检测数据与全新轩逸RE0F11B无级变速器基本相同，可参考图6-3和表6-2。

## 三、ABS

新骐达轿车ABS控制单元针脚分布、针脚说明与全新轩逸ABS完全相同，可参考图6-4和表6-3。

# 第六节 全新蓝鸟（2016年起）

## 一、1.6L HR16DE发动机

全新蓝鸟轿车1.6L HR16DE发动机控制单元针脚分布、针脚说明及检测数据与全新轩逸1.6L HR16DE发动机基本相同，可参考图6-2和表6-1。

## 二、RE0F11B无级变速器

全新蓝鸟轿车RE0F11B无级变速器控制单元针脚分布、针脚说明及检测数据与全新轩逸RE0F11B无级变速器基本相同，可参考图6-3和表6-2。

# 第七章 长安福特车系

## 第一节 福睿斯（2015~2017年款）

### 一、1.5L CAF479Q1发动机

福睿斯轿车1.5L CAF479Q1发动机动力系统控制模块（PCM）位于自动变速器壳体下侧附近，其针脚分布如图7-1所示，针脚说明见表7-1。

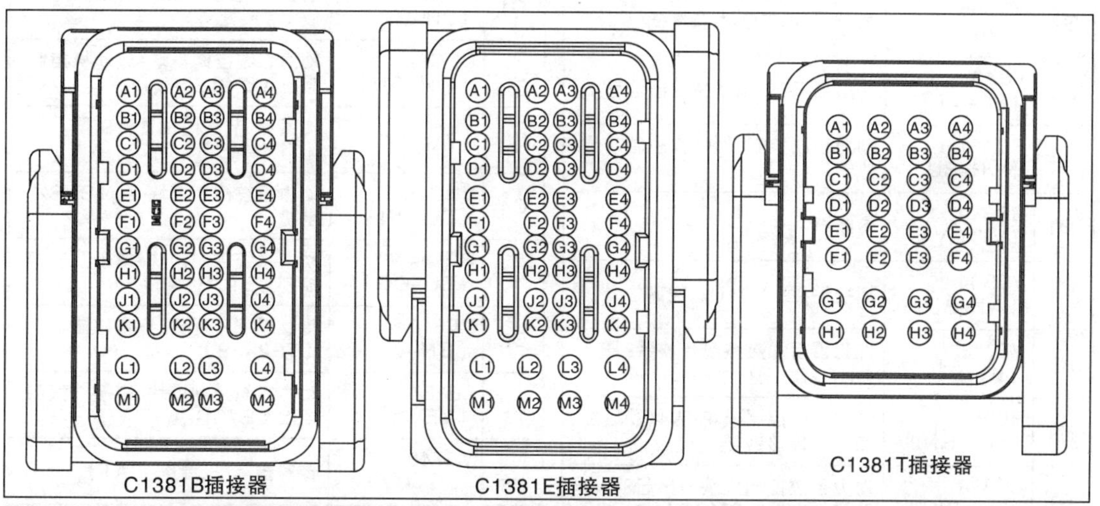


图7-1 福睿斯轿车1.5L CAF479Q1发动机动力系统控制模块针脚分布

表7-1 福睿斯轿车1.5L CAF479Q1发动机动力系统控制模块针脚说明

| 针脚 | 电路 | 线路功能 |
|---|---|---|
| C1381B插接器 | | |
| A1 | CE302（YE-BU） | 动力系统控制模块—动力系统控制继电器（PCMRC） |
| A2 | CEC02（GN-BU） | 动力系统控制模块-冷却风扇控制（FC1） |
| A3 | CH302（WH-BN） | 动力系统控制模块-A/C离合器控制继电器/无AC自动切断（ACCR） |
| B1 | CCB08（VT-WH） | 制动打开/关闭（BOO）正常打开开关 |
| B2 | LE424（YE-GN） | 动力系统控制模块- 参考电压COWL（C-VREF） |
| B3 | VE804（GN-BN） | 传感器-进气歧管绝对压力热敏电阻（TMAP）+ |
| B4 | RE804（GY-BU） | 传感器-进气歧管绝对压力热敏电阻（TMAP）- |
| C1 | CES09（VT-OG） | 制动踏板速度控制禁止（BPS）开关+ |
| C3 | CBB11（BN） | 熔断器-11 |
| C4 | RES09（BK-GN） | 制动踏板巡航控制禁止（BPS）开关 |
| D1 | VE518（BN-WH） | 监控器-燃油泵（FPM） |
| D2 | LE423（GN-VT） | 动力系统控制模块- 空调压力传感器供电（VREF）（E-VREF）（VREF1） |
| D3 | VH433（VT-OG） | 空调压力传感器（ACPT）+ |
| D4 | RH433（BU-GY） | 变换器-A/C压力（ACPT）- |
| E1 | CE904（GN-VT） | 开关-离合器踏板位置行程到顶（CPP-TT） |
| E2 | LE137（BU-GY） | 动力系统控制模块-加速踏板位置传感器2供电（APP2VREF） |
| E3 | VE702（BU-WH） | 传感器-加速踏板位置传感器2信号（APP2） |

（续）

| 针脚 | 电路 | 线路功能 |
|---|---|---|
| E4 | RE137（YE-GN） | 动力系统控制模块-加速踏板位置传感器2接地（APP2RTN） |
| F2 | LE136（GN-OG） | 动力系统控制模块- 加速踏板位置传感器1供电（APP1VREF） |
| F3 | VE701（YE-OG） | 传感器-加速踏板位置传感器1信号（APP1） |
| F4 | RE136（VT-GN） | 动力系统控制模块-加速踏板位置传感器1接地（APP1RTN） |
| G2 | VDB05（WH） | 插接器-高速CAN总线低位 |
| G3 | VCA38（BN-VT） | 传感器-真空制动传感器信号 |
| G4 | RCA37（WH-BU） | 动力系统控制模块-真空制动传感器- |
| H1 | CBB49（VT-GY） | 熔断器-49 |
| H2 | VDB04（WH-BU） | 插接器-高速CAN总线高位 |
| H3 | VE733（WH） | 催化器后加热型氧传感器2号（HO2S22） |
| H4 | RE249（WH-GN） | 动力系统控制模块-催化器后加热型氧传感器1号 |
| J1 | CE336（GN-WH） | 动力系统控制模块一键起动起电动机继电器（SMRC） |
| J2 | CE436（VT-OG） | 动力系统控制模块唤醒PCM |
| J3 | VH407（YE-GN） | 传感器-环境温度 |
| J4 | RE335（BN-VT） | 动力系统控制模块-环境温度传感器（AAT） |
| K1 | SBB25（RD） | 熔断器-25 |
| K2 | LCA37（YE-OG） | 真空制动传感器+ |
| K3 | CBB13（GY-BN） | 熔断器-13 |
| L1 | CBK01（BU） | 熔断器-1（VPWR F） |
| L3 | GD112（BK-GN） | 接地-左侧顶棚 |
| L4 | GD112（BK-GN） | 接地-左侧顶棚 |
| M1 | CBK01（BU） | 熔断器-1（VPWR F） |
| M3 | GD112（BK-GN） | 接地-左侧顶棚 |
| M4 | GD112（BK-GN） | 接地-左侧顶棚 |

| 针脚 | 电路 | 线路功能 |
|---|---|---|
| C1381E插接器 | | |
| A3 | CE908（BU-BN） | 开关-机油油位（EOL） |
| A4 | CET47（BU） | 开关-倒车（RS） |
| B1 | RET47（YE-VT） | 开关-倒车（RS） |
| B2 | CE903（BU-OG） | 开关-离合器踏板位置行程到底（CPP-BT） |
| C1 | RE141（BN-GN） | 动力系统控制模块-发动机冷却液温度传感器 |
| C2 | CDC54（WH-GN） | 动力系统控制模块-起动机控制感应（SMCS） |
| C3 | VE818（BN） | 传感器-节气门位置传感器（TP1-NS） |
| C4 | VDC46（BU-BN） | 动力系统控制模块-LIN BUS发电机 |
| D1 | RE134（BU-OG） | 动力系统控制模块-电子节气门控制（ETCRTN） |
| D2 | VE819（GN-VT） | 传感器-节气门位置传感器（TP2-PS） |
| D3 | LE134（YE） | 动力系统控制模块-电子节气门控制（ETCREF） |
| E2 | VE740（VT-GY） | 传感器-进气温度（IAT） |
| E3 | CEC01（WH-BU） | 动力系统控制模块-冷却风扇控制（FC2） |
| F2 | VE731（YE-GN） | 催化器后加热型氧传感器1号（HO2S12） |
| F4 | CE422（WH-OG） | 动力系统控制模块-可变凸轮轴正时阀2（VCT2） |
| G3 | VE716（YE） | 发动机冷却液温度传感器（ECT） |
| G4 | CE421（VT） | 动力系统控制模块-可变凸轮轴正时阀1（VCT1） |
| H2 | VE735（VT-GN） | 传感器-催化器前加热型氧传感器1号（HO2S11） |
| H3 | CDC12（YE） | 动力系统控制模块-起动机控制（SMC） |
| H4 | CE264（YE-VT） | 动力系统控制模块-喷油控制3 |
| J1 | RE240（YE-GN） | 动力系统控制模块-催化器前加热型氧传感器1号 |
| J2 | VE737（WH-BU） | 传感器-催化器前加热型氧传感器2号（HO2S21） |
| J4 | CE263（BU-GN） | 动力系统控制模块-喷油控制2 |

（续）

| 针脚 | 电路 | 线路功能 |
|---|---|---|
| K3 | CE262（GN） | 动力系统控制模块–喷油控制1 |
| K4 | CE265（WH） | 动力系统控制模块–喷油控制4 |
| L2 | CE236（GY–VT） | 动力系统控制模块–催化器前加热型氧传感器2号加热控制（HTR21） |
| L3 | CE233（WH–OG） | 动力系统控制模块–催化器后加热型氧传感器1号加热控制（HTR12） |
| L4 | CE235（GN–BN） | 动力系统控制模块–催化器前加热型氧传感器1号加热控制（HTR11） |
| M1 | CE113（WH–BN） | 动力系统控制模块–炭罐清洗阀（CANP） |
| M2 | CE234（BU–WH） | 动力系统控制模块–催化器后加热型氧传感器2号加热控制（HTR22） |
| M3 | CE426（BU–GN） | 动力系统控制模块–节流阀执行器控制电动机（TACM–） |
| M4 | CE412（YE–VT） | 动力系统控制模块–节流阀执行器控制电动机（TACM+） |
| C1381T插接器 | | |
| A3 | VE801（VT–OG） | 传感器–爆燃传感器气缸1号（KS1P）的（KSL1+） |
| A4 | RE323（WH–BN） | 动力系统控制模块–爆燃传感器气缸1号（KS1N）（KSL1–）– |
| C3 | VE707（GN–VT） | 传感器–第2气缸侧体凸轮轴位置传感器（CMP2）+ |
| D3 | VE802（BN–BU） | 传感器–爆燃传感器气缸2号（KS2P）（KSL2+） |
| D4 | RE324（BN–GN） | 动力系统控制模块–爆燃传感器气缸2号（KS2N）的（KSL2–） |
| E2 | LE143（GN–BN） | 动力系统控制模块–凸轮轴位置传感器1+ |
| E3 | VE706（BN–BU） | 传感器–第1气缸侧体凸轮轴位置传感器（CMP1）+ |
| E4 | RE143（VT） | 动力系统控制模块–凸轮轴位置传感器1– |
| F1 | VE711（YE–VT） | 传感器–曲轴位置传感器（CKPP）+ |
| F2 | RE135（GN–BN） | 动力系统控制模块–曲轴位置传感器（CKPN）– |
| G4 | GD112（BK–GN） | 接地–左侧顶棚 |
| H2 | CE303（WH–VT） | 动力系统模式控制–1缸火花塞点火线圈总成1（COP–A） |
| H3 | CE304（YE–BU） | 动力系统控制模块–2缸火花塞点火线圈总成（COP–B） |

## 二、6速6F15自动变速器

福睿斯轿车6速6F15自动变速器控制单元针脚分布如图7–2所示，针脚说明见表7–2。

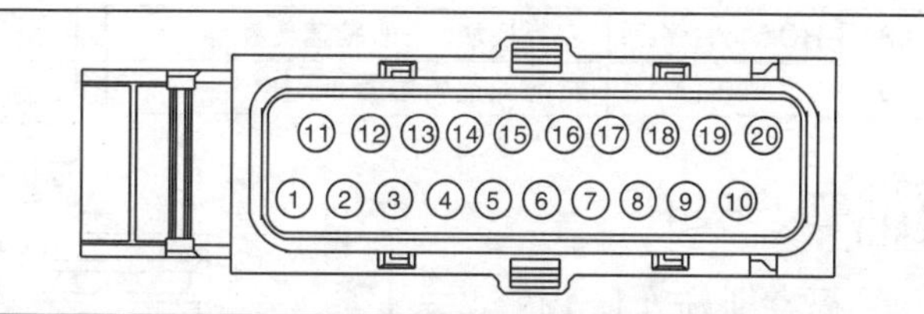


图7–2 福睿斯轿车6速6F15自动变速器控制单元针脚分布

表7–2 福睿斯轿车6速6F15自动变速器控制单元针脚说明

| 针脚 | 电路 | 线路功能 |
|---|---|---|
| 1 | RE804（GY–BU） | 传感器–进气歧管绝对压力热敏电阻（TMAP）– |
| 2 | VET27（BN–YE） | 传感器–变速器油温度（TFT） |
| 3 | CET09（YE–VT） | 动力系统控制模块–电磁阀压力控制5（PC5） |
| 4 | CET07（GY–OG） | 动力系统控制模块–电磁阀压力控制3（PC3） |
| 5 | CET25（BU–GN） | 动力系统控制模块–变速器电磁阀电源控制（TSPC） |
| 6 | CET10（BU–GY） | 动力系统控制模块–电磁阀压力控制6（PC6）] |
| 7 | CET18（GY–YE） | 动力系统控制模块–电磁阀压力控制低压侧1（SS1） |
| 8 | CET05（BU–GN） | 动力系统控制模块–电磁阀压力控制1（PC1） |

（续）

| 针脚 | 电路 | 线路功能 |
|---|---|---|
| 9 | CET06（GN-BN） | 动力系统控制模块-电磁阀压力控制2（PC2） |
| 10 | CET08（BN-WH） | 动力系统控制模块-电磁阀压力控制4（PC4） |
| 17 | VET32（VT） | 传感器-涡轮轴速度传感器信号（TR-P） |
| 18 | LET57（WH-GN） | 动力系统控制模块-涡轮轴速度传感器供电（TR-A1BVREF） |
| 19 | VET26（BN-GN） | 输出轴速度（OSS）传感器 |
| 20 | RET24（BN-BU） | 动力系统控制模块-涡轮轴速度传感器接地（TRGND） |
| 注 | 编号11～16的针脚未使用 | |

## 三、ABS

福睿斯轿车ABS控制单元针脚分布如图7-3所示，针脚说明见表7-3。

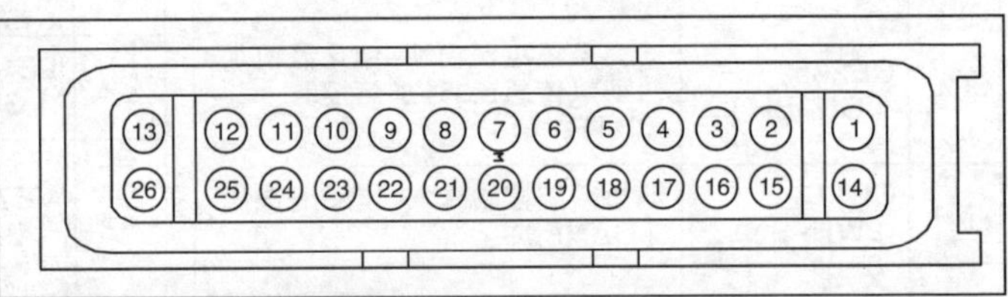


图7-3 福睿斯轿车ABS控制单元针脚分布

表7-3 福睿斯轿车ABS控制单元针脚说明

| 针脚 | 电路 | 线路功能 |
|---|---|---|
| 1 | SBB38（BN-RD） | 熔断器-38 |
| 2 | RCA18（BN-GN） | 控制模块-左后轮速传感器 |
| 3 | VCA04（BU-OG） | 左后轮速传感器 |
| 5 | VCA05（VT） | 右前轮速传感器 |
|  | VCA05（YE） | 右前轮速传感器 |
| 6 | RCA19（YE） | 控制模块-右前轮速传感器 |
| 8 | RCA17（YE） | 控制模块-左前轮速传感器 |
| 9 | VCA03（VT） | 左前轮速传感器 |
| 11 | VCA06（WH-OG） | 右后轮传感器 |
| 12 | RCA20（BN） | 控制模块-右后轮速传感器 |
| 20 | CBB47（GN-BU） | 熔断器-47 |
| 21 | VDB05（WH） | 插接器-高速CAN总线低位 |
| 23 | VDB04（WH-BU） | 插接器-高速CAN总线高位 |
| 26 | GD121（BK-YE） | 接地-左前挡泥板2号接地点 |
| 注 | 编号4、7、10、13～19、22、24、25的针脚未使用 | |

## 四、ESP

福睿斯轿车ESP控制单元针脚分布如图7-4所示，针脚说明见表7-4。

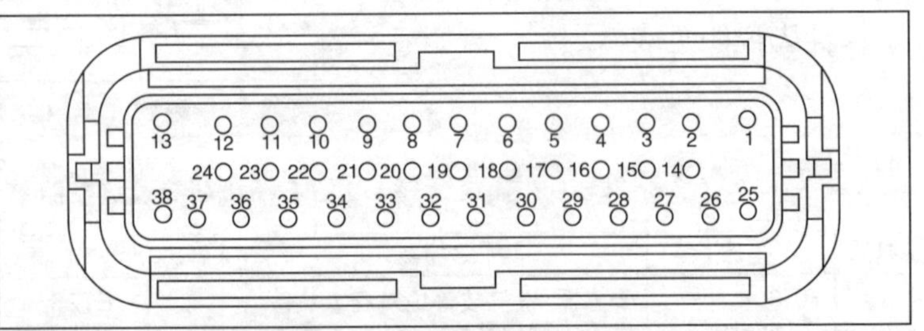


图7-4 福睿斯轿车ESP控制单元针脚分布

表7-4 福睿斯轿车ESP控制单元针脚说明

| 针脚 | 电路 | 线路功能 |
|---|---|---|
| 1 | SBB38（BN-RD） | 熔断器-38 |
| 6 | CBB47（GN-BU） | 熔断器-47 |

（续）

| 针脚 | 电路 | 线路功能 |
| --- | --- | --- |
| 10 | VDB05（WH） | 插接器-高速CAN总线低 |
| 11 | VDB04（WH-BU） | 插接器-高速CAN总线高 |
| 13 | GD121（BK-YE） | 接地-左前挡泥板2号接地点 |
| 25 | SBB37（GY-RD） | 熔断器-37 |
| 26 | RCA19（VT） | 控制模块-右前轮速传感器 |
| 27 | VCA05（YE） | 右前轮速传感器 |
| 29 | VCA04（BU-OG） | 左后轮速传感器 |
| 30 | RCA18（BN-GN） | 控制模块-左后轮速传感器 |
| 33 | RCA20（BN） | 控制模块-右后轮速传感器 |
| 34 | VCA06（WH-OG） | 右后轮速传感器 |
| 36 | VCA03（VT） | 左前轮速传感器 |
| 37 | RCA17（YE） | 控制模块-左前轮速传感器 |
| 注 | 编号2～5、7～9、12、14～24、28、31、32、35、38的针脚未使用 | |

## 五、手动空调

福睿斯轿车手动空调控制单元针脚分布如图7-5所示，针脚说明见表7-5。

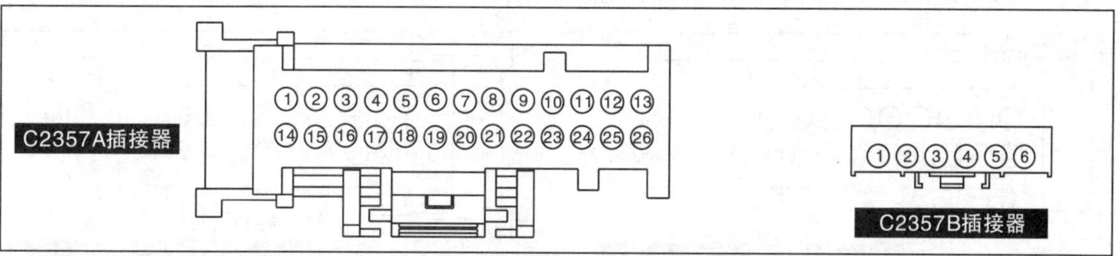


图7-5 福睿斯轿车手动空调控制单元针脚分布

表7-5 福睿斯轿车手动空调控制单元针脚说明

| 针脚 | 电路 | 线路功能 |
| --- | --- | --- |
| C2357A插接器 | | |
| 1 | GD216（BK-VT） | 接地-仪表板接地的3点 |
| 2 | RH104（BU） | 控制模块-气候传感器接地 |
| 3 | CH237（VT） | 控制模块-温度风门执行器电动机接地 |
| 4 | CH201（BN） | 控制模块-风量分配风门执行器电动机接地 |
| 5 | CH241（GY） | 控制模块-左侧温度风门执行器电动机4 |
| 7 | CRD02（BN-BU） | 控制模块-继电器加热器后部窗口 |
| 8 | CH238（YE） | 控制模块-左侧温度风门执行器电动机1/关闭（如果配备） |
| 9 | CH239（BU） | 控制模块-左侧温度风门执行器电动机2/打开（如果配备） |
| 10 | CH240（GN） | 控制模块-左侧温度风门执行器电动机3 |
| 11 | CH123（VT-GN） | 控制模块- 鼓风机电动机继电器 |
| 12 | CPLXXD（WH-YE） | 指示灯 |
| 14 | CH208（GN-OG） | 控制模块-内外循环风门执行器电动机2/打开（如果配备） |
| 15 | CH207（BU-GY） | 控制模块-内外循环风门执行器电动机1/关闭（如果配备） |
| 16 | CPK19（BU-GN） | 开关-驾驶人闭锁 |
| 17 | VDB04（WH-BU） | 插接器-高速CAN总线高位 |
| 18 | VDB05（WH） | 插接器-高速CAN总线低位 |
| 19 | VH406（VT） | 空调蒸发器温度传感器信号 |
| 20 | CH202（BU） | 控制模块-风量分配风门执行器电动机1（如果配备） |

（续）

| 针脚 | 电路 | 线路功能 |
|---|---|---|
| 21 | CH203（GN） | 控制模块–风量分配风门执行器电动机2（如果配备） |
| 22 | CH204（GY） | 控制模块–风量分配风门执行器电动机3 |
| 23 | CH205（BN） | 控制模块–风量分配风门执行器电动机4 |
| 24 | CPK14（BN） | 开关–中央解锁驾驶人 |
| 26 | SBP06（BN–RD） | 熔断器–6 |
| 注 | 编号6、13、25的针脚未使用 | |

| 针脚 | 电路 | 线路功能 |
|---|---|---|
| C2357B插接器 | | |
| 1 | CH427（BN） | 开关–前鼓风机位置1（低） |
| 2 | CH428（GN–WH） | 开关–前鼓风机位置2（中等–低） |
| 3 | CH429（GY–BN） | 开关–前鼓风机位置3（中等–高） |
| 4 | CH430（VT–OG） | 开关–前鼓风机位置4（高速） |
| 5 | GD216（BK） | 接地–仪表板接地的3点 |
| | GD216（BK–VT） | 接地–仪表板接地的3点 |

## 六、自动空调

福睿斯轿车自动空调控制单元针脚分布如图7–6所示，针脚说明见表7–6。

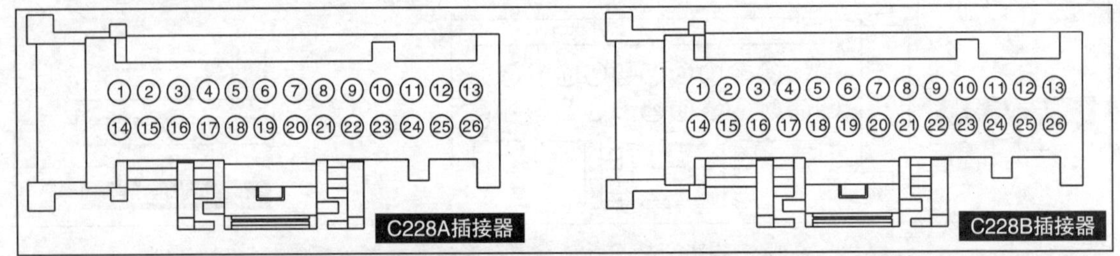


图7–6 福睿斯轿车自动空调控制单元针脚分布

表7–6 福睿斯轿车自动空调控制单元针脚说明

| 针脚 | 电路 | 线路功能 |
|---|---|---|
| C228A插接器 | | |
| 1 | GD216（BK–VT） | 接地–仪表板接地的3点 |
| 2 | RH104（BU–BN） | 控制模块–气候传感器接地 |
| 3 | CH237（VT） | 控制模块–气候风门执行器电动机接地 |
| 4 | CH201（BN） | 控制模块–风量分配风门执行器电动机接地 |
| 5 | CH241（GY） | 控制模块–左侧温度风门执行器电动机4 |
| 7 | CRD02（BN–BU） | 控制模块–后窗除霜继电器 |
| 8 | CH238（YE） | 控制模块–左侧温度风门执行器电动机1/关闭（如果配备） |
| 9 | CH239（BU） | 控制模块–左侧温度风门执行器电动机2/打开（如果配备） |
| 10 | CH240（GN） | 控制模块–左侧温度风门执行器电动机3 |

| 针脚 | 电路 | 线路功能 |
|---|---|---|
| 11 | CH123（VT–GN） | 控制模块–鼓风机电动机继电器 |
| 12 | CH228（YE） | 控制模块–除霜风门执行器电动机1/关闭（IFPLUS） |
| 13 | CH229（WH） | 控制模块–除霜风门执行器电动机2/打开（IFPLUS） |
| 14 | CH230（GN） | 控制模块–除霜风门执行器电动机3 |
| 15 | CH231（GY） | 控制模块–除霜风门执行器电动机4 |
| 16 | VH101（WH–VT） | 控制模块–空调鼓风机电动机控制 |
| 17 | VDB04（WH–BU） | 插接器–高速CAN总线高 |
| 18 | VDB05（WH） | 插接器–CAN BUS高速低位 |
| 19 | VH406（VT） | 空调蒸发器温度传感器 |
| 20 | CH202（BU） | 控制模块–风量分配风门执行器电动机1（如果配备） |

（续）

| 针脚 | 电路 | 线路功能 |
| --- | --- | --- |
| 21 | CH203（GN） | 控制模块-风量分配风门执行器电动机2（如果配备） |
| 22 | CH204（GY） | 控制模块-风量分配风门执行器电动机3 |
| 23 | CH205（BN） | 控制模块-风量分配风门执行器电动机4 |
| 25 | CH227（VT） | 控制模块-除霜风门执行器电动机接地 |
| 26 | SBP06（BN-RD） | 熔断器-6 |
| 注 | 编号6、24的针脚未使用 | |
| C228B插接器 | | |
| 1 | RH103（GY） | 控制模块-抽风电动机接地 |
| 3 | CPLXXA（WH-YE） | 指示灯 |
| 5 | VH416（VT-GY） | 左侧光照传感器 |
| 7 | VH414（GN） | 室内温度传感器 |

| 针脚 | 电路 | 线路功能 |
| --- | --- | --- |
| 9 | CPK19（BU-GN） | 开关-驾驶人闭锁 |
| 10 | CPK14（BN） | 开关-中央解锁驾驶人 |
| 12 | VH408（BU） | 地板温度传感器 |
| 13 | VH452（BN） | 面板温度传感器 |
| 17 | VH417（YE-OG） | 右侧光照传感器 |
| 19 | VH413（WH） | 湿度传感器 |
| 22 | CH207（BU） | 控制模块-再循环风门执行器电动机1/关闭（如果配备） |
| 23 | CH208（GN） | 控制模块-再循环风门执行器电动机2/打开（如果配备） |
| 24 | CH209（BN） | 控制模块-再循环风门执行器电动机3 |
| 25 | CH210（VT） | 控制模块-再循环风门执行器电动机4 |
| 26 | CH206（YE） | 控制模块-再循环风门执行器电动机接地 |
| 注 | 编号2、4、6、8、11、14、15、16、18、20、21的针脚未使用 | |

## 七、SRS

福睿斯轿车SRS控制单元针脚分布如图7-7所示，针脚说明见表7-7。

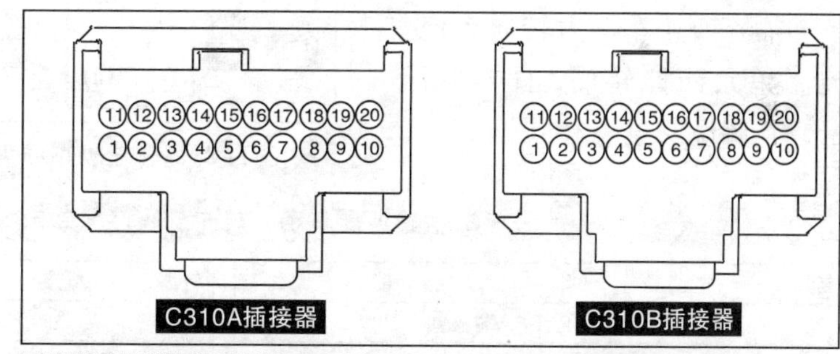


图7-7 福睿斯轿车SRS控制单元针脚分布

表7-7 福睿斯轿车SRS控制单元针脚说明

| 针脚 | 电路 | 线路功能 |
| --- | --- | --- |
| C310A插接器 | | |
| 1 | CBP12（GN-WH） | 熔断器-12 |
| 5 | VR213（VT-GN） | 正面碰撞1传感器 |
| 6 | RR129（YE-GY） | 控制模块-正面碰撞传感器1号- |
| 9 | RR103（VT-GN） | 控制模块-前排乘客侧气囊1- |
| 10 | CR103（GY-BU） | 控制模块-前排乘客侧气囊1+ |

| 针脚 | 电路 | 线路功能 |
| --- | --- | --- |
| 11 | CR115（BN） | 控制模块-指示灯（RDI） |
| 12 | RR155（GY） | 控制模块-座椅安全带传感器- |
| 19 | RR101（YE-GN） | 控制模块-驾驶人侧气囊1- |
| 20 | CR101（VT-BN） | 控制模块-驾驶人侧气囊1+ |
| 注 | 编号2、3、4、7、8、13~18的针脚未使用 | |
| C310B插接器 | | |
| 1 | CR201（GN-BU） | 驾驶人侧安全带锁扣（座椅安全带提醒）传感器 |

（续）

| 针脚 | 电路 | 线路功能 |
|---|---|---|
| 2 | CR203（GY-VT） | 前排乘客侧安全带锁扣（座椅安全带提醒）传感器 |
| 3 | VDB05（WH） | 插接器-高速CAN总线低 |
| 4 | VDB04（WH-BU） | 插接器-高速CAN总线高 |
| 5 | RR131（VT-GY） | 控制模块-驾驶人侧侧面碰撞传感器- |
| 6 | VR217（GY-YE） | 驾驶人侧侧面碰撞传感器 |
| 7 | VR218（YE-OG） | 前排乘客侧侧面碰撞传感器 |
| 8 | RR132（BU-WH） | 控制模块-前排乘客侧侧面碰撞传感器- |
| 9 | CR111（BN-BU） | 控制模块-乘客侧气帘+ |
| 10 | RR111（BU-GN） | 控制模块-乘客侧气帘- |
| 11 | CR120（BU-OG） | 控制模块-驾驶人侧安全带预紧器+ |
| 12 | RR120（BN-GN） | 控制模块-驾驶人侧安全带预紧器- |
| 13 | RR122（BN） | 控制模块-前排乘客侧安全带预紧器- |
| 14 | CR122（WH-OG） | 控制模块-前排乘客座椅安全带预紧器+ |
| 15 | CR105（GN-BU） | 控制模块-安装在驾驶人座椅上的侧安全气囊+ |
| 16 | RR105（GY-YE） | 控制模块-安装在驾驶人座椅上的侧安全气囊- |
| 17 | RR106（YE-OG） | 控制模块-安装在前排乘客座椅外侧的侧安全气囊- |
| 18 | CR106（VT-GY） | 控制模块-安装在前排乘客座椅外侧的侧安全气囊+ |
| 19 | CR109（BN-BU） | 控制模块-驾驶人侧气帘+ |
| 20 | RR109（BU-GN） | 控制模块-驾驶人侧气帘- |

## 八、动力转向系统

福睿斯轿车动力转向系统控制单元针脚分布如图7-8所示，针脚说明见表7-8。

C2368A插接器
3
1
4
5
6
2
C2368B插接器
1
C2368C插接器
1

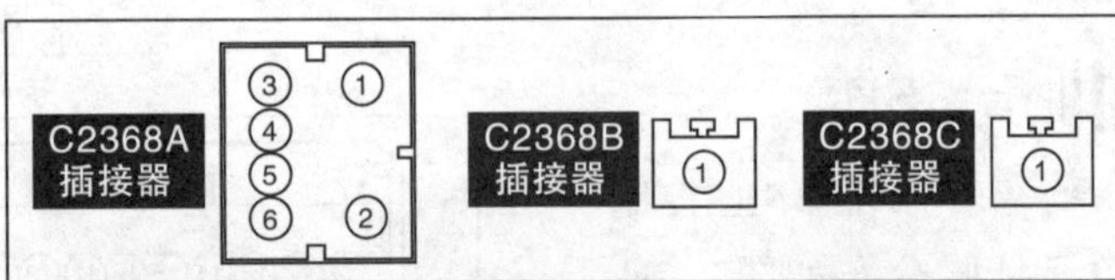

图7-8 福睿斯轿车动力转向系统控制单元针脚分布

表7-8 福睿斯轿车动力转向系统控制单元针脚说明

| 针脚 | 电路 | 线路功能 |
|---|---|---|
| C2368A插接器 | | |
| 2 | VDB04（WH-BU） | 插接器-高速CAN总线高 |
| 5 | CBP11（BN） | 熔断器-11 |
| 6 | VDB05（WH） | 插接器-CAN BUS高速低位 |
| 注 | 编号1、3、4的针脚未使用 | |

| 针脚 | 电路 | 线路功能 |
|---|---|---|
| C2368B插接器 | | |
| 1 | GD192（BK） | 左前挡泥板-5接地点 |
| | GD192（BK-VT） | 左前挡泥板-5接地点 |
| C2368C插接器 | | |
| 1 | SBB01（BK） | 熔断器-2 |
| | SBB01（RD） | 熔断器-2 |

## 九、驻车辅助系统

福睿斯轿车驻车辅助系统控制单元针脚分布如图7-9所示，针脚说明见表7-9。

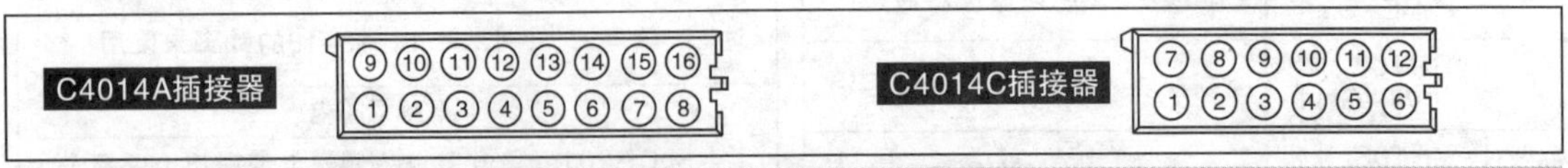

C4014A插接器
9 10 11 12 13 14 15 16
1 2 3 4 5 6 7 8
C4014C插接器
7 8 9 10 11 12
1 2 3 4 5 6

图7-9 福睿斯轿车驻车辅助系统控制单元针脚分布

表 7-9 福睿斯轿车驻车辅助系统控制单元针脚说明

| 针脚 | 电路 | 线路功能 |
|---|---|---|
| C4014A插接器 | | |
| 1 | CBP22（GN-OG） | 熔断器-22 |
| 2 | RMP09（BU-GN） | 控制模块-蜂鸣器- |
| 6 | CLS11（GY-VT） | 控制模块-倒车信号 |
| 8 | GD313（BK-GN） | 右侧C柱或翼子板接地的2点 |
| 10 | VMP03（VT-GN） | 控制模块-蜂鸣器+ |
| 注 | 编号3、4、5、7、9、11~16的针脚未使用 | |

| 针脚 | 电路 | 线路功能 |
|---|---|---|
| C4014C插接器 | | |
| 3 | VMP14（WH-OG） | 后部驻车辅助传感器信号（左侧内部或中部） |
| 4 | VMP17（YE-OG） | 后部驻车辅助传感器信号（右侧外部） |
| 5 | VMP15（YE-GN） | 后部驻车辅助传感器信号（左侧外部） |
| 8 | RMP07（GN-WH） | 控制模块-驻车辅助后传感器接地 |
| 11 | LMP07（BU-WH） | 控制模块-驻车辅助后传感器电源 |
| 注 | 编号1、2、6、7、9、10、12的针脚未使用 | |

## 十、车身控制

福睿斯轿车车身控制单元针脚分布如图7-10所示，针脚说明见表7-10。

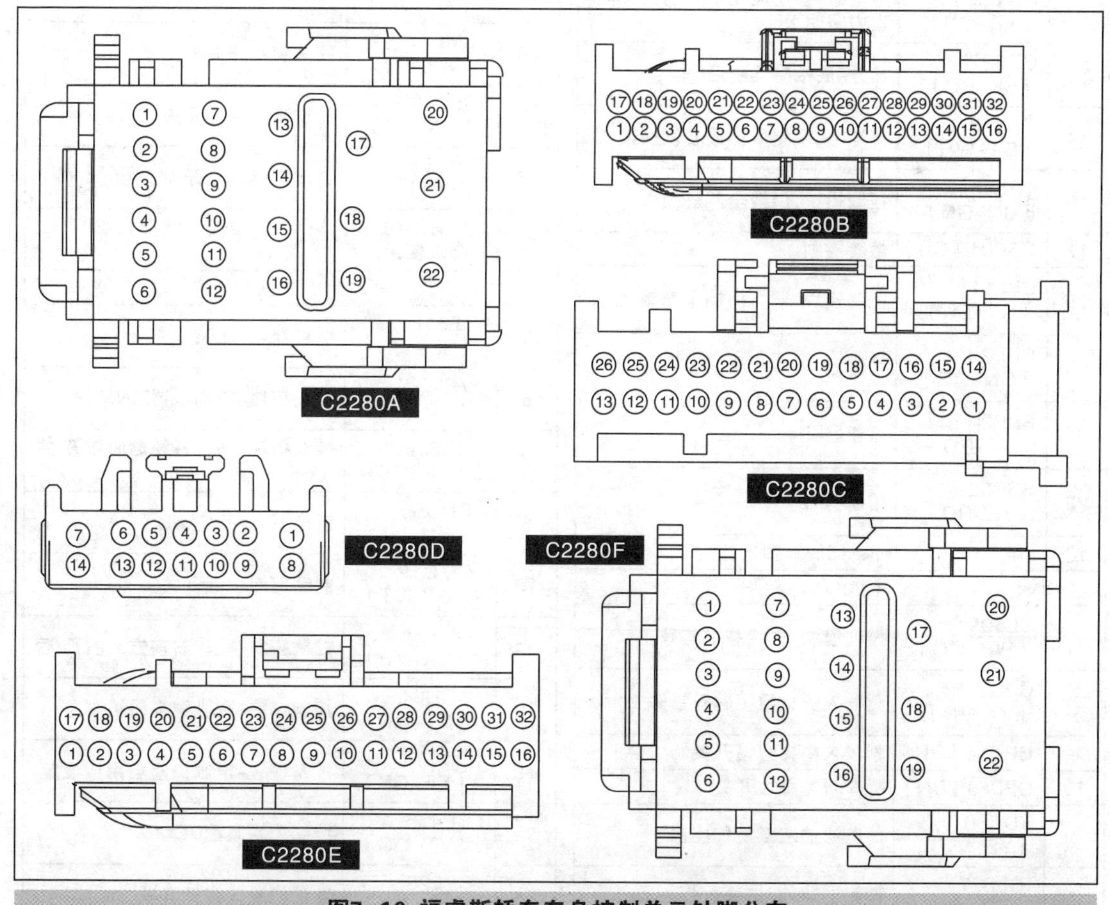


图7-10 福睿斯轿车车身控制单元针脚分布

**表7-10 福睿斯轿车车身控制单元针脚说明**

| 针脚 | 电路 | 线路功能 |
|---|---|---|
| C2280A | | |
| 1 | CLS22（GN-BN） | 控制模块-左后视镜转向灯+ |
| 2 | CLS17（YE-GY） | 控制模块-高位制动灯 |
| 3 | CLS44（VT-BN） | 控制模块-左后驻车灯 |
| 4 | CLS37（WH-BU） | 控制模块-雾灯后部（右或共同） |
| 5 | CLS26（BU-GY） | 控制模块-右后视镜转向灯+ |
| 6 | CRT02（GY-VT） | 控制模块-防盗喇叭（蜂鸣器） |
| 7 | GD327（BK-BU） | 接地-底板横梁右后 |
| 8 | CPL17（YE-VT） | 控制模块-行李箱盖开锁 |
| 9 | CBP01（BU） | 熔断器-1 |
| 10 | CLN09（YE-GN） | 继电器-蓄电池保护（例如关闭室内照明） |
| 13 | GD327（BK-BU） | 接地-底板横梁右后 |
| 14 | GD383（BK-WH） | 接地-乘客侧中部或右侧横梁 |
| 16 | CPL13（BN-GN） | 控制模块-门锁全部解锁 |
| 17 | CBP01（BU） | 熔断器-1 |
| 19 | CPL11（GY-BN） | 控制模块-所有门锁全部锁止 |
| 20 | CBP22（GN-OG） | 熔断器-22 |
| 21 | SBP24（VT-RD） | 熔断器-24 |
| 22 | SBP02（YE-RD） | 熔断器-2 |
| 注 | 编号11、12、15、18的针脚未使用 | |
| C2280B | | |
| 1 | CLS09（WH-OG） | 控制模块-右后驻车信号 |
| 7 | CPL28（VT-BN） | 驾驶人侧车门钥匙开锁开关 |
| 8 | CPK14（BN） | 驾驶人中央解锁开关 |
| 10 | CPL45（BN） | 行李箱盖释放开关 |
| 14 | VDC60（YE-VT） | 蓄电池监控系统传感器 |
| 15 | CLS27（GN-OG） | 控制模块-右后转向灯 |
| 16 | CLS23（GY-OG） | 控制模块-左后转向灯 |
| 17 | CLS11（GY-VT） | 控制模块-倒车灯 |
| 18 | CLN27（WH-BN） | 控制模块-调光仪器 |
| 19 | CLS08（VT-GN） | 控制模块- 左后驻车信号 |
| 21 | CPL29（YE-GY） | 驾驶人侧车门钥匙锁止开关 |
| 22 | CPK19（BU-GN） | 驾驶人闭锁开关 |
| 24 | CR115（BN） | 控制模块-安全气囊控制 |
| 25 | CPL36（GN） | 左后车门微开开关（包括推拉门） |
| 26 | CPL39（YE） | 右后车门微开开关（包括推拉门） |
| 27 | CPL44（YE-OG） | 行李箱盖微开开关 |
| 28 | CMC25（WH-VT） | 驻车制动开关 |
| 29 | CPL26（GN-VT） | 左前车门微开开关 |
| 30 | CPL31（WH） | 右前车门微开开关 |
| 注 | 编号2～6、9、11～13、20、23、31、32的针脚未使用 | |
| C2280C | | |
| 5 | VE518（BN-WH） | 监控器-燃油泵 |
| 6 | VRW27（YE-BU） | 控制模块-前刮水器LIN总线 |
| 7 | CE226（YE-VT） | 控制模块-动力系统燃油泵开/关（FP）+ |
| 8 | CDC55（BN-VT） | 继电器-运行/起动 |
| 10 | CMC19（GY-VT） | 制动液液位低开关 |
| 11 | CLS07（BN-YE） | 控制模块-驻车右前方或右前/后 |
| 16 | CRH04（VT-GN） | 控制模块-喇叭继电器控制 |
| 18 | CDC71（YE-GY） | 控制模块-电源插座启用或设定 |
| 22 | CE436（VT-OG） | 控制模块唤醒PCM |
| 24 | CPL25（BU-OG） | 发动机舱盖微开开关 |

（续）

| 针脚 | 电路 | 线路功能 |
| --- | --- | --- |
| 25 | VRW35（VT-BN） | 控制模块-智能刮水器主装置LIN总线 |
| 26 | CLS06（GN-OG） | 控制模块-驻车左前方或左前/后 |
| 注 | 编号1~4、9、12~15、17、19~21、23的针脚未使用 | |
| C2280D | | |
| 1 | CLF05（BU-GN） | 控制模块-右近光灯 |
| 2 | CLF02（GY-BN） | 控制模块-左远光灯 |
| 3 | CLS25（YE-VT） | 控制模块-右前转向灯 |
| 4 | CLS21（BU-GN） | 控制模块-左前转向灯 |
| 5 | CLF34（YE-OG） | 控制模块-右前或中间雾灯 |
| 6 | CLF04（BN-BU） | 控制模块-左近光灯 |
| 7 | CLF03（VT-OG） | 控制模块-右远光灯 |
| 8 | CLF29（BN） | 控制模块-左前雾灯 |
| 10 | CE336（GN-WH） | 动力系统控制模块一键起动起动机继电器（SMRC） |
| 11 | VDB05（WH） | 插接器-高速CAN总线低 |
| 12 | VDB04（WH-BU） | 插接器-高速CAN总线高 |
| 14 | CRW14（BU-WH） | 控制模块-前清洗器 |
| 注 | 编号9、13的针脚未使用 | |
| C2280E | | |
| 1 | CDC30（BU-GY） | 点火钥匙插入开关 |
| 4 | CPLXXB（WH-YE） | 门锁LED指示灯 |
| 5 | VRT22（GY-BN） | 控制模块-被动防盗收发器LIN总线 |
| 6 | CLF27（GN） | 近光灯开关 |
| 8 | CLF17（WH） | 远光灯开关 |
| 9 | CLF23（WH） | 前照灯关闭开关 |
| 12 | CRW08（VT-OG） | 前高速刮水器（H）开关 |
| 13 | CRW17（GN） | 前刮水器间隔（A）开关 |
| 14 | CRW10（BU） | 前刮水器低速开关 |

| 针脚 | 电路 | 线路功能 |
| --- | --- | --- |
| 15 | CLS41（GY） | 右转向开关 |
| 16 | CLS39（VT） | 左转向开关 |
| 17 | CDC33（VT-GN） | 点火运行/附件开关 |
| 18 | Ce612（GY-VT） | 点火运行/起动开关 |
| 19 | CRH03（BN） | 控制模块-喇叭开关信号输入 |
| 22 | CLF57（BN） | 后雾灯开关（使用CLS48向前） |
| 23 | CLS32（BN） | 危险警告灯开关 |
| 24 | CLF21（GY） | 前雾灯开关 |
| 25 | CRW18（VT） | 前刮水器间隔（B）开关 |
| 26 | RRW30（BN） | 控制模块-前刮水器开关 |
| 27 | CRT25（BN-WH） | 控制模块-被动防盗收发器+ |
| 28 | CLN17（BN） | 仪表板/开关照明开关 |
| 29 | CET53（BU-OG） | 控制模块-制动换档联锁 |
| 30 | CLF18（BU） | 近光灯开关 |
| 31 | CLS34（GY） | 驻车灯开关 |
| 注 | 编号2、3、7、10、11、20、21、32的针脚未使用 | |
| C2280F | | |
| 1 | CBP10（YE-OG） | 熔断器-10 |
| 2 | CBP11（BN） | 熔断器-11 |
| 5 | CBP12（GN-WH） | 熔断器-12 |
| 6 | CBP13（GY-BN） | 熔断器-13 |
| 7 | SBP18（YE-RD） | 熔断器-18 |
| 9 | CCB08（VT-WH） | 制动打开/关闭正常打开开关 |
| 10 | CDC35（BU-WH） | 点火开关/起动 |
| 11 | CRW07（GY-BN） | 前清洗器开关 |
| 13 | SBP17（RD） | 熔断器-17 |
| 15 | SBP08（VT-RD） | 熔断器-8 |
| 16 | SBP06（BN-RD） | 熔断器-6 |
| 19 | SBP19（BU-RD） | 熔断器-19 |
| 注 | 编号3、4、8、12、14、17、18、20、21、22的针脚未使用 | |

# 第二节　翼虎（2013~2016年款）

## 一、1.6L GTDIQ2发动机

翼虎轿车1.6L GTDIQ2发动机动力系统控制模块针脚分布如图7-11所示，针脚说明见表7-11。

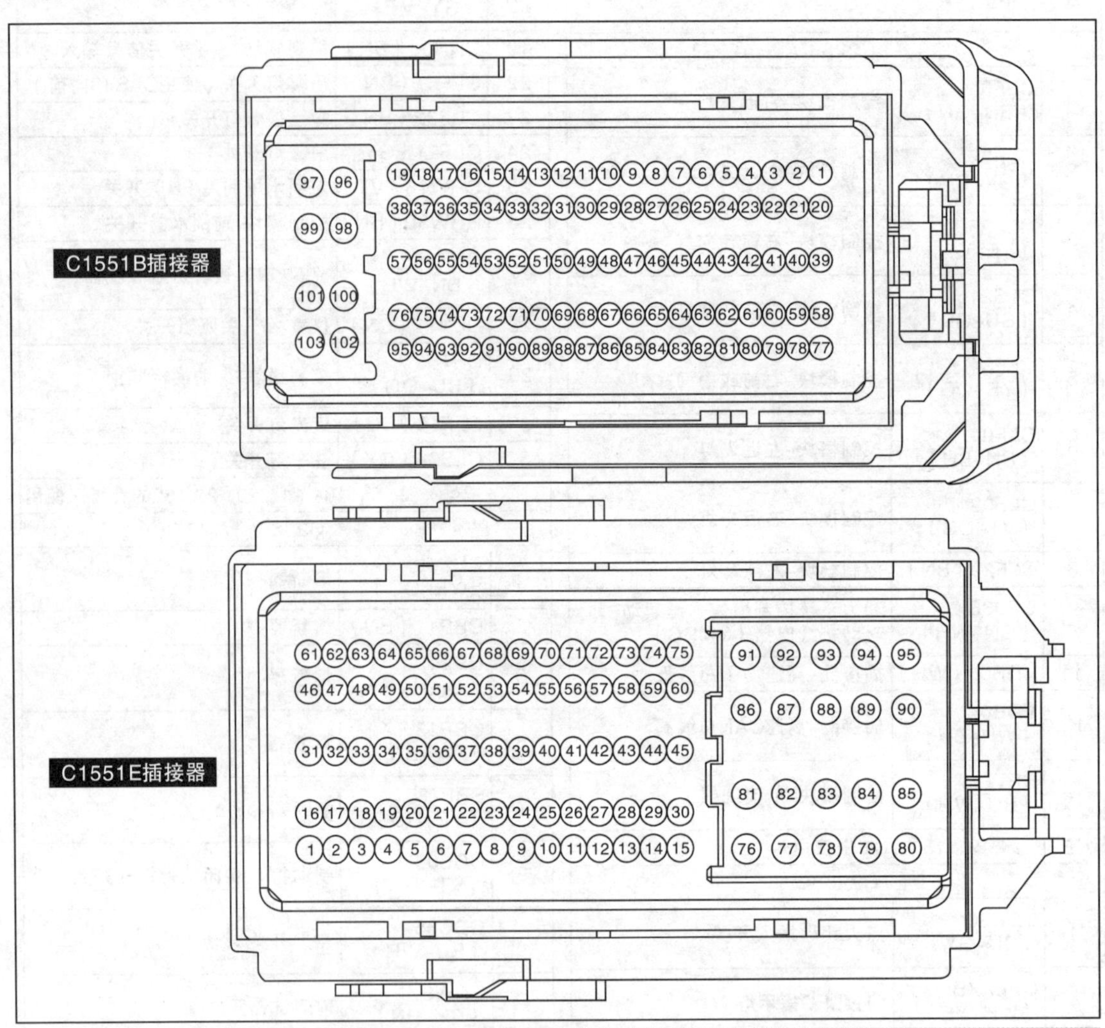


图7-11 翼虎轿车1.6L GTDIQ2发动机动力系统控制模块针脚分布

表7-11 翼虎轿车1.6L GTDIQ2发动机动力系统控制模块针脚说明

| 针脚 | 电路 | 线路功能 |
| --- | --- | --- |
| C1551B插接器 | | |
| 1 | RE731（WH-OG） | 传感器-加热型氧传感器1加热控制 |
| 2 | CH109（WH-OG） | 动力系统控制模块-空调离合器继电器 |
| 4 | VE203（VT） | 动力系统控制模块-风扇控制变量（FC-V） |
| 7 | RET42（GN-VT） | 开关-变速器档位选择信号接地（SNS GND） |
| 10 | LE137（BU-GY） | 动力系统控制模块-加速踏板位置传感器2供电（APP2VREF） |

（续）

| 针脚 | 电路 | 线路功能 |
|---|---|---|
| 11 | LH108（GY-BN） | 动力系统控制模块-空调压力传感器供电 |
| 12 | LE136（GN-OG） | 动力系统控制模块-加速踏板位置传感器1供电（APP1VREF） |
| 13 | LE238（GY） | 动力系统控制模块-油轨压力传感器供电 |
| 16 | RE238（GN-VT） | 动力系统控制模块-油轨压力传感器接地 |
| 18 | RH107（GN-BU） | 动力系统控制模块-环境温度传感器- |
| 19 | RE804（GR-BU） | 歧管绝对压力和温度传感器接地 |
| 22 | CE113（WH-BN） | 动力系统控制模块-炭罐清洗阀（CANP） |
| 27 | VE518（BN-WH） | 监控器-燃油泵（FPM） |
| 28 | CE436（VT-OG） | 动力系统控制模块唤醒信号 |
| 29 | VE518（BN-WH） | 燃油泵监控（FPM） |
| 32 | VE805（GY-OG） | 二次空气冷却温度传感器信号+ |
| 35 | RE137（YE-GN） | 动力系统控制模块-加速踏板位置传感器2接地（APP2RTN） |
| 36 | RE136（VT-GN） | 动力系统控制模块-加速踏板位置传感器1接地（APP1RTN） |
| 38 | RE242（GN） | 后催化器加热型氧传感器1号接地（HEGO_RTN） |
| 39 | VE225（YE-OG） | 动力系统控制模块-燃油泵控制模块（FPC） |
| 40 | CE172（GN） | 温控阀-变速器油温加热器2控制（ATWU2） |
| 41 | VE462（WH-BN） | 动力系统控制模块-可变容积式压缩机控制 |
| 43 | CDC12（YE） | 动力系统控制模块-起动机控制（SMC） |
| 46 | VCF34（WH） | 动力系统控制模块-四轮驱动监控（AWDM） |
| 47 | CDC12（BU-YE） | 动力系统模式控制-起动机控制（SMR） |
| 48 | CBB38（GY-BU） | 熔断器38 |
| 50 | VDC46（BU-BN） | 控制模块-LIN BUS（非PCM控制）发电机（发电机） |
| 51 | VH407（YE-GN） | 传感器-环境温度传感器+ |
| 52 | VH442（GN-BN） | 传感器-空调压力传感器信号 |
| 54 | VE702（BU-WH） | 传感器-加速踏板位置传感器2（APP2）信号 |
| 55 | VE701（YE-WH） | 传感器-加速踏板位置传感器1（APP1）信号 |
| 57 | VE731（YE-GN） | 后催化器加热型氧传感器1号信号（HO2S12） |
| 58 | GE302（YE-BU） | 动力系统控制模块-控制继电器（动力模块继电器） |
| 60 | VCF35（GN） | 动力系统控制模块-全轮驱动控制（AWDC） |
| 62 | CDC12（BU-WH） | 动力系统控制模块-起动机控制感应 |
| 65 | CES09（VT-OG） | 制动踏板速度控制禁止（BPS）开关+ |
| 66 | CCB08（VT-WH） | 制动打开/关闭（BOO）正常打开开关 |
| 68 | VDB05（WH） | 插接器-高速CAN总线低 |
| 69 | VDB04（WH-BU） | 插接器-高速CAN总线高 |
| 71 | VE761（BN-BU） | 传感器-动力总成轨的燃油压力传感器信号 |
| 74 | VE804（GN-BN） | 传感器-歧管绝对压力传感器信号（TMAP）+ |
| 75 | VE805（GY-OG） | 传感器-歧管温度传感器信号+ |
| 88 | GET42（WH-GN） | 开关-变速器档位降档选择（SST） |
| 89 | GET43（BN-VT） | 开关-变速器档位升档选择（SST） |
| 96 | GD120（BK-GN） | 接地-左前挡泥板 |
| 97 | GD120（BK-GN） | 接地-左前挡泥板 |
| 98 | GD120（BK-GN） | 接地-左前挡泥板 |
| 99 | GD120（BK-GN） | 接地-左前挡泥板 |
| 101 | CBB32（GN-VT） | 熔断器32 |
| 102 | CBB32（GN-VT） | 熔断器32 |
| 103 | CBB32（GN-VT） | 熔断器32 |
| 注 | 编号3、5、6、8、9、14、15、17、20、21、23～26、30、31、33、34、37、42、44、45、49、53、56、59、61、63、64、67、70、72、73、76～87、90～95、100的针脚未使用 | |

（续）

| 针脚 | 电路 | 线路功能 |
|---|---|---|
| C1551E插接器 | | |
| 1 | CE501（GY） | 进气门可变凸轮轴正时油控电磁阀控制信号 |
| 2 | CE18（GY-YE） | 动力系统控制模块-电磁阀压力控制低压侧1（SS1） |
| 3 | CE167（YE-OG） | 废气减压门位置传感器信号 |
| 6 | LE143（GN-BN） | 动力系统控制模块-凸轮轴传感器1供电 |
| 7 | CE426（BU-GN） | 动力系统控制模块-节气门位置传感器 |
| 8 | LE135（GY-VT） | 动力系统控制模块-曲轴位置传感器供电（CKP+） |
| 9 | CE908（BU-BN） | 开关-发动机油油位（EOL）信号 |
| 10 | VET32（VT） | 传感器-传输脉宽调制输出 |
| 11 | VE711（YE-VT） | 传感器-曲轴位置传感器信号（CKPP）+ |
| 12 | RET26（BN-GN） | 输出轴速度传感器信号 |
| 14 | VE827（GN-WH） | 加热型氧2号加热控制端（UO2SN-21） |
| 16 | CE178（WH-OG） | 动力系统控制模块-废气减压门控制电磁阀信号 |
| 17 | CE149（VT-OG） | 动力系统控制模块-废气减压门控制阀信号 |
| 18 | CE148（YE-GY） | 动力系统控制模块-发动机冷却液旁通阀控制信号 |
| 20 | RE329（WH-BN） | 动力系统控制模块-歧管压力传感器接地（MAP）- |
| 21 | VDC46（BU-BN） | 动力系统控制模块-LIN BUS发电机（发电机） |
| 22 | LET57（WH-GN） | 传感器供电 |
| 27 | VET33（WH-OG） | 涡轮轴速度传感器信号接地（TSS/GND）+ |
| 28 | VE706（BN-BU） | 传感器-凸轮轴位置第1气缸侧体信号（CMP1）（进气） |
| 29 | CE508（VT-BN） | 排气门可变凸轮轴正时油控电磁阀控制信号 |
| 30 | CET08（BN-WH） | 动力系统控制模块-电磁阀压力控制4（PC4） |
| 31 | RE427（YE-VT） | 动力系统控制模块-节气门位置传感器 |
| 32 | RET24（BN-BU） | 动力系统控制模块-传输范围的信号接地（TRGND） |
| 33 | VE803（YE） | 歧管绝对压力传感器（MAP）+ |
| 36 | VE716（YE） | 发动机冷却液温度（ECT）传感器信号 |
| 37 | VE727（BU-BN） | 燃油压力/喷射压力传感器信号（FRP）/（IPS） |
| 42 | CE303（WH-VT） | 动力系统控制模块-1缸火花塞点火线圈总成（COP-A） |
| 43 | CE306（GN-VT） | 动力系统控制模块-4缸火花塞点火线圈总成（COP-D） |
| 44 | CET10（BU-GY） | 动力系统控制模块-电磁阀压力控制6（PC6） |
| 45 | CET06（GN-BN） | 动力系统控制模块-电磁阀压力控制2（PC2） |
| 48 | VE826（BN-VT） | 传感器-加热氧传感器1号信号（UO2SN-11） |
| 49 | LE451（BN-YE） | 动力系统控制模块-1号加热型氧传感器实测泵电流（UO2SIP-11） |
| 50 | VE802（BN-BU） | 传感器-爆燃传感器2号缸（KS2P）的（KSL2+） |
| 51 | RE324（BN-GN） | 动力传动系统控制模块-爆燃传感器2号缸（KS2N）的（KSL2-） |
| 52 | CE412（YE-VT） | 传感器-节气门位置传感器1信号 |
| 53 | RE135（GN-BN） | 动力系统控制模块-曲轴位置传感器接地（CKP-） |
| 54 | VE707（GN-VT） | 传感器-凸轮轴位置第2气缸侧体信号（CMP2）（排气） |
| 57 | CE304（YE-BU） | 动力系统控制模块-2缸火花塞点火线圈总成（COP-B） |
| 59 | CET09（YE-VT） | 动力系统控制模块-电磁阀压力控制5（PC5） |
| 60 | CET05（BN-GN） | 动力系统控制模块-电磁阀压力控制1（PC1） |
| 63 | LE448（GY-BU） | 动力系统控制模块-1号加热型氧传感器参考电压（UREF-11） |
| 64 | LE452（GN） | 动力系统控制模块-1号加热型氧传感器实测泵电流（UO2SIA-11） |
| 65 | VE801（VT-OG） | 传感器-爆燃传感器气缸1（KS1P）的（KSL1+） |
| 66 | RE323（WH-BN） | 动力系统控制模块-爆燃传感器气缸1（KS1N）的（KSL-） |

（续）

| 针脚 | 电路 | 线路功能 |
|---|---|---|
| 67 | VET27（BN-YE） | 传感器-变速器油液温度（TFT） |
| 68 | VE818（BN） | 传感器-节气门位置传感器2信号 |
| 72 | CE305（BU-OG） | 动力系统控制模块-3缸火花塞点火线圈总成（COP-C） |
| 75 | CET07（GY-OG） | 动力系统控制模块-电磁阀压力控制3（PC3） |
| 77 | RE256（GY-BU） | 动力系统控制模块-燃料计量阀控制信号（FVCV）- |
| 78 | CE256（BU-OG） | 动力系统控制模块-燃料计量阀控制信号（FVCV）+ |
| 80 | CET25（BU-GN） | 动力系统控制模块-变速器电磁阀电源控制（TSPC） |
| 82 | RE207（GN-VT） | 动力系统控制模块-喷油器驱动器3（INJ）- |
| 83 | RE208（BU-OG） | 动力系统控制模块-喷油器驱动器2（INJ）- |

| 针脚 | 电路 | 线路功能 |
|---|---|---|
| 84 | RE205（YE-BU） | 动力系统控制模块-喷油器驱动器1（INJ）- |
| 85 | RE208（BU） | 动力系统控制模块-喷油器驱动器4（INJ）- |
| 86 | VE819（GN-VT） | 节气门执行器控制电动机+ |
| 87 | CE205（GN-BU） | 动力系统控制模块-喷油器驱动器1（INJ）+ |
| 88 | CE206（GY-YE） | 动力系统控制模块-喷油器驱动器2（INJ）+ |
| 91 | LE428（BU-WH） | 节气门执行器控制电动机- |
| 92 | CE208（YE-OG） | 动力系统控制模块-喷油器驱动器4（INJ）+ |
| 93 | CE207（VT-GY） | 动力系统控制模块-喷油器驱动器3（INJ）+ |
| 注 | 编号4、5、13、15、19、23~26、34、35、38~41、46、47、55、56、58、61、62、69~71、73、74、76、79、81、89、90、94、95的针脚未使用 | |

## 二、2.0L CAF488WQ2发动机

翼虎轿车2.0L CAF488WQ2发动机动力系统控制模块针脚分布与1.6L GTDIQ2发动机相同，插接器C1381B分布图参考图7-11的C1551B，插接器C1381E分布图参考图7-11的C1551E，针脚说明见表7-12。

**表7-12 翼虎轿车2.0L CAF488WQ2发动机动力系统控制模块针脚说明**

| 针脚 | 电路 | 线路功能 |
|---|---|---|
| C1381B插接器 | | |
| 1 | CE233（WH-OG） | 动力系统控制模块-催化器后加热型氧传感器1号加热控制端（HTR12） |
| 2 | CH302（WH-BN） | 动力系统控制模块-A/C离合器控制继电器/无A/C自动切断（ACCR） |
| 4 | VE203（VT） | 动力系统控制模块-风扇控制变量（FC-V） |
| 5 | CEC12（YE-BU） | 继电器-发动机冷却风扇（未使用） |
| 7 | RX101（BU-BN） | 转向盘控制开关接地-左侧转向（SW GND LEFT） |
| 10 | LE137（BU-GY） | 动力系统控制模块-加速踏板位置传感器2（APPVREF2） |
| 11 | LE424（YE-GN） | 动力系统控制模块-传感器供电（VREV） |
| 12 | LE136（GN-OG） | 动力系统控制模块-加速踏板位置传感器1（APPVREF1） |
| 13 | LE230（BN-BU） | 动力系统控制模块-油箱压力传换器参考电压（FTPT-REF） |
| 16 | RE230（WH-VT） | 动力系统控制模块-油箱压力传换器 |
| 17 | RE238（GN-VT） | 传感器-燃油低压传感器接地（SI-GRTN） |
| 18 | RE407（YE-VT） | 动力系统控制模块-传感器接地COWL（C-SIGRTN）（SI-GRTN-G） |
| 19 | RE804（GN-BN） | 传感器-信号接地（SIGRTN） |

（续）

| 针脚 | 电路 | 线路功能 |
|---|---|---|
| 20 | CE114（GN–BU） | 动力系统控制模块–炭罐通风电磁阀（CANVNT） |
| 22 | CE113（WH–BN） | 动力系统控制模块–炭罐清洗阀（CANP） |
| 27 | CE515（YE–GY） | 燃油泵监控电源（FPPWR） |
| 28 | CE436（VT–OG） | 动力系统控制模块唤醒信号 |
| 32 | VE804（GN–BN） | 传感器–增压空气冷却器温度信号（CACT） |
| 34 | RH433（BU–GY） | 空调压力传感器接地（ACPT） |
| 35 | RE137（YE–GN） | 动力系统控制模块–加速踏板位置传感器2（APPRTN2） |
| 36 | RE136（VT–GN） | 动力系统控制模块–加速踏板位置传感器1（APPRTN1） |
| 38 | RE406（GY–VT） | 后催化器加热型氧传感器1接地 |
| 39 | VE225（YE–OG） | 动力系统控制模块–燃油泵控制模块（FPC） |
| 40 | CE172（GN） | 动力系统控制模块–辅助变速器暖车2（ATWU2） |
| 41 | VE462（WH–BN） | 动力系统控制模块–变量A/C压缩机阀 |
| 43 | CDC12（YE） | 动力系统控制模块–起动机控制（SMC） |
| 46 | VCF34（WH） | 动力系统控制模块–四轮驱动监控（AWDM） |
| 47 | CDC35（BU–WH） | 点火/起动：开关 |
| 48 | CDC34（WH–OG） | 点火/起动：起动开关 |
| 50 | VDN08（VT–BN） | 控制模块–LIN总线 |
| 51 | VE750（GN–BU） | 传感器–动力系统环境温度传感器（AAT） |
| 52 | VH433（VT–OG） | 空调压力传感器（ACPT）+ |
| 54 | VE702（BU–WH） | 加速踏板位置2（APP2）传感器信号 |
| 55 | VE701（YE–OG） | 加速踏板位置1（APP1）传感器信号 |
| 57 | VE731（YE–GN） | 后催化器加热型氧传感器1号信号（HO2S12） |
| 58 | CE302（YE–BU） | 动力系统控制模块–动力模块继电器控制 |
| 60 | VCF35（GN） | 动力系统控制模块–全轮驱动控制（AWDC） |
| 62 | CDC54（WH–GN） | 动力系统控制模块–起动机控制感应（SMCS） |
| 65 | CES09（VT–OG） | 制动踏板位置（BPS）开关+ |
| 66 | CCB08（VT–WH） | 开关–制动打开/关闭（BPP）常开 |
| 68 | VDB05（WH） | 插接器–高速CAN总线低 |
| 69 | VDB04（WH–BU） | 插接器–高速CAN总线高 |
| 71 | VE–727（BU–BN） | 燃油压力低（FLP）传感器信号 |
| 73 | VE922（VT–GN） | 油箱压力传感器（FTPT） |
| 74 | VE805（GN–BN） | 传感器–增压空气压力信号（CACT） |
| 75 | VE740（VT–GY） | 传感器–进气温度传感器（IAT）信号 |
| 81 | CE171（YE–VT） | 动力系统控制模块–辅助变速器暖车1（ATWU1） |
| 88 | CET42（GN–VT） | 变速器档位选择降档开关（SST） |
| 89 | CET43（GY） | 变速器档位选择升档开关（TCS） |
| 90 | CET43（BN–GN） | 变速器档位选择超速档取消开关（TCS） |
| 95 | VCF36（YE–GN） | 传感器–发动机冷却液温度传感器信号（ECT）– |
| 96 | GD120（BK–GN） | 接地–左前挡泥板 |
| 97 | GD120（BK–GN） | 接地–左前挡泥板 |
| 98 | GD120（BK–GN） | 接地–左前挡泥板 |
| 99 | GD120（BK–GN） | 接地–左前挡泥板 |
| 101 | CBB08（GY–YE） | 熔断器32 |
| 102 | CBB08（GY–YE） | 熔断器32 |
| 103 | CBB08（GY–YE） | 熔断器32 |
| 注 | 编号3、6、8、9、14、15、21、23~26、29~31、33、37、42、44、45、49、53、56、59、61、63、64、67、70、72、76~80、82~87、91~94、100的针脚未使用 | |

（续）

| 针脚 | 电路 | 线路功能 |
|---|---|---|
| C1381E插接器 | | |
| 1 | CE421（VT） | 动力系统控制模块-可变凸轮轴正时11（VCT11）电磁阀 |
| 2 | CET18（GY-YE） | 动力系统控制模块-电磁阀换档控制（SSE） |
| 3 | VE836（VT-GN） | 传感器-涡轮增压器旁通（TCBY）阀 |
| 6 | LE458（BU-WH） | 动力系统控制模块-传感器供电（VREV） |
| 7 | LE134（YE） | 动力系统控制模块-电子节气门控制（ETCREF） |
| 8 | LE423（GN-VT） | 动力系统控制模块-传感器供电（VREF）（VREF1） |
| 9 | CMC24（GY） | 机油压力开关 |
| 10 | VET32（VT） | 传感器-传输脉宽调制输出（TR-P） |
| 11 | VE711（YE-VT） | 曲轴位置（CKP）传感器信号 |
| 12 | VET26（BN-GN） | 输出轴速度（OSS）传感器 |
| 14 | CE235（GN-BN） | 加热型氧传感器2号加热控制（UO2S-HTR11） |
| 16 | VE824（YE-GN） | 传感器-涡轮增压器废气真空调节器电磁阀（TCWRVS） |
| 20 | RE454（YE-GN） | 动力系统控制模块-传感器接地（SIG RTN） |
| 22 | LE111（VT-GN） | 动力系统控制模块-传感器供电（VBPWR） |
| 27 | VET33（WH-OG） | 涡轮轴速度传感器接地（TSS/GND）+ |
| 28 | VE706（BN-OG） | 传感器-凸轮轴位置传感器缸组1信号（CMP1） |
| 29 | CE422（WH-OG） | 动力系统控制模块-可变凸轮轴正时12（VCT12）电磁阀 |
| 30 | CET08（BN-WH） | 动力系统控制模块-电磁阀压力控制（SSD） |
| 31 | RE134（BU-OG） | 动力系统控制模块-电子节气门控制（ETCRTN） |
| 32 | RET24（BN-BU） | 动力系统控制模块-变速器范围传感器信号接地（TSS/OSS/TRS）（SIG RTN） |
| 33 | LE329（BU） | 动力系统控制模块-歧管压力传感器信号（MAP） |

| 针脚 | 电路 | 线路功能 |
|---|---|---|
| 36 | VE716（YE） | 发动机冷却液温度传感器信号（ECT） |
| 37 | LE238（BU） | 传感器-油轨压力传感器信号 |
| 42 | CE303（WH-VT） | 动力系统模式控制-点火线圈总成1（COP1A） |
| 43 | CE306（GN-VT） | 动力系统控制模块-点火线圈总成4（COP4A） |
| 44 | CET10（BU-GY） | 动力系统控制模块-电磁阀压力控制（TCC） |
| 45 | CET06（GN-BN） | 动力系统控制模块-电磁阀压力控制（SSB） |
| 46 | VE712（BU-GY） | 气缸盖温度（CHT）传感器 |
| 48 | LE452（GN） | 加热型氧传感器2号信号（UO2S-PCT11） |
| 49 | LE448（GY-BU） | 加热型氧传感器2号供电（UO2S-GREF11） |
| 50 | VE802（BN-BU） | 传感器-爆燃传感器2号缸组1号（KS2+） |
| 51 | RE324（GN） | 传感器-爆燃传感器2号缸组1号（KS2-） |
| 52 | VE819（GN-VT） | 传感器-节气门位置（TACM+） |
| 53 | RE405（GN-WH） | 动力系统控制模块-传感器信号接地（E-SIGRTN）（SIGRTN-A） |
| 54 | VE707（GN-VT） | 传感器-凸轮轴位置传感器缸组2信号（CMP12） |
| 57 | CE304（YE-BU） | 动力系统控制模块-点火线圈总成2（COP2D） |
| 59 | CET09（YE-VT） | 动力系统控制模块-电磁阀压力控制（LPC） |
| 60 | CET05（BU-GN） | 动力系统控制模块-电磁阀压力控制（SSA） |
| 63 | LE451（BN-YE） | 加热型氧传感器2号（UO2S-Pc11） |
| 64 | VE826（BN-VT） | 加热型氧传感器2号-（UO2S11） |
| 65 | VE801（VT-OG） | 传感器-爆燃传感器1号缸组1号（KS1+） |
| 66 | RE323（WH-BN） | 传感器-爆燃传感器2号缸组1号（KS1-） |
| 67 | VET27（BN-YE） | 传感器-变速器油温度（TFT） |

（续）

| 针脚 | 电路 | 线路功能 | 针脚 | 电路 | 线路功能 |
|---|---|---|---|---|---|
| 68 | VE818（BN） | 传感器-节气门位置传感器2信号（TP2） | 84 | CE205（GN-BU） | 动力系统控制模块-喷油器驱动器1（INJ）+ |
| 72 | CE305（BU-OG） | 动力系统控制模块-点火线圈总成3（COP3B） | 85 | CE208（YE-OG） | 动力系统控制模块-喷油器驱动器4（INJ）+ |
| 75 | CET07（GY-OG） | 动力系统控制模块-电磁阀压力控制（SSC） | 86 | CE412（YE-VT） | 动力系统控制模块-节气门位置传感器1（TP1） |
| 77 | RE226（GN-VT） | 动力系统控制模块-燃油量调节器接地（FVRRTN） | 87 | RE205（YE-BU） | 动力系统控制模块-喷油器驱动器1（INJ）- |
| 78 | CE226（YE-VT） | 动力系统控制模块-燃油量调节器信号（FVR） | 88 | RE206（BU-OG） | 动力系统控制模块-喷油器驱动器2（INJ）- |
| 80 | CET25（BU-GN） | 动力系统控制模块-变速器电磁阀电源控制（TSPC） | 91 | CE426（BU-GN） | 动力系统控制模块-电子节气门控制（ETCREF） |
| 82 | CE207（VT-GY） | 动力系统控制模块-喷油器驱动器3（INJ）+ | 92 | RE208（BU） | 动力系统控制模块-喷油器驱动器4（INJ）- |
| 83 | CE206（GY-YE） | 动力系统控制模块-喷油器驱动器2（INJ）+ | 93 | RE207（GN-VT） | 动力系统控制模块-喷油器驱动器3（INJ）- |

## 三、6档6F35自动变速器

翼虎轿车6档6F35自动变速器控制单元针脚分布与福睿斯轿车6档6F15自动变速器相同，参考图7-2；翼虎轿车6档6F35自动变速器控制单元的1脚和19脚未使用，其余针脚说明参考福睿斯轿车6档6F15自动变速器针脚说明表。

## 四、ABS

翼虎轿车ABS控制单元针脚分布如图7-12所示，针脚说明见表7-13。

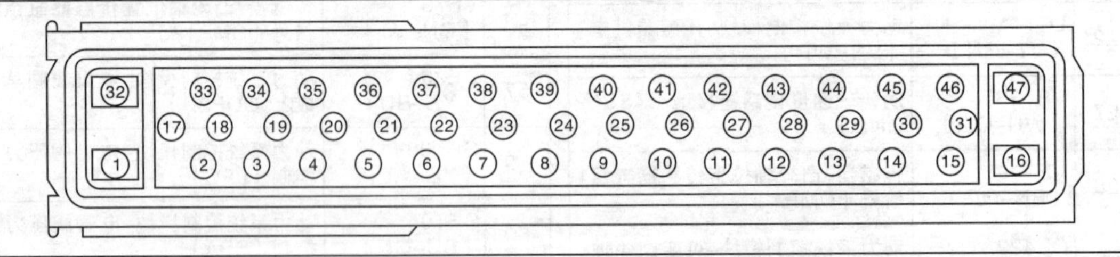


图7-12 翼虎轿车ABS控制单元针脚分布

表7-13 翼虎轿车ABS控制单元针脚说明

| 针脚 | 电路 | 线路功能 | 针脚 | 电路 | 线路功能 |
|---|---|---|---|---|---|
| 1 | SBB07（WH-RD） | 熔断器-7 | 13 | VDB05（WH） | 插接器-高速CAN总线低 |
| 8 | CBB19（BN-WN） | 熔断器-19 | 18 | VCA23（BU-WH） | 控制模块-CAN总线偏航ABS/IVD/TC高速传感器 |
| 12 | VDB04（WH-BU） | 插接器-高速CAN总线高 | 19 | VCA24（GN-OG） | 控制模块-偏航传感器ABS/IVD/TC CAN-L高速传感器 |

（续）

| 针脚 | 电路 | 线路功能 | 针脚 | 电路 | 线路功能 |
|---|---|---|---|---|---|
| 32 | SBB08（VT-RD） | 熔断器-8 | 43 | VCA06（WH-OG） | 右后轮速传感器 |
| 33 | RCA19（YE） | 控制模块-右前轮速传感器 | 45 | VCA03（VT） | 左前轮速传感器 |
| 34 | VCA（VT） | 右前轮速传感器 | 46 | RCA17（YE） | 控制模块-左前轮速传感器 |
| 36 | VCA04（BU-OG） | 左后轮速传感器 | 47 | GD122（BK） | 接地-挡泥板前左#第三点 |
| 37 | RCA18（BN-GN） | 控制模块-左后轮速传感器 | 注 | | 编号2~7、9、10、11、14~17、20~31、35、38~41、44的针脚未使用 |
| 42 | RCA20（BN） | 控制模块-右后轮速传感器 | | | |

## 五、自动空调

翼虎轿车自动空调控制单元针脚分布与福睿斯轿车自动空调控制单元针脚分布相同，参考图7-6，翼虎轿车自动空调控制单元针脚说明见表7-14。

**表 7-14 翼虎轿车自动空调控制单元针脚说明**

| 针脚 | 电路 | 线路功能 | 针脚 | 电路 | 线路功能 |
|---|---|---|---|---|---|
| C228A插接器 | | | | | |
| 1 | CH207（BU-GY） | 空调控制模块-风门内循环执行器电动机1/关闭（如果配备） | 14 | CH209（BN-YE） | 空调控制模块-风门内循环执行器电动机3 |
| 2 | CH208（GN-OG） | 空调控制模块-风门内循环执行器电动机2/打开（如果配备） | 15 | CH210（VT-WH） | 空调控制模块-风门内循环执行器电动机4 |
| 3 | CH238（YE-OG） | 空调控制模块-左侧温度风门执行器电动机1/关闭（如果配备） | 16 | CH240（GN-BN） | 空调控制模块-左侧温度风门执行器电动机3 |
| 4 | CH239（BU-WH） | 空调控制模块-左侧温度风门执行器电动机2/打开（如果配备） | 17 | CH241（GY-BN） | 空调控制模块-左侧温度风门执行器电动机4 |
| 5 | CH202（BU-GN） | 空调控制模块-脚部风门执行器电动机1/关闭（如果配备） | 18 | CH204（GY-OG） | 空调控制模块-脚部风门执行器电动机3 |
| 6 | CH203（GN-BN） | 空调控制模块-脚部风门执行器电动机2/打开（如果配备） | 19 | CH205（BN-WH） | 空调控制模块-脚部风门执行器电动机4 |
| 7 | CH228（YE-GY） | 空调控制模块-除霜风门执行器电动机1/关闭（如果配备） | 20 | CH230（GN-BU） | 空调控制模块-除霜风门执行器电动机3 |
| 8 | CH229（WH-BU） | 空调控制模块-除霜风门执行器电动机2/打开（如果配备） | 21 | CH231（GY-YE） | 空调控制模块-除霜风门执行器电动机4 |
| 9 | CH212（BU-OG） | 空调控制模块-右侧温度风门执行器电动机1/关闭（如果配备） | 22 | CH214（GY-VT） | 空调控制模块-右侧温度风门执行器电动机3 |
| 10 | CH213（BN-GN） | 空调控制模块-右侧温度风门执行器电动机2/打开（如果配备） | 23 | CH215（VT） | 空调控制模块-右侧温度风门执行器电动机4 |
| 11 | CH227（VT-GN） | 空调控制模块-除霜风门执行器电动机电源 | 24 | — | 未使用 |
| 12 | CH237（VT-GY） | 空调控制模块-左侧温度风门执行器电动机电源 | 25 | CH211（YE） | 空调控制模块-右侧温度风门执行器电动机电源 |
| 13 | CH206（YE-VT） | 空调控制模块-风门内循环执行器电动机电源 | 26 | CH201（BN-BU） | 空调控制模块-脚部风门执行器电动机电源 |

（续）

| 针脚 | 电路 | 线路功能 |
|---|---|---|
| C228B插接器 | | |
| 2 | RH103（GY） | 空调控制模块-吸气泵电动机- |
| 3 | VH413（WH-BU） | 温度传感器信号 |
| 6 | GD133（BK） | 接地点G205 |
| 7 | VH412（YE-GY） | 右侧脚部送风温度传感器 |
| 8 | VH411（VT-GN） | 右前面板散热器送风温度传感器 |
| 9 | VH410（GY-BU） | 左侧脚部送风温度传感器 |
| 10 | VH409（WH） | 左前面板散热器送风温度传感器 |
| 14 | SBP71（WH-RD） | 熔断器-71 |
| 15 | VH101（WH-VT） | 空调控制模块-鼓风机电动机控制 |
| 17 | RH104（BU-BN） | 传感器接地 |
| 18 | VDB06（GY-OG） | 插接器-CAN BUS中速高位 |
| 19 | VDB07（VT-OG） | 插接器-CAN BUS中速低位 |
| 20 | RH105（GN） | 室内温度传感器- |
| 21 | VH414（GN-BU） | 室内温度传感器信号+ |
| 22 | VH416（VT-GY） | 左侧光照传感器信号 |
| 23 | VH417（YE-OG） | 右侧光照传感器信号 |
| 注 | 编号1、4、5、11～13、16、24～26的针脚未使用 | |

# 第八章 长城车系

## 第一节 哈弗H6（2017年起）

### 一、1.3T GW4G15B发动机

哈弗H6 1.3T GW4G15B发动机控制单元针脚分布如图8-1所示，针脚说明见表8-1。

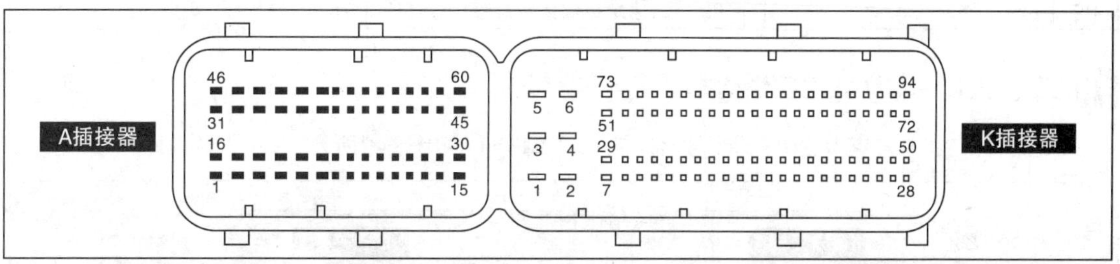


图8-1 哈弗H6 1.3T GW4G15B发动机控制单元针脚分布

表8-1 哈弗H6 1.3T GW4G15B发动机控制单元针脚说明

| 针脚 | 线路功能 |
|---|---|
| A插接器 | |
| 1 | 第四缸点火 |
| 2 | 第二缸点火 |
| 3 | 油压控制阀- |
| 4 | 油压控制阀+ |
| 5 | 可变气门正时阀（排气） |
| 6 | 传感器接地 |
| 7 | 5V电源 |
| 8 | 传感器接地 |
| 10 | 爆燃传感器- |
| 12 | 5V电源 |
| 13 | 传感器接地 |
| 14 | 传感器接地 |
| 16 | 第一缸点火 |
| 17 | 第三缸点火 |
| 19 | 电子节气门控制+ |
| 20 | 电子节气门控制- |
| 22 | 传感器接地 |
| 23 | 发动机转速传感器 |
| 24 | 节气门位置传感器1 |
| 25 | 爆燃传感器+ |
| 27 | 5V电源 |
| 29 | 5V电源 |
| 31 | 第一缸喷油+ |
| 32 | 第四缸喷油+ |
| 33 | 第一缸喷油- |
| 34 | 第三缸喷油- |
| 35 | 炭罐控制阀 |
| 37 | 进气温度传感器 |
| 38 | 增压温度传感器 |
| 39 | 增压压力传感器 |
| 40 | 油轨压力传感器 |
| 41 | 节气门位置传感器2 |
| 44 | 传感器接地 |
| 46 | 第三缸喷油+ |
| 47 | 第二缸喷油+ |
| 48 | 第四缸喷油- |
| 49 | 第二缸喷油- |
| 50 | 可变气门正时阀（进气） |
| 53 | 凸轮轴相位传感器（进气） |
| 54 | 凸轮轴相位传感器（排气） |
| 57 | 冷却液温度传感器 |
| 注 | 编号9、11、15、18、21、26、28、30、36、42、43、45、51、52、55、56、58、59、60的针脚未使用 |
| K插接器 | |
| 1 | ECU接地1 |
| 2 | ECU接地2 |
| 3 | 主继电器电源1 |
| 4 | ECU接地3 |
| 5 | 主继电器电源2 |
| 6 | 主继电器电源3 |
| 8 | 电子泄气阀 |
| 9 | 起动机控制继电器（高有效） |
| 11 | 加速踏板位置传感器2接地 |
| 12 | 巡航控制 |
| 13 | 制动真空助力传感器 |
| 14 | 传感器接地 |
| 15 | 传感器接地 |
| 19 | 制动灯开关 |
| 20 | 空调请求开关 |
| 22 | 空调中压开关 |
| 24 | 制动开关 |
| 26 | 风扇继电器1 |
| 27 | 风扇继电器2 |
| 28 | 低压油泵继电器 |
| 29 | 后氧传感器加热 |
| 30 | 持续电源 |
| 31 | 起动机控制继电器（低有效） |
| 34 | 氧传感器接地 |
| 35 | 加速踏板位置传感器1接地 |
| 42 | 空调压缩机继电器 |
| 44 | PT-CAN低 |
| 45 | PT-CAN高 |
| 46 | 空档开关 |

（续）

| 针脚 | 线路功能 |
|---|---|
| 47 | 起动机反馈信号 |
| 55 | 离合行程传感器 |
| 58 | 5V电源 |
| 61 | 加速踏板位置传感器2 |
| 62 | 后氧传感器 |
| 63 | 进气压力传感器 |
| 65 | LIN总线 |
| 69 | 主继电器 |
| 71 | 废气控制阀 |
| 73 | 前氧传感器加热 |
| 76 | 校准电阻接地端 |
| 77 | 参考电池高电平 |
| 78 | 泵电池、参考电池共同接地端 |
| 79 | 泵电池信号 |
| 81 | 加速踏板位置传感器2供电5V |
| 82 | 加速踏板位置传感器1供电5V |
| 83 | 加速踏板位置传感器1 |
| 87 | 点火开关 |
| 89 | 匹配CAN低（CCP） |
| 90 | 匹配CAN高（CCP） |
| 注 | 编号7、10、16～18、21、23、25、32、33、36～41、43、48～54、56、57、59、60、64、66～68、70、72、74、75、80、84～86、88、91～94的针脚未使用 |

## 二、2.0T GW4C20发动机

哈弗H6 2.0T GW4C20发动机控制单元针脚分布如图8-2所示，针脚说明见表8-2。

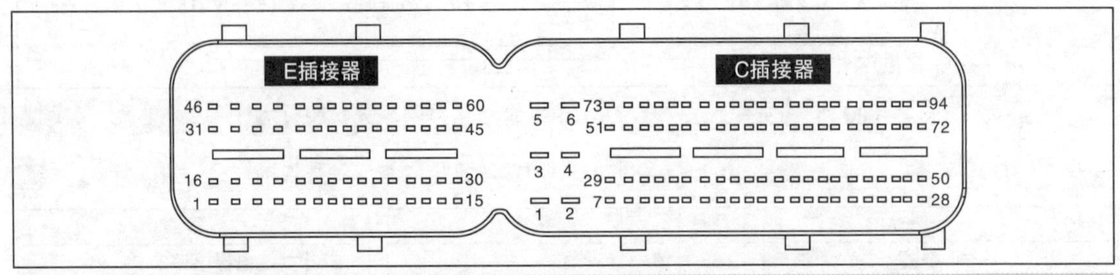


图8-2 哈弗H6 2.0T GW4C20发动机控制单元针脚分布

表8-2 哈弗H6 2.0T GW4C20发动机控制单元针脚说明

| 针脚 | 线路功能 |
|---|---|
| E插接器 | |
| 1 | 1缸喷油器高端驱动 |
| 2 | 3缸喷油器高端驱动 |
| 3 | 点火线圈C驱动（4缸） |
| 4 | 点火线圈A驱动（1缸） |
| 5 | 点火线圈D驱动（2缸） |
| 6 | 5V参考电压#2 |
| 7 | 5V接地#5 |
| 8 | 5V接地#8 |
| 9 | 进气歧管温度传感器 |
| 10 | 转速传感器高信号 |
| 11 | 转速传感器低信号 |
| 13 | 可变进气系统 |
| 14 | 炭罐清洗电磁阀 |
| 15 | 节气门电动机低 |
| 16 | 4缸喷油器高端驱动 |
| 17 | 2缸喷油器高端驱动 |
| 18 | 5V参考电压#2 |
| 19 | 5V参考电压#2 |
| 20 | 点火线圈B驱动（3缸） |
| 21 | 5V接地#12 |
| 22 | 5V接地#13 |
| 23 | 机油温度 |
| 24 | 冷却液温度传感器 |
| 25 | 进气歧管压力传感器 |
| 26 | 节气门位置传感器#1 |
| 27 | 节气门位置传感器#2 |
| 28 | 排气门阀片控制 |
| 29 | 增压器泄压阀 |
| 30 | 节气门电动机高 |
| 31 | 5V参考电压#1 |
| 32 | 5V参考电压#1 |
| 33 | 5V接地#4 |
| 34 | 动力转向压力/发动机机油温度 |
| 35 | 1缸喷油器低端驱动 |
| 36 | 5V接地#9 |
| 37 | 涡轮增压空气压力 |
| 38 | 制动助力压力 |
| 39 | 爆燃传感器高 |
| 40 | 爆燃传感器低 |
| 41 | 蓄电池温度/涡轮增压后进气温度 |
| 42 | 凸轮轴相位传感器（进气） |
| 43 | 凸轮轴相位传感器（排气） |
| 44 | 可变气门相位（排气） |
| 46 | 油压控制阀低端驱动 |
| 47 | 2缸喷油器低端驱动 |
| 48 | 油压控制阀高端驱动 |
| 49 | 4缸喷油器低端驱动 |
| 50 | 3缸喷油器低端驱动 |
| 51 | 油轨压力输入 |
| 52 | 可变进气系统反馈 |
| 53 | 进气流量传感器 |
| 54 | 可变进气模式位置/废气再循环位置信号 |
| 55 | 空调蒸发器温度传感器 |
| 57 | 线性废气再循环/可变进气模式 |
| 58 | 可变气门相位（进气） |
| 59 | 可变气门升程（进气）/远程遥控起动输出 |

（续）

| 针脚 | 线路功能 |
| --- | --- |
| 注 | 编号12、45、56、60的针脚未使用 |
| C插接器 | |
| 1 | 电源接地 |
| 2 | 蓄电池电源 |
| 3 | 受控电源 |
| 4 | 电源接地 |
| 5 | 受控电源 |
| 6 | 电源接地 |
| 8 | 空调中压开关（低有效）/压缩机温度保护开关 |
| 9 | 可变进气模式系统反馈信号 |
| 10 | 发动机起动请求/空调请求（高有效） |
| 11 | 制动器开关输入 |
| 14 | 动力转向压力开关 |
| 16 | 加速踏板位置传感器2供电5V |
| 17 | 氧传感器A高 |
| 18 | 氧传感器A低 |
| 19 | 氧传感器B低 |
| 20 | 氧传感器B高 |
| 21 | 巡航设置开关/空档开关/空调中压开关（高有效） |
| 22 | 巡航主开关/驻车档位置开关 |
| 23 | 5V接地#10 |
| 25 | 加速踏板位置传感器2接地 |
| 26 | 加速踏板位置传感器1接地 |
| 27 | 5V接地#7 |
| 30 | 中冷风扇/制动助力泵 |
| 31 | 故障指示灯/爆燃显示 |
| 32 | 空调压力传感器 |
| 33 | 油位传感器 |
| 34 | 燃油箱压力信号输入/大气压力信号输入 |
| 35 | 加速踏板位置传感器1信号 |
| 36 | 5V接地#6 |
| 38 | 远程遥控起动输入/碰撞断油输入/乙醇浓度输入 |
| 39 | 5V接地#1 |
| 40 | 宽域线性氧传感器修正电阻 |
| 41 | 宽域线性氧传感器泵工作单元 |
| 42 | 制动灯信号输入 |
| 43 | 机油压力开关/空调请求（低有效） |
| 44 | 辅助电器电源 |
| 45 | 巡航信号输入 |
| 47 | 5V接地#11 |
| 49 | 5V接地#3 |
| 51 | 氧传感器A加热控制 |
| 52 | 油位输出 |
| 53 | 巡航设置指示灯 |
| 54 | 加速踏板位置传感器2信号 |
| 55 | 油泵继电器（高端驱动） |
| 56 | 油泵继电器（低端驱动） |
| 57 | 发电机F端子 |
| 58 | 车速传感器 |
| 59 | 巡航主指示灯 |
| 61 | 电器负载（低有效） |
| 62 | 车身接地 |
| 63 | 电器负载（高有效） |
| 65 | 加速踏板位置传感器1供电5V |
| 66 | 发动机起动输入 |
| 67 | 5V参考电压#2 |
| 70 | CAN高位 |
| 71 | CAN低位 |
| 73 | 氧传感器B加热控制 |
| 74 | 燃油消耗输出/里程记录 |
| 75 | 转速信号输出 |
| 76 | 主继电器 |
| 77 | 防盗指示灯/起停功能指示灯 |
| 78 | 维修车辆信号灯 |
| 80 | 起动机继电器 |
| 81 | 炭罐通气阀 |
| 83 | 空调离合器继电器 |
| 84 | 散热器风扇#2 |
| 85 | 散热器风扇#1 |
| 86 | 巡航取消/离合器开关（低有效） |
| 87 | 轮速传感器高 |
| 88 | 防盗器请求输入 |
| 89 | 轮速传感器低 |
| 90 | 发电机L端子/冷却液温度输出 |
| 91 | 节温器控制 |
| 92 | LIN总线 |
| 93 | Kw2000通信线 |
| 94 | 巡航恢复/起停功能控制开关 |
| 注 | 编号7、12、13、15、24、28、29、37、46、48、50、60、64、68、69、72、79、82的针脚未使用 |

## 三、7DCT300变速器

哈弗H6 7DCT300变速器控制单元针脚分布如图8-3所示，针脚说明见表8-3。

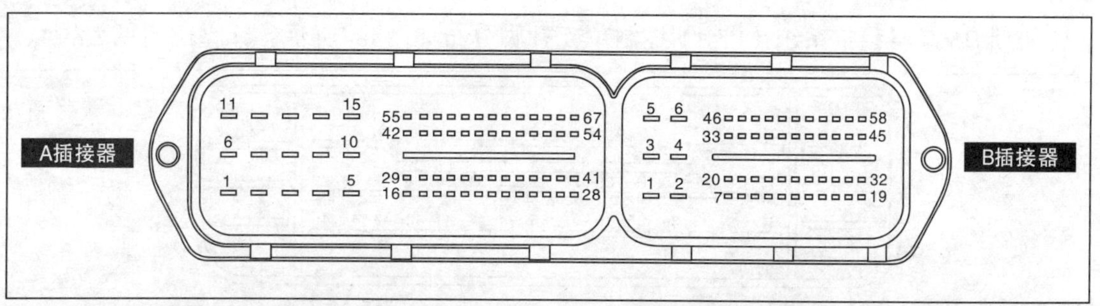


图8-3 哈弗H6 7DCT300变速器控制单元针脚分布

**表8-3 哈弗H6 7DCT300变速器控制单元针脚说明**

| 针脚 | 线路功能 |
|---|---|
| A插接器 | |
| 1 | 离合器执行电动机2相位U |
| 2 | 离合器执行电动机2相位V |
| 3 | 离合器执行电动机2相位W |
| 4 | 离合器执行电动机1相位U |
| 5 | 离合器执行电动机1相位V |
| 6 | 换档电动机1相位U |
| 7 | 换档电动机1相位V |
| 8 | 换档电动机1相位W |
| 9 | 换档电动机1相位U |
| 10 | 离合器执行电动机1相位W |
| 11 | 离合器冷却液泵电动机相位V |
| 12 | 离合器冷却液泵电动机相位W |
| 13 | 离合器冷却液泵电动机相位U |
| 14 | 换档电动机2相位V |
| 15 | 换档电动机2相位W |
| 16 | 离合器冷却液泵电动机霍尔传感器信号1 |
| 17 | 换档电动机2霍尔传感器信号1 |
| 18 | 换档电动机1霍尔传感器信号1 |
| 19 | 离合器执行电动机2霍尔传感器信号1 |
| 20 | 离合器执行电动机1霍尔传感器信号1 |
| 21 | 离合器执行电动机1霍尔传感器电源（5V） |
| 22 | 离合器执行电动机1霍尔传感器位置信号 |
| 23 | 温度传感器信号 |
| 24 | 压力传感器2信号 |
| 25 | 压力传感器1信号 |
| 27 | 输入转速传感器2信号 |
| 28 | 输入转速传感器1信号 |
| 29 | 离合器冷却液泵电动机霍尔传感器信号2 |
| 30 | 换档电动机2霍尔传感器信号2 |
| 31 | 换档电动机1霍尔传感器信号2 |
| 32 | 离合器执行电动机2霍尔传感器信号2 |
| 33 | 离合器执行电动机1霍尔传感器信号2 |
| 34 | 离合器执行电动机2霍尔传感器电源（5V） |
| 35 | 离合器执行电动机2霍尔传感器位置信号 |
| 36 | 温度传感器接地 |
| 37 | 压力传感器2接地 |
| 38 | 压力传感器1接地 |
| 40 | 输入转速传感器2电源（10V） |
| 41 | 输入转速传感器1电源（10V） |
| 42 | 离合器冷却液泵电动机霍尔传感器信号3 |
| 43 | 换档电动机2霍尔传感器信号3 |
| 44 | 换档电动机1霍尔传感器信号3 |
| 45 | 离合器执行电动机2霍尔传感器信号3 |
| 46 | 离合器执行电动机1霍尔传感器信号3 |
| 47 | 换档电动机1霍尔传感器电源（5V） |
| 48 | 换档电动机1霍尔传感器位置信号 |
| 49 | 换档电动机2霍尔传感器电源（5V） |
| 50 | 压力传感器2电源（5V） |
| 51 | 压力传感器1电源（5V） |
| 55 | 离合器冷却液泵电动机霍尔传感器接地 |
| 56 | 换档电动机2霍尔传感器接地 |
| 57 | 换档电动机1霍尔传感器接地 |
| 58 | 离合器执行电动机2霍尔传感器接地 |
| 59 | 离合器执行电动机1霍尔传感器接地 |
| 60 | 离合器冷却泵电动机霍尔传感器电源（5V） |
| 61 | 换档电动机2霍尔传感器位置信号 |
| 注 | 编号26、39、52～54、62～67的针脚未使用 |
| B插接器 | |
| 1 | 蓄电池电源 |
| 2 | 接地 |
| 3 | 蓄电池电源 |
| 4 | 接地 |
| 5 | 蓄电池电源 |
| 6 | 接地 |
| 18 | 来自蓄电池的低压电源 |
| 21 | CAN2高位 |
| 22 | CAN2低位 |
| 29 | 换档升档 |
| 31 | 点火电源 |
| 34 | CAN1高位 |
| 35 | CAN1低位 |
| 40 | 倒车灯 |
| 42 | 换档接地 |
| 43 | 电动泵 |
| 注 | 编号为7～17、19、20、23～28、30、32、33、36～39、41、44～58的针脚未使用 |

## 四、车身稳定系统

哈弗H6 车身稳定系统（ESP）控制单元针脚分布如图8-4所示，针脚说明见表8-4。

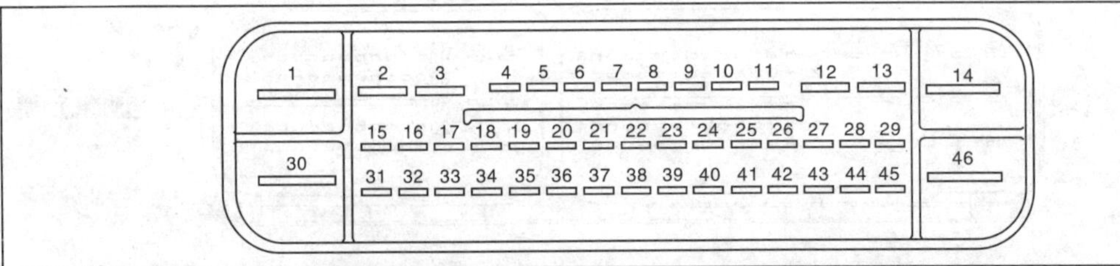


**图8-4 哈弗H6车身稳定系统控制单元针脚分布**

表8-4 哈弗H6车身稳定系统控制单元针脚说明

| 针脚 | 线路功能 | 针脚 | 线路功能 | 针脚 | 线路功能 |
|---|---|---|---|---|---|
| 1 | 电动机电源端（正极） | 16 | EPB电子驻车制动开关（6） | 32 | EPB电子驻车制动开关（4） |
| 2 | 右侧电动机正极 | 17 | 自动驻车开关 | 34 | 车辆轮速输出 |
| 3 | 右侧电动机负极 | 19 | CAN1M（CAN低位） | 36 | ECU的电源端（点火电源线） |
| 5 | CAN1P（CAN高位） | 21 | 右前轮速传感器的电源端 | 37 | 右后轮速传感器的信号端 |
| 6 | ESP关闭开关 | 22 | 右后轮速传感器的电源端 | 39 | 左后轮速传感器的电源端 |
| 7 | 左前轮速传感器的信号端 | 23 | 左后轮速传感器的信号端 | 42 | 制动灯开关 |
| 12 | 左侧电动机负极 | 24 | 左前轮速传感器的电源端 | 43 | 陡坡缓降功能（HDC）开关 |
| 13 | 左侧电动机正极 | 26 | 右前轮速传感器的信号端 | 46 | ECU接地端 |
| 14 | 电动机的接地端 | 30 | 阀继电器的电源端 | 注 | 编号4、8~11、18、20、25、27~29、33、35、38、40、41、44、45的针脚未使用 |
| 15 | EPB电子驻车制动开关（3） | 31 | EPB电子驻车制动开关（1） | | |

## 五、自动单温区空调

哈弗H6自动单温区空调控制单元针脚分布如图8-5所示，针脚说明见表8-5。

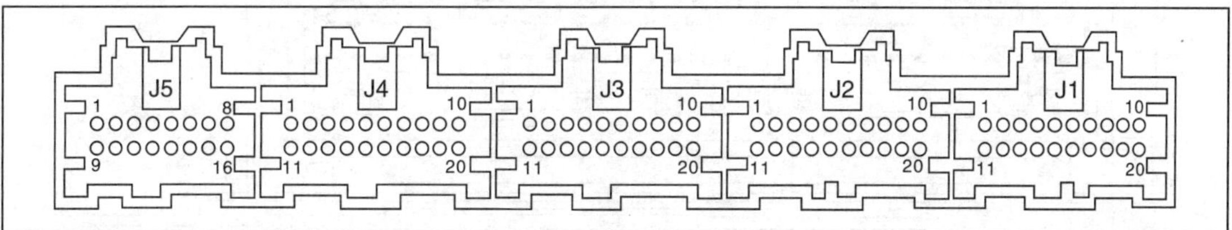


图8-5 哈弗H6自动单温区空调控制单元针脚分布

表8-5 哈弗H6自动单温区空调控制单元针脚说明

| 针脚 | 线路功能 | 针脚 | 线路功能 | 针脚 | 线路功能 |
|---|---|---|---|---|---|
| J1 | | J1-17 | 室内温度传感器 | J3-8 | 模式风门驱动3步进电动机 |
| J1-1 | 电源 | J1-20 | 后窗加热反馈 | J3-9 | 模式风门驱动4步进电动机 |
| J1-2 | 接地 | J3 | | J3-10 | 模式风门驱动6步进电动机 |
| J1-3 | 信号接地 | J3-1 | 鼓风机反馈正极 | J3-11 | 鼓风机高速继电器控制 |
| J1-5 | CAN高位 | J3-2 | 鼓风机反馈负极 | J3-12 | 蒸发器温度传感器 |
| J1-6 | CAN低位 | J3-3 | 左温度风门驱动1步进电动机 | J3-16 | 步进电动机12V电源1 |
| J1-8 | 单温区阳光传感器 | J3-4 | 左温度风门驱动3步进电动机 | J3-17 | 内外循环模式驱动1步进电动机 |
| J1-10 | 室外温度传感器 | J3-5 | 左温度风门驱动4步进电动机 | J3-18 | 内外循环模式驱动3步进电动机 |
| J1-14 | 后窗加热继电器 | J3-6 | 左温度风门驱动6步进电动机 | J3-19 | 内外循环模式驱动4步进电动机 |
| J1-16 | 前排鼓风机控制信号 | J3-7 | 模式风门驱动1步进电动机 | J3-20 | 内外循环模式驱动6步进电动机 |

## 六、自动双温区空调

哈弗H6自动双温区空调控制单元针脚分布与自动单温区空调控制单元针脚分布相同，参考图8-5所示，针脚说明见表8-6。

表8-6 哈弗H6自动双温区空调控制单元针脚说明

| 针脚 | 线路功能 | 针脚 | 线路功能 | 针脚 | 线路功能 |
|---|---|---|---|---|---|
| J1-1 | 未使用 | J1-2 | 未使用 | J1-8 | 左侧阳光传感器 |

（续）

| 针脚 | 线路功能 |
|---|---|
| J1-9 | 右侧阳光传感器 |
| J1-13 | 空气质量传感器 |
| J3-13 | 左前排脸部出风口传感器 |
| J3-14 | 左前排脚部出风口传感器 |
| J4-1 | 右前排脚部出风口传感器 |
| J4-7 | 右温度风门驱动1步进电动机 |
| J4-8 | 右温度风门驱动3步进电动机 |
| J4-9 | 右温度风门驱动4步进电动机 |
| J4-10 | 右温度风门驱动6步进电动机 |
| J4-12 | 右前排脸部出风口传感器 |
| 注 | 其余针脚说明参考哈弗H6自动单温区空调控制单元针脚说明表 |

## 七、SRS

哈弗H6 SRS控制单元针脚分布如图8-6所示，针脚说明见表8-7。

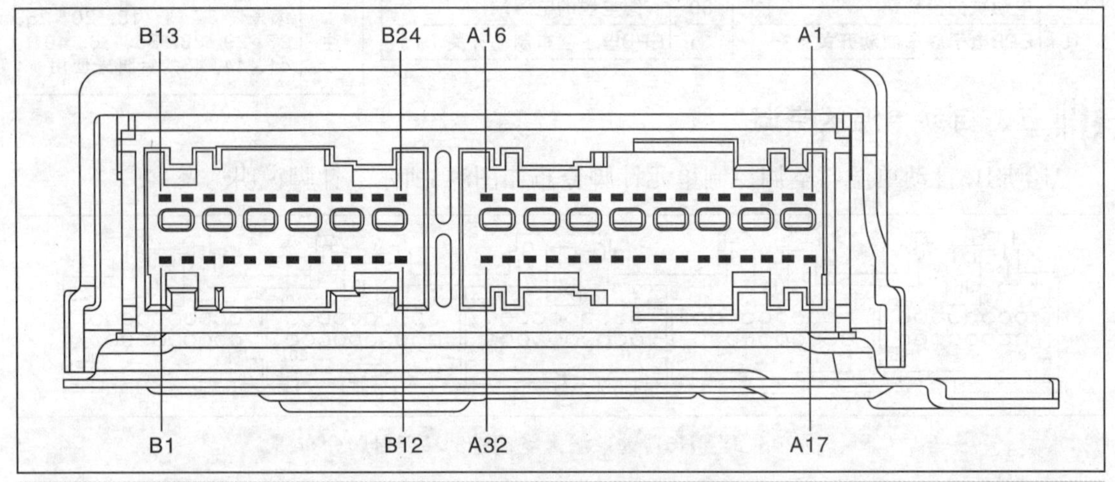


图8-6 哈弗H6 SRS控制单元针脚分布

表8-7 哈弗H6 SRS控制单元针脚说明

| 针脚 | 线路功能 |
|---|---|
| A插接器 | |
| A1 | 侧气囊（右侧）+ |
| A2 | 侧气囊（右侧）- |
| A3 | 驾驶人安全带预紧器- |
| A4 | 驾驶人安全带预紧器+ |
| A5 | 前排乘客安全带预紧器+ |
| A6 | 前排乘客安全带预紧器- |
| A7 | 侧气囊（左侧）- |
| A8 | 侧气囊（左侧）+ |
| A9 | 侧气帘（左侧）+ |
| A10 | 侧气帘（左侧）- |
| A11 | 侧气帘（右侧）- |
| A12 | 侧气帘（右侧）+ |
| A13 | 侧碰撞传感器（右侧）+ |
| A14 | 侧碰撞传感器（右侧）- |
| A15 | 侧碰撞传感器（左侧）- |
| A16 | 侧碰撞传感器（左侧）+ |
| A26 | 前排乘客安全带插锁和座椅安全带提醒信号 |
| A29 | 前碰撞传感器（左侧）+ |
| A30 | 前碰撞传感器（左侧）- |
| A31 | 前碰撞传感器（右侧）- |
| A32 | 前碰撞传感器（右侧）+ |
| 注 | 编号A17～A25、A27、A28的针脚未使用 |
| B插接器 | |
| B1 | 电源 |
| B2 | 接地 |
| B3 | 低速传感器接地 |
| B4 | 碰撞输出信号 |
| B5 | PAB乘客安全气囊开关 |
| B6 | 驾驶人安全带插锁 |
| B11 | CAN低 |
| B12 | CAN高 |
| B13 | 前排乘客安全气囊+ |
| B14 | 前排乘客安全气囊- |
| B19 | 驾驶人安全气囊- |
| B20 | 驾驶人安全气囊+ |
| 注 | 编号B7～B10、B15～B18、B21～B24的针脚未使用 |

# 第二节 哈弗H2（2016~2018年款）

## 一、1.5T GW4G15B发动机

哈弗H2 1.5T GW4G15B发动机控制单元针脚分布如图8-7所示，针脚说明见表8-8。

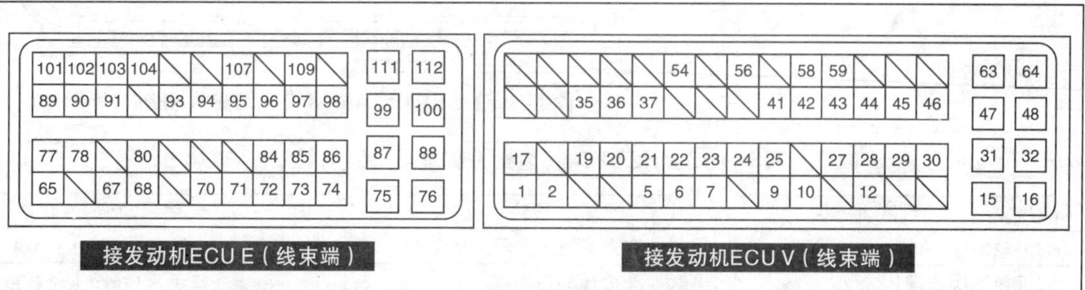


图8-7 哈弗H2 1.5T GW4G15B发动机控制单元针脚分布

表8-8 哈弗H2 1.5T GW4G15B发动机控制单元针脚说明

| 针脚 | 线路功能 | 针脚 | 线路功能 | 针脚 | 线路功能 |
|---|---|---|---|---|---|
| 1 | CAN高位 | 36 | 加速踏板传感器2供电5V | 78 | 节气门位置传感器2信号 |
| 2 | 蓄电池传感器信号 | 37 | 加速踏板传感器1供电5V | 80 | 前氧传感器信号 |
| 5 | 主继电器控制端 | 41 | 燃油泵继电器控制端 | 84 | 接地 |
| 6 | 离合器开关信号（MT专用） | 42 | 压缩机继电器控制端 | 85 | 进气压力温度传感器接地 |
| 7 | 加速踏板传感器1接地 | 43 | 后氧传感器信号 | 86 | 节气门位置传感器接地 |
| 8 | 电子负载（氙气前照灯专用） | 44 | 离合器开关信号（MT专用） | 87 | 节气门执行器电动机– |
| 9 | 巡航开关信号 | 45 | 加速踏板传感器1信号 | 88 | 点火线圈2控制端 |
| 10 | 离合器行程传感器信号（MT专用） | 46 | 增压压力传感器信号 | 89、90 | 爆燃传感器信号 |
|  |  | 47 | 传感器接地 | 91 | 进气压力传感器信号 |
| 12 | 制动真空度传感器信号 | 48 | 后氧传感器加热控制端 | 93 | 凸轮轴相位传感器信号 |
| 15、16 | 5V电源 | 54 | 电子真空泵继电器控制端 | 94 | 炭罐控制阀控制端 |
| 17 | CAN低位 | 56 | 低速风扇继电器控制端 | 95 | 相位传感器接地 |
| 19、20 | 5V电源 | 58 | 起动机继电器控制端 | 96 | 发动机转速传感器信号 |
| 21 | 后氧传感器信号 | 59 | 加速踏板传感器2接地 | 97 | 发动机转速传感器信号 |
| 22 | 起动信号 | 63、64 | ECU接地 | 98 | 凸轮轴相位传感器供电5V |
| 23 | 制动灯开关信号 | 65 | 废气控制阀控制端 | 99 | 点火线圈3控制端 |
| 24 | 空调中压开关信号 | 67 | 喷油器2控制端 | 100 | 点火线圈1控制端 |
| 25 | 制动信号 | 68 | 喷油器1控制端 | 101 | 冷却液温度传感器信号 |
| 27 | 空档开关信号（MT专用） | 70 | 电子泄气阀控制端 | 102 | 进气温度传感器信号 |
| 28 | 空调高低压开关信号 | 71 | 可变凸轮轴正时控制端 | 103 | 增压温度传感器信号 |
| 29 | 传动链继电器控制端（AT专用） | 72 | 喷油器3控制端 | 104 | 前氧传感器信号 |
|  |  | 73 | 前氧传感器加热控制端 | 107 | 节气门位置传感器供电5V |
| 29 | 离合器开关信号（MT专用） | 74 | 喷油器4控制端 | 109 | 进气压力温度传感器供电5V |
| 30 | 加速踏板传感器2信号 | 75 | 节气门执行器电动机+ | 111 | ECU接地 |
| 31 | 高速风扇继电器控制端 | 76 | 点火线圈4控制端 | 112 | ECU接地 |
| 32、35 | 5V电源 | 77 | 节气门位置传感器1信号 | 注 | 其余针脚未使用 |

## 二、6F24变速器

哈弗H2 6F24变速器控制单元针脚分布如图8-8所示，针脚说明见表8-9。

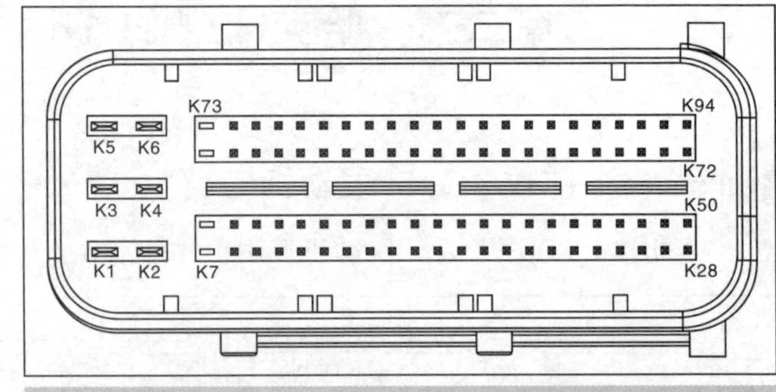


图8-8 哈弗H2 6F24变速器控制单元针脚分布

表8-9 哈弗H2 6F24变速器控制单元针脚说明

| 针脚 | 线路功能 | 针脚 | 线路功能 | 针脚 | 线路功能 |
|---|---|---|---|---|---|
| K1 | 输出端接地1 | K29 | 液力变矩器变压力电磁阀 | K72 | 接IG1继电器87针脚（12V） |
| K2 | 电磁阀电源1 | K30 | 26变压力电磁阀 | K73 | 电磁阀供电电压端2（接蓄电池正极熔断器12V） |
| K3 | 输出端接地2 | K34 | 距离传感器1（S1） | | |
| K4 | 电磁阀电源2 | K35 | 距离传感器3（S3） | K77 | CAN高位 |
| K5 | 变速器控制单元接地 | K36 | 雪地模式开关 | K78 | CAN低位 |
| K6 | 电磁阀供电电压端1（接蓄电池正极熔断器12V） | K37 | 手动模式选择开关 | K81 | 手动降档开关 |
| | | K51 | LP变压力电磁阀 | K84 | 变速器油温传感器+ |
| K7 | 超速离合器变压力电磁阀 | K52 | 低速离合器变压力电磁阀 | K85 | 输出转速传感器电源 |
| K8 | 35R变压力电磁阀 | K54 | 输出转速传感器信号 | K86 | 换档电磁阀A |
| K12 | 距离传感器2（S2） | K55 | 输入转速传感器信号 | K87 | 换档电磁阀B |
| K13 | 距离传感器4（S4） | K62 | 变速器油温传感器- | K94 | 接蓄电池正极熔断器12V |
| K15 | 手动升档开关 | K63 | 输入转速传感器电源 | 注 | 其余针脚未使用 |

## 三、ABS

哈弗H2 ABS控制单元针脚分布如图8-9所示，针脚说明见表8-10。

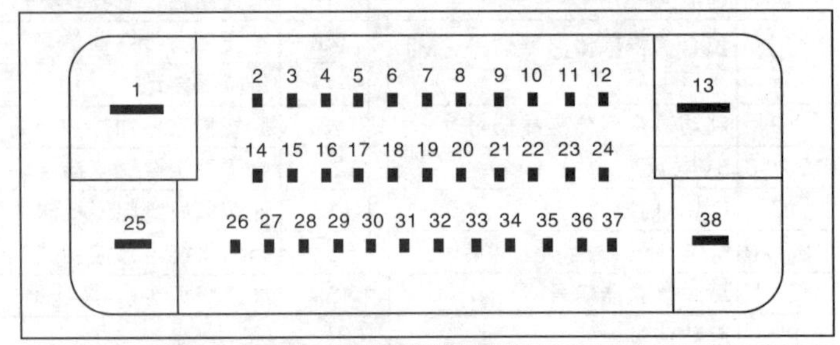


图8-9 哈弗H2 ABS控制单元针脚分布

表8-10 哈弗H2 ABS控制单元针脚说明

| 针脚 | 线路功能 | 针脚 | 线路功能 | 针脚 | 线路功能 |
|---|---|---|---|---|---|
| 1 | 电动机的电源端（正极） | 18 | 左后轮速传感器的信号端 | 31 | 左后轮速传感器的电源端 |
| 4 | 右前轮速传感器的信号端 | 19 | 左前轮速传感器的电源端 | 33 | 车速输出 |
| 8 | 左前轮速传感器的信号端 | 25 | 阀继电器的电源端 | 38 | ECU接地端 |
| 13 | 电动机的接地端 | 26 | CAN-H（CNA高位） | 注 | 编号2、3、5~7、9~12、15、20~24、27、32、34~37的针脚未使用 |
| 14 | CAN-L（CAN低位） | 28 | ECU的电源端（点火电源线） | | |
| 16 | 右前轮速传感器的电源端 | 29 | 右后轮速传感器的信号端 | | |
| 17 | 右后轮速传感器的电源端 | 30 | 制动灯开关 | | |

## 四、车身稳定系统

哈弗H2车身稳定系统（ESP）控制单元针脚分布如图8-10所示，针脚说明见表8-11。

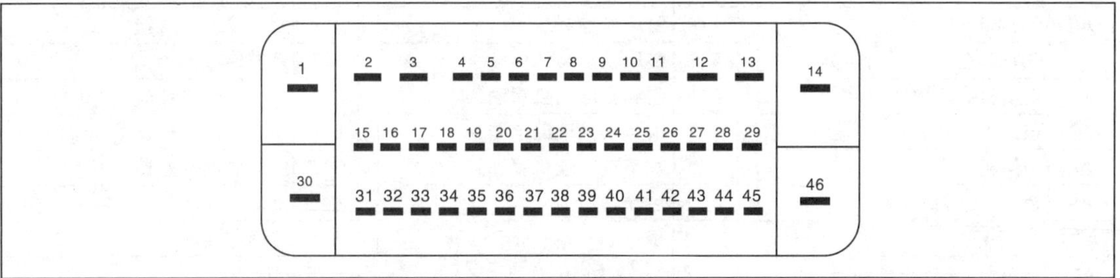


图8-10 哈弗H2车身稳定系统控制单元针脚分布

表8-11 哈弗H2车身稳定系统控制单元针脚说明

| 针脚 | 线路功能 | 针脚 | 线路功能 | 针脚 | 线路功能 |
|---|---|---|---|---|---|
| 1 | 电动机的电源端（正极） | 16 | EPB电子驻车制动开关（6） | 32 | EPB电子驻车制动开关4 |
| 2 | 右侧电动机正极 | 17 | 车速输出 | 33 | EVP电子真空泵（未使用） |
| 3 | 右侧电动机负极 | 18 | CAN1M-DC（未使用） | 34 | 自动驻车指示灯（未使用） |
| 4 | CAN1P-DC（未使用） | 19 | CAN1M（低位） | 35 | 轮速输出右前（未使用） |
| 5 | CAN1P（高位） | 21 | 右前轮速传感器的电源端 | 36 | ECU的电源端（点火电源线） |
| 6 | HID氙气前照灯开关 | 22 | 右后轮速传感器的电源端 | 37 | 右后轮速传感器的信号端 |
| 7 | 左前轮速传感器的信号端 | 23 | 左后轮速传感器的信号端 | 38 | 制动灯开关 |
| 8 | 右侧电动机霍尔传感器信号 | 24 | 左前轮速传感器的电源端 | 39 | 左后轮速传感器的电源端 |
| 9 | ESP开关 | 25 | CAN2M（低） | 41 | 自动驻车功能开关 |
| 10 | 左侧电动机霍尔传感器信号 | 26 | 右前轮速传感器的信号端 | 42 | ESP关闭指示灯（未使用） |
| 11 | CAN2P（高位） | 27 | 5V电源（未使用） | 43 | 陡坡缓降功能开关（未使用） |
| 12 | 左侧电动机负极 | 28 | 接地（未使用） | 44 | 左侧电动机霍尔传感器接地 |
| 13 | 左侧电动机正极 | 29 | 右侧电动机霍尔传感器接地 | 45 | 真空警告灯（未使用） |
| 14 | 电动机的电源端（正极） | 30 | 阀继电器的电源端 | 46 | ECU接地端 |
| 15 | EPB电子驻车制动开关（3） | 31 | EPB电子驻车制动开关1 | 注 | 编号20、40的针脚未使用 |

## 五、手动空调

### 1、红标车型

哈弗H2手动空调（红标）控制单元针脚分布如图8-11所示，针脚说明见表8-12。

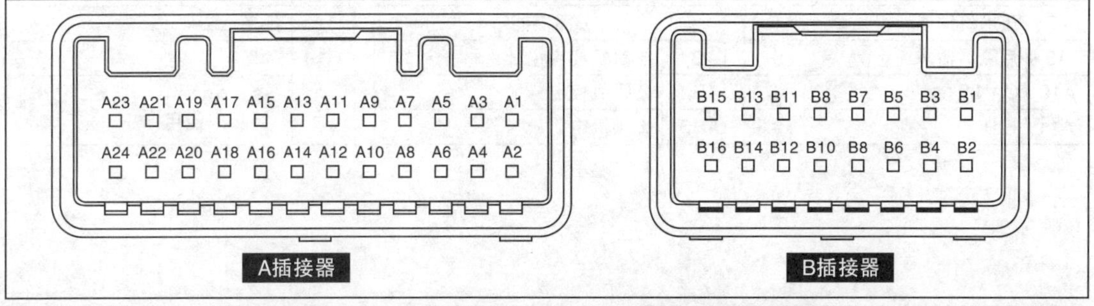


图8-11 哈弗H2手动空调（红标）控制单元针脚分布

表8-12 哈弗H2手动空调（红标）控制单元针脚说明

| 针脚 | 线路功能 |
| --- | --- |
| A插接器 | |
| A2 | CAN低位 |
| A4 | CAN高位 |
| A5 | 电动机参考电压 |
| A7 | 模式电动机驱动+ |
| A8 | 鼓风机+ |
| A9 | 模式电动机驱动- |
| A10 | 起/停开关 |
| A11 | 外循环 |
| A12 | ACC电压 |
| A13 | 循环电动机请求 |
| A14 | 压缩机请求 |
| A16 | 鼓风机控制端 |
| A18 | 鼓风机反馈端 |
| A19 | 左温度电动机驱动+ |
| A20 | 鼓风机高速继电器 |
| A21 | 左温度电动机驱动- |
| A22 | 后除霜请求 |
| 注 | 编号A1、A3、A6、A15、A17、A23、A24未使用 |
| B插接器 | |
| B1 | 背光+ |
| B2 | 背光- |
| B3 | 室内温度传感器 |
| B5 | 蒸发传感器 |
| B7 | 模式电动机反馈 |
| B11 | 左温度电动机反馈 |
| B12 | 室外温度传感器 |
| B13 | 蓄电池电压 |
| B14 | 传感器接地 |
| B15 | ON |
| B16 | 接地 |
| 注 | 编号B4、B6、B8～B10的针脚未使用 |

## 2、蓝标车型

哈弗H2手动空调（蓝标）控制单元针脚分布如图8-12所示，针脚说明见表8-13。

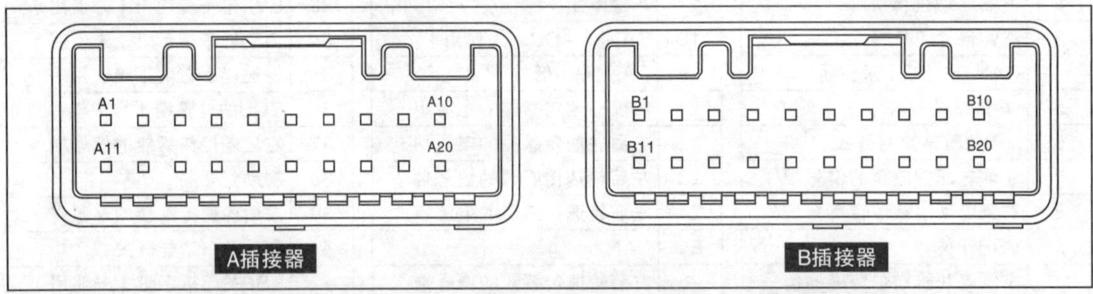


图8-12 哈弗H2手动空调（蓝标）控制单元针脚分布

表8-13 哈弗H2手动空调（蓝标）控制单元针脚说明

| 针脚 | 线路功能 |
| --- | --- |
| A插接器 | |
| A1 | 蓄电池 |
| A2 | 点火电压+ |
| A3 | 模式电动机驱动+ |
| A4 | 模式电动机驱动- |
| A5 | 温度电动机驱动- |
| A6 | 循环电动机驱动- |
| A7 | 压缩机请求 |
| A8 | 后除霜请求 |
| A10 | CAN低位 |
| A11 | 接地 |
| A14 | 循环电动机驱动+ |
| A16 | 温度电动机驱动+ |
| A18 | ACC电压 |
| A19 | 鼓风机高速继电器请求 |
| A20 | CAN高位 |
| 注 | 编号A9、A12、A13、A15、A17的针脚未使用 |
| B插接器 | |
| B1 | 电动机参考电压 |
| B2 | 鼓风机控制端 |
| B3 | 鼓风机电源端 |
| B4 | 鼓风机反馈端 |
| B6 | 温度电动机反馈 |
| B7 | 模式电动机反馈 |
| B8 | 室外温度传感器 |
| B9 | 蒸发传感器 |
| B11 | 传感器地 |
| B12 | 智能起停采集 |
| B13 | 背光+ |
| B14 | 背光- |
| 注 | 编号B5、10、B15～B20的针脚未使用 |

# 第九章 长安车系

## 第一节 长安CS75（2014~2016年款）

### 一、发动机

长安CS75轿车发动机控制单元针脚分布如图9-1所示，针脚说明见表9-1。

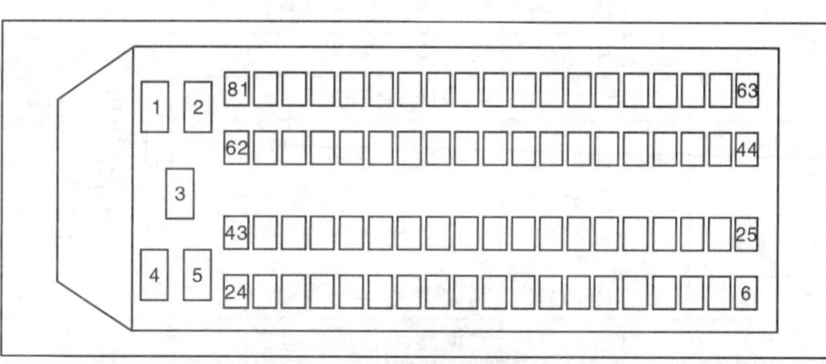


图9-1 长安CS75轿车发动机控制单元针脚分布

表9-1 长安CS75轿车发动机控制单元针脚说明

| 针脚号 | 线径颜色 | 功能 | 针脚号 | 线径颜色 | 功能 |
|---|---|---|---|---|---|
| 1（AT） | 2.0 WH/BK | 点火线圈4（2缸） | 29（AT） | 0.5 VT/BK | 废气控制阀A端 |
| 2（AT） | 2.0 WH/RD | 点火线圈2（3缸） | 30（MT领先、AT） | 0.5 OG/BK | 风扇控制3 |
| 2 | 2.0 WH/RD | 点火线圈2（2、3缸） | 31（MT领先） | 0.5 WH/RD | MIL |
| 3 | 2.0 BK | 点火接地 | 32 | 0.5 WH/BU | 5V电源2 |
| 4（AT） | 2.0 WH/YE | 点火线圈3（4缸） | 33 | 0.5 PK/BU | 5V电源1 |
| 5（AT） | 2.0 WH/BN | 点火线圈1（1缸） | 34 | 0.5 BK | 发动机转速传感器B端 |
| 5 | 2.0 WH/BN | 点火线圈1（1、4缸） | 34（MT领先） | 0.5 BU | MIL |
| 6 | 0.5 WH/GN | 喷油器4（2缸） | 35 | 0.5 LG/WH | 传感器接地3 |
| 7 | 0.5 YE | 喷油器2（3缸） | 36 | 0.5 YE/GN | 传感器接地2 |
| 7（MT） | 0.5 BU/WH | 喷油器2（3缸） | 37 | 0.5 VT/WH | 进气压力温度传感器 |
| 12 | 0.5 RD/WH | 持续电源 | 38 | 0.5 GY/BK | 节气门位置传感器2信号 |
| 13 | 0.5 BN/RD | 制动开关2 | 39 | 0.5 BN/WH | 发动机冷却液温度传感器 |
| 14 | 0.3 BK/WH | 主继电器 | 40 | 0.5 GN/YE | 加速踏板位置传感器1 |
| 15 | 0.5 WH | 发动机转速传感器A端 | 41（MT领先） | 0.5 PK/BU | 离合器开关信号 |
| 16 | 0.5 BU/WH | 加速踏板传感器1 | 42 | 0.5 RD/GN | 进气压力温度传感器 |
| 17 | 0.5 BU/GN | 传感器接地1 | 43（AT） | 0.5 PK/BU | 空调温度传感器/巡航开关输入 |
| 18 | 0.5 YE/WH | 前氧传感器 | 44 | 0.85 BK/BU | 非持续电源 |
| 19 | 0.5 RD | 爆燃传感器A端 | 45 | 0.85 BK/BU | 非持续电源 |
| 20 | 0.5 GN | 爆燃传感器B端 | 46 | 0.85 GY/BK | 炭罐阀控制 |
| 21 | 0.5 RD/YE | 制动灯开关 | 47 | 0.5 PK/WH | 喷油器3（4缸） |
| 22（AT） | 0.5 PK/GN | 中冷压力传感器1 | 48 | 0.85 BK/WH | 可变凸轮轴正时（进气） |
| 22（MT） | 0.5 PK/GN | 空档位置开关信号 | 50 | 0.5 VT/YE | 风扇控制1 |
| 24 | 0.5 OG | 空档位置开关信号 | | | |
| 25 | 0.5 BK/RD | 后氧传感器加热 | | | |
| 26 | 0.5 BK/WH | 前氧传感器加热 | | | |
| 27 | 0.5 WH | 喷油器1（1缸） | | | |
| 28 | 0.5 YE/BU | 电子节温器 | | | |

（续）

| 针脚号 | 线径颜色 | 功能 |
|---|---|---|
| 51 | 0.5 BU | 电子接地2 |
| 52（MT领先、AT） | 0.5 GN/WH | 起动机控制继电器 |
| 53 | 0.5 BK | 电子接地1 |
| 54 | 0.5 RD/BN | 节气门位置传感器1信号 |
| 55 | 0.5 BU/BK | 后氧传感器信号 |
| 56（AT） | 0.5 GN/RD | 中冷压力传感器2 |
| 56（MT领先） | 0.5 GN/RD | 开关盒1 |
| 57（MT领先、AT） | 0.5 RD/BK | 起动机状态信号 |
| 58 | 0.5 BN/GN | 制动开关 |
| 60 | 0.3 GN/BU | 空调压缩机中压开关 |
| 61 | 0.5 BU | 功率接地1 |
| 62 | 0.3 GN | CAN总线接口（HIGH） |
| 63 | 0.85 BK/BU | 非持续电源 |
| 64 | 0.5 GY/GN | 节气门执行器 |
| 65 | 0.5 GY/GN | 节气门执行器 |

| 针脚号 | 线径颜色 | 功能 |
|---|---|---|
| 66 | 0.5 GY | 节气门执行器 |
| 67 | 0.5 GY | 节气门执行器 |
| 68 | 0.5 VT/RD | 风扇控制2 |
| 69 | 0.5 YE/BN | 空调压缩机继电器 |
| 70 | 0.5 BU/YE | 油泵继电器 |
| 71（MT舒适、MT豪华、MT舒适） | 0.5 VT/GN或0.3 VT | W_Line |
| 71（MT领先、AT） | 0.3 VT | 无钥匙控制器1 |
| 73 | 0.5 WH/BU | 加速踏板位置传感器12 |
| 78 | 0.5 BN/YE | 节气门位置传感器接地4 |
| 79 | 0.5 PK/BK | 凸轮轴位置传感器1 |
| 80 | 0.5 BK | 功率接地2 |
| 81 | 0.3 GN/BK | CAN总线接口（LOW） |
| 注 | 编号8～11、23、49、59、72、74～77的针脚未使用 | |

## 二、自动变速器

长安CS75轿车自动变速器控制单元针脚分布如图9-2所示，针脚说明见表9-2。

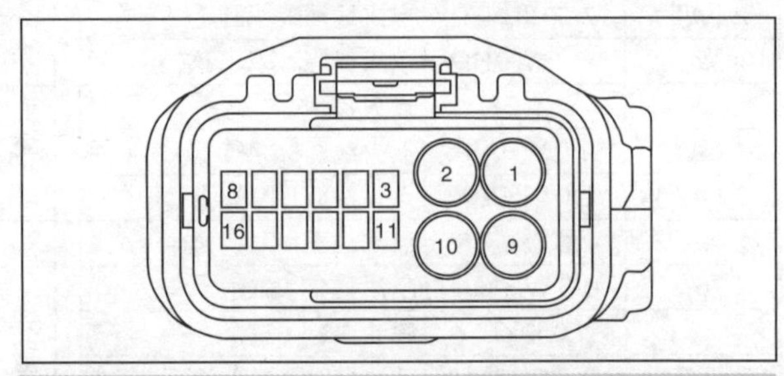


图9-2 长安CS75轿车自动变速器控制单元针脚分布

表9-2 长安CS75轿车自动变速器控制单元针脚说明

| 针脚号 | 线径颜色 | 功能 |
|---|---|---|
| 1 | 1.25 RD/WH | 电池电压 |
| 3 | 0.5 BU | 手动升档开关 |
| 4 | 0.5 PK | 手动降档开关 |
| 5 | 0.5 VT/WH | 起动锁定信号输出 |
| 6 | 0.3 GN BK | CAN通信“CAN-L” |
| 7 | 0.5 YE | 手动换档模式开关 |

| 针脚号 | 线径颜色 | 功能 |
|---|---|---|
| 9 | 1.25 BK | TCU接地 |
| 11 | 0.5 BU/BN | 点火信号 |
| 13 | 0.5 WH | 倒车灯信号输出 |
| 14 | 0.3 GN | CAN通信“CAN-H” |
| 注 | 编号2、8、10、12、15、16的针脚未使用 | |

## 三、ABS

长安CS75轿车ABS控制单元针脚分布如图9-3所示，针脚说明见表9-3。

图9-3 长安CS75轿车ABS控制单元针脚分布

**表9-3 长安CS75轿车ABS控制单元针脚说明**

| 针脚号 | 线径颜色 | 功能 |
|---|---|---|
| 1 | 3.0 GN/RD | 供电线 |
| 2 | 0.3 BU/YE | 左后轮速传感器接地 |
| 3 | 0.3 BU | 左后轮速传感器信号 |
| 5 | 0.3 GN/BU | 右前轮速传感器信号 |
| 6 | 0.3 GN/YE | 右前轮速传感器接地 |
| 8 | 0.3 GY/BN | 左前轮速传感器接地 |
| 9 | 0.3 GY/RD | 左前轮速传感器信号 |
| 11 | 0.3 PK/BK | 右后轮速传感器信号 |
| 12 | 0.3 PK | 右后轮速传感器接地 |
| 16 | 0.5 BN/YE | 制动灯开关信号 |
| 20 | 0.5 VT | 点火线 |
| 21 | 0.5 GN/BK | CAN BUS低位 |
| 23 | 0.5 GN | CAN BUS高位 |
| 26 | 3.0 BK | 接地 |
| 注 | 编号4、7、10、13、14、15、17、18、19、22、24、25的针脚未使用 | |

## 四、ESP

长安CS75轿车ESP控制单元针脚分布如图9-4所示，针脚说明见表9-4。

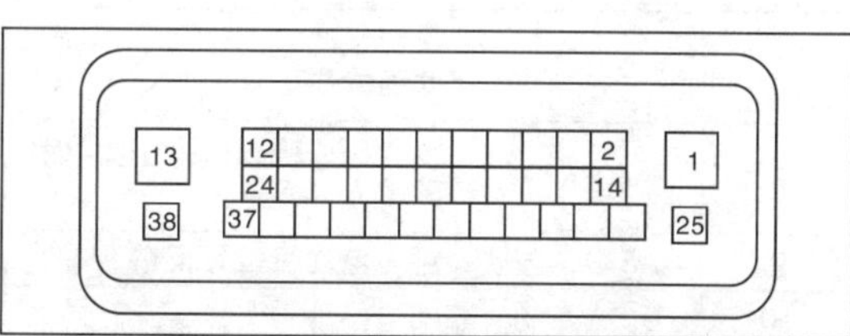


图9-4 长安CS75轿车ESP控制单元针脚分布

**表9-4 长安CS75轿车ESP控制单元针脚说明**

| 针脚号 | 线径颜色 | 功能 |
|---|---|---|
| 1 | 3.0 GN/RD | 供电 |
| 2 | 0.5 RD | 供电 |
| 4 | 0.3 OG | ESP 开关 |
| 5 | 0.3 WH | 制动力自动保持指示灯 |
| 6 | 0.5 VT | 点火 |
| 7 | 0.3 VT/YE | 车速输出信号 |
| 10 | 0.3 GN/BK | CAN BUS低位 |
| 11 | 0.3 GN | CAN BUS高位 |
| 13 | 3.0 BK | 接地 |
| 15 | 0.3 RD/WH | 制动力自动保持开关 |
| 17 | 0.5 RD/YE | 真空度传感器供电 |
| 20 | 0.5 RD | 倒档信号输入 |
| 21 | 0.5 RD/BK | 真空度传感器信号 |
| 23 | 0.5 RD/BU | 真空度传感器接地 |
| 25 | 1.25 GN | 供电线 |
| 26 | 0.3 GN/YE | 右前轮速传感器接地 |
| 27 | 0.3 GN/BU | 右前轮速传感器信号 |
| 29 | 0.3 BU | 左后轮速传感器信号 |
| 30 | 0.3 BU/YE | 左后轮速传感器接地 |
| 33 | 0.3 PK | 右后轮速传感器接地 |
| 34 | 0.3 PK/BK | 右后轮速传感器信号 |
| 36 | 0.3 GY/RD | 左前轮速传感器信号 |
| 37 | 0.3 GY/BN | 左前轮速传感器接地 |
| 注 | 编号3、8、9、12、14、16、18、19、22、24、28、31、32、35、38的针脚未使用 | |

## 五、手动空调

长安CS75轿车手动空调控制单元针脚分布如图9-5所示，针脚说明见表9-5。

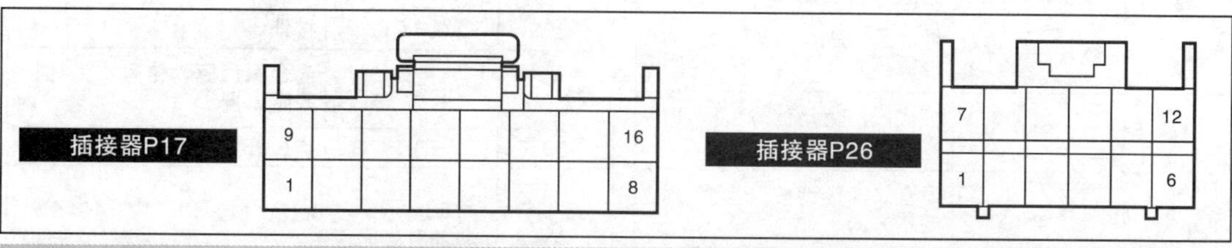


图9-5 长安CS75轿车手动空调控制单元针脚分布

表9-5 长安CS75轿车手动空调控制单元针脚说明

| 针脚号 | 线径颜色 | 功能 |
| --- | --- | --- |
| 插接器P17 | | |
| 1 | 0.5 BU | 风量调节控制信号 |
| 2 | 0.5 GY/YE | 鼓风机反馈信号 |
| 3 | 0.5 PK/BU | 空调系统工作状态 |
| 4 | — | 未使用 |
| 5 | 0.5 PK/VT | 循环风门驱动信号（为+时外循环方向） |
| 6 | 0.5 BU/RD | 循环风门驱动信号（为−时内循环方向） |
| 7 | 0.5 OG | 模式风门驱动信号（为+时吹面方向） |
| 8 | 0.5 BN/YE | 模式风门驱动信号（为−时除霜方向） |
| 9 | 0.5 OG/WH | 循环电动机位置反馈 |
| 10 | 0.5 VT/BK | 信号接地 |
| 11 | 0.3 VT/WH | 蒸发器温度信号 |
| 12 | 0.3 BN/GN | 5V 电源 |
| 13 | 0.3 PK/BN | 模式风门位置反馈信号 |
| 14 | 0.3 GN/YE | 混合风门位置反馈信号 |
| 15 | 0.5 LG | CAN−H |
| 16 | 0.5 LG/BK | CAN−L |
| 插接器P26 | | |
| 1 | 0.5 LG/BN | 混合风门驱动信号（为+时制冷方向） |
| 2 | 0.5 GN/RD | 混合风门驱动信号（为−时采暖方向） |
| 4 | 0.5 VT/YE | 车外温度输入 |
| 6 | 0.5 BK/OG | IGN+ |
| 7 | 0.3 GN | LIN |
| 11 | 0.5 WH/BU | BAT+（备用） |
| 12 | 0.5 BK | 功率地 |
| 注 | 编号3、5、8、9、10的针脚未使用 | |

## 六、自动空调

长安CS75轿车自动空调控制单元针脚分布如图9-6所示，针脚说明见表9-6。

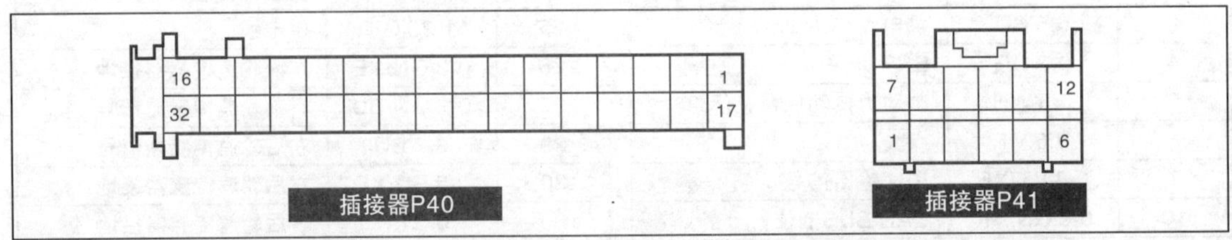


图9-6 长安CS75轿车自动空调控制单元针脚分布

表9-6 长安CS75轿车自动空调控制单元针脚说明

| 针脚号 | 线径颜色 | 功能 |
| --- | --- | --- |
| 插接器P40 | | |
| 1 | 0.3 BN/GN | 5V 电源+ |
| 4 | 0.3 GN | LIN 总线 |
| 5 | 0.5 LG/BK | CAN−L |
| 6 | 0.5 LG | CAN−H |
| 10 | 0.5 GY/YE | 鼓风机反馈信号 |
| 12 | 0.5 PK/VT | 循环风门驱动信号（为+时外循环方向） |
| 14 | 0.5 BN/YE | 模式风门驱动信号（为−时除霜方向） |
| 15 | 0.5 LG/YE | 混合风门驱动信号（为+时制冷方向） |
| 16 | 0.5 WH/BU | 电源 |
| 18 | 0.5 PK/BU | 制冷剂压力开关信号 |
| 26 | 0.5 BU | 风量调节控制信号 |
| 28 | 0.5 BU/RD | 循环风门驱动信号（为−时内循环方向） |
| 29 | 0.5 OG | 模式风门驱动信号（为+时吹面方向） |
| 30 | 0.5 BK | 接地 |
| 31 | 0.5 LG/BN | 混合风门驱动信号（为−时采暖方向） |
| 32 | 0.5 BK/OG | 点火开关电源 |
| 注 | 编号2、3、7、8、9、11、13、17、19~25、27的针脚未使用 | |

（续）

| 针脚号 | 线径颜色 | 功能 |
|---|---|---|
| 插接器P41 | | |
| 1 | 0.3 GN/YE | 混合风门位置反馈信号 |
| 2 | 0.3 PK/BN | 循环电动机位置反馈 |
| 3 | 0.3 WH/BK | 5V 电源- |
| 4 | 0.3 VT/WH | 蒸发器温度信号 |
| 5 | 0.3 VT/RD | 阳光传感器 + |
| 8 | 0.3 PK/RD | 模式风门位置反馈信号 |
| 10 | 0.5 VT/YE | 室外温度传感器 + |
| 11 | 0.5 GN/RD | 传感器 - |
| 12 | 0.3 BU/YE | 室内温度传感器 + |
| 注 | 编号6、7、9的针脚未使用 | |

## 七、无钥匙控制器

长安CS75轿车无钥匙控制器控制单元针脚分布如图9-7所示，针脚说明见表9-7。

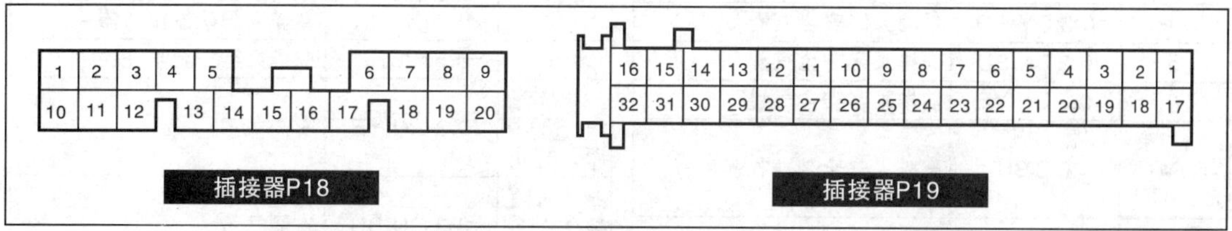


图9-7 长安CS75轿车无钥匙控制器控制单元针脚分布

表9-7 长安CS75轿车无钥匙控制器控制单元针脚说明

| 针脚号 | 线径颜色 | 功能 |
|---|---|---|
| 插接器P18 | | |
| 1 | 0.3 RD/YE | ACC 档继电器控制输出 |
| 2 | 0.85 BK | 功率接地 |
| 3 | 0.5 GY/RD | 蓄电池电源 |
| 4 | 0.3 VT | 发动机防盗锁止天线+ |
| 5 | 0.3 WH | 驾驶人侧门把手天线+ |
| 6 | 0.3 BN | 后保险杠天线+ |
| 7 | 0.3 GN/BU | 车内前部天线+ |
| 8 | 0.3 BU | 行李箱内天线+ |
| 9 | 0.3 PK | 车内中部天线+ |
| 10 | 0.3 RD/BU | IGN1档继电器控制输出 |
| 11 | 0.85 BK | 功率接地 |
| 12 | 0.5 GN | 蓄电池电源 |
| 13 | 0.3 VT/BK | 发动机防盗锁止天线- |
| 14 | 0.3 WH/BK | 驾驶人侧门天线- |
| 17 | 0.3 BN/BK | 后保险杠天线- |
| 18 | 0.3 GN/YE | 车内前部天线- |
| 19 | 0.3 BU/YE | 行李箱内天线- |
| 20 | 0.3 PK/BK | 车内中部天线- |
| 注 | 编号15、16的针脚未使用 | |
| 插接器P19 | | |
| 1 | 0.5 LG | MS CAN-H |
| 2 | 0.5 GN/WH | 离合器开关 |
| 4 | 0.3 YE/BN | 驾驶人侧门把手按钮输入 |
| 5 | 0.3 PK/GN | 行李箱盖按钮输入 |
| 6 | 0.5 BN/YE | 制动开关 |
| 8 | 0.5 PK/GN | 空档传感器N档位开关 |
| 9 | 0.5 VT/GN | K线 |
| 10 | 0.3 GN/YE | P/N档位开关 |
| 11 | 0.3 WH/RD | 起动按钮开关1输入 |
| 13 | 0.3 RD/VT | ACC备用控制信号输入 |
| 14 | 0.3 RD/BN | IGN档备用信号输入 |
| 15 | 0.3 BK/BU | IGN2档继电器控制输出 |
| 16 | 0.3 BK/YE | START档继电器控制输出 |
| 17 | 0.5 LG/BK | MS CAN-L |
| 18 | 0.5 RD/GN | 射频模块起动控制 |
| 24 | 0.3 YE/GN | 起动按钮绿色LED控制输出 |
| 25 | 0.3 YE/RD | 起动按钮琥珀色LED控制输出 |
| 27 | 0.3 YE/BN | 起动按钮接地 |
| 28 | 0.3 WH/BN | 起动按钮开关2输入 |
| 29 | 0.5 OG/GN | 射频模块数据输入 |
| 30 | 0.3 VT | W_Line |
| 32 | 0.5 OG/BK | 射频模块地线 |
| 注 | 编号3、7、12、19、20、21、22、23、26、31的针脚未使用 | |

## 八、SRS

长安CS75轿车SRS控制单元针脚分布如图9-8所示，针脚说明见表9-8。

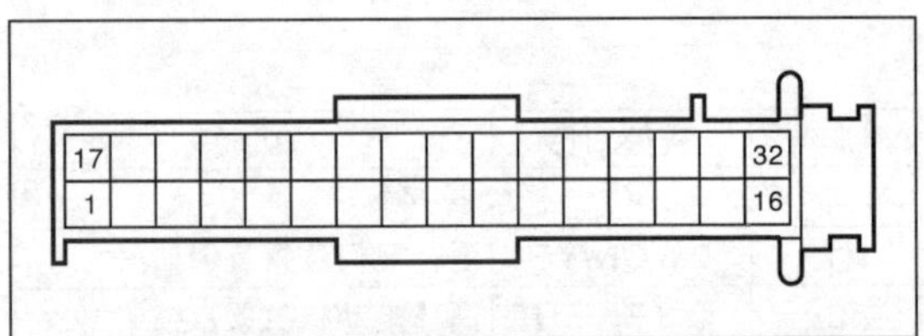


图9-8 长安CS75轿车SRS控制单元针脚分布

表9-8 长安CS75轿车SRS控制单元针脚说明

| 针脚号 | 线径颜色 | 功能 |
| --- | --- | --- |
| 1 | 0.5 YE | 点火开关电源（IG1） |
| 2 | 0.5 GN/BK | CAN-L |
| 3 | 0.3 GY/RD | 驾驶人侧安全气囊+ |
| 4 | 0.3 GY/RD | 驾驶人侧安全气囊- |
| 5 | 0.3 BN/BU | 前排乘客安全气囊- |
| 6 | 0.3 BN/YE | 前排乘客安全气囊+ |
| 7（MT豪华、MT领先、AT） | 0.3 BU | 驾驶人安全带卷收器+ |
| 8（MT豪华、MT领先、AT） | 0.3 BU/YE | 驾驶人安全带卷收器- |
| 9（MT豪华、MT领先、AT） | 0.3 PK | 前排乘客安全带卷收器- |
| 10（MT豪华、MT领先、AT） | 0.3 PK/BK | 前排乘客安全带卷收器+ |
| 11（MT豪华、MT领先、AT） | 0.3 WH | 驾驶人侧面气囊+ |
| 12（MT豪华、MT领先、AT） | 0.3 WH/BK | 驾驶人侧面气囊- |
| 13（MT豪华、MT领先、AT） | 0.3 GY/BU | 乘客侧面气囊- |
| 14（MT豪华、MT领先、AT） | 0.3 GY/YE | 乘客侧面气囊+ |
| 16 | 0.5 BK | 接地 |
| 17 | 0.5 GN | CAN-H |
| 18 | 0.3 RD | 驾驶人侧碰撞传感器+ |
| 19 | 0.3 RD/BK | 驾驶人侧碰撞传感器- |
| 20 | 0.5 YE/BK | 前排乘客安全带开关+ |
| 23（MT豪华、MT领先、AT） | 0.3 GN/YE | 右侧气帘+ |
| 24（MT豪华、MT领先、AT） | 0.3 GN/BU | 右侧气帘- |
| 25 | 0.5 LG/WH | 驾驶人安全带开关+ |
| 26 | 0.3 YE/BK | 碰撞信号 |
| 27（MT豪华、MT领先、AT） | 0.3 GN/YE | 右侧碰撞传感器+ |
| 28（MT豪华、MT领先、AT） | 0.3 GN/RD | 右侧碰撞传感器- |
| 31（MT豪华、MT领先、AT） | 0.3 VT | 左侧气帘+ |
| 32（MT豪华、MT领先、AT） | 0.3 VT/BK | 左侧气帘- |
| 注 | 编号15、21、22、29、30的针脚未使用 | |

## 九、电子转向锁

长安CS75轿车电子转向锁控制单元针脚分布如图9-9所示，针脚说明见表9-9。

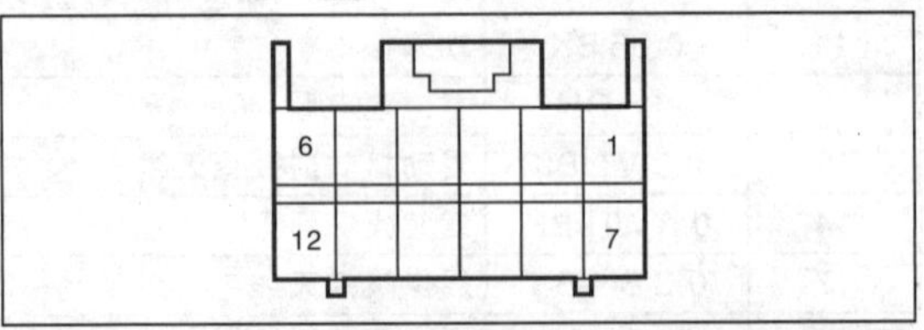


图9-9 长安CS75轿车电子转向锁控制单元针脚分布

表9-9 长安CS75轿车电子转向锁控制单元针脚说明

| 针脚号 | 线径颜色 | 功能 |
| --- | --- | --- |
| 1 | 0.5 PK | ON 信号 |
| 6 | 0.3 VT/YE | 车速信号 |
| 7 | 0.5 PK/GN | 电源输入 |
| 9 | 0.5 BK | 接地 |

（续）

| 针脚号 | 线径颜色 | 功能 |
| --- | --- | --- |
| 10 | 0.3 WH/GN | 车门信号输入 |
| 11 | 0.5 LG | CAN–H |
| 12 | 0.5 LG/BK | CAN–L |
| 注 | 编号2~5、8的针脚未使用 | |

## 十、电子驻车制动系统

长安CS75电子驻车制动系统控制单元针脚分布如图9–10所示，针脚说明见表9–10。

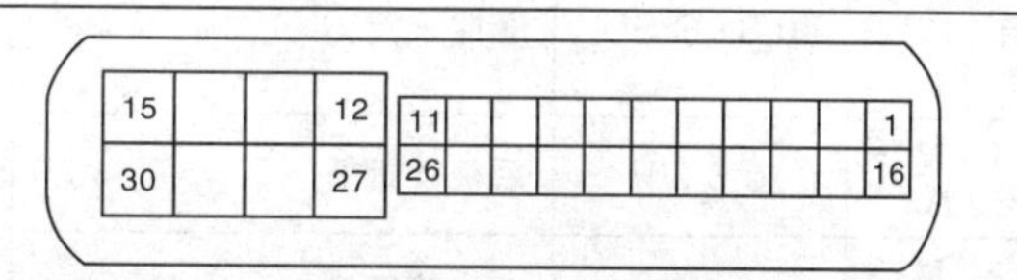


图9–10 长安CS75电子驻车制动系统控制单元针脚分布

表9–10 长安CS75电子驻车制动系统控制单元针脚说明

| 针脚号 | 线径颜色 | 功能 |
| --- | --- | --- |
| 4 | 0.5 RD | 倒档信号 |
| 8 | 0.3 YE/GN | 开关指示灯 |
| 9 | 0.3 YE/BK | 开关1 |
| 10 | 0.3 OG | 开关2 |
| 12 | 2.0 VT | 右电动机驱动+ |
| 13 | 2.0 RD/BK | 右电动机电源 |
| 14 | 2.0 GY | 左电动机驱动+ |
| 15 | 2.0 RD/WH | 左电动机电源 |
| 16 | 0.5 GN | CAN–H |
| 17 | 0.5 GN/BK | CAN–L |
| 18 | 0.3 PK/BU | 开关3 |
| 19 | 0.3 PK/WH | 开关4 |
| 22 | 0.5 RD/GN | 点火信号 |
| 25 | 0.5 BU | 离合器信号 |
| 27 | 2.0 VT/BK | 右电动机驱动– |
| 28 | 2.0 BK | 右电动机接地 |
| 29 | 2.0 GY/BK | 左电动机驱动– |
| 30 | 2.0 BK | 左电动机接地 |
| 注 | 编号1~3、5~7、11、20、21、23、24、26的针脚未使用 | |

## 十一、车身控制模块

长安CS75轿车车身控制模块（BCM）控制单元针脚分布如图9–11所示，针脚说明见表9–11。

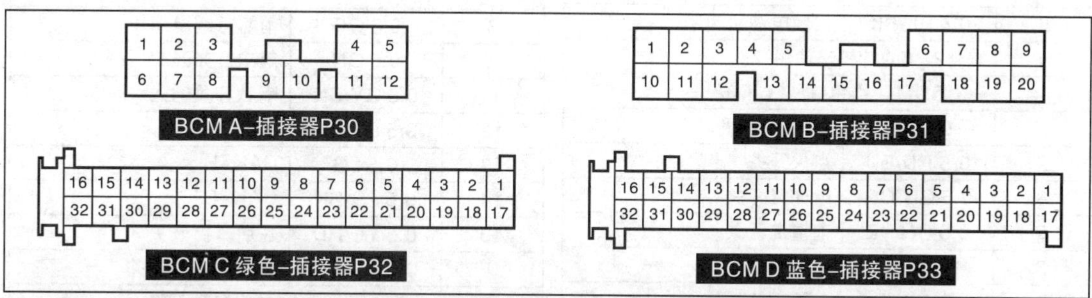


图9–11 长安CS75轿车BCM控制单元针脚分布

表9–11 长安CS75轿车BCM控制单元针脚说明

| 针脚号 | 线径颜色 | 功能 |
| --- | --- | --- |
| BCM A–插接器P30 | | |
| 1 | 0.5 YE | 后除霜继电器 |
| 2 | 0.3 RD/BK | 位置灯继电器 |
| 3 | 0.5 BN/WH | 后雾灯继电器 |
| 5 | 0.5 OG | 行李箱灯输出 |
| 6 | 0.5 YE | 喇叭继电器输出 |
| 7（MT领先、AT） | 0.3 RD/BN | IGN档控制 |

（续）

| 针脚号 | 线径颜色 | 功能 |
|---|---|---|
| 8（MT领先、AT） | 0.3 RD/VT | ACC档控制 |
| 9（MT领先、AT尊贵） | 0.3 LG/BU | 遥控天窗 |
| 11（MT领先、AT） | 0.5 WH | 后视镜折叠 |
| 12（MT领先、AT） | 0.5 RD | 后视镜展开 |
| 注 | 编号4、10的针脚未使用 | |
| BCM B-插接器P31 | | |
| 1 | 0.85 RD/WH | 转向灯电源 |
| 3 | 0.3 RD/BN | 顶灯输出 |
| 4 | 0.3 RD/YE | 节能输出 |
| 6 | 2.0 VT/BK | 前刮水器低速输出 |
| 7 | 1.25 BK | 功率接地 |
| 8 | 0.5 YE/BN | 左前门解锁 |
| 9 | 0.5 BU/YE | 行李箱解锁 |
| 10 | 0.85 GN/BK | 右转向灯 |
| 11 | 0.85 GN/WH | 左转向灯 |
| 12 | 0.85 OG/GN | 油泵建压/节能输出电源 |
| 13 | 0.85 BK/RD | 油泵建压输出 |
| 14 | 0.5 BN/YE | 制动灯输出 |
| 15 | 0.5 BN/VT | 制动灯电源 |
| 16 | 1.25 GY | 前刮水器电源 |
| 17 | 2.0 VT | 前刮水器高速输出 |
| 18 | 0.85 PK/GN | 门锁电源 |
| 19 | 0.85 YE/WH | 门锁电动机解锁 |
| 20 | 0.5 PK/BK | 门锁电动机闭锁 |
| 注 | 编号2、5的针脚未使用 | |
| BCM C 绿色-插接器P32 | | |
| 1 | 0.5 GN | 蓄电池电源 |
| 2 | 0.5 RD/BU | 点火开关 |
| 3 | 0.5 GN/OG | 近光灯开关 |
| 5 | 0.5 GN/YE | 前清洗开关 |
| 6 | 0.5 YE | 后刮水器间歇 |
| 7 | 0.5 WH | ACC_IN |
| 8 | 0.5 PK/BU | 前刮水器间歇开关 |
| 9 | 0.3 WH/GN | 左前门开关 |
| 10 | 0.3 WH/OG | 左后门开关 |
| 11 | 0.5 OG | 行李箱门开关 |
| 12 | 0.5 YE/WH | 警告灯开关 |
| 13 | 0.3 BN/WH | 右转向灯开关 |
| 15 | 0.3 OG/BU | 后雾灯开关 |
| 16 | 0.5 VT/PK | 后刮水器复位 |

| 针脚号 | 线径颜色 | 功能 |
|---|---|---|
| 17 | 0.5 BK | 信号接地 |
| 18 | 0.5 LG/BU | 前刮水器间歇可调档 |
| 20 | 0.5 PK/BK | 前刮水器复位 |
| 21 | 0.5 BN/WH | 前刮水器低速开关 |
| 22 | 0.5 VT | 前刮水器高速开关 |
| 23 | 0.5 VT/GN | 后清洗开关 |
| 24 | 0.3 GN/WH | 钥匙未拔开关 |
| 25 | 0.3 WH/OG | 右前门开关 |
| 26 | 0.3 WH/YE | 右后门开关 |
| 27 | 0.5 PK | 小灯开关 |
| 28 | 0.5 PK/BN | 发动机舱盖接触开关 |
| 29 | 0.5 GN/BU | 远光灯开关 |
| 30 | 0.3 BU | 前雾灯开关 |
| 32 | 0.3 GN/WH | 左转向开关 |
| 注 | 编号4、14、19、31的针脚未使用 | |
| BCM D 蓝色-插接器P33 | | |
| 1（MT领先、AT） | 0.5 OG/GN | 轮胎压力监测系统数据 |
| 1（MT标准、MT舒适、MT豪华） | 0.5 OG/GN | DATA（数据口） |
| 2 | 0.5 WH/BU | 左前车窗上升 |
| 3 | 0.5 GY/WH | 右前车窗上升 |
| 4 | 0.5 PK/BU | 左后车窗上升 |
| 5 | 0.5 BU | 右后车窗上升 |
| 6 | 0.5 VT | 后刮水器继电器 |
| 7 | 0.3 PK/BK | 近光灯继电器 |
| 8 | 0.3 OG | 前雾灯继电器 |
| 10 | 0.5 GN | 超车灯光开关 |
| 11 | 0.5 GY/BN | 喇叭开关输入 |
| 12 | 0.5 LG/BU | LIN |
| 13 | 0.5 LG | CAN-H |
| 14 | 0.5 LG/BK | CAN-L |
| 15 | 0.5 YE/RD | 左后车窗开关 |
| 16 | 0.5 GN/YE | 中控解闭锁开关 |
| 17 | 0.5 WH | 左前车窗下降 |
| 18 | 0.5 GY/BU | 右前车窗下降 |
| 19 | 0.5 PK/WH | 左后车窗下降 |
| 20 | 0.5 RD/BU | 右后车窗下降 |
| 21 | 0.3 GN/VT | 远光灯继电器 |
| 23 | 0.3 BN/VT | 防盗指示灯 |
| 24（MT领先、AT） | 0.5 BU/RD | 后视镜折叠开关输入 |
| 25 | 0.3 YE/BK | 碰撞信号 |

（续）

| 针脚号 | 线径颜色 | 功能 |
|---|---|---|
| 26（MT领先、AT） | 0.5 OG/BK | 轮胎压力监测接地 |
| 26（MT标准、MT舒适、MT豪华） | 0.5 OG/BK | — |
| 27（MT豪华、MT舒适、MT标准） | 0.3 PK/WH | 门锁开锁状态 |
| 27 | 0.5 PK/WH | 门锁开锁状态 |
| 28 | 0.3 PK/GN | 行李箱释放开关 |
| 29 | 0.3 RD/GN | 轮胎压力监测电源 |
| 31 | 0.5 YE/WH | 右前车窗开关 |
| 32 | 0.5 YE | 右后车窗开关 |
| 注 | 编号9、22、30的针脚未使用 | |

# 第二节 悦翔V7（2015~2018年款）

## 一、1.6L JL478QEB发动机

长安悦翔V7轿车发动机控制单元针脚分布如图9-12所示，针脚说明见表9-12。

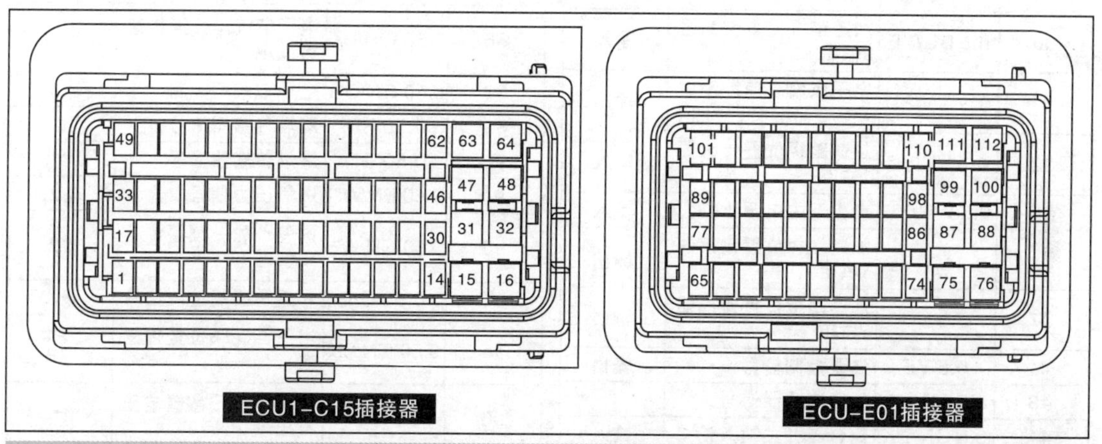


图9-12 长安悦翔V7轿车发动机控制单元针脚分布

表9-12 长安悦翔V7轿车发动机控制单元针脚说明

| 针脚号 | 线径颜色 | 功能 | 输入/输出 |
|---|---|---|---|
| ECU1-C15插接器 | | | |
| 1 | 0.3 LG | CAN高 | 输入 |
| 1（AT） | 0.3 LG | HCAN-H | 输出 |
| 2（乐趣型） | 0.5 LG/RD | 蓄电池传感器信号 | 输出 |
| 5 | 0.5 PK | 主继电器控制信号输出 | 输出 |
| 6（乐趣型） | 0.5 PK/BU | 离合器低位开关输出信号 | 输入 |
| 7 | 0.5 BU/BN | 加速踏板位置传感器1接地 | 输入 |
| 8（乐趣型） | 0.5 BK/WH | 传动链继电器控制信号 | — |
| 11（乐趣型） | 0.5 VT/WH | 怠速起停开关信号 | 输出 |
| 12（乐趣型） | 0.5 GY/RD | 制动真空压力传感器信号 | 输出 |
| 13（乐趣型） | 0.5 VT | 传动链继电器电源输出 | 输出 |
| 13（AT） | 0.5 VT | 起动继电器输出反馈 | 输入 |
| 15 | 1.25 WH | 非持续电源（主继电器控制） | 输出 |

（续）

| 针脚号 | 线径颜色 | 功能 | 输入/输出 |
| --- | --- | --- | --- |
| 16 | 1.25 WH | 非持续电源（主继电器控制） | 输出 |
| 17 | 0.3 LG/BK | CAN低 | 输出 |
| 17（AT） | 0.3 LG/BK | HCAN-L | — |
| 18（AT） | 0.5 GN/BK | K线 | — |
| 19（乐趣型） | 0.5 BU | 制动真空压力传感器信号 | 输入 |
| 20 | 0.5 PK/WH | 持续电源 | 输入 |
| 21 | 0.5 WH/BK | 后氧传感器信号 | — |
| 23 | 0.5 BN/BU | 制动灯开关信号 | 输入 |
| 24 | 0.5 WH/PK | 空调中压开关信号 | 输入 |
| 25 | 0.5 WH/GN | 制动灯信号 | 输入 |
| 27（乐趣型） | 0.5 BU/BK | 空档状态信号 | — |
| 29（乐活型、乐动型、乐享型、乐趣型） | O.5 LU | 动力转向开关信号 | 输入 |
| 30 | 0.5 BU/YE | 加速踏板位置传感器2输出 | 输入 |
| 31 | 0.5 GN/BU | 电子风扇高速控制信号 | 输出 |
| 32 | 0.5 VT/YE | 加速踏板位置传感器1供电 | 输入 |
| 35 | 0.5 WH/YE | 点火开关电源（IG1） | 输入 |
| 36 | 0.5 VT/YE | 加速踏板位置传感器1供电 | 输出 |
| 37 | 0.5 BU | 加速踏板位置传感器2供电 | 输出 |
| 41 | 0.5 YE | 油泵控制信号 | 输出 |
| 43 | 0.5 BU/OG | 后氧传感器信号 | — |
| 44 | 0.5 GN/BK | 离合器开关输入信号 | 输入 |
| 45 | 0.5 BU/WH | 加速踏板位置传感器1输出 | 输入 |
| 47（乐趣型） | 0.5 BK/YE | 制动真空压力传感器信号 | 输入 |
| 48 | 0.85 GN | 后氧传感器加热控制信号 | 输出 |
| 52 | 0.5 YE/BN | 空调压缩机继电器控制信号 | 输出 |
| 55 | 0.5 PK/GN | 充电信号 | 输入 |
| 56 | 0.5 GY/YE | 电子风扇低速控制信号 | 输出 |
| 58（乐趣型） | 0.5 GN/YE | 起动继电器控制信号 | 输出 |
| 59 | 0.5 BU/GN | 加速踏板位置传感器2接地 | 输入 |
| 63 | 1.25 BK | 接地 | — |

| 针脚号 | 线径颜色 | 功能 | 输入/输出 |
| --- | --- | --- | --- |
| 64 | 1.25 BK | 接地 | — |
| 注 | 编号3、4、9、10、14、22、26、28、33、34、38～40、42、46、47、49～51、53、54、57、58、60～62的针脚未使用 | | |
| ECU-E01插接器 | | | |
| 67 | 0.85 WH | 喷油器2控制信号 | 输出 |
| 68 | 0.85 BU/RD | 喷油器1控制信号 | 输出 |
| 71 | 0.85 BK/YE | 机油电磁阀控制 | 输出 |
| 72 | 0.85 LG/RD | 喷油器3控制信号 | 输出 |
| 73 | 0.85 GY/BK | 前氧传感器加热控制信号 | 输出 |
| 74 | 0.85 BK/WH | 喷油器4控制信号 | 输出 |
| 75 | 0.50 PK/YE | 电子节气门控制 | 输出 |
| 77 | 0.50 BN/YE | 节气门位置信号1 | 输入 |
| 78 | 0.50 YE/WH | 节气门位置信号2 | 输入 |
| 80 | 0.50 BU/BK | 前氧传感器信号 | — |
| 85 | 0.50 BU/RD | 传感器接地 | 输出 |
| 86 | 0.50 WH/BK | 电子节气门位置传感器接地 | 输出 |
| 87 | 0.50 GN/OG | 电子节气门控制 | 输出 |
| 89 | 0.50 RD | 爆燃传感器信号 | — |
| 90 | 0.50 GN | 爆燃传感器信号 | — |
| 91 | 0.50 BN/WH | 进气压力信号 | 输入 |
| 93 | 0.50 GN/WH | 进气凸轮轴位置传感器信号 | 输入 |
| 94 | 0.50 GN | 炭罐电磁阀控制信号 | 输出 |
| 95 | 0.50 GN/BK | 进气凸轮轴位置传感器接地 | 输出 |
| 96 | 0.50 BU | 曲轴位置传感器电压输出A | — |
| 97 | 0.50 VT | 曲轴位置传感器电压输出B | — |
| 98 | 0.50 OG | 进气凸轮轴位置传感器电源 | 输出 |
| 99 | 1.25 RD/BU | 2、3缸点火线圈控制信号 | 输出 |
| 100 | 1.25 RD/GN | 1、4缸点火线圈控制信号 | 输出 |
| 101 | 0.50 RD/BK | 冷却液温度信号 | 输入 |
| 102 | 0.50 GY/YE | 进气温度信号 | 输入 |
| 104 | 0.50 PK | 前氧传感器信号 | — |
| 107 | 0.50 VT/YE | 电子节气门位置传感器电源 | 输出 |
| 109 | 0.50 BU | 进气温度压力传感器电源 | 输出 |

（续）

| 针脚号 | 线径颜色 | 功能 | 输入/输出 |
|---|---|---|---|
| 111 | 1.25 BK | 接地 | — |
| 112 | 1.25 BK | 接地 | — |
| 注 | 编号65、66、69、70、76、79、81～84、88、92、103、105、106、108、110的针脚未使用 | | |

## 二、自动变速器

长安悦翔V7轿车自动变速器控制单元针脚分布如图9-13所示，针脚说明见表9-13。

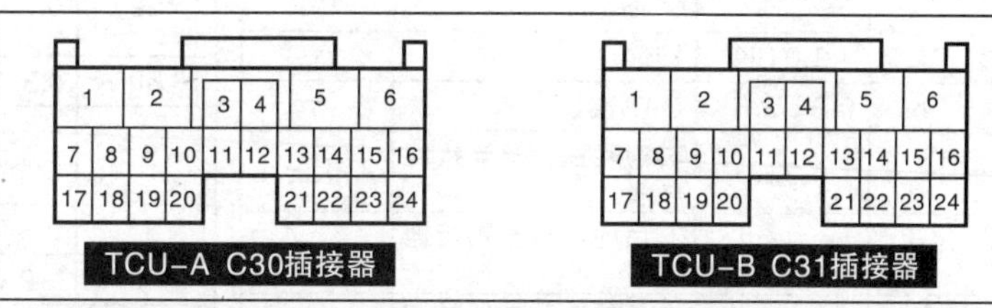


图9-13 长安悦翔V7轿车自动变速器控制单元针脚分布

表9-13 长安悦翔V7轿车自动变速器控制单元针脚说明

| 针脚号 | 线径颜色 | 功能 | 输入/输出 |
|---|---|---|---|
| TCU-A C30插接器 | | | |
| 1 | 0.85 BK | 接地 | — |
| 2 | 0.5 GN/BK | 制动压力控制电磁阀接地信号 | 输入 |
| 3 | 0.5 BU/BK | 锁止控制电磁阀接地信号 | 输入 |
| 4 | 0.5 GN | 制动压力控制电磁阀 | 输出 |
| 5 | 0.5 BU | 锁止控制电磁阀 | 输出 |
| 6 | 0.85 RD | 持续电源 | — |
| 7 | 0.3 LG/BK | HCAN-L | — |
| 9 | 0.5 VT/BK | 离合器1压力控制电磁阀接地信号 | 输入 |
| 11 | 0.5 GY | 油温传感器信号 | 输入 |
| 12 | 0.5 GY/BK | 油温传感器接地信号 | 输入 |
| 16 | 0.5 RD/GN | 换档电磁阀 | 输出 |
| 17 | 0.3 LG | HCAN-H | — |
| 19 | 0.5 PK/BK | 离合器2压力控制电磁阀接地信号 | 输入 |
| 21 | 0.5 PK/YE | 离合器2压力控制电磁阀 | 输出 |
| 22 | 0.5 VT | 离合器1压力控制电磁阀 | 输出 |
| 23 | 0.5 BK | 接地 | — |
| 24 | 0.5 WH/YE | 点火开关电源（IG1） | — |
| 注 | 编号8、10、13～15、18、20的针脚未使用 | | |
| TCU-B C31插接器 | | | |
| 1 | 0.5 WH/BU | R档信号 | 输入 |
| 5 | 0.5 WH/BK | 车速传感器+ | — |
| 6 | 0.5 OG/BK | 涡轮转速传感器- | — |
| 7 | 0.5 BU/WH | D档位信号 | 输入 |
| 8 | 0.5 BN | N档位信号 | 输入 |
| 9 | 0.5 YE | 手动换档模式开关 | 输入 |
| 14 | 0.5 WH | 车速传感器- | — |
| 16 | 0.5 OG | 涡轮转速传感器+ | — |
| 18 | 0.5 BU | 手动换档模块“-”开关 | 输入 |
| 19 | 0.5 YE/BU | 手动换档模块“+”开关 | 输入 |
| 20 | 0.5 PK/WH | P档位信号 | 输入 |
| 注 | 编号2～4、10～13、15、17、21～24的针脚未使用 | | |

## 三、ABS

长安悦翔V7轿车ABS控制单元针脚分布如图9-14所示，针脚说明见表9-14。

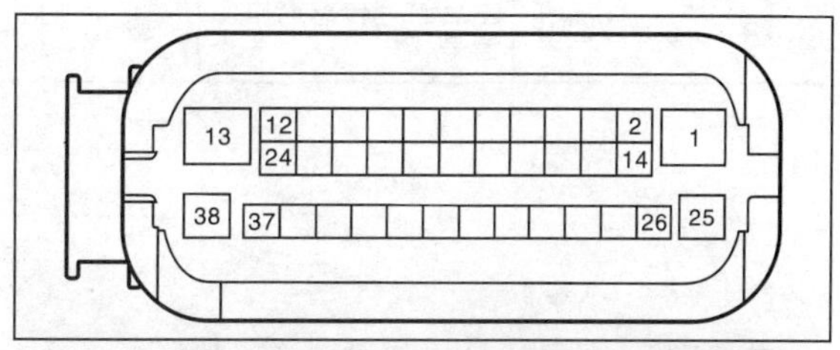

图9-14 长安悦翔V7轿车ABS控制单元针脚分布

表9-14 长安悦翔V7轿车ABS控制单元针脚说明

| 针脚号 | 线径颜色 | 功能 | 输入/输出 | 针脚号 | 线径颜色 | 功能 | 输入/输出 |
|---|---|---|---|---|---|---|---|
| 1 | 2.0 BU/RD | 电动机电源 | 输入 | 25 | 2.0 RD/GN | 电磁阀电源 | 输入 |
| 4 | 0.3 BU/BK | 右前轮速传感器电源信号 | 输入 | 26 | 0.3 LG | CAN高位 | — |
| 8 | 0.3 GN/BK | 左前轮速传感器电源信号 | 输入 | 28 | 0.5 OG/GN | 点火开关电源（IG1） | 输入 |
| 13 | 3.0 BK | 接地 | — | 29 | 0.3 PK/BK | 右后轮速传感器电源信号 | 输入 |
| 14 | 0.3 LG/BK | CAN低位 | — | 30 | 0.3 WH/GN | 制动灯开关信号 | 输入 |
| 16 | 0.3 BU | 右前轮速传感器接地信号 | 输出 | 31 | 0.3 GY | 左后轮速传感器接地信号 | 输出 |
| 17 | 0.3 PK | 右后轮速传感器接地信号 | 输出 | 33 | 0.3 GY/YE | 车速信号 | 输出 |
| 18 | 0.3 GY/BK | 左后轮速传感器电源信号 | 输入 | 38 | 2.0 BK | 接地 | — |
| 19 | 0.3 GN | 左前轮速传感器接地信号 | 输出 | 注 | 编号2、3、5~7、9~12、15、20~24、27、32、34~37的针脚未使用 | | |

## 四、ESP

长安悦翔V7轿车ESP控制单元针脚分布与ABS控制单元针脚分布相同，参考图9-14所示，针脚说明见表9-15。

表9-15 长安悦翔V7轿车ESP控制单元针脚说明

| 针脚号 | 线径颜色 | 功能 | 输入/输出 | 针脚号 | 线径颜色 | 功能 | 输入/输出 |
|---|---|---|---|---|---|---|---|
| 1 | 3.0 BU/RD | 电动机电源 | 输入 | 19 | 0.3 GN | 左前轮速传感器接地信号 | 输出 |
| 4 | 0.3 BU/BK | 右前轮速传感器电源信号 | 输入 | 23 | 0.5 PK/GN | EPS开关指示灯信号 | 输入 |
| 8 | 0.3 GN/BK | 左前轮速传感器电源信号 | 输入 | 25 | 2.0 RD/GN | 电磁阀电源 | 输入 |
| 10 | 0.3 GY/YE | 车速信号 | 输出 | 26 | 0.3 LG | CAN 高位 | — |
| 12 | 0.5 YE | EPS 开关信号 | 输入 | 26（AT） | 0.3 LG | HCAN-H | — |
| 13 | 3.0 BK | 接地 | — | 28 | 0.5 OG/GN | 点火开关电源（IG1） | 输入 |
| 14 | 0.3 LG/BK | CAN 低位 | — | 29 | 0.3 PK/BK | 右后轮速传感器电源信号 | 输入 |
| 14（AT） | 0.3 LG/BK | HCAN-L | — | 30 | 0.3 WH/GN | 制动灯开关信号 | 输入 |
| 16 | 0.3 BU | 右前轮速传感器接地信号 | 输出 | 31 | 0.3 GY | 左后轮速传感器接地信号 | 输出 |
| 17 | 0.3 PK | 右后轮速传感器接地信号 | 输出 | 38 | 2.0 BK | 接地 | — |
| 18 | 0.3 GY/BK | 左后轮速传感器电源信号 | 输入 | 注 | 编号2、3、5~7、9、11、15、20~22、24、27、32~37的针脚未使用 | | |

# 第十章 奇瑞车系

## 第一节 艾瑞泽5（2016年起）

### 一、1.5L SQRE4G15B发动机

艾瑞泽5轿车1.5L SQRE4G15B发动机控制单元针脚分布如图10-1所示，针脚说明见表10-1。

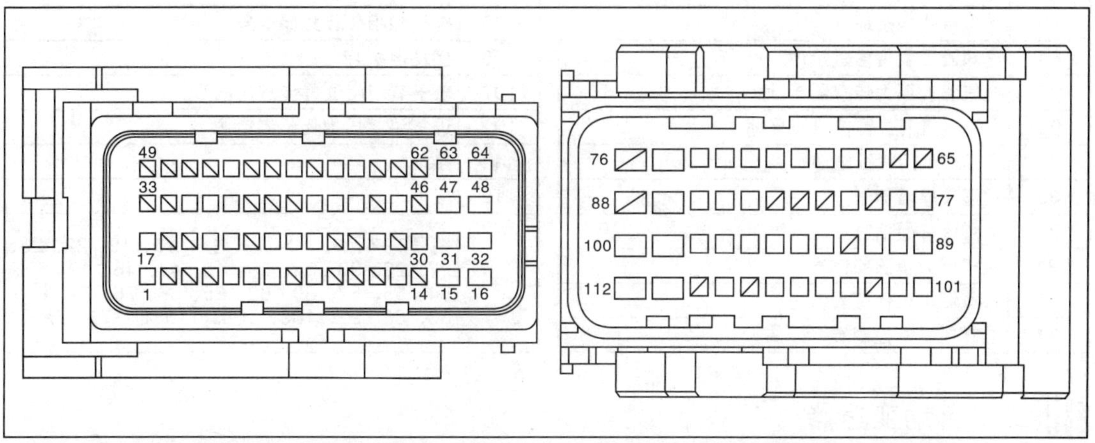


图10-1 艾瑞泽5轿车1.5L SQRE4G15B发动机控制单元针脚分布

表10-1 艾瑞泽5轿车1.5L SQRE4G15B发动机控制单元针脚说明

| 针脚 | 说明 |
| --- | --- |
| 1 | CAN1-H总线 |
| 5 | 发动机模块继电器控制端 |
| 6 | 离合器开关（仅用于手动变速器） |
| 7 | 加速踏板传感器接地 |
| 9 | 巡航开关信号 |
| 13 | 起动信号（接点火开关4#，仅用于一键起动车型） |
| 15 | 接EF30熔断器 |
| 16 | 接EF30熔断器 |
| 17 | CAN1-L总线 |
| 20 | 接EF37熔断器 |
| 21 | 后氧传感器信号 |
| 23 | 制动开关信号 |
| 24 | 空调高低压开关（中压） |
| 25 | 制动开关信号 |
| 28 | 空调请求信号 |
| 30 | 加速踏板传感器信号1 |
| 31 | 高速风扇继电器控制端 |
| 32 | 防盗输入 |
| 35 | 接RF12熔断器 |
| 36 | 加速踏板传感器电源1 |
| 37 | 加速踏板传感器电源2 |
| 41 | 燃油泵继电器控制端 |
| 42 | 空调压缩机继电器控制端 |
| 43 | 后氧传感器接地 |
| 45 | 加速踏板传感器信号2 |
| 47 | 巡航开关接地 |
| 48 | 后氧传感器加热控制端 |
| 53 | 空调高低压开关（高低压） |
| 56 | 低速风扇继电器控制端 |
| 58 | 起动机控制（仅用于一键起动汽车） |
| 59 | 加速踏板传感器接地1 |
| 63 | 接地 |
| 64 | 接地 |
| 67 | 2缸喷油器控制端 |
| 68 | 1缸喷油器控制端 |

（续）

| 针脚 | 说明 | 针脚 | 说明 |
|---|---|---|---|
| 69 | 可变凸轮轴正时排气电磁阀控制端 | 95 | 进气侧相位传感器接地 |
| 70 | 可变进气阀控制端 | 96 | 曲轴位置传感器信号 |
| 71 | 可变凸轮轴正时进气电磁阀控制端 | 97 | 曲轴位置传感器信号 |
| 72 | 3缸喷油器控制端 | 98 | 进/排气侧相位传感器电源 |
| 73 | 前氧传感器加热控制端 | 99 | 点火线圈2、3缸控制端 |
| 74 | 4缸喷油器控制端 | 100 | 点火线圈1、4缸控制端 |
| 75 | 电子节气门执行电动机+ | 101 | 冷却液温度传感器信号 |
| 77 | 电子节气门位置传感器信号2 | 102 | 进气温度传感器信号 |
| 78 | 电子节气门位置传感器信号1 | 104 | 前氧传感器信号 |
| 80 | 前氧传感器接地 | 105 | 排气侧相位传感器信号 |
| 84 | 冷却液温度传感感接地 | 106 | 接发电机4# |
| 85 | 进气温度压力传感器接地 | 107 | 电子节气门位置传感器电源 |
| 86 | 电子节气门位置传感器接地 | 109 | 进气温度压力传感器电源 |
| 87 | 电子节气门执行电动机– | 111 | 接地 |
| 89 | 爆燃传感器信号 | 112 | 接地 |
| 90 | 爆燃传感器信号 | 注 | 编号2~4、8、10~12、14、18、19、22、26、27、29、33、34、38~40、44、46、49~52、54、55、57、60~62、65、66、76、79、81~83、88、92、103、108、110的针脚未使用 |
| 91 | 进气压力传感器信号 | | |
| 93 | 进气侧相位传感器信号 | | |
| 94 | 炭罐电磁阀控制端 | | |

## 二、自动变速器

艾瑞泽5轿车自动变速器控制单元针脚分布如图10-2所示，针脚说明见表10-2。

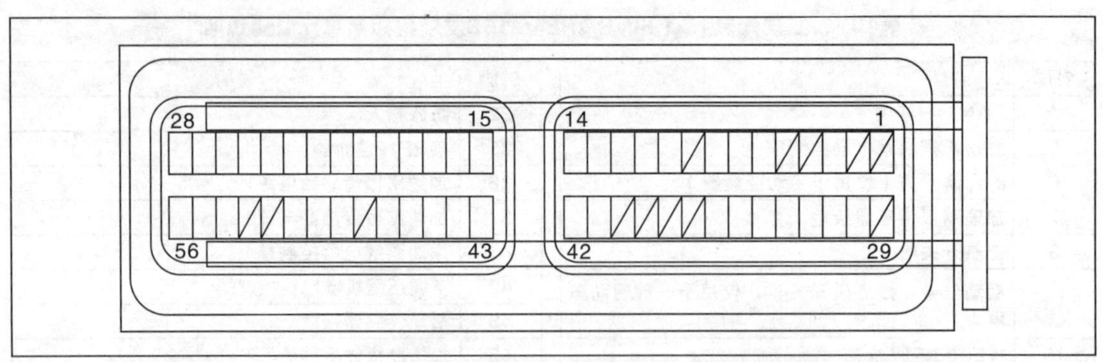


图10-2 艾瑞泽5轿车自动变速器控制单元针脚分布

表10-2 艾瑞泽5轿车自动变速器控制单元针脚说明

| 针脚 | 说明 | 针脚 | 说明 |
|---|---|---|---|
| 3 | 接EF11熔断器 | 12 | 二轴油压传感器信号 |
| 6 | 制动开关信号 | 13 | 二轴油压传感器接地 |
| 7 | 制动开关信号 | 14 | 档位开关R档位信号 |
| 8 | 一轴油压传感器电源 | 15 | 档位开关P档位信号 |
| 10 | 一轴油压传感器接地 | 16 | 档位开关N档位信号 |
| 11 | 一轴油压传感器信号 | 17 | 档位开关D档位信号 |

（续）

| 针脚 | 说明 | 针脚 | 说明 |
|---|---|---|---|
| 18 | 档位开关L档位信号 | 36 | 二轴油压传感器电源 |
| 19 | 二轴转速传感器接地 | 41 | CAN1-H总线 |
| 20 | 变速器油温传感器信号 | 42 | CAN1-L总线 |
| 21 | 涡轮转速传感器接地 | 43 | 换档机构加档信号 |
| 22 | 涡轮转速传感器信号 | 44 | 换档机构减档信号 |
| 23 | 一轴转速传感器接地 | 45 | 换档机构手动模式档信号 |
| 24 | 接地 | 46 | 接RF12熔断器 |
| 25 | 接地 | 47 | 变速器油温传感器信号 |
| 26 | 接地 | 49 | 接地 |
| 27 | 一轴转速传感器电源 | 50 | 二轴转速传感器信号 |
| 28 | 接RF12熔断器 | 51 | 一轴转速传感器信号 |
| 30 | 换档锁止电磁阀控制端 | 54 | 二轴转速传感器电源 |
| 31 | TCU继电器控制端 | 55 | 涡轮转速传感器电源 |
| 32 | 离合器电磁阀控制端 | 56 | 接EF05熔断器 |
| 33 | 液力变矩器电磁阀控制端 | 注 | 编号1、2、4~5、9、29、37~40、48、52、53的针脚未使用 |
| 34 | 二轴压力电磁阀控制端 | | |
| 35 | 一轴压力电磁阀控制端 | | |

## 三、ESP

艾瑞泽5轿车ESP控制单元针脚分布如图10-3所示，针脚说明见表10-3。

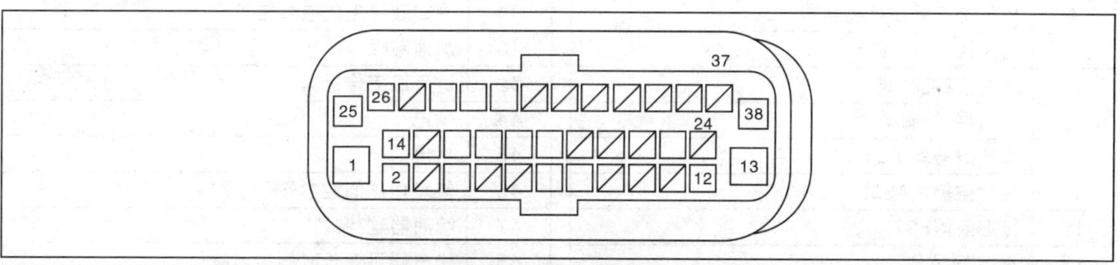


图10-3 艾瑞泽5轿车ESP控制单元针脚分布

表10-3 艾瑞泽5轿车ESP控制单元针脚说明

| 针脚 | 说明 | 针脚 | 说明 |
|---|---|---|---|
| 1 | 电动机电源，接EF08熔断器 | 23 | ESP OFF开关信号反馈 |
| 2 | 轮速信号（仅用于一键起动汽车） | 25 | 控制阀继电器的电源，接EF06熔断器 |
| 4 | 右前轮速传感器 | 26 | CAN高位 |
| 8 | 左前轮速传感器 | 28 | 接RF01熔断器 |
| 12 | ESP OFF开关请求 | 29 | 右后轮速传感器 |
| 13 | 电动机接地 | 30 | 制动灯开关输入 |
| 14 | CAN低位 | 31 | 左后轮速传感器 |
| 16 | 右前轮速传感器 | 38 | ECU接地 |
| 17 | 右后轮速传感器 | 注 | 编号3、5~7、9~11、15、20~22、24、27、32~37的针脚未使用 |
| 18 | 左后轮速传感器 | | |
| 19 | 左前轮速传感器 | | |

# 第二节　新瑞虎3（2014～2016年款）

## 一、1.6L SQRE4G16发动机

新瑞虎3轿车1.6L SQRE4G16发动机控制单元针脚分布如图10-4所示，针脚说明见表10-4。

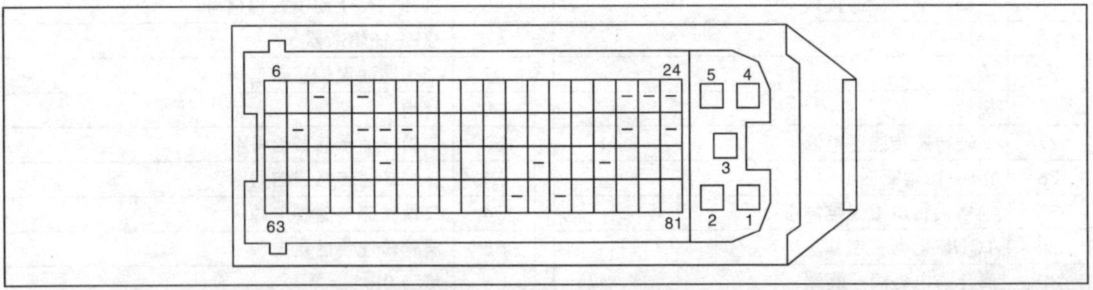


图10-4 新瑞虎3轿车1.6L SQRE4G16发动机控制单元针脚分布

表10-4 新瑞虎3轿车1.6L SQRE4G16发动机控制单元针脚说明

| 针脚 | 说明 | 针脚 | 说明 |
|---|---|---|---|
| 1 | 前氧传感器加热控制端 | 36 | 前氧传感器接地 |
| 2 | 点火线圈2控制端 | 37 | 进气压力传感器信号 |
| 3 | 接地 | 38 | 电子节气门位置传感器1信号 |
| 4 | 后氧传感器加热控制端 | 39 | 冷却液温度传感器信号 |
| 5 | 点火线圈1控制端 | 40 | 加速踏板传感器1信号 |
| 6 | 喷油器2控制端 | 42 | 进气温度传感器信号 |
| 7 | 喷油器3控制端 | 44 | 供电 |
| 9 | 车速信号输出端 | 45 | 供电 |
| 11 | 接防盗模块A5端 | 46 | 炭罐电磁阀控制端 |
| 12 | 接熔断器F27 | 47 | 喷油器4控制端 |
| 13 | 接熔断器IP17 | 48 | 进气侧可变正时阀控制端 |
| 14 | 主继电器控制端 | 50 | 副风扇继电器控制端 |
| 15 | 转速传感器信号+ | 51 | 接地 |
| 16 | 加速踏板传感器2信号 | 52 | 起动控制信号 |
| 17 | 进气压力传感器接地 | 53 | 接地 |
| 18 | 前氧传感器信号 | 54 | 电子节气门位置传感器2信号 |
| 19 | 爆燃传感器信号 | 55 | 后氧传感器信号 |
| 20 | 爆燃传感器信号 | 57 | 点火信号 |
| 21 | 制动灯开关信号 | 58 | 制动开关信号 |
| 25 | 可变进气阀控制端 | 60 | 空调压力开关中信号 |
| 27 | 喷油器1控制端 | 61 | 接地 |
| 28 | 排气侧可变正时阀控制端 | 62 | CAN-H总线 |
| 32 | 加速踏板传感器1电源 | 63 | 供电 |
| 33 | 加速踏板传感器2电源 | 64 | 电子节气门执行电动机控制端 |
| 34 | 转速传感器信号- | 65 | 电子节气门执行电动机控制端 |
| 35 | 加速踏板传感器接地 | 66 | 电子节气门执行电动机控制端 |

（续）

| 针脚 | 说明 | 针脚 | 说明 |
|---|---|---|---|
| 67 | 电子节气门执行电动机控制端 | 77 | 远光灯补偿信号 |
| 68 | 高速风扇继电器控制端 | 78 | 电子节气门位置传感器接地 |
| 69 | 压缩机离合器控制端 | 79 | 进气侧相位传感器信号 |
| 70 | 油泵继电器控制端 | 80 | 接地 |
| 71 | 接防盗模块A8端 | 81 | CAN-L总线 |
| 72 | 排气侧相位传感器信号 | 注 | 编号8、10、22~24、26、29~31、41、43、49、56、59、74、76的针脚未使用 |
| 73 | 电子节气门位置传感器电源 | | |
| 75 | 空调压力开关高低信号 | | |

## 二、自动变速器

新瑞虎3轿车自动变速器控制单元针脚分布与艾瑞泽5相同，参考图10-2所示，针脚说明见表10-5。

**表10-5 新瑞虎3轿车自动变速器控制单元针脚说明**

| 针脚 | 说明 | 针脚 | 说明 |
|---|---|---|---|
| 3 | 供电5V | 56 | 接F27熔断器 |
| 5 | 换档机构雪地模式开关信号 | 注 | 其余针脚说明参考艾瑞泽5轿车自动变速器控制单元针脚说明表 |
| 28 | 接IP17熔断器 | | |
| 46 | 接IP17熔断器 | | |

## 三、ABS

新瑞虎3轿车ABS控制单元针脚分布如图10-5所示，针脚说明见表10-6。

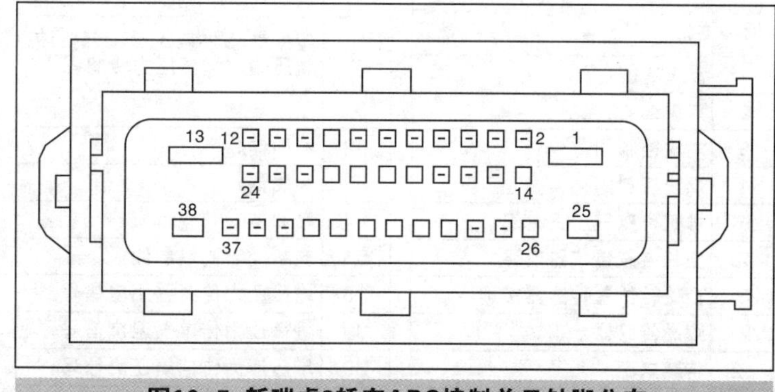


图10-5 新瑞虎3轿车ABS控制单元针脚分布

**表10-6 新瑞虎3轿车ABS控制单元针脚说明**

| 针脚 | 说明 | 针脚 | 说明 | 针脚 | 说明 |
|---|---|---|---|---|---|
| 1 | 蓄电池供电 | 21 | 左后轮速传感器 | 33 | 右前轮速传感器 |
| 9 | 制动灯开关输入 | 25 | 蓄电池供电 | 34 | 左后轮速传感器 |
| 13 | ECU接地 | 26 | CAN高位 | 38 | ECU接地 |
| 14 | CAN低位 | 29 | 接IP03熔断器 | 注 | 编号2~8、10~12、15~17、22~24、27、28、35~37的针脚未使用 |
| 18 | 右后轮速传感器 | 30 | 诊断K线 | | |
| 19 | 左前轮速传感器 | 31 | 右后轮速传感器 | | |
| 20 | 右前轮速传感器 | 32 | 左前轮速传感器 | | |

# 第十一章 吉利车系

## 第一节 博越（2016~2018年款）

### 一、1.8L JLE-4G18TDB发动机

博越1.8L JLE-4G18TDB发动机管理系统针脚分布如图11-1所示，针脚说明见表11-1。

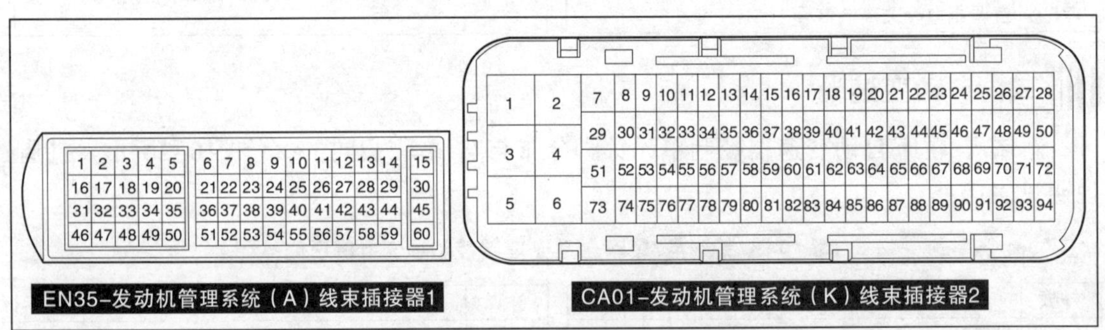


图11-1 博越1.8L JLE-4G18TDB发动机管理系统针脚分布

表11-1 博越1.8L JLE-4G18TDB发动机管理系统针脚说明

| 针脚 | 功能 |
|---|---|
| EN35-发动机管理系统（A）线束插接器1 | |
| 1 | 点火线圈4控制 |
| 2 | 点火线圈2控制 |
| 3 | 燃油控制阀- |
| 4 | 燃油控制阀+ |
| 5 | 排气可变气门正时阀 |
| 7 | 空气流量传感器电源 |
| 8 | 凸轮轴位置传感器接地 |
| 10 | 爆燃传感器 |
| 12 | 持续电源 |
| 13 | 传感器接地（5V供电负极） |
| 14 | 冷却液温度传感器接地 |
| 16 | 点火线圈1控制 |
| 17 | 点火线圈3控制 |
| 18 | 废气控制阀控制 |
| 19 | 节气门执行电动机+ |
| 20 | 节气门执行电动机- |
| 21 | 离合器泵（GND） |
| 22 | 转速传感器接地 |
| 23 | 转速传感器信号 |
| 24 | 节气门位置传感器1信号 |
| 25 | 爆燃传感器+ |
| 27 | 进排气凸轮轴位置传感器供电 |
| 29 | 传感器5V供电正极（包括油轨压力、增压压力传感器） |
| 31 | 喷油器1+ |
| 32 | 喷油器4+ |
| 33 | 喷油器1- |
| 34 | 喷油器3- |
| 35 | 炭罐控制阀控制线 |
| 36 | 增压压力传感器温度信号 |
| 38 | 进气压力传感器温度信号 |
| 39 | 增压压力传感器压力信号 |
| 40 | 油轨压力传感器信号 |
| 41 | 节气门位置传感器2信号 |
| 42 | 离合器泵（电子驻车制动） |
| 44 | 电子节气门传感器内部接地 |
| 46 | 喷油器3+ |
| 47 | 喷油器2+ |
| 48 | 喷油器4- |
| 49 | 喷油器2- |
| 50 | 进气可变气门正时阀控制 |
| 53 | 进气凸轮轴位置传感器信号 |
| 54 | 排气凸轮轴位置传感器信号 |
| 55 | 空气流量信号 |
| 56 | 空气流量传感器温度信号 |
| 57 | 冷却液温度传感器信号 |
| 59 | 空气流量传感器接地 |
| 注 | 编号6、9、11、15、26、28、30、37、43、45、51、52、58、60的针脚未使用 |
| CA01-发动机管理系统（K）线束插接器2 | |
| 1 | 接地 |
| 2 | 接地 |
| 3 | 主继电器供电1 |
| 4 | 接地 |
| 5 | 主继电器供电2 |
| 6 | 主继电器供电3 |
| 8 | 进气泄流阀控制 |
| 11 | 加速踏板位置传感器接地 |
| 13 | 真空度温度信号 |
| 14 | 进气压力传感器接地 |
| 19 | 制动灯开关信号 |
| 20 | 空调请求信号 |
| 21 | 空调压力开关 |
| 24 | 制动开关 |
| 26 | 冷却风扇低速继电器控制 |

（续）

| 针脚 | 功能 | 针脚 | 功能 | 针脚 | 功能 |
|---|---|---|---|---|---|
| 27 | 冷却风扇高速继电器控制 | 48 | 离合器泵顶部开关 | 77 | 上游氧传感器电压信号 |
| 28 | 燃油泵继电器控制 | 58 | 进气压力传感器供电 | 78 | 上游氧传感器电流信号 |
| 29 | 下游氧传感器加热控制 | 59 | 转速传感器供电 | 79 | 上游氧传感器加热控制 |
| 33 | 下游氧传感器接地 | 61 | 加速踏板位置传感器2 | 81 | 加速踏板位置传感器2电源5V |
| 35 | 传感器5V电源 | 62 | 下游氧传感器信号线 | 82 | 加速踏板位置传感器1电源5V |
| 42 | 空调压缩机继电器控制 | 63 | 进气压力传感器信号 | 83 | 加速踏板位置传感器信号 |
| 44 | CAN低位 | 69 | 主继电器控制 | 87 | 电源 |
| 45 | CAN高位 | 73 | 上游氧传感器加热 | 注 | 编号7、9、10、12、15～18、22、23、25、30～32、34、36～41、43、49～57、60、64～68、70～72、75、80、84～86、88～94针脚未使用 |
| 46 | 发电机监控 | 74 | 涡轮冷却电子水泵 | | |
| 47 | 左侧远光灯电源 | 76 | 上游氧传感器接地 | | |

## 二、2.0L JLD-4G20发动机

博越2.0L JLD-4G20发动机管理系统针脚分布如图11-2所示，针脚说明见表11-2。

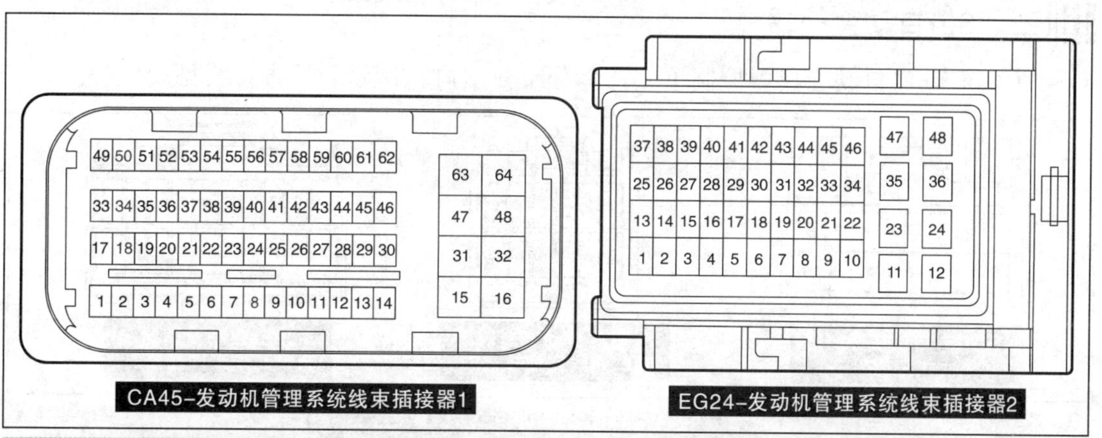


图11-2 博越2.0L JLD-4G20发动机管理系统针脚分布

表11-2 博越2.0L JLD-4G20发动机管理系统针脚说明

| 针脚 | 针脚 | 针脚 | 针脚 | 针脚 | 针脚 |
|---|---|---|---|---|---|
| CA45-发动机管理系统线束插接器1 | | 23 | 制动灯开关 | 43 | 后氧传感器接地 |
| 1 | CAN-H | 24 | 空调压力开关 | 44 | 离合器踏板位置 |
| 5 | 主继电器 | 25 | 制动灯 | 45 | 加速踏板位置传感器1接地 |
| 7 | 加速踏板位置传感器接地1 | 28 | 空调压力开关 | 47 | 真空度传感器接地 |
| 11 | 离合器泵顶部开关（MT车型） | 29 | 凸轮轴位置传感器信号 | 48 | 后氧传感器加热 |
| 12 | 真空度传感器参考电压 | 30 | 加速踏板位置传感器2信号 | 49 | 油泵继电器 |
| 15 | 主继电器非持续电源 | 31 | 冷却风扇高速继电器 | 56 | 冷却风扇低速继电器 |
| 16 | 主继电器非持续电源 | 32 | 发动机防盗锁止 | 59 | 加速踏板位置传感器2接地 |
| 17 | CAN-H | 34 | 凸轮轴位置传感器电源 | 63 | EMS接地 |
| 18 | 诊断线 | 35 | ON状态电源 | 64 | EMS接地 |
| 19 | 真空度传感器信号 | 36 | 5V电源2 | 注 | 编号2～4、6、8～10、13、14、22、26、27、33、39～42、46、50～55、57、58、60～62、的针脚未使用 |
| 20 | 持续电源 | 37 | 5V电源1 | | |
| 21 | 后氧传感器信号 | 38 | 空调压缩机继电器 | | |

（续）

| 针脚 | 功能 |
| --- | --- |
| EG24-发动机管理系统线束插接器2 | |
| 3 | 喷油器3 |
| 4 | 喷油器4 |
| 7 | 可变气门正时阀 |
| 8 | 喷油器2 |
| 9 | 前氧传感器加热信号 |
| 10 | 喷油器1 |
| 11 | 节气门执行器 |
| 12 | 点火线圈1 |
| 13 | 节气门位置传感器1 |
| 14 | 节气门位置传感器2 |
| 16 | 前氧传感器接地 |
| 21 | 传感器接地 |
| 22 | 传感器接地 |
| 23 | 节气门执行器 |
| 24 | 点火线圈3 |
| 25 | 爆燃传感器信号B |
| 26 | 爆燃传感器信号A |
| 27 | 进气温度压力传感器 |
| 29 | 凸轮轴位置传感器 |
| 30 | 炭罐控制阀 |
| 31 | 传感器接地 |
| 32 | 发动机转速传感器A端 |
| 33 | 发动机转速传感器B端 |
| 34 | 凸轮轴位置传感器信号 |
| 35 | 点火线圈2 |
| 36 | 点火线圈4 |
| 37 | 发动机冷却液温度传感器 |
| 38 | 进气压力传感器 |
| 40 | 前氧传感器信号 |
| 42 | 离合器泵关闭（MT车型） |
| 43 | 节气门位置传感器电源 |
| 45 | 进气压力传感器5V电源 |
| 47 | EMS接地 |
| 48 | EMS接地 |
| 注 | 编号1、2、5、6、15、17~20、28、39、41、44、46的针脚未使用 |

## 三、6档自动变速器

博越轿车6档自动变速器控制单元针脚分布如图11-3所示，针脚说明见表11-3。

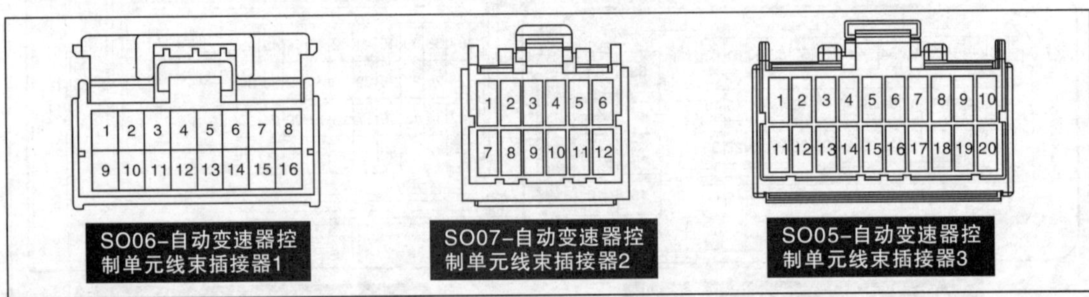


图11-3 博越轿车6档自动变速器控制单元针脚分布

表11-3 博越轿车6档自动变速器控制单元针脚说明

| 针脚 | 功能 |
| --- | --- |
| SO06-自动变速器控制单元线束插接器1 | |
| 1 | 可变流量电磁阀9 |
| 2 | 可变流量电磁阀10 |
| 3 | 可变流量电磁阀7 |
| 4 | 可变流量电磁阀8 |
| 5 | 可变流量电磁阀5 |
| 6 | 可变流量电磁阀6 |
| 7 | 可变流量电磁阀返回 |
| 8 | 接地 |
| 9 | 开/关电磁阀2 |
| 10 | 开/关电磁阀1 |
| 11 | 开/关电磁阀4 |
| 12 | 开/关电磁阀3 |
| 15 | 开/关电磁阀返回 |
| 16 | 电源 |
| 注 | 编号13、14的针脚未使用 |
| SO07-自动变速器控制单元线束插接器2 | |
| 4 | 换档器档位控制 |
| 10 | 换档器档位激活 |
| 注 | 编号1~3、5~9、11、12的针脚未使用 |
| SO05-自动变速器控制单元线束插接器3 | |
| 1 | 电磁阀输出转速传感器 |
| 2 | 电磁阀EMM/速度传感器信号 |
| 3 | 电磁阀输入转速传感器 |
| 4 | 电磁阀EMM数据 |
| 7 | 档位开关 |
| 8 | 电磁阀油温传感器 |
| 10 | P-CAN 高位 |
| 12 | 电磁阀EMM/速度传感器接地 |
| 14 | 电磁阀EMM 时钟 |
| 15 | 换档器接地 |
| 17 | 档位开关接地 |
| 18 | 电磁阀油温传感器 |
| 20 | P-CAN 低位 |
| 注 | 编号5、6、9、11、13、16、19的针脚未使用 |

## 四、ESP

博越轿车ESP控制单元针脚分布如图11-4所示，针脚说明见表11-4。

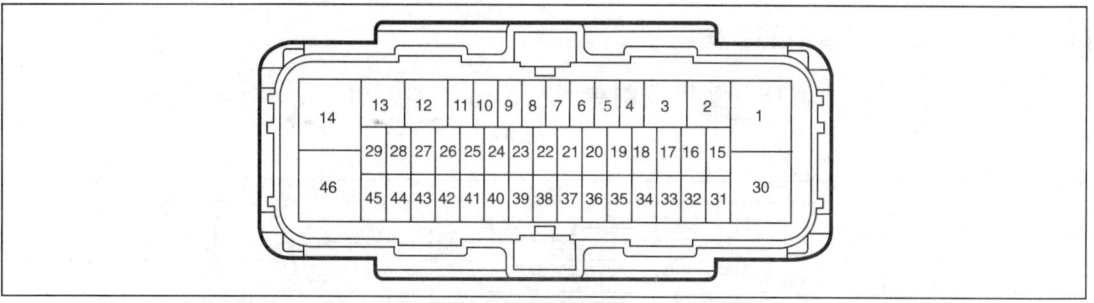


图11-4 博越轿车ESP控制单元针脚分布

表11-4 博越轿车ESP控制单元针脚说明

| 针脚 | 功能 | 针脚 | 功能 | 针脚 | 功能 |
|---|---|---|---|---|---|
| 1 | 右电动机供电 | 16 | 开关6 | 32 | 开关4 |
| 2 | 右电动机+ | 17 | 自动驻车开关 | 34 | 车速 |
| 3 | 右电动机- | 19 | CAN总线-L | 35 | 轮速 |
| 5 | CAN总线-H | 21 | 右前轮速供电 | 36 | 点火 |
| 6 | ESP关闭 | 22 | 右后轮速供电 | 37 | 右后轮速信号 |
| 7 | 左前轮速信号 | 23 | 左后轮速信号 | 39 | 左后轮速供电 |
| 11 | CAN总线-H | 24 | 左前轮速供电 | 42 | 陡坡缓降系统开关 |
| 12 | 左电动机- | 25 | CAN总线-L | 45 | 制动灯开关 |
| 13 | 左电动机+ | 26 | 右前轮速信号 | 46 | ECU接地 |
| 14 | 右电动机接地 | 30 | VR供电 | 注 | 编号4、8~10、18、20、27~29、33、38、40、41、43、44的针脚未使用 |
| 15 | 开关3 | 31 | 开关1 | | |

## 五、自动空调

博越轿车自动空调控制单元针脚分布如图11-5所示，针脚说明见表11-5。

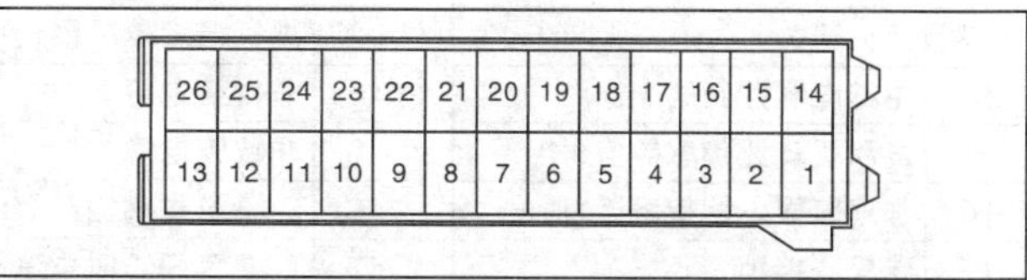


图11-5 博越轿车自动空调控制单元针脚分布

表11-5 博越轿车自动空调控制单元针脚说明

| 针脚 | 功能 | 针脚 | 功能 | 针脚 | 功能 |
|---|---|---|---|---|---|
| 1 | 照明 | 9 | TXD+（M）信号发送端+ | 22 | 背光灯接地 |
| 2 | 阳光强度信号L | 10 | TXD（S）信号接受端- | 23 | 接地 |
| 3 | 阳光强度信号R | 11 | TXD+（S）信号接受端+ | 24 | 电源接地（KL31） |
| 4 | 室外温度信号 | 13 | 电源（KL30） | 26 | 点火电压（KL15） |
| 5 | CAN-H | 14 | 空调请求信号 | 注 | 编号7、12、17~21、25的针脚未使用 |
| 6 | CAN-L | 15 | 左座椅加热信号 | | |
| 8 | TXD（M）信号发送端- | 16 | 右座椅加热信号 | | |

# 第二节　新帝豪（2015~2018年款）

## 一、1.5L JL Υ-4G15发动机

新帝豪1.5L JL Υ-4G15发动机控制单元针脚分布如图11-6所示，针脚说明见表11-6。

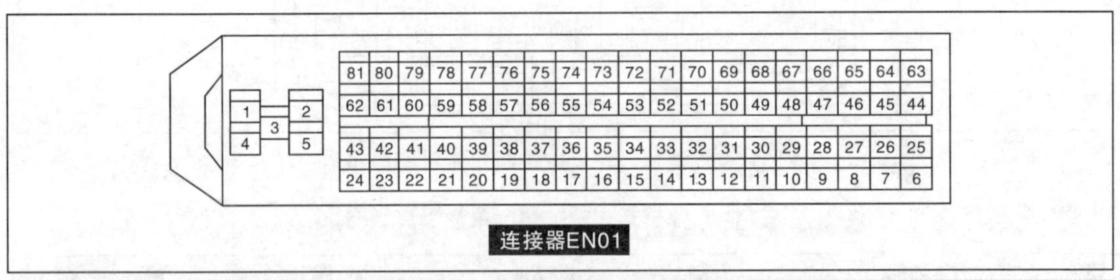


图11-6　新帝豪1.5L JL Υ-4G15发动机控制单元针脚分布

表11-6　新帝豪1.5L JL Υ-4G15发动机控制单元针脚说明

| 针脚 | 功能 | 针脚 | 功能 | 针脚 | 功能 |
|---|---|---|---|---|---|
| 1 | 点火线圈4控制端 | 32 | 5V电源2 | 61 | 输出接地点1 |
| 2 | 点火线圈2控制端 | 33 | 5V电源1 | 62 | CAN总线接口-H |
| 3 | 接地（点火接地） | 34 | 发动机转速传感器信号B | 63 | 非持续电源 |
| 4 | 点火线圈3控制端 | 35 | 传感器接地3 | 64 | 电子节气门执行器 |
| 5 | 点火线圈1控制端 | 36 | 传感器接地2 | 65 | 电子节气门执行器 |
| 6 | 燃油喷射器4控制端 | 37 | 进气压力传感器 | 66 | 电子节气门执行器 |
| 7 | 燃油喷射器2控制端 | 38 | 电子节气门位置传感器2信号 | 67 | 电子节气门执行器 |
| 11 | 至防盗模块 | 39 | 发动机冷却液温度传感器信号 | 68 | 高速冷却风扇继电器控制端 |
| 12 | 电源+B | 40 | 加速踏板位置传感器2信号 | 69 | 空调压缩机继电器控制端 |
| 13 | 点火开关 | 42 | 进气温度传感器信号 | 70 | 油泵继电器控制端 |
| 14 | 主继电器控制端 | 44 | 非持续电源 | 71 | 诊断K线 |
| 15 | 发动机转速传感器信号A | 45 | 非持续电源 | 72 | 凸轮轴位置传感器2（排气） |
| 16 | 加速踏板位置传感器1信号 | 46 | 炭罐电磁阀控制端 | 73 | 防盗 |
| 17 | 传感器接地 | 47 | 可变气门正时（进气） | 74 | 离合器开关信号 |
| 18 | 前氧传感器信号 | 50 | 低速冷却风扇继电器控制端 | 75 | 空调开关信号 |
| 19 | 爆燃传感器信号A | 51 | 电子接地2 | 76 | 动力转向开关信号 |
| 20 | 爆燃传感器信号B | 53 | 电子接地1 | 78 | 传感器接地 |
| 21 | 制动开关信号 | 54 | 电子节气门位置传感器1信号 | 79 | 凸轮轴位置传感器1（进气） |
| 26 | 前氧传感器加热控制端 | 55 | 后氧传感器信号 | 80 | 输出接地点2 |
| 27 | 燃油喷射器1控制端 | 58 | 制动开关信号 | 81 | CAN总线接口-L |
| 28 | 可变气门正时（排气） | 59 | 车速信号 | 注 | 编号8~10、22~25、30、31、41、43、48、49、52、56、57、77的针脚未使用 |
| 29 | 后氧传感器加热控制端 | 60 | 空调中压力开关信号 | | |

## 二、无级变速器

新帝豪无级变速器控制单元针脚分布如图11-7所示，针脚说明见表11-7。

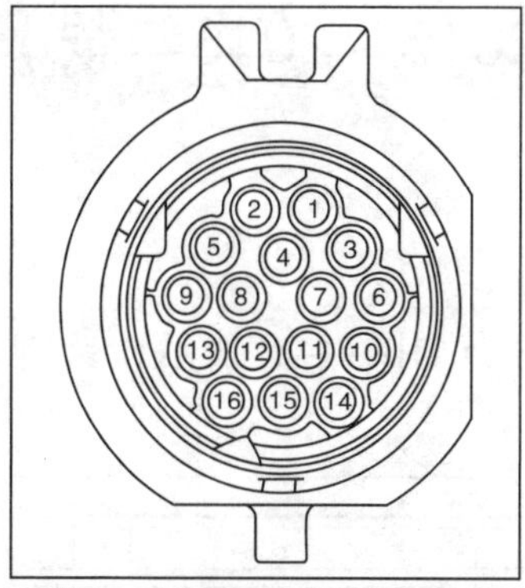


图11-7 新帝豪无级变速器控制单元针脚分布

**表11-7 新帝豪无级变速器控制单元针脚说明**

| 针脚 | 功能 |
|---|---|
| 1 | 供油阀（VHS） |
| 2 | EDS 1（主动锥轮压力调节器） |
| 3 | EDS 2（从动锥轮压力调节器） |
| 4 | EDS 3（离合器压力调节器） |
| 5 | 变速器油温传感器 |
| 6 | DMS GND（位置传感器接地） |
| 7 | 传感器接地 |
| 8 | 电源5V |
| 9 | 电源8.4V |
| 10 | 10P S2（从动轮压力传感器） |
| 11 | N ab（二级传感器） |
| 12 | N S1（一级传感器） |
| 13 | DMS A（位置传感器A） |
| 14 | DMS B（位置传感器B） |
| 15 | DMS C（位置传感器C） |
| 16 | DMS D（位置传感器D） |

## 三、ABS

新帝豪ABS控制单元针脚分布如图11-8所示，针脚说明见表11-8。

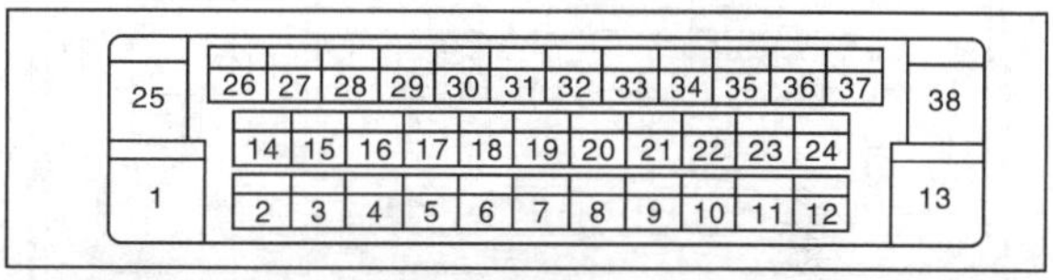

图11-8 新帝豪ABS控制单元针脚分布

**表11-8 新帝豪ABS控制单元针脚说明**

| 针脚 | 功能 |
|---|---|
| 1 | 电动机电源 |
| 2 | 右前轮速信号输出 |
| 4 | 右前轮速传感器信号+ |
| 6 | K诊断 |
| 8 | 左前轮速传感器信号+ |
| 13 | 电动机接地 |
| 14 | CAN-L总线 |
| 16 | 右前轮速传感器信号- |
| 17 | 右后轮速传感器信号- |
| 18 | 左后轮速传感器信号+ |
| 19 | 左前轮速传感器信号- |
| 25 | 阀继电器电源 |
| 26 | CAN-H总线 |
| 28 | 点火供电 |
| 29 | 右后轮速传感器信号+ |
| 30 | 制动灯开关信号 |
| 31 | 左后轮速传感器信号- |
| 38 | ECU接地 |
| 注 | 编号3、5、7、9~12、15、20~24、27、32~37的针脚未使用 |

## 四、ESP

新帝豪ESP控制单元针脚分布如图11-9所示，针脚说明见表11-9。

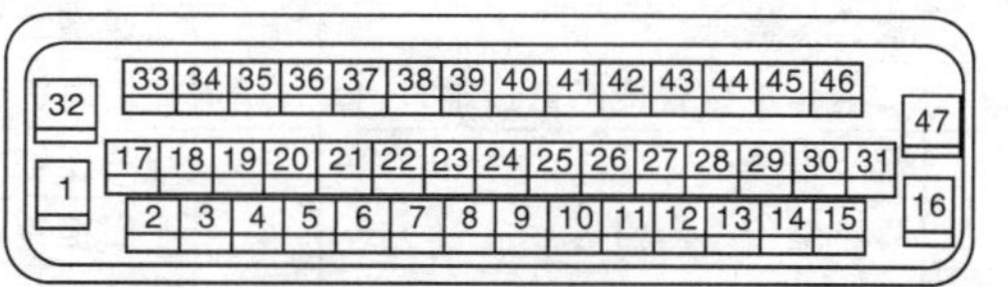


图11-9 新帝豪ESP控制单元针脚分布

**表11-9 新帝豪ESP控制单元针脚说明**

| 针脚 | 功能 |
|---|---|
| 1 | 泵电动机供电 |
| 6 | 倒车信号 |
| 8 | 点火线 |
| 10 | 数据诊断 |
| 12 | CAN-H总线 |
| 13 | CAN-L总线 |
| 14 | 左前轮速轮速输出 |
| 16 | ECU接地 |
| 32 | 电磁阀供电 |
| 33 | 右前轮速传感器信号+ |
| 34 | 右前轮速传感器信号- |
| 36 | 左后轮速传感器信号- |
| 37 | 左后轮速传感器信号+ |
| 38 | 制动灯开关信号 |
| 39 | 车身电子稳定系统ESC开关信号 |
| 42 | 右后轮速传感器信号+ |
| 43 | 右后轮速传感器信号- |
| 45 | 左前轮速传感器信号- |
| 46 | 左前轮速传感器信号+ |
| 47 | 电动机继电器接地 |
| 注 | 编号为2~5、7、9、11、15、17~31、35、40、41、44的针脚未使用 |

# 第三节　帝豪GL（2017年起）/帝豪GS（2016～2018年款）

## 一、1.3T JLB-4G13TB发动机

帝豪GL/帝豪GS 1.3T JLB-4G13TB发动机控制单元针脚分布如图11-10所示，针脚说明见表11-10。

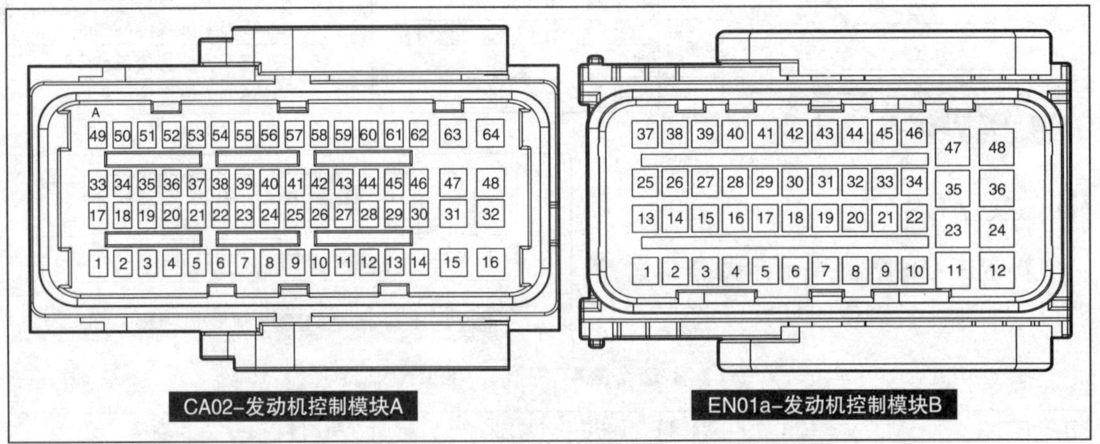


图11-10 帝豪GL/帝豪GS 1.3T JLB-4G13TB发动机控制单元针脚分布

表11-10 帝豪GL/帝豪GS 1.3T JLB-4G13TB发动机控制单元针脚说明

| 针脚 | 功能 |
| --- | --- |
| CA02-发动机控制模块 A | |
| 1 | CAN通信接口总线高位 |
| 2 | LIN线 |
| 5 | 主继电器 |
| 6 | 离合器信号 |
| 7 | 加速踏板位置传感器接地1 |
| 8 | 起/停信号 |
| 12 | 真空度传感器信号 |
| 13 | 起动反馈 |
| 15 | 电源 |
| 16 | 电源 |
| 17 | CAN通信接口总线低位 |
| 18 | 诊断K线 |
| 19 | 增压压力传感器电源 |
| 20 | 电源 |
| 21 | 下游氧传感器信号 |
| 22 | 制动开关 |
| 23 | 制动开关 |
| 24 | 空调压力信号 |
| 25 | 制动灯 |
| 27 | 空档开关 |
| 28 | 空调开关信号 |
| 30 | 加速踏板位置传感器2 |
| 32 | 防盗系统输入信号 |
| 35 | 电源 |
| 36 | 加速踏板位置传感器5V电源2 |
| 37 | 加速踏板位置传感器5V电源1 |
| 38 | 空气压缩机继电器 |
| 42 | 泄压控制阀 |
| 43 | 下游氧传感器接地 |
| 45 | 加速踏板位置传感器1 |
| 46 | 增压压力传感器压力信号 |
| 47 | 增压压力传感器接地 |
| 48 | 下游氧传感器加热 |
| 49 | 燃油泵继电器 |
| 51 | 系统警告灯 |
| 52 | 起停控制灯 |
| 53 | 起动请求信号 |
| 54 | 真空泵继电器 |
| 58 | 起动继电器 |
| 59 | 加速踏板位置传感器接地2 |
| 62 | 增压压力传感器温度信号 |
| 63 | ECM接地1 |
| 64 | ECM接地2 |
| 注 | 编号3、4、9～11、14、26、29、31、33、34、39～41、44、50、55～57、60、61的针脚未使用 |
| EN01a-发动机控制模块 B | |
| 1 | 废气控制阀 |
| 3 | 喷油器控制2 |
| 4 | 喷油器控制1 |
| 6 | 电子节温器 |
| 7 | 进气可变气门正时阀 |
| 8 | 喷油器控制3 |
| 9 | 上游氧传感器加热 |
| 10 | 喷油器控制4 |
| 11 | 节气门执行器高位 |
| 12 | 点火线圈4 |
| 13 | 节气门位置传感器信号1 |
| 14 | 节气门位置传感器信号2 |
| 16 | 上游氧传感器接地 |
| 21 | 接地 |
| 22 | 接地 |

（续）

| 针脚 | 功能 |
|---|---|
| 23 | 节气门执行器-L |
| 24 | 点火线圈2 |
| 25 | 爆燃传感器B |
| 26 | 爆燃传感器A |
| 27 | 进气压力信号 |
| 29 | 进气凸轮轴位置传感器信号 |
| 30 | 炭罐电磁阀 |
| 31 | 凸轮轴位置传感器接地 |
| 32 | 发动机转速传感器信号A |
| 33 | 发动机转速传感器信号B |
| 34 | 凸轮轴位置传感器电压 |
| 35 | 点火线圈3 |
| 36 | 点火线圈1 |
| 37 | 冷却液温度传感器信号 |
| 38 | 进气温度信号 |
| 39 | 前照灯信号 |
| 40 | 上游氧传感器 |
| 43 | 节气门电源 |
| 45 | 进气压力温度传感器电源 |
| 47 | ECM接地1 |
| 48 | ECM接地1 |
| 注 | 编号2、5、15、17～20、28、41、42、44、46的针脚未使用 |

## 二、1.8L JLC-4G18

帝豪GL/帝豪GS1.8L JLC-4G18发动机控制单元针脚分布如图11-11所示，针脚说明见表11-11。

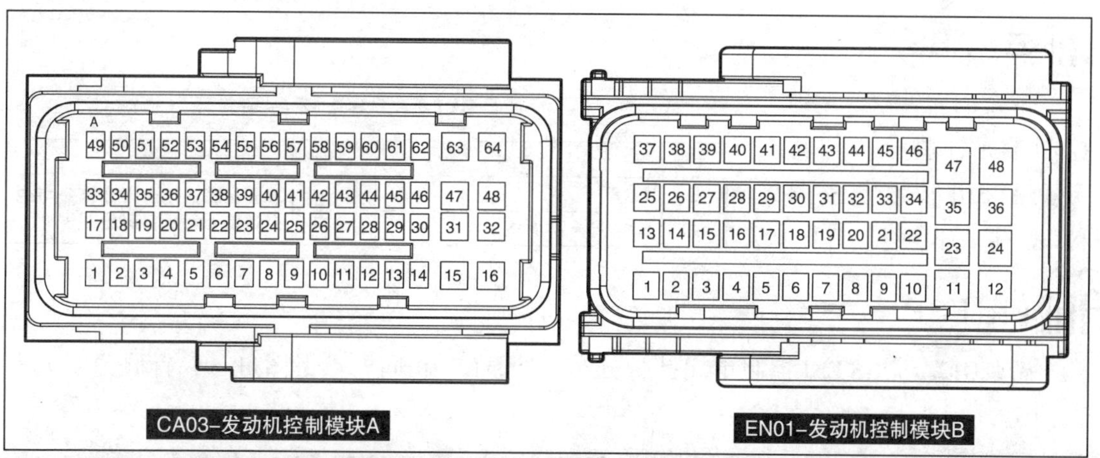


图11-11 帝豪GL/帝豪GS1.8L JLC-4G18发动机控制单元针脚分布

表11-11 帝豪GL/帝豪GS1.8L JLC-4G18发动机控制单元针脚说明

| 针脚 | 功能 |
|---|---|
| CA03-发动机控制模块A | |
| 1 | 总线接口-高位 |
| 5 | 主继电器非持续电源 |
| 6 | 离合器顶部开关 |
| 7 | 加速踏板位置传感器接地1 |
| 12 | 真空度传感器信号 |
| 14 | 动力转向开关 |
| 15 | 主继电器非持续电源 |
| 16 | 主继电器非持续电源 |
| 17 | 总线接口-低位 |
| 18 | 防盗控制器 |
| 19 | 真空度传感器电源 |
| 20 | 持续电源 |
| 21 | 下游氧传感器信号 |
| 23 | 制动开关 |
| 24 | 空调压力开关 |
| 25 | 制动灯开关 |
| 28 | 空调开关 |
| 30 | 加速踏板位置传感器信号2 |
| 35 | 起动开关 |
| 36 | 加速踏板位置传感器供电2 |
| 37 | 加速踏板位置传感器供电1 |
| 38 | 空调压缩机继电器 |
| 39 | 左侧近光灯 |
| 40 | 防盗控制器 |
| 43 | 下游氧传感器接地 |
| 45 | 加速踏板位置传感器信号1 |
| 47 | 真空度传感器接地 |
| 48 | 下游氧传感器加热 |
| 49 | 燃油泵继电器 |
| 54 | 真空泵继电器 |
| 58 | 起动机控制阀1继电器 |
| 59 | 加速踏板位置传感器接地2 |
| 63 | ECM接地线 |
| 64 | ECM接地线 |
| 注 | 编号2～4、8～11、13、22、26、27、29、31～34、41、42、44、46、50～53、55～57、60～62的针脚未使用 |

（续）

| 针脚 | 功能 | 针脚 | 功能 | 针脚 | 功能 |
|---|---|---|---|---|---|
| EN01-发动机控制模块B | | 21 | 进气压力温度传感器接地 | 35 | 点火线圈3 |
| 3 | 喷油器2 | 22 | 电子节气门接地 | 36 | 点火线圈1 |
| 4 | 喷油器1 | 23 | 节气门执行器 | 37 | 冷却液温度传感器信号 |
| 5 | 排气可变气门正时阀 | 24 | 点火线圈2 | 38 | 进气温度信号 |
| 7 | 进气可变气门正时阀 | 25 | 爆燃传感器信号B | 40 | 上游氧传感器信号 |
| 8 | 喷油器3 | 26 | 爆燃传感器信号A | 43 | 电子节气门供电 |
| 9 | 上游氧传感器加热 | 27 | 进气压力信号 | 45 | 进气压力温度传感器电源 |
| 10 | 喷油器4 | 29 | 进气凸轮轴位置传感器信号 | 47 | ECM接地线 |
| 11 | 节气门执行器 | 30 | 炭罐电磁阀 | 48 | ECM接地线 |
| 12 | 点火线圈4 | 31 | 进气凸轮轴位置传感器接地 | 注 | 编号1、2、6、15、17~20、28、39、41、42、44、46的针脚未使用 |
| 13 | 电子节气门位置传感器1信号 | 32 | 曲轴位置传感器A | | |
| 14 | 电子节气门位置传感器2信号 | 33 | 曲轴位置传感器B | | |
| 16 | 上游氧传感器接地 | 34 | 进气凸轮轴位置传感器电源 | | |

## 三、ABS

帝豪GL/帝豪GS ABS控制单元针脚分布与新帝豪ABS相似，参考图11-8，针脚说明见表11-12。

表 11-12 帝豪GL/帝豪GS ABS 控制单元针脚说明

| 针脚 | 功能 | 针脚 | 功能 |
|---|---|---|---|
| 6 | K诊断 | 注 | 其余针脚说明参考新帝豪ABS控制单元针脚针脚说明表 |
| 33 | 至空调控制面板 | | |

## 四、ESP

帝豪GL/帝豪GS ESP控制单元针脚分布与博越ESP相同，参考图11-9，针脚说明见表11-13。

表11-13 帝豪GL/帝豪GS ESP控制单元针脚说明

| 针脚 | 功能 | 针脚 | 功能 | 针脚 | 功能 |
|---|---|---|---|---|---|
| 6 | 未使用 | 29 | 霍尔信号接地（右） | 44 | 霍尔信号接地 |
| 8 | 霍尔信号（右） | 34 | 自动驻车指示灯 | 45 | 未使用 |
| 10 | 霍尔信号（左） | 41 | 自动驻车开关（左） | 注 | 其余针脚说明参考博越ESP控制单元针脚针脚说明表 |
| 25 | 未使用 | 42 | 未使用 | | |

## 五、空调

帝豪GL/帝豪GS空调控制单元针脚分布如图11-12所示，针脚说明见表11-14。

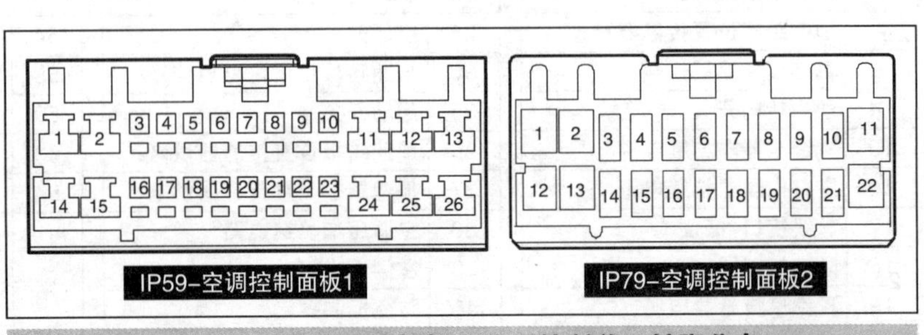


图11-12 帝豪GL/帝豪GS空调控制单元针脚分布

表11-14 帝豪GL/帝豪GS空调控制单元针脚说明

| 针脚 | 功能 | 针脚 | 功能 | 针脚 | 功能 |
|---|---|---|---|---|---|
| IP59-空调控制面板1 | | 17 | 车身接地 | 5 | 蒸发器温度传感器 |
| 1 | 左座椅加热请求 | 18 | 后除霜反馈 | 6 | 传感器接地 |
| 2 | 左座椅加热反馈 | 19 | 后除霜请求输出 | 7 | 进风执行器-新风 |
| 4 | 点火开关2 | 20 | 车外温度传感器（至TCU） | 8 | 进风执行器-回风 |
| 5 | 蓄电池 | 21 | 车速信号 | 9 | 传感器电源 +5V |
| 7 | 车外温度传感器 | 22 | 信号发送端+ | 10 | 温度执行器-制暖 |
| 8 | 车外空气流量传感器 | 23 | 信号发送端- | 11 | 温度执行器-制冷 |
| 9 | 阳光传感器 | 24 | 信号接受端+ | 12 | 温度执行器-反馈 |
| 10 | 发动机冷却液温度传感器 | 25 | 信号接受端- | 13 | 模式执行器-吹脸 |
| 12 | 传感器接地 | 注 | 编号3、6、11、26未使用 | 14 | 模式执行器-除霜 |
| 13 | 小灯+ | IP79-空调控制面板2 | | 15 | 模式执行器-反馈 |
| 14 | 右座椅加热请求 | 1 | 鼓风机反馈+ | 注 | 编号4、16～22的针脚未使用 |
| 15 | 右座椅加热反馈 | 2 | 鼓风机反馈- | | |
| 16 | 压缩机请求输出 | 3 | 鼓风机控制 | | |

# 第四节 远景（2015～2018年款）

## 一、1.5L JL γ-4G15发动机

远景1.5L JL γ -4G15发动机控制单元针脚分布与新帝豪1.5L JL γ -4G15发动机相同，参考图11-6所示，针脚说明见表11-15。

表11-15 远景1.5L JL γ-4G15发动机控制单元针脚说明

| 针脚 | 功能 | 针脚 | 功能 | 针脚 | 功能 |
|---|---|---|---|---|---|
| 1 | 3缸点火线圈控制端 | 23 | 后氧传感器加热控制端 | 48 | 后氧传感器信号 |
| 2 | 接地 | 24 | 前氧传感器加热控制端 | 49 | 发动机冷却液温度传感器信号 |
| 3 | 接地 | 25 | 燃油喷射器4控制端 | 52 | 电子节气门位置传感器1信号 |
| 4 | 1缸点火线圈控制端 | 27 | 电子节气门位置传感器2信号 | 53 | 远光灯继电器 |
| 5 | 接熔断器EF32 | 30 | 发动机转速传感器信号 | 54 | 进气压力传感器信号 |
| 6 | 燃油喷射器1控制端 | 33 | 制动灯信号 | 58 | 进气凸轮轴位置传感器信号 |
| 7 | 燃油喷射器3控制端 | 34 | 离合器开关信号 | 60 | 动力转向开关信号 |
| 8 | 燃油喷射器2控制端 | 35 | 至智能电器接线盒 | 62 | 4缸点火线圈控制端 |
| 9 | 空调压缩机继电器控制端 | 36 | 爆燃传感器信号 | 64 | 炭罐电磁阀控制端 |
| 10 | 油泵继电器控制端 | 37 | 爆燃传感器信号 | 65 | 低速风扇继电器控制端 |
| 11 | 发动机转速传感器信号 | 38 | CAN-L总线 | 66 | 传感器供电 |
| 17 | 高速风扇继电器控制端 | 39 | CAN-H总线 | 67 | 接熔断器EF23 |
| 20 | 电子节气门执行器电动机控制- | 41 | 加速踏板位置传感器1信号 | 68 | 接熔断器IF27 |
| | | 42 | 加速踏板位置传感器2信号 | 69 | 制动灯开关信号 |
| 21 | 电子节气门执行器电动机控制+ | 43 | 进气可变气门正时电磁阀控制 | 70 | 传感器供电 |
| | | 44 | 主继电器控制端 | 71 | 进气温度传感器信号 |
| 22 | 排气可变气门正时电磁阀控制 | 47 | 前氧传感器信号 | 73 | 氧传感器接地 |

（续）

| 针脚 | 功能 |
|---|---|
| 74 | 传感器接地 |
| 76 | 传感器接地 |
| 77 | 排气凸轮轴位置传感器信号 |
| 81 | 2缸点火线圈控制端 |
| 注 | 其余针脚未使用 |

## 二、自动变速器

远景自动变速器控制单元针脚分布如图11-13所示，针脚说明见表11-16。

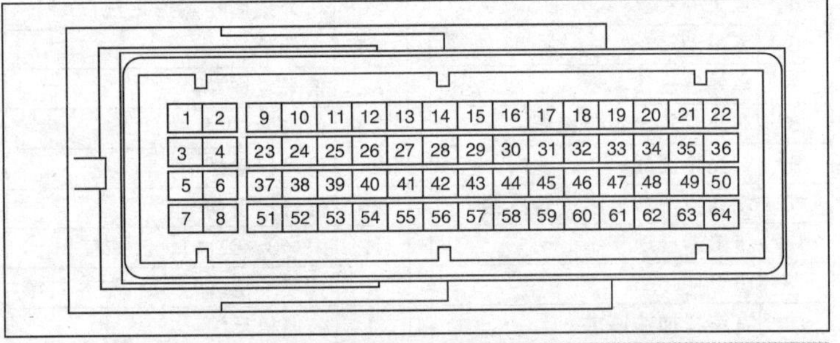


图11-13 远景自动变速器控制单元针脚分布

表11-16 远景自动变速器控制单元针脚说明

| 针脚 | 功能 |
|---|---|
| 1 | 供电 |
| 2 | 供电 |
| 5 | 穿缸体传感器 |
| 7 | 接地 |
| 8 | 接地 |
| 9 | 供电 |
| 11 | 换档信号 |
| 15 | 换档信号 |
| 16 | 换档信号 |
| 18 | 档位开关信号 |
| 19 | 档位开关信号 |
| 20 | 档位开关信号 |
| 24 | 穿缸体传感器 |
| 26 | 穿缸体传感器 |
| 29 | 档位开关信号 |
| 30 | 穿缸体传感器 |
| 32 | 穿缸体传感器 |
| 33 | 穿缸体传感器 |
| 34 | 穿缸体传感器 |
| 36 | 输出轴转速传感器 |
| 38 | 穿缸体传感器 |
| 44 | 换档信号 |
| 46 | 输出轴转速传感器 |
| 48 | TCU主继电器控制端 |
| 50 | 发动机转速传感器信号 |
| 57 | CAN总线 |
| 58 | CAN总线 |
| 59 | 接地 |
| 61 | 供电 |
| 64 | 输出轴转速传感器 |
| 注 | 编号3、4、6、10、12~14、17、21~23、25、27、28、31、35、37、39~43、45、47、49、51~56、60、62、63的针脚未使用 |

## 三、ABS

远景ABS控制单元针脚分布及针脚说明与新帝豪ABS相同，参考新帝豪轿车相关资料。

# 第五节 远景SUV（2016~2018年款）

## 一、1.3T JLB-4G13T

远景SUV 1.3T JLB-4G13T发动机控制单元针脚分布如图11-14所示，针脚说明见表11-17。

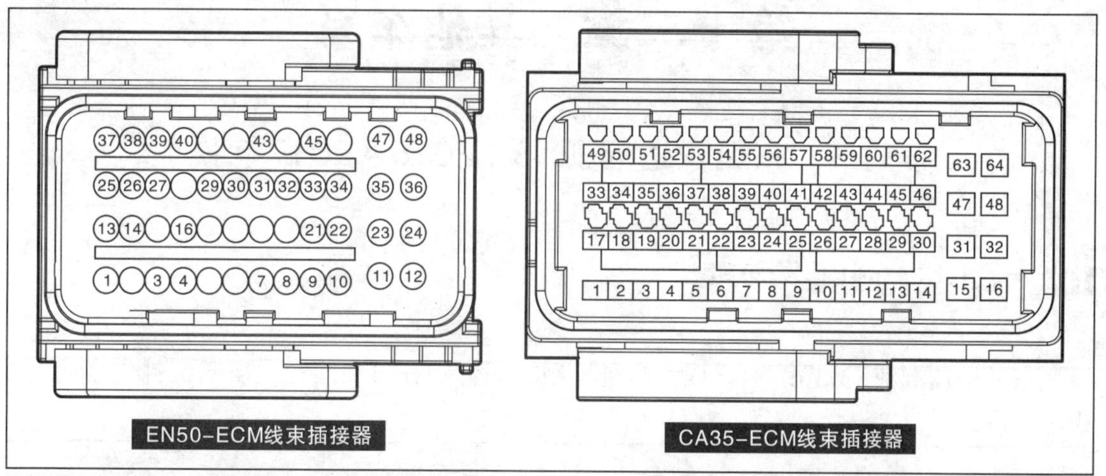


**图11-14 远景SUV 1.3T JLB-4G13T发动机控制单元针脚分布**

**表 11-17 远景SUV 1.3T JLB-4G13T发动机控制单元针脚说明**

| 针脚 | 功能 |
|---|---|
| EN50-ECM线束插接器 | |
| 3 | 喷油器控制4 |
| 6 | 未使用 |
| 8 | 喷油器控制2 |
| 10 | 喷油器控制3 |
| 12 | 点火线圈3 |
| 24 | 点火线圈4 |
| 35 | 点火线圈2 |
| 45 | 主负荷传感器5V电源 |
| 注 | 其余针脚说明参考帝豪GS 1.3T JLB-4G13TB发动机控制单元针脚说明表中En01a-发动机控制模块B线束插接器相关资料 |
| CA35-ECM线束插接器 | |
| 6、8 | 未使用 |
| 9 | 巡航控制单元1脚 |
| 13 | 未使用 |
| 14 | 电子负载1开关 |
| 22、27 | 未使用 |
| 31 | 风扇2继电器 |
| 34 | 发动机转速信号 |
| 51~53 | 未使用 |
| 55 | 蓄电池充电故障灯 |
| 56 | 风扇1继电器 |
| 62 | 进气温度传感器信号 |
| 注 | 其余针脚说明参考帝豪GS 1.3TJLB-4G13TB发动机控制单元针脚说明表中CA02-发动机控制模块A线束插接器相关资料 |

## 二、1.8L JLC-4G18发动机

远景SUV 1.8L JLC-4G18发动机控制单元针脚分布与新帝豪1.5L JLγ-4G15发动机相同，参考图11-6，针脚说明见表11-18。

**表11-18 远景SUV 1.8L JLC-4G18发动机控制单元针脚说明**

| 针脚 | 功能 |
|---|---|
| 4 | 点火线圈1控制端 |
| 5 | 非持续电源 |
| 8 | 发动机转速传感器输出 |
| 11 | 未使用 |
| 36 | 点火线圈1控制端 |
| 47 | 燃油喷射器3控制端 |
| 48 | 可变气门正时（进气） |
| 52 | 起动继电器控制端 |
| 注 | 其余针脚说明参考新帝豪1.5L JLγ-4G15发动机控制单元针脚说明表 |

## 三、ABS/ESP

远景SUV ABS/ESP控制单元针脚分布与新帝豪ABS相同，参考图11-8，针脚说明见表11-19。

**表11-19 远景SUV ABS/ESP控制单元针脚说明**

| 针脚 | 功能 |
|---|---|
| 6 | 未使用 |
| 10 | 车速信号输出 |
| 12 | ESC OFF开关信号 |
| 注 | 其余针脚说明参考新帝豪ABS控制单元针脚说明表 |

# 第十二章　其他车系

## 第一节　东风悦达起亚K3（2015~2017年款）

### 一、1.6L G4FG发动机

东风悦达起亚K3 1.6L G4FG发动机控制单元针脚分布如图12-1所示，针脚说明见表12-1。

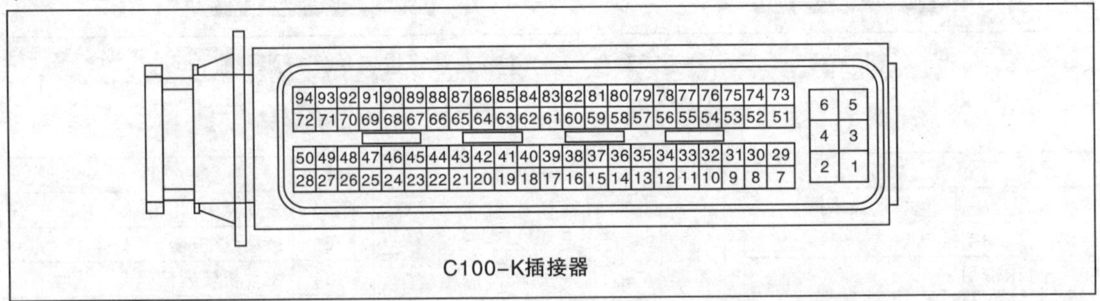


图12-1　东风悦达起亚K3 1.6L G4FG发动机控制单元针脚分布

表 12-1　东风悦达起亚K3 1.6L G4FG发动机控制单元针脚说明

| 针脚 | 导线颜色 | 说明 | 针脚 | 导线颜色 | 说明 |
|---|---|---|---|---|---|
| 1 | O | 节气门电动机+ | 23 | L | 歧管绝对压力传感器信号 |
| 2 | Gr | 节气门电动机- | 24 | P | 节气门位置传感器信号1 |
| 3 | B | 接地 | 25 | Gr/B | 空调压力传感器信号 |
| 4 | B | 接地 | 26 | W/B | 凸轮轴传感器接地（进气） |
| 5 | G | 发动机控制继电器“ON”输入 | 27 | R | 点火线圈3控制 |
| 6 | R | 发动机控制继电器“ON”输入 | 28 | B | 点火线圈1控制 |
| 7 | L | 氧传感器（上）加热器 | 29 | Y | 清污控制电磁阀控制 |
| 8 | Gr | 喷油器2控制 | 30 | W/O | 发动机控制继电器控制 |
| 9 | Br | 喷油器1控制 | 31 | L | 风扇继电器控制（低速） |
| 10 | G | 发动机转速输出 | 32 | G/O | 交流发电机PWM输出 |
| 12 | O | 起动开关输入 | 33 | W/B | 离合器开关（M/T） |
| 13 | L/B | 除霜器 | 34 | L | 制动灯开关 |
| 15 | W | 电控负荷信号（装备电源管理系统） | 36 | L | 刮水器信号 |
| | | 电控负荷信号（未装备电源管理系统） | 38 | L/O | 制动开关 |
| | | | 39 | W | 车速输入 |
| 16 | W/B | 凸轮轴传感器信号（排气） | 40 | Br | 空调压力传感器接地 |
| 17 | L | 凸轮轴传感器信号（进气） | 41 | B | 加速踏板位置传感器1接地 |
| 18 | P | ON/START输入 | 42 | R | 空调压力/歧管绝对压力传感器电源 |
| 19 | R | 加速踏板位置传感器2电源 | 43 | P | 加速踏板位置传感器1电源 |
| 20 | Gr | 节气门位置传感器电源 | 44 | P/B | 冷却液温度传感器信号 |
| 22 | L | 空气温度输入 | 47 | Br/B | 动力转向开关 |

（续）

| 针脚 | 导线颜色 | 说明 | 针脚 | 导线颜色 | 说明 |
|---|---|---|---|---|---|
| 48 | L/O | 凸轮轴传感器接地（排气） | 75 | G/B | 燃油泵继电器控制 |
| 49 | G | 点火线圈2控制 | 76 | B | 起动继电器控制 |
| 50 | W | 点火线圈4控制 | 77 | B | 接地 |
| 51 | G | 喷油器3控制 | 78 | O | 曲轴位置传感器接地 |
| 52 | Br/B | 风扇继电器控制 | 79 | Br | C-CAN（低电位） |
| 53 | W | 风扇继电器控制（高电位） | 80 | R | 钥匙防盗通信线 |
| 56 | G | 曲轴位置传感器信号 | 83 | B | 歧管绝对压力传感器接地 |
| 57 | W | C-CAN（高电位） | 85 | B | 节气门位置传感器接地 |
| 58 | B | LIN通信 | 86 | G/O | 氧传感器接地 |
| 63 | B/O | 冷却液温度传感器接地 | 87 | L | 氧传感器（上）信号 |
| 65 | Br/B | 加速踏板位置传感器2接地 | 88 | L | 节气门位置传感器信号2 |
| 66 | G | 氧传感器（下）信号 | 91 | L | 爆燃传感器信号 |
| 67 | G | 加速踏板位置传感器1信号 | 92 | Gr | 连续可变气门正时（进气） |
| 69 | L | 加速踏板位置传感器2信号 | 93 | Gr | 连续可变气门正时（排气） |
| 70 | B | 爆燃传感器接地 | 注 | 编号11、14、21、35、37、45、46、54、55、59~62、64、68、72、81、82、84、89、90、94的针脚未使用 | |
| 71 | L | 氧传感器（下）加热器 | | | |
| 73 | L/O | 可变进气电磁阀控制 | | | |
| 74 | L | 喷油器4控制 | | | |

## 二、自动变速器

东风悦达起亚K3自动变速器控制单元针脚分布与1.6L G4FG发动机控制单元针脚分布相似，参考图12-1，针脚说明见表12-2。

**表12-2 东风悦达起亚K3轿车自动变速器控制单元针脚说明**

| 针脚 | 导线颜色 | 说明 | 针脚 | 导线颜色 | 说明 |
|---|---|---|---|---|---|
| 1、2 | R | 发动机舱熔断器&继电器盒（TCU 2熔断器） | 30 | Br | ATM电磁阀（输出速度电源） |
| 3 | P | 发动机舱熔断器&继电器盒（TCU 1熔断器） | 31 | W/O | ATM电磁阀（输入速度电源） |
| | | | 43 | W | ATM电磁阀（锁止离合器_VFS） |
| | | | 44 | R | ATM电磁阀（OD_VFS） |
| 4 | B | 接地（GE05） | 45 | P | ATM电磁阀（35R_VFS） |
| 5 | B | 接地（GE05） | 46 | Br | ATM电磁阀（管路压力_VFS） |
| 8 | Gr | ATM电磁阀（SS_B） | 47 | G | ATM电磁阀（UD_VFS） |
| 13 | W | 变速器档位开关（信号2） | 50 | L | ATM电磁阀（26B_VFS） |
| | | 发动机舱熔断器&继电器盒（倒车灯熔断器） | 52 | L | ATM电磁阀（SS_A） |
| | | | 55 | L/B | ATM电磁阀（输入速度接地） |
| 14 | W/B | ATM电磁阀（油温传感器+） | 56 | G | ATM电磁阀（输出速度接地） |
| 15 | Y | ATM电磁阀（油温传感器-） | 61 | L | 运动模式开关（选择开关） |
| 16 | P | 运动模式开关（升档） | 65 | Br | C-CAN（低电位） |
| 17 | G/O | 运动模式开关（降档） | 73 | G | ATM电磁阀（电磁阀电源2） |
| 21 | O | 变速器档位开关（信号3） | 87 | W | C-CAN（高电位） |
| 22 | L | 变速器档位开关（信号4） | 注 | 编号6、7、9~12、18~20、24~28、32~42、48、49、51、53、54、57~60、62~64、66~72、74~86、88~94的针脚未使用 | |
| 23 | Y | 变速器档位开关（信号1） | | | |
| 29 | B | ATM电磁阀（电磁阀电源1） | | | |

# 第二节 比亚迪F3（2014~2017年款）

## 一、1.5L 473QE发动机

比亚迪F3轿车1.5L 473QE发动机控制单元针脚分布如图12-2所示，针脚说明见表12-3。

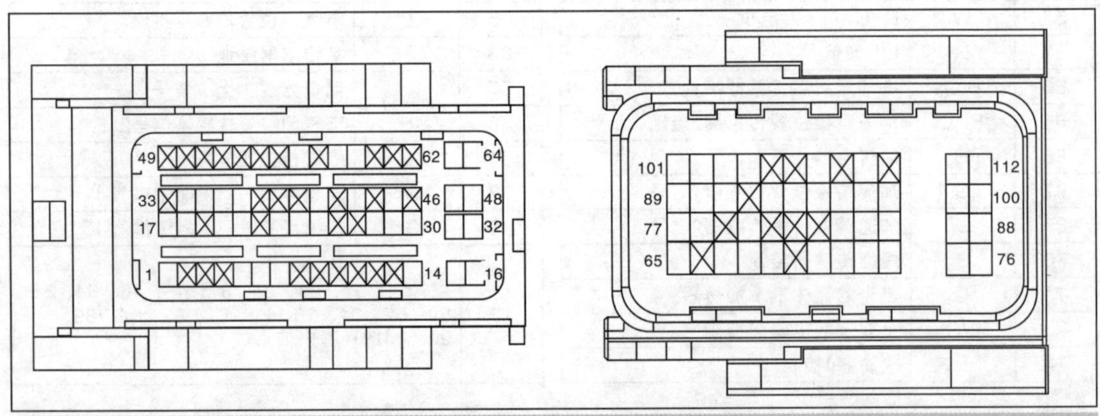


图12-2 比亚迪F3轿车1.5L 473QE发动机控制单元针脚分布

表12-3 比亚迪F3轿车1.5L 473QE发动机控制单元针脚说明

| 针脚 | 导线颜色 | 说明 | 针脚 | 导线颜色 | 说明 |
| --- | --- | --- | --- | --- | --- |
| 1 | P | CAN总线接口 | 36 | Y/L | 加速踏板位置传感器2电源5V |
| 5 | B/W | 主继电器 | 37 | R/L | 加速踏板位置传感器1电源5V |
| 6 | W | 离合器开关 | 41 | G/Y | 油泵继电器 |
| 7 | Gr | 加速踏板位置传感器接地 | 43 | Sb | 后氧传感器接地 |
| 14 | G/V | 动力转向开关 | 45 | Sb | 加速踏板位置传感器1 |
| 15 | Y/B | 非持续电源 | 47 | — | 模拟信号传感器接地 |
| 16 | Y/B | 非持续电源 | 48 | W/B | 后氧传感器加热 |
| 17 | V | CAN-L接口 | 56 | R/W | 散热器风扇（低速）继电器 |
| 18 | L | 诊断K线 | 58 | L/Y | 空调控制 |
| 20 | R | 持续电源 | 59 | L/B | 加速踏板位置传感器接地 |
| 21 | Y/V | 后氧传感器信号 | 63 | B | 功率接地2 |
| 23 | V/R | 制动开关 | 64 | B | 功率接地1 |
| 24 | G/B | 空调中压开关 | 65 | — | 车速输出 |
| 25 | V/B | 制动灯 | 67 | G/R | 2缸喷油器 |
| 28 | L/B | 空调开关 | 68 | B/Y | 1缸喷油器 |
| 29 | Y | 鼓风机补偿 | 69 | L | 燃油泵控制 |
| 30 | L/R | 加速踏板位置传感器信号2 | 71 | W/B | 废气循环阀 |
| 31 | G | 散热器风扇（高速）继电器 | 72 | W/G | 3缸喷油器 |
| 32 | Y/L | 防盗输入 | 73 | Gr | 前氧传感器加热 |
| 34 | Y | 发动机转速输出 | 74 | L/W | 4缸喷油器 |
| 35 | R/L | 点火开关 | 75 | W/G | 电子节气门执行器+ |

（续）

| 针脚 | 导线颜色 | 说明 |
|---|---|---|
| 76 | L | 4缸点火线圈 |
| 77 | G/B | 节气门位置传感器1信号 |
| 78 | Y/R | 节气门位置传感器2信号 |
| 80 | Sb | 前氧传感器接地 |
| 84 | L | 冷却液温度传感器接地 |
| 85 | R/L | 进气温度压力传感器接地 |
| 86 | W/G | 节气门接地 |
| 87 | W/L | 电子节气门执行器- |
| 88 | R/L | 2缸点火线圈 |
| 89 | Gr/V | 爆燃传感器B端 |
| 90 | R/L | 爆燃传感器A端 |
| 91 | Br/Y | 进气压力传感器 |
| 93 | G | 凸轮轴传感器信号 |
| 94 | Gr/R | 炭罐控制阀 |
| 95 | Sb | 凸轮轴传感器接地 |
| 96 | Br | 曲轴位置传感器A端 |
| 97 | G/Y | 曲轴位置传感器B端 |
| 98 | L/R | 凸轮轴传感器5V电源 |
| 99 | Y/B | 3缸点火线圈 |
| 100 | Gr | 1缸点火线圈 |
| 101 | Y/W | 冷却液温度传感器信号 |
| 102 | G/R | 进气温度传感器信号 |
| 103 | R/B | 废气循环阀位置输入 |
| 104 | G/Y | 前氧传感器信号 |
| 107 | L/R | 节气门位置传感器5V电源 |
| 109 | Y/G | 进气温度压力传感器5V电源 |
| 111 | B | 功率接地4 |
| 112 | B | 功率接地3 |
| 注 | | 编号2～4、8～13、19、22、26、27、33、38～40、42、44、46、49～55、57、60～62、66、70、79、81～83、92、105、106、108、110的针脚未使用 |

## 二、ABS/ESP

比亚迪F3轿车ABS/ESP控制单元针脚分布如图12-3所示，针脚说明见表12-4。

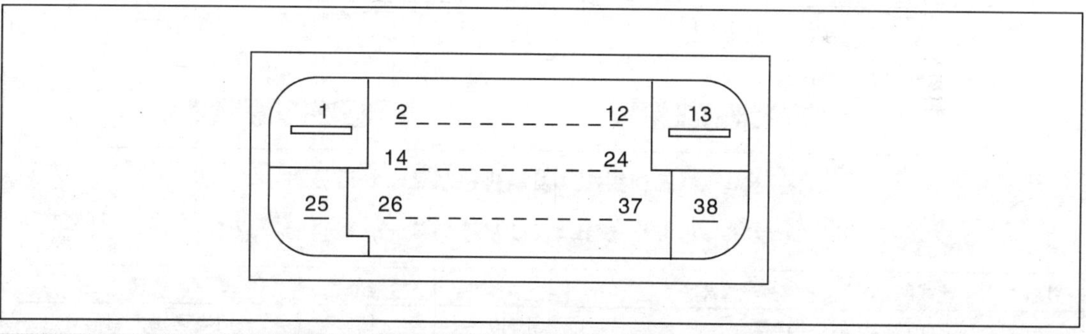


图12-3 比亚迪F3轿车ABS/ESP控制单元针脚分布

表12-4 比亚迪F3轿车ABS/ESP控制单元针脚说明

| 针脚 | 说明 |
|---|---|
| 1 | 回流泵电动机电源 |
| 4 | 右前轮速传感器信号 |
| 8 | 左前轮速传感器信号 |
| 12* | ESC OFF开关 |
| 13 | 电动机接地 |
| 14 | CAN-L信号线 |
| 15* | 高位离合开关信号 |
| 16 | 右前轮速传感器电源 |
| 17 | 右后轮速传感器电源 |
| 18 | 左后轮速传感器信号 |
| 19 | 左前轮速传感器电源 |
| 25 | ESP ECU电源 |
| 26 | CAN-H信号线 |
| 28 | 点火开关 |
| 29 | 右后轮速传感器信号 |
| 30 | 制动开关信号 |
| 31 | 左后轮速传感器电源 |
| 38 | ECU电源接地 |
| 注 | 1. 编号2、3、5～7、9～11、20～24、27、32～37的针脚未使用<br>2. *仅用于装备ESP的汽车 |

# 第三节　广汽传祺GS4（2015~2017年款）

## 一、发动机

广汽传祺GS4发动机控制单元位于发动机舱左前部的空气格旁边，其针脚分布如图12-4所示，针脚说明见表12-5。

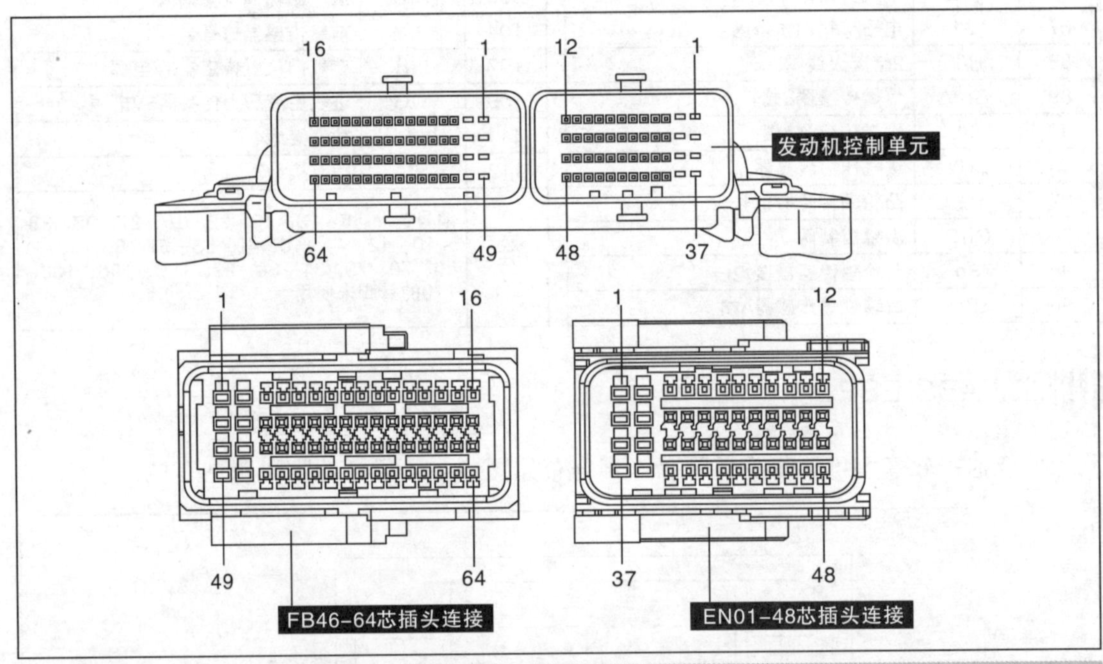


图12-4　广汽传祺GS4发动机控制单元针脚分布

表12-5　广汽传祺GS4发动机控制单元针脚说明

| 针脚号 | 导线颜色 | 说明 |
| --- | --- | --- |
| EN01-48芯插头连接 | | |
| EN01-1 | 橙/白 | 点火线圈4 |
| EN01-2 | 紫 | 节气门电动机控制信号 |
| EN01-3 | 紫/白 | 喷油器4 |
| EN01-4 | 绿 | 前氧传感器加热 |
| EN01-5 | 棕 | 喷油器3 |
| EN01-6 | 黄/黑 | 可变凸轮轴正时（进气端） |
| EN01-7 | 白 | 泄流控制阀 |
| EN01-8 | 橙 | 废气阀 |
| EN01-9 | 蓝 | 喷油器1 |
| EN01-10 | 黄/黑 | 喷油器2 |
| EN01-12 | 绿 | 真空泵继电器 |
| EN01-13 | 紫/白 | 点火线圈2 |
| EN01-14 | 绿 | 节气门电动机控制信号 |
| EN01-15 | 棕 | 节气门位置传感器接地 |
| EN01-16 | 灰 | 进气压力温度传感器接地 |
| EN01-17 | 绿 | 发动机转速传感器接地 |
| EN01-21 | 橙 | 前氧传感器接地 |
| EN01-23 | 黄 | 电子节气门位置信号 |
| EN01-24 | 橙 | 电子节气门位置信号 |
| EN01-25 | 蓝 | 点火线圈1 |
| EN01-26 | 浅绿/白 | 点火线圈3 |
| EN01-27 | 棕 | 相位传感器5V电源 |
| EN01-29 | 黄 | 发动机转速传感器接地 |
| EN01-30 | 黑/白 | 相位传感器（进气端）接地 |
| EN01-31 | 绿/白 | 炭罐电磁阀 |

（续）

| 针脚号 | 导线颜色 | 说明 |
|---|---|---|
| EN01-32 | 白 | 相位传感器（进气端）信号 |
| EN01-34 | 黄/黑 | 进气压力温度传感器信号 |
| EN01-35 | 灰 | 爆燃传感器 |
| EN01-36 | 蓝 | 爆燃传感器 |
| EN01-37 | 黑 | 接地 |
| EN01-38 | 黑 | 接地 |
| EN01-40 | 红/黑 | 进气压力温度传感器5V电源 |
| EN01-41 | 橙 | 发动机转速传感器5V电源 |
| EN01-42 | 灰 | 节气门位置传感器5V电源 |
| EN01-44 | 黄/黑 | 相位传感器（排气端）信号 |
| EN01-45 | 黄 | 前氧传感器信号 |
| EN01-47 | 黑/白 | 进气压力温度传感器信号 |
| EN01-48 | 绿 | 冷却液温度传感器信号 |
| 注 | 编号11、18～20、22、28、33、39、43、46的针脚未使用 | |
| FB46-64芯插头连接 | | |
| FB46-1 | 浅绿/白 | 供电 |
| FB46-2 | 浅绿/白 | 供电 |
| FB46-4 | 棕/白 | 起动反馈信号 |
| FB46-5 | 粉红 | 制动真空压力信号 |
| FB46-6 | 灰 | 离合器位置传感器 |
| FB46-7 | 紫 | 智能传感器控制单元 |
| FB46-8 | 白 | 巡航控制开关电源 |
| FB46-9 | 粉红 | 发动机起停开关 |
| FB46-10 | 橙 | 加速踏板位置传感器接地 |
| FB46-12 | 粉红/黑 | 主继电器控制信号 |
| FB46-15 | 白 | LIN总线 |
| FB46-16 | 棕/白 | CAN-H |
| FB46-17 | 灰 | 防盗线圈信号输入 |

| 针脚号 | 导线颜色 | 说明 |
|---|---|---|
| FB46-18 | 蓝 | 风扇高速继电器控制信号 |
| FB46-19 | 紫/白 | 加速踏板位置信号 |
| FB46-20 | 橙 | 供电 |
| FB46-22 | 紫 | 离合器位置传感器 |
| FB46-24 | 浅蓝 | 制动信号 |
| FB46-26 | 灰 | 制动信号 |
| FB46-28 | 浅绿 | 后氧传感器信号 |
| FB46-29 | 红/黑 | 供电 |
| FB46-30 | 灰/白 | 传感器5V电源 |
| FB46-32 | 棕 | CAN-L |
| FB46-33 | 白 | 后氧传感器加热 |
| FB46-34 | 棕 | 传感器接地 |
| FB46-35 | 粉红 | 真空泵传感器压力信号 |
| FB46-36 | 蓝 | 加速踏板位置信号 |
| FB46-38 | 黑 | 后氧传感器接地 |
| FB46-39 | 灰 | 压缩机继电器控制信号 |
| FB46-40 | 灰 | 燃油泵继电器控制信号 |
| FB46-41 | 粉红/红 | 发动机起停开关指示灯 |
| FB46-44 | 黄/黑 | 加速踏板位置传感器5V电源 |
| FB46-45 | 灰 | 加速踏板位置传感器5V电源 |
| FB46-46 | 红 | IG1电源 |
| FB46-47 | 棕/红 | 发动机转速信号 |
| FB46-49 | 黑 | 接地 |
| FB46-50 | 黑 | 接地 |
| FB46-52 | 橙 | 真空泵传感器温度信号 |
| FB46-54 | 黑/白 | 加速踏板位置传感器接地 |
| FB46-55 | 红/黑 | 发动机起停继电器控制信号 |
| FB46-57 | 蓝 | 风扇低速控制信号 |
| 注 | 编号3、11、13、14、21、23、25、27、31、37、42、43、48、51、53、56、58～64的针脚未使用 | |

## 二、G-DCT变速器

广汽传祺GS4 G-DCT变速器控制单元位于变速器左前侧，其针脚分布如图12-5所示，针脚说明见表12-6。

**表12-6 广汽传祺GS4 G-DCT变速器控制单元针脚说明**

| 针脚号 | 导线颜色 | 说明 |
|---|---|---|
| FB36-2 | 浅蓝 | 驻车制动传感器信号 |
| FB36-3 | 紫 | 奇数档离合器传感器信号 |
| FB36-6 | 紫 | 制动信号 |

| 针脚号 | 导线颜色 | 说明 |
|---|---|---|
| FB36-7 | 红 | ACC电源 |
| FB36-17 | 浅蓝 | 驻车制动传感器接地 |
| FB36-18 | 蓝 | 奇数档离合器传感器接地 |

（续）

| 针脚号 | 导线颜色 | 说明 | 针脚号 | 导线颜色 | 说明 |
|---|---|---|---|---|---|
| FB36-21 | 红 | 起动继电器控制信号 | FB36-42 | 绿 | 奇数档离合器传感器5V电源 |
| FB36-24 | 灰 | 驾驶人侧车门未关信号 | FB36-47 | 红 | IG1电源 |
| FB36-25 | 棕/白 | CAN-H | FB36-48 | 红/蓝 | 供电 |
| FB36-31 | 橙 | 供电 | FB36-49 | 红/白 | 供电 |
| FB36-37 | 棕 | CAN-L | FB36-50 | 橙 | 供电 |
| FB36-41 | 红/黑 | 驻车制动传感器供电 | 注 | 编号1、4、5、8～16、19、20、22、23、26～30、32～36、38～40、43～46的针脚未使用 | |

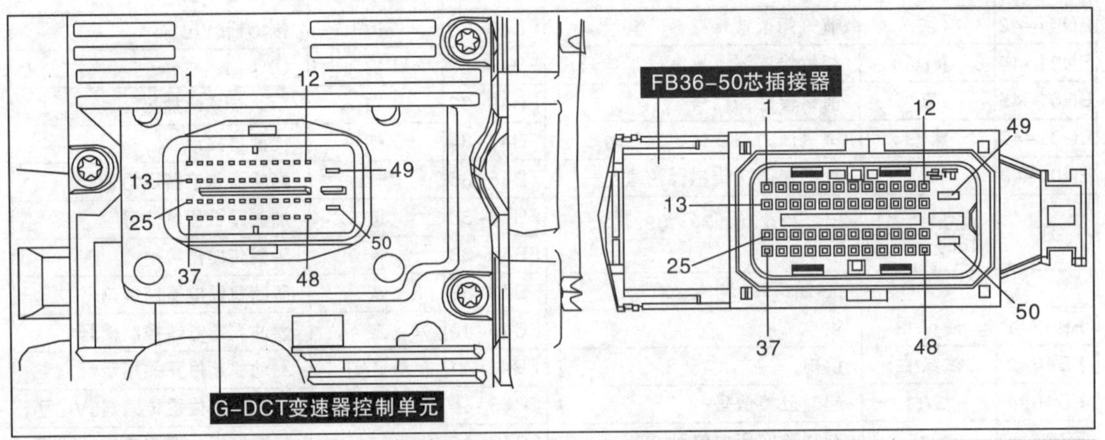


图12-5 广汽传祺GS4 G-DCT变速器控制单元针脚分布

## 三、ABS/ESP

广汽传祺GS4 ABS/ESP控制单元位于发动机舱右后部，其针脚分布如图12-6所示，针脚说明见表12-7。

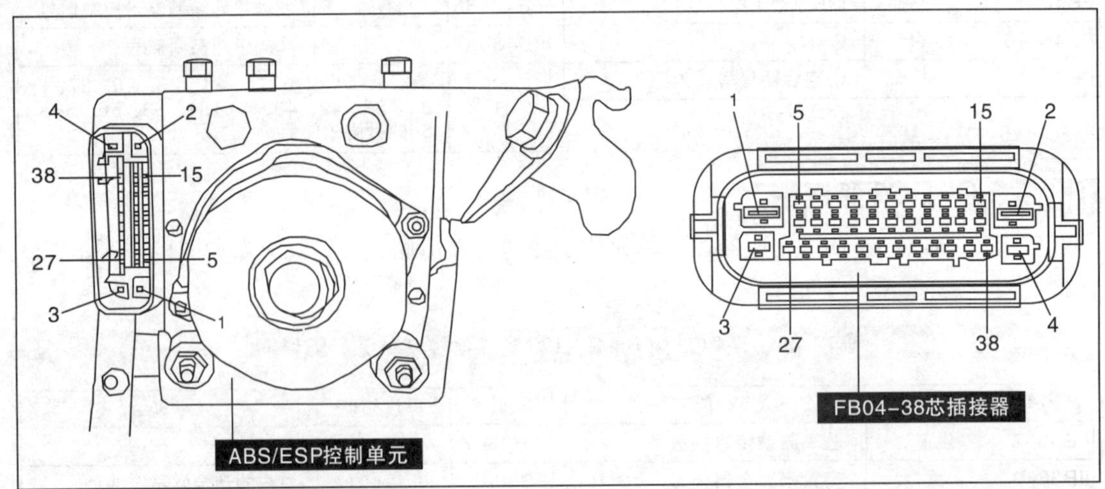


图12-6 广汽传祺GS4 ABS/ESP控制单元针脚分布

表12-7 广汽传祺GS4 ABS/ESP控制单元针脚说明

| 针脚号 | 导线颜色 | 说明 | 针脚号 | 导线颜色 | 说明 |
|---|---|---|---|---|---|
| FB04-1 | 黑 | 接地 | FB04-22 | 绿 | 左后轮速传感器 |
| FB04-2 | 红 | 供电 | FB04-23 | 黄/黑 | 右后轮速传感器 |
| FB04-3 | 黑 | 接地 | FB04-24 | 黄 | 右前轮速传感器 |
| FB04-4 | 绿 | 供电 | FB04-26 | 棕 | CAN-L |
| FB04-5 | 灰 | 制动信号 | FB04-33 | 橙 | 左后轮速传感器 |
| FB04-9 | 白 | 左前轮速传感器 | FB04-34 | 紫 | 制动信号 |
| FB04-13 | 白 | 右前轮速传感器 | FB04-35 | 绿 | 右后轮速传感器 |
| FB04-15 | 绿 | 右前轮速传感器输出 | FB04-36 | 红 | IG1电源 |
| FB04-18 | 橙 | 下坡辅助控制系统开关信号 | FB04-38 | 棕/白 | CAN-H |
| FB04-20 | 灰 | 制动信号 | 注 | 编号6～8、10～12、14、16、17、19、25、27～32、37的针脚未使用 | |
| FB04-21 | 棕 | 左前轮速传感器 | | | |

## 四、空调

广汽传祺GS4空调控制单元位于仪表板右侧内部，其针脚分布如图12-7所示，针脚说见表12-8。

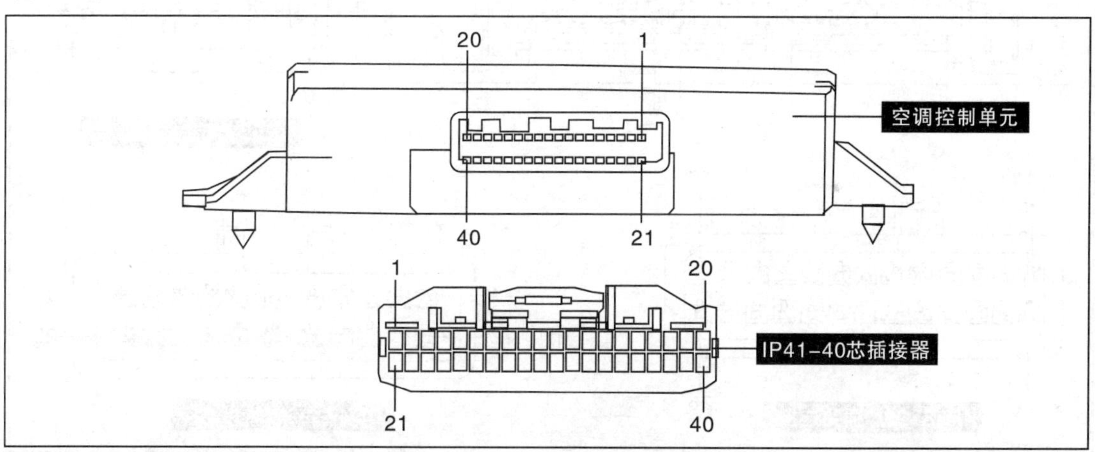


图12-7 广汽传祺GS4空调控制单元针脚分布

表12-8 广汽传祺GS4空调控制单元针脚说明

| 针脚号 | 导线颜色 | 说明 | 针脚号 | 导线颜色 | 说明 |
|---|---|---|---|---|---|
| IP41-1 | 黄/黑 | 气流模式风门伺服电动机（吹面） | IP41-12 | 灰 | 蒸发器温度传感器输入 |
| IP41-2 | 棕/白 | 气流模式风门伺服电动机（除霜） | IP41-13 | 蓝 | 车外温度传感器输入 |
| IP41-3 | 紫/白 | 新鲜空气电动机（外循环） | IP41-14 | 灰 | 阳光温度传感器输入 |
| IP41-4 | 棕/白 | 新鲜空气电动机（内循环） | IP41-17 | 白 | CAN-H |
| IP41-5 | 白 | 后除雾继电器控制信号 | IP41-18 | 黄 | CAN-L |
| IP41-6 | 橙 | 鼓风机电源电压反馈输入 | IP41-20 | 红 | 供电 |
| IP41-7 | 浅绿 | 鼓风机电源控制 | IP41-21 | 紫 | 混合风门伺服电动机加热（驾驶人侧） |
| IP41-10 | 黄 | 电位计供电 | IP41-22 | 黄/黑 | 混合风门伺服电动机制冷（驾驶人侧） |
| IP41-11 | 浅蓝/白 | 车内温度传感器信号输入 | | | |

（续）

| 针脚号 | 导线颜色 | 说明 | 针脚号 | 导线颜色 | 说明 |
|---|---|---|---|---|---|
| IP41-28 | 粉红 | 三态压力开关压力超限信号 | IP41-33 | 灰/白 | 驾驶人侧混合风门伺服电动机电位计 |
| IP41-29 | 蓝 | 三态压力开关正常压力信号 | IP41-35 | 棕/白 | 气流伺服电动机位置信号 |
| IP41-30 | 黑 | 接地 | IP41-40 | 红 | IG1电源 |
| IP41-31 | 绿/白 | 蒸发器温度传感器信号 | 注 | 编号8、9、15、16、19、23~27、34、36~39针脚未使用 | |
| IP41-32 | 浅绿 | 伺服电动机电位计 | | | |

## 五、无匙起动和智能进入系统

广汽传祺GS4无匙起动和智能进入系统控制单元位于仪表板右侧内部，其针脚分布如图12-8所示，针脚说明见表12-9。

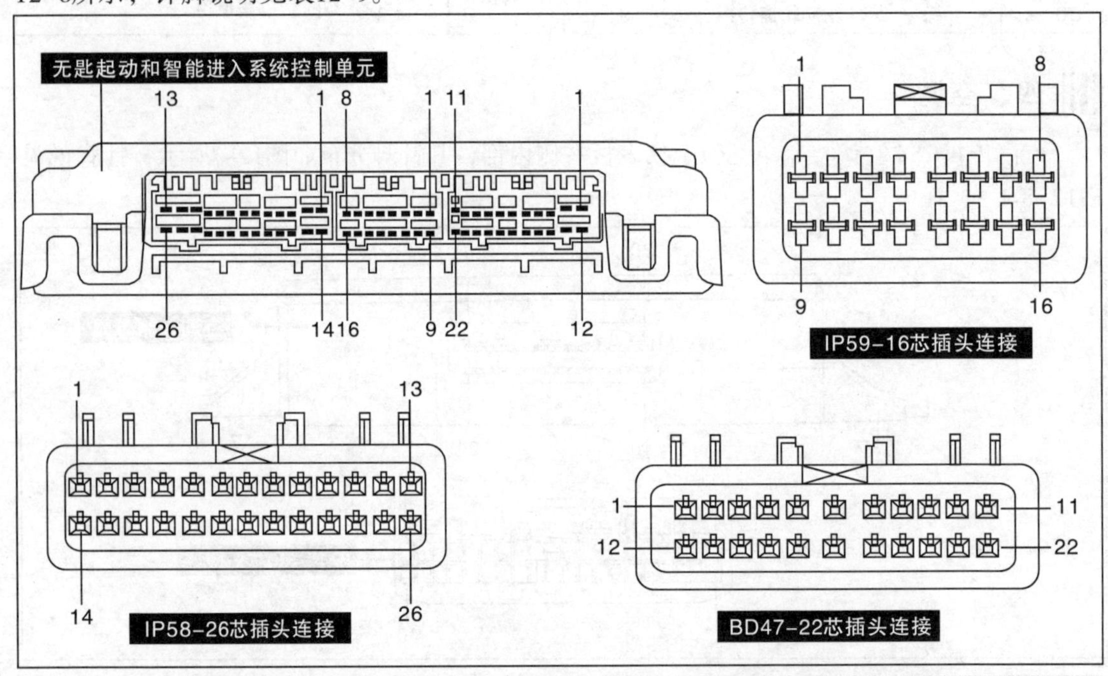


图12-8　广汽传祺GS4无匙起动和智能进入系统控制单元针脚分布

表12-9　广汽传祺GS4无匙起动和智能进入系统控制单元针脚说明

| 针脚号 | 导线颜色 | 说明 | 针脚号 | 导线颜色 | 说明 |
|---|---|---|---|---|---|
| IP58-26芯插头连接 | | | IP58-10 | 红 | IG2电源 |
| IP58-1 | 黄 | CAN-L | IP58-11 | 黑 | 接地 |
| IP58-2 | 白 | CAN-H | IP58-12 | 黑/白 | 电子转向柱锁接地 |
| IP58-5 | 粉红 | 前排乘客侧门把手开闭锁请求信号 | IP58-13 | 红 | 供电 |
| | | | IP58-15 | 浅绿/白 | 起动开关 |
| IP58-6 | 浅绿 | 起动开关 | IP58-17 | 绿 | 发动机转速信号 |
| IP58-7 | 红 | IG2电源 | IP58-18 | 紫 | 驾驶人侧门把手开闭锁请求信号 |
| IP58-8 | 红 | ACC电源 | | | |
| IP58-9 | 白/绿 | IG2继电器控制信号 | IP58-19 | 紫 | 行李箱开关 |

（续）

| 针脚号 | 导线颜色 | 说明 |
|---|---|---|
| IP58-21 | 白 | ACC继电器控制信号 |
| IP58-22 | 白/绿 | IG2继电器控制信号 |
| IP58-23 | 橙 | 起动继电器控制信号 |
| IP58-24 | 黑 | 接地 |
| IP58-25 | 红 | 电子转向柱锁电源 |
| IP58-26 | 红/白 | 供电 |
| 注 | 编号3、4、14、16、20的针脚未使用 | |
| IP59-16芯插头连接 | | |
| IP59-1 | 绿 | 右前轮速信号 |
| IP59-2 | 白 | 电子转向柱锁使能信号 |
| IP59-4 | 紫 | 制动信号 |
| IP59-6 | 黄/绿 | LIN总线 |
| IP59-9 | 蓝 | 起动开关橙色指示灯 |
| IP59-13 | 绿 | P档位信号 |
| IP59-15 | 蓝 | 电子转向柱锁解锁信号 |
| 注 | 编号3、5、7、8、10～12 、14、16的针脚未使用 | |

| 针脚号 | 导线颜色 | 说明 |
|---|---|---|
| BD47-22芯插头连接 | | |
| BD47-1 | 粉红 | 驾驶人侧门把手天线电源 |
| BD47-2 | 黄/黑 | 前排乘客侧门把手天线电源 |
| BD47-3 | 浅绿 | 保险杠PEPS天线电源 |
| BD47-4 | 白/绿 | 右后PEPS天线电源 |
| BD47-7 | 白/蓝 | 右前PEPS天线电源 |
| BD47-8 | 白 | 中部PEPS天线电源 |
| BD47-12 | 紫 | 驾驶人侧门把手天线接地 |
| BD47-13 | 红/绿 | 前排乘客侧门把手天线接地 |
| BD47-14 | 棕 | 保险杠PEPS天线接地 |
| BD47-15 | 棕/绿 | 右后PEPS天线接地 |
| BD47-18 | 棕/蓝 | 右前PEPS天线接地 |
| BD47-19 | 棕/白 | 中部PEPS天线接地 |
| BD47-21 | 灰 | 起动开关 |
| BD47-22 | 黄 | 起动开关绿色指示灯 |
| 注 | 编号5、6、9～11 、16、17、20的针脚未使用 | |

## 六、安全气囊

广汽传祺GS4安全气囊控制单元位于变速杆前部中央通道上，其针脚分布如图12-9所示，针脚说明见表12-10。

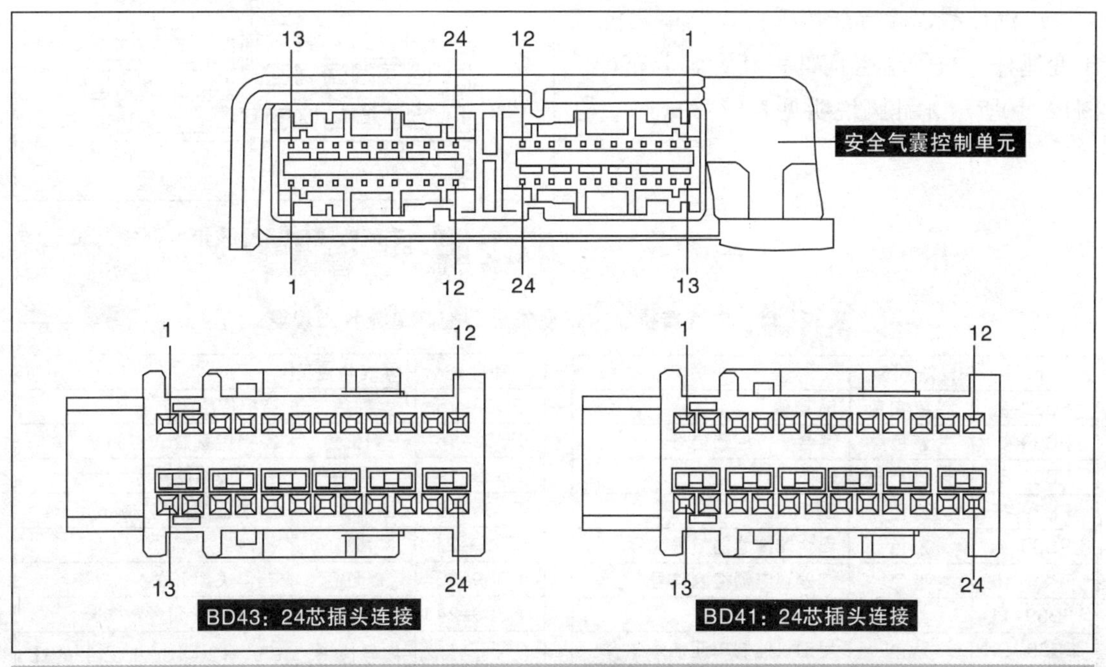


图12-9 广汽传祺GS4安全气囊控制单元针脚分布

表12-10 广汽传祺GS4安全气囊控制单元针脚说明

| 针脚号 | 导线颜色 | 功能 |
|---|---|---|
| BD43：24芯插头连接 | | |
| BD43-2 | 白色 | 乘员探测传感器 |
| BD43-4 | 黑色 | 接地 |
| BD43-7 | 棕色/蓝色 | 前排乘客侧安全带开关 |
| BD43-8 | 绿色/蓝色 | 驾驶人侧安全带开关 |
| BD43-9 | 橙色/紫色 | 右侧碰撞传感器 |
| BD43-10 | 橙色/白色 | 右侧碰撞传感器 |
| BD43-11 | 灰色/橙色 | 左侧碰撞传感器 |
| BD43-12 | 橙色 | 左侧碰撞传感器 |
| BD43-13 | 蓝色/紫色 | 前排乘客侧安全带预紧器 |
| BD43-14 | 紫色 | 前排乘客侧安全带预紧器 |
| BD43-15 | 紫色/白色 | 驾驶人侧安全带预紧器 |
| BD43-16 | 紫色 | 驾驶人侧安全带预紧器 |
| BD43-21 | 粉红/绿色 | 右侧安全气帘 |
| BD43-22 | 粉红/灰色 | 右侧安全气帘 |
| BD43-23 | 棕色/粉红 | 左侧安全气帘 |
| BD43-24 | 橙色/棕色 | 左侧安全气帘 |
| 注 | 编号1、3、5、6、17～20的针脚未使用 | |
| BD41：24芯插头连接 | | |
| BD41-1 | 棕色/白色 | CAN-H |
| BD41-2 | 棕色 | CAN-L |
| BD41-3 | 黑色 | 接地 |
| BD41-4 | 粉红色 | 左前碰撞传感器 |
| BD41-5 | 绿色 | 左前碰撞传感器 |
| BD41-6 | 橙色 | 右前碰撞传感器 |
| BD41-7 | 粉红色 | 右前碰撞传感器 |
| BD41-8 | 黑色 | 接地 |
| BD41-12 | 红色 | IG1电源 |
| BD41-13 | 蓝色 | 驾驶人侧安全气囊 |
| BD41-14 | 棕色 | 驾驶人侧安全气囊 |
| BD41-15 | 橙色 | 前排乘客侧安全气囊 |
| BD41-16 | 棕色 | 前排乘客侧安全气囊 |
| BD41-17 | 蓝色 | 侧安全气囊（驾驶人侧） |
| BD41-18 | 棕色 | 侧安全气囊（驾驶人侧） |
| BD41-19 | 浅蓝色 | 侧安全气囊（前排乘客侧） |
| BD41-20 | 棕色 | 侧安全气囊（前排乘客侧） |
| BD41-21 | 黄色 | 前排乘客侧安全带预紧器 |
| BD41-22 | 蓝色 | 前排乘客侧安全带预紧器 |
| BD41-23 | 黄色 | 驾驶人侧安全带预紧器 |
| BD41-24 | 浅蓝色 | 驾驶人侧安全带预紧器 |
| 注 | 编号9～11的针脚未使用 | |

## 七、智能传感器

广汽传祺GS4智能传感器控制单元位于变速杆中央通道上前部，其针脚分布如图12-10所示，针脚说明见表12-11。

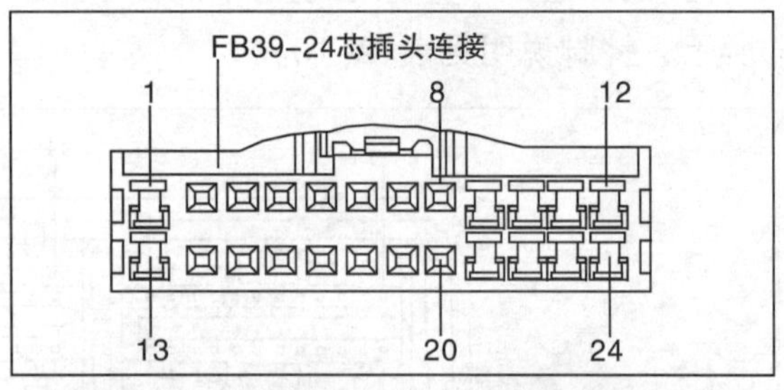


图12-10 广汽传祺GS4智能传感器控制单元针脚分布

表12-11 广汽传祺GS4智能传感器控制单元针脚说明

| 针脚号 | 导线颜色 | 功能 |
|---|---|---|
| FB39-2 | 绿色/白色 | 5V电源 |
| FB39-4 | 紫色 | 离合器传感器信号 |
| FB39-5 | 棕色/白色 | CAN-H |
| FB39-6 | 棕色 | CAN-L |
| FB39-7 | 灰色 | 离合器传感器信号 |
| FB39-10 | 蓝色 | 起停继电器控制信号 |
| FB39-11 | 红色 | 供电 |
| FB39-13 | 紫色 | 发动机控制单元信号 |
| FB39-14 | 黄色 | 空档传感器信号 |
| FB39-15 | 棕色 | 空档传感器信号 |
| FB39-18 | 粉红色 | 空档传感器5V电源 |
| FB39-19 | 黑色 | 空档传感器接地 |
| FB39-20 | 棕色/白色 | 起动反馈信号 |
| FB39-21 | 黑色 | 接地 |
| FB39-23 | 粉红色 | 起停关闭开关 |
| FB39-24 | 红色 | IG1电源 |
| 注 | 编号1、3、8、9、12、16、17、22的针脚未使用 | |

## 八、车身控制单元

广汽传祺GS4 车身控制单元位于仪表板左下方，其针脚分布如图12-11所示，针脚说明见表12-12。

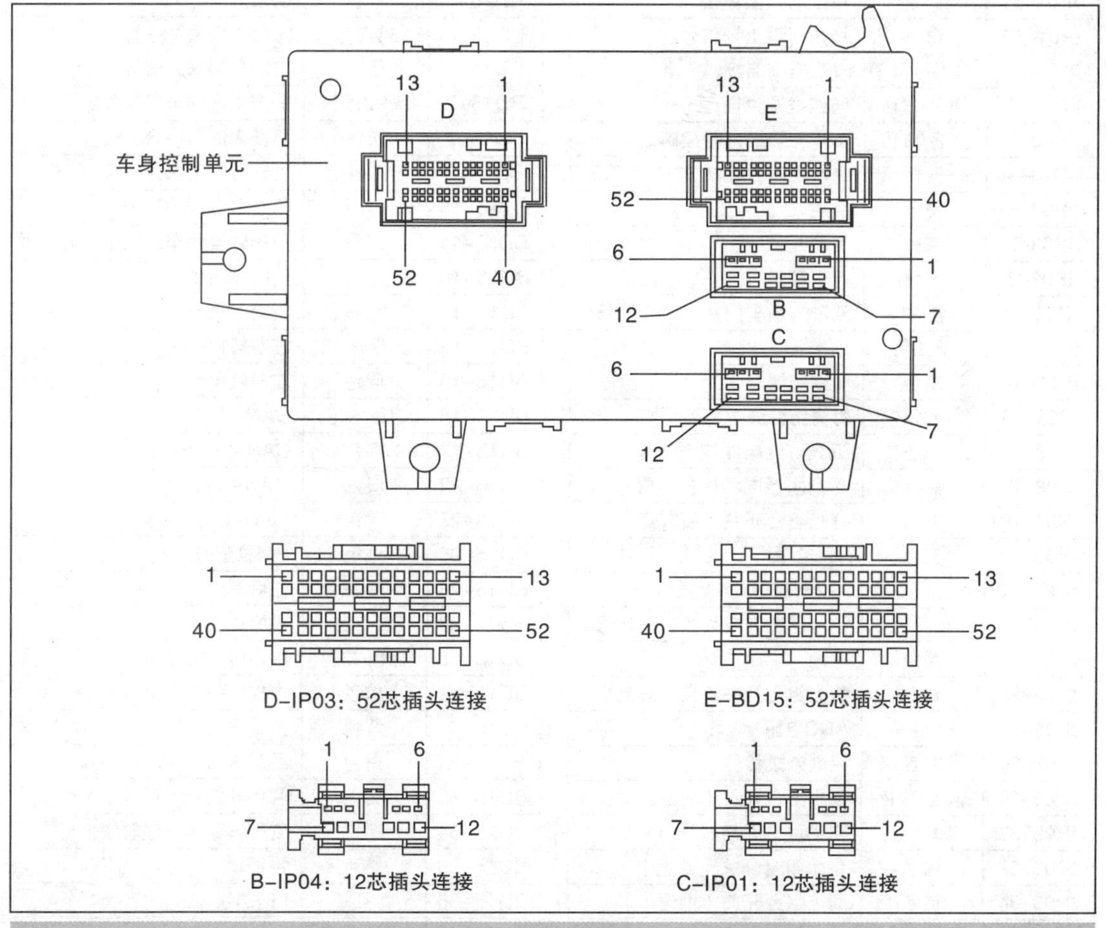


图12-11 广汽传祺GS4车身控制单元针脚分布

表12-12 广汽传祺GS4车身控制单元针脚说明

| 针脚号 | 导线颜色 | 功能 |
|---|---|---|
| B-IP04：12芯插头连接 | | |
| IP04-1 | 红色/黑色 | 供电 |
| IP04-2 | 红色 | 供电 |
| IP04-3 | 黑色 | 接地 |
| IP04-4 | 蓝色 | 行李箱电动机 |
| IP04-5 | 红色 | 供电 |
| IP04-6 | 红色 | 供电 |
| IP04-7 | 红色/黑色 | 供电 |
| IP04-8 | 白色 | 清洗电动机 |
| IP04-9 | 红色 | 供电 |
| IP04-10 | 红色 | 供电 |
| IP04-11 | 黄色 | 中控门锁解锁信号 |
| IP04-12 | 黄色 | 中控门锁解锁信号 |
| C-IP01：12芯插头连接 | | |
| IP01-1 | 红色 | 供电 |
| IP01-2 | 绿色 | 车内灯供电 |
| IP01-3 | 黑色 | 接地 |
| IP01-4 | 黑色 | 接地 |
| IP01-5 | 粉红/黑色 | 驾驶人侧车门中控解锁信号 |
| IP01-6 | 粉红/黑色 | 驾驶人侧车门中控解锁信号 |
| IP01-7 | 灰色/白色 | 左前雾灯 |
| IP01-8 | 灰色/白色 | 右前雾灯 |

（续）

| 针脚号 | 导线颜色 | 功能 |
|---|---|---|
| IP01-9 | 红色/黑色 | 后前雾灯 |
| IP01-10 | 红色 | 供电 |
| IP01-11 | 白色 | 中控门锁上锁信号 |
| IP01-12 | 白色 | 中控门锁上锁信号 |
| D-IP03：52芯插头连接 | | |
| IP03-1 | 黑色/白色 | 防盗线圈供电 |
| IP03-2 | 蓝色/白色 | 车窗升降继电器控制信号 |
| IP03-3 | 紫色 | 刮水继电器控制信号 |
| IP03-4 | 橙色 | 供电 |
| IP03-7 | 灰色 | 制动开关 |
| IP03-8 | 紫色 | 行李箱开启 |
| IP03-11 | 棕色/白色 | 驾驶人侧车门锁止状态信号 |
| IP03-12 | 粉红色 | 刮水器喷水 |
| IP03-14 | 灰色 | 防盗线圈接地 |
| IP03-15 | 紫色 | 灯光组合开关（前雾灯） |
| IP03-16 | 绿色 | 近光灯继电器控制信号 |
| IP03-17 | 黑色 | 后刮水器电动机控制信号 |
| IP03-19 | 蓝色 | 灯光组合开关（后雾灯） |
| IP03-20 | 红色 | IG1电源 |
| IP03-21 | 红色 | IG2电源 |
| IP03-22 | 粉红色 | 刮水器清洗电动机控制信号 |
| IP03-23 | 黑色 | 接地 |
| IP03-25 | 棕色 | 灯光组合开关（自动灯光） |
| IP03-29 | 红色 | ACC电源 |
| IP03-30 | 灰色 | 钥匙未拔信号 |
| IP03-31 | 蓝色/紫色 | 刮水组合开关（后刮水清洗） |
| IP03-32 | 粉红色 | 自动驻车开启背光灯 |
| IP03-33 | 橙色 | 刮水组合开关（高速） |
| IP03-34 | 蓝色 | 刮水组合开关（低速） |
| IP03-35 | 黄色/黑色 | 灯光组合开关（远光灯） |
| IP03-36 | 橙色 | 刮水组合开关（后刮水器） |
| IP03-38 | 黄色 | 灯光组合开关（近光灯） |
| IP03-41 | 粉红色 | 喇叭信号 |
| IP03-44 | 粉红/黑色 | 远光灯继电器控制信号 |
| IP03-45 | 浅蓝色 | 灯光组合开关（位置灯） |
| IP03-46 | 棕色 | 灯光组合开关（右转向灯） |
| IP03-47 | 紫色/白色 | 灯光组合开关（左转向灯） |
| IP03-48 | 浅蓝色 | 刮水组合开关（间歇档） |
| IP03-49 | 绿色/蓝色 | 危险警告灯 |
| IP03-50 | 粉红色 | 前照灯清洗开关信号 |
| IP03-51 | 绿色/白色 | 刮水组合开关（手动间歇档） |
| 注 | 编号5、6、9、10、13、18、24、26~28、37、39、40、42、43、52的针脚未使用 | |

| 针脚号 | 导线颜色 | 功能 |
|---|---|---|
| E-BD15：52芯插头连接 | | |
| BD15-1 | 灰色 | 制动灯供电 |
| BD15-2 | 灰色 | 制动灯供电 |
| BD15-3 | 粉红色 | 右后车门未关信号 |
| BD15-5 | 蓝色 | 左后车门未关信号 |
| BD15-6 | 灰色/黑色 | 前排乘客侧车门未关信号 |
| BD15-7 | 灰色 | 驾驶人侧车门未关信号 |
| BD15-8 | 粉红/黑色 | 发动机舱盖未关信号 |
| BD15-10 | 粉红色 | 行李箱盖未关信号 |
| BD15-11 | 棕色 | 前排乘客侧车门锁止状态信号 |
| BD15-13 | 棕色 | 倒档输出供电 |
| BD15-14 | 灰色/黑色 | 左前位置灯 |
| BD15-15 | 黄色/黑色 | 左前转向灯 |
| BD15-16 | 蓝色 | 左后转向灯 |
| BD15-18 | 棕色/白色 | CAN-H |
| BD15-19 | 棕色 | CAN-L |
| BD15-22 | 白色 | CAN-H |
| BD15-23 | 黄色 | CAN-L |
| BD15-25 | 绿色 | P档位信号 |
| BD15-26 | 灰色/黑色 | 左后雾灯 |
| BD15-27 | 粉红色 | 右侧位置灯 |
| BD15-28 | 棕色/白色 | 中控门锁上锁信号 |
| BD15-29 | 棕色 | 中控门锁上锁信号 |
| BD15-30 | 黄色 | 刮水器复位 |
| BD15-31 | 白色 | 后刮水器复位 |
| BD15-33 | 紫色 | 制动开关 |
| BD15-34 | 棕色 | 驾驶人侧车门锁解锁信号 |
| BD15-35 | 黑色 | 接地 |
| BD15-36 | 粉红色 | LIN总线 |
| BD15-40 | 黄色/黑色 | 左前转向灯 |
| BD15-41 | 棕色/白色 | 右前转向灯 |
| BD15-43 | 浅蓝/白色 | 左后转向灯 |
| BD15-44 | 粉红色 | 倒档信号 |
| BD15-45 | 蓝色 | 自动驻车信号 |
| BD15-46 | 棕色/白色 | 驾驶人侧车门锁上锁信号 |
| BD15-48 | 灰色 | 前照灯清洗控制信号 |
| BD15-49 | 粉红色 | 左前日间行车灯 |
| BD15-50 | 粉红/黑色 | 右前日间行车灯 |
| BD15-51 | 炭色/白色 | 前顶灯 |
| BD15-52 | 灰色 | 室内背光灯 |
| 注 | 编号4、9、12、17、20、21、24、32、37~39、42、47的针脚未使用 | |